現代中国の父 鄧小平 上

Deng Xiaoping
and the Transformation of China

エズラ・F・ヴォーゲル
益尾知佐子・杉本孝訳

日本経済新聞出版社

学生労働者としてフランスにたどり着いた16歳の鄧小平。1921年3月

旅欧中国共産主義青年団第５回代表大会。最終列右から３人目が鄧小平。１列目の左端が聶栄臻、４人目が周恩来、６人目が李富春

淮海戦役の前線司令員たち。左から粟裕、鄧小平、劉伯承、陳毅、譚震林。1948 年

中国共産党が政権を樹立した
1949年ごろ

1960年代初め、毛沢東主席に報告する鄧小平

アマナイメージズ

1974年、ニューヨークで初めてヘンリー・キッシンジャー（中央）と面会。左端は喬冠華外交部長
アマナイメージズ

1977年7月、第10期三中全会が鄧小平（左）の職務回復決議を採択。華国鋒（中央）、葉剣英（右）と
新華社＝共同

1978年10月23日、首相官邸で日中平和友好条約の批准書交換が行われた。左から鄧小平、黄華外交部長、園田直外相、福田赳夫首相

KURITA KAKU/GAMMA/アフロ

批准書交換を終え、福田首相と抱き合って喜ぶ。手前では握手する黄華外交部長と園田外相

時事通信社

皇居宮殿「竹の間」にて、昭和天皇との会見に臨む。左から昭和天皇、卓琳、香淳皇后、鄧小平

時事通信社

電気自動車に乗って日産の座間工場を視察した鄧小平は、「現代化とはどういうことかが初めてわかった」と語った。右隣は川又克二日産会長。1978年10月24日

時事通信社

日本記者クラブで内外記者団 400 人を前に会見をする。鄧小平が話し終わると会場は総立ちとなり、記者たちの鳴りやまぬ拍手が数分間も会場に響き渡った。1978 年 10 月 25 日

時事通信社

宝山製鉄所のモデルとなった新日鉄君津製鉄所を視察。右端は稲山嘉寛新日鉄会長。1978 年 10 月 26 日

新日鐵住金株式会社提供

京都に向かう新幹線車内から手を振る。1978 年 10 月 26 日　共同通信社

現代中国の父　鄧小平

〔上〕

妻シャーロット・アイケルズに
そして外国人である私に
何とか理解を促そうと助けてくれた
中国の友人たちに捧ぐ

Deng Xiaoping and the Transformation of China
by
Ezra F. Vogel

装幀　山口鷹雄
本文デザイン　アーティザンカンパニー

日本語版への序文

一九五八年にアメリカの家族関係についての研究で社会学博士号を取得した私は、渡日して二年間、日本の家族を対象として研究を行った。私が中国研究に着手したのは、帰国後の六一年からのことである。それ以降、私は日中両国について講義を行い、研究をし、本や論文を書いてきた。ニクソン大統領が七二年に米中関係の扉を開くまで中国には行けなかったため、私が初めて中国を訪問できたのは七三年だった。八〇年には初めて中国で調査を行った。私は日本に、たくさんの親しい友人を持つ。なかには五八年の初訪日以来の友もいる。私の息子のスティーブンは、両親が培った日本との深い絆をつなぎ続けることを選び、日本政治を専攻してカリフォルニア大学バークレー校の教授となり、日本研究センター長を務めている。私が七九年に『ジャパン・アズ・ナンバーワン』を書いたのは、私が日本の社会的な仕組みのよい点に敬意を抱いており、アメリカは日本経済の離陸《テイクオフ》を健全な姿勢で迎えるべきだと考えたからだった。八九年以降の日本経済は困難に直面しているが、この問題は日本の国内外で大げさに扱われすぎていると私は考えている。日本の犯罪率はなお非常に低く、平均寿命は世界のどの国よりも長く、基礎教育のレベルはとても高い。日本は安定した民主主義社会であり、多くの日本人が快適な生活を享受している。

他方で、私は中国にも親しい友人がたくさんいる。大躍進や文化大革命の間に辛酸をなめた人々には同情を禁じ得ない。普通の人々の生活レベルをどうにかして向上させようと尽力してきた多くの中国人を、私は尊敬している。こうした人々の中には中国共産党の指導者たちも含まれている。私の孫の一人は、中国語を学ぶために中国に留学し、今後も中国に関係する仕事を続けたいと言っている。私にはアメリカへの留学経験を持つ中国人の友人も多くいる。彼らは新しいアイデアや枠組みを中国に取り入れるために、たいへんな努力を払ってきた。この貧しく巨大な国の必要性に配慮しながら、新しいシステムを導入し、解決策を講じていくのがいかに難しかったか、私はよく理解している。

二〇〇〇年に私は七〇歳になった。誕生日をもってハーバード大学での講義からの引退を決めたが、まだ研究からは手を引くつもりはなかった。そこでこれから、一体どのような研究をしようかと考えた。私はかつてハーバード大学で、ジョン・フェアバンク教授とエドウィン・O・ライシャワー教授にお仕えしていた。私はハーバードの研究者は、この二人の先達のように、普通のアメリカ国民に対してアジアの発展と変化を説明していく使命があると考えた。われわれは多くの財団から研究助成を受けているが、その成果は学生や研究者仲間にだけ公開されるべきものではない。二〇〇〇年にどの研究に焦点を絞るか考えたとき、私はこれから何十年にもわたり中国の台頭こそが、東アジアについてアメリカ人が理解しなければならない最大の課題だということに疑いを抱かなかった。私は学者として、今日の中国をアメリカ人にしっかり理解してもらうには、中国が今の現代的制度を享受するために、いかに自分自身を造り変えていったかを説明しなければならないと考えた。私が鄧小平《とうしょうへい》について取り上げようと思ったのは、彼こそが毛沢東《もうたくとう》以降の中国の構造変動を主導した人物であり、その結果が現在の中国の基礎になっているからだ。当初、私はこの研究は五年もあれば終わると考えていた。

しかし書くからには、できるかぎり正確で包括的で、後世に遺《のこ》る本にしたい。結局は、本書執筆に一〇年の歳月が費やされた。

もちろん私は本書を、アメリカの読者向けに英語で書いたわけだが、中国語版が最初は香港で、続いて大陸中国で出版されると（タイトルはいずれも『鄧小平時代』）、中国本土からは私の予想をはるかに超える関心が本書に注がれた。中国の多くの人々は、自分たちの歴史を客観的な視点から理解することに強い関心を抱いているのだと思う。もちろん中国本土で出版された大陸版には、私が英語版で書いた文章がすべて反映されているわけではない。それでも検閲当局は、原著の九割以上の部分について出版を認め、私のすべての基本的な考え方をそのまま残してくれた。大陸版を出版した三聯書店が、叙述の本来の意味合いを残しつつ、読みやすい形にまとめてくれたことをたいへん嬉しく思っている。大陸版に掲載された事実のいくつかは、中国の一般国民にはほとんど知られていないことである。大陸版は（二〇一三年一月の）出版から半年で六〇万部以上の売り上げを記録した。したがって私は、『ジャパン・アズ・ナンバーワン』と本書で、日中両国でベストセラーを刊行した初の欧米人研究者という栄誉を受けた。

私は日中両国の良好な関係が、両国にとって大切だと固く信じている。アメリカは日本の同盟国であり、中国とは同盟関係にないが、アメリカにとっても日中双方と良好な関係を築くことが重要だと信じて疑わない。

私は欧米人が中国の発展と変化を理解するのを手助けしたいと思いながら、本書を英語で書いた。しかし本書が中国語で翻訳されると、私は多くのアメリカ人が真剣に中国を理解しようとしていることを、中国人にもわかってほしいと考えるようになった。そして大胆かもしれないが、この時期の歴史を客観的な視点から描くという私の努力が、中国人が自国の歴史をより包括的に理解しようとするきっかけになればと願うようになった。鄧小平は日中関係の改善にたいへんな努力を払った。本書が中国と日本の両国で出版されることで、両国の人々が関係改善の糸口を見いだす一助となることを願っている。

一九七八年一〇月に鄧小平が日本を訪問した際、彼は日本から現代的な技術と経営管理を学ぶ道を切り開こうとしただけではなかった。彼は日中両国が平和裡に共存するための道筋をつけようとしていた。そして領土問題を本題から外し、両国がいかに相互理解を高めていくかという課題に照準を合わせた。日中関係が良好になれば、中国は巨額の国防費を投じる必要もなく、国民の生活向上に力を注ぐことができるため、結果として中国の国益に適うというのが彼の考えだった。彼は中国国内では、文化大革命で国民同士が攻撃しあって生じた分裂を克服するために精力を注いだ。それと同じやり方で、彼は日中関係についても、日本の中国侵略で生じた憎しみを克服していこうとした。日本の映画やテレビ番組を中国で放送し、文学作品を中国語に翻訳すれば、中国人が日本文化に理解を深めるのに役立ち、両国は敵対的な関係を過去のものにすることができると信じていた。彼は日中間の青年交流も推進した。こうした目標のために行動できた鄧は、聡明な政治家だったと私は思う。残念なことに、日中関係をよくしていこうとする鄧の努力は、九〇年代以降は忘れ去られたままになっている。

本書の日本語版出版にあたって、私は長年にわたってよく知っている二人の研究者に翻訳をお願いすることができた。二人ともハーバード大学で私と一緒に研究したことがあり、中国と中国語に深い知識を持つ研究者である。益尾知佐子氏は中国で研究者として長年にわたって調査を行い、鄧小平の対外政策について研究を行ってきた。杉本孝氏は新日鉄の中国語通訳として、まさに鄧小平が改革開放政策に踏み出そうとしていたころに、中国で数年間、勤務した経験がある。元新聞記者で、ベテランの校正者として日本語版の文章を精査してくれた益尾知佐子氏の父上、益尾宣博氏にも感謝申し上げたい。そして日本経済新聞出版社の金東洋氏は、忍耐強く巧みにこの本の複雑な出版プロセスをマネージし、さらにはこの本をまとめ上げる作業そのものにおいても大きな貢献を果たしてくれた。四人ともが、専門用語を避け、読みやすい文章を目指すという私の目標を共有してくれた。本書は非常に厚く、解決すべき翻訳上の問題も少なからずあった。正確な翻訳に仕上げるため、翻訳者たちと金東洋氏の全員が力を尽くしてくれた。

エズラ・F・ヴォーゲル

二〇一三年八月

現代中国の父　鄧小平〔上〕　目次

第2部　最高指導者への曲折の道——一九六九年～一九七七年　103

第2章　追放と復活——一九六九年～一九七四年　104

第6章　華国鋒の下での復活――一九七七年～一九七八年　290

第4部　鄧小平の時代——一九七八年〜一九八九年　551

下巻目次

1980年代の中国
0
1,000km
黒竜江省
吉林省
遼寧省
治区
北京
天津
西省
河北省
太行山脈
山東省
河南省
江蘇省
南京
上海
安徽省
湖北省
浙江省
南昌
湖南省
江西省
瑞金
福建省
台湾
広東省
族
広州
深圳
香港
マカオ
南省
北朝鮮
韓国
日本

ソビエト連邦
モンゴル
新疆ウイグル自治区
甘粛省
パキスタン
寧夏回族
自治区
青海省
チベット自治区
成都
広安
重慶
四川省
ネパール
ブータン
貴州省
インド
雲南省
バングラデシュ
ビルマ
ベトナム
ラオス

まえがき

鄧小平を探し求めて

二〇〇〇年の夏、韓国の済州島で、楽しい野外での夕食を終えてリラックスしていたときのことだ。私の隣にいたのは、東アジアに関して二〇世紀アメリカの最も優秀なジャーナリストの一人で、友人でもあるドン・オーバードーファーだった。私は彼に、自分がもうすぐ教職から引退するつもりで、その後はアメリカ人がアジアの重要な変化を理解するのを手助けするような本を書いてみたいと考えていることを告げた。私が一九七九年に書いた『ジャパン・アズ・ナンバーワン』は、西側世界に衝撃をもたらした八〇年代の日本の台頭に対し、かなりの数のアメリカ政財界のリーダーたちが準備を整えるのに役立ったと多くの人たちが言ってくれた。それでは二一世紀の初めにおいて、アメリカ人がアジアの次の変化を理解するのに最も役に立つのは何であろうか？　半世紀にわたってアジアを取材してきたドンはためらいもせず、「ぜひ鄧小平《とうしょうへい》について書くべきだね」と言った。数週間の熟考の末、私は彼が正しいと思った。アジアの最大の問題は中国であり、現代中国の軌道に最も影響を与えた人物が鄧であった。さらに言えば、鄧の人生と業績についてのしっかりした分析は、中国の近年の社会的、経済的な変化を形作る根本的な力学を明らかにすることになると思われた。

鄧小平について書くことが容易なはずはなかった。一九二〇年代にパリと上海で地下活動に従事している間、鄧は完全に自分の記憶力を頼みとすることを学んでいた――彼は後世に文字の記録を残さなかったのである。文化大革命の間、彼の過ちの記録を集めようとした批判者たちは、紙上に残された証拠を探し当てることができなかった。公式な会議の演説は助手たちによって準備され、録音されていたが、鄧は自分の記憶だけを頼りに一時間以上にわたって整った話をすることができたため、その他のほとんどの会談や会議では原稿を使わなかった。それに加え、共産党内の他の高位指導者と同様、鄧は党の規律を厳しく守っていた。文化大革命で妻や数人の子供とともに江西省に追放されていた間ですら、同じく党員である家族に対し、彼が上層部の党内政治について語ることはなかったのである。

著者が自己賛辞を尽くす自伝について、鄧小平は批判的であった。彼は自伝は書かないと決め、他人が彼を評価するときには「誇張やほめすぎをしてはならない」と主張していた[1]。事実、鄧が公開の場で思い出話をするようなことはほとんどなかった。彼はあまり話さないこと（不愛説話）、話す内容に慎重なことで知られていた。そのため、鄧と彼の時代について書くことは、通常の国家指導者を分析することよりもずっと挑戦的な作業であった。

私自身、鄧小平と個人的に会って話をする機会がなかったことは残念である。一九七三年五月、アメリカ科学アカデミーの後援を受けた代表団の一員として私が初めて北京を訪れたとき、私たちは周恩来《しゅうおんらい》や他の高位指導者に会うことはできたが、鄧には会えなかった。私がこの旅で最も強い印象を受けたのは、文化大革命で追放された鄧がほんの少し前に北京に戻ってきたこと、そして彼がきっと大きな変化をもたらしてくれるという強い期待が、指導層の中にある種のざわめきをもたらしていたことだった。どんな役割なのか。どんな変化なのか。私たち西側世界の人間は思案したが、その後の二〇年間に中国で起きた大変動と、このたった一人の指導者の働きが中国の将来をどれほど前進させていくことになるのかを、予見できた者はもちろんいなかった。

私が鄧小平に最も近づくことができたのは、一九七九年一月、ワシントンのナショナル・ギャラリーで開かれたレセプションにおいてで、わずか数歩の距離であった。レセプションは米中の正式な国交樹立を祝うためのもので、政府や学界、メディア、そしてビジネス界に散らばるアメリカ中の中国専門家が勢ぞろいしていた。レセプションに参加していた私たちの多くは、互いに何年もの知り合いであった。中国が西側のほとんどに対して国を閉ざしていたとき、チャイナ・ウォッチャーにとって素晴らしい集会場所だった香港で、私たちはしばしば会い、竹のカーテンの向こうを何とか見通そうと、最新の情報や噂話を分け合っていた。そのうちの何人かとは、最後に会ってからしばらく時間が経っており、その間どんなことがあったのか、私たちは互いに興味津々だった。さらにレセプションが開かれたナショナル・ギャラリーは、演説をするために建てられたわけではなく、音響が最悪だった。鄧と通訳がしゃべっていることは、スピーカーを通すとまったく聞き取れず、私たち群衆は仲間のチャイナ・ウォッチャーとのおしゃべりに興じたのであった。鄧と近かった人は、やかましくて注意散漫な聴衆に彼ががっかりしていたというが、それを見ていた私たちの方は、あたかもうやうやしい静寂の中で着席して耳を傾ける行儀のよい中国人に向かって話しているかのように、鄧が演説の原稿を読み上げ続けたことに感心していた。

そういうわけで、私は歴史家が研究対象について理解を深めるように、書かれた文章を読みふけって鄧小平について知ることになった。鄧は叙述家たちに称賛するなという警告を残したものの、一人の英雄をたたえ、それ以外の人間の役割を軽視して公式、半公式の歴史を描くという伝統は、中国ではしっかりと生き残っている。だが注意深い読者は、彼以外の指導者たちがその秘書や家族によって褒めちぎられているだけに、それと違った語り口があることに気づくであろう。また党史研究者の中でも、プロとしての責任感から、実際に起こった通りに物事を記してきた人々がいる。

党史文献のさらなる公開に伴い、これから先、鄧小平についての本はたくさん出てくるだろう。しかし研究者が鄧について研究するのに今ほどよい時期はないと私は信じている。基本的な年譜はほぼ出そろったし、多くの回想録も公刊された。そしてなにより私は、後世の歴史家たちの手の届かない機会を活用することができた。私は鄧の家族や同僚、さらには同僚の家族といった人々と会って話をし、文書記録では探しあてることのできない内実や具体的な話を聞くことができたのである。私は七年以上をかけて中国でほぼ一二カ月を過ごし、鄧と彼の時代を知る人々に中国語でインタビューをした。

鄧小平の活動を客観的に記録した最も基礎的な文献は『鄧小平年譜』である。最初に公刊されたのは総一三八三頁の上下二巻で、一九七五年から九七年に死去するまでのほぼ毎日の活動などを記録しており、二〇〇四年に出版された。次が総二〇七九頁の三巻本で、一九〇四年から七四年までの彼の生活についての叙述であり、二〇〇九年に出版された。これらの編集に携わった党史研究者たちは、党内の多くの記録資料に接触を許され、正確な記録を残すことにも忠実であった。この『年譜』は、解説をせず、鄧の批判も称賛もせず、推測もしていない一方、いくつかの最も敏感な話題には言及せず、政治的なライバル関係にも触れなかった。だがそれでもこの『年譜』は、鄧がいつどのような状況で誰と会い、なにを話したのかということを知るうえでとても有用である。

鄧小平の主要な演説の多くを集め、編集し、正式に公刊したのが『鄧小平文選』である。彼の主要な政策の多くは当時の中国国内と世界の出来事のコンテキストのなかで理解されるべきだが、この三巻はそれらに関する有益な説明を与えてくれる。陳雲《ちんうん》、葉剣英《ようけんえい》、周恩来そしてその他の指導者についての年譜や、彼らの重要な演説や論文を集めた文献なども、同様に有用である。

鄧小平個人の考えについて最も深みのある解釈を提示してくれているのは、彼の末娘の鄧榕《とうよう》(愛称は毛毛《もうもう》)が、実権を握る前の鄧について記した二冊である。彼女はこれらの本を、自分の記憶と鄧を知る人々へのインタビュー、そして党内の史料に基づいて書きあげた。鄧が一九八九年の天安門事件後に健康を悪化させてから、彼の外出にいつも付き添ったのが鄧榕であった。鄧は自分の家族に上層部の政治について語らなかったが、家人は彼のことも国家の状況もよく知っており、鄧の懸念や考えを肌で感じて理解し、ときには黙って見ていたのであった。一冊目の『我的父親鄧小平』(邦題『わが父・鄧小平』)は四九年以前の鄧の生活について書いたものである。二冊目の『鄧小平——文革歳月』(邦題『わが父・鄧小平——「文革」歳月』)は、六九年から七三年にかけ、北京から江西省へと追放された両親に鄧榕が付き添ったときのことを記している。彼女は父に対して明らかに愛情と尊敬の念を抱いており、その姿を非常に肯定的にとらえているが、同時に鄧の個人的な素質や態度を明らかにするような細かい描写をしている。実際、彼女が党の政策の制約を受け、また肯定的な叙述をしようとしていたことを考えると、その文章は驚くほど率直で、開放的で、具体的である。これらの本を書き上げるために、鄧榕は党史研究者の手を借りて日時や名前、事実の確認を受けている。彼女は今、四九年以後の鄧の初期の活動について執筆を続けようとしているが、七三年以降についてはいまだに論争が多いため、叙述がかなわない。彼女は親切にも、私が何度も訪問して長々と話を聞くのを許し、彼女が書けないでいることについて補足してくれた。

中国語の文献にのめりこむ前、私が鄧小平の時代を研究し始めようとしていたときに、よい出発点を提供してくれた英語の文献がいくつかあった。ただし、ウォーレン・スン（孫万国）とフレデリック・テウィスの共著を除くそれらの多くは、鄧の生誕一〇〇周年記念に出版された年譜や回顧録が出版される前に書かれたものであった。私が特に有用と感じた業績は、リチャード・ボーム、リチャード・エバンズ、ジョセフ・フュースミス、マーラ・ゴールドマン、ロデリック・マクファーカーとマイケル・シェーンハルス、モーリス・マイズナー、銭其琛《せんきしん》、ロバート・ロス、阮銘《げんめい》、ハリソン・ソールズベリー、テウィスおよびスン、于光遠《うこうえん》の各氏によるものだった。

リチャード・エバンズ大使は、聡明で熟練したイギリスの外交官であり、一九八四年から八八年にかけて中国で大使を務めた。彼が鄧小平との会見やイギリス政府の資料に依拠して書いた *Deng Xiaoping and the Making of Modern China*（邦題『近代中国の不死鳥――鄧小平』）は非常に洗練されており、主に七三年以前の鄧について、教養ある人々が概要を理解するのに適している。西側の政治学者の中では、リチャード・ボームが鄧の時代の政治について最も詳細な研究を行っており、その成果は *Burying Mao*（葬られる毛沢東、未邦訳）の中で示されている。彼が依拠したのは、この本が出版された九四年より前に中国で入手可能だった資料と、香港の分析者たちの研究成果であった。彼は慎重に香港からのレポートを用いたが、情報源をたどるのが難しく、ゆえに信頼性を評価しにくいため、私はなおのこと香港情報には依存しないよう努めた。マルクス主義の理論を熟知する思慮深い学者のモーリス・マイズナーは、*The Deng Xiaoping Era*（鄧小平の時代、未邦訳）の中で、鄧をマルクス主義理論の文脈でとらえている。フェアバンク・センターでの私の長年の同僚、マーラ・ゴールドマンは、*Sowing the Seeds of Democracy in China: Political Reform in the Deng Xiaoping Era*（中国で民主主義の種を蒔いて――鄧小平時代の政治改革、未邦訳）の準備の過程で、公開資料はもとより、自分が研究対象としていた人々に関して特に亡命者などの多くの知識人と議論し、それに依拠しながら鄧小平時代の知的な潮流の変化を追った。*Deng Xiaoping: Chronicle of an Empire*（邦題『鄧小平帝国の末日』）の著者である阮銘は、八三年に党の保守派たちによって解任されるまで、中国共産党中央党校の研究者であった。阮銘はアメリカで亡命生活を送りながら、改革の足を引っ張る保守的なイデオローグたちに対して痛烈な批判を展開している。

『外交十記』（邦題『銭其琛回顧録――中国外交二〇年の証言』）の著者である銭其琛は、鄧小平時代の大半を通して外交部長と副総理を務めた人物で、当時の外交政策について均整のとれた記述と豊富な情報を残している。中国共産党第一一期三中全会における鄧の演説の準備を補佐した于光遠は、*Deng Xiaoping Shakes the World*（世界を揺るがす鄧小平、原題『1978 我親歴的那次歴史大転折 一一届三中全会的台前幕後』、未邦訳）で、この歴史的な転換点について叙述している。私はこれら二冊の英語版の編集を手助けしたため、かつて公人として鄧の近くで働いたことのある著者たちと議論し、問題点を補う機会を持つことができた。

ジャーナリストで、今は亡きハリソン・ソールズベリーは、毛沢東《もうたくとう》の死のすぐ後に何人かの主な指導者に接近が許され、*The New Emperors: China in the Era of Mao and Deng*（邦題『ニュー・エンペラー――毛沢東と鄧小平の中国』）を書いた。鄧と三線建設との関係など、いくつかの記述には重大な誤解が見られるが、他のほとんどのジャーナリストたちよりもアクセスに恵まれた彼は、当時、他人が持ちえなかった新鮮な見方を提示している。

鄧小平が権力を掌握したときに『チャイナ・クォータリー』誌の編集者を務めていたデビッド・シャンボーは、鄧が一九九二年に権力から遠ざかるとすぐ、鄧とその時代を評価するために学者グループを組織した。そのときの論文は、シャンボーが編集した *Deng Xiaoping*（鄧小平、未邦訳）と題する本に再録されている。

フレデリック・テウィスとウォーレン・スンは、将来的に三冊の本を完成させることを目標に、一九七四年から八二年までの時期につき、西側の研究者の中で最も多くの中国語文献にあたってきた二人だ。彼らは七四年から七六年までを取り扱った最初の本 *The End of the Maoist Era*（毛時代の終結、未邦訳）をすでに出版している。さまざまな出来事に関する異なる解釈を注意深く検討することで、彼らは基本的な事実をストレートに、しかし見事に詳細な形で描き出そうとしている。過去二〇年間にわたり、私が知る誰よりも忍耐強く、この時代のすべての重要な事実を追うことに取り組んできたウォーレン・スンは、二カ月以上を割いてさまざまな段階の私の原稿を点検し間違いを正し、新たな解釈や重要な先行研究を提示してくれた。

ジョセフ・フュースミスの *The Dilemmas of Reform in China*（中国における改革のジレンマ、未邦訳）は、この時代の経済分野の議論に関する最もよい英文書である。ロバート・ロスは当時の対外関係を分析した素晴らしい著作を書いている。中国のエリート政治と文化大革命を数十年間にわたって研究し続けてきたロデリック・マクファーカーは、文化大革命について、三巻の *The Origins of the Cultural Revolution*（文化大革命の起源、未邦訳）をしたため、また、マイケル・シェーンハルスとともに *Mao's Last Revolution*（邦題『毛沢東　最後の革命』）を執筆している。これら三人の著者はみんな私の知り合いで、私は鄧とその時代について彼らと議論することができた。彼らは喜んで自分たちの著作に関する補足的な説明をしてくれ、おかげで私は彼らが取り上げてきたいくつかの問題について、よりはっきりと理解することができた。

中国語では、最も優秀な中国人学者ですら読み切れないほどの文書が公開されている。一九九〇年代以降、中国語のインターネットでは爆発的に情報が入手可能になった。私を補佐してくれた多くの研究助手の中でも、任意《にんい》と竇新元《とうしんげん》について触れておきたい。任意の祖父は広東省党委員会第一書記だった任仲夷《にんちゅうい》で、広東の改革を率いた偉大な指導者だった。広東の経済委員会で何年も働いた経験を持つ竇は、個人としての経験と学者としての信念を組み合わせ、歴史的な文書の中からより深いところにある真実を探し出そうとしてくれた。任意と竇はどちらも丸一年以上かけてフルタイムで働き、私が大量の資料をカバーし、また、さまざまな立場に置かれた中国人の感覚や行動を理解しようとするのを手伝ってくれた。趙紫陽《ちょうしよう》の配下にあった農村発展研究所に勤めていた姚監復《ようかんふく》も、経済問題についての章の原稿点検に数週間かけてくれた。

中国語のインターネットも、人名や日付などを探すには驚異的な情報源である。ただし特別な問題を除けば、往々にしてその中のなにが事実なのか、なにが幻想、もしくはおもしろおかしい作り話なのかを、見分けることは困難である。インターネットが引用元を明示せずに重要な情報を提供していたような場合、私はそれらを使う前に引用元を探すか、少なくともこれらを他の資料と比較して信憑性を確認した。そうするなかで私は、まだ健在な中国の指導者に関して、チャイナ・ビータイ（China Vitae）が特に有用な英文ウェブサイトであると考えるようになった。

鄧小平とともに働いた当局者たちの回顧録も数多い。そのうち、三巻本の『回憶鄧小平』は最も優れた回顧録集の一つで、同じく三巻本の『鄧小平——人生紀実』も同様である。『炎黄春秋』と『百年潮』はどちらも素晴らしい雑誌で、鄧の同僚たちが多くの回顧録を寄せている。昔の高位指導者の中でも、豊富な知見を持ち、改革志向の強い人々が『炎黄春秋』の編集にあたっている。これと異なる見方を提示するのが、保守的な指導者であった鄧力群《とうりきぐん》が執筆し、香港で出版した『十二個春秋――一九七五～一九八七』である。鄧力群の見解はまた、彼が創設した当代中国研究所の未公開演説の中にも示されている。なお、この研究所は四九年以降の出来事が歴史として編まれる際、大きな流れを作る役割を果たしている。

陳雲、谷牧《こくぼく》、胡耀邦《こようほう》、万里《ばんり》、葉剣英、趙紫陽といったこの時代のすべての主要な人物については、中国の優秀なジャーナリストたちがそれぞれの著作の中で多様な見方を提示している。鄧小平についての最も優れた作品は、楊継縄《ようけいじょう》の『鄧小平時代――中国改革開放二〇年紀実』であろう。『陳雲伝』などの公的な歴史は、文献資料に基づきながら注意深く編纂《へんさん》されている。朱佳木《しゅかぼく》の陳雲に関する本（朱佳木・遅愛萍《ちあいへい》・趙士剛《ちょうしごう》著『陳雲』）は、短いものではあるが、五年にわたって助手として陳雲に仕えた朱の経験、そして慎重な研究の成果である。『鄧小平年譜』以外にも、鄧とともに働いた陳雲、周恩来、葉剣英、そしてその他の多くの指導者には、それぞれ『年譜』が編まれている。

一九四九年以降の中国の歴史を記した『中華人民共和国史』（略称『国史』）はもう一つの価値ある資料で、七巻がすでに刊行されており、今後さらに三巻が出版される予定になっている。執筆者は陳《ちん》東林《とうりん》、韓鋼《かんこう》、瀋志華《しんしか》、蕭冬連《しょうとうれん》ら大陸の学者だが、この記念碑的な業績は香港中文大学の当代中国研究センターの出版によるものである。これらの書物は、この時代に関する客観的で包括的な学術研究の新規準になっている。

中国政府は人々が発言できる範囲を大幅に拡大してきたが、大陸の内部の事情をよく知る人々が書いたものは、北京で出版するには支障が多すぎると今も考えられている。香港の出版業界はより開放的なため、多くの本が香港で出版されてきた。特に情報が多いのは鄧力群、胡績偉《こせきい》、楊継縄、趙紫陽、宗鳳鳴《そうほうめい》らが書いたものであろう。『人民日報』の元編集者で、『従華国鋒下台到胡耀邦下台』（華国鋒失脚から胡耀邦の失脚まで、未邦訳）を書いた胡績偉は改革派の一人で、回顧録も執筆している。

胡耀邦の年譜は大陸ではまだ出版されていないが、大陸にいる彼の友人たちが、香港で二種類の長大な二巻の年譜を刊行している。盛平《せいへい》が編集した『胡耀邦思想年譜——一九七五〜一九八九』と、鄭《てい》仲兵《ちゅうへい》が編集した『胡耀邦年譜資料長編』である。張黎群《ちょうれいぐん》らによる三巻の伝記『胡耀邦伝』のうち、二、三巻はまだ刊行に至っていない。胡の友人たちは『懐念耀邦』と題する四巻の回想録集も香港で出版しており、これを編集したのも張黎群らである。大陸では胡の娘が満妹《まんまい》という名前で『思念依然無尽——回憶父親胡耀邦』（思いは今も尽きない——父、胡耀邦の記憶、未邦訳）を刊行している。

趙紫陽は一九八九年以降、自宅に軟禁されている間、どうしたものか自分の音声を録音することに成功し、彼なりの歴史への解釈や個人的な観点を残している。この記録は英語に訳され、バオ・プー（鮑樸《ほうぼく》）、レニー・チャン、アディ・イグナチウス編 *Prisoner of the State: The Secret Journal of Premier Zhao Ziyang*（邦題『趙紫陽極秘回想録』）として出版されている。八九年以降、外部の人間のうち趙が最も長く話をしたのは宗鳳鳴で、その彼が執筆したのが『趙紫陽——軟禁中的談話』（邦題『趙紫陽——中国共産党への遺言と「軟禁」15年余』）である。趙は宗に回顧録を書く権限を認めていないが、ジャーナリスト楊継縄との論点が明確な三本の会話録に対しては、自分で内容を確認して承認を与え、その内容が『中国改革年代的政治闘争』（未邦訳）として出版されている。これらの書物は鄧の一部の活動にかなり批判的で、大陸の出版物とは違う貴重な見方を提示している。

私はその他に、鄧小平の演説や人々との会談、各地への訪問、家族との団欒《だんらん》などに関する中国語の文献にもあたった。私の指示で、研究助手がロシア語の文献を翻訳してくれたこともあった。

鄧小平の時代の大部分に関する一般的な文献以外に、本書でカバーした特定の問題については、私はそれぞれ、より特殊な資料を用いている（オンライン文献目録・索引の、英語、中国語、日本語の各文献を参照。http://scholar.harvard.edu/ezravogel）。

度重なる中国への短期訪問は別にして、北京により長く滞在していたときに――二〇〇六年の五カ月、〇七年の一カ月、〇八年の数週間、〇九年の一カ月、一〇年の数週間――、私は見識豊かな人々にインタビューする機会に恵まれた。彼らを三つのカテゴリーに大別すると、党史研究者、高級幹部の子弟、そして鄧小平の下で働いた当局者である。英語が流暢で、英語で話すのをより好む何人かの中国人を除けば、インタビューは通訳なしの中国語で行われた。なかでも党史研究を専門とする朱佳木、程中原《ていちゅうげん》、陳東林、韓鋼への詳細なインタビューから、私が学んだものは多かった。私はまた、鄧の二人の子供（鄧榕と鄧林《とうりん》）、陳雲の二人の子供（陳元《ちんげん》と陳偉力《ちんいりき》）、胡耀邦の二人の子供（胡徳平《ことくへい》と胡徳華《ことくか》）にもインタビューした。それに加え、私は陳毅《ちんき》、紀登奎《きとうけい》、宋任窮《そうじんきゅう》、万里、葉剣英、余秋里《よしゅうり》、そして趙紫陽の子供たちからも話を聞いた。彼らはみな聡明で思慮深い人々であった。子供としての立場から、彼らが慎重に語ってくれた具体的な思い出話は、彼らの親たちやその同僚たちのイメージに彩りを与えてくれた。

私がインタビューした元当局者は多様だった。一方に鄧小平を賛美する人々がいれば、他方には厳しい批判をする者がいた。後者は彼が胡耀邦や知識人を完全には支持せず、政治改革を推し進める機会を悲劇的に逃してしまったと考えていた。インタビュー相手の中には、元外交部長の黄華《こうか》、元国家主席の江沢民《こうたくみん》、元中央組織部副部長の李鋭《りえい》、元副総理の銭其琛、元広東省党委員会第一書記の任仲夷ら、鄧の下で働いたことのある著名な高官も含まれている。これらの元当局者たちはみな引退済みで、在任中は考えられなかったほどゆっくり時間をとって話をしてくれた。

私は鄧小平の下で働いていた有能な退職幹部とのインタビューからも多くを学ぶことができた。そのうち、杜導正《とどうせい》、馮蘭瑞《ふうらんずい》、孫長江《そんちょうこう》、呉明瑜《ごめいゆ》、楊継縄、故・朱厚沢《しゅこうたく》といった人々は、これまでに『炎黄春秋』誌にも回顧録を寄せている。なかには率直な発言をして、ときに批判されたり、警告を受けたりしている人もいるが、彼らはだいたいのところ、自分の見解を表明する自由を与えられている。加えて私は中国の研究所や大学にいる研究者にインタビューする機会にも恵まれた。学者は党員であっても、政府や党の中で鄧と働いていた人々ほどには中共内部の動きをフォローしない傾向にある。しかし彼らはしばしば誰が重要な人物であるかを知っており、なかには細心の注意を払って入手可能な文献を幅広く読みこなし、研究してきた人もいた。

中央党校や各大学、そして当代中国研究所など、専門家が共産党史を研究している組織はいくつかある。研究者の数が最も多く、文献が豊かで、党の史料へのアクセスが最もよい組織は、中共中央委員会直属の中共中央文献研究室である。このセンターでは一五人ほどの人々が『鄧小平年譜』の編集に携わった。加えて現在は、やはり一五人ほどの人々が鄧の公的な伝記を編纂する作業を進めており、数年以内に完成予定という。

私はハーバードでも、中国から訪問してきた官僚や学者との意見交換の機会に長い間恵まれてきたが、なかには北京の政治にとても詳しい人々がいた。その多くが、とても有能でひたむきでありながら、一九八〇年代に党の正統な立場から逸脱してしまった理想主義的な人々であり、著名な政治的反体制派であった。特に陳一諮《ちんいっし》、戴晴《たいせい》、高文謙《こうぶんけん》、故・劉賓雁《りゅうひんがん》、阮銘、故・王若水《おうじゃくすい》といった人々との対話から、私は多くを学んだ。私はまた、天安門事件の学生リーダーであった王丹《おうたん》、七八年に民主の壁に「第五の現代化について」という著名な壁新聞を貼り出して一五年の懲役刑に処せられた魏京生《ぎきょうせい》とも会談した。呉国光《ごこくこう》、呉稼祥《ごかしょう》（その後、北京に帰国）、郁奇虹《いくきこう》といった、中央の組織で働いた経験を持つより若い元当局者とも話した。さらに私は、特に樊綱《はんこう》、盧邁《ろまん》、銭穎一《せんえいいつ》といった、北京やハーバードで知り合った経済専門家たちからも学ぶことができた。

　前述した方々の他にも、私は次の人々にインタビューをした。鮑樸、クリス・バックリー、アンソン・チャン（陳方安生）、陳広哲《ちんこうてつ》、陳昊蘇、陳開枝《ちんかいし》、陳偉力、陳先奎、陳小魯、陳元、陳知涯、チョン・ジョンイー、チュン・ジエホ（鄭在浩）、故・鄧英淘《とうえいとう》、ジョン・ドルフィン、ピーター・ドライズデール、杜蒲、杜瑞芝、杜潤生《とじゅんせい》、故・高華、高尚全、高西慶、故・龔育之、レオ・グッドスタット、何方、何理良、胡暁江、黄平、黄仁偉、紀虎民、江綿恒、金衝及、ラリー・ラウ（劉遵義）、冷溶、レオン・チュンイン（梁振英）、李徳全、李捷、李君如、李普、李盛平、故・李慎之《りしんし》、李向前、リー・ユー、林京耀、柳述卿、劉亜偉、クリスティン・ロー（陸恭蕙）、龍永図、盧躍剛、羅援、馬立誠、馬沛文、チャールズ・マーティン、デード・ニカーソン、クリス・パッテン、マリオ・ピニ、沙祖康、シャン・ユアン、単少傑、申再望、宋克荒、宋一平、孫剛、ドナルド・ツォン（曽蔭権）、万叔鵬、王建、王軍濤、王雁南《おうがんなん》、王毅、呉敬璉、呉南生、蕭冬連、シェ・ミンガン、熊華源、厳家其《げんかき》、楊成緒、楊啓先、楊天石、葉選基、葉選廉、レジーナ・イップ（葉劉淑儀）、余暁霞、曽彦修、翟志海、章百家、張国新、張顕揚、張星星、張新生、張穎、張蘊嶺、趙樹凱、鄭必堅《ていひつけん》、鄭仲兵、周明偉、周牧之、周琪、そして朱啓禎。外国人である私に、何とか理解を促そうと助けてくれた中国のすべての友人と知人に、私は心から感謝している。ただし私が本書で提示した見方は、私自身が入手できた多様な資料に基づいて最善と思って下した判断であり、彼らにはいかなる責任もない。

鄧小平が体験した状況を感覚的により深く理解するため、私は鄧の生涯にとって重要だったいくつかの場所で数日ずつ過ごした。出生の地である四川省広安県、鄧がゲリラ戦士として八年を過ごした山西省の太行山脈、一九四九年から五二年にかけて西南局を指導していた際に根拠地とした重慶および成都、三〇年代初めに数年間暮らした江西省の瑞金《ずいきん》などである。上海の郊外にある陳雲の生まれ故郷、青浦《せいほ》を訪れたこともある。いずれの場所でも、博物館の展示に加えてその地方の学者や幹部が詳しく説明などをしてくれ、私は各地の状況における鄧の役割をさらによく理解することができた。

私はシンガポールも訪れ、おそらくいかなる外国の指導者よりもよく鄧小平を知っていたであろう元首相のリー・クアンユー、そして元首相のゴー・チョクトン、中国沿海経済開発区の元顧問ゴー・ケンスィー、大統領のS・R・ナザンや他の当局者から話を聞くことができた。また特に、ワン・ガンウー（王賡武《おうこうぶ》）、ジョン・ウォン、鄭永年《ていえいねん》といった学者とは長時間、議論した。香港では、楊振寧《ようしんねい》や中国大陸以外に住んでいた人の中で鄧が最もよく会見した香港随一の海運王、Y・K・パオ（包《ほう》玉剛《ぎょくこう》）の娘婿で、彼と一緒に鄧と何度も会見したエドガー・チョン（鄭維健《ていいけん》）に会うことができた。

オーストラリアでは、前首相のロバート・ホーク、元駐中大使のロス・ガーノート、元外交官のリチャード・リグビー、ロジャー・ユレンやその他の人々から話を聞く機会に恵まれた。私はモスクワにも行き、中国に何年も駐在してモスクワの東方学研究所を率い、また鄧小平についての本を書いたレフ・デリューシンに会った。現在、アメリカで教鞭をとる学者で、緻密な研究をしているアレクサンドル・パンツォフは、毛や鄧に関するロシア語の資料に詳しく、彼やセルゲイ・チフビンスキーとの議論は特に有用であった。

鄧小平に関するより深い洞察を求めてイギリスを訪問した私は、元大使のアラン・ドナルド卿、同じくリチャード・エバンズ、そして元香港総督のデビッド・ウィルソンと議論することができ、北京でも元イギリス大使のアンソニー・ゴールズワーシー卿と会うことができた。私はまた、香港の元行政長官だった董建華《とうけんか》とも話をし、香港で北京との交渉チームの一員だった邵善波《しょうぜんは》とは、膝を交えて何度も語り合った。

日本にいる間、私は元首相の中曽根康弘や元駐中大使の阿南惟茂、国広道彦、谷野作太郎、そして日本外務省の中の畠山篤、加藤弘一、下荒地修二といった元中国専門家たち、さらに川島裕、東郷克彦、渡辺宏二など日本の対外政策を熟知するジェネラリストたちと話をすることができた。私はまた、特に平野健一郎、川島真、国分良成、毛里和子、添谷芳秀、高木誠一郎、高原明生、田中明彦、辻康吾、矢吹晋、山田辰雄ら、中国の対外関係を専門とする日本の専門家たちとも話をした。この本を日本語に訳してくれている益尾知佐子と杉本孝の二人の日本人中国研究者には、特に感謝したい。鄧の対外政策に関する素晴らしい本を書いた益尾は、日本政府が機密解除した文書など日本語資料の収集を助けてくれた。

アメリカでは、一九七九年に鄧と重要な会見を行った元大統領のジミー・カーター、元副大統領のウォルター・モンデール、さらにヘンリー・キッシンジャーやブレント・スコウクロフトなど、鄧小平と会談した高官からかなり話を聞く機会を持てた。ホワイトハウスの主要な高官として対中国交正常化交渉を統括したズビグネフ・ブレジンスキーや、故マイケル・オクセンバーグとも話をした。リチャード・ニクソン大統領の娘婿で、大統領とともに鄧と会見したエドワード・コックスは、そのときの思い出話を私に語ってくれた。故アーサー・ハメル、故ジム・リリー、ウィンストン・ロード、ジョー・プルーハー、サンディー・ラント、スタプルトン・ロイ、ジム・ササー、そして故レナード・ウッドコックといった何人かの元駐中アメリカ大使とも話をした。ウッドコック元大使の未亡人、シャロン・ウッドコックは、親切にも夫が残した書類を私に見せてくれた。私はさらにホワイトハウスや国務省などのアメリカ政府機関で働いたことのあるその他の中国専門家たちと議論をする機会にも恵まれたが、特にマイク・アーマコスト、クリス・クラーク、リチャード・フィッシャー、チャス・フリーマン、デビッド・グライズ、チャールズ・ヒル、ドン・カイサー、ポール・クライスバーグ、ハーブ・レヴィン、ケン・リバソール、ビル・マカヒル、ダグ・パール、ニック・プラット、アラン・ロンバーグ、スタプルトン・ロイ、リチャード・ソロモン、ダグ・スペルマン、ロバート・シュッティンガー、ロジャー・サリバン、ロバート・サッター、ハリー・サイヤー、ジョン・トンプソンの名を挙げておきたい。かつて私の学生だったスーザン・ローレンスとメリンダ・リウの二人は、その後、北京から報告を送る仕事に何年も従事したが、とても寛大に自分たちの時間と見識を分け合ってくれた。米中関係全国委員会のジャン・ベリスは、人物と出来事に関する素晴らしい情報源であった。私は加えて、鄧小平の通訳であった冀朝鋳《きちょうちゅう》、施燕華《せえんか》、唐聞生《とうぶんせい》（ナンシー・タン）、故・章含《しょうがん》之《し》の四人にもインタビューをした。

本書のすべての草稿に丁寧に目を通してくれたポール・コーウェン、ジョセフ・フュースミス、マーラ・ゴールドマン、シャーロット・アイケルズ、ドン・カイサー、アンドリュー・ネイサン、トニー・サイチ、デビッド・シャンボーにはとても助けられた。ジョン・バーニングホーセン、アッシュレー・イザレイ、メル・ゴールドスタイン、アーサー・クレイマン、マイク・ランプトン、ダイアナ・ラリー、スーザン・ローレンス、チャン・リー、エドウィン・リムとシリル・リム、ペリー・リンク、ビル・マカヒル、ローレンス・リアドン、ロバート・ロス、スタプルトン・ロイ、リチャード・サミュエルズ、リチャード・ソロモン、マイク・スゾンイ、マーティン・ワイト、ダレナ・ライト、イエ・ナンが、一部の原稿を丁寧に読んでくれたことも幸運であった（第18章を読んでくれた方々の名前は、その注に明記した）。さらに中国にも、私の間違いや誤解を正すため、中国語に翻訳されたこの原稿の草稿に親切に目を通してくれた何人もの党史研究者がいた。陳東林、程中原、韓鋼、斉衛平《さいえいへい》、瀋志華、蕭延中、楊奎松《ようけいしょう》、朱佳木である。しかしながら、訂正されていないすべての間違いと、彼らが原稿を読んでくれた後に紛れ込んでしまったものについて、責任を負うべきなのはもちろん私個人である。

　ハーバードの同僚との議論から、私が得たものは大きかった。それらの人々には、ウィリアム・アルフォード、ピーター・ボル、ジュリアン・チャン、ポール・コーウェン、ティム・コールトン、ナラ・ディロン、マーク・エリオット、ジョー・フュースミス、マーラ・ゴールドマン、スティーブ・ゴールドスタイン、ロウィーナ・ハー、セバスチャン・ハイルマン、ウィリアム・シャオ、イアン・ジョンストン、ビル・カービー、アーサー・クラインマン、ロデリック・マクファーカー、スザンヌ・オグデン、ビル・オーバーホルト、ドワイト・パーキンス、リズ・ペリー、ロバート・ロス、トニー・サイチ、マイク・スゾンイ、タム・タイ、杜維明《といめい》、王寧《おうねい》、ジェームズ・L・ワトソン、ジョン・ワットとアン・ワット、マーティン・ワイト、ジェフ・ウィリアムズ、エンドミオン・ウィルキンソン、デビッド・ウォルフがいる。その他の場所で私が議論をした学者には、ジョン・バーニングホーゼン、トム・バーンスタイン、陳広哲、デボラ・デービス、ジョン・ドルフィン、トム・ゴールド、メル・ゴールドスタイン、桂本青《けいほんせい》、マイク・ランプトン、ペリー・リンク、リチャード・マドセン、ジーン・オイ、ジョナサン・ポラック、故ルシアン・パイ、ディック・サミュエルズ、デビッド・シャンボー、スーザン・シャーク、ドリー・ソリンガー、エド・スタインフェルド、アンドリュー・ウォルダーがいる。

ホリー・エンジェル、ディアドレ・チャタム、ホセ・エスパーダ、高申鵬《こうしんほう》、エリザベス・ギルバート、アンナ・ローラ・ロソー、ケート・サウアー、石文嬰《せきぶんえい》、張燁《ちょうか》にも、私は助けてもらった。ハーバードで一九四九年以降の中国の資料を使って研究している他のすべての学者たちと同じく、フン図書館フェアバンク・センターの図書館司書であるナンシー・ハーストには深く感謝している。彼女は文献資料に関する徹底した知識と、学者が必要とする情報を探し当てるのを手助けするための、どうやら際限のない情熱とを併せ持つ人物である。彼女は私の註を正し、原稿を数回にわたって校閲してくれた。中国が二一世紀にますます重要になっているなかで、ハーバードにいる私たちは、現代中国研究の価値ある資源であるフン図書館フェアバンク・コレクションの特別資料にアクセスできることでとても恵まれている。これらの資料の多くは、他の欧米の図書館で入手できないだけでなく、中国の図書館でも同じくアクセスがかなわないものなのである。

同じく、学者を手助けすることに情熱を注ぐ熊景明《ゆうけいめい》（ジーン・フン）にも感謝している。彼女は香港中文大学中国服務中心（Universities Service Center for China Studies）で、大陸中国以外の場所としては最も完全な形でこの時代の資料を集め、創造的に整理を行っている。カーター政権期の資料を探して活用するうえでは、アトランタのカーター図書館の司書たちからも支援を得ることができてありがたかった。わが勤勉なる編集者、アール・ハーバートは、中国専門家ではない人々にもこの原稿がわかりやすくなるよう、一行一行にあたって作業をしてくれた。原稿整理をしてくれたジュリー・カールソンは、私が原稿の形を整えていくのを創造的に、徹底的に、休む間もなく手伝ってくれた。ハーバード大学出版社の編集者であるキャスリーン・マクダーモットは、出版にかかるさまざまな側面を概観してくれる、創造的で勤勉で情熱的なマネジャーであった。

中国の文化人類学を専門とする私の妻、シャーロット・アイケルズは、本書のあらゆる段階でいつも私の知的同伴者であった。彼女はとりつかれたように働くワーカホリックに、バランス感覚と精神的な支援を与えようと、忍耐強く最善を尽くしてくれた。

私は一九九三年から九五年にかけてアメリカの中央情報局（ＣＩＡ）東アジア担当官として働いたが、この研究の遂行の過程では機密文書にアクセスしていない。本書で提示されている事実や意見や分析に関するすべての叙述は著者のものである。ここで提示されているすべての資料は、ＣＩＡまたは他のアメリカ政府の公的な立場や見解を反映していない。内容に関するいかなる部分も、アメリカ政府が著者の見解について情報を確認し承認した結果を、主張または暗示していると解釈されるべきではない。本書は機密情報の漏洩を防ぐため、ＣＩＡによる査読を済ませている。

序章　鄧小平の人物像と使命

中国語に堪能で、広く尊敬を集めていたイギリスの香港総督、マレー・マクレホース卿は一九七九年三月、香港問題について説明するため北京に飛んだ。マクレホースが事前に聞いていたのは高位指導者に会うということだけだったが、到着後、中国の最高指導者と呼ばれ始めたばかりの鄧小平《とうしょうへい》との会談が準備されていると知り、彼は喜んだ。(1) 人民大会堂でつっこんだ議論をしている間、マクレホースは鄧に香港が直面している問題の難しさを説いた。双方にとって明らかだったのは、イギリスはアヘン戦争のときから香港を植民地としてずっと統治してきたが、そのころ香港領とされた土地の大部分について、九七年には中国からの租借権が切れるということだった。マクレホース総督は慎重かつ外交的な姿勢に徹し、香港の人々は九七年以降になにが起こるか深く心配しているため、彼らを安心させる必要があると説明した。鄧はマクレホース総督の懸念について注意深く聞いていたが、一行が話を終えてドアに向かおうとするとすぐ、マクレホースを呼び止めた。一八〇センチを優に超える長身の総督は、身を乗り出して身長一五〇センチのホストの次の言葉に耳を傾けた。「もしあなたが香港の統治が難しいと思うのなら、ぜひ中国を統治してみるべきだね(2)」。

鄧小平は中国が危機的な状態にあることを強く認識していた。一九六〇年代初めの大躍進では、三〇〇〇万人以上の人間が死んだ。文化大革命では高位指導者を攻撃するために若者たちが動員された。彼らが毛沢東《もうたくとう》の支持を受けて高位指導者たちを追い出すと、ほぼ一〇億の人口を抱える中国全体が大混乱に突入してしまい、その後遺症はまだ癒えていなかった。中国の人口の八割を占める農民一人あたりの平均収入は、米ドル換算で年間四〇ドルにしかならなかった。一人あたりの穀物生産高は五七年の統計を下回っていた。

失脚した年配の党指導者たちの跡を埋めたのは軍の指導者や造反派たちだったが、彼らにはそうした地位を担うだけの準備も資質もなかった。軍は膨張して軍事的な任務をおろそかにし、文民の役職に居座った軍の指導者たちは仕事もせずに執務室で特権を享受していた。交通と通信のインフラは無秩序状態にあった。規模の大きい工場は五〇年代にソ連から輸入した技術でなおも操業されており、設備は修繕が必要なまま放置されていた。

大学はほぼ一〇年間にわたって基本的に閉ざされたままだった。教育水準の高い若者は強制的に農村に送られていたが、彼らをそこにとどめておくことはだんだん難しくなっていた。しかし都市には、彼らに与える仕事も、都市に移動したいと考えている数千万人の農民たちに回す仕事もなかった。そしてすでに都市に住んでいた人々の方も、自分たちの雇用のことを恐れ、新たな住民を受け入れる準備ができていなかった。

何人かの勇敢な指導者は、中国が直面している問題の真の原因は毛沢東その人だと言ってのけた。だが鄧小平は、過去二〇年間の失敗の責任を一人の人間のせいにすべきではないと考えていた。彼は「われわれみんなが責任を負っている」と言っていた。たしかに毛は多大な過ちを犯した。しかし、鄧の目から見れば、こうした過ちが出てくるのを許した不完全なシステムこそがより大きな問題であった。各家庭の中まで政治システムの支配を行き渡らせようとした試みは極端に過ぎ、人々に恐怖心を植えつけ、やる気を削いだだけだった。中国の指導者はどうすれば、国家の安定を保ちながら統制をゆるめていけるのだろうか？

文化大革命以前の一〇年間、古いシステムを構築して運営していくために、鄧ほど大きな責任を負っていた人物はいなかった。だからこそ、鄧は一九六九年から七三年にかけて南昌に下放されていた三年半の間、それまで高い地位にいたことのある人々の中で誰よりも、中国の古いシステムのなにが間違っており、どう直せばいいのか熟考したのであった。

人々に富を、国に力をもたらすために、鄧が一九七八年の段階で明確な見取り図を描いていたとはいえない。その代わり、彼はよく用いられることわざに繰り返し言及し、自分は「石を探り当てながら川を渡る」のだと告白していた。(3) もっとも彼は、だいたいどう進めていくかというおおまかな考えを持っていた。

鄧小平は科学、技術、管理のシステムについて、中国の門戸を広く開放し、各国の政治制度に関わらず、世界のどこからでも新しい考えを採用していくつもりだった。彼はまた、アジアの新しい経済的原動力——日本、韓国、台湾、香港、そしてシンガポール——が、他の国が経験したことのない速さで発展しつつあることに気づいていた。しかし、外国から単純に全部のシステムを輸入するわけにいかないことも明白であった。中国は文明の遺産に恵まれてはいたが、同時に巨大で多様で貧しく、異国のシステムがその独特のニーズにぴったりとあてはまるはずはなかった。自由市場を信奉する一部の経済学者が認識できないでいることを、彼は理解していた。問題は市場を開くだけでは解決せず、制度はゆっくりとしか整えられないのだ。彼は他の指導者に、新たな分野を切り開き、なにが成功をもたらすのかを学ぶためにあちこちへ行き、将来有望な技術や管理の経験を持ち帰り、自国でどうしたらよいのか実験を進めることを奨励した。彼は他国との良好な関係を育むために先鞭をつけ、中国と他国の間で協力を進めやすくした。

再建の間も秩序を保ち続けるため、一連の過程を管理できる組織は彼にとって共産党しかありえなかった。一九七八年の中国で最も経験に富んだ指導者たちは、五〇年代や六〇年代初めにすでに責任ある地位に達していた党の指導者たちであった。彼らは復活を許されるべきだったし、若い人々は海外で訓練を受け、最良のアイデアと最先端の科学技術を、どこからでもいいから持って帰らなければならなかった。新しいやり方を持ち込むのはとにかく破壊的なことだった。共産党でさえも、その目標と仕事のやり方を根底から変えていかなければならなかった。

最高指導者として、鄧は新しいアイデアを持って来るのが自分の役割だとは思っていなかった。彼の考えでは、彼の仕事は新しいシステムを考案して実行していくための破壊的過程を管理していくことであった。最終的な責任を担う彼は、適切な審判役でなければならなかった。システムを管理するために、彼は中核となって責任を分担し合う仕事仲間を選んでいかなければならなかったし、みんなが効率的に働くため、早期に組織を作り上げていかなければならなかった。国内で実際になにが起き、国外ではどうなっているのか、最良の情報も必要だった。希望を与えるのが彼の仕事だったが、一九五八年に毛沢東がやったように、非現実的な期待を高めさせてはいけなかった。国がバラバラにならないよう、彼は指導者たちにも人々にも状況を説明し、変化のペースを整えて、人々がそれを受け入れていけるようにしなければならなかった。彼自身が巨大な権力を握っても、自分が指示した仕事を行っている部下たちの間に、どういった政治的な雰囲気があるかも配慮しなければならなかった。システムが本質的な変化を経験しているときでも、雇用や日常生活については、ある程度の安定を認める必要があった。とどのつまり、鄧は前代未聞の難題に直面していた。そのころ他の社会主義国で、経済システムを改革し、持続的な高度成長の実現に成功した国はなかった。無秩序状態にあって一〇億の人口を抱える中国の成功など、まして考えられなかった。

鄧小平――その人物像

鄧小平は背が低かった。しかし、いったん最高指導者になると、彼が部屋に入れば威圧感が生まれ、人々は自然と彼に注目した。それはまさに部屋の電気が彼へと流れていくようだったと、何人もの人々が指摘している。彼には重要な問題を解決する決意を持った人間の強さが凝縮されていた。かつて戦時中に軍の司令員を務めた経験と、半世紀も権力の中枢近くで生きるか死ぬかの問題を扱い続けたことから来る自信とが、彼の中で自然な威厳を生んでいた。浮き沈みを経験しながらも、妻や子供たち、親しい同僚たちに支持されて復活する機会を与えられてきた鄧は、自分が自分であることに自信を持っていた。彼はなにか知らないことがあればそれを認めるのに躊躇しなかった。ジミー・カーター・アメリカ大統領は、鄧にはソ連の指導者と違い、いきなり本質的な問題に踏み込むことを周囲が許してしまうような自信があったと指摘している。今まではどうだったとか、昔の間違いの原因は何だったとかということで、くよくよ悩んだりしなかった。よくプレーしていたブリッジで、彼は自分が仕掛けられたことのある技を相手に対しても使ってみようとした。力の現実を認識して受け入れ、おそらく大丈夫と思われる限界線の範囲内で物事を動かしていくことができた。彼を監視していた毛沢東がいなくなってから、鄧は自分と自らの威信に十分な確信を持ち、客といてもリラックスし、のびのびとして、単刀直入で、機知に富み、そして拍子抜けするほど率直でいることができた。一九七九年一月にワシントンで開かれた公式晩餐会の場で、鄧はシャーリー・マクレーンの話を聞いてすぐにぶち切れた。彼女は文化大革命の間、農村に送られ、トマト栽培に従事させられた中国の知識人が、人生について学べたのを感謝していると言ったことに触れたのだった。マクレーンの言葉を遮りながら、鄧は「その男は嘘をついている」と言い、文化大革命がいかに悲惨であったか、彼女に語り続けたのだった。

鄧小平は一九七八年に七四歳になっていたが、なお活力にあふれ、きびきびとしていた。執務室としても使っていた自宅の庭で、三〇分間の早足歩きをして朝の運動をするのが習慣であった。中国の多くの指導者は、隣り合って並べられた座り心地のよい椅子に腰を下ろして客と話をするので、たいてい客と関係ない方向ばかり見ていることになる。しかし、鄧は相手の方を向き、相手をしっかり見ながら話をするのを好んだ。彼は好奇心に富み、人の話によく耳を傾けた。彼が外国の政策に反対したときには、その国の役人たちは彼のことを頑固だと言い、「釘のように硬い」と表現した。多くの国が帝国主義と植民地主義と海外での軍事力の行使によって自国の利益を追求するのを見てきた鄧は、親善を謳う外国の指導者たちに期待しすぎてはならないことを重々承知していた。しかし、鄧がやむを得ず述べたことを快く思わなかった海外からの客ですら、彼らの社会的な地位や所属、あるいは小国か大国かということとは関係なく、最後には鄧に好感を持った。それは彼らが鄧のことを、相手にする価値のある人間だと感じたからである。

西側の人間の中には、鄧小平が単刀直入でプラグマティックなのにとても驚き、彼は心の中では資本主義者で、中国を西側的な民主主義に導いていくだろうと誤解してしまった人々がいた。たしかに鄧は学ぶことを躊躇しなかった。しかし結局のところ、彼はそうした人間よりも自分の方が中国にとってなにがよいか知っていると信じていたし、それは資本主義でも西側的な民主主義でもなかった。

一九七八年までに鄧小平の右の耳はほとんど聞こえなくなっており、多くの人々が自分の見解を述べるようなグループ会合に参加することは、彼にとってきまりの悪いものになっていた。彼は字を読む方をより好み、毎朝、一人で座って報告書を読んで過ごした。執務室の主任が毎日、鄧のために新聞一五紙とすべての重要な報告書を運んでくると、鄧はその中からどれに時間を割くか自分で決めた。外国人との面会では、通訳がよりよい左の耳に直接話しかけてくれ、客との意見交換が自然にできたので、彼にとってはやりやすい面もあった。鄧が話すマンダリン（いわゆる「普通話」、標準中国語）には強い四川訛《なま》りがあったが、それは他のマンダリン話者にとってわかりやすいものであり、彼がそのために話の速度を落とすことはなかった。鄧は重責を担っていたが、彼以上にそうした任務を担う用意のある者、性格や習慣のうえでより適任な者がいたとは想像しにくい。

鄧小平は本能的に愛国主義的で、共産党に身を捧げており、同僚たちに信頼されていた。鄧の一生の活動のベースになった愛国主義は、まさに中国で大衆ナショナリズムが開花したころ、中学生だった鄧が一四歳で（デモが繰り広げられていた）広安県の大通りに繰り出したときに固まったものだった。五年後のフランスで、中国人たちに与えられた汚くきつい工場労働と、勉学の機会という約束が破棄されたことに失望した鄧は、中国共産党のフランス支部に入党した。それから七〇年以上経って死去するまで、彼は献身的な共産主義者であり続けた。

フランスでの五年間とソ連での一年間の経験から、鄧小平は毛沢東よりもずっとよく世界中の動きを理解し、より広い視野から中国をとらえることができるようになっていた。現代国家の商工業を観察し、ソ連に滞在して世界初の共産主義国家が近代化にどう立ち向かったかを見る機会にも恵まれた。

鄧小平はフランスにいたころ、共産主義青年運動の全体的な戦略を考える小さな知識人グループに参加し始めた。鄧はそのころから中国革命の大戦略家と結び付くようになり、「司令塔の高さ」、すなわちさまざまな理論が提起されるところから、身の回りで関連した出来事が発生するところまでを幅広くとらえる、独特の見方を育んでいった。鄧はフランスで工場の仕事を辞め、六歳年上の周恩来《しゅうおんらい》が率いていた小さな中国共産党支部の周りで雑用をして過ごした。役目は簡単な宣伝用パンフレットを印刷してフランスにいる中国人学生に左傾的な理念を宣伝することで、当時は「ガリ版博士」として知られていた。日本とイギリスでも経験を積んでいた周は、中国人青年の仲間内ではすでに指導的地位にあった。鄧は立場上、周がどのように組織をつくっていくかを観察することができ、実際は周に弟子入りしていたようなものであった。鄧はグループの中で最も若いメンバーの一人だったが、すぐにヨーロッパの共産青年組織の実行委員会に入った。ソ連人たちは国際共産主義運動のためにモスクワの中山大学《ちゅうざん》（孫文《そんぶん》の別名の孫中山《そんちゅうざん》から名付けられた）で中国人の訓練を始めようとしており、鄧は最も水準の高い中国人指導者たちを集めた第七グループに抜擢された。中山大学で鄧はソ連人がどのように共産主義運動を打ち立ててきたかを理解し、彼らが中国における運動の実践についてどう考えているのか学ぶことができた。

何度か短い中断はあったものの、経歴全体を通して、鄧小平は最高権力の座にいつも十分近いところにいたし、最高指導者たちがさまざまな状況にどう対応するのかを内側から観察することができた。

一九二七年に中国に戻ってしばらくすると、鄧は上海での地下活動を命じられ、再び周恩来の下で働くことになった。かつて中共と手を結んでいた蔣介石《しょうかいせき》が彼らを一掃する作戦に転じたため、中共は生き残り戦略を考え出さなければならなかった。鄧は都市で武装蜂起をする計画の策定に参加し、さらに二五歳にして広西省（現在の広西チワン族自治区）に派遣され、都市での武装蜂起を率いた。毛沢東が江西ソビエト根拠地を構築し始めると、鄧もそこへ赴き、瑞金《ずいきん》県委員会書記となって毛が農村根拠地をどのように構築しているかを学んだ。長征の途中、毛が指導者として頭角を現した決定的な遵義《じゅんぎ》会議が開かれ、鄧も参加した。鄧は長征が終わる前に毛の信頼を獲得する機会を得ていた。毛は中国の西北部に新たな根拠地を打ち立てると間もなく、鄧に軍の政治的指導をする政治委員の重責を任せた。後に中国が内戦に突入すると、鄧は上海の接収と共産党統治への移行を指導する任務を担うことになり、さらに西南地区に派遣されて中国の六大地区の一つを率いる役目を果たした。

なかでも一九五二年から六六年にかけ、権力の中枢の北京で毛沢東と一緒に働いたことは、鄧小平にとって中国の発展、そして外国とどのようにやり合っていくかという戦略を考える機会になった。毛は鄧を自分の潜在的後継者の一人とみなしており、鄧はまず政治局会議に、そして五六年からは中国で最も序列の高い他の五人の指導者と並んでその常務委員会に参加するようになった。また、農業の集団化と工業の国営化を目玉とする社会主義体制の立案と実施に中心的に関与し、西南地区の土地改革では中心的な役割を果たした。大躍進が失敗すると、鄧は五九年から六一年にかけて、社会主義構造の調整を指導するうえで重要な役割を果たした。つまり、鄧は七八年までに半世紀も、中国の最高指導者たちが国家を率いていくうえでどのような戦略をとっていたのか、見つめ続けていたことになる。

鄧小平は一二年間、軍を指揮したが、その後も一兵卒と自称し続けた。彼は司令員ではなく、政治委員であったが、党書記だったために軍事行動を認可する権限を持っていた。彼は司令員と緊密に協力しながら、最初は小さなゲリラ作戦を、国共内戦では大規模戦役を戦った。軍事史上、最も規模の大きな戦役の一つで、国共内戦の重要な転換点だった一九四八年末の淮海《わいかい》戦役では、最終的に五〇万人の兵士を統括する総前線委員会の書記を務め上げた。

経歴全体を通して、鄧小平はいつも理論より実践に責任を負っていた。江西ソビエトの小さな県の指導者だった彼は、第二次世界大戦中（筆者は本書で、日中戦争もしくは抗日戦争を含め、まとめて第二次世界大戦と呼んでいる）に政治局員として太行山脈のいくつかの県の仕事を、大戦後にはいくつかの省が交わる辺境地帯を率いた。一九四九年以降は西南地区全体を統括し、さらには国家全体を双肩に担うようになり、その職責は膨らみ続けた。

中国があまり西側との関係を持たなかった五〇年代、鄧は中共とその他の共産党との関係を指導することに責任を負っていた。文化大革命からの復活が許されると、中国の対外関係を率いる任務を担うことになり、周恩来の下に弟子入りして働いたのだった。

鄧小平は経済問題ではあまり経験がないという人もいるが、経済活動は党のジェネラリストにとって常に重要な任務であった。しかも、中国が社会主義経済体制を打ち立てるために決定的な段階にあった一九五三年から五四年にかけ、鄧は一年間、財政部部長として働いていた。

宣伝は常に共産主義活動の重要な一部である。フランスで鄧小平は宣伝冊子の配布に責任を負っていた。江西ソビエトでは、批判を受けた後で全ソビエト地区の宣伝責任者に任じられ、長征の間も再びこの分野で責任を負った。軍の政治司令員としては、自分が率直に語り、兵士たちに彼らの奮闘ぶりを全体的な状況と彼らの使命に関連づけて広い視野を提示したときに、自分の言葉が最も説得力を持つことを学んだ。

すなわち、鄧小平は地方、地区、国家の各段階で豊富な統治の経験を持ち、それらを活用することができた。彼は半世紀の間、ずっと党指導者として幅広く戦略の探求に携わってきた。彼は党でも政府でも軍でも、重要な地位に就いていた。一九八〇年代に西側から新しい工業を導入する責任者を務めたように、五〇年代にはソ連から新しい工業と技術を導入する任務に参加していた。

鄧小平はとても頭がよく、クラスの中ではいつもトップだった。一九二〇年に四川でフランス派遣試験に合格したときは、八四人の学生の中で最年少だった。子供のころに儒教教育を受け、フランス派遣の一つとされた論語の長文暗誦が得意だった。地下活動では紙に痕跡を残さず、情報を記憶して残すことを学んだ。鄧はよく考え抜き、よく整理された一時間もの演説を、メモも見ないで行うことができた。毛沢東は彼を歩く百科事典と呼んだことがある。重大なイベントの前、鄧は一人で静かに、なにを言うべきかを考えて過ごすのを好んだ。だからこそ、時が来たときには明瞭で決定的な発言をすることができた。

鄧小平は、同志たちが戦いや党内粛清で死んでいくのを見ながら鍛えられた。友が敵になり、敵が友になるのを見て過ごした。鄧も最初は江西ソビエトで、次に一九六六年の文化大革命で、それからさらに七六年に、計三回、失脚した。文化大革命のとき、彼はどんどん膨れ上がる批判運動の標的になった。こうして鄧は鋼のように固い意志力を培っていった。彼は怒りや不満をそのまま外に出さず、感情ではなく、党と国家がなにを必要としているのかを慎重に分析したうえで決断を下すよう、自らを律していた。毛沢東は鄧について、中身が固くて外側が柔らかく、針を隠した真綿のような男だと言ったが、鄧の同僚たちが真綿を感じることはほとんどなかった。(4) ただ同僚たちは、彼が不公平だとも思っていなかった。毛主席と異なり、鄧は復讐心に燃えたりしなかったからである。ただし、党の利益のためと判断したとき鄧は、自分や自分が与えた使命のために尽くしてくれた人ですら解任した。

困難に際して鄧は、部分的には妻や家族との温かく親《ちか》しい関係と、また幾多の困難を乗り越えてきたことからくる自信とに支えられていた。もっとも、彼は一九七六年までの間、中国革命の実力者であった毛沢東主席との特別な関係から恩恵を受けていた。毛は多くの同志をつぶしたが、三〇年代に毛に味方したがゆえに初めての失脚に追い込まれた鄧には特別な感情を抱いていた。毛は鄧を二度失脚させたが、完全につぶそうとはしなかった。彼は鄧を将来的に活用することを考え、わきに追いやっただけだったのである。

鄧小平の同僚たちは、彼が中国の統治という任務に真剣に取り組んでいることを理解していた。鄧は冗談を言うこともあったが、同僚たちとは通常、フォーマルに接した。彼が部下たちの個人的な生活に関心を向けることはなかった。ちっぽけな悩みには関心を向けず、その代わり多くの人々が中国に必要と考える強固なリーダーシップや、共通の目的のための方向感覚などを提供することに力を注いでいた。彼は明快で、論理的で、予測可能だった。大きなことを考え、細部は他人に任せることで知られていた。彼は微に入り細をうがって管理したがる人間ではなかった。

ただし、一般大衆にとっては、鄧小平は神のような毛沢東主席よりもずっと親しみやすかった。人々は「毛主席」について崇めたてるように語ったが、鄧のことはそのファーストネームの「小平《シャオピン》」で呼んだ。鄧の方もあっけらかんと自分の悪癖について公言した。彼が自分で客に語ったところによれば、彼の悪癖は三つあり、たばこ、酒、そして彼のそばに置かれていた痰壺に痰を吐くことであった。そして彼はそのすべてを楽しんだ。

鄧小平は自分の友人たちではなく、党と国家のためになることをするという強い意志を持っていた。一六歳で家を後にしてから、二度と両親や故郷を訪れることもなかった。自分が、ある地方や派閥、特定の友人グループを代表する存在ではないことを明確にしていたのだ。彼が最も親しくしていた同僚は、同じ目標のために働く同志であり、組織の必要を越えて忠誠心が続くような友人ではなかった。彼は妻や子供たちとは普通以上に親密だったが、それでも党の規律を守り続けた。妻や四人の子供たちはみな党員だったが、彼が家族に上層部の秘密を明かすことはなかった。軍の幹部として訓練を受けた鄧は、いったん命令を受ければ、どんなに重い犠牲が待ち受けていることがわかっていても、前に向かって勇敢に突き進むことで知られていた。

鄧小平はすべての中国人に尊敬されてきたわけではない。鄧は専制的で、いつも主導権を握ろうとし、他人がやむを得ずに言ったことですらいとも簡単に無視したという人もいる。知識人たちは、一九五七年の反右派闘争で率直に意見を表明した人々を、鄧が厳しく取り締まったことに批判的だ。鄧は気が早すぎ、突撃派で、規律を強要したがると考える人もいる。軍のよい幹部がすべてそうであるように、鄧は自分の部下たちに命令の貫徹を期待した。問題解決に役立ちそうな提案を歓迎したが、外国人や政治的な反体制派が党を批判したときはいらだちを隠さなかった。彼の中には国共内戦と文化大革命の混乱の記憶が深く刻み込まれており、中国の社会秩序はもろいと信じていた。秩序が危機に瀕していると判断すれば、彼は力で対応しようとした。最高指導者として、自らの日程表にのっとって野心的な改革開放を進めていこうとした。端的に言えば鄧は、最高指導者として浮上してくるまでに、党と国家のニーズのために働く強い意志を持ち、鍛錬と経験を蓄積した人間になっていた。

鄧小平の使命——中国を豊かで強い国家に

一九七八年以前のほぼ二世紀にわたり、鄧小平以外の中国の指導者たちもまた、中国を豊かで力強い国にする方法を探し続けてきた。[5] ローマ帝国とほぼ同じくらいの時期に成立した（中国の）帝国システムは、異常なほどうまくいった。何度かの中断や修正はあったものの、そのシステムによって中国の指導者が、地球上の他のどの政権よりも多くの人口を、より長期間統治し続けることが可能になり、偉大な文明が生まれた。端から端まで移動するのに一カ月かかるような広大な国では、首都の官僚たちが各地の町や村でどのように国の法律や規律が実行されているのか、きっちり監督するのは無理だった。指導者たちは能力のある官僚を科挙試験によって選抜し、訓練し、彼らに自治の幅をゆったりと認めながらも多少は監督するという、驚くべきシステムを発達させてきた。

しかし、一八世紀の終わりには、帝国システムにも緊張がもたらされた。人口が急速に増加し、地方では商業が拡大・発展し、西側の帝国主義勢力が中国沿海部にやってくるようになったのである。当時、全国に約一五〇〇あった県の人口は平均約二〇万人だったが、それぞれはたった一つの小さなオフィスに統治されていた。軍事、通信、生産、交通技術の新しい進歩——たとえば火薬と船——は経済発展と社会的な力を押し上げ、薄っぺらな官僚の層がそれを封じ込めておくことはもはや不可能だった。何世紀か前なら、統治者たちは地方の経済発展を何とか帝国の支配下に組み込んで制限しようとしたはずだ。しかし、今や北京の支配者たちは、帝国システムを新たな挑戦に適応させるのに苦労していた。

彼らの取り組みをより複雑にしたのは、中国の大きさそのものだった。中国はこのときまでに世界最大の人口を抱えるようになっていたが、それは過去二〇〇年で倍増し、さらに急速に増加し続けていた。また、地理的範囲もこのころには西部から東北部まで拡大していた。沿海でも、さらにはいくつかの陸上の国境でも、中国軍は外国人の前進を食い止められず、文民指導者たちも商業活動の拡大を押しとどめられなかった。

帝国システムへの挑戦はだんだん激しくなったが、北京の支配者たちは、二〇〇〇年もの間続いてきたそのシステムが深刻な危機に瀕していることを、なかなか認識できないでいた。一八六一年から七五年にかけ、ちょうど鄧小平の倹約家の祖父が一族の土地を増やそうと蓄財に励んでいたころ、同《どう》治帝《ちてい》に仕える官僚グループが社会的混乱の拡大に対処するために動き出した。しかし彼らは、国内の新しい社会勢力や、門の外まで来ている外国人たちと取っ組み合っていくのに十分な本質的な変革を実現できず、皇帝の玉座に何とか過去をつなぎとめようとするばかりだった。彼らは一方で反乱鎮圧軍を送り出しながら、他方で科挙制度と儒教教育を強化し、故宮の改築に惜しげもなく金を使って、既存の制度をよみがえらせる道を探った。

同治帝の後継者に伝統的システムへの信奉を揺るがせるきっかけとなったのはなにより、一八九四年から九五年にかけての海戦で、隣の小さな島国である日本に衝撃的な軍事的敗退を喫したことだった。九八年、二七歳の中国皇帝の支持を受け、改革志向の官僚たちがわずか一〇〇日に四〇もの命令を出して新しい秩序形成を図った。彼らは近代的な学校や大学を開き、西側の近代科目を学ばせるために人々を海外に派遣しようとした。日本は西側に学んで自分の新たなシステムを工夫するまで数十年かけたが、これに対して中国の一八九八年の改革派たちは、改革に必要な政治的、制度的な基盤をまだ打ち立てていなかった。変化を恐れた西太后《せいたいごう》は皇帝を軟禁して改革を停止させた。彼女はその後、伝統的な科挙システムを廃止し、軍の近代化を図り、新しい憲法を制定しようとした。しかし、それでも効果的なシステムはできなかった。西太后は軍艦の建造ではなく、大理石の船と贅沢な頤和園《いわえん》を造るために財を投じた。複雑で入り組んだ帝国システムを、既存の習慣や制度によって変えていくことは困難であった。

鄧小平が生まれた一九〇四年には、中国の最後の王朝である清朝は、国内の反乱にも沿海の外国勢力の侵略にも効果的な対応がとれず、すでに取り返しがつかないほど弱体化していた。一九一一年、少数のグループが武昌（武漢）で反乱を起こし、清朝の湖広総督（地方代表）と第八鎮統領（軍事司令官）の役所の支配権を奪ったことが連鎖反応を呼び、帝国システムは一挙に終焉を迎えた。この年の出来事は「辛亥革命」と呼ばれるが、それは、より正確には崩壊というべきものだった。辛亥革命は組織だった革命勢力によってもたらされたものではなく、むしろ、帝国システムの失敗への反応として起きた。清朝の何人もの聡明な官僚たちが、中国の直面する問題をじっくり分析し、創造的な提案をしていた。しかし、支配者たちは全体として、帝国システムを新しい課題に適応させていく使命を果たしきれなかった。

日本が天皇を存続させ、イギリスが国王を存続させたのと異なり、中国は一九一一年には帝国システムを完全に廃止し、紙のうえでは共和制を打ち立てた。しかし、清朝の支配に取って代わるような効果的な政府構造は誕生しなかった。代わりに同年以降、袁世凱《えんせいがい》や孫中山、蔣介石、毛沢東といった指導者たちみんなが、中国を豊かで力強い国にするため、次々に新しいシステムを打ち立てようとしたのであった。

辛亥革命の時点で軍事指導者として最も尊敬を集めていた袁世凱は、中国を軍事力で統一しようとした。だが、彼は文民指導者の支持を得ることができず、また、帝国システムの弱体化に伴って自分たちの地域の秩序維持のために武器をとった全国各地の軍閥たちを制圧できなかった。

学生時代に兄と何年もハワイで暮らした孫中山は、広報と資金集めで大きな役割を果たし、まず革命を推進し、次に統一政府を構築しようとした。彼は一九一一年（の辛亥革命）以後、袁世凱と協力して政府を打ち立てた。このことで、彼はその後、四〇年に中華民国の国父と尊称されるようになったが、すぐに袁世凱に敗北していたのである（一二年、孫は袁が中華民国の臨時大総統に就任するのを許した）。後に袁世凱の取り組みも失敗したため、孫は二三年、広州に政府を樹立し、いつしかそれが全国的な政府になることを期待した。彼は政治的指導力を得るため国民党を創設し、表面上は民主的な枠組みを持つ国民政府を構築した。孫に魅了されて広州に集まってきた将来有望で愛国的な青年の中には当時、国民党の党員でもあった毛沢東、周恩来、葉剣英《ようけんえい》、林彪《りんぴょう》ら、後の共産党の指導者も含まれていた。孫は大衆ナショナリズムの基盤を強化したり、若者が留学したり、マスメディアが発達するのを助けたりした。しかし、彼は混乱した状況に立ち向かわなければならず、効果的な政治システムを構築するのに必要な組織力も支持基盤も持ち合わせなかった。そして夢を実現できないまま、二五年に死去した。

かつて日本で訓練を受けた青年将校の蔣介石は、孫中山が新設した黄埔《こうほ》軍官学校の校長として連れて来た人物だった。蔣はそこで中国を軍事的に統一するために新式の軍官訓練をすることになっていた。彼は二五年に孫の後継者となったが、国民党内の共産主義者と党内右派との対立が拡大するのをうまく制御できなかった。対立は敵対へと発展し、二七年四月、蔣は共産主義を放棄しない者を攻撃して殺戮し、残った者には国民党への忠誠を宣言させる強硬策に出た。蔣は素晴らしい才能を持った将軍ではあったが、統治のためには有力者たちと協力するしかなかった。そして力を持つ大商人や地主や軍閥たちは庶民とは疎遠であった。蔣は軍閥たちの不安定な連合に支持されて中国政府のトップに就いたが、腐敗とインフレを抑え込む能力がないことを露呈したため、国家の破滅を導き支持を失っていった。彼はその後の国共内戦で、より団結していた共産主義者たちに敗北した。それは共産党が抗日戦争の間、強固な党と軍を打ち立て、インフレの拡大にパニックになっていた都市住民の恐怖心を活用し、農民に地主の土地の再分配の分け前を期待させ、支持基盤を拡大したからだった。

毛沢東はカリスマ的な夢想家、卓越した戦略家で、利口ながら腹黒い、やり手政治家であった。彼は国共内戦で共産主義者たちを勝利に導き、一九四九年には国家を統一して外国人が占領していた領土のほとんどを取り戻した。彼は国共内戦でかなりの軍事力を蓄積し、共産党の組織的な規律と宣伝の助けもあって、五〇年代初めには共産党が指導する新たな統一国家の統治体制を打ち立てることに成功した。これは昔の帝国システムよりもずっと、農村の奥深くや都市社会に浸透したものだった。毛はこの統治体制にのっとり、ソ連の助けを借りながら現代産業の導入を開始した。平和と安定を手にした毛は五六年には、中国に富と力をもたらすことができたと言うべきかもしれない。しかし、それにもかかわらず、彼は無分別でユートピア的な大失敗（大躍進政策のこと）に中国を突き落とし、大規模な飢餓と数百万人の異常死を招いたのであった。二七年にわたる統治の間に、彼は資本家と地主だけでなく、知識人、そして自分に仕えてくれた多くの高位指導者を破滅に追いやった。彼が七六年に死去した当時、中国は混乱の中にあり、いまだ貧困から抜け出せずにいた。

鄧小平が一九七八年に権力を手にしたとき、先達にはなかった多くの強みが彼には備わっていた。

一九世紀の半ば、新しい技術と沿海地域の発展が中国の体制にどれだけ挑戦をもたらしているのか、理解していた人はほとんどいなかった。清朝時代の末期には、進歩的な新しいアイデアを実行するには制度的発展が必要だということを、改革派たちですらほとんど理解していなかった。袁世凱と孫中山のころには、強敵同士を一つの力にまとめ上げることのできる統一された軍隊も政府構造もなかった。外国での経験をまったく持たなかった毛沢東は、権力の座に就いてからも、冷戦のせいで西側から支援を受けることができなかった。

鄧小平が権力を握ったときには、毛沢東はすでに国家統一を果たし、強力な支配体制を構築して現代産業を導入しており、鄧はそうした基礎の上に立つことができた。毛の大衆動員システムが機能しなかったため、中国は科学技術で外国に大きく水をあけられており、もはや西側に学ばなければならないと、多くの高位指導者が認識するようになっていた。求められていたのはより抜本的な変化であった。また鄧は、権力から遠ざけられていたもののつぶされてはいなかったため、不名誉に耐え忍んできた老幹部たちの力を借りることもできた。復活した革命家たちは、鄧のリーダーシップの下で一つにまとまり、いつでも自分たちの技術や情熱を提供するつもりだった。中国を科学、技術、行政の分野で現代的なよりよい訓練を受けた新しい世代に引き継いでいくため、自分たちが役立つときを、今か今かと待ち受けていたのである。

一九七八年、アメリカのベトナム撤退に続き、ソ連が攻撃的な姿勢を示していたため、中国がソ連から距離をとろうとすることに西側諸国も理解を示した。このころ、貿易の世界的拡大につれ、中国は日本、台湾、韓国、香港、シンガポールといった新市場と先進的技術の獲得に参入できるようになった。これらの国・地域はまた、国際的には後進的とみなされていたところがいかに早く現代化できるかを示す身近な事例でもあった。そして東欧の共産主義国と違い、中国はすでにソ連から完全に自立していたため、その指導者たちはなにが中国にとって最高の利益になるかを自分で考え、自由に判断を下すことができた。

しかし、中国が一九七八年に享受していたすべての有利な条件は、それだけでは巨大で混沌とした文明国を現代的な国家に転換させるにはまだ不十分だった。中国には、戦略的な方向性を示しながら、国家を一つにまとめていく強く優秀なリーダーが必要だった。袁世凱や孫中山や蔣介石や毛沢東の誰より、鄧小平にはそうした役割を果たす準備ができていた。人々が二〇〇年間も挑戦し続けた、中国を豊かで力強い国にする方法を探すという使命を、ついに達成したのは鄧その人であった。

こうした使命を実現しようとするなかで、鄧小平の役割は次から次に根本から変化した。一九四九年以前は革命家だったのが、その後、社会主義国家の創設を手伝う建設者になった。文化大革命中の六九年から七三年にかけ、彼は追放先の僻地で、どのような変化が必要なのか反芻しながら時を過ごした。そして毛沢東がまだ生きていた七四年から七五年にかけ、彼は中国の秩序回復の手助けを許され、結果的に後で自分が実現することの基礎固めをした。七七年に再復活すると、彼は改革者になり、最初は華国鋒《かこくほう》の下で働き、七八年以降は最高指導者となった。

七四年にアメリカの大学総長訪中団を受け入れた際、鄧小平は次のように言った。「私は大学に行けませんでしたが、生まれたその日からいつか行きたいと思っていました。もっとも私は人生という大学に入ったようなものです。天の神様に会いに行くときまで、卒業の日は来ないのです(6)」。鄧は人生を通して学び続け、問題を解き続けた。彼はこの過程で飛び石から飛び石へと渡り、自分が七八年に受け継いだときにはほとんど考えられなかったような国へと、中国を変容させていったのである。

第1部

鄧小平の来歴

第1章 革命家から建設者へ、そして改革者へ

——一九〇四年〜一九六九年

鄧小平《とうしょうへい》は一九〇四年に四川省広安県牌坊《はいぼう》村で誕生した。彼が生を受けたのは農村の小さな地主の家庭だったが、その村全体の自慢は鄧時敏《とうじびん》という鄧家の親族のことだった。彼は小平の遠戚の一人で、清朝の高官（大理寺正卿、現在の最高裁長官）に上り詰め、最高指導者たちあてに機密記録をしたためるほど偉くなった。(1) 時敏が一七七四年に村に帰省したとき、彼の名誉をたたえて記念のアーチ（牌坊）が建立されたため、村も牌坊村へと改名された。時敏とその兄弟たちが残した業績は実に非凡なものであった。三億人以上が暮らす国で、毎年、ほんの二、三〇〇〇人しか受からない科挙の郷試《きょうし》の難関に、時敏は二人の兄弟と同様に合格した。さらに時敏は、中間試験にあたる会試《かいし》や最高の殿試《でんし》にも合格し、北京の高官に任命されたのであった。(2)

鄧小平は一九二六年から二七年にかけてモスクワ滞在中に書いた短い来歴に、自分の父親もまた、息子が高官になることを夢見ていたと記している。小平の母親にも科挙試験に受かって県の官吏になった親戚が何人かおり、これはおそらく彼女の夢でもあったのだろう。王朝時代の中国では、とても

賢い子に恵まれ、さらに一族から官吏を出したことのあるような家庭は、子供が官職に就いて一家に名誉と富をもたらすことを期待し、その教育のため犠牲を払うことを惜しまなかった。小平はそうした聡明な子供であり、父親の鄧文明《とうぶんめい》はほとんど息子と一緒に過ごさなかったものの、息子に教育を受けさせ続けるために多大な努力を払ったのであった。

鄧小平の父は村の範囲を超えてさまざまな活動を行ったが、家の中のことにはほとんど注意を払わなかった。彼は最初の妻が子供を産まずに亡くなったため、一六歳のときに自分より二歳年上だった小平の母と再婚した。彼女は最初に娘を産み、それから小平を産み、さらに二人の息子と、一〇歳で亡くなる娘一人を産んだ。文明がめとった三番目の妻は、一人目の息子を産んだ後、間もなく亡くなった。四番目の妻の夏伯根《かはくこん》は三人の娘を産んだ。最も羽振りがよかったころには、小平の父は、四〇畝《ムー》近く（六・六エーカー、約八〇〇〇坪）の土地を所有し、畑仕事と養蚕を手伝う数人の雇い人を抱えていた。

鄧文明の存命中に、その財力はだんだん衰えていった。彼は村で哥老会《かろうかい》と呼ばれる秘密結社の指導者だったが、牌坊村から二キロほど離れた商業の町である協興や、一〇キロほど離れた県庁所在地、さらには重慶などで時間を過ごすことが多かった。彼は一九一四年に県の警察署長になった。そのころは協興に小さな食堂を所有し、息子の小平が通っていた学校を年長者たちと一緒に支援していた。だが、賭博で負けて土地の一部を売るはめになり、ほとんど破産してしまった。しかも上司との関係を悪化させたため、他の土地に逃げなければならなかった。ただそれでも、彼はその後もずっと小平の教育を支援した。

鄧榕《とうよう》は、鄧小平の母が息子をとてもかわいがったと述べる。小平が後に自分の母を懐かしんで語ったところでは、夫の不在中、懸命に家族の世話をして一九二六年に四二歳で亡くなった母のことを、彼は非常に尊敬していた。毛沢東《もうたくとう》は父親に反抗的だったが、小平は反抗しなかった――父は単に、遠い存在であったから。後に鄧榕は、小平自身、三六年に亡くなった父親について、決して話すことはなかったと回想している。

鄧小平が成長しつつあったころ、どのような学校教育が最も子供の将来のためになるのかははっきりしなかった。清朝の科挙試験は小平が生まれた翌年に廃止されており、辛亥革命が帝国的な官吏社会に終止符を打ったとき、彼はまだ七歳だった。ただし、儒学教育に取って代わるような学校システムもようやく始まったばかりだった。そのため小平は、当時の中国の農村で割と豊かな家の子供たちのほとんどと同じく、五歳のとき、牌坊村の教養ある親戚の家で標準的な儒学教育を受け始めた。翌年、協興のもっと大きな私塾に移り、儒学の経典の勉強を続け、文章を暗記する技術を培った。そのころ、人口約三〇万人の広安県には、将来を担う若者たちに現代的な教科を教えてくれる公立小学校は一校だけであった。小平はこれらの教科でもよい成績を収めたいと思ったことだろう。一一歳のとき、彼は非常に競争率の高い広安県高等小学校の入学試験に合格し、父親の財政的な支援を受けて、牌坊村から一〇キロほど離れた広安の街で寄宿舎生活を始めた。一四歳のとき、さらに広安県初等中学校（アメリカの高校に匹敵する）の入学試験に合格した。重慶に向かうためにその学校を離れる一五歳までの間、儒学の経典ばかりか、数学、科学、歴史、地理といった現代的な教科や国語（中国語）の読み書きについても、しっかりとした基礎を身につけた(3)。

何人かの進歩的な学校教員が、鄧小平の愛国心を高める役割を果たした。鄧は一九一九年、五四運動の一つとして展開されたデモに一四歳の若さで参加した。この運動が始まるきっかけは、第一次世界大戦後の世界のあり方を決めるためにベルサイユに集まった西側の指導者たちが、もともとドイツの租借地であった山東省の東部を、中国に返還せずに日本に譲渡すると決めたことだった。憤った北京大学と燕京《えんきょう》大学の学生たちは、同年五月四日に北京の街頭に繰り出し、中国を蔑視する西側列強だけでなく、中国の国益のために立ち上がろうとしない弱腰の中国政府に対しても抗議運動を展開した。

五四運動のニュースは全国の大学といくつかの高等学校にあっという間に伝わり、中国の知識青年たちの間には、国際情勢の展開に関する新たな認識と新しい大衆ナショナリズムの炎が燃え広がった。中国の辺境地域に比べ、広安では域外の情勢に触れる機会が多かった。県庁所在地である広安の街の中を流れ、幅が一〇〇メートル以上ある渠江《きょこう》は、一〇〇キロ近く離れた重慶で他の二本の川と結ばれており、重慶から上海までは蒸気船でわずか五日であった。早熟な一〇代だった鄧小平は運動に参加し、他の学生たちとともに広安の大通りでデモを繰り広げた。一九年の秋、重慶で反日不買運動が行われたときにも行進に参加した。小平個人のより広い世界への目覚めは、中国の知識青年たちが国家の問題に覚醒し始めたのとまったく時を同じくしていた。彼個人のアイデンティティはこのときから、他国の手によって押しつけられた屈辱をそそぎ、中国を豊かで強い国にして大国としての地位を取り戻すという国家の課題と、切り離すことのできないものになった。[4]

広い世界に対する鄧小平の初期の認識は、鄧文明が息子のために海外に出て教育と訓練を受ける機会を探し出してきたときにさらに深まった。第一次世界大戦中、多くの若者が戦争に出てしまったため、フランスでは工場労働者がまったく不足し、一五万人の中国人労働者が雇用され、フランスで働くことになった。そのころ、成績優秀な中国人学生が西側に留学するのに受けられる奨学金はほとんどなかった。その例外となったのが、戦前に設立された全国的組織が支援し、中国の著名な人々が発案したものだった。これはフランスに送られた中国の学生が、生活費を稼ぐためにアルバイトをしながら、現代的な科学や技術を学ぶためにフランスの大学にパートタイムで通うという趣向で、「勤工倹学」と呼ばれた。フランスは当時、中国では文化水準の高さで知られ、中国人学生の留学先として人気を集めていた。しかも、フランスで学んだことのある四川の豊かな商人の一人が、フランスでの勤工倹学プログラムに四川の学生が参加できるよう、ちょうど補助金を提供して特別な奨学基金を創設した。重慶には留学準備のため一年間の予科校が設立された。小平はその入学試験を受けて合格し、一九一九年から二〇年までの一年をそこで過ごしながら、海外に出る準備を進めた。年度末までにフランスへの渡航費を出してくれる奨学金もいくつか作られた。もっとも、小平は生涯にわたって外国語があまり得意ではなく、このときはフランス語の試験に不合格になりながらも、父の鄧文明が渡航費を工面してきてくれた。小平は級友でもあった三歳年上の叔父と一緒に旅立ち、二人はフランスでの最初の数カ月間、ずっと行動をともにした。

革命家の誕生、フランスとソ連——一九二〇年～一九二七年

一九二〇年、一六歳だった鄧小平が旅の第一歩として重慶から上海に向かう汽船に乗ったとき、彼は四川省から勤工倹学に参加した学生八四人の中で最年少だった。鄧の視野は旅そのものによっても広げられていった。上海で船を待つ一週間、鄧は自分の国で白人によって奴隷のように使われる中国人たちを見た。貨物船を改造したアンドレ＝ルボン号は途中、香港やベトナム、シンガポール、セイロン（現・スリランカ）に寄港しながら進んだが、こうした場所でも白人の雇い主と現地の労働者の

間で同じように不公平な光景が繰り返されていた。その事実は、船に乗っていた若者たちと鄧に強い印象を与えた。

一〇月一九日に中国の学生たちがマルセイユに到着したとき、地元紙の報道によれば、彼らは幅広の帽子と先のとがった靴という西欧風のいでたちで、じっとして無口だったが、とても賢そうに見えたという。[5] 彼らはパリ行きのバスに乗せられ、翌日、フランス語やその他の教科の特別訓練プログラムを用意していたいくつかの中等学校に分散させられた。鄧は一九人のグループの一員としてノルマンディーのバイユー中等学校に送られた。

一九一九年から二一年までの間に、中国とフランスの指導者たちの共同の段取りで、一六〇〇人ほどの中国の学生労働者がフランスにたどり着いた。しかし、彼らの到着はタイミングを逸していた。戦争に生き残ったフランス人青年たちが一九年には職場復帰したため、フランスで仕事を見つけるのは難しく、インフレも激しくなっていた。鄧小平と仲間の学生労働者がフランスに到着して三カ月もしない二一年一月一二日、資金を急速に使い果たしてプログラムを続ける余地がなくなった四川基金会は、勤工倹学との関係を解消すること、三月一五日以降はいかなる基金も学生に提供できないことを公表した。[6] フランス政府はバイユーの学校にプログラムを続ける手段を探すよう提案したが、学校側は資金のめどが十分に立たないと報告するのみだった。三月一三日、鄧と仲間の一八人の中国人「学生労働者」たちは、バイユーを離れなければならなくなった。三週間後、鄧は南部のクルーゾという町において、シュナイダー社のフランス最大の軍需工場でなんとか暮らしを立てるための仕事を探し当てた。

その間、勉学を継続できずに、やはり深く失望していたパリの中国人学生たちは、パリの中国大使館の前で抗議活動を展開し、自分たちは中国の将来のために科学と技術の知識を学ぼうとしているのだから、政府が支援を打ち出すべきだと主張した。大使館側は支援は不可能と回答し、フランス警察はデモの指導者を逮捕した。勉学への機会が失われたことに憤るフランス中の中国人学生たちは互いに連絡を強化し、中国とフランスの両政府に抗議するため組織を結成した。蔡和森《さいわしん》や後に上海市長と外交部長を務める陳毅《ちんき》ら学生活動家たちは、フランスで中国人学生デモの指導者となり、こうした抗議行動に参加したかどで一九二一年夏にフランスから国外退去を命じられた。

生活を維持するぎりぎりの賃金を手に入れるため、中国人の学生労働者たちは単純労働の仕事を探し回り、工場労働者として厳しい労働条件で長時間働き、消耗した。その間彼らは、フランスの裕福な商人の家族が鄧小平が中国で見たこともないような豊かな生活を享受しているのを目撃した。(7) 比較的豊かな家庭の出身者が多かった中国の学生たちは、学業優秀だったからこそ選ばれてやって来たのだった。彼らは現代的な技術を学んで中国に持ち帰るために選抜されたエリートたちだった。だが、彼らがどうにか探し出すことのできた仕事は、フランスの労働者たちすべてが避けたがるようなたぐいであった。彼らは重化学工業関連の工場や鉱山で単純労働に従事するほかなかった。しかも、鄧やその他の中国人労働者はたいてい、普通の労働者よりさらに給料の低い見習いとして仕事を始めるしかなかった。

中国から来た学生労働者たちは、屈辱的な状況にもかかわらず、フランスで中国の文明に誇りを持ち、自分たちが未来の指導者になるのだと信じ続けた。彼らは自分たちだけの閉ざされたコミュニティを形成し、鄧小平はいつまで経ってもフランス語を習得しなかった。彼らはいくつものグループに分かれ、なぜ中国の政府はこれほどまでに弱体化したのか、なぜ世界はこれほどまでに不公平なものになったのかという問題について討論した。こうしたグループのメンバーのうち、無政府主義への道を歩む者も現れたが、鄧やその他の青年は、弱腰で臆病な中国政府を転覆させるための運動を行う道を模索し始めた。

鄧小平がフランスに到着したのはロシア十月革命の三年後だった。彼は討論グループで、勉強好きな仲間の労働者から資本主義や帝国主義、ソ連について学んだ。そうした知識は、フランスに来る途中や到着後に彼が自ら見たり、体験したりしたことに深い意味づけを与えた。ヨーロッパの帝国主義は中国に屈辱を与え、資本家たちは労働者を搾取し、中国人労働者は現地の労働者よりもひどい扱いを受けていた。状況を変えるためには、エリートの前衛隊が運動を組織していかなければならなかった。一九二一年の末、フランスにいた若い中国人たちが工場で動き始めようとしていたちょうどそのころ、同じ年の七月に中国共産党が設立されたというニュースが飛び込んできた。初期の中国共産党は小規模で、同年には五十数人の党員しかおらず、翌二二年になっても一〇〇人に達しなかった。しかし、その存在はフランスにいた中国人の学生労働者たちに多大な影響を与えた。二二年にはフランスで、共産主義者を名乗る者たちが組織を結成した。同年一一月、学生指導者の一人であった李維漢《りいかん》が、この若い共産主義者の組織を「中国社会主義青年団」(「中国共産主義青年団」の前身)の下部組織として認めてもらうため、フランスから中国に派遣された。許可が下り、二三年二月に開かれた旅欧中国少年共産党臨時代表大会は、自分たちを公式に「中国社会主義青年団」の一部と宣言した。鄧もその場に参加しており、周恩来《しゅうおんらい》が総書記に就任した。(8)

鄧小平がシュナイダーの軍需工場で割り当てられた仕事は、大きなやっとこを使って、炎の燃え上がる溶鉱炉から巨大な溶けた鉄の塊を引き出すことだった。満一七歳にもならない身長一五〇センチの鄧は、仕事を始めて三週間後には離職し、パリに戻って別の仕事を探した（彼の叔父はそれから一カ月ほど、シュナイダーでの仕事を続けた）。数週間、探し回って、鄧はパリの小さな町にある造花を作る一時的な仕事を見つけ、それからシャレット＝シュル＝ロワンという小さな町にあるハッチンソン・ゴムの工場で安定的な職を得た（この工場は当時、約一〇〇〇人の労働者を雇っており、多くが外国人だった）。少しの中断はあったが、彼はそこで一九二二年二月一三日から翌年三月七日まで、ゴムの靴底を作るという工場の中では比較的、肉体的に楽な仕事に従事した。短い見習い期間を経て、鄧は他の労働者と同じように、出来高払いで賃金を受け取るようになった。そのため彼は手際よく長い時間働くことを学び、週に五四時間の記録を残した。二二年一〇月一七日、彼は働いて得たわずかな貯金と、父親から送ってもらった多少の金を持って工場を辞め、近くのシャティヨン＝シュル＝セーヌ大学に入学しようとした。だが、彼が持っていた資金はそれに足りなかった。彼は三カ月後、ハッチンソンでの仕事に戻った。二三年三月に彼が再び離職したとき、会社の報告書は、彼が「仕事を拒み」、「再びここで雇用されるべきではない」という記録を残した。(9) 勉学の機会を探す最後の試みが潰えると、鄧は急進的な理念に身を捧げるようになった。二度目にハッチンソンにいる間に、中国共産党の隠された下部組織のメンバーが近くのモンタルジに設立した勉強会に参加し始めたのだ。メンバーの多くは鄧が重慶の予科校で一緒に学んだ級友たちであった。何人かの学生は中国共産党が設立される前からすでに急進化していた。ここで鄧は、中国の学生たちに急進的な運動への参加を呼びかけていた『新青年』という雑誌に強い感銘を受けた。その雑誌を率いていたのは当時、二人の息子をフランスに学生として送り出していた陳独秀《ちんどくしゅう》であった。

鄧小平は一九二三年六月一一日までシャレット＝シュル＝ロワンにとどまったが、それから旅欧共産主義組織の小さな支部で働くためにパリに向かった。彼がハッチンソンでともに働いたり、ハッチンソンやモンタルジでともに急進的な運動に身を投じたりした仲間はほとんどが四川出身だったが、パリでは他の省から集まった中国人たちの全国的な運動に参加することになった。パリに到着すると、鄧は周恩来の指示の下で事務所の雑用に従事した。グループが発行していたガリ版刷りの一〇頁の雑誌を印刷するのが主な仕事で、字がうまかった鄧はガリ版を切り、「ガリ版博士」として知られるようになった。二四年二月には雑誌の名前が『赤光』へと変更された[10]。雑誌は、編集者が軍閥支配と帝国主義に反対していることを発表した。主な読者として想定されていたのは、無政府主義の道を模索していたり、より右寄りで保守的な政策を支持したりしていたフランス在住の中国人学生であった。鄧は六歳年長で支部書記を務めていた周の下で働いた。周は日本とイギリスで急進的な思想に触れており、戦略感覚と多くの人々を一緒に働かせる能力とを持ち合わせていたため、自然と中国人青年たちのリーダーになっていた。周の後見の下で、鄧はガリ版を切って『赤光』を印刷しながら共産主義運動への理解を深め、グループの運動のために自らも戦略を考えるようになっていった[11]。

事務所内で能力を証明したことで、鄧は旅欧中国共産主義青年団の執行委員会に入ることになった。一九二四年七月に開催された第五回代表大会で鄧は執行委員に選出された。執行委員は中国共産党の規定に従い自動的に中国共産党の党員と認定された。そのとき、中国共産党の全党員数は、中国とフランスの両方を足して一〇〇〇人に満たず、鄧はまだ二〇歳にもなっていなかった。

フランスにいた中国人学生たちが政治的な模索を続けていたとき、中国でも若い政治指導者たちがもがき苦しんでいた。一九二三年六月、中国の共産党員たちが孫中山《そんちゅうざん》率いる国民党への入党を宣言すると、フランスにいた若い共産主義者たちもまた、自分たちがヨーロッパにある国民党組織に参加することを明らかにした。鄧もこれに従い、一九二五年には国民党のヨーロッパ支部のリーダーの一人に昇進した。[12] もっとも、鄧は『赤光』で、保守的な国民党支持者に反対し、より急進的で革命的な変化に賛同するよう呼びかける論説を残している。

鄧小平のフランスでの五年間の足取りを丹念に追った二人のフランス人研究者は、次のように締めくくっている。「このフランスで鄧が発見したのは、西側世界とマルクス主義、労働者の世界、党としての組織的な活動、中国の地位、社会や地域の多様性、そして世界における自分の位置づけであった」。[13] フランスは彼の嗜好にも影響を与えた。生涯にわたり、ワインやコーヒーを飲んだり、チーズやパンを食べたりするのを楽しむようになった。だが、より重要なのは、二一歳でフランスを離れるときまでに、鄧は強い意志と豊かな経験を持つ革命指導者に成長していたこと、そして彼個人のアイデンティティが党や共産主義の同志たちのそれと分かちがたいものになっていたことである。七〇年後に死去するまで、鄧は一生、中国共産党に注力して活動を展開していく。

一九二五年の春、能力と信頼性を認められた鄧小平は、リヨンの党組織のトップに任命された。上海で学生デモを展開していた群衆にイギリスの警察が発砲し、それへの抗議デモが五月三〇日に中国各地の大通りを埋めつくすと、フランスでは鄧や他の中国人学生たちが、抑圧的な中国政府への協力を続けるフランスに対して抗議デモを展開した。[14] 一一月、鄧はパリのルノー自動車工場での活動を命じられ、労働者たちを組織するために宣伝工作に従事した。年末にはデモを組織していた中国人の学生リーダーたちが国外に追放された。そのとき、二一歳だった鄧は主要演説をして会議の議事進行を務めることになり、グループの中でますます重要な役割を果たすようになった。二六年一月七日、自らも逮捕の標的にされていることを感じ取った鄧は、汽車に乗ってドイツ経由でソ連へと逃亡した。

中国国外で、フランスほど中国共産党が大きな役割を果たした場所はない。一九四九年以降に中国が国家建設を進める中で、フランスからの帰国者たちはユニークで重要な役割を果たした。建国前に中国を離れたこともなかった毛沢東や中国共産党の他の主な指導者たちより、フランスからの帰国組はずっとコスモポリタンであった。彼らは三七年から四九年までの中国革命の間、必ずしも高い地位に就いていたわけではない。しかし、共産主義者たちが国家建設を進めた四九年から六六年までの間、周恩来総理や鄧小平だけでなく、他のフランスからの帰国者もまた指導的な役割を果たした。その中には、経済計画を立案した李富春《りふしゅん》、外交で活躍した陳毅、科学技術政策を率いた聶栄臻《じょうえいしん》、統一戦線宣伝工作に従事した李維漢らがいる。共産党は派閥活動を嫌っていたし、フランスからの帰国者は自分たちが派閥とみなされないように気をつけていたが、中国がなにをすべきかについて、彼らの間には合意が存在した。

パリから逃げ出した鄧は一九二六年一月一七日にモスクワに到着し、二週間後には一期生として中山大学への入学が認められた。二五年三月に孫中山が死去して七カ月後、コミンテルンは中国国民党と中国共産党のメンバーの養成のため、モスクワに中山大学を創立していたのである。

モスクワに到着してから一週間以内に、鄧小平は自己批判をしたためている。モスクワにいた他のすべての中国人居住者と同じように、彼はプチブルの知識人とみなされた。自己批判で鄧は、自らの出身階級を捨て、プロレタリア階級の規律正しい従順なメンバーとして一生を捧げる誓いを立てた。大学の教員たちはほどなく鄧の能力を認めるようになった。数百人の学生たちが一三のグループに分けられた。鄧は「理論科」の第七グループに入れられたが、ここに集められたのは将来の政治指導者として特に優秀とみなされた学生たちだった。そのグループには蔣介石《しょうかいせき》の息子の蔣経国《しょうけいこく》や中国の軍閥である馮玉祥《ふうぎょくしょう》の娘二人と息子一人もいた。馮はそのころ、非常に進歩的な地方のリーダーとしてコミンテルンと協力関係にあり、資金の提供も受けていた。第七グループで、鄧は級友から共産党の代表に選出された(15)。

中山大学の中国人学生たちは、鄧小平がフランス時代から知っていた任卓宣《にんたくせん》（別名の「葉青《ようせい》」でよく知られる）という学生指導者の下で組織化されていた。任は他人に容赦ない服従と軍隊式の規律を要求して多くの中国人学生から反発を受け、学内の指導力は混乱した。任は一九二六年夏に大学から追放されることになった。ほどなくしてコミンテルンが、ソ連にいる外国人学生たちは他国の共産党の集会を開催してはならず、その代わりソ連共産党の党員見習いとして活動し、五年以内に正式に入党する可能性を保持すると通知した。

中国共産党としての会議が開けなくなったことに、多くの中国人たちは不満を持った。しかし、鄧は違った。中山大学のソ連共産党支部に残された鄧に関する記録は、規律に対する強い自覚を持ち、指導者に従う必要性を強く認識していると彼を褒めたたえている。鄧は任卓宣の指導に従ったが、任が追放されるとソ連共産党の指導に従ったのだった。滞在が終わりに近づいた一一月五日、ソ連共産党は次のように鄧を評価している。「規律の正しさと一貫性を兼ね備えており、学習面でも能力が高い。共産主義青年団の組織工作の中で多くの経験を積み重ね、成熟している。政治工作に活発に関わっている。他人との関係では同志的に振る舞うことができる。彼は最も優秀な学生の一人である(16)」。

モスクワで、鄧小平は週に六日間、一日八時間、授業に出席した。時間割はマルクス、エンゲルス、レーニンらの著作の勉強や史的唯物論、経済地理学、ソ連共産党史、中国革命運動史などの授業でぎっしりと詰まっていた。コミンテルンは中国の共産主義運動の政治指導者たちと良好な関係を築きたいと考えており、中国の学生たちにロシア人の多くが享受していたのよりもずっとよい生活環境を提供してくれた。

鄧小平がモスクワで生活していたとき、ソ連ではまだ社会主義体制ができきっておらず、新経済政策（NEP）が実施されていた。NEP下では、社会主義経済が重工業の発展に努めている間、個々の農家や小商業主、そしてより規模の大きい商業主が事業を続けて繁栄することが奨励されていた。また、外国人のソ連への投資も歓迎されていた。当時の大多数の人々と同じように鄧も、共産党の指導下で、私営企業が認められ、外国資本が奨励されるこうした経済体制によって、資本主義経済よりもずっと早く経済発展が達成できると考えていた。[17] 共産党の指導下で市場経済を行うというNEPの基本は、鄧が一九四九年から五二年まで中国の西南局で指揮し、八〇年代に再び実施した経済政策とよく似ている。

鄧が二二歳のときにモスクワで受け入れたアイデアのいくつかは、年齢に比べて異例なほど成熟していたし、生涯を通して変わらなかった。一例を挙げると、一九二六年八月一二日に授業で書いた作文で、彼は次のように記している。「中央に集約された力は、トップダウンで流れる。上からの指示には絶対的に従わなければならない。民主主義がどの程度許されるかは、周囲の環境次第である[18]」。

国民党への抵抗——一九二七年〜一九三〇年

中山大学での養成は二年間の予定で組まれていたが、わずか一年後の一九二七年一月一二日、鄧小平は二〇人ばかりの若い共産主義政治指導員たちと一緒に、コミンテルンによって陝西《せんせい》省の黄河高原に派遣された。そこに拠点を構えていた軍閥の馮玉祥が提供した機会に乗ったのであった。国民党内部で共産主義者と国民党右派との亀裂が大きくなるにつれ、対立していた国民党右派に比べ、弱い軍事力しか持たなかった共産主義者たちは、不可避的な分裂に備えるため軍事同盟を模索した。モスクワに留学していた三人の子供たちに会いに中山大学にやって来た馮は、まさにそうした関係を申し出てくれたのであった。馮は自分の軍隊において、共産党の政治指導員が目的達成に向けて士気を高めてくれることを期待し、鄧のような将来有望な指導者を使って、軍が何のために戦っているのかを兵士たちに納得させようとした。馮は鄧や共産主義の同志たちとよい関係を築き上げた。しかし、一九二七年四月に国民党と共産党が分裂すると、ちっぽけな集まりにすぎない共産党よりも国民党の兵力がはるかに強いことを理解し、国民党と手を結ぶ以外にとるべき道はないという結論を出した。馮は、鄧やその同志たちに誠意を尽くして別れを切り出し、彼らを見送った。

鄧小平は共産党の規律に従って陝西から上海の党本部に出向き、地下活動に従事することになった。蔣介石は共産主義者と亀裂を深めたため、彼らから攻撃されることを恐れるようになっていた。彼は一九二七年四月、自ら共産主義者たちの殲滅に動き、その指導者の多くがすぐに殺された。上海では中央委員会が、かつての協力相手で、そして今や生きるか死ぬかの敵となった者たちに発見される危険の中で地下活動を続けていた。見つかるのを避けるため、鄧はさまざまな人物に変装し、生涯を通して技術を磨いた。すなわち彼は、外の人間に共産党の活動に関する手がかりを決して与えず、他の党員に迷惑がかかる可能性のある紙の痕跡は決して残そうとしなかった。まさにこのときから、彼は主な党員の名前や場所をいつもノートではなく、記憶の中だけに残すようにしたのであった。

鄧小平は上海に赴き、そこで一九二八年四月に若い女性と結婚した。妻とはソ連で同じ学生として知り合っていた。ソ連の指導員たちは、鄧が張錫瑗《ちょうしゃくえん》という名のこの若い女性を好いていることを知っていたが、いつも女学生らを困らせていた他の学生たちと違い、鄧は前のめりにもならずに学習と党の活動に集中していた(19)。鄧が中国に戻り、武漢の会議で張と再会したとき、二人はようやく交際を始め、間もなく結婚したのだった。鄧と張は上海で、ともに地下工作に従事していた周恩来とその妻、鄧穎超《とうえいちょう》の隣の部屋に住んだ。

一九二七年八月七日、共産党の二一人の指導者たちが、共産党員をあちこちで虐殺していた国民党への対応を話し合うため、漢口に集まって緊急会議を開いた。二二歳の鄧小平はグループの正式メンバーではなかったが、記録係として会議に参加して文書を作成した（このとき、何人かの共産主義者たちのために記録をとるという地味な役目を果たしたことで、彼は後の共産党史において「秘書長」の仰々しい肩書を与えられた）。この会議で彼は初めて毛沢東に出会った。毛は背が高くて自信に満ち、力強かったが、まだ最高指導者の地位に上り詰めてはいなかった。

一九二九年、共産党は上海にいた鄧小平を広東省の西にある貧しい広西省に派遣した。鄧は二五歳だった。彼はここで地元の小さな軍閥数人と連携し、共産党の根拠地を構築する任務を率いた。この役目に選ばれたのは、彼が革命に身を捧げていたことに加え、党の指導者たちがその能力を高く評価したためだった。急激に変化する政治状況の中で、軍閥と地元民と党中央との複雑な関係を統括できるだけの力があるとみなされたのである。共産党が国民党から分離した後、党中央はコミンテルンの命に従い、各地の共産主義者たちに都市部で武装蜂起をせよと指示していた。

蔣介石は中国統一のために「北伐」を進め、広西の強力な軍閥もこれに参加していた。香港の中共南方局と広西で鄧小平とともに働いていた少数の共産主義者たちは、広西の主力軍から決別した現地の何人かの軍人たち（李明瑞《りめいずい》と兪作豫《ゆさくよ》）と一緒に協力に向けた基盤を構築した。広西で、鄧は――裏方とはいえ――不可欠な役割を果たし、いくつかの短期的な成果を収めた。鄧と同志たちは、雲南省との省境に近い広西西部の百色と龍州の町の制圧に成功したのだった。

こうした活躍は共産党史では、共産主義者の武装蜂起としてたたえられている。しかし、広西軍閥の李宗仁《りそうじん》が北伐を離れて故郷に戻ると、彼の強力な軍隊は百色と龍州にいた鄧小平の兵力をすぐに駆逐してしまった。鄧の協力者が多数殺され、紅七軍の残った数百人は、最初はチワン族の助けを借りて北へ、さらにそれから何百キロも続く広西・広東北部の山に沿って東へ東へと逃げた。退却中も各地の軍隊との戦闘が続き、彼らは完全に打ちのめされた。鄧はある戦いで自分の軍隊から切り離されてしまい、紅七軍を離れて上海の党中央に戻った。到着すると、鄧は広西での失敗について自己批判を書いて提出した。その中で、鄧はなぜ自分が軍の配置を離れたのかを説明し、紅七軍の指導者たちが上海の党中央への報告を必要とみなして鄧の離隊に同意したため、そのことを公式に認めてほしいと書いた。ただし、鄧は部隊がいまだ苦しんでいる間にそれを離れるという判断が、政治的に間違っていたことを認めた。文化大革命の間、彼は上海に帰るために紅七軍を見捨てたと非難されることになる。

鄧小平は、広西では二〇代半ばだった。彼は多くの同志のように軍事学校に通うのではなく、軍事訓練を受け戦闘経験を持つ同志たちと広西で一緒に戦い、最初の軍事訓練としたのだった。鄧は広西にいる間、軍事同盟を構築したり、軍隊への補給物資を調達したり、自分たちよりも装備が整った軍閥から逃げたり、現地のチワン族の指導者と協力したりして、非常に幅広く重要な責任を担った。しかしながら、さらに有名な南昌蜂起や広州蜂起を含め、当時、共産党が率いたすべての都市部での武装蜂起と同じように、広西蜂起は完全な失敗に終わった。鄧と協力したほとんどの指導者は、戦闘か、もしくは敵と協力したとして指導力を疑われた末に党の内部粛清で殺された。

紅七軍を離れて上海に戻った後、鄧は市内の病院で出産を控えた妻を訪ねた。それは彼らが一緒にいられたほとんど最後の時間であった。病院の環境は劣悪だった。出産の際、妻は陣痛中に産褥《さんじょく》熱にかかり、数日後に亡くなった。しばらくして子供も死んだ。鄧は二人の死を深く悲しんだとされているが、すぐ活動に戻った。悲劇から一年も経たず、広西の次の職務を上海で待っている間に、鄧は聡明で自由な発想を持つ上海の革命家、阿金《あきん》（金維映《きんいえい》）とともに過ごすようになった[20]。

江西、長征、そして西北根拠地——一九三〇年～一九三七年

上海で党中央は鄧小平になかなか新しい職務を割り当てなかったが、数カ月後、鄧の希望通り、彼が江西の中央ソビエトで働くことに同意した。山々に囲まれたその付近では、毛沢東の軍隊がいくつかの県を征圧してソビエト根拠地と呼ばれる安全地帯を構築し、土地改革を行って自分たちの地方政府を樹立していた。国民党や軍閥を急襲できるくらいに力を蓄えるまで、彼らはそこで兵力を構築していこうとしていた。中央ソビエトは、北西に美しいながらも険しい井岡山脈を擁し、東南に平らで広い農村地帯を抱え、全体の長さは数百キロにおよんだ。鄧は東南地帯の瑞金県で働くよう命じられ、一九三一年八月に二番目の妻の阿金と着任した。

瑞金に到着して数週間のうちに、鄧小平の江西での直属上司は、鄧を瑞金県委員会の書記に任じた。鄧が着任したのは国民党が共産党員を殺しつくそうとしていたときで、双方ともに相手方にスパイを

送り込もうと試みていた。一九二七年に国民党と袂を分かってから、共産党幹部たちは恐怖におののき、敵にひそかに情報を提供する党員も現れた。事実、鄧が瑞金に到着する前、瑞金では数百人の共産党員たちがスパイの容疑をかけられ、投獄されたり、処刑されたりしていた。鄧は数週間かけて状況を丹念に調査し、容疑者が間違って糾弾されていたと結論づけた。これを受けて投獄されていた者は解放され、現地の党員を迫害した指導者本人は処刑された。鄧の決定は現地の共産党員から歓迎され、瑞金にいる間中、鄧は彼らから強い支持を受け続けた。

江西で鄧は、毛沢東を高く称賛するようになった。毛は少数の支援者とともに、軍閥の手を逃れるため故郷の湖南から東に逃げ、山岳地帯を越えて隣の江西省にやって来たのだった。鄧は広西で共産党根拠地を構築し維持するため格闘し、最後に失敗していた。そうした経験を持つ者として、鄧は毛が根拠地の構築でいかに大きな成功を収めたかを理解していた。毛は適切な補給手段を探すだけではなく、敵を食い止め、現地の人々からの支持を獲得していかなければならなかった。

鄧小平が瑞金県委員会の書記だったとき、党中央の幹部たちはそこに首都を建設することを決定した。瑞金では首都の建設前に中国全土の共産党根拠地から代表を集めて大会を開くことになった。鄧は六一〇人の代表の一人には選ばれなかったが、会議の開催や県郊外に新しい首都を築くための下準備で重要な役割を果たした。瑞金での一年が終わると、鄧は瑞金の南側にある会昌県の県長代理に異動を命じられた。そこで彼は尋烏県と安遠県の共産党の活動についても責任を負うことになった。

毛沢東と同じく、鄧小平は共産党が敵に対抗できるくらいに力を蓄えるまで、農村に根拠地を築いていくべきだと考えていた。しかし、党中央の幹部たちは、鄧が羅明《らめい》（福建省出身の幹部）の失敗主義政策に追随しており、敵軍への攻撃を十分に行っていないと非難した。後に「鄧の最初の失脚」と呼ばれるようになるこの事件で、彼は会昌県の書記の地位から解任され、他の三人の同僚（毛の弟の毛沢譚《もうたくたん》、謝唯俊《しゃゆいしゅん》、古柏《こはく》）とともに厳しい批判の対象となり、罰せられた。鄧はまさにこのとき、「毛派」の頭として激しい攻撃を受けることになったのである。それだけでなく、鄧の二番目の妻となっていた阿金もこの攻撃に加わり、鄧と離別して、あろうことか、鄧の攻撃者の一人でフランス時代から彼と面識のあった李維漢と再婚した。幸いだったのは、フランス時代からのもう一人の知人で、このとき江西省の党書記だった李富春が、数カ月にわたって罰を受けていた鄧を江西省の宣伝部門の主任に起用し、再び働けるようにしてくれたことだった。

鄧榕によれば、一九三〇年から三一年にこうした大きな衝撃を受ける前、彼女の父親の友人たちは鄧小平のことを快活で楽しむことの好きな外向的な人間とみなしていたという。しかし鄧は、最初の妻と子供と死別し、党内で厳しい批判を受けて降格され、二番目の妻から離婚を突きつけられた。悲劇と挫折が続いたため、彼はより静かで、あまり話をしない人間になった。このとき彼は、「毛派」の頭として攻撃され処罰されたことが、長期的に見れば自分の経歴を光り輝かせるものになろうとは思ってもいなかった。毛沢東はこの事件によって、鄧の忠誠心に生涯、信頼を寄せることになったからである。後日、毛は極左派たちに鄧への攻撃を指示したときでさえ、鄧を共産党から追放することには決して同意しなかった。

共産党がソビエト根拠地を構築していくと、蔣介石は共産党の脅威を強く懸念するようになり、江西ソビエトに軍隊を派遣して包囲し、殲滅しようとした。共産党は四度目の戦役までは国民党を追い払うことに成功したが、五度目の戦役では強大な国民党から根拠地を追い出された。このときの逃走によって、共産党は有名な「長征」に乗り出すことになった。陝西省北部に新しい根拠地を構築するまで、共産党員たちは一万キロに近い荒々しい道のりを一年余かけて踏破した。この行軍は逃げ惑う彼らをみじめに打ちのめした。約八万六〇〇〇人の兵力で始まった長征は、途中で多くの死者を出し、逃亡者も相次いだため、陝西―甘粛《かんしゅく》―寧夏《ねいか》の省境地帯に到着したときには一万人以下に減っていた。一九三五年一〇月、彼らはようやくそこにたどり着き、現地にいた少数の共産主義者たちに迎えられた。この長征の間、毛沢東と鄧小平がどのように交流していたのかについては記録がない。しかし、鄧の娘が記しているように、生き残りの兵力が減っていくにつれ、宣伝工作の責任者として移動中の軍の規律を保とうとした鄧には、毛と何度も話をする機会があったことだろう。

長征が始まって数週間後の一九三五年一月、貴州省の遵義《じゅんぎ》で決定的な会議が開かれた。毛沢東に軍隊を指揮する権限が与えられ、彼が中国共産党の最高指導者に就任する端緒が開かれたのである。鄧小平は会議の正式な参加者ではなかったが、記録係として出席していた。この会議の記録はまったく残っていないが、鄧は後に会議の「秘書長」という輝かしい肩書を与えられている。

長征の最初の数週間、鄧小平は『紅星』という宣伝紙の作成責任者だった。数週間経ち、物資の移動が負担になってきたため、ガリ版印刷機は遺棄されることになった。だが宣伝工作に携わる幹部として、鄧は困難に耐えようと、兵士たちを口頭で励まし続けた。旅の途中、鄧は腸チフスを患ってほとんど死にかけた。鄧が後に客人に語ったところによると、半分は馬に乗り、半分は自分で歩いて、ようやく長征を達成できたのであった。共産党が西北部で根拠地を構築しようとした段階では、国民党に代わって侵略者の日本が彼らの主たる敵となり、専政的な地主に反対しようという訴えに愛国主義的なアピールが加わった。

一九三六年一二月、軍閥の張学良《ちょうがくりょう》率いる軍隊が西安で蔣介石将軍を幽閉したことで、共産党にとっての好機が到来した。解放してもらうには、蔣は再び国民党と共産党との合作を行い、日本軍と戦うという条件を呑まなければならなかった。蔣の軍隊からの圧力がなくなったため、共産党は新たな合意の機会を活用し、三七年一月に陝西省北部の延安により大きい新たな根拠地を構築した。鄧小平はそこで紅一軍団の宣伝部部長になり、軍隊や政治幹部に演説するほか、音楽隊や劇団の育成を指揮するようになった。鄧はこうして宣伝メッセージを伝達するための独自の方法を培っていった。鄧の話は的確で短かった。彼は最初に幅広い国際的な状況を説明し、それからそれを自分たちの現在の責任に結び付けて語った。彼が話し終わるころには、聴衆は自分たちの責任がどこにあるのかを明確に理解することができた。

その年の末には日本軍が満州から全中国の支配へと乗り出し、主な都市と交通路のすべてを占領した。西南地区の農村部と都市だけが中国人の手の中に残った。小競り合いは続いていたものの、中国を占領していたのはもはや日本軍であった。

抗日戦――一九三七年～一九四五年

共産党が日本軍と戦うため国民党との合作で合意すると、その軍隊は八路軍と呼ばれるようになり、公式には蔣介石が指揮する中国軍全体のなかの一部となった。だが、実際には国民党と共産党の互いの猜疑心は深く、両者はほとんど接触を持たなかった。

共産党の八路軍の本部は、延安から東に数百キロ離れた山西省の肥沃な地域に置かれた。そこは軍隊が自分たちの食糧供給をしっかりと確保しながら、日本軍に十分近接してゲリラ攻撃を仕掛け、彼らを困らせることができる場所であった。

一九三七年、毛沢東は最も有能な将軍の一人、劉伯承《りゅうはくしょう》を、八路軍の主力部隊であった一二九師団の師長に命じた。それからほどなくして三八年一月、他の部隊と同様に、毛は司令員と組になる政治委員に鄧小平を任命した。ただ、他の政治委員の場合と異なり、その共産党グループの第一書記になったのは鄧で、劉は第二書記に任じられた。そのため鄧は、戦闘に突撃する前に軍の準備状況や外部環境を判断するなど、より多くの権限を持つことになった。劉は鄧より頭一つ分背が高く、一二歳年上で、戦闘で負傷したため片目が見えなかった。二人は緊密に協力して働いた。鄧が一二九師団の置かれた太行山脈に初めて到着したとき、劉は出張で不在にしていたため、鄧はこの機を生かしてすぐに自らの権威を確立した。

一九三七年から四九年にかけて、鄧小平と劉伯承はチームを組んで日本軍に対抗し、第二次世界大戦が終わってからは国民党に対する内戦をともに戦った。両者があまりにも緊密に働いたため、「劉鄧」の名前はまるで一つの単語のように使われるようになった。鄧は軍隊に自分の命令への服従を求め、敵との戦いではより果敢に前進しようとしたが、劉は鄧よりも兵士に優しかったといわれている。国民党のスパイの嫌疑がかけられた兵士を処分するときも、鄧の方が劉より厳しかった。

抗日戦争の間、一二九師団は日本軍の手を逃れるために晋冀魯豫《しんきろよ》辺区（山西、河北、山東、河南の四省の境界にまたがる地域で中共の勢力が強かった）内に根拠地を移動させた。ただ、指導者たちが重要な会議に簡単に出られるように、通常八路軍の本部から馬で一日以内の距離にとどまった。彼らはどこにいても、自分たちよりも装備の優れた日本軍にしょっちゅうゲリラ攻撃を仕掛けた。また、敵軍が街や主な交通路の支配を維持するため広い範囲に分散配置されていたため、孤立した少数の兵士に集中的な攻撃を加えた。延安の根拠地はかなり大きく、敵からは十分遠かったため、毛沢東は共産党の理論や全体的な戦略を発展させながら、自らが関心を抱く歴史や哲学、詩を楽しんだ。対照的に、日本軍との前線に近い小さな根拠地で政治委員だった鄧小平は、理論を考える時間的な余裕を持たなかった。現地の人々の現実的な問題に対応していかなければならなかったからである。実際、鄧は八年もの間、晋冀魯豫辺区内で、現地の数万を超える人口と軍隊をまかなうだけの食糧を調達し、現地の産業を支えて衣類やその他の日用品を作る商業作物を生産し、自給自足経済を発展させていくことに政治幹部として責任を負った。また、正規軍の兵士を雇用し、軍事行動の政治的な意義を評価することにも責任を持っていた。これらは彼が広西にいた間にしっかり学習していた任務であった。地域の経済を刺激する策として、鄧は地元で生産を奨励すべく徴税制度を工夫し、次のようにしたためた。「人民は近年の平均的な生産高に応じて徴税されるべきで、平均値を超えた生産高は、すべて生産者の所有に帰すこととする」[21]。正規軍を支援していた地元の民兵を日本軍に対する攻撃態勢に保つため、彼は域内をひそかに旅して回った[22]。

一九三九年に鄧小平は二度、延安に戻ったが、そのうちの一度は卓琳《たくりん》との結婚式のためだった。卓琳の父は後に土地改革中に殺されてしまうが、雲南ハムの製造で有名な裕福なビジネスマンで、いずれも左派の道を歩んだ聡明な娘が三人いた。卓琳の時代には大学進学者は人口の一パーセントもおらず、教育を受けた女性はとても珍しかったが、姉妹たちはみな大学に進学し、そして革命に身を投じたのであった。なかでも卓琳は競争の激しい北京大学に入学して物理学を専攻していた。彼女があるとき語ったところでは、無学な共産党幹部の中で、鄧は際立って見えたという。

鄧小平と彼より一二歳若い卓琳は、毛沢東が住んでいた窰洞《ヤオトン》（黄河高原によく見られる、砂岩に横穴を掘って造った住居）の前で質素で素朴な結婚式を挙げた。式には毛や劉少奇《りゅうしょうき》、李富春、そのほか数人が参列した。中国の西北部にいる間、毛や鄧がいつどこで会っていたのかを示す確かな記録は残っていないが、この結婚式のときまでに両者は明らかに深い絆で結ばれていた。毛は後に、江西で鄧が（「毛派」のメンバーとして）苦しんだことを肯定的に語っている。毛は中国の農村地帯に共産党の根拠地を構築して早くから成果を上げたが、同じことで失敗した経験のある鄧は、毛を深く尊敬していた。毛は鄧の能力や行動力だけでなく、彼の自分に対する尊敬の念に明らかに感激していた。

鄧小平と卓琳の間にはじきに三人の娘（すべて木の名称をとって林《りん》、楠《なん》、榕《よう》と名付けられた）と二人の息子（樸方《ぼくほう》と質方《しつほう》）が生まれた。鄧が危険な地域で戦っている間に離れて暮らしたことはあったが、それを除けば、二人は五八年後に鄧が死去するまで一緒に暮らし、共産党の指導層の中でも特に安定した家庭を築いた。鄧は自分の父とは疎遠だったが、重責の圧力を抱える鄧にとって、妻と子供たちは安らぎを与えてくれる存在になった。ただ、鄧は家族に共産党の上層部の議論について話さなかったため、そうした深い関係が政治的な問題におよぶことはなかった。

国共内戦――一九四六年～一九四九年

第二次世界大戦が終わると、鄧小平は、晋冀魯豫と呼ばれる山西、河北、山東、河南の四省にまたがる数百万の人口を抱える広い地域で、まさに最高位の共産党幹部になった。鄧は国民党の軍隊が置かれた都市からはるか遠く離れた場所で、国民党との不可避的な戦闘のために軍隊の準備を進めた。主な任務の一つに、将来有望な若い共産党指導者を特定して育てていくことがあったが、鄧がこのとき選んだ趙紫陽《ちょうしよう》と万里《ばんり》の二人は、一九七八年以降に重要な役割を担うことになった。

国民党と共産党との内戦が勃発して一年余の一九四九年六月、劉伯承と鄧小平は軍を率いて、中国中央部の広大な平野部との境にある大別山脈まで南西に進むことになった。これを命じた毛沢東の直接的な動機は、陝西の共産党の本部を脅かしていた国民党の軍隊を西北部から切り離すことだった。ただし毛はその先に、中国の歴史上、対抗し合う軍事力同士がたいてい最後に決戦を交えた中原の端に、自分の根拠地を構築することを考えていた。劉鄧軍には厳しい冬に備える暖かい衣類などの装備がなく、中原では敵軍が強い力を誇っていたため、大別山脈への行軍で多くの負傷者が出ることは確実であった。

しかし、毅然とした規律正しい軍人だった鄧小平は、多くの損失を覚悟しながらも、躊躇なく前進を命じた。劉鄧軍の多くが寒さや飢えで現に死んだ。生き残った兵士たちも、敵軍からの攻撃と損失の拡大に寒さや食糧不足のため耐えきれず、心もとない状況に置かれた。そうした困難にもかかわらず、生き残った軍人たちと新しく採用された兵隊たちは、毛の希望通り中原を見下ろす地に根拠地を構築した。第二次世界大戦中のゲリラ戦とは異なり、国共内戦では双方の数多くの兵士たちが大規模戦役を戦った。この根拠地は、国共内戦の三大戦役の一つとなる淮海《わいかい》戦役で決定的な役割を果たすことになった。

一九四八年一一月初めから四九年一月まで続いた淮海戦役は、国民党の側でざっと六〇万人、共産党の側で五〇万人以上が参加した、軍事史上、最も大きな戦役の一つであった。国民党では非常に有能な将軍たち数人が軍を率いていた。共産党は食糧やその他の必需品を軍に運ぶため、一〇〇万人以上の農民を新たに動員し、運搬のため七〇万頭以上の役畜を徴用した。華東野戦軍（後に第三野戦軍）で司令員の陳毅に次ぐ地位にあった有能な粟裕《ぞくゆう》将軍は、抵抗を最小限に抑えながら河幅の広い揚子江を渡河するため、揚子江の北側で国民党と交戦して敵軍を殲滅させることを提唱し、これが共産党の戦略になった。鄧小平は淮海戦役の間も延安と緊密に連携していたが、毛沢東が各地の共産党司令員に認めていた裁量の幅は蔣介石が将軍たちに与えていたのよりずっと広かった。蔣はこのころには、共産党軍の士気の高さを深く憂慮するようになっていた。貧しい農民たちは、共産党が勝利すれば自分の家族が土地を分けてもらえると期待し始めていた。淮海戦役の前夜、東北地区で共産党軍が蔣軍を破ってから、蔣は国共内戦の行方に悲観的になっていた(23)。

粟裕率いる華東野戦軍は劉鄧軍よりもずっと規模が大きかった。劉鄧軍がずっと多くの敵軍に包囲されていたこともあり、華東野戦軍は初期の戦いでは敵に対してより大きな勝利を収めていた。劉鄧軍はこのころには中原野戦軍（すぐに第二野戦軍と改名）と呼ばれており、戦闘に突入したものの、多くの犠牲を出して苦しみ、粟裕の華東野戦軍から兵士や火砲の支援を必要とした。淮海戦役が十一月八日に始まって八日後、毛沢東は総前線委員会の設立を命じ、五〇万人を超える共産党軍がその書記になった鄧小平の統一指揮の下に入った。

淮海戦役で鄧小平の指導力の是非は議論を呼んだ。自分たちの軍隊の安全を懸念した劉伯承は、火力に勝る国民党軍からの防御のためにもっと塹壕を構築するよう言ったが、鄧は前進を主張した。味方の軍隊をより危険な状態にさらして戦役の初期に必要以上の犠牲者を出したこと、そして防御用の塹壕をもっとたくさん掘らなかったことで、鄧は後に批判を受けることになる。

しかしながら、戦役の後半段階では、五〇万人の共産党軍は総前線委員会書記の鄧小平の下で団結し、相手を圧倒した。戦役は、軍事的勝利と同様に偉大な精神的勝利となり、そのときから蔣介石の軍隊は南方へ西方へと攻める共産党側に圧倒され続けることになった。実際、淮海戦役の後は、こうした共産党の前進を食い止めるだけの大規模な軍隊を編成することすら難しくなった。共産党軍は揚子江の渡河の際も敵軍の抵抗をあっさりと退け、南方と西方に向けて急速に行軍を続けた。一九八四年、鄧は中曽根康弘首相に、一生のうちで最もうれしかった出来事はと聞かれ、兵士の少なさと装備の不足という二つの障害を乗り越えて国共内戦に勝利したこと、と答えている。彼が特に強調したのは、この揚子江の渡河の成功であった(24)。

共産党軍が前進し、都市を一つひとつ攻略していくなかで、軍の一部はそれぞれの都市に残り、都市を統治する軍事管理委員会を設立し、共産党統治への移行に着手した。上海で共産党が軍事的に勝利すると、鄧小平は最初の数週間、上海政府のさまざまな部門を継承した軍事管理委員会の責任を自分で担った。そのときまで党員であることを隠していた者、そして共産党に好意的な上海の「進歩的」青年たちが、共産党政権への移行を手伝った。鄧は現地でさまざまな指導者と面会し、共産党の政策を説明し、短い移行期の後に現地で支援者になってくれそうな部下を選抜し任命した。彼はまた、上海地区の指導者を探すために新しい党員の募集を強化した。現地の市民たちは、汚職で悪名高く、激しいインフレを引き起こしてきた国民党からは距離を置いており、全体としては共産主義者たちを歓迎した。ただ、国共内戦がもたらした被害と混乱を乗り越えるには、その後、数年を要した。鄧は上海で共産党統治への移行を指導した後、その場を離れ、南西地区への行進を続ける自分の軍隊に復帰した。

西南地区での共産党統治体制の構築――一九四九年〜一九五二年

共産党は一九四七年に東北地区を掌握したが、四九年に全国を支配するまでにさらに二年以上を要した。中国の六大地区の一つひとつを手にするたび、共産党はその地区を統治するための地方局を設立した。北京で党の中枢と中央政府が徐々に整えられていった五二年までの間、全国を統治する主な責任はこれら六つの地方局が担った。これら共産党統治の拠点を構築するにあたり、毛沢東は通常、その地区の出身者を指導者として選んだ。劉伯承は鄧小平と同じく、西南地区で最も人口の多い省、四川の出身であった。戦時には政治委員は司令員に服従することが期待されるが、平時には司令員は政治委員への服従が求められる。そのため六大地区の中で最後に共産党統治に組み込まれ、一億の人口を擁する西南局を代表する第一書記には、鄧が任命されることになった。地方にいた主な指導者が北京に帰り、また、彼らが各地で行っていた任務を北京が担うようになる五二年まで、鄧はその地位にとどまった。

鄧小平は西南局の第一書記として地区内を平定し、国民党から共産党への政権移行を統括し、政府と社会を指導していく党員を募集して訓練し、戦時の混乱を収拾し、地域全体の経済発展を指導するなどした。[25]共産党が社会に根を張っていく過程で、鄧は治安や経済、商工業、交通通信、文化教育、医療衛生といった市民生活のすべての面の責任を担った。

西南地区の農村部の平定は、他の地区よりずっと難しかった。国民党は第二次世界大戦の間、西南地区に本部を置いていたため、それを支持する勢力はなお強かった。また、国民党の兵士たちにとって西南地区は最後の一線であり、そこで脱走したり、現地の人々に混じり込んだりする者もいた。ひそかに、または明確な形で、共産党の支配に抵抗を続ける者もいた。これらのトラブルメーカーたちを捕え、秩序の最終的安定を図るために、賀龍《がりゅう》将軍が彼の第一野戦軍の一部とともに西北地区から駆けつけ、劉伯承率いる軍隊を支援した。チベットは共産党統治に組み込まれる最後の省となった。その地域を掌握して秩序を打ち立てるため、鄧小平は一九五一年、西南地区と西北地区に根拠地を置いていた軍隊の中から人選を行った。チベット人は強い軍事力を持たず、また、人民解放軍のチベット侵攻前にすでに四川省西部で敗北を喫していたため、チベットの軍事的攻略は比較的容易であった。

鄧小平は西南地区での長期的な成功や失敗が、いかに才能ある部下を募って維持していけるかどうかにかかっていると認識していた。共産党と政府において責任ある仕事を担う人材を探すため、彼は第二野戦軍の政治委員たちをとても頼りにした。彼らは軍の士気を高く保ち、軍と現地の人々との間の関係を管理した経験を持っていたからである。ただし鄧は他方で、共産党との協力の準備があれば、国民党下で働いていた多くの官僚たちがそのまま職位にとどまることも許容した。そして、鄧は部下たちに、能力のある若者を募集して訓練し、現地の党や政府のスタッフとするよう指導した。

現地で暮らす人々から協力や支持を得られるかどうかは、鄧小平の大きな関心事項だった。鄧は現地の人々や政府の役人に、演説や新聞で共産党の統治について説明した。また、地主階級を一掃して小作農たちが自分で土地を使えるようにするため、土地改革を担う役人の募集と訓練を組織化した。中国南部にいた葉剣英《ようけんえい》は毛沢東から地主階級に甘すぎると批判されたが、鄧は土地改革を成功させて称賛を受けた。鄧は地主を攻撃し、所有地が特に大きかった何人かは死刑にしてその土地を小作農に分け、地元の小作農たちを新しい統治者への支持に動員した。

鄧小平は西南地区の発展に最も不可欠と思われるプロジェクトを実現するため、多くのエネルギーを割いた。それは重慶と成都という地域最大の二都市を鉄道でつなぐことであり、鄧の父や友人たちが一世代前に夢見たことでもあった。当時の建設設備は初歩的で、実現は非常に難しいと考えられていたが、鄧と作業員たちは奮闘を続けた。一九五二年に鄧が北京で働くために西南地区を離れる直前、鉄道プロジェクトの完工式が開かれ、そこには誇らしげな鄧の姿があった。

社会主義建設——一九五二年～一九五九年

一九五二年、各地区の指導者たちが、国家全体を統治するため中央政府に配置換えされた。鄧小平は六六年までとどまることになる職位、すなわち中央政府副総理に任命された。間もなく毛沢東は、党中央に届けられる政府文書はまず鄧の審査を受けるべしとする通達をしたためた。それは毛が鄧を深く信頼していたことを示す措置だった。鄧は北京ではさまざまな活動を調整するようになっていたが、この仕事はその中心的なものだった。五六年になると、鄧は加えて、党の日常業務を統括する重要な中央書記処総書記、および中央政治局常務委員会のメンバーにも就任した。第一次五カ年計画の策定について話し合い、「社会主義化」の計画を進めていくため、彼は毛が参加する会議に同席した。社会主義化とは、個々の農民たちを人民公社に組織化し、中小企業を集団化し、大企業を国有化することであった。

一九五三年、毛沢東は薄一波《はくいっぱ》財政部部長について、課税見積もりが資本家たちに甘すぎると見て彼を解任し、後任に鄧小平を任命した。鄧が財政部部長を務めた一年間は、たまたま第一次五カ年計画の最初の年であった。そのため彼は、各省がそれぞれどれだけの穀物と財政収入を国家に上納し、中央政府が各省にどれくらい資金を分配するのか、各省と議論して決める一連の政治過程を指導することになった。鄧は最終決定者ではなかったが、中国がまだとても貧しかったため、彼の判断の影響は大きく、責任は重大だった。各省がどの程度なら穀物生産割り当てと税金上納に耐えられるのか、毛や周恩来に報告するのは彼の役目だった。(26)このころ、毛は他の指導者たちとしばしば顔を合わせており、鄧は一カ月に何度も毛が参加する会議に出席した。五三年末、鄧と陳雲《ちんうん》(「鄧小平時代の重要人物」参照、下巻四六六〜四七四頁)は、共産党統治が始まってから最大の組織問題を毛に報告した。高崗《こうこう》に党の分裂を画策している疑いがあったのである。毛が警告を受け入れたため、鄧と陳雲は中心になって事件の処理にあたった。(27)

共産党の日常業務の指導で中心的な役割を果たしながら、鄧小平は毛沢東を目の前で観察できた。毛は中国が直面していた数々の課題に優先順位をつけ、重い決定を下していた。毛は後に破壊的な間違いを犯したが、それでも彼はなお、深い洞察力と果敢な戦略を持つ聡明な政治指導者だった。加えて周恩来総理もいた。後にキッシンジャーは、自分が会ったことのある人々のうち、周は最も偉大な指導者の一人だったとしている。鄧は自分がパリや上海の時代からよく知っていたこの上司が、対外問題や政府の活動全体をどうさばいているか見ていた。毛や周との最高レベルの会議に参加することで、鄧はこの世代の二人の偉大な中国人指導者が、国家の直面する大きな課題をどう判断しているかを学んだ。さらに新組織構築の参加者として、重大な決定の背後にある必然性を理解し、本質的な変化をもたらす、より大きな構造を考える機会を持った。それは、彼が一九八〇年代に中国の政治経済の枠組みを再建しようとしたとき、貴重な経験としてとても役立った。

毛沢東は一九六〇年にソ連と決別し、中国を閉鎖的な国にしたものの、多くの時間を費やして大国とどのように渡り合っていくか熟考していた。鄧は五二年から五五年まで、政府の副総理として対外関係に関する話し合いに参加した。五六年から六六年まではさらに党中央書記処の総書記として、当時、中国の対外関係の大半を占めていた他国の共産党との関係（非共産国との関係を除く）をさばいた。五六年二月にはたとえば、鄧は中国代表団の政治指導者としてモスクワに赴き、フルシチョフがスターリンを批判したソ連共産党第二〇回大会に参加した。他国の同志たちと同じく、彼はフルシチョフが演説をしたセッションへの参加は許されなかったが、翌日には演説の原稿を読むことができた。鄧はすぐにその演説が、ソ連国内にだけでなく、国際的にも大きな意味合いを持つと察知した。彼は毛が対応を決めるまで注意深く内容に判断を加えるのは避けたが、二人の通訳に夜を徹して翻訳にあたらせた。そして北京に戻ると、演説に関して（スターリンに対する批判の多くがあてはまっていた）毛に報告を行い、どのような対応をとるべきか決定を仰いだ。[28] スターリンへの激しい批判が、彼と一緒に働いたことのある人々に影響をおよぼし、また、ソ連共産党の権威を傷つけることを鄧はすぐに理解した。

中国の農業と手工業が集団化され、工業が国有化された後、中国共産党は一九五六年九月一五日から二七日にかけて第八回党大会を開いた。これは四五年に開かれ、国共内戦前夜の任務を明示した第七回党大会の後の初めての党大会であった。大会前には包括的で周到な準備が行われた。大会では、大国を統治する共産党の責任ある未来像が提示されることになっていた。社会主義初級段階が到来し、五カ年計画が導入され、資本家と地主階級はいなくなり、階級闘争は終了した。周恩来や鄧小平ら指導者たちは、その後、党が通常の任務に力を注ぎ、秩序ある経済発展を実現することを望んでいた。[29]

鄧小平は第八回党大会で中心的な役割を果たした。彼は共産党中央書記処の総書記に昇進し、それによって政治局常務委員会のメンバーになり、共産党の最高指導者六人のうちの一人（毛、劉少奇、周恩来、朱徳《しゅとく》、陳雲に次ぐ）になった。彼が一九五四年から就いていた中共中央秘書長の職位は、すべての主な政策決定過程に深く関与する重要なものだったが、やはりオフィスのマネジャーにすぎなかった。しかしながら、五六年には彼は総書記として――この地位には文化大革命のときまでとどまることになるが――党の日常業務に責任を持つ指導者になったのである。彼は北京の党指導組織の監督と、省級の党指導者たちへの対応に責任を担った。毛の全体的リーダーシップの下、党の第一副主席であった劉少奇が政治局常務委員会を指導したが、鄧はそこで下された決定を実行する役目を担った。

一九五七年一一月、鄧小平は毛沢東に付き添ってモスクワに向かった。このとき、鄧がソ連の偉大な理論家であるミハイル・ススロフと激論を戦わせ、説得的な議論を展開したことで、毛はすこぶる上機嫌になった。モスクワでの会議の終盤、毛は鄧を指差し、こう言った。「あの小さな男が見えるか？　あいつはとても賢い。将来、大した人間になるだろう[30]」。フルシチョフの回想によれば、「毛は彼を、指導層の中で最も将来有望なメンバーとみなしていた」のである[31]。

「百花斉放、百家争鳴」運動は、多くの知識人や民主党派の指導者たちに見解の表明を奨励した。しかし、彼らが体制に対してあまりに鋭い批判を展開したことに、毛沢東は一九五七年春ごろから戸惑うようになった。資本主義がすでになくなったというのに、いまだに自分たちの出身階級を忘れられない「ブルジョア知識人」に対し、毛は反撃を決めた。五七年夏、毛は共産党を激しく批判したすべての人間に対し「反右派闘争」を開始した。毛が自分で発動したこの闘争を鄧小平にとりまとめさせたため、鄧はその間、右派のレッテルを貼られた約五五万人の知識人に厳しい攻撃を加えるのを指導することになった。百花斉放の間、鄧は各地の党幹部たちに、批判には耳を傾け、反撃してはならないと言い続けていた。ただし実際には彼は、複雑で難しい課題に対処しようとしていた幹部に対し、一部の知識人が横柄で不当な批判を行ったことを不快に感じていた。反右派闘争の間、鄧は毛を強く支持し、党の権威を守るために辛口の知識人たちを攻撃した。中国の知識エリートたちは、このような迫害、そしてその中で鄧が果たした役割を忘れないであろう。

反右派闘争は、中国で科学技術について最も優れた頭脳を持つ多くの人々を破滅に追い込み、また、それ以外の多数を主流から遠ざけた。直後に進められた大躍進政策は、中国の経済と社会を数年以内に改造するため、ユートピア的な誤った発想に基づいて乱暴に実行された。毛沢東がこれに邁進するのを止められたかもしれない批判勢力は、反右派闘争で恐れおののいて口をつぐんだ。大躍進以降、毛は以前のように周囲と政策を話し合わなくなった。毛に忠実な者たちの多くもまた黙り込んだ。

実行を重んじた鄧小平は、哲学者で詩人で夢想家だった毛沢東より、常に実務的で現実的だった。ただし、毛は自分には自由に意見を述べるが、公的な場ではあまり口数の多くない鄧や林彪《りんぴょう》などの人物を重用した。党に忠実な多くの人々がそうだったように、鄧は大躍進の間、毛が自分と違う意見を聞きたがっていないことを察知し、批判を口にしないよう気をつけた。しかも、彼は他の人々と同じく、毛の決定が国共内戦でも国家統一でもたいてい最後には正しかったため、疑問は棚に上げて命令を遂行すればよいのだと考えていた。鄧は後に娘の鄧榕に、毛があまりにも甚大な間違いを犯していくのをなぜ止められなかったのか、後悔していると語ったという。

大躍進の過ちは中国全土に荒廃をもたらした。多くの場所で飢餓が発生した。農民たちは汚い食堂が併設された大規模な人民公社に組織化され、農場、もしくはいい加減に計画された大規模建設プロジェクトに動員された。彼らは仕事をしなくても、した人間と同じように食べていけるということを知り、働く気を失った。収穫高は一気に落ち込み、汚れた食堂の多くから食べ物が消えた。

環境の悪化も大きな問題となった。全国各地で「土法高炉」（古くからのやり方で作った小規模溶鉱炉）の設置が奨励され、森の木はまきにするため切り倒され、質の悪い鉄を生産するため人間が酷使された。規模の大きな新しい建設プロジェクトが次々にでき、そのせいでセメントの供給が逼迫し、よりまともに計画されたプロジェクトに回せなくなった。非現実的な穀物生産目標を達成するよう圧力を受けた各地の党書記たちは、上部機関への穀物上納目標を達成するために、現地の人々が食糧不足で飢えていても地元の倉庫から穀物を拠出した。最も状況の悪かった一九五九年から六一年までの三年間について、飢餓による死者数は正確には計算できない。ただし、大陸側がまとめた統計では、約一六〇〇万から約一七〇〇万人が非正常な死を遂げたとされており、四五〇〇万人という数字をはじき出している海外の専門家もいる[32]。

一九五九年まで、鄧小平は従順に毛沢東の大躍進計画を遂行した。しかし、ユートピアを建設するための実験は破滅的な結果をもたらし始めた。各地の党の幹部たちは何とか状況に対応しようともがき、鄧は彼らに指示を出して混乱を収拾する困難な任務を負った。鄧は通常、仕事があるときでも夕方には家族と団欒のひと時を過ごしたが、大躍進の混乱の間は休む間もなかった。大躍進が発動されて一年後の五九年の夏、鄧はビリヤードをしていて転倒し、大腿骨を骨折した。医者は鄧が数カ月間、業務に復帰できないと診断した。内輪の事情をよく知る人間は、毛の非現実的な大躍進を推進し続けるため、それを手助けする職に就かされるのをいやがった鄧が、意図的に会議に出るのを避けようとしたとみなしている。

鄧小平の認識は、療養休暇が始まるころには変わり始めていた[33]。数カ月後に仕事に復帰してからも、鄧は毛沢東の指示に従い、彼への忠誠を誓い続けた。しかし、大躍進の大きな被害は、考えの古いロマンチックな夢想家とプラグマティックな実行役との間に溝をつくった。毛の指示を実行しながらも、鄧は以前ほど毛に伺い立てをしないことで自分の裁量の幅を広げた。鄧は一九六〇年から六一年にかけて、大躍進の行き過ぎを抑制するため、工業、農業、教育その他の部門で現実的な調整を積極的に実施した。毛はその時点でこうした現実的な調整を批判しなかったが、自分が話をしているとき鄧は部屋の後ろに座って聞いていなかったと、後になって不満を言った。自分の下にいる幹部たちが、自分を尊重しながらも自分の言うことに耳を傾けず、まるで死んだ祖先を取り扱うように自分に接していることに、毛は憤りを感じていた。

一九六〇年代の初め、ロマンチックな革命家とプラグマティックな実行役の溝は内政問題では深刻化した。ただし、毛沢東はこのころ、鄧小平がソ連との間の論争で力強く役割を担っていたことを完全に支持し続けていた。鄧は六〇年八月、さらに一〇月から一一月にかけての二回、中国代表団を率いてソ連を訪問し、国際共産主義運動において中国により多くの自由を認めるよう主張した。そしてまた彼は、中国がソ連にあてて九通の辛辣な書簡を準備するのをとりまとめた。六三年七月には、ミハイル・ススロフと徹底的にやり合った鄧の態度に——両者の議論があまりにとげとげしかったため、国際共産主義運動は低迷することになるのだが——毛はいたく感動し、鄧の帰国にあわせて珍しく北京空港に出迎えに行くという歓待ぶりを示した。実際、反ソ論争をめぐる毛の鄧への信頼は、国内政策で二人の違いがぎこちなさを生んでからも、両者の絆を強力に保つ役目を果たした[34]。

一九六四年一〇月にニキータ・フルシチョフが同僚たちからのクーデターで失脚すると、もともと自分の希望を心から実行しない部下たちのことで悩んでいた毛沢東は、より頻繁に後継者育成を口にするようになり、個人崇拝の貫徹をさらに要求した。六五年二月、毛は自分の革命的な見方を完全に支持していない党の幹部に批判運動を展開するため、妻の江青《こうせい》を送り出し、六六年五月半ばには「資本主義の道を歩む実権派」（いわゆる「走資派」）たちを攻撃するために文化大革命を始めた。彼にとって「走資派」とは、独立して物を考え実行する、自分の指導力に完全には従っていない人間のことであった。毛は紅衛兵やその他の極左派を動員し、権力の座にある人間を攻撃した。高官たちを巧みに一人ひとり分断し、軍を制御するために林彪を頼みとしながら、毛は大多数の上級幹部を指導的な地位から追放し、彼らを農村での肉体労働や再教育に送り出すことに成功した。

毛沢東の怒りの大きな部分は、彼が発動した大躍進への不満が広がっていたことから来ていた。たとえば、一九六二年に七〇〇〇人の幹部たちを集めて開催した会議で、劉少奇が毛の大躍進の失敗を批判し、自分は初めからそれを支持しなかったと責任逃れすると彼は激怒した。毛は劉を権力の座から追放すると心に誓った。毛はまた、鄧小平がその会議の後も劉と緊密に協力しながら働き続けたことに失望した。そのため六六年に劉を攻撃したとき、毛は鄧をも「資本主義の道を歩む第二の実権派」として標的にした[35]。

毛沢東の攻撃はしつこく、激しいものだった。一九六六年の末以降、毎日毎日、何カ月もの間、メディアは劉少奇と鄧小平に関する批判を展開し続けた。党の副首席で毛の後継者と目されてきた劉は、河南省の開封で軟禁され、必要な治療も受けられず、家族にもみとられず、妻が別の牢獄でうなだれている間に死んだ。

一九六七年、毛沢東は鄧小平とその妻を、中南海（党の最高指導者たちが暮らし、働いている区域）にある彼らの自宅に軟禁した。同じ年に子供たちが家の外に追い出されると、彼らは外界との接触を失い、子供たちの消息は二年の間、わからなくなった。彼らは新聞や本を読み、ラジオを聞いて時をやり過ごすしかなく、毎日のように玄関の掃き掃除をした。ただ、彼らの状況は、批判を受けていた他の多くの幹部よりもずっとよかった。彼らは中南海にいたため紅衛兵による辱めを受けずにすんだし、料理人と小間使い一人ずつを維持できたし、必要なものを買うために給料から金を引き出すこともできた。毛は鄧に忠誠への教訓を与えようとしていたが、彼を後にどのように使うか、選択肢を残したままであった。

鄧小平の子供たちは両親のような庇護下になかった。彼らは紅衛兵から攻撃を受け、父親の罪状に関する情報を提供するよう圧力をかけられた。長女の鄧林は通っていた芸術学院で、そして鄧樸方と鄧楠は物理を学んでいた北京大学で、それぞれ攻撃の対象となった。一九六七年には、年下の鄧榕と鄧質方が（鄧の継母の夏伯根とともに）北京の一般労働者の住む窮屈な宿舎に引っ越しさせられ、両親との接触を断たれた。ここにはときに紅衛兵が突然押し寄せ、頭を前にうなだれさせた姿で彼らを起立させた。紅衛兵は彼らに父親の罪状に関する情報を吐かせようとしていたぶり、どなりつけ、部屋の壁にスローガンを貼り付け、ときには物をたたきつけた。その後、三姉妹と質方はいずれも、労働に従事させられるため農村に送られた。

一九六八年には鄧小平の「罪状」を調査するため特別調査チーム（専案組）が設置された。チームは鄧を知る人間をめぐり、鄧の紅七軍からの脱走、彼が毛の批判した彭徳懐《ほうとくかい》と良好な関係を維持していたこと、そしてさらに他の罪状について聞き出そうとした。調査の一環として、鄧は八歳以降の自分の履歴を書かされ、個人的な人間関係についてもすべてリストに挙げるよう要求された。若いときから記録を文字として残さない習慣を学び、国民党幹部との緊密な接触が求められる仕事に就いたことがなかったことは幸運であった。六八年一〇月の一二中全会は鄧を共産党から追放するよう求めたが、毛はそれを拒否し、極左派から彼を守り続けた。

一九六九年三月に初めてソ連と軍事的に衝突すると、毛沢東は一〇月、ソ連が侵略してきても各地で抵抗運動が組織できるよう、ほとんどの高位指導者を農村に送るよう指示した。これにより、朱徳と董必武《とうひつぶ》は広東に、葉剣英は湖南に、聶栄臻と陳毅は河北に、そして陳雲、王震《おうしん》と鄧小平は江西のそれぞれ別の場所に送られることになった。ところが、実際に農村に送り込まれた彼らは、各地の防衛準備の組織化にまったく携わらなかった。優れた北京ウォッチャーのなかには、ライバルの台頭を恐れた林彪が、ソ連からの攻撃という危機を活用して毛を説得し、彼の権力に挑戦する可能性のある北京の他の高位指導者を追放しようとしたのだとする者もいる。実際、林彪が七一年に死ぬと、地方にいた指導者たちは帰京が許されたのだった。

江西へと旅立つとき、鄧小平はすでに悟っていた。中国の問題は、毛沢東個人の過ちのせいではなく、毛を生み出し、大躍進と文化大革命をもたらしたシステムそのものの、深い欠陥に起因したものだった。共産党が政権を樹立した一九四九年、それまで革命家だった鄧は国家の建設者となり、新政権と社会主義体制の構築を手助けしていこうとした。江西に向かう道のりで、彼はすでに中国にどのような改革が必要なのか考え始めていた。鄧は軍と政府と党の最高レベルにおいて、内外のすべての重要政策につき、通常では考えられないほど多くの経験を積み上げてきた。彼はそれらに依拠しながら、中国がどう改革を進めていくべきかを熟考したのである。

第2部

最高指導者への曲折の道

——一九六九年～一九七七年

第2章　追放と復活——一九六九年〜一九七四年

一九六九年一〇月二六日、鄧小平《とうしょうへい》は妻の卓琳《たくりん》と継母の夏伯根《かはくこん》とともに、一〇年以上暮らした中南海を後にした。彼らは特別機に乗せられ、鄧が肉体労働に従事しながら毛沢東《もうたくとう》思想の再教育を受けることになっていた江西省の南昌に連れて行かれた。身の回りの品と何箱かの本を持って行くことが許された。出発前に毛と面会したいという鄧の願いはかなえられなかった。ただ、中央弁公庁の主任である汪東興《おうとうこう》には手紙を書いてもよいと言われ、汪はその手紙を毛に届けるだろうと思われた。飛行機に乗り込んだ鄧には、自分がどれくらい江西にとどまることになるのか、まったく予想もつかなかった。

江西で、鄧小平は機密文書を読むことも、特別に指名された地元の幹部以外の役人と接触することも認められなかった。だが党員資格が維持されていたため、彼はいつの日か、毛沢東が仕事に戻ることを許してくれるのではないかと希望をつないでいた。鄧が一九六九年四月に自己批判を終えた後、毛は鄧にはなお再教育が必要だと言ったが、北京を離れる直前には、鄧とその家族は階級の敵としての扱いを受けなくなっていた。北京を出る前夜、鄧が汪東興と交わした会話は、もう一条の希望の光であった。汪は鄧に、鄧とその妻はじきに中南海の元の自宅に戻れるであろう、そこは空き家のままに残しておく、と告げたのだった。これらのすべてが鄧にとっては頼みの綱であった。南昌に到着したとき、鄧は自分の特別調査チーム（専案組）の地元代表に、「私はそのうち、復活する。あと一〇年は党のために働けるよ」と述べたのだった。[1] 実際のところ、鄧は北京に戻ってから二〇年以上も共産党に奉仕し続けることになる。

鄧小平が江西に送られる前、周恩来《しゅうおんらい》は江西の地方幹部に電話をかけ、鄧の生活面の準備について指示を与えていた。極左派による攻撃から安全を確保するため、鄧の家族は軍の宿舎に住むことになった。新居は南昌の街の近くで、必要があればすぐにどこへでも動くことができた。鄧と卓琳が肉体労働に従事する工場も近くにあった。地元の幹部は彼らのために、かつて南昌歩兵学校の校長が住んでいた二階建ての家を選んでくれた。鄧は家族と二階に、警備員や他の幹部は一階に、それぞれ住むことになった。当時の基準に照らせば、新居は質素ながらも居心地がよく狭くもなく、高官が住むのに十分な水準であった。偶然ではあるが、その家は、記念すべき南昌蜂起が起きて人民解放軍が誕生した場所からわずか数キロの距離にあった。一九二七年八月一日の南昌蜂起では（周恩来、朱徳《しゅとく》、陳《ちん》毅《き》、劉伯承《りゅうはくしょう》、賀龍《がりゅう》、そしてその後に活躍した多くの指導者を含む）共産党員が、国民党に対して最初の武装闘争を展開した。

江西の新しい家で生活が落ち着くと、鄧小平と卓琳は毎朝六時半に起床した。軍隊にいたころ、鄧は毎朝バケツ一杯の冷水を頭からかぶり、一日を始めることにしていた。鄧は江西では小さな手ぬぐいを氷のように冷たい水に突っ込み、それで頭と顔を洗った。そうすれば寒い気候を乗り切る抵抗力がつくと考えたのだった。その後、鄧と卓琳は、再教育プログラムの一環として、毛沢東の著作を一時間、監視の下で強制的に読まされた。地元の幹部が毛沢東思想の指導にあたるとき以外、鄧は彼らと政治について議論しなかった。

朝食の後、鄧小平と卓琳は県の小さなトラクター修理工場まで歩いて通い、午前中はそこで働いた。鄧は半世紀前にフランスの工場にいたときのように、簡単な手作業をする機械工として雇われていた。修理工場は家からわずか一キロの距離で、鄧と卓琳が誰にも会わずに毎日、家から通えるよう、地元の人々が安全な小道を特別に造ってくれた。(2) 同僚たちは鄧が誰だかわかっていたが、鄧は、普段年上の同僚を呼ぶように自分を単に「鄧さん」(老鄧)と呼ぶよう彼らに頼んだ。仕事の間、直接仕事に関することと、地元での生活に必要なこと以外について、鄧が他の労働者と話すことはなかった。

家では鄧小平の継母の夏伯根が食事を用意し、家事を取り仕切っていた。昼食が終わると、鄧と卓琳は昼寝をし、それから中国の古い歴史書や、『紅楼夢』や『水滸伝』などの小説、そしてロシアやフランス文学の翻訳本など、自分たちが持って来た本を読んだ。テレビはまだなかったが、彼らは中央人民ラジオの夕方のニュースを聞いた。そして午後一〇時には床に入り、一時間ほど本を読んでから就寝した。子供たちが一人また一人とようやく訪ねて来るようになると、外部の世界のニュースももたらされた。一九七一年夏にやってきた鄧樸方《とうぼくほう》は、短波放送が聞けるようにラジオを直してくれた。

工場での仕事に加え、鄧小平と卓琳は菜園でも働いた。鄧はまた、床を洗ったり、まきを割ったりして家のことを手伝った。(3) 鄧と卓琳の給料は以前より安くなり、生活は質素だった。夏伯根は卵と肉を手に入れるため鶏を育てた。鄧は好きなたばこを節約し、一箱吸うのに何日もかけるようになった。工場にいる午前中のたばこは止め、午後と夕方に何本かだけを吸った。昼食に安い地酒を一杯飲むだけで、好きなワインもあきらめた。(4) 職場からわずかな給料を受け取り続けていた鄧林《とうりん》と鄧楠《とうなん》の二人の娘は、実家に来ると、働いていない弟妹にそれを分けてくれた。

文化大革命と、それが中国、そして鄧小平と彼の家族になにをもたらしたのかという問題は、鄧を非常に苦しめた。ただ、江西での最後の二年間をほとんど両親と一緒に過ごした鄧榕《とうよう》によれば、鄧は「決して感情を爆発させなかった。落ち込みもしなかったし、決して希望を捨てなかった(5)」という。この点で彼は何人かの仲間たちとは違っていた。たとえば、一九四九年から五八年まで上海市長を務め、五八年から七二年まで外交部長になった陳毅将軍は、鄧のフランス時代からの知人で淮海《わいかい》戦役のパートナーでもあったが、河南に無理やり下放されて耐え忍んでいる間に鬱病にかかり、無気力になった(6)。

周恩来のかつての助手で、後に中国社会科学院の幹部にもなって鄧小平訪米の助言役を務めた李慎《りしん》之《し》は、鄧が江西に滞在した結果どれだけ変わってしまったか、毛沢東は気づいていなかったと述べる(7)。北京に戻ったとき、鄧は毛の下で働くためなら何でもした。だが、彼はすでに自分の中で、中国にはもっと根本的な変化が必要だという結論に達しており、中国がどんな方向に進むべきかという問題についても、自分の中で明確な考えを出していたのである。

思索の時間

毛沢東が鄧小平を江西に送った意図がどこにあったとしても、鄧にとってそれは北京の激しい政治動乱から距離を置く機会になった。北京ではいったん疑いをかけられた者は、予想のつかない次の、そして潜在的に破壊的な攻撃から、自分の身をどうやって守るかばかりを考えなければならなかった。

高い地位から転落し、再び重要な仕事をするまで荒野をさまよった経験を持つチャーチル、ド・ゴール、リンカーンといった国家指導者たちと同じように、鄧は日々の政治から距離を置いたこの時間を、最も重要で長期的な国家目標を明確にするために活用したのだった。もし鄧がこのとき、中国に必要な改革の質、そしてどうすればそれが達成できるかということをかなり長い時間をかけて思索していなければ、一九七七年以降、あれほど巧妙に力強く行動することはできなかっただろう。毛は孤立した延安で、共産党が国をとった暁にはどのような全体戦略を追求すべきかじっくり考えた。まさに同じように、鄧は江西での時間を使い、改革を達成するにはどのような方向を目指すべきかを思索した。ただし、延安にいた毛は、政策を練るときに同志や助手たちと毎日、議論し、彼らの助けを得ながら論文を書いた。江西にいた鄧は、たった一人で物事を熟考し、そのアイデアは自分の心の中にしまい込んだ。

江西での隠遁生活によって、鄧小平はほどなく心の安定を取り戻した。鄧はあまり自分の感情を表に出さなかったが、娘の鄧榕によれば、実際には感情豊かな人間であった。鄧は北京で攻撃を受けていた三年の間に体重を落としてやつれて見えたが、江西では体重も戻り健康を取り戻した、と鄧榕は述べている。鄧は何年も睡眠薬を常用しており、文化大革命の間は使用量も増えていた。しかし、江西に来てわずか二カ月あまりの一九七〇年一月一日、鄧はそれを飲むのを完全にやめてしまった。(8) 鄧榕によれば、江西にいる間、鄧は毎日午後に自宅の庭の小道を約四〇回ぐるぐる回り、五〇〇〇歩ほど歩いていたという。鄧榕の言葉を借りれば、彼は「早足で家の周りを歩きながら、……深く考え込んでいた。ぐるぐると、毎日毎日、来る年も来る年も歩き込んだ」のだった。(9) 彼の思索に希望を与えていたのは、北京で再び重要な任務を果たす日がやってくるという見通しだった。鄧が妻や子供に共産党内の上層部の事柄について話すことはなかったが、彼と毎日ともに暮らし、北京の政治についてもよく理解していた妻と鄧榕は、鄧の雰囲気を観察し、彼の悩みを感じ取ることができた[10]。鄧榕によれば、彼女と母には、父が歩きながら、自分と中国の未来のこと、そして北京に戻った後になにをするかを考えていたのがわかったという[11]。

鄧小平がいつ北京に戻るのか、毛沢東がどのような任務を与えてくれるのか、またそのとき中国が具体的にどのような状況に置かれているのかは、まったく予想がつかなかった。鄧は北京で仕事をするために、どうすれば再び毛の支持を勝ち取れるか思案しただろうし、かつての同僚たちがそれぞれ体験した、生と死をかけたドラマチックな闘争のすべてについても思いを馳せたことだろう。他方で彼はまた、死期迫る毛の遺産に共産党としてどのように立ち向かって行くのか、毛と異なる方向に進むその後継者たちが、どうすれば共産党に対する人民の尊敬の念を維持できるのかといった、いくつかの根本的な問題についても考えただろう。党内のすべての指導者たちと培った幅広い個人的な関係を踏まえ、鄧はそれぞれの指導者たちが発揮する役割についても評価してみたはずだ。周恩来が提起し、自分や同僚たちがすでに努力を積み重ねてきた四つの現代化の目標を、どのように実現するかについても思案したことだろう（日本語の「近代化」を中国語では「現代化」という。「四つの現代化」は工業・農業・国防・科学技術の四分野の近代化を指す。これは一九六四年の全国人民代表大会で目標として正式に掲げられ、七〇年代末に中国が実質的な改革開放に乗り出すとその合言葉として定着した。本書では、中華人民共和国成立以降の各国の近代化の試みを「現代化」と、中国が模範とした社会的先進性を「現代的」と訳出している）。

中国が最初にしなければならないことの一つが、破壊的な文化大革命から秩序を回復することだった。鄧樸方に江西への訪問が許可されたのは、鄧小平の五人の子供の中で最も遅かった。紅衛兵から常にいたぶられ続けていた樸方は、一九六八年、高所の窓から転落して脊椎を損傷した。事件発生当初、父親が批判の対象とされている者の治療を病院が怖がったため、状況はさらに悪化した。ようやく北京第三人民医院に運び込まれたとき、彼は脊椎が砕け胸椎も開放骨折しており、高熱を出していた。樸方は病院で意識を失ったり、取り戻したりという状態を三日間、さまよった。医者は彼を死なせはしなかったが、必要な手術をしようともしなかった。そのため樸方には、胸から下には何の感覚もなく、排泄機能の制御もできないという重度の麻痺障害が残ることになった。彼はそれから北京大学附属医院に移送されたが、病状を軽くするための手術はやはり行われなかった。樸方の妹の鄧榕と鄧楠は、交代で兄の面倒を見るため病院の近くに引っ越した。六九年半ば、まだ北京にいた鄧楠に両親を訪ねる許可が下りたため、樸方に起きた出来事を両親に報告するのは彼女の役目になった。鄧榕によれば、長男が一生麻痺に苦しむことを知ったとき、卓琳は三日三晩、泣き続け、鄧は座ったままなにも言わず、一本また一本とたばこを吸い続けたという[12]。

五人の子供の中で父親と最も親しい関係にあった鄧樸方に、ようやく江西にいる両親の元に帰ることが許されたのは一九七一年六月だった。樸方は自分で体を動かすことができなかったため、連れ出しやすいように自宅の一階に部屋が与えられた。ベッドは固いものしかなく、床ずれを防ぐため二時間ごとに体の向きを変えてやらなければならなかった。鄧小平は昼間、鄧榕や卓琳や夏伯根の手を借りながら、息子の体の向きを変える役にあたった。鄧はさらに彼の体を洗い、マッサージを施した。後に外国人が文化大革命を話題にしたとき、鄧は怒りを込めながら、あれは大惨事だったと述べている。

毛沢東は個人としても指導者としても非常に強引だった。計り知れない功績もあれば、よき同志たちを無慈悲に破滅に追い込んだこともあり、巧妙に策略を駆使した。そのような毛に関して、中立でいることは誰にとっても難しかった。毛と深く結び付きながら人生を歩んできた鄧小平にとって、それは特にそうであった。鄧は毛の華々しい成果に深い感銘を受け、ほぼ四〇年間にわたって彼に忠実に仕えてきた。しかし、毛の政策は国家を荒廃させた。さらに毛は紅衛兵をけしかけ、鄧を中国の第二の敵として非難しただけでなく、より大きな目で見れば、鄧の家族全体を攻撃したのだった。人間であれば誰しもそれを裏切りと感じるであろうし、鄧はとても人間的な人物であった。もし再び高い地位に戻る機会が与えられれば、毛とどのようにやっていくのか、鄧は考えないわけにいかなかった。鄧にとっての課題は、毛が生きている間に彼とどう一緒に働くかということだけではなく——生きているかぎり、毛は他人を支配しようとするだろう——、毛の許容範囲内で政策決定の幅をどうやって最大化するかということだった。鄧が江西に送られた時点で、毛はすでに七五歳になっており、病気がちだった。彼が永遠に生き続けるわけはない。毛があの世に旅立った後、その名声をどう取り扱い、どのような方向に前進していくのか、熟考しなければならないときが来ていた。

一九五六年、フルシチョフがスターリンを批判した際にモスクワにいた鄧小平は、フルシチョフの感情的な攻撃が、ソ連共産党およびスターリンとともに働いたことのあるすべての人間に、いかに打撃を与えたかを熟知していた。中国のメディアは中国のフルシチョフとして鄧を批判する記事を大量に掲載したが、鄧は江西に送られるずっと前から、自分は中国のフルシチョフにならないと心に決めていた。問題は、庶民が毛沢東に抱いている畏怖や尊敬の念と、毛にキャリアや人生を破滅させられた人々が抱く怒りと、多くの党幹部が抱き始めていた毛の深刻な間違いへの認識を、全体としてどのようにとりまとめていくかということだった。鄧はどうすれば、正しい指導力を発揮しているという党の威厳を保ち、毛とともに働いた人々を傷つけるのを避けながら、実質的に毛の経済・社会政策を変更していくことができるのだろうか。

あらゆる状況証拠から判断すると、こうした問題に対する基本的なアプローチの仕方について、鄧小平は江西から引き揚げるときまでに自分の頭の中で答えを出していた。中国の指導者は毛を称賛し、彼を玉座に据え続けなければならない。しかし、毛の教えは固定的なイデオロギーとみなすべきではなく、そのときそのときの状況にうまく順応していくことと解釈しなければならない――そうすれば、毛の後継者たちが新しい状況に対応していくための余地が残るのであった。

江西に送られたとき、鄧小平は中国と西側との関係に大転換が起きつつあることを感じ取っていた。朝鮮戦争からずっと、さらに鄧が一九六〇年代初めにソ連あての九通の辛辣な書簡の執筆で指導的な役割を果たしたときも、中国は西側に門戸を閉ざしたままであった。しかし、六八年九月、ソ連は自らの根本的な体制が脅威にさらされた場合、他の共産主義国への内政干渉が正当化されるというそら恐ろしいブレジネフ・ドクトリンを提起した。さらに翌年、中ソ国境のウスリー川で武力衝突が発生すると、中国はソ連の脅威に対抗するため他国との協力を欲するようになった。毛が同年、四人の将軍――陳毅、聶栄臻《じょうえいしん》、徐向前《じょこうぜん》、葉剣英《ようけんえい》――にソ連の危険性への対応策を検討させると、毛の希望を知っていた彼らはその意向通り、中国が西側との話し合いを始めるよう提案した。

江西にいたとき、鄧小平は新聞を読むことはできたし、また、鄧樸方が来てからは外国のラジオ放送も聞けるようになった。一九七〇年に鄧は中国とカナダが国交を正常化したことを知った。キッシンジャーが後に、アメリカの役人は当時、理解していなかったと認めたことを彼はすぐに理解した。毛沢東が七〇年の国慶節の祝賀会にエドガー・スノー（『中国の赤い星』で陝西省《せんせい》にいた毛を初めて世界に紹介したアメリカ人ジャーナリスト）を招待したのは、アメリカとの関係を拡大する準備があるというジェスチャーだった。七一年には鄧小平はまだ江西にいたが、国連で台湾に代わって北京が中国としての議席を獲得したこと、さらに一一カ国が中国と正式に関係を樹立したこと、それからニクソンの七二年の訪問準備のためキッシンジャーが北京を訪問したことを知った。鄧は翌年には、日本が中国を正式に承認したことを知った。

鄧小平は、一九五〇年代のソ連からの援助が中国の経済や技術の向上にどれだけ役立ったか認識していた。そのため彼は、こうした西側への門戸開放が中国の現代化にどう役に立つのか、自然と考え始めたことであろう。中国の開放を推進していくなかで、国内の保守派からの反対をいかに制御し、強固ながらもろくもある政治体制をどのように維持していくか、熟考したことであろう。

日本はアジアの国の中で、西側と近い関係を保つことによってすでに恩恵を受けていた。鄧小平は江西に向かったときには、中国が門戸を閉ざしてさらなる停滞を続けた過去一〇年間、日本が個人所得の年率二ケタ成長を達成し続けたことを知っていた。西側が技術のノウハウと設備を移転させる意志を持っていたことが、日本の現代化の鍵になっていた。中国は同じような恩恵を受けるために、どうすればアメリカとの関係を発展させていくことができるのだろうか。

韓国に加え、民族的に中国系人口の多い台湾、香港、シンガポールといった他のアジアの国も、一九六九年までに経済発展で言うところの離陸《テイクオフ》を始めていた。中国がヨーロッパのずっと後塵を拝しているのを見た中国人の中には、中国の伝統は現代化にそぐわないのではないかと疑問を提起する者がいた。しかし、民族的にも文化的にも中国系である人々が現代化を達成できるのであれば、中国も同じような速さで発展できるのではないだろうか。

江西で時間を過ごしたことで、鄧小平は中国の後れと変化の必要性をさらに確信するようになった。多くの共産党指導者たちは、各地の成果に関して誇張された報告ばかり読まされており、大躍進の失敗がいかにひどいものだったか、なかなか評価できないでいた。しかし、鄧は江西の体験で現実を垣間見ることになった。

たとえば、鄧榕によれば、一九七一年六月に鄧樸方が江西に到着した後、鄧小平は父親として樸方にできることを探すため、修理の必要なラジオはないかと同僚たちに聞いて回った。ところがある労働者は、ラジオを買える金なんて誰も持っていないと答えた。社会主義建設から二〇年も経って、労働者の家庭がラジオの一つも持てないことを知り、鄧小平が心理的に非常に苦しんだと鄧榕は述懐している。(13)

もう一つの体験は鄧小平の子供のものだった。半身不随で動けない鄧樸方以外の子供たちは全員、肉体労働に従事し再教育を受けるために農村に送られた。陝西省北部の農村での滞在を終えて江西に帰ってきたとき、鄧榕は田舎にはトイレも豚小屋もなかったと家族に話して聞かせた。しかもすべての子供たちが、農民には食べ物も着るものも十分ないと両親に報告した。子供たちは両親に経済の荒廃の様子や党組織の壊滅ぶりを話して聞かせたが、それらは鄧小平が建設に向けて懸命に努力を重ねてきたものだった。鄧は明らかに動揺していたが、なにも言わずに子供たちの話を聞き続けたという。(14)

江西にいた鄧一家を訪問することを最初に許された友人は、李井泉《りせいせん》の三人の子供たちで、七二年の春節(旧正月)中の五日間滞在した。李は西南軍区で政治委員だった鄧に副政治委員として仕え、後に西南局の党書記として鄧の前職を引き継いだ。鄧の家にやってきたとき、李の三人の子供たちは李の生まれ故郷の江西省で働いていた。彼らは鄧に、父親が攻撃を受けて職務から追放され、母親は追い詰められて自殺したことを告げた。いつも真実を追求したがる鄧は、西南地区での紅衛兵との闘争の詳細や、李の三人の子供のうち一人が下放された農村で見聞きしたことに大きな関心を向けた。鄧はそのとき、農村の人々はもっと教育が必要だと述べた以外、なにも言わなかった。(15) 江西を離れるときまでに、中国の問題の深刻さと、中国に必要な変化の大きさについて、鄧はどんな幻想も抱かないようになっていた。

深まる家族の絆

鄧小平が文化大革命で批判されてから数年間、五人の子供たちは全員、紅衛兵の度重なる批判の対象とされた。鄧林と鄧楠は職場で、他の子供たちは学校で、おのおの攻撃され続けた。彼らはひとたび家から出れば、たいてい紅衛兵に見破られて捕えられ、言葉による暴行を加えられた。鄧の一家は文化大革命の前から仲睦まじかったが、子供たちが攻撃を受けるようになるとさらに結束した。彼らは父の無罪を信じ、家族としてまとまってその悲惨な経験を耐え忍ぶという意志を決して変えなかった。鄧は自分のせいで子供たちが苦しんでいることをはっきりと認識していた。鄧は家の外では幹部に同志として振る舞い、個人的な関係よりも共産党の政策を優先させた。しかし、鄧と卓琳や子供たちとの関係は、政策によって変化するようなものではなく、そこには誠実さと愛情があり、その意味で彼らはいつも一緒だった。鄧はどの子供とも関係を切ったことはなかったし、どの子供も鄧との関係を切ろうとしたことはなかった。鄧は運転手やコック、小間使い、また、個人秘書の王瑞林《おうずいりん》ら身の回りの手伝いの人々とも温かい関係を築いていた。実際王は、鄧から切り離された一九六六年から七二年までの間を除き、自分が二二歳の若者だった五二年から鄧が死ぬ九七年まで、鄧に秘書として仕え続けた。鄧にとって彼は、同志というより家族のような存在であった。

　文化大革命中の子供たちに対する攻撃は、一九六六年一〇月一日に「資本主義の道を歩く第二の実権派」を批判する論文が公表されて始まった。この中では鄧小平は名指しを受けてはいなかったが、標的にされていたことは明白だった。三人の娘たちはすぐにこのような罪状が間違いだと察し、紅衛兵にも誰にも、父親を攻撃する材料に使えそうな情報を決して与えなかった。[16] 卓琳は後に、父親を非難するよう迫られたときでさえ、それに従わなかった五人の子供たち全員を褒め上げた。

　鄧小平が江西から書いた手紙のほとんどは、子供たちの訪問許可を求めたり、南昌の近くに子供たちの職場の割り当てを求めたり、鄧樸方に必要な医療が与えられるよう頼んだりしたものだった。鄧榕によれば、彼女の父親がこれほど子供たちのために手紙を書いた時期はほかになかった。[17] 鄧はこうした手紙が毛沢東にも回覧されるであろうと考えており、これらは鄧が江西にいて、いつでもいかなる任務でも受ける用意があることを毛に思い出させる手段になっていたが、手紙そのものはすべて子供のことだった。ときには北京からなかなか返事が来ないこともあったが、すべての子供たちはじきに、少なくともそれぞれ二週間、江西の親元を訪ねることが許されたし、鄧榕にはもっと長期の滞在が認められた。一九六九年一二月、最初は鄧榕に、それから鄧質方《とうしつほう》に、農作業のない冬の休暇中の滞在が認められたが、彼らは春の種まきが始まるころには農村の生産隊に戻らなければならなかった。次に訪ねてきたのは鄧楠とその夫であった。鄧楠は当時、閉鎖されていた国家科学技術委員会で働いており、二人には七一年の年越し休暇（旧正月、新暦の一月から二月ごろ）をそこで過ごすことが認められた。江西にいる間に、鄧楠は鄧の初孫となる女の子を出産した。一番年長の鄧林も同じ年越し休暇の間の訪問が認められた。これらの訪問は、毛が劉少奇《りゅうしょうき》やその他の指導者たちより、鄧になお親近感を抱いていたことで実現した。

五人の子供のうち、上層部の政治的な動きを一番よく知っていたのは鄧樸方だった⒅。樸方が江西に来たことで、鄧小平は学生の政治闘争の詳細について知り、北京の政治状況について感覚を養う機会を得た。たいていの人を処罰する際、鄧は個人的感情を交えた決定は下さなかった。だが、北京大学で政治闘争を開始し、ついには樸方を半身不随にし、学内で六十数人を死に追いやった聶元梓《じょうげんし》にはとても厳しくあたり、彼には一〇年間の禁固刑を主張したと、鄧を知る人々は後に語っている。

文化大革命の後、そしてさらには一九九七年の鄧小平の死の後も、鄧の五人の子供たちはその配偶者や子供たちとともに両親と同じ敷地の中に住み続けた。鄧樸方は障害者のための活動に身を捧げたが、ビジネスにも取り組んだ。鄧楠は国家科学技術委員会に入り、その副主任に上り詰めた。鄧の要望で、娘の鄧榕は鄧の住居から遠くない南昌で医学を、鄧質方も同じく物理を勉強した。鄧榕はその後、八〇年からワシントンの中国大使館で二年間働き、領事の仕事と文化交流の促進に携わった。こうした任務の一部として、彼女は一家の歴史家となり、他国の指導者との交流を促進する土台作りをし、西洋音楽のコンサートの開催をスポンサーとして手伝ったりしている。質方は八年間、アメリカに留学し、ロチェスター大学から物理学の博士号を授与された。彼はそれから技術の輸出入に携わる会社に入社し、後には不動産や通信機器分野にも手を広げた。九四年以降、鄧小平の頭ははっきりしなくなったが、そのころ質方が汚職で批判され、卓琳が失意のあまり薬を服用して自殺を図ったことが報道されている。彼女は最後には助かり、質方は罪に問われなかった。

鄧小平は江西を離れる一九七三年までに聴力をさらに悪化させ、子供や孫と大勢でおしゃべりしたりできなくなっていた。しかし鄧にとって、孫たちの姿を見たり、テレビを見たりするのは大きな楽しみだった。子供たちが耳に直接話しかけ、見解や意見を述べたりすれば、鄧はある程度会話に参加できた。だが、鄧榕によれば、父は自分の経験や判断について十分自信を持っていたため、他人の意見に影響されることはほとんどなかったという。[19]

林彪の墜落と毛沢東あての手紙

一九五〇年代末期から六〇年代初めにかけて、毛沢東は林彪《りんぴょう》元帥と鄧小平の二人を最も有望な後継候補とみなしていた。[20] 実際、六五年の秋には周恩来が、親しい友人である王稼祥《おうかしょう》に、毛は林彪と鄧を後継候補として考えていると語っている。[21] 毛の称賛を勝ち取ろうとする二人が、互いに相手をライバルとみていたのは理解できることだった。

鄧榕が言うには、父親の鄧小平は一〇人の元帥たちとほぼ良好な関係にあったが、林彪とだけはうまくいっていなかった。毛沢東も二人の関係には気づいていた。鄧小平によれば、六六年に毛は彼を呼び出し、林彪と会って助け合うように言った。鄧は面会には応じたが、話し合いは二人の間の問題の解決に至らず、両者は異なる道を歩むことになった。[22] 同年、毛は林彪を「最も親密な戦友」かつ自らの後継者として選び、それによって林彪が彭徳懐《ほうとくかい》に代わって五九年から率いてきた人民解放軍の協力を確たるものにした。だがそれでも、毛は六七年に、林彪の健康状態が悪化すれば鄧を連れ戻すつもりだと私的な場で告白している。[23]

林彪は第二次世界大戦中、脊椎神経を負傷してから、内向的で疑り深い性格に変わった。林彪は毛沢東に接近することの危険性を熟知しており、後継者になるのを三度にわたって拒否したが、最後には毛の事実上の命令を受けてそれを受諾した。だが、いったん毛の「最も親密な戦友」になると、林彪は移り気な毛との関係について不安でいっぱいになったし、それもやむを得ないことだった。もともと異常に疑り深い毛は、一九七〇年には林彪が自分の生きているうちに権力を奪おうと企んでいるのではないかと疑念を持ち始めた。毛はその後の七一年夏、林彪を追放する準備に着手し、最初は林彪の配下にいる軍の高官の忠誠を確保するため、彼らに会ったりした。七一年九月、毛が列車で杭州から北京に帰ろうとしていたところ、列車が上海で止まってしまった。林彪に疑いの目を向け、自分の安全に特に気をつけていた毛は、列車を降りはしなかったが、かつての造反派のリーダーで上海革命委員会の副主任になっていた王洪文《おうこうぶん》と、林彪と親しい南京軍区司令員の許世友《きょせいゆう》を同乗させた。二人からの支持を確たるものにした毛は、北京に戻ったら林彪の問題に対処すると二人に語った。九月一二日、林彪の息子の林立果《りんりっか》が毛の北京帰着の情報を入手すると、林家は不安に包まれた。立果はパイロットを雇い、飛行機はその日の夕方のうちに林彪、その妻、立果と数人の仲間を乗せてソ連に向けて飛び立った。しかし、機体は目的地に到着する前にモンゴルで墜落し、生存者は一人もいなかった(24)。

このニュースはまず鄧樸方が短波ラジオで聞き、それによって鄧小平も知った。しかし、鄧はニュースが公表されるまでの二カ月間、行動を起こさず待ち続けた。墜落の通知が県の段階まで下りてきた一一月六日、鄧と卓琳は働いていた工場で約八〇人の労働者とともに招集され、中央委員会が林彪の罪状に関して出した文書が読み上げられるのを二時間にわたって聞いた。鄧は耳が悪かったため最前列に座ることを許され、文書のコピーを家に持ち帰って読むことも認められた。林彪の死後、多くの人は毛がすぐに鄧を呼び戻して重責を担わせるのではと推測したし、鄧もそう考えたに違いない。

林彪に関する公的な報告を聞いた二日後、汪東興に手紙はこれ以上送るなと言われていたにもかかわらず、鄧はあえて毛主席への手紙をしたためた[25]。

鄧小平は、毛沢東にアピールするにはどのような手紙を書くべきかよく知っていた。そこで鄧はまず、年若い二人の子供たちが江西の自分の近くで暮らせるようお願いすることに加え、毛に次のように書いた。

林彪についての発表はとても悲しいものでした。私にとっては衝撃でしたし、その卑劣な罪状を知って怒りに震えました。もし主席と中央委員会の聡明な指導力がなく、早期発見と迅速な対応がなかったならば、彼の陰謀は成功していたかもしれません。……私はご指導に従い、労働と学習を通して自分自身を変えようと努力しております。……自分自身に関するお願いは特にないのですが、いつの日か共産党のために少しでも働くことができれば幸せです。もちろん技術的な仕事がふさわしいのではないかと思います。……私が受けてきた恩恵に対して、一生懸命働いて、少しでもご恩返しができるような機会をいただければありがたく存じます[26]。

文章は謙虚だが、自分のような経験豊富な指導者を毛沢東が低い地位に任じるはずがないと、鄧小平は考えていたはずである。

しかし、返事は数カ月にわたってやって来ず、ついに来たときも毛沢東はまだ鄧小平の復帰を許すかどうか決めきれておらず、まして鄧に与える地位のことなど考えてもいなかった。毛は疲れきっており、残された余力を一九七二年二月のニクソン訪問に使うのが精一杯で、林彪亡き後のチームを準備するにはほど遠い状態だった。

周恩来と古参幹部を気遣う毛沢東――一九七一年九月～一九七三年五月

もし毛沢東が自分のペースで林彪の追放計画を進められていたら、世代交代についても準備をすることができただろう。ところが、飛行機はあまりにも突然墜落し、共産党の高位指導者たちから林彪を追放する合意をまず取り付けるという彼の計画も台なしになった。毛が後継者として、そして「最も親密な同志」としてたたえ上げた人間が、今日まで謎に包まれたままの死を遂げ、権力を狙った裏切り者として突然放り出されたのである。一般庶民でさえも毛の決定に疑いの目を向けざるをえなかった。毛は病に臥《ふ》せって激しく落ち込み、二カ月にわたって床を離れることができなかった。[27] その後は徐々に起き上がれるようになったが、一九七二年二月一二日には卒倒した。肺に抱えていた問題が心臓にも影響をおよぼすようになっていたのである。咳がひどく、睡眠も難しくなったため、毛はソファーで寝るようになった。容易に体を動かすこともできなかったが、いくつかの点、特に重大な問題については、彼の考えはなお明晰だった。[28]

多くの幹部たちは、毛沢東の下で苦しみ、彼が引き起こした大惨事を嘆いてきた。しかし、彼らでさえも、毛の取り巻きの力が非常に強いため、もし毛が直接攻撃されるようなことになれば中国がさらにひどい混乱へと突入してしまうと懸念した。一九五八年一二月のこと、大躍進の推進が過ちを引き起こしていることがあまりに明らかになると、毛は政策上、譲歩し、トップの地位は守り続けたが、他の指導者たちにより大きな政策決定の幅を認めた。毛は林彪が死んだときも再度、政策上の譲歩をしようとした。自分の指揮は維持するものの、他の幹部により大きな政策決定の権限を与えるとしたのであった。

林彪亡き後の共産党指導部を立て直すために、毛沢東にはすばやい行動が必要だった。第一〇回党大会は、第九回大会の開催から五年後の一九七四年に開かれる予定だった。だが、毛は新指導部を実質的に二年弱で立ち上げ、本来の予定より一年早い七三年八月に第一〇回党大会を開催した。これを可能にするため、毛は自分に最も近い内輪のグループ以外にもアピールしていかなければならなかった。妻の江青《こうせい》やその仲間たちは他人を批判するには使える存在だったが、経験や判断力や能力に欠けており、彼らでは国を治めるために他者の協力を得ることができなかった。経験豊富な老幹部はほとんどが文化大革命以前、文化大革命の犠牲者だったが、彼らに頭を下げる以外、毛には現実的な選択肢がなかった。文化大革命以前、彼らは少なくとも部分的に指導力を買われて高い地位に昇進しており、毛はその老練な管理能力を再び必要としたのだった。[29] 周恩来が、多くの老幹部がどのような運命をたどってきたか毛に報告すると、毛は多くの者がそれほどひどい目に遭ったことを自分は知らなかったと述べた。

この時点で、共産党と政府を制御できる実権を持ち、しかも毛沢東の権力を脅かさない慎重な態度を一貫して保ち続けてきた人物は、現実的に周恩来一人であった。一九六九年四月に政治局常務委員会にいた五人のメンバーのうち、林彪は死に、その仲間だった陳伯達《ちんはくたつ》は投獄され、康生《こうせい》は癌で動けず、残っていたのは毛と周のみであった。毛は党と政府の秩序を取り戻すため、やむを得ず周により大きな権限を与えた。政治局だけでなく政府と党の機関についても、周に指揮をとらせることにしたのである。

林彪が死んで周恩来が小躍りしたと考えた人もいたが、実際には悲しみに沈んでいた。周は感情を表に出さないことで知られていたが、林彪の墜落から間もなく、後の副総理、紀登奎《きとうけい》（「鄧小平時代の重要人物」参照、下巻四五二〜四五四頁）に中国の窮状を説明していたとき涙を流した。しかも再び感情をこらえることができるようになるまで、言葉を発することすらできなかった。そのうえ、周は話を続けながらも嗚咽した。周がその一生のうち泣いたのは、父親が死去したことをだいぶ遅れて知ったとき、一九二〇年代からの革命の友だった葉挺《ようてい》が死んだとき、そして林彪の死後の三回だけだったと言われている。

林彪の死に対する周恩来の感情的な反応には、おそらくいくつかの理由があったのであろう。林彪には極左派という評判があったが、周は彼が実際にはプラグマティックで秩序を重視していることを知っていたし、周にとっては協力しやすい相手であった。それに加え、当時の中国は大躍進と文化大革命によって荒廃し、さらに次なる変動期を迎えようとしていた。周はそれを憂慮していたし、毛の下で何十年間も物事を統制し続けて疲れ果てていた。周はこれから先、どのような道を歩んでも果てしない困難が待ち受けているということを敏感に感じ取っていた。[30]加えて周は、自分のために泣いたのだという人もいる。毛沢東の猜疑心と怒りは、劉少奇と林彪という二人のナンバー・ツーを死に追いやった。周はこのときまで何とかナンバー・スリーにとどまり、毛の標的になるのを避け続けていた。しかし、とうとう彼もナンバー・ツーに引きずり出されてしまい、いずれ毛の疑いの目が自分に向けられることを察知したのではないか、というのである。実際、二年も経たないうちに、毛は周を攻撃し始める。

毛沢東は周恩来の手を借りるほか、個人的な野心を持たず、軍の老幹部として尊敬されていた葉剣英を呼び戻して軍の秩序再編にあたらせた。毛はさらに、一九六六年から六七年までの間に失脚させていた幹部たちをひっそりと呼び戻し、実務に復帰させた。林彪が墜落して二カ月間の休息をとっている間、毛は何度か機会をとらえ、多くの老幹部があまりにも大きな苦しみをなめてきたと発言した。毛はそうした間違いは、自分が林彪の主張を誤って受け入れたために引き起こされたのだと弁解した。[31]

林彪が墜落して二カ月後の一九七一年一一月一四日、毛はさらなる認識転換の兆候を見せ始めた。彼はその日、すでに軍隊指導部の再建に着手していた葉剣英元帥を含む代表団と面会した。文化大革命で被害を受けた高位指導者たちに好ましい兆候を示すため、毛は葉を指差し、「彼を二月逆流の一味と呼んではいけない」と代表団に向かって言った。[32] 二月逆流とは、六七年二月に何人かの老元帥と副総理が文化大革命を批判し、その停止を求めた事件であった。毛はさらに、このときの騒動は林彪が引き起こしたもので、今後は「二月逆流」という言葉も使ってはならないとした。[33] このようにして毛は、六七年の「二月逆流」の参加者への攻撃に、自分は関与しなかったとしらを切ったのである。彼はまた、六七年に批判された譚震林《たんしんりん》や陳再道《ちんさいどう》ら老幹部について、彼らの待遇を改善するよう指示を出した。

一九七二年一月一〇日に開かれた陳毅元帥の葬儀は、毛沢東にとって、文化大革命の間、苦しんできた老幹部たちとの関係を復活させる最良の機会だった。葬儀が開かれる数時間前、毛は自分の出席を知らしめた。四カ月前に林彪が墜落死した後、毛が人前に出たのはこれが初めてだった。淮海戦役で鄧小平のパートナーだった陳毅は、共産党政権の樹立後、ほどなく上海で初の市長を務め、それから外交部長にも就任し、中国で最も愛された指導者の一人となっていた。だいぶ経ってから、後に上海のバンド（かつての租界の一部で上海の代表的な観光地。長江支流の黄浦江に面し、中国語では「外灘」と呼ぶ）に建立された彼の銅像は、人々が彼を高く評価していたことの象徴だった。もっとも文化大革命の間、陳毅には残酷な攻撃が加えられた。彼は最終的に軍の病院で治療を受けることが許されたが、時すでに遅かった。彼を死に追いやったのは適切な医療の欠如だった。しかも陳毅が息を引き取る直前、軍隊の多くの指導者が見舞いに訪れたため、彼らは毛の文化大革命が陳の死をもたらしたことをよく知っていた。

毛沢東は、葬儀で陳毅への敬意を示すために三回にわたってひざまずき、「陳毅同志はよい人間、よい同志だった。……もし林彪の陰謀が成功していたら、林彪は私たちすべての老幹部を破滅に追いやっていたことだろう」と言った。つまり毛は、陳毅の処遇の責任を自分のかつての「最も親密な戦友」になすりつけたのだった。寒い日であったが、パジャマに外套をひっかけただけの毛は、明らかに病気がちで足元はふらついていた。そのやつれはてた姿と発言は、葬儀に参加していた者たちの心に迫るものだった。毛が文化大革命で攻撃した被害者たちと和解に向けて道筋をつけようとすれば、こうした場で謝罪を申し出て、みんなに愛されていた同志に敬意を示すのが最善の策だった。

中国のすべての高官たちには、毛沢東の承認なくして陳毅が攻撃を受けるわけがないことはわかりきっていた。しかし、彼らはその場ではとりあえず、陳毅の問題を起こしたのは林彪だという虚構を受け入れた。毛が自分の間違いを認めることはありえなかったし、毛が昔の同志たちへの態度を変えたことは彼らにとっても都合がよかった。毛は政治を経済に優先させたが、国家経済の発展をあきらめたことはなかった。また、毛は中国人民から熱烈な支持を受けていたが、それでもなお有能な党の指導者たちを求めていた。毛が文化大革命の間中、手中に残しておいた指導者たちでさえも、安定と発展のためには文化大革命以前に働いていた幹部たちの手堅い指導力が必要だと考えていた。毛は七二年までにこうした経験豊富な老幹部たちを呼び戻す一方、六〇年代後半の林彪の在任期間中、たいていは無能ながら文官の地位を占めるようになった軍の幹部たちを、元のバラック小屋に送り返す準備を固めた。ほどなくして一九七二年三月、名誉回復すべき四〇〇人の老幹部のリストが周恩来から共産党組織部に提出され、毛は彼らの職場復帰をすぐに認めた。[34] 七五年と七八年に鄧小平が秩序と団結の回復を目指した際には、これらの老幹部たちが重要な役割を果たしていった。

周恩来は一九七二年五月に膀胱癌の診断を受けたが、同年中と七三年初めまで、彼はそれまでと同じく多忙な業務日程をこなした。[35] 林彪墜落後の混乱した情勢の中で、周は他人が比肩できない広い人脈を駆使して、中国をさらなる混沌に転落させないため奮闘した。[36] 癌の初期段階にもかかわらず、幅広い知識を持ち、疲れを知らない周は、さまざまな経歴を持つ人々の手を借りながら、彼らと協力して仕事を進める方法を探し続けた。細やかで個人的な采配が必要とされる外交の局面では、周以上の成果を収めることは誰にもできなかった。[37]

周恩来は主な人事や敏感な問題については毛沢東の承認を求め続け、常に毛が気に入るような決定をしようとした。しかし、毛が引きこもりがちで、しかも調整の必要性を認めていたことが、多くの事柄について周に以前よりもっと積極的な対応をとらせた。彼は老幹部の間の関係を取り持ち、経済秩序の再建を図り、農村では左派の行き過ぎた行動を抑え込み、西側との外交的な接触を拡大することに身を投じた。[38] 彼は北京大学の著名な物理学者だった周培源《しゅうばいげん》が、理論研究の促進計画に着手することすら可能にした。[39] 混乱の中から秩序を生み出そうとする周恩来の努力は、一九七五年に鄧小平がより広い取り組みを進めるための露払いの役を果たした。そうであるからこそ、毛の七三年末の周恩来への批判が、七六年初めの鄧への批判の前兆になったことも無理のないことであった。

鄧小平は重要な物事に焦点を絞り、そうでないものはわきに置いておく性格だった。周恩来のやり方はまったく異なり、彼は驚くほど細やかに物事を進め、大きなことにも小さなことにも対応することができた。周は毛沢東から裁量権を与えられると、超人的な記憶力を駆使して、文化大革命の被害者となっていた多くの人々に並々ならぬ配慮を与えた。これらの被害者とその家族は、彼らの命を救い、苦しみを和らげてくれた周に対して、その後も非常に強い感謝の念を抱き続けている。鄧とその家族に対しても、周は同じように関心を注いだ。七二年一二月、周は毛沢東が許可を出すだろうと察知して、鄧に新しい仕事を割り当てる手続きを急ぐよう汪東興に催促した。

ただ、文化大革命の被害者を救おうという周恩来の試みは、彼が毛沢東の怒りを買うことを恐れたために限界もあった。周の憂慮は相当根深かったように見える。一九五六年の政治局会議の後、周は毛に対して個人的に、彼のいくつかの経済政策は心から支持できないと言って毛をがっかりさせた。このとき毛から批判されることになったため、周はそれから一五年間も毛の意志を遂行し続けることに全力を注ぎ、毛がそれに疑念を差し挟まないようにした(40)。そうであっても、毛は五八年一月に周に対して怒りを爆発させ、周は右派からたった五〇メートルしか離れていないと非難し、彼をたじろがせた。

文化大革命の間、周恩来は一方で毛沢東の指示にやむを得ず従いながら、他方で自分が擁護できそうな人間を守り続けていくことにへとへとになっていた(41)。一人の人間の気分によってころころと変わり続ける環境において、彼は相対する利害を調整する名手だった。周はおそらく誰よりも早く、毛が思っていながら口に出さないことを察知することができた。政治的なスキルを持ち、休むことなく党と国家のために働き、常に落ち着いて紳士的に振る舞い、被害者たちを救うことに尽力し続けた彼を、称賛する人々は少なくない。状況をよく知る人々の多くは、毛のやりすぎな部分を修正するため、周はできることは何でもやったという。しかしながら、誰もが周を英雄だと思っていたわけではない。たとえば陳毅の家族は、周が陳毅を保護しなかったことに失望していたし、周の助けを得ることができなかった他の被害者の家族も同じように感じていた。さらに周のことを、悪魔と契約しておぞましい文化大革命を実行した共犯者とみなす人もいた。体制の崩壊を食い止める周のような人間がいなければ、あのような恐怖はもっと早くに終結していたのではないかというのである。

周恩来と文化大革命について各人がどう見ていたかはさておき、このとき毛沢東が最も関心を寄せていた対米関係の打開というアジェンダを、周ほどうまく統括できた人間はいないだろう。周がアメリカの国家安全保障問題担当大統領補佐官であるヘンリー・キッシンジャーに初めて会ったのは一九七一年七月九日で、林彪の墜落事故が起こるわずか二カ月前だった。事故からわずか一カ月後の一〇月二〇日から二六日にかけ、キッシンジャーは翌年二月に実施されるニクソン大統領の訪中計画を相談するため北京に舞い戻った。キッシンジャーは後に、彼が一生に会ったことのある人物の中で、周は最も印象的な二、三人のうちの一人だと述べている。キッシンジャーの補佐を務めていたホルドリッジは、周に会いに行く前の彼が、世界最強のチェスの名手二人の王者決定戦に出かけていくような雰囲気だったと述懐している(42)。

毛沢東と周恩来、ニクソンとキッシンジャー

中国とアメリカは一九六九年、外交関係の再開を考慮し始めた。それまでの二〇〇年間、両国は通商関係にあり、第二次世界大戦中の四年間は同盟国として戦い、冷戦が始まると二〇年間、敵対して

きたのであった。毛沢東は六九年の国境紛争以降、ソ連の侵攻の危険性を懸念するようになり、朝鮮戦争以降、初めて西側との接触拡大を決断し、交渉を周恩来に任せた。ベトナム戦争の解決に向けた道筋を探し、また、ソ連との長期的な協力を考慮していたニクソンは、新たに中国と交渉することを決めると、周の相手役にヘンリー・キッシンジャーを任命した。ニクソン訪中準備のため、キッシンジャーは七一年にパキスタンから北京に劇的な訪問を行い、七二年二月にはニクソン訪中が実現した。このことは人々に大きな衝撃を与え、鄧小平の時代に米中間の接触が急激に拡大する土台となった。

一九六九年の珍宝島事件を招いた六六年から六九年にかけての中ソ関係の悪化は、鄧とはまったく無関係である。しかし、鄧は六三年九月から六四年七月にかけてモスクワあての有名な九通の批判書簡を起草するチームを統括し、六三年に中ソがモスクワで罵り合った際には主要演説を行った。それに、鄧は七三年末には周の傍らで交渉の推進を補佐するようになったが、彼がまだ江西にいる間に実現した米中接近とはやはり関係がない。いや、鄧が外交面で大きな貢献を果たすのは、もっと後になってからのことである。

鄧小平のゆるやかな復活——一九七二年一月～一九七三年四月

毛沢東がようやく鄧小平を北京に呼び戻したのは、林彪の死から一六カ月も経った一九七三年二月のことだった。六六年に鄧を厳しく批判した毛は、鄧の急激な復活が多くの人々にとって受け入れがたいものになると考え、また、自分自身も鄧をどう使うのか決めきれていなかった。鄧には「資本主義の道」を歩んだかどで激しい攻撃が浴びせられており、そうした人間をなぜ再び呼び戻すのか、説明が難しかった。そこで毛がとった作戦は、かつて総書記として高く尊敬されていた鄧が「林彪によって誤った扱いを受けた」と弁明することだった。一九七二年一月の陳毅の葬儀で、毛は陳毅の遺族に対し、鄧は劉少奇と違う、鄧の状況はさほど深刻ではないと述べていた。そのとき周恩来は遺族に、毛の鄧についての発言をより多くの人に知らしめるのがよいと伝えたという[43]。この発言が鄧に伝わったとき、鄧は毛が七一年九月付の自分の手紙を読んだのだとようやく察知したのだった。その後もさまざまな前兆が続いた。七二年四月、江西省の革命委員会は、末息子の鄧質方が江西工学院に、末娘の鄧榕が江西医学院に、それぞれ入学が認められたと告げてきた。これは鄧が毛への手紙で願い出た通りだった[44]。

こうしたよい兆候を見て、鄧小平は一九七二年四月二六日に再び汪東興への筆をとった。そして二人の子供たちがそれぞれ大学に入学できることになったため、卓琳と自分は鄧樸方の面倒を見る人を誰か雇えないだろうかと尋ねた。さらに鄧はその手紙を、「私については、あと何年か働けるのではないかと思いますので、なおご指示をお待ちしております」と締めくくった[45]。直接の返事や通知は来なかったが、鄧と卓琳の給料は三カ月以内に元の水準に回復した[46]。

こうした兆候は鄧小平をめぐる政治的状況の回復を示しており、家族全体をとても勇気づけたと、鄧榕は後に記述している。鄧の一家がほんのわずかな兆候の到来をも待ち続けた様子は、毛がいくら林彪の墜落後に病気がちになり、落ち込んだといっても、自分の配下にいる人々の運命をなお完全に掌握し続けていたことを示していた。実際、毛は七二年四月二二日には陳雲が北京に戻るのを許可したが、その後も一年ほど、鄧を江西にとどめ続けたのであった。

毛沢東からも汪東興からも数カ月間、返事を受け取れなかった鄧小平は、一九七二年八月三日、再び毛に手紙をしたため、毛が自分に対して抱き続けているかもしれない疑念を晴らそうとした。鄧はまず勤務先の工場で、林彪と陳伯達の罪状に関する報告を、他の労働者全員と一緒に聞いたというところから書き起こした。そして、林彪は機知に富む将軍だったが、長征の途中でひそかに彭徳懐と結託して毛に抵抗したと記し、毛が朝鮮戦争の際に総司令に就任してほしいと要請したのを断ったことにも改めて言及した。鄧は林彪が自分より毛の考えをよく理解していたと認めながらも、林彪がたった三本の論文を強調して毛沢東思想を単純化したことについては、毛の著作にはほかにも重要なものがあるため同意できないとした。鄧はさらに、林彪と陳は自分の死を望んでいたが、文化大革命の間、毛が自分を保護して生き延びさせてくれたことに感謝しているとも書いた。すなわち、鄧はいかなる躊躇もなく、毛が聞きたがっていた言葉を記したのである。

この手紙の中で、鄧小平は自分が一九六八年六月と七月に書いた自己批判はすべて正しかったというメッセージを強調した。鄧は再度、三一年に自分が間違って広西で部隊を離れるという過ちを犯したことについて説明し、加えて共産党の総書記としても、ときに毛沢東主席に伺いを立てる手順を省略し、本来なすべきでない行動があったと認めた。六〇年から六一年にかけては、自分は資本主義的な思考を払拭することができないでいた。防衛関連産業を内陸部に移転させるという「三線」建設では、毛主席の決定を効率的に実行に移さない間違いを犯した。そして報告を作成するときにも、適切な時期に毛の許可を求めなかった。鄧は文化大革命が、自分のこうした間違いを明らかにしてくれたという意味で正しかったと肯定した。また、この手紙の中で、鄧はある決定的な問題で毛の憂慮を軽くしようと試みた。すなわち文化大革命の間に批判された人々への評価を、自分は決して覆さないと述べたのである。そしてさらに自分が、主席のプロレタリア革命路線に復帰することを願っていると表明した。[47]

鄧小平のこうしたメッセージは、明らかに毛沢東が待ち望んでいたものであった。鄧のこの手紙が届いてわずか数日後の一九七二年八月一四日、毛は鄧を北京に戻すよう、周恩来総理に書簡で指示した。毛は再度、鄧のケースは劉少奇と違うと記した。鄧は敵に降伏したことがなく、国民党に機密情報を引き渡した疑いもない。加えて、戦役で劉伯承将軍を助けるなど、共産党と国家に対して多くの功績があるとした。[48] 周は毛のメモを受け取ると、その日のうちにそれを中央委員会の回覧に供した。[49] しかし、毛の妻である江青が鄧の復活の足を引っ張ったため、そのときはどんな措置もとられなかった。[50]

一九七二年九月になると、鄧小平はより多くの行動の自由が許されるのを感じ取り、瑞金《ずいきん》などかつての江西ソビエト根拠地への訪問を願い出て許可された。三年の間に、鄧が自宅を離れたのはこれが初めてだった。訪問は五日間で、鄧は省級指導者の訪問のようにうやうやしくもてなされた。さらに二日間、五二年から自分の機密秘書を務めた王瑞林を訪問することも認められた。王は当時、幹部再教育のため江西省の進賢県に設けられていた「五七幹部学校」で肉体労働に従事していた。後に鄧が北京に戻るのを許されると、王もまた北京に戻り、以前と同じように鄧に仕えることが認められた。

七二年一二月一八日には周恩来が、鄧に関する毛の八月の指示がなぜまだ実施されていないのか、汪東興と紀登奎を問いただした。二人は毛に再度確認し、ようやく一二月二七日に鄧を北京に呼び戻す指示を出した。[51] 翌月、この喜ばしいニュースを鄧に伝えたのは、江西省革命委員会書記の白棟材《はくとうざい》であった。二月二〇日、別れを告げにきた工場の同僚たちに見送られながら、鄧とその家族は車に乗り込み、鷹潭《ようたん》で列車に乗り換えて北京に向かった。[52] 江西を離れるとき、鄧は「まだあと二〇年は働けるよ」と言った。[53] 鄧が政界から引退するのは、まさに一九年八カ月後の第一四回党大会であった。

鄧小平、北京に復帰――一九七三年

中国では批判を受けた人間が指導部内の重要な地位に就く場合、他人に受け入れられやすいように、事前にその人間が再び高い地位に昇る兆候を見せる習わしがあった。鄧小平が一九七三年二月二二日に江西から戻ると、そのこと自体は鄧が再び重要な役割を果たすことの兆候ととらえられたが、彼にすぐ何らかの地位が与えられたわけではなかった。帰還の噂が広まるのと平行して、鄧は古い知人を何人か訪問したが、何週間も公式会議に出ず、地位にも就かず、毛沢東や周恩来にも面会しなかった。

毛沢東は周恩来に立て続けに政治局会議を開かせ、鄧小平の今後の処遇を議論させた。文化大革命小組のメンバーたちや周総理の後継者決定レースで潜在的なライバルとなる張春橋《ちょうしゅんきょう》、それに彼を支持する江青は、鄧に重要な地位が割り振られることに激しく反対した。しかし、毛は鄧の復活を主張し、定期的な党内会議にも参加させるとした。[54] 審議の末、政治局は、文化大革命の混乱の間に周と副組長の李先念《りせんねん》(「鄧小平時代の重要人物」参照、下巻四九〇～四九三頁)の指導の下で政府一般の機能維持にあたっていた実務チーム(業務組)に鄧を配属し、また、彼を毎週開かれる党内会議に参加させると提案した。[55] 三月九日には周がこうした決定をまとめた文書を毛に送付し、毛の承認を経て、それは鄧だけでなく、県級の党委員会や連隊級の軍幹部にまで配布された。[56]

鄧小平は一九七三年三月二八日の晩、北京に戻ってから初めて周恩来に会った。ここには李先念と江青も同席していた。面会直後、周は毛に対し、鄧は精神的にも肉体的にもよい状態で、しっかり仕事に戻る準備ができていると報告した。すると翌日の午後、毛は六年ぶりに鄧を呼び出した。そして鄧に「よく働け。健康でいろ」と言ったのだった。これに対し鄧は、主席を信じ、再び呼んでいただける日をお待ちしていましたので、健康に留意しておりましたと返答した。(57) その夜、周は毛の命令で政治局会議を開き、鄧を副総理に任じ、対外活動に参加させることを通達した。鄧はまだ政治局の正式メンバーではなかったが、重要事項が討議される際にはその会議に参加することになった。周はこうした政治局の議論を要約して毛に書簡で送り、毛がこれを承認して、鄧は正式にこれらの職務に就くことになった。(58)

鄧小平が一九六八年以降、初めて公式な場に現れたのは、七三年四月一二日、カンボジアのノロドム・シアヌーク殿下のために開かれた晩餐会でのことだった。そこで彼は副総理として紹介された。鄧自身もそれ以外の人間も、彼の参加があたかもまったく自然なことのように振る舞ったが、なかには鄧に挨拶する際、なおぎこちない者もいた。鄧が現れたのを見て、幹部たちも外国の記者たちも大騒ぎし、鄧がこれからどんな役割を果たすことになるのか勘ぐった。(59)

毛沢東は明らかに、鄧小平が重責を担うことを期待していた。これから見ていくように、一九七三年中、鄧は徐々により重要な指導者として認められていくことになる。最初は高位の会議に出席が認められるだけだった鄧は、次に周恩来の見習いを務め、八月の第一〇回党大会で中央委員会のメンバーに就任し、毛への忠誠を誓った後の一二月には政治局と中央軍事委員会のメンバーになるのである。

七三年四月から、鄧は周総理の見習いとして、周がカンボジア、メキシコ、日本、北朝鮮、マリ、ネパール、コンゴ、フィリピン、フランス、カナダ、オーストラリアなどからのゲストを空港で出迎えたり、見送ったりする際に随行するようになった。彼は外国人との会見の場にも同席したが、彼らと議論をすることはまだ許されていなかった(60)。

毛沢東、王洪文を育成――一九七二年〜一九七四年

毛沢東は他のすべての中国人指導者と同様、自分の後継者として若い指導者を育てることに大きな関心を注いだ。林彪の死と毛の健康状態の悪化に伴い、後継者問題はより切迫した問題になっていた。自分の戦略を練るに当たって、毛は中国の指導者たちが何世紀もの間、後継者問題の解決に用いてきた知恵に頼った。つまり毛は、自分の考えを決めなかったのである。毛は自分の意図を示す兆候を出しながら観察を続け、自分の威厳を保ち、自分がいつでも考えを変えることができることを示そうとした。一九七一年から七二年九月にかけて、最初は華国鋒《かこくほう》、それから王洪文、そして呉徳《ごとく》という将来有望な三人の幹部を地方から連れて来て党中央で働かせた。毛は七二年末までに、毛と共産党に対して断固とした忠誠を示し、若くたくましい造反派の王洪文を最も有望と考えるようになっていた。毛は王の労働者としての出自や軍人としての経験、そして勇敢で自信に満ちた指導スタイルなどを好んだ(「鄧小平時代の重要人物」参照、下巻四四九〜四五一頁)。

毛は、王が政府を率いるのに必要な知識や経験を持たないことを知ってはいたが、極左派としての王の活躍ぶりや指導者としての潜在力を見て、党の高位指導者となる可能性が十分あると信じるようになった。毛はまさに、一方で王を党の指導者の地位に就けながら、他方で政府トップの周恩来に代わる誰かを探そうという考えに傾き始めていた。

鄧小平、毛沢東の命で周恩来に弟子入り

中国の歴史上、老いて鋭気のなくなった皇帝はたいてい、さまざまなタイプの役人に会うことを止め、自分に媚びへつらうごく少数の宦官《かんがん》たちだけに接触の範囲を限った。林彪亡き後の毛沢東も同様で、鄧小平を含むどんな幹部ともほとんど会わなくなり、外部世界のことを知らせてくれるたった三人の女性に基本的に頼るようになった。一人目は毛の家に住み込んで助手をしていた張玉鳳《ちょうぎょくほう》で、加えて「二人の女史」と呼ばれた通訳の唐聞生《とうぶんせい》（英語名「ナンシー」）と毛の「姪」（実際にはいとこの孫）の王海容《おうかいよう》だった。張は毛が特別列車に乗ったときに世話係として勤務していた女性だった。彼女は高位の政治の複雑さをすべて理解するほど深い経験を積んでいたわけではないが、魅力的で、知的に洗練され、政治的に機敏だった。「二人の女史」は最初、毛が外国のゲストに会うときの補佐役として外交部が送り込んだ者たちだった。毛は外国の訪問者と会談する前後に彼女たちとおしゃべりし、二人は徐々に毛と外部世界との伝達役というより広い役目を担わされた。彼女たちは自分がどう考えていようと、彼女たちを毛の左派思想の代表とみなす外部の人間との交渉にあたって、毛に徹底的に忠実でなければならなかった。たとえば、毛が周恩来を攻撃しているとき、この二人の女性たちは毛の意見がしっかり行使されていることを責任もって見届けなければならなかった。毛が周を批判し始めると、こうした状況は彼女たちと周の間に深刻な問題を引き起こした。二人の女性は事実上、毛の代弁者として周との関係を担わなければならず、周の行動に問題になりそうな部分があれば毛に報告することが求められていた。ルー・ゲーリッグ病（ＡＬＳ、筋萎縮性側索硬化症）に苦しんでいた毛は、

一九七三年までに頭をまっすぐ上げることができなくなり、ボソボソとしゃべるのみになった。七二年二月には意識不明の状態に陥ったこともあったが、九日後にはニクソンとの面会を実現させた。毛は中国の歴史書や文学書に出てくる話に夢中だった。しかし、重要人事や自分の名声、人間関係の処理など、自分が関心を寄せる問題については、今まで以上に鋭く、策略深く、ずる賢かった。これらの問題では、彼はがっちりと決定権を握り続け、自分の声を伝える人間を計算高く使った。

年老いた皇帝たちには、後継者問題のほか、自分の歴史的な地位の確立にこだわる傾向があった。毛沢東は常に自分の歴史上の位置づけにこだわってきた。毛は一九四五年、蔣介石と会談していたころ、かつて三六年に自ら書いた詩「沁園春・雪」を公開した。それは、後に毛の最も著名な詩の一つとなるもので、その中で彼はこう述べている。「江山は此《か》くの如く多《はなは》だ嬌《なまめ》かしく、無数の英雄を引いて競って腰を折らしむ、惜むらくは秦皇と漢武は、略《ほぼ》文采に輸《おと》り、唐宗と宋祖は、稍《やや》風騒に遜《ゆず》る（要約：歴史の中で最も偉大な英雄は誰か？　秦の始皇帝、漢の武帝、唐の太宗、宋の太祖といった偉大な皇帝のうちの一人か？）」。そして彼は言うのである。「風流人物を数《かぞ》ふるは、還《な》ほ今朝を看《み》よ（最も偉大な人物を探すには、今に目を向けるべきだ）」。誇大妄想症と権力欲にかけて、毛は世界の指導者の中でも上位に入った。彼は全盛期には多様な活動に関与していたが、健康状態が悪化して、年齢がかさんでくると、以前にも増して自分の歴史上の地位を気にかけ、彼の功績をたたえ続けてくれる後継者を探そうとした。

他人が権力を奪おうと企んでいるのではないかということを病的に疑う点でも、毛沢東は世界の指導者の上位に入った。毛はもし周恩来が自分より長生きすれば、自分が身を捧げてきた階級闘争と継続革命を放棄し、この時代についての公的な歴史観から自分の功績をかき消してしまうだろうと疑っていたが、それにはまったく根拠がないわけではなかった[61]。周には政府の活動と対外関係を統括するたぐい稀なスキルと並外れた記憶力があった。彼は当時、最も欠かすことのできない人材であったし、特に中国にとって重要性が増していたアメリカやその他の西側諸国との関係を担えるのは彼だけだった。高位指導者の間では毛が周を嫌っていることはよく知られていたが、毛には周が必要だった。周は一九三〇年代に上海にいる間、配下に多数の内部スパイを育て、そうした人々の身分はその後も秘密にされていた。彼らは依然、周にきわめて忠実だった。こうした非常に大きな秘密の支持者ネットワークを動かす人間は、毛ですらやすやすと排除できなかった。劉少奇や林彪と違い周の方も、毛の権力を脅かさないよう何年もきわめて慎重に振る舞っていた。そうであるにもかかわらず七三年には、もちろん公の場では誰もなにも言わないが、多くの高位幹部が周をよい指導者だと考えていることを毛も感じ取っていた。周は秩序を保つために奮闘し、他人を気遣い、だめな指導者の無謀な計画を阻止してくれているというのである。

毛沢東の周恩来に対する懸念は、周が権力を狙っていることに起因するのではなかった。むしろ、周の名声が自分を代償として高まっていること、そして周がアメリカに対して弱腰すぎることが気に食わないのだった。これらの問題は、周が自分より長生きすればさらに深刻になるであろう。しかも唐聞生と王海容から、外国の報道機関が大々的に米中関係を改善した「周恩来の外交政策」を褒めちぎっているという報告を聞くと、毛は激怒した[62]。それは周でなく、自分の外交政策なのだ。このころから、毛はどうにかして周の名声を痛めつけようとし始め、癌が進行している周の仕事を引き継ぐ人間は、周ではなく、自分に対して確実に忠誠を誓わなければならないと考えた[63]。

毛沢東は誇大妄想症でひねくれていて政策上の過ちも多かった。ただ、部下たちは、彼には大きな戦略を生み出す才能だけでなく、人材を見つけ出す能力があることを認めていた。対外関係を含む複雑な問題群をうまく処理することにかけて、毛の眼鏡にかなった政治指導者は、周恩来以外には鄧小平だけだった[64]。鄧は半世紀前のフランス滞在中から周の指導を受け、周と緊密に働いてきた。ただし鄧は一九三〇年代初めの江西ソビエトでは毛を支持し、周ではなく、毛派の人間として長年の間に頭角を現したのだった[65]。七三年には、周は多岐にわたる非常に複雑な対外問題を統括していた。そのため鄧は、七三年春から周に弟子入りし、彼から多くを学ぶことになった。だが毛は、鄧が六〇年代初めに自分から距離を置き、劉少奇と親しくなりすぎたことに失望していた。そのため毛は、もし鄧を重要な地位に就ければ、鄧が文化大革命の直前のように自分の意見を受け入れず、むしろ周の言うことを聞くようになるのではないかと心配した。鄧が文化大革命を批判したり、毛の決めた重要人事を覆したり、毛の間違いを強調するような歴史的評価を残す危険性はあるだろうか[66]？　そこで七三年を通して、毛は鄧をじっくり観察することにしたのである。

第一〇回党大会――一九七三年八月

一九七三年八月二四日から二八日まで開かれた第一〇回党大会には、毛沢東が出席して取り仕切ったが、病状がひどく、四九年以降の党大会では初めて自ら演説できなかった。毛は大会が閉幕するとき、座席から立ち上がれず、自分の行動がすでにひどく不便になっていることを代表たちに見せないために、彼らが退場するのを待ってから会場を出るほどだった。毛は全体的な方向性を決め、重要な人事を任免する権力を保持していたが、代表たちは毛の病状が悪いのを見て、後継者問題を考えざるをえなかった。いつもの通り、党大会の直後に人事異動を発表する第一回全体会議が開かれたが、健康不良のため毛は欠席を公表した。これ以降、毛はいかなる中央委員会会議にも再び参加しなかった。

この会議では当時、三八歳の王洪文が、一躍指導層への仲間入りを果たした。彼に共産党の最高の地位を明け渡すために、毛が彼を最たる後継者候補に選んだことが国内外の指導者に明示された。[67] もっとも二カ月前に王が中央委員会の新メンバーを推薦する選挙準備委員会の委員長に名を連ねたとき、共産党の指導者たちには王の昇進はわかっていた。王は新憲法準備の責任者にもなり、さらにこの党大会で報告をした。五六年の第八回党大会で、鄧小平は毛の後を継ぐ有望な党指導者候補として大会報告の任務を担ったことがあった。[68] 七三年の第一回全体会議で、王は共産党の副主席に任命され、党内序列は毛、周恩来に次ぐ第三位になった。他の指導者や国外の外交官やメディアも、毛の後継者として彼に接し始めた。[69]

党大会での鄧小平の役割は、王洪文とは比べようもなかった。鄧は再び中央委員会のメンバーとして認められたが、指導的な役割はまったく果たさなかった。この第一〇回党大会は林彪の死後に新しい指導部体制を構築し、林彪と近かった者を排除するため開催されたため、通常の党大会と比べて準備もあわただしかった。一九五六年の第八回党大会や、さらには林彪が重要な役割を果たした第九回党大会での議題についても、この大会は包括的な総括をすることができなかった。会期は第九回党大会が二四日間だったが、この大会はわずか五日間で、報告も王と周恩来が行った二つの重要報告を合わせて一時間足らずで終わり、通常の党大会よりずっと短かった。[70] この大会は新しい中央委員会のメンバーを公表し、林彪時代の終焉を告げたが、新しい大綱を提示することはできなかったのである。大会では、林彪批判、林彪の失墜を受けた新しい政治運動の承認、そして七三年の経済計画という三つの議題が焦点になった。[71] 周が行った政治報告のほぼ半分は林彪批判に割かれた。しかしながら経済計画は、経済がいまだ混乱状態にあり、現行の五カ年計画の残りの二年間（七四年、七五年）について指導部が時間的に詳細な報告を準備できなかったため、具体的な討論ができなかった。

おそらくこの党大会での最も重要な変化は、このとき中央委員会に非常に多くの老幹部が復活したことであろう。彼らは、鄧小平が一九七三年末により大きな権力を与えられたとき、彼の支持基盤となっていく。第九回党大会では林彪が軍隊からたくさんの幹部を連れて来たが、彼らはそれと交代したのだった。新しい中央委員一九一人のうち、文化大革命で批判された後に復活した老幹部が四〇人ほどを占めていた。[72] 毛沢東が復活を許した人間の中には、鄧が淮海戦役で総前線委員会を指揮していたときの同委員の一人で、六七年二月に勇敢にも文化大革命に反対した譚震林副総理、さらに王震《おうしん》、鄧らがいた。七月半ばには、それまで外国人との会見で同席のみが許されていた鄧も、議論に参加できるようになっていた。[73]

毛沢東が王洪文のような若く経験の浅い造反派指導者を昇進させると決めたことに、老幹部たちは憤った。八月二一日、党大会が始まる前の最後の政治局会議で、老幹部たちはあえて王の人事に反対意見を提起した。それほど大胆でない老幹部たちを代表していた許世友将軍も、副主席は周恩来一人で十分ではないかと述べた。圧力をかけられると許は、では康生と葉剣英元帥を加えるのがよいと応じた。[74] しかし、最後は毛が粘り勝ちし、王だけでなく、文化大革命の間、次に攻撃する高官を選ぶあくどい役割を担ってきた康生も任命を受けた。ただし、そのほか副主席となった周と葉元帥は、経験豊かで中道的に指導力を発揮することができた。

周恩来は党大会で政治報告をすることが許されたが、その内容は第九回党大会の重要文書を起草した張春橋と姚文元《ようぶんげん》という江青の二人の支持者が書いたものであった。そのためこの文書は、林彪を批判してはいたが、林彪が指揮をとっていた第九回党大会のときの急進的な結論を基本的に肯定していた。実際のところ、第一〇回党大会以降の政治局のメンバー構成はなお極左派が優勢を占めていた。新しい政治局員二一人の中には王洪文、張、江青、姚の極左派四名がいた。彼らはチームとして一緒に働いていたわけではなかったが、互いに考え方が近く、後に悪名高い「四人組」として知られることになる。呉徳、陳錫聯《ちんしゃくれん》、紀登奎らを含むそれ以外の政治局メンバーも、極左というほどではなかったが、やはりかなり左に傾いていた。毛は中央委員会に復活した老幹部たちとの均衡をとるため、農民や労働者などの「大衆代表」を使おうとした。毛自身が認めるように、「彼らの知的レベルは少し低かった」が、彼らは継続革命を好む極左派を支持してくれると思われた。

鄧小平にはまだ新しい身分にかなう職務が与えられていなかったが、鋭く中国政治を観察していた者にとって、毛が鄧と王に一緒に働いてほしいと考え始めていたことは明らかであった。二人が互いに知り合えるよう、毛は二人をある視察団の出張に一緒に送り込んだ。(75)

毛沢東、周恩来を攻撃——一九七三年一一月〜一二月

ヘンリー・キッシンジャーが初めて毛沢東と会見した一九七三年二月、彼の目に映った毛は、アメリカが中国の犠牲の上にソ連と協力を深めていることに落胆しているようだった。同じ年の一一月に再び北京に戻ったキッシンジャーに対し毛は、アメリカの対ソ協力についてだけでなく、アメリカに対して弱腰な周恩来についても不満を漏らした。夏の間、毛はアメリカが「中国の肩の上に立って」

いる、すなわちソ連との妥協を得るために中国を使っていると激しく文句を言っていた。七三年六月、ブレジネフがアメリカを訪問し、核戦争禁止条約の批准を祝ってカリフォルニアのサン・クレメンテでニクソンと会見すると、毛の猜疑心はさらに強まった。ブレジネフのアメリカ訪問の直後、中国はホワイトハウスに正式に覚書を送り、ソ連が平和的な姿勢を示すのに手を貸すことで、アメリカはソ連がその拡張主義を隠蔽できるよう助けていると訴えた。(76) アメリカとソ連が合意に達すれば、ソ連がアメリカの反対を受けずにその兵器を中国に向けることができるようになると毛は考えていた。

毛沢東は周恩来と外交部を、アメリカに対してあまりに妥協的であり、アメリカがソ連との関係改善に中国を利用するのを容認していると非難した。毛はアメリカが、台湾との関係に距離を置いたり、中国との関係正常化に向けて努力したりしていないことにも失望していた。ニクソンは一九七六年には中国との関係を正常化すると約束したが、理由がどうであれ（ニクソンの政治力がウォーターゲート事件の捜査によって弱まったため、彼は議会を説得して正常化を実現できなくなっていた）、今ではアメリカはソ連との関係を改善するために中国を使っているのだ。

一九七三年一一月、北京に現れたキッシンジャーは、周恩来の政治力が毛沢東からかなり抑え込まれていると感じた。周は孔子のようだ（あまりにも穏健で、中国の国益のために戦っていない）という非難に相当敏感になっており、キッシンジャーが中国ではまだかなり儒教の影響が強いと言ったとき、急に激怒した。二人は何十時間も会って話をしたが、周が怒ったのはキッシンジャーが覚えているかぎりこのときだけだった。周は明らかに何らかの圧力を受けていたのであり、彼の行動は「二人の女史」によって毛に報告されていた。キッシンジャーが到着したとき、アメリカはちょうど新しく大物大使のレナード・アンガーを台湾に派遣することを決め、さらに台湾への新しい軍事技術の供与で合意したところだった。毛は憤っていた。

一一月、周恩来とキッシンジャー間の初日の議論が終わると、周と唐聞生は毛沢東への報告に出向いた。周は毛に、もし中国が日本方式（中華人民共和国との国交正常化と同時に台湾の中華民国政権と断交すること）よりも多少柔軟なやり方をとり、ワシントンが台湾との緊密な関係を維持するのを許容するなら、ワシントンは米中関係の正常化実現に向けて議会の承認を得られるかもしれないというキッシンジャーの提案を伝えた。このとき、唐聞生が割って入り、「それは『二つの中国政策』のように聞こえます」と毛に告げた(77)（後に周はキッシンジャーに、「私たちが主席といるとき、私はあえて意見を述べようとしなかったが、彼女はあえて説明を付け加えたのだ」と告白している）。キッシンジャーが中国に、アメリカが大陸だけでなく、台湾とも強固な関係を維持するのを容認したらどうかと提案し、それを周がまじめに聞いていたと耳にすると、原理的愛国主義者の毛は周に対して激怒した。

キッシンジャーは周恩来に、「中国の核戦力の拡大はソ連にとって受け入れられない」と述べた(78)。キッシンジャーはまた、ソ連が何らかの行動をとった場合（「あなたたちの軍事力の脆弱性を補い、警告の時間を増やすために」）、アメリカと中国がすぐに情報を交換できるようホットラインの設置を提案した。周はキッシンジャーに、もし情報共有について合意が妥結できるなら、「それは中国にとって大きな助けになる」といい、キッシンジャー訪問の最後の朝（一一月一四日）に、双方は情報共有に関する文書の草案を交換した(79)。

キッシンジャーと周恩来の意見交換に関する報告を聞いた毛沢東は、その提案はソ連が一九五〇年代末に中国に集団的自衛の提供の名目で申し入れてきた内容と重なると感じた（ソ連は中国に連合艦隊の設立を持ちかけたことがあった）。毛は当時、ソ連に権限を譲り渡すことが中国の主権の侵害につながると恐れ、ソ連との関係を断ち切ることにしたのだった。毛の見方では、アメリカに情報収集の権限を認めれば中国の独立が脅かされることになるのに、周恩来は今まさにその準備を始めているのである。

毛沢東の機嫌に敏感で、周恩来を批判する機会をいつも探していた江青は、時は来たりとばかりに、周はアメリカに譲歩しすぎていると攻撃した。江青は周を「投降派」と呼んだ。[80] より骨太な対外政策を求めていた毛にも、周への激しい攻撃を容認する準備があった。

キッシンジャー訪中直後の一九七三年一一月二五日から一二月五日にかけ、毛は人民大会堂で政治局に一連の会議を開かせ、周恩来を批判させた。林彪の死後、毛は細かな日常業務にはほとんど関心を示してこなかったが、周への批判にあたっては、参加者の選定やそれぞれの発言内容などについて詳細な指示を出し、会議全体のトーンを自ら設定した。彼の見方では周は右寄りの投降派だった。[81] すべての政治局メンバーに、他者の前で周を批判することが求められた。周は詳細な自己批判を書いたが、毛はそれを不適切とし、自らの行動をより厳しく批判して書き直すよう周に要求した。七三年一一月の会見以降もキッシンジャーは周と会見はできたが、周がキッシンジャーに明かしたように、周に再び交渉権限が認められることはなかった。

鄧小平への責任の委譲——一九七三年一二月

キッシンジャーの一一月訪中の後、毛沢東はアメリカとの交渉を、かつてソ連に断固とした姿勢をとり続けた人物に委ねることにした。それは鄧小平だった。一九七三年一二月、鄧は周恩来を批判する政治局会議への参加を指示された。鄧にとって周は、フランスでも上海の地下活動でも、そして一九五〇年代初めの北京での仕事でも、ずっと兄のような存在であった。しかし毛には鄧が、周でなく自分の肩を持つと信じる根拠があった。四〇年代の整風運動で、周は毛に反対したが、鄧は毛の側に立ち続けたのだった。鄧は三一年に毛派の頭と非難されてから毛と絆で結ばれ、五〇年代には毛のおかげで昇進を重ねた。五六年に鄧が共産党の総書記に就任すると、鄧と周との関係は党内問題でときに気まずいものになった。党内序列のより高い周が、共産党の日常業務を担当していた鄧に報告をし、指示を受けなければならないことが発生したのである。[82] しかも文化大革命の間、周は鄧を擁護しなかった。[83]

鄧小平は自分が会議でどのように周恩来を批判したかが、「二人の女史」によって毛に報告されるであろうことをよく認識していた。会議が終わりに近づいたころ、鄧は周にこう述べた。「あなたは主席から一歩だけ離れたところにいる。他人はそのような地位を望んでも得られない。しかし、あなたは望めばすぐにそうできる。このことに十分気をつけていただきたい」[84]。鄧の言葉は表面的には穏当だったが、文脈上はとても厳しいものだった。実際のところ、鄧は周が毛を出し抜き、毛の地位に取って代わる危険性があると示唆したのだった。「二人の女史」が鄧の発言を報告すると、毛は大喜びし、すぐに鄧を呼び出して会談した。

数日後、毛沢東は政治局会議を招集し、鄧小平を政治局と中央軍事委員会の正式なメンバーに任じてはどうかと提案した。毛がこのような人事を、中央委員会の全体会議を通さずに性急に進めたのは初めてのことだった。[85] 周恩来は公式には総理の地位にとどまったが、鄧は自分だけで外国の幹部たちとの会見に臨むようになった。事実、七カ月後の七四年五月の段階でも、周は体力的には飛行機に乗って国連で中国の代表を務めることができたが、毛は彼の代わりに鄧を選んだ。そして周が手術のため七四年六月一日に入院すると、鄧は外国の高官が訪中する際のホスト役を担うようになった。(86)

軍隊建設の推進——一九七一年～一九七四年

林彪が飛行機でソ連に向かう途中に墜落死したため、毛沢東は軍の指導部の忠誠心と団結力を再確認しなければならなかった（林彪は軍を支持基盤としていた）。毛は飛行機事故が起きる前にすでに、林彪反対への支持を固めるための予防措置をとっていた。たとえば一九七一年八月、毛は中国の中部と南部の軍事基地を個人的に訪問し、自分と林彪との違いをおおっぴらに話して聞かせた。さらに軍の多数の指導者を交代させ、林彪の支持基盤の弱体化を図った。(87)墜落の直後、黄永勝《こうえいしょう》、呉法憲《ごほうけん》、李作鵬《りさくほう》、邱会作《きゅうかいさく》の四人の軍隊指導者には、林彪との決別を宣言するために一〇日間が与えられた。これらの人々は、実のところ数日以内にすぐ逮捕され、八〇年代末になってやっと獄から釈放された。

毛沢東は一九五九年に彭徳懐を失脚させると、軍を団結させるために林彪に白羽の矢を立てたが、林彪が死んだときも同じように軍の中央統制を強化するための人間が必要になった。毛は最初、軍の中で幅広く尊敬を集めて敵がおらず、林彪よりひと回り年上で、指導力への野心を持たない葉剣英元帥を想起した（「鄧小平時代の重要人物」参照、下巻四八五～四八七頁）。しかし七三年末、対米関係の立て直しのために鄧小平に依存するようになると、毛は軍についても同様に、鄧の手を借りて統制を強めようとした。

第一〇回党大会からしばらく経ったころ、毛沢東は王洪文と鄧小平に、自分の死後になにが起こるか尋ね、二人をテストしたという。王は、毛沢東主席の革命路線が継続しますと答えた。各大軍区の司令員の力が拡大していることを鋭敏に感じ取っていた鄧は、軍閥が生まれ、国家が危機に瀕する危険性がありますと答えた。毛は鄧の答えの方がよかったと考え、すぐさま年末には各大軍区司令員の大規模な異動を行った(88)。

加えて第一〇回党大会から間もないころ、軍事指導者で党の副主席に昇進したばかりの李徳生《りとくせい》が、林彪の存命中に、毛沢東から見れば必要以上に林彪に忠誠を誓う手紙を書いていたことを毛は知った。これは毛にとって大きな衝撃だった。他の大軍区司令員も林彪と近すぎる関係を結んでいたかもしれないと不安になった毛は、彼らを順番に交代させることを決めた。新しい職場で人々を組織する危険性を低下させるため、彼らは自分のスタッフを連れずに異動させられることになった。

毛はその後も軍隊指導者が林彪にあてて書いた忠誠の手紙を発見した。林彪と一緒に働いたことのある北京の政治指導者に対してさらに疑いの目を向け始めた彼は、背信者となったかつての「親密な同志」とあまり一緒に働いたことのない地方の幹部を、北京に新たに連れて来ることにした。林彪の威信が頂点に達していたとき、鄧小平は江西にいたため、鄧が林と親しいはずのないことは毛にもわかっていた。毛はさらに、二人の重要な軍隊指導者——瀋陽軍区に送られた李徳生と、北京軍区司令員という最も敏感な職位に任じられた陳錫聯——が、どちらも鄧の第二野戦軍にいたことを知っていた。毛は鄧が彼らを見張っていれば大丈夫と考えたことだろう。

大軍区司令員を入れ替えるとすぐ、毛沢東は軍師を一人、つまり鄧小平を呼んできたことを公表した。鄧に政治局委員と中央軍事委員会委員を担当させるというのである。毛本人の言葉を借りれば、こうであった。「私は政治局に一人、秘書長を増やそうと考えている。この肩書が気に食わなければ、総参謀長と呼んでもよい」[89]。肩書より常に実際の権限を重んじていた鄧は、これらの肩書を丁重に断った。毛は鄧の就任で軍の老幹部たちが安堵することを知っていた。それは鄧が軍隊から信頼されていたからだけでなく、老幹部たちは彼が悪意をもって他人を粛清する人間ではないと理解していたためだった。だから鄧が、林彪の影響下にあった何人かの軍隊指導者を激しく批判して毛に忠誠を示さなければならなかったときも、経験ある老幹部たちは鄧が仕方なくそうしたことを知っていた。鄧が任命されると、葉剣英元帥と鄧のどちらの位階が上なのかはっきりしなかったが、双方とも相手に敬意を表し、大軍区司令員と一緒に効率的に協力して働いた。

軍隊から林彪の影響力を削り落としながら、毛沢東は林彪に近かった者を批判する大衆向けの政治運動を始めた。林彪は読んだものの余白にメモを残す習慣があったが、それによって彼が孔子を深く尊敬していたことが暴露された。そのため林彪と、孔子のように振る舞っていることで非難されている誰か、つまりは周恩来に反対する運動が、「批林批孔」と呼ばれるようになった。運動は一九七四年の元旦社説をもって始まり、同年の前半中、ずっと続いた。当初の標的は、李徳生ら林彪に近すぎた軍の幹部たちであった。しかし、一月後半になると、江青はその運動を周批判に利用し始めた。林彪や孔子への批判に加え、「周公」に狙いを定めたのである。周は傷つきながらも嵐に耐えた。アメリカとの敏感な交渉からは排除されたが、総理の地位にとどまり続け、自分が批判される会議でも議長を続けた。

しかし、この運動の前後には、毛沢東はそれまでしょっちゅう他人を煽っていたのを一変させ、急に寛大な態度を示すようになった。彼は「二人の女史」が周恩来を批判する際に小さな将軍のように振る舞っているととがめ、江青のことも批林批孔運動の中で厳しい批判をしすぎていると批判した。

彼はさらに江青に、他人への攻撃を止めるべきだ、お前は私の考えを体現していない、とまで言った。江青は周の問題が党内一一番目の路線闘争と呼べるほど深刻だと言いふらし、トップの座がほしくてじりじりしていると周を非難しているが、そのどちらについても江青は間違っている、と述べたのである。(90)

一九七四年七月一七日の政治局会議で、毛沢東は江青と王洪文と張春橋と姚文元に、「四人組」を組んではならないと警告した。政治局の極左派四人に対してこの表現が使われたのは、このときが初めてだった。彼ら四人は組織として一丸になったり、計画だった派閥行動をとったわけではないが、周を攻撃するうえで中心的な役割を果たした。

「四人組」の呼び名は、彼らが危険だという考えとセットになって広まった。江青は周や老幹部たちへの攻撃を続けたが、それと同時に彼女や他の三人も、逆に四人組を批判する知識人や老幹部の標的にされた。ただし、四人組にこうした攻撃を仕掛けさせた毛沢東主席に反抗することは、まだできなかった。実のところ、大胆な人たちは、完全に心を許した友人との私的な会話のときだけ、四本の指を立てたうえでさらに親指をひくひく動かし、四人組には五人目、つまり毛沢東がいると示唆し合っていた。

周恩来の癌は彼が批判されていた間も進行し続けた。一九七四年六月一日、周は手術のため第三〇一医院に入院し、死去する七六年一月までのほとんどの時間を、そのままそのスイート・ルームで過ごすことになった。経験豊富な周には、七三年末の鄧小平からの批判が、毛沢東の圧力によるものだということはわかりきっていた。七四年初めには、周と鄧は対外政策の問題で一緒に働き始めた。周は公式には総理の職にとどまったが、入院していたため、彼の個人的な指導の下で、実質的に総理代行を務めたのが鄧だった。[91]鄧を復活させたのは周ではなく、毛であったが、周と鄧はフランスや上海の地下組織や文化大革命前の北京にいたときと同じくらい、七四年と七五年には再び緊密に協力し合った。

鄧小平は毛沢東が自分と江青の協力を望んでいることを知っており、そうしようと努力した。しかし、周恩来の容態が悪化するに伴い、江青は毛が鄧により大きな責任を託すのを懸念し、批判の矛先を鄧に向け始めた。[92]江青が鄧は共産党の中で存在感を高めていると感じとったのは正しかった。毛が鄧にいっそう信頼を寄せていることを端的に示したのが、彼が鄧を、国連総会で初めて重要報告をする中国の指導者として起用したことだった。

鄧小平の歴史的な国連演説

一九七四年春、毛沢東が鄧小平を国連総会第六回特別会議で演説を行う中国代表に任命したことで、鄧は国際的な注目を集めた。七一年に国連で大陸中国が台湾に代わって中国としての代表権を獲得してから、まだ中国のどの指導者も国連総会で演説をしたことがなかったのである。

数カ月前の段階では、中国代表の処女演説は経済問題に焦点をあてたものになる予定だった。そのため、その準備は外交部ではなく、対外貿易部に割り当てられ、貿易政策の責任者であった李強《りきょう》が報告をする見通しになっていた。しかし、会期が近づき、国連が中国の対外関係に注目していることが明らかになると、演説の作成準備の任務は外交部に引き継がれた。

鄧小平をニューヨークに送ろうと決心した際、毛沢東は周恩来が弱腰すぎて代表として頼りないことを考慮した。王洪文では威厳が足りず、むしろ恥をかいてしまう。さまざまな要素を考え、毛は国連に対して物の言える年長の指導者を選ぶことにした。

この計画を実行に移すため、黒幕の毛沢東は、王海容と唐聞生を彼女たちが所属する外交部に遣わし、鄧小平を国連への代表団の団長にするのはどうかと打診した。外交部はすぐに受け入れた。決定の背後に毛がいることを知らない江青は、この人選に激しく反対した。鄧の訪米は国内外でその影響力を高めることになり、「製鉄所」というあだ名がつくほど意志が堅いことで知られる鄧が、彼女の行動を制約してくるのではと思われたからである。(93) 当時、すでに江青と別居していた毛は、七四年三月二七日に江青に手紙を送り、鄧を選んだのは自分であるからそれを攻撃しないよう警告した。鄧を中国代表団の団長とすることについて、江青以外の政治局メンバーは全会一致で支持した。(94)

毛沢東が鄧小平を国連に送ることを決めたのはぎりぎりのタイミングだった。外交部長の喬冠華《きょうかんか》が、演説の準備にかけた時間はわずか一週間足らずだった。毛の考え方を完全に熟知していた喬が、演説の草稿を仕上げて毛に送ると、毛は「よし。承認」と書き記した。(95) 鄧が国連で読むことになった喬の演説は、基本的に毛の新しい世界認識を示したものだった。それは、世界の国家は共産主義革命にどう関与しているかではなく、経済発展の度合いによって結び付き、団結しているとしていた。毛はそれぞれのグループを第一世界、第二世界、第三世界の国家と呼んだ。毛が喬や鄧を通してこうした見方を提唱した背景には、中国と共同してソ連反対を打ち出してくれることを期待していたアメリカが、最近後ろ向きな態度をとったこと——とりわけブレジネフのワシントン訪問——で、毛がアメリカとソ連との結託を確信していたという事情があった。毛は(第一世界にいる)二つの超大国に対抗していくために、第二世界のその他先進国と第三世界の発展途上国の団結を図ろうとしたのである。

外交部長の喬冠華は洗練された見識豊かな外交官で、ドイツの大学で哲学を学べたほど豊かな家庭の出身だった。彼は公式には中国代表団の団長を務めたが、国内外の事情通は実際の権限が鄧小平にあることを理解していた。中国の指導者たちは、国連へのこの旅が、中国にとっての重要な躍進、かつ国家間の協議の場へのお披露目パーティーの機会になると考えていた。周恩来は病を押して四月六日、推定二〇〇〇人の人々と空港に行き、代表団を見送った。代表団が帰国した四月一九日、周は再び群衆とともに空港で一行を出迎えた[96]。

国連での鄧小平の演説は、異例なほど長く大きな拍手で迎えられた。中国はその大きさと潜在力によって、発展途上国の力を代表しているとみられていた。鄧が、中国は決して覇権を唱えないし、もし自分たちが他国を抑圧したり、搾取したりすることがあれば、世界の他の人々、特に発展途上国は中国が「社会帝国主義」国になったことを暴露し、中国人民と協力して政府を倒すべきだと述べると、発展途上国の代表はことさら歓喜した。

国連に出向いている間、鄧小平は多くの国の指導者たちと個別の会談を行った。毛沢東の周恩来への厳しい批判を目の当たりにし、しかも国連にやって来るまでに準備時間が一週間しかなかったため、鄧は慎重に質問に答え、コメントを述べた。難しい質問は喬冠華に譲った。ただ個人としては、鄧は他国の指導者や海外メディアから高い評価を獲得した[97]。演説の三つの世界に関する基本的な考えは毛のものであり、アメリカ人たちもソ連といっしょくたにされることを嫌がったため、鄧の著作を集めた後の『鄧小平文選』には、この演説は含まれなかった[98]。

演説の数日後、鄧小平はニューヨークで初めてキッシンジャーと会った。キッシンジャーはこの初会合で、直截で遠慮のない鄧の態度に多少、戸惑いを覚えた。鄧は礼儀正しかったが、周恩来がアメリカに軟弱すぎるということでどれだけ批判されたか知っていたため、そうした責任を追及されないよう、毛沢東が彼に託したタフなメッセージを示そうとしたのである。鄧は、アメリカが中国の肩に乗ってソ連とのデタント交渉を手がけ、ミサイル制限についての合意を達成しようとしていることに対して毛が不快に思っていることを伝えた。また、ソ連の戦略は「東に向かうと見せかけて」西を攻撃するものだという毛の見方を繰り返し、アメリカはソ連に対して警戒を強化すべきだと告げた。鄧はキッシンジャーに対し、ソ連は反中的な姿勢をとっているが、その真の標的は西側世界だと述べた。(99)鄧はさらに、アメリカはソ連をもはや主要な敵として見ておらず、社会主義の二つの敵国を両方とも弱体化させるため、中国がソ連と戦うよう仕向けているのではないかという懸念を伝えた。(100)キッシンジャーは後に、鄧の単刀直入な態度を周恩来の細やかで磨きのかかった洗練された振る舞いと比較している。当時、鄧は話題に上ったいくつかの国際問題のことをあまり知らず、毛にしばしば言及し、喬冠華に返答を譲っていた。これを見てキッシンジャーは鄧が「修行中」のようだと言った。鄧は一九七八年半ば以降になると、外国の指導者との会見にも慣れ、彼の発言内容に関する報告を点検する毛があの世に行ってしまったため、外国人との会見でも自信に満ちた様子を見せる。しかし七四年における鄧の慎重さは、それとはとても対照的であった。

キッシンジャーはまた、毛沢東や周恩来が主として安全保障上の理由からアメリカとの関係をよくしようと考えていたのに比べ、鄧小平は国内の発展に焦点を当て、アメリカとの関係改善が中国の現代化にどう役立つのかをすでに考えていたと観察していた。(101)中国の代表としての鄧の能力に対し、キッシンジャーは後に高い敬意を払うようになる。(102)

国連では中国代表団のどのメンバーも周恩来の名前を口にしなかった。事実、キッシンジャーが鄧小平の前で何度か好意的に周に言及したときも、鄧は反応を示さなかった。保守的な孔子は、人々の考えを解放するために批判されなければならないと鄧が言うと、そうした見方は現代の個人について実際になにか意味するところがあるのかとキッシンジャーは尋ねた。保守的なイデオロギーに対する批判には、こうしたイデオロギーを代表する個人に関する実際的な示唆があると鄧は答えた(103)。間接的とはいえ、彼のメッセージははっきりとしていた。鄧は周の助手ではなく、彼に取って代わる存在だったのである(104)。

日曜日にはニューヨークで少し自由な時間ができた。スタッフが鄧小平になにがしたいか尋ねると、鄧は躊躇なく、「ウォール街に行こう」と言った。鄧にとって、ウォール街はアメリカの資本主義の象徴、さらにはアメリカの経済力の象徴であった。鄧には真の力の源を嗅ぎ分け、それを理解したいと思う本能があった。日曜日にはウォール街は閉まっていたが、それでも鄧はスタッフに案内を頼み、少なくともその場所についての印象を脳裏に刻んだ(105)。出張のため鄧が受け取ったのはわずか一〇ドルほどしかなく、鄧は秘書の王瑞林をウルワース（廉価販売のチェーン店）に遣わし、孫のために三九セントのおもちゃを買った。唐聞生の父の唐明照《とうめいしょう》（ニューヨークで革新系中国語紙を編集していた）はポケットマネーで、泣いたり、おしゃぶりしたり、おしっこをしたりする人形を買い、鄧に贈った。鄧が人形を自宅に持って帰ると、家族には大受けだった(106)。

鄧小平はニューヨークからパリ経由で帰国したが、パリでは数日間、中国大使館に宿泊した。これは一九二六年にフランスを後にしてから、同国への初めての訪問であった。フランス滞在中、鄧は半世紀前と同じようにコーヒーとクロワッサンを楽しんだ。安全上の理由から、街の中を歩くことは許されなかった。スタッフは彼がかつて住んだ場所に連れて行こうとしたが、すでに何の手がかりも見つけられなくなっていた。中国への帰国便に乗り込む前、鄧はクロワッサンを二〇〇個とチーズをいくつか買い込んだ。彼は帰国するとそれらを分け、一九二〇年代のフランスでともに過ごした周恩来、李富春《りふしゅん》、聶栄臻、そしてその他の革命の仲間たちに配った。

毛沢東は鄧小平の国連訪問を大成功と評価し、鄧に外国の訪問客をもてなす重要な役目を担わせることにした。毛は外国の訪問客との会見には王洪文も同席させたが、彼が議論に積極的に参加することはなかった。事実、王は一九七三年より前には外国人と会ったことすらなかったのである(107)。

鄧小平がニューヨークの国連本部で演説を行ってからわずか数週間後の六月一日、周恩来は再度手術を受けるために入院し、外国人との会見を減らした。このころ、外国の主要ゲストのほとんどは、人民大会堂の中の各省の名前がついたどれかの部屋で鄧と会い、さらに釣魚台の豪華な宿泊施設に泊まっていた。周と同様、鄧は古式にのっとって客をもてなしていたが、それを見たキッシンジャーが冗談まじりに「私はホスピタリティーの発展途上国から来たんですよ」と発言したほどだった。

一九七四年秋、鄧小平はすべての主な大陸から高官を受け入れた。彼らの出身国は日本、パキスタン、イラン、イエメン、コンゴ、ルーマニア、ユーゴスラビア、ベトナム、北朝鮮、トルコ、ドイツ、フランス、カナダ、アメリカと多様だった。鄧が会った人々には、政治指導者もいれば、ビジネス界の指導者、ジャーナリスト、科学者、アスリートらもいた。彼らとの議論では繰り返し述べられたテーマがあった。鄧は特に、日本の指導者たちがどのように日本の経済発展を率い、日本がいかに自国の科学技術を現代化させたかに興味を持った。

鄧小平は何人かの外国の指導者とは、特にソ連とアメリカの競争という背景の下、国際情勢に関して幅広い議論を展開した。鄧は彼がソ連への防波堤とみなしていたアメリカとの間で、ヨーロッパの国家が互いにそれぞれ協力強化の動きを示していたことを高く評価したが、ソ連の軍拡を軍備管理協定によって制約できるかどうかについては疑問視した。鄧は「大きな漁師」であるソ連とアメリカに、魚同士のけんかで利益を上げさせないようにするため、トルコに対してギリシャとの問題を解決するよう勧めた。彼はフルシチョフが中国をあまりにも言いなりにしようとしたため、中国とソ連との関係が悪化したと説明した。彼はアメリカのビジネスマンたちに明確に、経済交流は正式な外交関係がなければより早急な進展が見込まれるが、それはアメリカが台湾との正式な関係を断ち切れるかどうかにかかっていると述べた。

鄧小平が会ったアメリカ人には、当時、アメリカの駐中連絡事務所所長だったジョージ・H・W・ブッシュや、マイク・マンスフィールド、ヘンリー・ジャクソン両上院議員がおり、大学総長の代表団もいた。[108] 彼はマンスフィールドやジャクソンと意気投合し、ソ連の拡張にどのように対抗するかについて意見を交換した。大学の総長たちに会ったときには、学術交流は継続し、拡大すると述べた。[109]

安定と団結を求める毛沢東

毛沢東は、短期的には現実を無視することのできる大胆な革命家であったが、厳しい問題を永遠に無視し続けることはできなかった。大躍進にあたって、彼は力を駆使してその継続に努めたが、一九五八年後半と六〇年には、大災害に対応していくために多少の調整を認めた。文化大革命の混乱は七四年には至るところに影響をおよぼしており、彼でさえも何とかこれに対処していかなければと考え始めていた。経済は停滞しており、七四年半ばには批林批孔運動がさらなる混乱を引き起こしているという報告も上がっていた。鉄鋼生産は減少し、鉄道移送は麻痺していた。自らの死後の尊厳を気にする毛にとっても、人々に経済を破滅に追いやった人間として記憶されることは好ましくなかった。

一九七四年八月、毛沢東は武漢の東湖梅嶺にあるお気に入りの別荘に、各大軍区の司令員と政治委員を招集し、次のように述べた。「プロレタリア文化大革命はすでに八年間も続いている。そろそろ安定を重視すべきときが来た。全党と全軍は今、団結すべきだ」[110]。毛は気まぐれだったが、七四年後半には継続的に団結と安定の必要性を支持した。同年一二月に周恩来と会見すると、毛は七五年一月八日から一〇日まで開催が予定されていた第一〇期二中全会で、「安定団結」というスローガンを用いることを承認した。

実行役と番犬の衝突

一九七四年後半には、毛沢東が鄧小平に安定と団結の回復で大きな役割を望んでいることが明らかになっていた[111]。同年一〇月四日、毛は鄧を国務院の第一副総理に任命すると公表した。この人事は毛が鄧の成果に満足していたことを示している。これによって共産党の指導者たちにも、毛が鄧に総理としての周恩来の任務を引き継がせようとしているとはっきり認識できるようになった。

毛沢東が文化大革命の動乱をしずめ、鄧小平の任命によって安定と団結を取り戻そうとしていることに対し、江青と仲間の極左派はいらだちを募らせ、現実的な老幹部たちは歓喜した。毛は共産党の日常的な業務を統括していた王洪文に人事の発表を命じたが、王は江青に時間を稼がせるため、ニュースをなかなか公表しようとしなかった。他の高位政治指導者は、江青と王が張春橋を総理にしようとしていたことを知っていた。しかし、江青が説得を試みても、鄧を任命するという毛の考えは変えられなかった。二日後、王はこれ以上発表を遅らせると自分が責任を問われると判断し、毛の命令にしぶしぶ従って鄧の昇進を明らかにした[112]。

毛沢東は江青を別宅に追い出したものの、鄧小平という最も頑固な人間を筆頭とする高位の党幹部に対し、屈強に、しかも十分な決意で立ち上がれるのは彼女だけだと考えていた。革命を推進したいという自分の目的に彼女が誠実だという毛の認識は、死ぬまで変わらなかった。ただ彼は、自分が死んだ後、江青が権力を握ろうと企んでいるらしいことには失望していた。一九七二年には、江青は(あたかも毛がエドガー・スノーに会って自分が権力に上り詰めるまでの体験を語ったように)彼女に関する本の出版を計画していたアメリカ人学者のロクサーヌ・ウィトケと会って一週間も話をしたが、毛は喜んでいなかった[113]。

鄧小平の昇進問題は、毛沢東と江青との関係をさらに悪化させた。江青が後の一九七六年三月、鄧を批判して話したところによると、鄧が七三年春に最初に復活したときには、毛と彼女の間の問題はその後ほど深刻ではなかった。これは部分的には毛のせいかもしれない。毛は団結と安定の回復を目指していた七四年半ば、江青に冷静になるよう言い、江青にはあまり注意を向けるなと王洪文に告げていたからである。

鄧小平が第一副総理に任命されることが発表されて二週間後、毛沢東に鄧への疑いを抱かせる手段を常に探していた江青は、中国製の船舶「風慶輪」をたたえる新聞記事に目をとめた。このとき、鄧は海外との貿易を拡大しようとしていた。交通部が検討した結果、中国はまだ大きな輸送船を造ることができないため、短期間に貿易を拡大するには海外から船舶を購入しなければならないという結果が出たため、鄧はこれを支持していた。江青は自分が読んだ新聞記事を引用し、一万トンの積載能力を持つ「風慶輪」をたたえ、周恩来と鄧が外国船の購入によって中国の外貨を浪費していると抗議する論文を新聞に発表した。さらに彼女は、鄧が外国船の購入に関心を示しているのは、彼と交通部の官僚たちが買弁気質を持ち、外国の物を崇拝し、これに媚びていることを示すと決めつけたのである。彼女の文章によれば、国内産の船舶も外国船と同じようによく、「われわれは『風慶輪』のような一万トンの船ですら建造することができるのだ」[114]。

次の砲撃は一〇月一七日の政治局会議の場で行われた。このとき江青は、鄧小平が外国船の購入を支持することで、「洋奴哲学」を行っていると口頭で攻撃した。中国は自分で素晴らしい船を生産することができる、と江青は繰り返した。鄧は当初、冷静さを保っていたが、しまいには江青の執拗な攻撃にそれを失った。江青が立ち位置の安定しない楊成武《ようせいぶ》を総参謀長に抜擢させようとしていたことにも、鄧は腹を立てた。自分が半世紀前に海外に渡ったときに乗ったのは西側で造られた五万トンの船で、こんな大きな船は当時ですら珍しくなかったと、鄧は心の中で思っていた。要するに、中国の造船業は非常に後れており、江青は口出しすべきではないのだ。激昂した鄧は李先念に促され、怒りで顔を真っ赤にしながら部屋を後にした[115]。政治局会議の間に江青が七、八度、攻撃してきたため、ついに堪忍袋の緒が切れたと、後で鄧は周恩来に告白している[116]。

一〇月一七日に鄧小平が政治局会議で怒りをあらわにした翌日、王洪文が政治局を代表して長沙へ飛んだ。王は江青の命令を受け、鄧にそれほど重要な指導力を果たす能力があるのかどうか、毛に疑いの気持ちを抱かせようとした。しかし結局のところ、この会見は、王が今の地位に適任ではないかもしれないというさらなる疑念を毛に抱かせただけだった[117]。二日後の一〇月二〇日、毛が長沙でデンマークのポール・ハートリング首相と会見すると、鄧は歓迎会に参加するよう呼び出された。

王海容と唐聞生の「二人の女史」は、このときまでに北京での江青と鄧小平の対立について毛沢東に報告していた。自分が静かにしてほしいと言っているときに、どう見ても他人を政治的に攻撃し続けている江青に対して、毛は憤った。(118) 翌月中、毛は江青を批判し、他人に介入したり、(たとえば、外国船の購入を決めた)政府の文書を批判したり、必要な手続きを踏まずに文書を発行したり、自分が指導力を握るために多数派の意志に背いて徒党を組んだりしていることを責め立てた。『西廂記《せいしょうき》』(ラブ・ストーリーで有名な古典劇)の登場人物をほのめかしながら、毛は江青に、悪いことを企む仲人ではなく、年配の女性らしく振る舞うよう言った。もっとも毛は彼女を見捨てたのではなかった。彼女は毛にとって、自分が攻撃したい人間を誰でも攻撃してくれる断固たる同盟者だったし、彼女のこうしたスキルがまた必要になる日がやって来るかもしれなかった。ただ、近々開かれる第四期全国人民代表大会の準備を始めるため、彼はもっと大きな役割を果たしてほしいと鄧を励ましながら、江青を舞台の袖にいったん下がらせたのだった。(119)

第3章　毛沢東の下での秩序回復——一九七四年〜一九七五年

一九七四年一二月、入院中だった周恩来《しゅうおんらい》は病院を離れ、毛沢東《もうたくとう》に会うため長沙へ飛んだ。二人は北京の新たな主要人事を決めるため話し合うことになっていた。二人とも互いに寿命が長くないことを知っており、任務の緊急性は相当に高かった。六月一日に大きな手術を受けてから、周の体はひどく弱り、日常的な業務はできなくなっていた。長沙に飛ぶ飛行機には医者が何人も搭乗し、まるで小さな病院のようであった。(1) 毛は心臓病とルー・ゲーリッグ病（ALS、筋萎縮性側索硬化症）で苦しんでおり、二年はもたないと宣告されていた。彼の視力は衰え、話す言葉もろれつが回らず、わかりにくかった。ただ、こうした健康上の問題を抱えながら、どちらの指導者も意識ははっきりとしていた。毛と周は、互いの相違点にもかかわらず、彼らが生涯をかけて成し遂げてきた仕事を引き継いでくれる指導者たちを、共産党と政府のために選ぶという責任を分かち合った。

長沙では当時、三九歳で、党の日常業務を統括していた王洪文《おうこうぶん》も二人の話し合いに参加した。公式見解ではないとはいえ、このとき抜擢された人々は、仕事をちゃんとこなしさえすれば、毛沢東と周恩来があの世へ旅立った後も職務を継続するはずだった。彼らが定める共産党内の人事は、公式には一九七五年一月八日から一〇日にかけて開かれる二中全会で、そして政府の人事はその直後に開かれる全国人民代表大会で、それぞれ承認されることになっていた。周の健康状態では毎日長時間、会議を継続することができなかったため、三人は五日間に分けて議論をし、途中で十分な休憩時間をとった。彼らは毛の八一歳の誕生日となる一二月二六日を除き、二三日から二七日まで毎日、会見し、二六日だけは毛と周が二人のみで話し合った。

長沙での話し合いを準備するため、周恩来は数週間かけて政府の指導者たちと相談を重ね、トップの地位に最もふさわしいと考えられる人々の名簿を絞り込んでいた。周とスタッフたちは、全国人民代表大会のために議題と人事提案リストを三回、作成し、その最終版を話し合いの数日前に、毛のところに議論のたたき台として送っていた。

毛沢東は年をとり、弱々しくなっていたが、国家全体を動かす権力はまだ手中に収めていた。ただ、一九七四年一二月には、彼は安定と団結をなにより優先した。批林批孔運動の間、周恩来に対して行われた毛の厳しい攻撃は終わり、二人の非凡な指導者たちはかつてのように再び協力して働き始めた[2]。会談の中で、毛は今後も革命への貢献を続けていくと明らかにしたが、実際に政府を率いて経済を指導していくうえでは、北京にいた周とその周辺の人々が最も有能と考えて選んだ経験豊富な幹部たちを承認した[3]。秩序だった経済発展を促進するには安定した政治的環境が必要で、毛はそれを実現してくれる高官たちを支持したのである。このことに励まされた周は、北京に戻ったとき、疲れきってはいたが晴れ晴れとしていた。

毛沢東―周恩来の継承計画――一九七四年一二月

毛沢東と周恩来が会見する前から、王洪文は中共の第二副主席の座を持続する見通しになっていた。それに加えて、毛と周は、政府の仕事を率いる大役に鄧小平《とうしょうへい》を正式に任命することで合意した。周の六月一日の手術の後、鄧はその代役を立派に務めており、毛は一〇月には彼を第一副総理にすることに支持を表明していた。これは全国人民代表大会で公式な人事となるはずだった。鄧は政府を率いる大役のほかに、中共と軍でも高い地位に抜擢されることになっていた。

王洪文と鄧小平は公的には党と政府の最高指導者として任務にあたることになったが、実際のところ、毛沢東と周恩来の見習いの身分を続けることになった。毛と周は死ぬまで主席と総理の肩書を保持していた。王と鄧はこの二人の指導者から指示を受け続け、毛はもし王と鄧の成果に不満を感じれば、いつでも二人を更迭できる権限を持ち続けた。

一九七五年一月五日には、中央委員会のその年最初の文書となる一号文件が下され、毛沢東は中共と中央軍事委員会の主席として、鄧小平は中央軍事委員会副主席兼総参謀長として、それぞれ名前が挙がっていた。八日から一〇日まで開かれた中共第一〇期二中全会では、王洪文が中共中央委員会の第二副主席（序列は毛と周恩来に次ぐ第三位）に留任し、鄧は中共中央委員会副主席兼政治局常務委員会委員に任命された。そして、一三日から一七日まで開かれた全国人民代表大会で、鄧は公式に第一副総理に就任した。

毛沢東にとって、王洪文と鄧小平のチームは有望なコンビだった。王は毛から十分な恩恵を受けた元造反派の指導者で、独立した権力基盤を持たず、毛の革命路線に沿って中共を率い、毛個人の功績に対して大きな敬意を払い続けてくれることが確実だった。他方、鄧は、幅広い知識と経験、そして折り紙付きの指導力で対外関係や複雑な政府の任務を率いてくれると思われた。

王洪文と鄧小平をよく知る人々にとって、高位の地位の経験がほとんどない王が、中央弁公室総書記として一〇年間も中共と政府の仕事を率いた経験を持ち、権力を行使することをいとわない鄧にかなうわけがないのは明らかだった。だが、王をより高い地位に就け、宣伝部門を江青《こうせい》の率いる極左派に委ねることで、鄧が（一九六〇年代初めのように）もし毛の遺産から距離を置くようなことがあれば、すぐにそれを封じ込めることができるようになっていたのである。毛は江青の行き過ぎたやり方と野心を批判したが、それでも彼女が自分の宣伝路線の継続にとってしっかり頼りになる強い人間であることを知っていた。(4) しかも極左派たちは、江青の下で姚文元《ようぶんげん》が手を貸す形で中共の機関紙『人民日報』と理論誌『紅旗』を統括し、もう一人の極左派である張春橋《ちょうしゅんきょう》も人民解放軍総政治部の実権を握っていた。(5)

周恩来の退場——一九七五年一月

一九六五年一月以降、初の全国人民代表大会が七五年一月一三日に開催されたとき、毛沢東は長沙にとどまったままであった。末期癌のためやつれて青ざめた周恩来が政府の工作報告を行ったが、これは彼が公共の場に姿を見せた最後だった。舞台裏では鄧小平が周の報告の準備を統括していた。周を疲れさせないため、鄧は工作報告を通常よりもずっと少ない五〇〇〇字に収めるよう命じた。鄧は毛が強い意志で権力の維持に努めていたことを鋭敏に感じ取っていたため、報告を文化大革命の美辞で埋めた。報告で周は、文化大革命およびそれが提示した大寨《だいさい》・大慶のモデルを称賛し、ある部分ではこう述べていた。「われわれの主要任務は、批林批孔運動を深め、広げ、維持していくことである」――周自らが運動の主たる標的にされていただけに、それを聞いていた聴衆ははっとし、胸がえぐられる思いだったことだろう(6)。

周恩来が報告を終えると、彼の痛々しい姿に涙をそそられた全国人民代表大会のメンバーたちは、総立ちして数分間にわたる拍手で彼をたたえた。この感情のこもった行動は、自らの生涯を党と国家に捧げて並外れた功績を残し、また、文化大革命中に多くの人々を庇護しながら、毛沢東の掌中で不当な扱いに苦しんできたこの消えゆく指導者を、彼らがいかに尊敬していたかを示すものだった。将来に目を向けながら、多くの人々は、文化大革命の荒廃がすぐにでも終結し、周が一一年前に提唱して再びこの報告の中に盛り込んだ任務――世紀末までに（農業、工業、国防、科学技術の）四つの現代化を実現すること――に、中国がついに取り組む日が来ることを待ち望んだ(7)。

一九七五年二月一日、国務院下のさまざまな部と委員会（日本の省庁に相当）の指導者が集う、より小規模な会議の席上で、周恩来は今後、自分は彼らの会議には出席しないと説明した。「（毛沢東）主席は鄧小平が第一副総理に就任することを指示された。主席は鄧が強い政治意識とたぐい稀な才能を持つ能力の高い人間だとおっしゃった。今後、私は、鄧にこうした会議を取りしきるよう頼みたいと思う」。実際のところ、鄧は七四年四月に国連総会に出かけてから、周の代理として外国からの訪問客を受け入れ、その他の任務を遂行していた。ただ、七五年二月にはそうした権限は鄧にしっかりと引き継がれ、毛を失望させすぎないかぎり、鄧が実権を握ることが承認されたのである。鄧は周に敬意を示すためにしばしば病院を訪れ、自分は総理が病気の間に手伝いをしているだけだと謙虚に弁解し続けた。[8]だが、事実上、鄧は実権を手にしたのであった。

党指導部の強化

鄧小平が一九七五年に直面した問題は、秩序を回復し、中国を発展の軌道に乗せながら、どうやって毛沢東からの支持を保持し続けるかだった。毛からの肯定的な評価を獲得し続けるために、鄧は毛の好む問題に対して大きな関心を払った。鄧はマルクス＝レーニン主義と毛沢東思想を繰り返し称賛し、文化大革命に関する批判を避けた。七五年初め、鄧は自分のやろうとしていたことを裏づけるため、毛のいくつかの表現を創造的に組み合わせた。鄧が七五年五月二九日の演説の中で初めてまとめて提起した「三つの指示」は、毛自身が決してそれぞれ関連づけたことのないものだった。その内容は、第一に修正主義に反対し、第二に安定と団結を促進し、第三に国民経済を向上させることだった。[9]修正主義に関する第一項目を入れたのは、文化大革命で批判されたような資本主義の道を再び歩まないという鄧の決意を、毛に対して公の場で再確認しようとしたのだった。しかし、それには苦い薬をごまかすための飴の意味もあった。鄧はその後すぐに安定と団結、そして国民経済の発展を、毛の指示として付け加えて強調した。鄧はこうすることで、文化大革命の行き過ぎから疲れ果てた中国を、安定化させ活性化させるため、自分が用いようとしていたかなり劇的な処方箋を、毛が批判しにくいようにしたのである。

毛沢東の「三つの指示」を表に掲げ、戦いの意志を固めた鄧小平は、果敢に太刀と大ナタを振るい

（大刀闊斧）、混乱状態を正し、中国を現代化の軌道に乗せようとした。彼が直面していた問題はとてつもなかった。内戦を経験した国の指導者たちと同様に、彼は文化大革命の加害者と被害者をまとめ上げていかなければならなかった。その間、中国の経済は停滞して計画は無茶苦茶になり、統計報告は信頼できないものになっていた。穀物生産は人口を養うのに足りず、綿花や麻といった産業作物についてはもっとひどかった。交通網は麻痺し、ある地方の資源を別の地方のメーカーに届けることができなかった。無数の政治闘争、そして国のすみずみで文民の任務を無限に請け負って膨れ上がった軍隊は訓練を軽視し、軍事技術の面では潜在的な敵に遠くおよばないくらい後れていた。実に中国は、武力衝突を迎え撃つことなどできない状態にあった。そして文化大革命で知識人が迫害され続けてきたため、中国は基本的に一〇年近くの間、まったく技術的専門家を育成してこなかった。そのため鄧には、現代化の責務を担っていく洗練された人的資源すら欠如していた。

一九四一年から、毛沢東は共産党の団結を図るために「整風」運動を行ってきた。この運動は、毛の個人的な指導力や彼の主張に十分に従わない人間を攻撃するための強力な武器になっていた。批判された側が受ける心理的な圧力は相当で、運動の結果は醜いものだった。一部は殺され、あるいは肉体労働に送り出され、そして残りは過酷な圧力に耐えきれず自殺した。四〇年代から五〇年代初めにかけてのこうした整風運動で規律が高まったことは、共産党が内戦で国民党を打ち負かし、国家の統一を成し遂げる際に決定的な役割を果たした。しかし、五七年から始まった度重なる過酷な整風は、もともと党に忠実だった多くの知識人と党員を党から遠ざけていった。

鄧小平が一九七五年に団結を打ち出すために用いた表現は「整頓」といい、これは周恩来が七二年に中国共産党の軍隊に対して類似の試みを行ったときに用いたものだった。兵士たちの間で「整頓」

は、戦闘や戦役の後にさまざまな部隊で生き残った軍隊が、次の戦いに備えるため再編成されることを言った。再編成にあたって最も重要なのは、それぞれの部隊で新しい指導部を決定し強化し、負傷したり殺されたりした者の次を探すことだった。整頓の際には、以前の戦闘での失敗も批判されたが、次の戦闘に立ち向かうために補給線を再構築し、指導部を立て直すことに主眼が置かれた。

一九七五年に整頓を進めていくにあたり、下級幹部が整風運動の間に学んだ悪どい攻撃が繰り返されないようにするのは容易ではなかった。彼らの友人や家族が過去に犠牲になり、整頓がそれを行った人間に恨みを晴らす機会を提供してしまった場合は、特にそうであった。鄧は過去二五年間続いてきた政治運動の、報復の悪循環を終わらせようとした。目的は古いわだかまりを解決することではなく、新しい困難に立ち向かうため再編成を実現することだと、彼は繰り返し述べ続けた。

効果的な国家政府を組織する鍵は、法律や規律を変えることではなく、それぞれの行政単位に指導者のチームを打ちたて、それを強化していくことだと鄧小平は考えていた。草の根のよい情報に基づいて効果的な方針を提示していくには、各級の幹部が自分の下のレベルに有能で頼りがいのある指導者を起用することが不可欠だった。鄧の見方によれば、組織の信頼性を高めていくには、いかに有能な一人の指導者を据えるかより、指導チームを再構築する方が大事だった。指導者個人の身になにが起こるかわからないが、もし彼らが小さなチームを形成していれば、問題が起こったときにすぐに他の人間が交代できる。理想的には、こうした指導チームのメンバーは必要とされる全体的な指導力を発揮するだけでなく、彼らが責任を担っている各分野の専門的な知識——たとえば、工業、文化、政治法制など——も備えていることが望ましかった。大きな業務単位では最大七、八人の指導者がチームを構成し、小さな単位では二人か三人といったところだった。こうした指導者たちは、一つ上の級の行政単位が定めた目標を達成できてさえいれば、任務の遂行にあたって非常に大きな自由度を与えられた。

一九七五年に取り組んだ仕事のうち、鄧小平は全国各地の業務単位で、チームの指導者たちを確定させることを最も優先した。鄧は七五年一〇月までは、こうした作業を推進するうえで毛から完全に支持されていた。鄧は昔の造反派を引きずり下ろし、文化大革命の初期に攻撃を受けた経験のある幹部と彼らを交代させることすらやってのけた。七四年後半から七五年にかけて、毛はかつて指導的な地位に就いていた六〇〇〇人以上の老幹部の復活を支持した。

長い目で見れば、一九七五年後半には、鄧小平は教育システムの改善にも着手していた。新しい幹部は将来いつか、知人に誰がいるかではなく、自分の知識と管理能力のいかんで選抜されるようになるはずだった。仕方のないことだが、このころ、こうした考え方は遠い夢でしかなかった。七五年に鄧の目の前に広がっていたシステムは混乱状態にあり、最も有能な多くの幹部には学ぶ機会すら提供されてこなかった。彼らの経験は多種多様で、標準的な試験で推し量れるようなものではなかった。学校や大学が十分な数の卒業生を輩出するようになり、中級レベルの単位でもチーム指導者の選抜の指標として各人の教育レベルを用いることができるようになるのは、それから一〇年先のことだった。政府はその後何年間も、幹部の選抜で基本的には個人的な評価に依存し続けていかなければならなかった。

幹部にとっては、選ばれるかどうかは大きな賭けだった。選ばれた人間は職場だけでなく、特権や名誉、そして将来的な仕事の見通しやよりよい住宅、家族の教育機会なども手に入れた。また、分裂を繰り返した文化大革命の負の遺産を考えれば、チーム指導者を選抜する過程そのものについても議論が多かった。システムをもっと実力主義にしていくため、鄧はチームの指導者を選ぶために信頼の置ける老幹部をトップに起用し、チーム指導者たちが同様に一つ下の級の幹部を選び、それが一番下の級まで順に行き届くようにしなければならなかった。鄧はまず軍隊から、こうした組織強化に着手した。[10]

軍隊の組織強化

鄧小平は総参謀長に任命されると、中国人民解放軍の強化のため、自分が最も重要と考えていた措置に着手した。それは規律を再強化し、規模を縮小し、訓練内容を改善し、各部隊で新しい指導者チームを組織することだった。一九七五年一月二五日、毛沢東からの全面的な支持を受けた鄧は、連隊級以上の幹部を一堂に集めた。かつて政治委員だった鄧は、軍のなにが問題なのか、言葉を濁さず直截に語った。人民解放軍は、文化大革命の間に文民が果たす機能を担うようになり、拡大しすぎてしまった。加えて多くの幹部たちは、「膨れ上がり、まとまらず、驕り高ぶり、贅沢になり、怠ける（腫、散、驕、奢、惰）」ようになった。鄧は、規律の低さがセクト主義を招いている、と言った。文化大革命の間に文民たちの上に立つようになったため、驕り高ぶった幹部たちの多くは、豪華な住宅や高価な宴会、多くの娯楽、そして友人に羽振りよく贅沢な贈り物を贈るために、手にした権力を使っている。高官たちは下層レベルの問題を面倒くさがって解決しようとせず、命令の遂行を怠り、率先して問題の解決に挑むこともなくなっている。[11] さらにこうして肥大化した軍隊は、国家の防衛を担うことすらおぼつかなくなっている。多くの部隊はまるで抗日闘争のときのように、それぞれ別々の山を支配するゲリラ・グループのように振る舞っている。[12]

鄧小平は「製鉄所」という呼び名の通り、セクト主義を止めよという命令に背けば、どのような処遇を受けるのか明示した。鄧はこう言った。「セクト主義をやっている者たちは、すべて転出させる。一人の幹部も下士官も残さない」。鄧はさらに、脅しは一番上層にいる者にも適用されると述べ、こう誓った。「たとえ、どれだけ多くの人間を巻き込むことになっても、このことは貫徹する。……われわれは人民解放軍だ。われわれの任務は戦うことだ[13]」。セクト主義に関与している者の多くは、紅衛兵や革命的造反派の活動にも関与していたが、鄧は彼らが過去にそうした組織活動で一定の役割を果たしたことは攻撃しなかった。大切なのは彼らが今、なにを行っているかであった。過去の闘争がいかなるものであれ、新しい指導者たちと協力して働く意志のある人間を歓迎したのである。

鄧小平と葉剣英《ようけんえい》元帥にとって幸いだったのは、軍隊の中で規律と質素な生活を回復しようという二人の試みが、中央軍事委員会の常務委員一二人のうちの大多数から支持されたことだ。公式には一九七五年二月五日に中央軍事委員会が復活し、軍隊内の日常業務に関して指導力を発揮するようになった。その常務委員会の中の極左派（王洪文、張春橋）は、鄧や葉元帥の支持者に比べると、完全に少数派であった。

常務委員会の支持と毛沢東の同意を得て、二人の指導者は、かつて二万五〇〇〇人いた軍幹部の多くを呼び戻す作業を続けた。鄧小平の言葉を借りれば、彼らは林彪の時期に間違って批判されたのであった。鄧はこのように誤った批判を受けた人々が、職場に復帰し、必要な治療を受けられるよう指示を出した。審査を迅速に行うため、公開の必要はないとされた。[14]

鄧小平は明らかに新しい任務に就く前から、軍の現代化のためにはなにをなすべきか熟考していた。

新しい地位に就いてわずか一週間しか経たない一九七五年一月一四日、軍隊の装備品や兵器弾薬の改良のため、鄧はスタッフに五年、一〇年の見通しの策定を指示した。[15] 原案では、ミサイルやそれ以外の現代的な装備の開発のほか、文化大革命中にほとんど無視されていた古い装備の修理や改善、および欠落部品の製造といった任務が提唱されるはずであった。[16]

鄧小平はアメリカのベトナム撤退後のソ連の脅威の拡大に言及するとき、毛沢東と同じくいらだちを隠さなかった。アメリカではソ連に断固とした態度をとり続けることを世論が支持しなくなっていたが、鄧はこれを懸念した。一九七四年八月にはニクソンに代わってフォードが大統領に就任していたが、鄧はフォードがニクソンほど戦略問題に明るくなく、ソ連の新しい脅威にあらゆる策を尽くして対抗する堅い決意のないことを心配した。アメリカがソ連に圧力をかけなくなったため、ソ連はアジアで自由に拡張を続け、中国との国境付近にもすでに一〇〇万人のソ連兵を配備しているのだ。

鄧小平は、アメリカがソ連に大規模な圧力をかけることのできる唯一の大国だと認識していた。そのため彼は、アメリカのすべての高官との会見で、ソ連により強硬な姿勢をとるよう強く働きかけた。毛沢東はアメリカとの交渉で、鄧が周恩来のような軟弱な姿勢をとることを懸念する必要はなかった。一九七四年四月と一一月のキッシンジャーとの会見で、鄧はソ連の挑戦的な行動に警戒を呼びかけただけでなく、ソ連の脅威への対応が手ぬるすぎるとキッシンジャーを批判し続けた。[17] しかも鄧は、外交部の役人たち、特に国連とその安全保障理事会で中国代表を務めていた黄華《こうか》に対し、アメリカ人とのすべての会見において、アメリカがソ連に対して毅然とした態度をとっていないことを批判するよう指示を出していた。

一九七五年に鄧小平が最も時間を費やした軍隊の課題は、規模の縮小であった。巨大な軍隊を抱えていることが予算を圧迫していた。軍には六〇〇万以上の人々が働いており、その数は文化大革命が始まった一九六六年から二〇パーセント以上増大していた[18]。中国は学歴の低い高年齢の幹部を削減し、現代的な技術を扱うことのできる新世代の高学歴な指導者たちを訓練していくべきだった。現代的で持続可能な軍隊を長期的に形成していくには、規模の縮小はきわめて重要な最初のステップであった。だが鄧には、戦争の可能性が切迫しているのであれば、急激な縮小に手がつけられないこともわかっていた。毛は戦争が不可避であると言い、鄧もまだこのような見方に挑戦しようとはしていなかった。それでも鄧は今後数年の間、中国は紛争の可能性を減らすことができると述べていた[19]。

規模の縮小ほど、軍の中で激しい抵抗を引き起こした問題はなかった。鄧のようにタフさと軍隊内での高い地位とを兼ね備えていなければ、どのような指導者であってもこうした問題に取り組むことはほぼ不可能であった。毎年、軍隊の任期を終えた兵士たちの多くが、除隊後の仕事を探し当てられずにいた。市場で仕事を探すという新しいやり方はまだ始まっていなかったし、政府の予算は限られていた。人員配置の機能も壊滅していたため、適切な職務を割り当ててもらえないまま解任された元兵士たちのグループが抗議活動をしていた。

鄧小平の軍縮アプローチの要点は、まず新しい組織編成表を作り、それから全軍の各部隊に削減する兵士の数を割り当てることだった。鄧は早くも一九七五年一月一四日に、総参謀部所属の幹部が参加していた座談会で、組織編成表の改訂を公表した。でき上がった組織編成表では、空軍と海軍の人員は減らされていなかったが、陸軍は違った。技術的な専門家の職位数も減っていなかった。一部の地域では兵士の数は大幅に減らされたが、新疆のような敏感な地域ではむしろ増やされていた[20]。新しい組織編成表を基に、各部隊は誰を残し、誰を解雇するかという具体的な削減状況を統括していかなければならなかった[21]。鄧は、論戦の的になる課題に対応する際いつもそうであったように、単に指示を出すだけでなく、このときも自らその理由を語った。国家予算が限られているため、中国が現代的な兵器システムを開発していくためには人件費をカットするしかない、と説明したのである。それだけに、自分が退役させられるかもしれないとおびえていた人々ですら、鄧の論理に反対することは難しかった。

規模縮小への抵抗を和らげるため、鄧小平は退役させられる人々に新たな仕事を斡旋できるよう努力すると強調した。退役する年配の幹部には、地方の党や政府機関、もしくは国有企業での職位が想定されていた。他方で普通の兵士たちは、通常は農村の人民公社の幹部などの職があてがわれ、なかには工場に転出させられた者もいた[22]。政府の幹部は自分が担当する地方で、退役軍人のために新しい仕事を探さなければならなかった。

一九七五年六月二四日から七月一五日にかけ、林彪の逃亡のため四年間も延期されていた中央軍事委員会拡大会議が開催された。鄧小平はこの機会を活用し、自らの規模縮小計画への同意を取り付けた。何人かの幹部は自分の職場での削減を避けようと懸命に申し立てたが、結果はほとんど変わらなかった[23]。会議で設定された目標は、今後三年間に幹部六〇万人を含む一六〇万人の軍人を削減するというものだった[24]。

いったん新しい組織編成表ができ上がると、軍は各階級で指導者チームを選定し始めた。鄧小平は新しい指導力になにが求められるかを説明し、全体的なトーンを設定した。彼は通常装備と先進的兵器の両方を向上させていくために、新しい技術が使え科学的な分析で指揮力と行政技術を強化していける者が、幹部としてふさわしいと述べた。幹部の質を高め、将来の状況に見合った戦略を練っていくには、さらなる訓練と大規模演習が必要だ。また、部隊の中で兵士が個人的に抱えている問題に対応し、さらに民間ともうまく関係を築くことのできる有能な政治幹部が求められる。[25] 中国の兵器はひどく時代後れで、財源もほとんどなかったが、鄧は手元にある資金をできるだけ有効に使おうとした。中央軍事委員会拡大会議の直後の七月二〇日から八月四日には、技術向上に必要な優先順位の見直しを一致協力して進めるため、四〇〇以上の主な軍需工場から幹部が集められた。[26]

中央軍事委員会拡大会議の数週間後、中央軍事委員会の新しい指導部が公表された。毛沢東は依然、極左派に宣伝工作を担当させるつもりだった。四人組の中で最も幹部経験の豊富な張春橋が、人民解放軍総政治部の主任になった。しかし、鄧小平は総参謀長に残り、葉剣英元帥は中央軍事委員会の指導権を得た。聶栄臻《じょうえいしん》、粟裕《ぞくゆう》、陳錫聯《ちんしゃくれん》ら、中央軍事委員会の常務委員になったほとんどは、鄧や葉との協力をいとわない経験豊富な軍事指導者たちであった。

鄧小平とその仲間たちは効果的に極左派を牽制した。中央軍事委員会拡大会議の間、極左派の中で最も高い地位を占めていた王洪文と張春橋は、公式の報告をまったく行わなかった。四人組は人事決定権を握ろうとし、後で反対派を攻撃する材料に使えそうな個人資料（檔案《とうあん》）を手に入れようとしたが、どちらも失敗した。張は宣伝工作には一定の影響力があったが、人事権を掌握したことはなかった。軍隊の中で彼よりずっと多くの支持者を持つ鄧と葉元帥が議題を設定し、下層レベルの人員の任用でも主たる役割を担った。[27]

鄧小平はさらに、軍の訓練プログラムも復活させた。一九六六年に存在していた一〇一カ所の訓練機関のほとんどは文化大革命中に閉鎖されていた。そのうちいくつかは、あまりの惨状で再開が不可能だったが、それ以外のところでは、元教員たちが教壇には立たないまま学内の宿舎に残って生活していた。そこで、就業可能な経験ある教員たちには、過去の教材に改訂を加え、教室を再開させることが奨励された。

文化大革命の間、学校に比べるとハイレベルの軍事技術研究センターなどはしっかり守られていた(非軍事的な研究を行っていたいくつかの研究センターも、国防科学技術委員会の傘下に入ることで保護されていた)。もっとも大学から卒業生が新しく輩出されてくるわけでもなく、隣接分野の研究を行う非軍事的な研究センターが存在するわけでもなく、さらに外国の技術へのアクセスもできないため、中国の軍事技術はその潜在的な敵が使っているものよりはるかに後れていた。研究センターには刷新が必要であった。一九七五年に葉剣英元帥は、軍事研究の組織経験が豊富で、有能かつ序列も高い張愛萍《ちょうあいへい》将軍に目をつけ、窓際から離れてこれらの仕事を手伝うよう説得した。

ある二つの研究開発センターでは、セクト主義があまりにひどすぎ、特別な考慮が必要になるありさまだった。核開発に従事する第二機械工業部と、弾道ミサイル技術を専門とする第七機械工業部である。一九七四年には大陸間弾道ミサイルの発射実験が三回、行われたが、いずれも失敗した。これで各部の現職指導者を批判する政治的な動きに説得力がついたが、極左派への支持が完全に消えたわけでもなかった。(28) 四人組の追随者たちは、これらの部の傘下にある工場でなお活発に行動し、張愛萍が生産を強調していることを非難する壁新聞を貼り出していた。

鄧小平はフランスへの公式訪問から帰国すると、翌五月一九日には、中国の指導者の中で軍事技術に関する第一人者だった聶栄臻(鄧にとっては一九二〇年代にフランスにいたときからの同志)とともに第七機械工業部の会議に出席した。報告で鄧は鋼のような決意を示し、政府は今後、セクト主義を容認しないと述べた。指導者にはセクトを解体するために六月三〇日までの時間を与える、七月一日からは全員が一緒になって働く、そうでなければ政府は容赦なく厳罰を下す、と述べたのである。

毛沢東と周恩来の同意の下、鄧小平と葉剣英元帥は問題のある二つの部で整頓を進め、セクト活動を続ける労働者を排除して研究を組織していくための新しい指導部チームを固めた[29]。一九七五年の第四・四半期から七六年にかけ、規模縮小の一環として公式には四六万四〇〇〇人分の職位が組織編成表から除外された。もっともそのうち一部の人々は、その後も何とか同じ職場に居座り続けたし、そのことには誰も驚かなかった。ただ、葉元帥と鄧は、自分たちの規模縮小計画が実行され、時が来ればそれぞれの部やグループで現代的な技術を導入する能力を持った新しい指導チームが選ばれるよう、全力を尽くしたのであった[30]。

とどのつまり、鄧小平と葉剣英元帥は、毛沢東主席と中央軍事委員会の多数派からの支持を受け、一九七五年には軍隊の規律の回復や規模縮小で大きな前進を成し遂げ、教育や技術水準を向上させる道筋をつけたのだった。

文民の戦略的整頓――徐州鉄道センター

文民領域での整頓でも問題を打破しようと、鄧小平は生産を急速に拡大し、人々を鼓舞することのできるようなプロジェクトに焦点をあてた。鄧はゲリラとして活動していたときから、大きな戦闘の前に自分の部隊を元気づける手段として、まずは確実に勝利を収めることのできる小さな戦いに挑むのがよいと考えてきた。一九七五年、生産目標を達成できずに批判された工場の多くは、自分たちには十分な物資供給がなされなかったと不満を述べていた。輸送は明らかな障害《ボトルネック》だった。輸送面で成功すれば、生産を向上させ、他の分野にも成功の可能性を提示して、迅速な勝利を達成することができるのではないか?

一九七〇年代半ばの中国には現代的な高速道路網がなかったため、物資輸送の大部分を鉄道に頼っていた。輸送の改善のため、鄧小平は江蘇省北西部に位置し、鉄道路線の交差点上にある徐州に狙いを定めた。ここは東西の主線である隴海《ろうかい》線と、南北の主線である津浦線が交差する場所だった。七五年三月までの二一カ月間、徐州鉄路分局は一度も鉄道車両の貨物積載や発車の割り当てを満たしたことがなかった。そこでは六七年一月から、造反派との戦闘がほぼ一貫して継続していたからである。

一九七五年の状況は醜く、そして揺るぎないものに見えた。徐州鉄路分局を率いていた造反派指導者の顧炳華《こへいか》は武器を入手し、外部が指揮権を奪おうとすることに頑固に抵抗していた。顧と造反派たちは六六年以降、自分たちの原料や必需品の倉庫として、駅の隣にある物資局の建物を占拠していた。公安局の幹部が何人かの労働者を逮捕すると、顧の一味はその幹部を力ずくで拘束した。さらに顧の一味は徐州市の中共弁公室さえもずうずうしく乗っ取り、市の党幹部を拘束した。[31]

毛沢東は自分自身が混乱の影響で鉄道の遅延を経験したこともあり、鄧小平が鉄道の秩序回復を図ることを強く支持した。一九七五年二月三日、毛は特別列車で長沙から杭州まで移動することになっていたが、護衛部門の幹部が彼の安全を確保できないとしたため、旅程が二月八日にずれ込んだのである。[32] 元造反派指導者の王洪文ですら、造反の旗印を下ろすのをためらわなかった。彼は上海市革命委員会の副主任だったため、上海には鉄道による供給が必要と知っており、徐州の攻略を支持したのである。

鄧小平は毛沢東と王洪文の支持を受け、徐州の問題で迅速に力強い対応をとることができるようになった。このときまでには万里《ばんり》（「鄧小平時代の重要人物」参照、下巻四八一～四八四頁）が、鉄道部部長として戦闘準備を整えていた。鄧は一九七五年一月に新しい地位に就任する前、手始めに彼を鉄道部部長に推薦していたのである。万里は障害を打破して問題を解決することで非常に高い評価を得ていた。彼にはかつて人民大会堂や中国歴史博物館、中国革命博物館（二博物館は二〇〇三年に合併し、中国国家博物館と改称）など、天安門広場周辺の建築プロジェクトを指揮し、障害を乗り越えて見事に仕事を成し遂げ、毛に称賛された実績があった。[33]万里の名は一万里（中国の一里は半キロ）を意味するが、実に毛は彼が一万里を走り抜けることのできる男だと冗談を飛ばしたのだった。七四年一二月に長沙で会見した毛と周の二人は、すぐに万里の登用を承認した。

一九七五年一月に万里が新しい地位に就くと、鄧小平は彼に「最も効果的な手段を使って、できるだけ早く」鉄道をめぐる状況を改善するよう告げた。[34]鄧は万里が鉄道部部長に就任すると、すぐ徐州問題に関する報告書の作成を命じ、自らが第一副総理となった一〇日後には万里を招き入れて経過を尋ねた。万里は報告で、最も大きな問題はセクト主義であり、状況がかなり複雑なため、解決には六カ月を要すると述べた。これに対して鄧は、問題が深刻なためそれほど長く待つことはできない、と応じた。

数週間後の二月六日、鄧小平は紀登奎《きとうけい》と王震《おうしん》を招集し、万里から徐州問題の早期解決計画を聴取した。会議では、粗野だが機敏で鄧に忠実な王震が、軍隊の派遣を申し入れた。万里は徐州にいる幹部の多くが、口頭での命令がすぐに覆されることを懸念している、そのため徐州の鉄道分岐駅を制圧している革命造反派の取り締まり権限を万里に与えるという命令書を、中央政府が書面で用意するよう要求している、と報告した。鄧はそうした文書をすぐに作成するよう命じた。

二月二五日から三月五日にかけて、鉄道の障害を打破するための文書を書き上げよという鄧小平の呼びかけに応じて、二九の省級政府（中央政府の直轄市と自治区を含む）のすべてから工業と輸送に責任を負う党書記たちが北京に集まった。参加者たちは、すべての問題の中でも特に徐州は深刻で、最初に手を入れるべきだという点で合意した。彼らは同年第二・四半期までに鉄道の貨物輸送が円滑に行われるようにすべきだと考えた。(35) 会議の直後、そこでの議論を踏まえ、「鉄道工作の強化に関する中共中央の決定」と題する中共中央九号文件（その年に公表された九番目の重要文書の意）が発布された。(36) 毛沢東の承認を得たこの文書は、問題を系統的に分析し、解決方法の概略を描いていた。また、なにより、この文書は毛主席を含む北京の指導部が、万里の徐州での取り組みを完全に支持していることを示すものだった。

九号文件は、徐州で求められる政治・軍事的権限を万里と鉄道部の手中に集中させたことで、管轄権の重複という悪夢を解決した。徐州は江蘇省の北西の端に位置し、山東省、安徽《あんき》省、河南省との省境にほど近かった。鉄道分岐駅の作戦行動にはこのときまでに全四省の幹部が参加し、治安の維持から鉄道管理、鉄道保守整備などに至るさまざまな作戦行動を担当するようになっていた。

九号文件はさらにセクトの解散を命じ、鉄道部の幹部が発生したすべての事故に責任を負うと定めた。こうした措置に反対するすべての者（セクト活動に参加したり、業務を停止したり、資産を破壊したりする者）はすぐに処罰されることになった。鄧小平は、鉄道部の指導に抵抗する者には、（彼らが造反派に参加していた場合であっても）組織の規律に抵抗し、個人主義を歩もうとしたかどで「資本家」のレッテルを貼ると宣言し、イデオロギー上の優勢を確保した。さらに、鉄道資産を破壊した者には「反革命」のレッテルを貼り、早急に厳しい処罰を下すことになった。(37)

省委員会の書記たちを集めた会議の最後に、鄧小平は短く的を射た演説をした。[38] 鄧はそこで強い決意を示し、もし彼が仮に何人かの造反派を抑え込んだとしても、毛沢東でさえ反対しにくい言い回しを用いていた。鄧は毛の言葉を引用し、「革命を行うためには、生産や他の任務を進め、戦時への備えを進める」ことが必要だと述べた。もし戦争が起きれば輸送は死活的問題になるが、現在のシステムは適切に機能していないではないか。文化大革命中、指導者たちは経済に関心を払いすぎていると攻撃されたが、それが繰り返されることに対する指導者たちの不安を取り除くため、鄧は次のように述べた。「今日、何人かの同志たちは、革命を行うことばかりに関心を向け、生産を促進させようとしていない。その人たちは前者は安全だが、後者は危険だという。これは完全に間違っている」。鄧は今、毛が経済に力点を置くことを支持していると語った。「われわれはどうすれば経済を軌道に乗せることができるのか？　分析によれば、現在の弱点は鉄道にあるのだ[39]」。

鉄道を文民の整頓のモデルにするため、鄧小平は中国の鉄道問題の詳細に個人的に踏み込んで説明をした。彼によれば、全国の貨物輸送能力は一日に五万五〇〇〇輛と見積もられているが、毎日荷積みされているのは四万輛をわずかに超える程度である。「昨今の鉄道事故数は驚くべきものだ。昨年、起きた主な事故数は七五五件で、そのうちのいくつかは非常に深刻であった」（比べて、一九六四年には八八件の事故しか起きていない）。規律に乏しく、規則や規制が守られていない。「車掌が好きなときに食事に出てしまうため、列車の運行がしばしば予定より遅れてしまい」、たとえば、業務中の飲酒を禁じる規則はあってもちゃんと監視が行き届かない。加えて「［機会を探し、自分の利益の拡大を試み、権力や金を握ろうとする悪徳分子に対して］われわれが今、行動をとらなければ、……われわれはどれだけ長く待つことになるのだろうか？　……セクト主義に関与している者たちには再教育が施され、その指導者たちは戒められなければならない」。セクト活動に関与していても間違いを正そうとする者に対して、鄧はこう述べる。「［われわれは］過去を過去とすることができる。しかし彼らがやり方を正すのを拒否するならば、厳しい処罰を受けるだろう」。引き続き、鄧は、「セクト主義をやり続ける者は他の職位に異動させる」とし、もしセクトの首謀者が異動を拒むのであれば、「従うまで給料の支給を停止する」と述べた。そして前向きな口調に切り換え、次のように主張した。「私は絶対的大多数が」この決定を支持してくれると思う。鉄道労働者は「中国の労働者階級の中でも最も先進的で最も組織だった人々である。……もし彼らによい点と悪い点がはっきり示されるのであれば、絶対的多数の鉄道労働者たちは自然と支持に回るであろうし、……［そして］鉄道工作問題を処理する中で得られた経験は、他の産業部門にも有用なものとなるであろう」[40]。これこそ、鄧の得意とするやり方であった。大きな構図を描き、なぜあることが必要なのか説明して任務を絞り、イデオロギー的な根拠を示し、任務を遂行していない幹部を置き換えていくために大衆の支持を求めていくのである。

鄧小平の計画を実行していくため、会議の翌日、万里は北京地区の鉄道部管理下にあるすべての部門を動員して大衆集会を開催した。参加者には九号文件の主な要点と鄧の演説の要旨が配布された。翌日、全国の鉄道部門による電話会議で、地方の幹部たちにも文件と鄧の演説の重要性について簡単な説明が行われた。王震は電話で、妨害が深刻な地域には自分が鉄道部からの工作組を派遣すると言及した。幹部たちは、王震将軍の工作組なら、必要に応じて武力行使の可能な兵力を、いつでも呼びよせられることを理解していた[41]。高レベルからの工作組の派遣は、土地改革以降一貫して、国の政策を地方に課していくための基本的な方法だった。

鉄道での障害を打破するために、全国からの支持を獲得し、それを書面でも証明できるようになった万里は、三月九日に北京からの工作組とともに江蘇省および徐州市の党と政府の指導者たちと会見した。[42] 顧炳華は徐州鉄路分局局長で、その四日前に鄧小平が名指しで批判したばかりだった。万里の到着に合わせ、鄧が個人的に承認した令状によって、彼が逮捕されたことが公表された。[43] 万里の予想では、顧を逮捕しなければ、彼を怖がっている幹部の中には彼への批判を躊躇する者が出てくるはずだった。万里にとってはまた、鄧が演説で言及したように、右派のレッテルを貼られることを怖がる者がいるのも当然だった。人々に顧を非難してもよいのだと実感させるには、大衆集会を開き、著名な人々が公開の場で顧を非難し、圧倒的多数の人間のその集会への支持を示すのが有効なことを、経験豊富な革命指導者である万里は知っていた。万里による取り締まりが、すぐにいなくなるかもしれない指導者一人の考えに基づくのではなく、党中央と政府全体の支持を得ていることを示した点で、九号文件の発布は決定的な役割を果たした。

徐州に到着した次の日、万里は徐州鉄路分局の職員や家族を集めた大規模(「一万人」)集会で演説をした。彼は九号文件の内容について詳しく説明し、月末までに徐州鉄路分局を、円滑な物資輸送推進のモデルに転換するよう呼びかけた。翌日には万里とその他の人員が、徐州体育館で徐州市の党幹部を集めて大規模集会を開いた。万里は鄧小平が強調していた毛沢東主席の三つの指示を伝え、「安定と団結」という毛の呼びかけを繰り返した。万里が次の大衆集会で整備担当の労働者に向けて演説すると、その指導者たちは貨物の円滑な流通の実現を約束した。[44]

顧炳華が逮捕された後も、彼と最も近い関係にあった者たちは、自分が逮捕されるまで抵抗を続けた。逮捕されるか、少なくとも職位から追放されるべきどうしようもないトラブルメーカーたちと、

「再教育」によって新しい指導チームとの協力が可能な人々の間の線引きをする必要があった。それはこうした状況の統括のために送り込まれる他の工作組の場合と同じく、万里および北京から来た工作組の任務になった。彼らは下層レベルの指導者たちに、セクトを解散して過ちを認めるよう告げた。多数はそれに従い、そのまま地位にとどまることが認められた。その後で各個人は、小さなグループ集会の場で、今後セクト活動に参加しないこと、そして貨物の円滑な輸送の実現を手助けしていくことを宣言した。[45]

大衆に対しては、新たな指導戦略についての支持を促し、地域の無秩序の歴史を水に流し、消え去った造反派の追随者たちが簡単には戻って来ないことを確約する必要があった。徐州地域では文化大革命の初期に約六〇〇〇人が迫害されていたが、そうした過去の判決は冤罪だったことが宣言され、監禁されたままだった人々は釈放された。セクト間の闘争で殺害された者の遺族には謝罪が行われ、生存していた被害者には補償が行われた。[46] 不当に罰せられていた多くの人々には、就業の機会が与えられた。[47] 鉄道労働者を目標達成に向けて奮い立たせるため、万里は現地の指導チームに労働者の生活環境の向上を奨励した。万里は徐州に到着してからわずか一二日後、新たに選ばれた現地の指導チームとの会見をすませると、彼らに後の対応を任せて報告書の提出を命じ、工作組とともに徐州を離れた。三月末までに、徐州を一日に通過する平均貨物量は三八〇〇輌から七七〇〇輌へと増加し、同じく徐州で一日に積載される量は七〇〇輌から一四〇〇輌へと倍増した。[48]

中国全体に新しいプログラムを導入していくために、共産党の指導者たちは、物事を点から線へ、線から全体的な面へと動かしていかなければならないと語っていた。徐州で問題解決に大きな成功をおさめた鄧小平は、その「点」の経験を足場として他の鉄道センターを固め、鉄道での経験を他の部門を掌握するために活用していこうとした。三月下旬までに、整頓を担う幹部たちが、徐州から南京の鉄道センターへ、そして江蘇省の別の場所へと移動した。[49] 鄧は当初、深刻な問題を呈していた太原、昆明、南昌などの鉄道センターに自らの努力を傾けた。太原の党委員会副書記が自分の地元で鉄道輸送再開の進捗を妨げていると耳にすると、鄧はすぐさま事案の調査を命じた。その報告が確かであれば、副書記および彼を支持しているあらゆる上位者を、月末までに転出させよというのであった。[50]

万里は鉄道問題が起きている場所を次から次に訪れ、ついでに——洛陽、太原、成都、柳州の——すべての鉄道車両工場を訪問し、鉄道設備の安定供給を確実に実現しようとした。四月二二日、鄧小平が金日成《キムイルソン》に同行して南京へと赴くと、万里も南京を訪問して鄧に鉄道問題の進捗状況を報告した。[51] 鉄道部門の他の障害《ボトルネック》に対処するとき、万里は徐州と同じ戦略を引き続き用いた。それはまず、地元の状況について報告を聞くために少数のグループと面会して九号文件を示し、安定と団結に関する毛沢東の取り組みについて再度言及し、より多くの大衆に新しい取り組みを促すため大衆集会を開催し、もし必要な場合に備えて武力による支援が得られるようにしておくということであった。新しい指導チームが選ばれ、任務を担い始めた。驚くほどのことではないが、このとき下野させられた人々は革命造反派であった。

六月三〇日から七月七日にかけ、万里の指導の下、九号文件発布後の数カ月間の経験を総括するため、工作会議が北京で開かれた。新しい変化は明らかに大きな成功を示唆していた。万里は第二・四半期の全国の鉄道貨物輸送が第一・四半期に比べて一九・八パーセント増加し、同時期に客車の取り扱い量も一八・四パーセント増加したと報告した。[52]

鄧小平は他のケースでは徐州の鉄道の閉塞状況を打破したときほど時間を使えなかったが、このケースは、鄧が混乱を克服するときどのようなアプローチをとり、他の地方にとってのモデルをどのように打ち立てようとしたかをよく示していた。鄧は毛沢東からの支持を確実にするためなら何でも行った。彼は過去に実績のある幹部を重用した。また、文書を発布して大規模な大衆集会を開催し、軍隊を配備して現地の人々に文化大革命の政策にはそう簡単に戻れないことを納得させようとした。これらの進展を阻害する者は逮捕した。新しい指導チームが形成されるのを監督した。さらに彼は、これらのすべてをすばやく手堅い手法でやり通した。

徐州モデルの石炭・鉄鋼産業への拡張

徐州で大きな勝利を収めると、鄧小平は他の地方で整頓を進めるために徐州のモデルを活用した。三月二五日、鉄道幹部ではなく、国務院のすべての職員が出席する大規模な集会で、鄧は徐州の進展について万里に報告させた。鄧は通常、こうした報告を静かに聞いているだけだが、このときはとても興奮し、万里の話に何度か割って入って自分の意見を詳述した。

鄧小平の下にいた幹部たちは、こうして徐州のセクト主義を攻略し、徐州が位置する徐海地区全体のセクト主義、そして江蘇省の残りの地域の攻略へと移っていった。一九七五年、江蘇は中国の中で最も問題の多い省の一つであった。全国のGNPは七四年末には増加していたが、江蘇省の生産力は三パーセント減少していた。万里には江蘇省全体の整頓を行うために鉄道の枠を超えて働く権限が認められ、彼は徐州で行ったように、各地のセクト主義を攻撃し、秩序と発展をもたらしてくれそうな新しい指導者たちを選抜していった。万里は三カ月も経たないうちに、江蘇省の新しい指導部固めでかなりの進展を報告するようになり、北京は六月二日に一二号文件を発布した。これは実際上、九号文件の基礎の上に徐州、海州、そして江蘇省の他の場所でも進展があったことを総括し、公表したものであった。鄧は江蘇省での経験は他の地方のモデルになると述べ、報告を称賛した。(53)実際、改革は江蘇から浙江におよぼうとしていた。浙江では造反派の抵抗が根強く、特に困難が伴ったが、これらの問題は七月一七日までに基本的に解決し、浙江の経験に基づく一六号文件が他の省にとっての整頓モデルを示すため書き上げられた。(54)

七月四日、鄧小平は整頓を、点から線を経て面全体に拡張していく任務をおおまかに描いてみせた。鉄道部門や地方政府から始まった整頓は、他の部門にも順次拡張される予定であった。この中では、最初は石炭と鉄鋼、次は他の産業と他の輸送手段へ、そして商業、金融、農業へ、最後は経済部門から文化教育部門へ、防衛技術から技術全般へ、軍隊から地方政府へという拡張が想定されていた。

中国の主要なエネルギー供給源は、建物の暖房、発電、工場の動力源として用いられている石炭であった。その配分は死活的問題だった。鉄道で運ばれる全貨物の約四〇パーセントが石炭であった。しかし、文化大革命の間に輸送システムが停滞すると、石炭は炭鉱の周辺にただ積み上げられていき、それ以上採掘を続ける動機は失われた。

一九七五年半ばまでに鉄道の障害《ボトルネック》が改善され始めると、北京は石炭生産により大きな関心を向けるようになった。実際、九号文件が発布されると、鄧小平は石炭部部長の徐今強《じょこんきょう》に対し、輸送向上の見通しに立って石炭の採掘に発破をかけろと働きかけた。七五年春に、徐は陝西《せんせい》省、河北省、河南省、安徽省、東北地区など、鉄道輸送へのアクセスのよい炭鉱に集中的に力を注いだ。

鄧小平の指導の下、徐今強は問題が特に深刻な省に的を絞り、セクト主義との戦いに臨んだ。中国の東部地区で必要な石炭のざっと四〇パーセントを算出していたこれらの炭鉱は、それぞれの省にある製鉄所への供給を主要任務としていた。整頓によって、おのおのの生産高には大きな違いが生まれていた。一九七五年の第二・四半期には石炭生産が急速に拡大したため、同年上期の終了時には、新しい年間石炭輸送割当量の五五・五パーセントが達成されることになった。[55]

同じ時期、肥料、軽工業、電力の生産でも改善が見られた。ただ、鉄鋼生産では停滞が続いていた。鉄鋼生産は七三年に二五三〇万トンのピークを記録したが、破壊的な批林批孔キャンペーンの結果、七四年には二一一〇万トンへと減少した。七五年初めには二六〇〇万トンの年間生産目標が設定された。[56]鄧小平が取り仕切った三月二五日の国務院会議では、万里が徐州の例を他の部門にいかに活用していくかについて報告し、その後で鄧が「われわれの任務の新たな最重要課題として、鉄鋼問題の解決に取り組むべきだ」と言及した。[57]

その同じ月、鉄鋼に関する座談会での報告で、副総理の余秋里《よしゅうり》は次のように単刀直入に宣言した。「われわれの国家が建国されてから二六年が経った。われわれはすでに五〇〇億元を投資し、三〇〇万人以上の人員を［鉄鋼業に］雇用しているのに、いまだに年間やっと二〇〇〇万トンしか生産できていない」。余は鉄鋼生産の向上のためには、政府が第一に石炭の長期的な供給を確保し、重油と電力の必要供給分も保障することだとした。第二に求められるのは、大衆を動員し、責任ある地位に技術を理解するよいマネジャーを置くことであった。そして第三に、特に鞍山鋼鉄、武漢鋼鉄、包頭鋼鉄、太原鋼鉄の四大製鉄所の弱点に対処していくことであった。自分の仕事をしない人々はクビにされてしかるべきである。まさに「糞ひねらずば便所に立つな（不要占着茅坑不拉屎）」であった。[58]

五月初め、副総理の李先念《りせんねん》は、一二の主な製鉄所およびこれらの工場を管轄する地方政府から党書記を集め、製鉄業に関する座談会を開いた[59]。生産目標を達成していなかった製鉄所の指導者たちは、批判的な聴衆を前に、なぜ自分たちの生産がなお低迷しているのかその場で説明しなければならなかった。彼らは批林批孔運動で批判を受けた幹部たちが、政治的な間違いを犯すのを怖がっていると説明した。これらの人々は、毛沢東の政策が再びひっくり返り、自分たちが政治を強調せずに経済の拡大や生産性を促進したかどで罰されることを恐れていた。

フランスへの一週間にわたる公式訪問から帰国した三日後の五月二一日、鄧小平は鉄鋼問題を話し合うために国務院が開いた座談会で座長を務めた[60]。多くの幹部は心の中で、毛沢東が考えを変え、経済に注意を傾けた人々を再び攻撃することを懸念しており、鄧はこれについては表立って議論することができなかった。四人組は相変わらず毛に働きかけを続けていた。一九七五年三月と四月には張春橋と姚文元の論文が、経済生産に重点を置いてイデオロギーを軽視する「経験主義」を、オープンな場でそれぞれ攻撃していた。このとき、鄧が知っていながら公表できなかったのは、毛が四月一八日には鄧への支持を伝えてきており、四月二三日には姚の論文についてメモをしたためていたことだった。このメモで毛は、自分が現在、経験主義に関するこうした攻撃に反対していること、そして鄧の秩序回復の努力を堅く支持していることを確認していた。

五月の国務院座談会で鄧小平が述べたのは、以下のような内容だった。「現在、輸送は回復したが、そのため冶金、電力、その他の特定の分野の問題が明らかになってきている。それぞれの部委（部と委員会、すなわち省庁）で、最も難しい長期的な課題をどのように解決するかよく考えてみてほしい。われわれの次の段階の焦点は、どのように鉄鋼の問題を解決するかということだ[61]」。谷牧《こくぼく》が集団に向かって鉄鋼問題の深刻さを語り始めたところ、鄧は話の腰を折った。「彼の表現はまだ十分ではない。

われわれが今のやり方を続けていけば、この先は大惨事だ」。鄧はさらに続けた。「谷牧は年間二五〇〇万トンの増産は問題ではないという。私に言わせれば、年間三〇〇〇万トンの増産も問題にならないはずだ。……序列を問わず、あなたたちの中にはあれこれ怖がる人がいるが、それはいけない。幹部の中で大きな問題なのは、『恐怖心そのもの』だ。虎の尾を踏むのを怖がっている人がいる。私たちが支援しよう[62]」。

鄧小平は、幹部がもし四〇年、五〇年の経験を持つ古参兵であっても関係ないと説明した。「セクトがあれば、それが虎の尾でも獅子の尾でも関係ない。われわれは尾を踏むのを恐れない。セクト主義がひどくて改められないなら、その者たちは絶対に異動させる。必要なら一年に三六〇日だって異動させる。あなたたちには七月一日まで時間を与えよう。……もし必要なら、あなたをウルムチ［ほとんどの幹部が送り込まれるのを恐れる西の彼方］にだって異動させる。奥さんが離婚を切り出せば、やっと従う気にもなるだろう[63]」。加えて、「われわれは厳しくやっていかざるをえない。……該当者は批判大会で攻撃されることになる。突っ立って待っているだけではだめだ。鉄道では人々はしっかり段階を踏んでいったが、ここではあまりそういう人を見かけない」。鄧はさらに続けた。「おそらく間違いを犯す人もいるだろう。われわれが探しているのは、打倒されることを恐れず、あえて責任を担っていこうとする人だ。あえて奮闘してくれる人間に指導チームに入ってほしい。……私だって、三つ編みをたくさんぶら下げたウイグル人の女の子のようなものなのだ［ぐいっと引っ張られやすいこと、転じて批判されやすいこと］」。鞍山鋼鉄（鞍鋼）のような大規模プラントを走らせるのは複雑でたいへんだが、上に立つマネジャーは日々技術的なことを細かく気にすべきではない、と鄧は述べた。それよりも、「われわれは生産に全体的な責任を負うグループを求めているのだ[64]」。

鉄鋼業に関する五月二九日の会議の発言で、鄧はすべての企業に力強い指導チームが必要であると強調した。彼は中国の鉄鋼生産の半分を担う八カ所の大規模製鉄所に焦点をあて、そのトップの四カ所――鞍鋼、武鋼、太鋼、包鋼――がいずれもそれぞれの生産目標に届かないことを嘆いた。最大の難問は、指導者に軟弱、怠慢、無秩序（軟、懶《らん》、散）という問題がある鞍鋼の巨大製鉄所だ、と鄧は述べた。(65)

一九七五年六月四日、鉄鋼問題に対処するために、鉄道問題の九号文件に相当する一三号文件が発布され、地方機関へと配布された。政治局を通過し毛によって承認されたこの文書は、七五年の生産目標が二六〇〇万トンであることに改めて言及していた。国家計画委員会には、国務院の諮問に直接対応し、鉄鋼の割当生産量が守られることを確実にするために、多くの部委のスタッフを集めた小組が設立された。ここに人員を送り込んだ電力、石炭、輸送、発電、石油に関する各部委は、製鉄所に対して必要な供給を確保することが期待された。省や市の党委員会も、これらの製鉄所が目標を確実に実現するために、製鉄所に対して指導力を発揮するよう言い渡された。(66)

一三号文件の指示を実行していくために、主な製鉄所はすべて大衆集会を組織し、なかには四万人の参加者を集めたものもあった。(67)各製鉄所の計画を監督し、目標達成を確実にするため、トップレベルでは国務院の下にある小組が毎週、会議を開いた。(68)しかし、鉄鋼生産の見通しを立てるために集った小組のメンバーは、八月一日にはもともと高く設定されていた生産目標の達成が難しいと考えるようになっていた。障害の一つは、余秋里が突然の病に倒れたことだった。余は春には鉄鋼分野の整頓の取り組みを果敢に率いたが、夏に発病してからいつものような手堅い指導力を発揮することができなくなっていた。幹部たちは生産に取り組んで左寄りの政策を無視すれば、後から問題に巻き込まれるのではないかといまだに危惧していた。実際このころ四人組は、鄧がまさにそうした間違いを犯していると批判していた。

一九七五年に中国は二三九〇万トンの鉄鋼を生産した。これは七四年の二一一〇万トンからすれば大幅な増産だったが、二六〇〇万トンという目標にははるかにおよばなかった。鄧小平は生産拡大の事実を受け入れ、勝利を宣言した。しかし、トップレベルの小さなグループ内で鄧がすでに批判され始めていた七五年一二月一五日から二三日にかけ、谷牧は鉄鋼生産に責任を負う省級幹部を集めて会議を開き、問題を話し合った。会議は虚勢を張ったものの、鄧が追及されるという新しい政治ムードのなかで、地方幹部たちが生産増大への一途な取り組みを躊躇するであろうことを、トップレベルの幹部たちは知っていた。実際、鄧が権力の座からの三度目の転落を経験し、すべての職位から追放された後の七六年には、生産は二〇五〇万トンに落ち込んだのである。

一九七五年の中国の鉄鋼生産の向上は、当時の日本の鉄鋼生産と比べるとわずかなものだった。中国は同年に増産を達成したが、そのとき中国全国で生産された鉄鋼の何倍もの量を一カ所で生産してしまう現代的製鉄所を、鄧小平は三年後に日本で見学している。事実、彼にとって七五年の取り組みは、政治的動員によって鉄鋼生産の増大を図る最後の試みだった。七八年一〇月に巨大で現代的な日本の製鉄所を訪れた後、鄧は鉄鋼生産の増大のため、整頓ではなく、科学技術に着目したまったく異なるアプローチをとるようになった。戦略転換の見返りは非常に大きかった。八〇年代に日本から現代的な製鉄技術を導入したことで、中国の鉄鋼生産は八二年の三七二〇万トンから、八九年には六一六〇万トンへ、そして中国が世界最大の鉄鋼生産国となった九六年には一億一二〇万トンへと跳ね上がった。[69] 現代技術を備えた製鉄所が全国各地で建設される二〇一〇年までに、中国は政治的動員なしで一九七五年の三〇倍近い六億トンを年産するようになった。

浙江問題と王洪文の失墜

一九七五年、毛沢東はかつて互いに戦った人々がともに働けるようまとめていくため、それを可能にする指導チームを新しく選ぶという鄧小平の試みを支持していた。当時、浙江ほどバラバラで、そうした取り組みを行って団結を回復する必要のある省はほかになかった[70]。七四年には部分的に秩序が回復した結果、江蘇省と浙江省以外のすべての省では経済発展が実現していた。浙江は人口も多く、良好な工業拠点を持つ比較的先進的な沿海の省であった。だが、問題は七五年の第一・四半期になっても続き、七四年の第一・四半期と比べて工業生産は二〇パーセントも落ち込み、省の財政収入は二八・五パーセント減少していた。鄧や万里、その他の尽力により、七五年一月から八月までの全国の工業生産は前年比で平均一七パーセント上昇したが、浙江では六パーセント減少していた[71]。

毛沢東は一九七五年二月八日、長沙から浙江省杭州の美しい西湖地域に移動し、北朝鮮指導者の金日成を歓迎するために帰京する四月中旬まで、引き続きそこに滞在した。そのことで彼は、浙江に特別な関心を抱くようになった。杭州にいる間、毛は浙江省の幹部たち、特に共産党の老幹部である譚《たん》啓龍《けいりゅう》や文化大革命中に攻撃された軍の老幹部の鉄瑛《てつえい》らと話し合う機会を十分に持った。毛は当時、秩序を回復したいという気分になっており、彼らを有能な指導者だと考えた。逆にこの間、かつての造反派の指導者で、七三年から七四年にかけて王洪文の支持を受けていた翁森鶴《おうしんかく》に対しては、悪い印象を抱くようになった。七四年の批林批孔運動の期間中、王が造反派を支持し、譚が彼らを統制できなかったことで、浙江の問題はさらに悪化した。毛と王の関係は七四年にはすでに怪しくなっていたが、王が長沙に飛んだ同年一〇月一八日には、毛は彼があまりにも江青に追随しすぎていると不機嫌な様子を見せた。

一九七五年春までに、毛沢東の王洪文に対する疑念は深まった。浙江の問題の深刻さは、北京でも注目を集めるようになっていた。七四年一一月と七五年三月に、浙江省の指導者たちと会って問題を解決するよう申し付けられていた王は、課題を達成できなかったことになった。四月二七日から六月三日にかけて断続して開かれた政治局会議で、王は浙江問題の未解決も一因となり、江青と一緒に批判された。王は自己批判をした。[72]

七六年一〇月に四人組の一員として逮捕された後、王洪文は豪華な晩餐会や優雅なスーツなどの高級生活を楽しんだ、無能で野心的で粗野な造反派として批判された。ただ、実際のところ、王は共産党の日常業務を率いるという責任を全うするため真剣に努力していた。彼を知る人の中には、彼が四人組の他のメンバーが犯した罪に関わり合わなければよかったのにと考える者がいたほどである。それでも、経験豊富で実績ある幹部が多く暮らす北京では、より経験豊富で熟練した幹部の目の前に突然現れた成り上がりの若者は、ハイレベルの指導力を発揮するのに不可欠な尊敬を勝ち取ることができなかった。

一九七五年六月下旬には、王洪文はしばらく、北京の中共中央の日常業務の任務を降り、上海、そして浙江で任務に就くことが公表された。周恩来と鄧小平は浙江での問題に対処するため、王を副総理の紀登奎率いる工作組の一員としてそこに派遣することを提案し、毛沢東はこれを支持した。王は事実上、訓練と矯正を受けるため浙江に送られ、自分がかつて支持した浙江の造反派たちを、紀と一緒になって批判するというぶざまな立場に立たされることになった。素晴らしい肩書と造反派としての名声を博していた王でさえも、かつて支持した者たちを救ってやれないことを造反派に見せつけた点で、王の存在は浙江問題の解決に有用であった[73]。

紀登奎が浙江で行った仕事は、徐州での万里のそれに似ていた。紀とその工作組は、問題を理解するために現地の幹部たちに会って大衆集会を開催し、譚啓龍と鉄瑛が率いる新しい指導チームを選び、公式文書を活用して彼らの取り組みを支援した。鄧小平もその中心的なメンバーとして関与していたが、ちょうど浙江にいて、新しい指導者となる者たちと話をしていた毛沢東が、徐州問題のときよりずっと浙江問題の解決に積極的な役割を果たした。家族がもともと浙江出身で、浙江での出来事に深い関心を寄せていた周恩来にも相談が持ちかけられた。

浙江での最後の数日、紀登奎は指導者たちと一六号文件の草案を練った。これは九号文件が鉄道に、そして一三号文件が鉄鋼業に果たしたのと同じ役割を浙江にもたらす文書であった。一九七五年六月一四日には紀や王洪文、譚啓龍、そして鉄瑛が、文書の草案を携えて北京に飛んだ。翌日、鄧小平は草案について検討し、浙江省と杭州市の指導者を決定するための会議を開いた。右の耳がますます聞こえにくくなっていた彼が、ちゃんと議論の内容をフォローできるよう、鉄瑛が鄧の左側に座った[74]。翌日、毛沢東の元に文書が届けられ、毛はそれと新しい人事を承認した。さらに翌日、一六号文件が発布された。

浙江省での整頓で、毛沢東と中央の指導者たちは、団結を高めるために断固たる対応をとった。そして最も問題の大きかった省において、秩序と表面的なまとまりを回復することができた。譚啓龍は前年、指導力の弱さをあちこちで詫びて回っていたが、最高レベルの支持を獲得したことで大いに活気づき、北京の手を借りて造反派をしっかり統括できるようになった。浙江の幹部は一九七五年末、同年後半の工業生産が、同年前半より四パーセント上昇したことを公表した[75]。

毛沢東は、突然、王洪文を公的な職から解任して共産党を揺るがすようなことはしなかった。王は浙江に旅立った後も半年間は肩書を維持し、そのときまで大衆は彼の降格をまったく知らなかった——ただ、毛は彼を北京の指導的な地位に戻そうとは決してしなかった。

鄧小平の昇進

毛沢東が鄧小平にさらに大きな責任を任せようとしているのが初めて明示されたのは、一九七五年四月一八日、毛が金日成との会見に鄧を同席させたときのことだった。毛は金にこう述べたのである。「私は政治問題であなたと話すつもりはない。それについては彼に任せたい。この男は鄧小平という。彼は戦争ができるし、修正主義への反対もできる。紅衛兵が彼を攻撃したが、今はもう何の問題もない。あの当時、彼は何年か打倒されたものの、今では元に戻った。われわれには彼が必要だ[76]」。

金日成の訪中の間、毛沢東は鄧小平と二人だけで短く話をした。鄧は江青、張春橋、姚文元、そしてその他の人間たちが、「経験主義」をますます激しく攻撃するようになっていることへの懸念を訴えた。彼らは鄧が秩序の回復と経済の改善で成功を収め、毛への影響力を高めていることを憂慮していた。そしてかねてからのアピール通り、鄧は経済問題に関心を払いすぎており、根本的な原則を重視していないと攻撃を開始していたのである。しかし七五年四月には、毛は鄧を励ますように、これらの批判はやりすぎだと言い、次のように述べた。「われわれの党の中で、マルクス＝レーニン主義を理解している人はそう多くない。それをわかっているつもりで、実際のところは理解していない者も何人かいる。……この件は政治局で議論したらよい[77]」。事情に通じた内部の人間にとっては、毛の発言の意味は完全に明らかだった。「何人か」の四人組は勢力を広げすぎていた。そして今、彼らは批判の矢面に立たされることになったのである。

実際、経験主義を攻撃する四人組の論文を批判するために毛沢東が四月二五日に意見を発表すると、政治局はその直後に会議を開いてこの問題を取り上げた。会議では経験主義を批判した江青やその他の四人組に対し、葉剣英元帥が批判をした。その結果、江青は自己批判を迫られた。会議の直後、鄧小平の勢力の拡大を防ごうとする江青に手を貸していた王洪文が、毛に書簡をしたためた。そして周恩来の特徴だった情勢への悲観主義が、今では彼に代わって別の人間の口から聞こえるようになっていると不満を述べた[78]。この手紙を読む誰にとっても、主たる「別の人間」が鄧であることは明らかだった。ただしこの時点では、鄧に対する毛の信頼は揺るがなかった。

五月三日の深夜、毛沢東は自宅で政治局会議を招集した。毛はかなり前からこうしたハイレベル会議を開く責任を他者に委ねるようになっていたため、その彼がわざわざ会議を取り仕切ったのは、彼が議論の必要性を強く認識していることの兆候だった。周恩来は一二月に毛と会ってから初めて会議に出席するため、無理を押して病床を離れた。周はさらに八カ月間、生き続けたが、これは二人の指導者が時間を共有した最後だった。毛は身体的にはまだ入院中の周を訪ねることができたが、そうしようとはしなかった。

五月三日の会議で毛沢東は、教条主義への反対はせずに「経験主義」を攻撃した江青らを批判した。毛は江青との関係を断ち切ったことはなかったが、この会議では彼女に非常に厳しくあたった。彼は言明した。「『四人組』のように振る舞うな。なぜそうした行動をとるのだ？　なぜ二〇〇人以上もいる中央委員会のメンバーたちと団結しようとしないのだ？……お前に必要なのは、分裂ではなく団結だ。こそこそと策略を練るのではなく、公明正大にやれ」。毛はさらに加えた。「意見があるのなら、政治局で議論しろ。なにか発表するのなら、自分の個人名ではなく、党中央の名前を使うべきだ。私の名前は使うな。お前に文書を送ったことはない」。そして鄧小平を指差し、毛はこう言った。「毛沢東を代表しているのはお前だ」。毛が政治局会議に参加したのは、このときが最後であった。[79]

政治局会議では、鄧小平や葉剣英元帥やその他のメンバーも、毛沢東の言葉に続いて「四人組」をさらに批判した。彼らは毛の五月三日の指示がとても重要だと言った。それは彼らを次のように導いていた。まず修正主義でなく、マルクス＝レーニン主義を実践すること。団結を求め、主流から外れないこと。そして党は公明正大でなければならず、隠れて策略を練ってはいけないこと。彼らはさらに、周恩来との違いを誇張し、批林批孔運動を使って葉元帥を攻撃したことについても江青を批判した。

五月二七日と六月三日に、鄧小平は王洪文に代わって初めて政治局会議を取り仕切った。六月三日の会議では江青と王洪文は自己批判を迫られた。[80] 鄧は数日後、フィリピンのマルコス大統領をもてなすため毛沢東と同席した際にそれを報告した。鄧が江青に対して過度に厳しくあたっていなかったため、毛も鄧が会議でそのような指揮をとったことに賛同した。鄧は毛に対し、自分が毛の望み通りに物事を行い、江青とも協力を続けることを請け合ったのである。

後に華国鋒《かこくほう》を助けて毛の葬儀を執り行うことになる王洪文との関係を、毛は完全には断絶しなかった。ただ、王は浙江に行ってから中共の論争において役割を果たさなくなった。王は浙江に送られる際、毛沢東が葉剣英元帥か鄧小平かに、党内会議を取り仕切る役目を頼むのがよいのではと言い残していった。葉元帥が七月一日に書簡をしたため、自分は年をとりすぎており、党内の日常業務を率いるのには鄧の方がふさわしいと記して固辞すると、毛はそれをすぐに承認した。七月二日、葉元帥は公式文書で、今後は鄧が中共の日常業務も統括していくことを公表した。鄧は事実上の総理として政府を、中央軍事委員会の副主任として軍を率いていたため、それらに加えての任務だった。このころ、毛は対外政策の分野でも鄧に新たな課題を与えた。西側の国家を初めて公式訪問する中国共産党の指導者として、鄧を選んだのである。

西側世界への突破口《ブレイクスルー》――フランスとの結び付き

一九七五年五月一二日から一七日にかけ、鄧小平は中国共産党指導者として初めて、西側国家――フランス――を公式訪問した。これは鄧にとって、中国があたかも五〇年代にソ連から学んだように、新たに西側から学ぶための準備を整える好機だった[81]。毛沢東が鄧にこのような重要な訪問を任せると決定したことで、四人組はそれを鄧の勢力拡大のさらなる兆候ととらえ、警戒心を強めていた。実際、この訪問が鄧の指導者としての考えに多大な影響をもたらしたのは間違いなかった。フランスを中継地としただけの前年のあわただしい訪問とは対照的に、このときの訪問で、鄧は自分が半世紀前に暮らした国がどれだけ変化したのかをより詳細に理解し、中国は四つの現代化の実現のためになにをなすべきなのか、熟考する機会を持った。

なぜフランスだったのか？　ヨーロッパ各国は一九五〇年代後半以降、中国との政治的、経済的関係の拡大にアメリカよりも積極的だった。七四年には毛沢東が、発展したヨーロッパの諸国家を第二世界に位置づける「三つの世界」の理論を提起していた。第二世界とは、ソ連とアメリカという二つの支配的な大国に対抗するために中国が連携を深めるべき国家群であった。すべての第二世界の国々の中で、フランスは中国との関係打開に最も乗り気であった。フランスが中国との外交関係を樹立したのは、ほとんどの西側諸国が中国にまだ消極的な態度を示していた一九六四年のことだった。七三年九月にはポンピドゥー大統領が、ヨーロッパの元首の中で初めて北京を公式訪問し、大歓迎を受けた。そのため七五年にフランスが中国人指導者の公式訪問を招請すると、中国はポンピドゥー大統領の訪中の返礼としても、自分で自分を孤立させた文化大革命からの覚醒を世界に示すためにも、その機会を歓迎したのだった。

一九七五年の訪仏の間、鄧小平はジスカール＝デスタン大統領やジャック・シラク首相と会談した。シラクは後に、鄧は単刀直入で情が厚く、国際関係に詳しかったと回想している(82)。フランス訪問中、鄧はリヨンやパリで半世紀前に自分が見て回った場所をいくつか訪問し、フランス生活への個人的な愛着を垣間見せた。

鄧小平がフランスに持参した重要な外交メッセージは、最も攻撃的な支配的大国であるソ連に共同で抵抗していくため、引き続き西側からの助力をお願いしたいというものだった。鄧はソ連とのデタントの価値に疑問を提起し、ソ連に対して断固とした態度をとっている西欧諸国の団結を称賛した。ただ鄧にとっては、対外政策の問題に取り組むのと同じくらい、現代化について学ぶことも重要だった。鄧は農業や工業を視察し、フランスと中国との貿易拡大について議論した。また、初めて現代的な西側の工場を訪問し、五〇年前に自分がフランスを離れてからどれだけ目覚ましい変化があったかを目の当たりにし、中国がはるか後方に後れてしまったことに衝撃を受けた。こうした学習経験と公式訪問の成功は、広い範囲にさざ波のように効果をもたらしていった。わずか三年後には、谷牧に率いられた中国の経済分野の幹部たちが、鄧に続いて西欧を訪問する。彼らは国外に経済面でも外交面でも多くの機会が存在することを中国共産党の指導者たちに伝え、西側への対外開放に対する国内的な支持基盤を固めて、決定的な役割を果たすことになるのである。

第4章　毛沢東の下での前進――一九七五年

毛沢東《もうたくとう》が一九七五年、王洪文《おうこうぶん》に替えて鄧小平《とうしょうへい》に党内の会議を取り仕切らせたとき、中国共産党はまだ文化大革命の闘争がもたらした無秩序状態の中にいた。党内における鄧の新しい地位は、彼が全国組織の立て直しのために大胆な手段をとることを可能にした。改革に向けた最初の試みは、北京の域外ではまず省の段階で行われ、三カ月後にはさらに拡大して県や人民公社の段階に広げられた(1)。葉《よう》剣英《けんえい》元帥が七月二日の書簡で、鄧が党内実務を統括することを公表した二日後、鄧は中共中央の「読書グループ」で演説をした。その会議は各省の党指導者を集めたもので、団結、そして党の再建に焦点をあてていた。

毛沢東の厳しい監視下にあることを知っていた鄧小平は、毛の教え、あるいは少なくとも自分のそのときの目標に合うように自ら選んで組み合わせた「毛主席の三つの重要な指示」に、大きく依拠しながら話をした。鄧の狙いは、まず自分が修正主義に対して戦っていることを毛に実感させ、次に経済を発展させながら政治的な安定と団結への重点的取り組みを示す、というものだった。党内を一致団結させるため、鄧は一九四五年の第二次世界大戦末期に開かれた第七回党大会での毛の取り組みを援用した。鄧が初めて参加したその党大会で、毛は日本兵との交戦のために、各地に散らばっていた多様なゲリラ戦部隊を一致団結させていくことの必要性を強調した。鄧は過去との関連性を示すことで、まさにゲリラ兵がそれぞれの土地で戦っていたとき、「お山の大将」精神が自然に発生したように、文化大革命の間にセクト主義が自然に培われてしまったと説明した。だからこそ、中共はセクト主義を再度克服し、第七回党大会での毛の団結の呼びかけに応えていく必要がある、と締めくくったのだった。[2]整頓に協力してセクト主義を中止した「罪を犯したことのない」メンバーたちは、かつての造反派であっても好意的に扱われた。

毛沢東の逆鱗に触れないように注意を払いながらも、鄧小平は革命を担うのではなく、国家を治めるのに貢献する人材を選ぶため、野心的に戦略的に動いた。鄧は「左派」や「造反派」の一掃を口に出して誓いはしなかったが、「修正主義」（右派）よりも「セクト主義」（派閥行動をとる左派）の方を批判した。鄧は一〇年以上の経験を持つ幹部こそ指導力を発揮すべきだ、と明言した。彼はこのようにして、紅衛兵の身分から昇進を重ねた者たちを明確に批判せずとも、一九六五年以降に文化大革命の名の下で、ときに「ヘリコプター式」に高い地位に上り詰めた者たちを排除したのだった。鄧はまた、適切な資格審査を経ずに入党した者たちへの再審査を呼びかけた。この指示もまた、特に明記されていたわけではないが、実際には六六年から七五年にかけて手続きが大混乱していた間に入党した一六〇〇万人の新しい党員たちを照準とし、文化大革命の前に入党した一八〇〇万人とは無関係だった。[3]簡単に言えば、所属セクトになお忠実な者たちが「資格の欠如」のため除去されるべき人々であった。毛は鄧のこうした取り組みに反対せず、この時点では暗に、中国にはもっと安定した指導力が必要だと認めたのだった。

党の再建のための中心課題は、林彪《りんぴょう》に任命され、文民組織の指導権を握っていた軍人幹部を追い出すことだった。鄧小平は一九七五年八月八日、ほんのわずかな例外を除き、軍はすべての文民の職位から退くべきだという指示を出した。当時、軍人の多くは、後日いずれかの時期に通常の政府機関に組織替えされる「革命委員会」の中で働いていた。同年末、多くの兵士たちが元のバラック小屋に送り返された。

毛沢東が最後の政治局会議を取り仕切った直後の一九七五年五月五日、鄧小平は再び、病院に周《しゅう》恩来《おんらい》を訪ねた。鄧は自分の取り組みが毛の核心的問題に近づきつつあることを認識しており、また、毛の気まぐれに付き合うことにかけて周の経験が自分よりずっと豊かなことを知っていた。周は鄧に対して、全体的な整頓に一気に着手するのではなく、特定の問題に一つひとつ段階を踏んで取り組み、物事を注意深く進めた方がよいと忠告した。鄧は周を尊敬しており、毛が自分への支持を取り下げる危険性を認識してもいた。しかし、鄧は周よりも大胆だった。彼は自分が、四つの現代化の推進のために必要と考える長期的で大きな問題に挑戦することで、全体的な整頓を行い前進させていくことを決意していた(4)。

鄧小平はまだ改革を口にすることはなかったが、後に改革を担うことになる党組織の再建に取り組む間、将来的な改革の中身についても考え始めていた。そのためには自分の個人的なブレーン集団を拡張する必要があった。鄧は通常の官僚組織の運営から離れ、重要な問題を考えるのをサポートしてくれる文筆家、理論家、戦略家を求めていた。毛沢東が鄧に中共の日常業務を統括させるようになってからほどなく、鄧は毛に自分の個人的なブレーン集団を政治研究室として中共の正式な構造の中に組み込みたいと申し入れ、承認を受けた。政治研究室は国務院の下に置かれたが、実際には鄧が個人的な指導力を発揮し、また、もともとブレーン集団のリーダーだった胡喬木《こきょうぼく》がそのまま日常業務を統括し続けた。

政治研究室

鄧小平は、第一副総理として正式に国務院の運営を担う直前の一九七五年一月六日、胡喬木を呼び出し、彼と呉冷西《ごれいせい》、胡縄《こじょう》、李鑫《りきん》らを集め、理論問題に取り組む文筆家の小さなグループを作りたいと申し出た。(5) 毛沢東が理論問題に敏感なことをよく知っていた鄧と胡喬木は、毛の評価の高いスタッフを選んだ。また、二人は「三つの世界」、ソ連の性質、資本主義の危機、修正主義と帝国主義への批判など、毛が重要と感じていた問題を選んで取り上げることとした。鄧は中共と中国にとって、自分が有用と考える政策の実現の余地を最大化するため、毛に受け入れられやすいイデオロギー上の理由づけを探そうと、当初から多大な時間と労力を割いていたのである。一月に成立したこの小さなブレーン集団は、七月には政治研究室となり、メンバーも増強されたため、鄧は自分が重要と考える(かつ、毛が反対しない)問題、特に科学技術や工業発展などの課題に取り組んでいけるようになった。

政治研究室はアメリカのホワイトハウスに比べてずっと小さく、政策の実施面には責任を持たなかったが、両者の目的には似たところがあった。政治研究室は鄧小平に直属し、彼が全体的な戦略を決定して公的な文書を起草するのを助ける小規模で独立した顧問グループであり、事実上、彼のインナー・キャビネット(重要閣僚からなる内閣協議会)として機能した。政治研究室は鄧にとって、自身の道具にするにはあまりにも大きく多様すぎる中共の官僚組織より、ずっと統制しやすいものだった。

メンバーたちは非公式の相互接触のほか、二週間に一度、会議を開いた。彼らは業務内容を、理論（マルクス主義理論と毛沢東思想）、国内問題、国際関係の三種類に分けて担当した。メンバーは当初六人（胡喬木、呉冷西、李鑫、熊復《ゆうふく》、胡縄、于《う》光遠《こうえん》）だけだったが、すぐに七人目（鄧力群《とうりきぐん》、「鄧小平時代の重要人物」参照、下巻四七四～四七八頁）が加わった。政治研究室で働いたメンバーは、最も多いときでも助手を入れて四一人のみであった。そのうち多くは一九六三年から六四年にかけて、ソ連あてに有名な九通の書簡を起草した鄧の釣魚台グループに参加したことがあった。またすべてのメンバーが、党歴の長い知識人、創造的な戦略家、あるいは文章を書くのがうまい文筆家であった。呉、李鑫、熊復、胡縄、そして胡喬木には毛の下で宣伝工作を指揮した豊富な経験があったが、胡喬木は鄧力群や于と同じく、（マルクス＝レーニン主義の）理論に精通しており、幅広い知的訓練を受けてもいた。

主要な演説や文書を用意する際、鄧小平は研究室のメンバーと緊密に協力した。鄧は政治的な方向性を打ち出し、彼らが用意する草稿に盛り込むべき考え方を提示したが、そうした演説や文書で過去の歴史に正確に言及し、その内容を毛沢東の過去の著作やマルクス主義理論と整合させるために、こうした専門家たちの力を借りた。鄧はまず自分で重要な演説や文書の草稿を読み、それからこれを修正していくために彼らと会って話をした。問題が非常に重要なときは、文書は公表前にさらに毛沢東の元へ送られ、彼からコメントを受け取った後で、鄧が自分で毛の見方が適切に盛り込まれたかどうかを確認したのだった。[6] 鄧と毛の関係は強固だったが、鄧もその他の人々と同じく、いずれかの文書が気分の変わりやすい毛の逆鱗に触れ、毛が文化大革命の最盛期のころのように癇癪を起こして自分を攻撃し始めることを懸念した。

鄧小平は党内の物事全般に対して権限を与えられていたが、鄧が毛沢東の考えから逸脱した行動をとらないよう、毛は四人組が宣伝工作の指揮をとり続けることを許した。実際、江青《こうせい》は、自分の特別な執筆グループを組織して北京大学や北京市党委員会弁公室で会合を開いており、このグループは常に鄧の政治研究室から送られて来る文書を批判する機会を狙っていた。

江青の宣伝工作と、文化、科学技術の分野を含む鄧小平の職責との重複は不可避的だった。鄧にとって、文化面での整頓には根本的な方向転換が欠かせなかった。文化大革命で党から遠ざかっていた知識人たちを呼び戻し、彼らを中国の現代化に貢献できる地位に位置づけ直すことが求められた。そのため一九七五年、政治研究室はとりわけ中国科学院など、科学を促進するための組織の強化に主な役割を果たした(7)。

江青と鄧小平の間で最も取り合いになった分野の一つが、『毛沢東選集』の最終巻、すなわち第五巻の編纂であった。それはこの作業が、毛沢東の遺訓をいかに定義するかという戦いの場だったからだった。鄧が李鑫を自分のブレーン集団に招いた理由の一つは、彼が康生《こうせい》の元秘書として、毛の多くの論文を管理していたからだった。李鑫が政治研究室にいたことは、第五巻の編纂を鄧の統率下に置く根拠になった。政治研究室の胡喬木、李鑫、呉冷西やその他のスタッフが第五巻編纂のために原稿を準備したが、その作業はさまざまな組織の傘下にある別々のオフィスで行われた。

「十大関係を論ず」と題する毛沢東の演説は、第五巻に含めることが想定されていたが、大きな争点にもなった。この演説は企業体の集団化と国有化が完了した後の一九五六年四月二五日に行われたものので、この中で毛は鄧小平が七五年に推進しようとしていた計画の裏づけとなる多くの点を列挙していた。たとえば毛は、中国は平時には軍事や防衛の支出を削減して沿海地域の経済発展を促進することに資源を回すべきで、さらに指導者たちはすべての国の長所から学ぶべきだと説いていた。鄧はこの演説の再版許可を毛に求めた。毛は再版のために用意された演説原稿に目を通し、鄧が改訂したいくつかの部分を変更するよう指示した。鄧はその原稿をさらに修正して毛に戻したが、その際、この演説は現在の内外問題にとっても示唆に富むため、第五巻全体の出版を待たずに公表するのがよいのではないかと提案するメモを添付した。[8] 毛は再度原稿を差し戻し、政治局のメンバーに送って議論せよとコメントした。当然ながら、四人組はその再版に反対し、毛はそれを一般大衆に配布することにいつまでも同意しなかった。毛が死去し、四人組が逮捕されてしばらくした七六年一二月二六日（毛の誕生日）、演説はようやく再版された。[9]

一九七五年一二月、鄧小平が毛沢東の支持を失うと、政治研究室は正式な業務を停止した。五カ月の活動期間中、スタッフ全体が集まったのは一三回のみだった。[10] この短い時間の中で、政治研究室は、四つの現代化を達成するため二〇世紀末までにどのような変化を実現すべきかを示し、長期的なロードマップを描き出して、鄧の取り組みの先鋒を担った。また、高等教育の復活や文化的活動の許容範囲の拡大、社会科学を含む科学の促進などの準備をするうえでも不可欠な役割を果たした。七六年、政治研究室は（一）「工業二〇条」、（二）「科学院工作報告要項」、（三）「全党全国各分野の工作に関する全体要項を論じる」の「三本の毒草」を生み出す役割を担ったと、批判の矢面に立たされる。最初の二文書の作成では他者の関与も得て政治研究室が主たる役割を担ったが、三本目は完全に研究室のなかだけで作成されたものだった。

「工業二〇条」

より大きな職責を担うようになると、鄧小平はすべての主な経済関連の部委の幹部を一堂に集めた。六月一六日から八月一日まで、国務院計画工作検討会（務虚会。あるテーマについての枠組みを理論的に検討する会議のこと。新たな取り組みを準備する際に開かれることが多い）が開かれ、参加者が経済の長期的な目標について話し合った。(11) 検討会を準備した国家計画委員会のスタッフは、五カ年計画に関する議論の中で話が広がって論争になるのを避けるため、資源をどこから調達し、どの程度特定の部門やプロジェクトに配分するのかという問題に特化した議題を作成した。検討会の前から、一〇カ年経済見通し（規画、経済の長期計画）や（第五次）五カ年計画（一九七六年〜八〇年）、それに七六年の年次計画の策定作業はすでに始まっていたが、この検討会で設定される長期目標に基づいて、これらの計画に関する最終決定が下されることになっていた。

国務院検討会での議論は、特に工業の問題に集中した。大躍進からの回復過程中の一九六一年、鄧小平は「工業七〇条」の起草を指揮し、工業システムの構造と目標に関する全体的な大枠を設定したことがあった。この検討会も同様の問題を議論しており、草稿によって盛り込まれた項目数はさまざまだったが、七五年の最終版には二〇条が書き込まれることになった。

一九七五年には統計と報告のシステムがまだ混乱していたため、多くの分野から集まった参加者たちは最初、それぞれの経済状況に関する情報を交換した。検討会の初めの二週間には、経済部門を率いる幹部たちが、経済関連のすべての重要セクターから報告を聞く準備会議が開かれた。各セクターから集まった参加者たちは、こうした報告を聞くことを通じて、自分たちのセクターの目標を他のセクターの需要や供給能力といかに均衡させていかなければならないか理解することができた。谷牧《こくぼく》は七月二日以降、検討会をいくつかのワーキング・グループに分け、理論や組織、いくつかの主幹産業に関する問題にそれぞれ取り組ませた。月末、検討会は全体会合を再び開き、参加者たちが出した結論を合わせて「工業二〇条」としてまとめた。

一九七五年までに、幹部たちは四小龍（韓国、台湾、香港、シンガポール）の経済的離陸《テイクオフ》についで耳にしていた。それらの地域はみな資本主義体制の下にあり、ソ連や東欧の社会主義国よりもずっと速く経済発展を実現していた。だがその時点では、資本主義を公に称賛することはまだタブーだった。そんなことをすれば、中国が長年にわたって払ってきた犠牲の重みや、さらには中国共産党が権力を掌握し続けるべきかどうかといった問題について疑念を引き起こすはずであった。その代わり、マルクス＝レーニン主義と毛沢東思想が、ハイレベルの政策決定を正当化する公的な教義の役割を果たし続けていた。

しかし、大躍進と文化大革命の荒廃の後には、大躍進のときのように主観的な意志の力に頼って中国を現代化していこうという情熱は、指導者たちの間には実質的に見られなくなっていた。大部分の参加者たちは、中国が経済的に発展するためには、大躍進の前の一九五〇年代、あるいは大躍進からの回復を目指した六〇年代初期のような慎重な経済計画に立ち返るべきだと信じていた。もっとも計画システムについて、中国は人口が多くて土地が不足し、資源が限られているため、参加者たちは継続すべきと考えていた。人口密度が低く、また人口も少ない国は、市場自由化による資源の無駄遣いが起きても豊かな消費を享受し続けることができる。だが中国では、優先順位を決めて利益や無駄な消費を抑制する必要があるのだと、中共の指導者たちは信じていた。しかも、毛はこうした慎重な計画にさえも反対を唱える可能性があった。そのため参加者たちは、毛の名前を使ってこうした路線の正当化を図った。検討会の招待状に書かれた会議の目的は、「現代化への歩みを加速するための毛主席の理論」を議論することであった。検討会の後、そこで議論された一〇カ年経済見通しは「毛主席の現代化計画」と名付けられた[12]。

鄧小平は他の指導者よりも先に、中国は世界に目を向ける必要があると認識するようになっていた。ニューヨークやフランスに赴いたり、外国の指導者としばしば会談したりしたことで、鄧は他国がいかに目覚ましい改革を実現してきたか、そして中国がどれだけ後れてしまっているか、他の指導者よりもずっとはっきり感じ取っていた。追いつくためには、中国を根本的に変えていくしかなかった。

毛沢東が死去して何年か経つと、中国は資本主義国からアイデアを借りなければならないし、そうすることは中国の主権や中共の統治を脅かすものではないと、鄧小平は堂々と言えるようになった。だが、彼は文化大革命の間に資本主義的だと批判されていたし、一九七五年には中国が市場開放や資本主義国から学んでよいのかどうかまだ合意がなかった。鄧は外枠を推し広げていくために、自分のできることをした。彼は外国からの技術導入の拡大を促進した。同僚たちの意見を聞き入れ、中国は外国から借金はしないが、中国に物資や資本を提供した外国人への「延べ払い」は可能とした[13]。加えて鄧は、必要に応じてではなく、「労働によって」賃金を払うことで、労働者に物質的なインセンティブを与えることを支持した。ただ、古いシステムを少し修正するこうした控えめな努力でさえ、依然強硬に毛の原則に忠実に従っていかなければならないと主張していた保守的な幹部には、危機感を抱かせた。

鄧小平は検討会には参加しなかったが、議論の概要報告を読み、八月一八日に「工業二〇条」の最初の草稿ができると、主要な論点について自分の意見を示した。彼は工業を拡大する前に農業生産を増やすべきとして、農業生産の向上を助けるため工業は人民公社に農機を供給すべきであると同意した。当時、中国の工業は製品を海外に輸出できる状況になかった。中国の生産能力を向上させるため、技術導入の拡大計画が作られたが、鄧はその代金を支払うために石油、石炭、手工業品を売るつもりだった。また早期輸入計画の中には、中国が石炭や石油の生産を拡大させていくのに必要な採掘設備が含まれていた。全体として、鄧は科学技術、企業管理、そして製品品質を向上させていくことの重要性を強調した。そして新たな規則と法律、徹底的な施行、組織としての規律を求めた。また、難しく危険な作業をしている者に対して特別手当を支給すべきという意見を確認した。[14] 起草者たちは、鄧の意見を考慮して文書を修正した。

九月五日には二〇ほどの先進的な国有企業から代表が集められ、「工業二〇条」の草稿を検討し、それぞれの意見を述べた。[15] 一〇月二五日には一度修正が完了したが、それはたまたま、毛遠新《もうえんしん》が初めて政治局会議に鄧小平に対する毛沢東の批判を伝達した日であった。起草者たちはこの計画を、用心のために「毛主席の計画」と呼んだが、一〇月二九日には張春橋《ちょうしゅんきょう》が、二〇条の中には文化大革命以前の毛の言葉しか盛り込まれていないと文句をつけた。胡喬木はすぐに、文化大革命の間に毛が用いた表現を組み込んで新しい草稿を提出した（後に彼は、こうした問題を十分予期していなかったことで、毛の批判を招いたばかりか、鄧を解任する口実を毛に与えたとわが身を責めた）。四人組は経済問題に関する議論に参加していなかったが、問題が政治化すると、一九七六年初めには批判に加わった。そしてその計画を、物質的インセンティブを推奨し、大衆動員を無視した「三本の毒草」の一と呼んだのであった。

「工業二〇条」が形作られている間には、一〇カ年経済見通しが一一月開催予定の計画工作会議に向けて起草されていた。一〇月五日、鄧小平は自ら第一回国務院会議を取り仕切り、急いで準備された一〇カ年経済見通しの草稿について議論した。鄧は草稿を承認し、一〇月二七日には毛沢東に送った。そこで毛は、経済に責任を持つ中央と地方の幹部に草稿を配布する許可を与えた(16)。

一一月一日には毛沢東の同意を得て、主として第五次五カ年計画（一九七六年～八〇年）と七六年の年次計画について議論する全国計画会議が開かれた。一〇カ年経済見通しに対して、各地から集まった幹部が修正意見を提起し、その一部が改訂版に盛り込まれた。その間、五カ年計画と年次計画に関する議論は継続され、一二月末までにはそれらの草稿が毛に送付された(17)。

新しく策定された五カ年計画と年次計画は、計画工作の混乱を乗り越えるために何年もかけて奮闘してきた慎重な計画立案者たちにとり、明らかに勝利を意味した。彼らの目標はついに達成されたのだった(18)。しかし、こうした均衡重視派と、より野心的な一〇カ年経済見通しを策定した理想家の間には食い違いが生まれ始めていた。こうした食い違いは、一九八〇年代にはより先鋭化していくのであった。

中国科学院

一九七五年六月、鄧小平は中国の科学機関の再建にも注意を向け始めた。質の高い科学者のほとんどが集中していた中国科学院では、文化大革命の間、二五〇人に一人の割合で科学者が迫害死に至った。中国科学院の上海分院では、その数字は科学者一五〇人に一人だった。閉鎖を免れた少数の非軍事研究組織でも、科学研究は大きな打撃を受けていた。[19] 文化大革命前夜の六五年には、中国科学院の傘下には一〇六の研究機構があり、二万四七一四人の科学研究スタッフが所属していた。[20] 対照的に七五年には、中国科学院は一三の研究所と二つの研究室に縮小され、職員は幹部と研究者が一八〇〇人、基層レベルのサポートスタッフが二〇〇人、合わせて二〇〇〇人に減っていた。農村に送られた多くの科学者は、まだ戻って来ていなかった。六月二九日、鄧は胡喬木に対して、政治研究室が中国科学院の整頓を行い、新しい指導者を選び、科学的研究成果の公表再開を準備すべきだと述べた。こうして中国の科学機関の整頓は中国科学院に始まり、それからその他の多くの機関に広げられることになった。

中国科学院で実際の整頓作業を指揮する者として、鄧小平は自ら胡耀邦《こようほう》を選んだ（「鄧小平時代の重要人物」参照、下巻四五七〜四六一頁）。七月半ばには華国鋒《かこくほう》が胡に、鄧と中共中央を代表して、中共は中国科学院が四つの現代化に重要な役割を発揮することを望んでいると説明した。胡は科学院の現状を調査し、その結果を党中央に報告して再編計画を練り上げることになった。[21] 中国科学院の整頓が達成できた後、国防部や経済関連の部委、地方政府などの傘下にある他の科学機関でも、整頓が推進されていった。学校や出版社の整頓がそれに続いた。

整頓の実施を命じられた胡耀邦は、七月一八日に三人のチームを率いて中国科学院にやって来た。彼は中国科学院における文化大革命は終わったと宣言し、労働者と軍隊の宣伝チームに退去を命じた。農村に送られていた中国科学院のかつての職員たちは、自分たちの職場に戻って任務を再開できることになった。研究者たちには国外の出版物を含む必要な研究資料へのアクセスが認められた。[22]

数週間後、胡耀邦は中国科学院のメンバーおよび主要部委の代表と、連日、会議を開き、次の一〇年間で中国の科学技術になにが必要なのか議論した。この一連の会議は、科学分野の一〇年間の見通しを描くための最初の一歩だった。八月一五日から二二日にかけ、中国科学院を再編して主な指導者を選定するため、胡は関係の深い党幹部と会見した。彼は中国の目標は、世紀末までに科学の現代化を含む四つの現代化を達成することだと言った。[23] 胡は九月いっぱいをかけて、個々の研究所の指導者と会見し、彼らの任務を妨げるそれぞれの障害をどうすれば除去できるか話し合った。各研究所を訪問する前に、彼はその研究所に関する資料をじっくりと吟味し、そこで行われている任務をよく知る人々と話をした。

それまで苦しみを味わってきた人々に対して胡耀邦は、迫害され、生き残った自身の経験を重ね合わせた。一〇代で共産主義運動に参加して間もなく、彼は交友関係が疑わしいということで死刑を宣告された。また、文化大革命の間も、北京で党の仕事への復帰が許されるまでずっと苦しんできた。職務に戻った科学者たちは、胡の姿に自分を重ね合わせ、彼を信頼するようになった。自らも苦しんできた胡は、彼らの苦しみを理解できる人間であった。しかも、彼は注意深く検討を進め、それぞれの研究所が直面していた個別の課題を理解するようになり、また、中国科学院が担う科学的な使命に完全な信頼を置いていた。

胡耀邦はさらに、中国科学院のスタッフの生活環境を改善したり、農村に送られた家族を呼び戻したりして、彼らの個人的な問題の解決にも手を貸した。実のところ、彼はそれぞれの研究所の幹部に指示し、労働と「学習」のため農村に送られた元職員全員のリストを作らせ、正式なお役所仕事の合間をかいくぐって彼らを北京に呼び戻す方法を探し求めた。胡は彼らのために発言したり、大義のために戦ったりすることを恐れなかった。彼が研究所を訪問して演説をすると、いつも人々は感動した。胡はほどなく、中国科学界の英雄になったのである。

九月二六日、胡耀邦が中国科学院での進捗状況を報告するため鄧小平に会うと、鄧は胡の取り組みを力強く支持した。[24] 一〇月四日、胡は中国科学院の「党核心小組」の第一副組長に正式に就任した。胡はこの新しい役職から、それぞれの研究所で党、科学研究業務、後方支援を担う三分野の指導チームを任命した。彼は科学者たちに敬意を示し、彼ら自身が研究の内容を決められるようにすると明らかにした。[25] その年の末、鄧が批判を受け始めたときには、胡はそれぞれの研究所の新しい行政指導者たちを任命していたところだった。ここで状況が変化したため、進展も行き詰まった。

中国科学院の整頓と中国社会科学院の新設の計画が策定されている間、胡耀邦は鄧小平の指示に従い、中国科学院を筆頭とする科学の発展のための一〇カ年見通しをまとめようとしていた。計画を相当急いで練り上げなければならなかったため、胡は一九五六年に承認された既存の一二カ年見通し（五六年〜六七年）からかなりの部分を引用した。新しい見通しの最初の草稿は、胡が中国科学院研究所で一連の会議を開催する直前の八月一一日にでき上がった。その文書は中国建国後の最初の一七年間（四九年〜六六年）の進展を肯定していた。この間、約一五万人の科学技術専門家が育成されたが、彼らは後に四人組から「ブルジョア」科学者と呼ばれ、批判された。計画の起草者たちは、中国が階級闘争を継続しなければならないとする毛沢東の六二年の発言を引用し、政治的に足場を固めようとした。ただし文書が強調していたのは、「生産闘争と科学的実験」を促進するために、安定した就労環境を提供していこうという点だった。[26] この見通しは当時、農業、工業、および軍隊が早急に必要としていた技術について議論していたが、他にコンピュータ、レーザー、遠隔測定、生体工学技術といった先端技術の発展戦略、さらには核エネルギー、素粒子物理学その他の基礎科学研究の実施計画をも明らかにしていた(27)。

この見通しに目を通した鄧小平は、毛沢東の反応を気にかけた。彼は胡耀邦と起草者たちに、文書のあちこちで毛の言葉を引用し、それらをどこか一カ所でまとめ、文書が毛の全体的な見方に合致するものだということを明示するよう指示した。起草者たちは一七年間の成功を強調したうえで、その後に直面した問題にも軽く触れるよう命じられた。鄧はまた、文書を短くするよう言った。

鄧小平は胡喬木に文書の修正作業を見守るよう依頼した。八月二六日に胡は、鄧の見解をまとめたメモを起草者たちに送り、最終稿が毛沢東にとってより受け入れやすいものになるよう編集作業を監督した。九月二日に完成した四稿目の原稿は、中華人民共和国の最初の一七年間だけでなく、二六年間全体の科学的成果を議論することで文化大革命への批判を避けた。文書は二〇〇〇年までに「毛主席が提起した四つの現代化」を実現し、世界の科学水準に追いつき追い抜くことを目標に据えた。また、科学者は自らの改造、そして労働者および農民との団結を続けていかなければならないとした。具体的な行動に関する条項では、四つの現代化を補佐する任務の一環として、科学者がいかに基礎研究の新分野の開拓を担っていくべきかを記述した。この文書は最後に、毛の目標の達成のためには、先進的な訓練を受けた卓越した科学専門家が多数必要だと記していた。文書はまた、外国のものなら何でもよいとみなすことはおかしいが、場合によっては、中国は外国からオープンに学ぶべきだとした(28)。

九月二六日、この報告について議論するために国務院会議が開かれ、胡耀邦が話をしているとき、鄧小平は何度も話に割って入った。胡が世界の科学水準に追いつくことに触れると、鄧は中国が科学技術面では他国から非常に後れてしまったため、現在のレベルを謙虚に見つめる必要があると強調した。鄧はその後も何度も口を出したが、それは中国の科学を復活したいという彼の情熱を示していた。彼は科学の復活が四つの現代化の実現に不可欠な一歩だと強調した。真に優秀な少数の科学者たちは、たとえ変わった個性の持ち主であっても支援していかなければならないと、鄧は力説した。彼らの日常生活について、住宅やその他の問題を解決していくことが大切である。子供たちをよい幼稚園に入れ、その配偶者がまだ農村にいるのなら北京に呼び戻してやらなければならない。鄧は一九五〇年代にソ連にいたとき、ソ連の核兵器の基礎を開発したのが三、四〇代の三人の若者だったと聞いたと述べた。だが対照的に、半導体の優秀な科学者である黄昆《こうこん》にはまともな地位すら与えられていない、とこぼした。そして、もし北京大学が黄昆を必要としないなら、彼を半導体研究所の所長にして、党委員会書記が彼の研究を支援すべきだ、と言った。

鄧小平は続けて、自分はフランス語もロシア語もまともに習得しなかったが、中国の科学者たちは海外の論文を読むために外国語も学ぶべきだとした。彼らは加えて科学理論も学ばなければならず、もし数学、物理、化学が理解できないなら、学位に関係なく、科学研究は遂行できないと述べた。鄧は文化大革命の間、批判を受けながらも研究を継続しようとした科学者を弁護し、彼らは「糞もひねらず便所に立ち、セクト主義をがなり立て、他人の足を引っ張る人間よりずっとよい」と述べた。(29)

鄧小平は、「専門家」という言葉を使うことすら怖がっている人間がいる、と不満を述べた。彼の見方によれば、中国は専門家を大切にすべきだった。中国は工場にオートメーション設備を導入すべきだし、それを可能にする才能ある科学者たちを支援すべきだった。「ブルジョア知識人」に対するイデオロギー的な批判が続いていることを意識しながら、鄧は科学者たちも労働者階級のメンバーだと力説した。そして科学の発展のための一〇カ年見通しを、修正して毛沢東と政治局のメンバーに送付するよう指示した。[30]

鄧小平がこの科学関連の会議に参加していたときほど感情的になったのは珍しかった。彼はしばしば話に割って入っただけでなく、四つの現代化の中で科学研究こそ先端を担うべきだと熱心に論じた。[31]しかし鄧は、先端を担うからといって完全な再編をする必要はないとも主張した。鄧はさらにこう言った。科学分野にいる四万五〇〇〇人の幹部をすげ替えるよう提案する者もいるが、五〇〇〇人を替えれば十分だ。鍵になるのは各レベルの指導チームだ。専門知識がなく、なにかを達成しようともしない人間を、どうして特定の地位にとどめておく必要があるのだ？　なぜ中国は高度な知識を持った人々を研究機構のトップに据えないのだ？　多大な困難に挑んでいくには、文化大革命以前に訓練を受けた四〇代初め、あるいはそれより年配の科学者および指導者の力を発揮できるかどうかが鍵だ。実際、中国のいくつかの大学では西側の高校レベルの教育しかしておらず、中国の教育システムは現代化の取り組み全体の足を引っ張るほど危機的状況にあるのだ。[32]

胡喬木は九月二八日までに、鄧小平のコメントを入れて五稿目の草稿を作成した。報告は当然ながらマルクス＝レーニン主義と毛沢東思想を称賛したが、大胆にも、政治理論を科学の代用品にはできないと記述していた。この第五稿はまず毛沢東に送付された。ちょうどこのとき、毛の求めに応じて彼の甥の毛遠新が北京を訪問中だった。毛は甥に対し、鄧や彼の清華大学での整頓について不満を述べた。毛は科学に関する文書についても憤慨していた。彼は第五稿に胡が毛の言葉として組み込んだ一文、「科学技術は生産力だ」はおかしいと言った。毛は、自分はそんなことを言っていないと主張した。[33]

ちょうどそのころ、社会科学を発展させようという鄧小平の計画も実を結ぼうとしていた。鄧は個人的には自然科学の復活に注目していたが、哲学や社会科学の研究の復活が必要だということも認めていた。鄧はこの分野が政治的に敏感な地雷原だということを認識しながら、社会科学の重要性に鑑みて研究院をもう一つ設置すべきではないかと大胆に提案した。一九七五年八月三〇日、鄧の後ろ盾を得た胡喬木が、中国科学院に哲学・社会科学部を設置する国務院第一四二号令を発布した。胡はこの文書で、後に中国社会科学院として知られる独立研究院の設置計画を展開していた。鄧はまた、社会科学分野の研究所は徐々に出版業務を再開すべきと言明し、まずは非専門の読者が仕事を進める際の理論的基礎を固めるため、そうした人々を対象とした一般雑誌から着手するのがよいのではないかとした。四人組、そして潜在的には毛沢東からの攻撃の危険性を低めるため、鄧はこの雑誌に提出されたすべての論文が、まず政治研究室の点検を受けるよう命じ、政治研究室は論文に造反派を刺激するような意見が盛り込まれていないかどうか精査することになった。雑誌の出版を公表する書簡の中で、胡は注意深く、この雑誌がマルクス＝レーニン主義と毛沢東思想に従うものであると言及した。

胡喬木は一〇月四日に社会科学と哲学工作に関する書簡を書き上げ、鄧小平は翌日、それを毛沢東に送付した。新雑誌『思想戦線』の創刊号の出版を含め、毛はこの文書を承認した。そのすぐ後、この雑誌について議論する座談会が開かれた。しかしながら、一〇月二五日には鄧が政治局で批判され、雑誌の出版計画は中断し、論文も日の目を見ることはなかった。胡はこのプロジェクトの継続に尽力したが、毛の圧力を受けた政治研究室は一九七六年一月一七日に声明を公表し、以後、研究室は哲学や社会科学を監督する責任を持たないと宣言した(34)。中国の社会科学を再建する偉大な事業は、本当に始まる前から流産してしまった。

文芸界のミニ「百花斉放」

毛沢東は芸術分野の統制に関して、特に敏感で気が変わりやすかった。そのため文化面で変化をもたらすいかなる動きについても、鄧小平は非常に注意深い取り扱いをしなければならなかった。文化大革命の間、毛は江青がすべての文化活動を掌握し続けることを許した。彼女が作った模範京劇のほかはいかなる劇も上演されず、基本的にすべての定期出版物が刊行停止になり、ひと握りの短いエッセーや小説が印刷されただけだった。本屋には『毛沢東選集』や革命英雄物語、そして少数の学校教科書や初級技術に関する何冊かの本が並んでいたが、そこにもほとんど客はいなかった。多くの知識人たちは農村にある「五七幹部学校」に送られ、肉体労働や毛沢東思想の学習、そして相互批判と自己批判に参加していた。彼らには小説やエッセーを読む機会は与えられなかった。

しかし、一九七五年、気まぐれな毛沢東は小説や劇がほとんど作られていないことを考慮し、「模範京劇だけでは十分ではない。……人々は小さな間違いを犯しても批判されている。百花斉放の兆候はどこにもない。彼らに自分の意見を表明する場がないのはよくない。人々は文章を書くこと、劇の台本を書くことを恐れてしまい、小説も詩も歌もなくなった」と鄧小平に不満を述べた(35)。毛の許可を受けて、鄧はすぐに毛の意見の印刷と党内への配布を指示した。同日の七月九日、鄧は自分も文化や芸術に疎いことを認めながら、政治研究室の年配のメンバーを集めて会議を開き、文化、科学、教育の分野の出版物を集め、百花斉放を奨励するという毛の政策がどの程度実行されているか検討するよう述べた。彼らは文化活動の欠乏が実際にひどい状態にあると分析し、中国の文化芸術を許容範囲の中で慎重に拡大していこうとする方針がもたらされた。[36]

毛沢東は、鄧小平に文化的な活力がないとこぼす数日前、秘書に指示して政治局に手紙を送った。そして、文化大革命前に文芸活動の事実上の覇者だった周揚《しゅうよう》について、「文化分野の指導者を閉じ込めておくことは、彼らに対処するうえでよい方法ではない」ため、その釈放を公示するよう告げた。周揚の妻には七月一二日に彼の釈放が伝えられ、かつて周揚と交際のあった他の著名な人々も釈放された。数日後、毛は江青に、もっと多様な文芸活動を認め、作家にとっての自由度を広げることが望ましいと告げた。毛は作家にイデオロギー的な問題があるときは、「患者の病気を治してやる」努力が必要だと助言した。[37]

しかし、それでも毛沢東は、四人組が人民解放軍総政治部や『人民日報』、『紅旗』雑誌社といった文化団体を含め、中央宣伝部と文化部の統率権を握り続けることを許可した。端的に言って、毛は一九七五年七月以降、毛に対する明示的・暗示的ないかなる批判に対しても依然敏感な四人組と、胡喬木の助力を得てミニ百花斉放政策を推進していた鄧小平との間で、攻防戦を許したということになろう。鄧と胡は、毛の疑いを招く一線を越えないようにいつも慎重に事を運んでいた。そして毛が活動範囲の拡大を示唆するたび、いつもすぐにそれに応じようとした。

当然ながら、周揚の再登場は双方の対立の火種になった。七月二七日、毛沢東は周揚の問題は人民と敵の矛盾と呼ぶほど深刻ではないと明言した。そのすぐ翌日、鄧小平は毛の発言を広く公表した。しかし、四人組は依然として周揚への給料の支給や職位の完全な回復を阻害した。また、この攻防戦で、江青は周揚が一〇月一日の国慶節祝賀会への特別招待状を受け取るのを阻止した。毛は後にそれを知り、怒って不満を述べた。[38]

映画に関する小競り合いも発生した。胡喬木はたまたま、労働者と何人かの指導者、とりわけ江青の嫌う余秋里《よしゅうり》を祝福する映画の上映が、四人組によって抑え込まれているという文書を目にした。胡は、毛沢東に映画の上映を願い出る手紙を書くよう台本作家に勧めた。書簡は感情的に書いてはならず、その代わりそれでも映画の上映を許可すべきだという結論をもたらすような、検証可能で偏見のない情報を報告すべきだと、胡は作家に提案した。この台本作家は胡の助言を受け入れ、映画の作成にあたって、自らは毛が延安の文学芸術座談会で文芸作品に関して出した指示に従ったと、書簡で明確に示した。またこの映画は、労働者の貢献を明らかにする内容であり、彼らはこの映画を誇りに感じ、これを温かく受け入れていると書いた(39)。

七月二五日、毛沢東が『創業』と題するこの映画を見たとき、文化的自由度を拡大するための大きな突破口《ブレイクスルー》がやって来た。毛は大慶油田の採掘に成功した余秋里と労働者チームを長い間、高く評価してきたが、この映画はその彼らを英雄化したものだった。そのため胡喬木は、毛がこれに共感を示すだろうと判断し、この案件に関する情報を集めるよう指示したのである。七月二五日、目の手術を受けて急に視力が回復した毛は、映画を見て上機嫌になった(40)。毛はすでに口が回らなくなっていたため、自分の意見を数行、一枚に五字から一二字の大きな字で、六枚の紙にこうなぐり書きした。「この映画には大きな問題はない。上映すべきだ。その全体を批判する必要はない。これに一〇の間違いがあるとするのは、大いなる誇張だ。党の文芸政策の調整にとって有益ではない」。

翌日、鄧小平が政治研究室の会議を開いているとき、鄧に毛沢東の手紙が届けられた。鄧は会議を中断し、手紙を大きな声で読んだ。文化部は厳格すぎ、よい映画の上映を阻止し、その他の上映も邪魔して、百花の政策に背いている、と毛は書いていた。鄧がすぐに毛の手紙を公表したことで、文芸界は大きな興奮に包まれた。この事件は文化大革命が始まってから初めて、四人組の文芸政策に対する公的な批判となった。毛から引き続き支持を受けられるかどうか心配した胡喬木は、台本作家に自分の成功を他人の前で自慢しないよう警告した。また、台本作家の妻も、毛に感謝の気持ちを伝える手紙を送るよう勧められた(41)。

鄧小平はこの機に乗じるためすぐに動いた。彼は小説『島の女民兵（海島女民兵）』に基づいて制作された映画『海霞』に関して、毛沢東にもう一通手紙を送ることを承認した。そのころから胡喬木、鄧力群、そして鄧小平さえもが、毛が文芸面での自由度の拡大を認めてくれることを期待して、作家や音楽家たちが毛に手紙を準備するのを自ら手伝い、多くの場合、成功を収めた。

毛沢東が二〇世紀における最も偉大な中国の作家として広く認められている魯迅《ろじん》を高く尊敬していたことは知られていたが、江青は一九七〇年代に入ってからずっと魯迅の書簡などの出版計画を阻害してきた。しかし、七五年秋には、問題を打破することができるように見えた。魯迅の息子である周海嬰《しゅうかいえい》は、やはり胡喬木の助言を受け、毛あてに父の遺作を公開する許可を求める手紙をしたためた。この手紙は胡が鄧に渡し、鄧は毛に送った。毛はこう応えた。「周海嬰同志の意見に同意する。書簡を印刷し、政治局のメンバーに送れ。議論し、結論を出し、すぐに実施せよ」。八一年までに、魯迅の遺作全一六巻が注釈や説明付きで出版された(42)。

一九七五年七月以降、毛沢東が文化活動の拡大を支持したことで、四人組は防御的な立場に置かれた。王洪文は造反派の鎮圧のため上海や浙江にいた。姚文元は、上海に送られた後、王が一般大衆のように「仕事に行くにもぎゅうぎゅう詰めのバスに飛び乗ろうとするようになった」とこぼした(43)。江青は北京に残っていたが、行動は制約されていた。毛のところに一人、また一人と文芸活動の拡大の嘆願にやって来る者たちを、彼女は阻止しようがなかった。

雑誌の復刊は小説に比べて遅れた。一九七五年夏には、六六年以降、出版が止まっていた雑誌『人民文学』の刊行が間もなく再開されることが通知された。四人組は当然これを阻止しようとし、それが無理だとわかると、雑誌の中身にできるかぎり影響力を行使しようとした。鄧小平は自ら『人民文学』をめぐる四人組との闘争を率いたが、彼が一〇月以降、批判を受けるようになると、保守的な文化部が優勢になった。七六年一月に復刊第一号が出版されたときには、鄧は雑誌の中身に対してまったく口出しできなくなっていた(44)。

周栄鑫と高等教育復活への取り組み

一九七五年夏、中国の高等教育の復活を図るため、鄧小平や教育部部長の周栄鑫《しゅうえいきん》、そしてその他の人々が大胆な取り組みを始めた。文化大革命の間、教育を続けた大学はいくつかあったが、それらは真の意味の高等教育を行っている機関ではなかった。六八年七月二一日、毛沢東は大学に対し、学生の教育時間を短縮し、代わりに農民や労働者を受け入れて訓練を施し、彼らを再び生産ラインに送り返すようにせよと命じていた。七〇年六月には、大学の教員ではなく、労働者、農民、そして兵士が大学の指揮をとることが通告された。学生がその時間の一部を労働にあてられるように、すべての大学に工場が併設された。さらに七一年八月一三日には、大学への入学は試験ではなく、推薦によることとする公式の指示が発表された(45)。こうした変化は中国の高等教育に破壊的効果をもたらした。七三年五月、中国の名門、北京大学を見学したアメリカの科学者たちは、そこで施されていた科学的訓

練が、アメリカの技術系短期大学で教えられているレベルだと指摘した。(46)

鄧小平は、毛沢東やその他の造反派が軍の大学の開校には反対しにくいと考え、そこから高等教育を復活させる取り組みに着手することにした。軍事的な科学技術の分野で最も優秀であったハルビン軍事工業大学は、文化大革命で解散され、スタッフの大部分は長沙に異動させられ、新しく長沙工業学院を形成した。(47) 民間の研究機構が通常の業務に戻る以前から、少数の優秀な知識人たちが、軍事関連の研究継続のため、この学院やその他の軍事大学への入学を認められていた。

その他のほとんどの知識人にとっては、悪い状況が継続していた。一九七二年、ニクソンが中国を訪問して間もなく、北京大学の学術行政を担っていた周培源《しゅうばいげん》は、周恩来から中国での科学研究の状況について報告をまとめるよう依頼された。周培源は勇敢にも、科学研究の全三二分野で中国の後れは深刻だと報告した。(48) 研究者たちは通常の研究を再開できるかもしれないというわずかな望みを抱いたが、これも七四年の元旦に毛沢東が批林批孔運動を始めたことで水の泡になった。(49) 科学研究の進展には強制的に待ったがかかった。

周恩来は一九七四年一二月に毛沢東と会談し、再び高等教育の復活への希望を抱くようになった。この会談で周は、四人組が提案した候補者を文化や体育教育分野の部長につけることで譲歩したが、戦う覚悟をもって周栄鑫を教育部部長に推薦し、毛の同意を得ることに成功したのだった。ほとんどの経歴を党内任務で積んできた周栄鑫は、周恩来との関係は特になかった。しかし、彼は延安の抗日軍政大学で学んでおり、六一年には短い時間だったが、教育部副部長として働いた。このとき、周栄鑫は真の大学教育を目指す計画に着手したが、毛の同意が得られず、翌年には計画自体も中断された。(50)

一九七五年一月に教育部部長に任命されると、周栄鑫は高等教育の再建計画を再び立て始めた。毛沢東の反対を受ける危険性を減らすため、彼は注意深く理論研究の重要性を強調し、マルクス＝レーニン主義や毛主席の教育に関する指示などを盛り込んだ。ただし他方で、彼は抜本的な改革を行おうとした。その指示を受け、教育部は五月から九月にかけて教育問題について議論する座談会を何度も開いた。それに加えて教育部は『教育革命通訊』という雑誌を発行したが、これによって周は、真に高等教育の経験を持つ人々が意見を発表できる場をつくったのだった。[51] 周はかつて大学生が三年かけて勉強していた内容を、労働者や農民や兵士がたった一年の大学教育で修得するのは無理だと言ってのけた。さらに彼は、そのうち農村の人民公社などに戻る労働者や農民や兵士たちを大学で勉強させても、彼らでは中国の高等官僚や科学技術専門家としてのニーズは満たせないと、大胆に主張した。[52]

鄧小平は周栄鑫を完全に支持した。一九七五年九月二六日の談話で、鄧は社会制度に関係なく、現代化したすべての国には高度な教育と訓練を受けた専門的な人材が必要なのに、中国の大学は他の国の高校レベルにまで後れをとってしまったと明言した。その前年、訪中したアメリカの大学総長の代表団が鄧に対し、彼らの見方では中国の高等教育には深刻な問題があると丁重に告げたとき、鄧は完全に賛同した。そして彼らの見解を他の党幹部たちにも伝えたいと述べ、彼らを驚かせた。[53]

九月二七日から一〇月四日の農村工作座談会でも、鄧小平は再び中国の高等教育機関の改善について発言した。毛沢東の四つの現代化の目標を達成するためには、中国には高等教育を受けた幹部が必要だと彼は述べた。そしてまた、大学の主たる任務は教育であり、教員たちがそれをしっかり果たせるようにするためには、彼らの身分を改善させていかなければならないと説明した。[54] 数年後にはこうしたコメントは常識として響くようになるが、当時の政治的な雰囲気を踏まえると、鄧は大胆だった。彼は毛の怒りを買う危険を冒していた。

一九七五年には、鄧小平はさらに、肉体労働に従事する通常二年間の学業中断期間を経ずに、学生たちが高校から直接大学に進学することを認めるべきだと提案するほどだった。実際この考えは、中国系アメリカ人でノーベル物理学賞受賞者の李政道《りせいどう》が、七二年一〇月に周恩来と会見した際に提案したものだった。彼が七四年五月三〇日に毛沢東にこれを提案したときには、毛でさえ賛意を示したのだった。しかし、当時「周総理のご指示」と呼ばれていたこの考えは、七五年一一月になると、「ブルジョア幹部」を呼び戻し、「右派巻き返し」を意図した鄧の取り組みの一つとして攻撃され始めた(55)。毛が生きている間、鄧は大学の正常化を図るという自分の目標を達成できなかった。

しかしその間にも、周栄鑫は鄧小平に励まされ、教育政策を指導するための文書の起草に着手していた。三稿目の原稿ができたのは、鄧への批判が始まった後の一一月一二日であった。文書の本質的な核心部分はどれも同じで、以下のような内容だった。四九年から六六年までの間に教育的訓練を受けた人々に対し、彼らが受けた教育の価値を再確認する（彼らを「ブルジョア知識人」として見下さない）。高度な専門的訓練を再開する。高校や大学で受ける訓練の総時間数を増やす。そして全体的な教育水準を向上させる。二日後の一一月一四日、周は政治局会議から呼び出しを受け、こうした提案をしたことについて厳しく攻撃された(56)。

周栄鑫に対する攻撃は、鄧小平に対する攻撃よりもさらに激しかった。一九七五年一二月、継続的にいたぶり続けられていた周は、病に倒れ病院に担ぎ込まれた。それにもかかわらず、彼は病院から連れ出され、さらに五〇回以上も批判会議でねじ上げられた。ついに七六年四月一二日朝の批判会議で、周は気を失い、翌日の夜明け前に五九歳で死去した(57)。しばらくの間、中国の教育改革も息絶えたのであった。

鄧小平解任への序章――一九七五年秋

毛沢東は年をとってから、行政の細かいことにはあまり構わなくなり、自分が生きる時代の政治との関連性に目配りしながら、好きな文学や歴史を楽しむことに時間を使っていた。一九七五年七月二三日に目の手術を受ける前、毛はほとんど目が見えず、誰かに文字を読んでもらわなければならなかった。七五年五月二九日からは、北京大学の中文系の教授である蘆荻《ろてき》女史が彼のところにやってきて古典小説を朗読し、毛とそれらについて話し合うようになった。八月一四日、彼女は、正義の反乱について書かれた中国の古典的小説『水滸伝』に関する毛の見方を聞き書きしたが、その中で梁山泊の義軍の経験は現代的な示唆に富んでいるとしていた。[58]毛のこの見方は姚文元に伝えられた。姚はその機に乗じて江青による周恩来・鄧小平批判に加わり、まるで革命への情熱を失って投降した反乱指導者、宋江《そうこう》のように二人が振る舞っていると言った。[59]

鄧小平は問題の発生を感じとり、それを制御しようとした。八月二一日の政治研究室の会議で、『水滸伝』に関する議論は完全に文学問題であり、文学サークルのみで議論されるべきだと示唆したのである。[60]しかし毛沢東は違う考えで、より広い大衆の注目の下で議論を行うべきだとした。毛は鄧がまるで周恩来のように、多くの老幹部を呼び戻すことに熱心で、老幹部たちがじきに文化大革命に背いていくのではないかと憂慮していた。こうした毛の疑念の拡大を食い止めるのは、いずれにせよ難しかっただろう。[61]毛が死んだ後、その名声を鄧がどう取り扱うかという問題は、直接議論するにはあまりにも敏感だった。そのため人々は、フルシチョフがいかにスターリンの功績を酷評したかを議論することで、問題を間接的に取り扱った。鄧への批判者たちは、彼が中国のフルシチョフになるのではないかと警告を鳴らした。もし鄧が、「セクト主義への反対」に見せかけて毛に忠実な造反派たちを追放し、老幹部の復帰を許せば、そのうち彼らは自分たちを攻撃してきた毛と造反派に対し、毛の名声を汚すことで復讐を試みるのではないか？

いつも毛沢東の受け入れ可能な方法で鄧小平を攻撃する機会を狙っていた江青は、毛が『水滸伝』について発言した好機に飛びついた。八月二三日から九月五日にかけて、『光明日報』『人民日報』『紅旗』その他に、『水滸伝』の反逆指導者、宋江の悪例を警告する何本もの記事が掲載された。江青はさらに、改革を行っていた鄧やその他の人々に対し、より強気の発言をするようになった。彼女は九月一五日、大寨《だいさい》の農業モデルに関する大規模な政治大会の場を使い、『水滸伝』の内容を踏まえながら、何人かの幹部たちは毛をわきに追いやろうとしているとこぼし、一時間もかけて痛烈な批判を展開した。

ところが、一九七四年秋から安定と団結の達成のために江青を抑え込んできた毛沢東は、彼女が大寨問題に関する会議を悪用して、あまりにも行き過ぎた発言をしたと考えた。唐聞生《とうぶんせい》が毛に江青の演説のコピーを見せると、毛はそれが「大ボラ」で、「話のつじつまがあわない（文不対題）」と述べ、その発表を禁じ、江青は発言を控えるべきだと言明した。[62] かつての革命造反派たちへの継続的な批判、そして多くの老幹部の復活を、毛がだんだん不快に感じ始めているのではないかと高級幹部たちは推察したが、『水滸伝』に関する運動はとりあえず終息した。

その間の一九七五年九月二〇日、『水滸伝』運動による圧力を感じていた周恩来は、手術前に小さな病室に閉じこもり、ある事件（伍豪事件）に関する録音記録稿のすべてに目を通していた。それは彼が三一年に地下活動をしていたとき、国民党に情報を提供した疑いがあるというものであった。[63] 手術室に入るとき、周は妻の鄧穎超《とうえいちょう》に「私は党に忠実だ。私は人民に忠実だ。私は投降者ではない！」と言い残した。彼女はこの発言を毛に届けるため、汪東興《おうとうこう》に伝えた。[64] 毛と同じく周も、党内における自分の評価を気に病みながら、死を迎える前の数カ月間を過ごしたと思われる。

清華大学問題での衝突――一九七五年秋

一九七五年七月二三日に目の手術を受けた後、毛沢東はそれまで読めなかった文書が読めるようになった。毛は読めば読むほど、鄧小平が秩序回復に必要以上に早く動きすぎているのではないかと心配になった。[65] 一〇月には毛は清華大学に注目し始めた。なぜなら毛にとって清華大学は、彼が一九六九年にこれを北京大学や六工場と並ぶ全国のモデルだと宣言してから（「六廠両校」）、最も大切な存在であったからである。七五年中、毛は文化大革命中に自分が支持してきたグループが、鄧によって一つひとつ批判されていくのを我慢していた。しかし清華大学のケースでは、鄧はあまりに行き過ぎていた。[66]

最も高い地位にあった鄧小平の世代の政治指導者たちは、一人として大学を卒業していなかった。しかし、周恩来、葉剣英、胡耀邦、趙紫陽《ちょうしよう》ら、鄧と彼の時代の多くの聡明な共産主義者たちは、毛沢東以外、知識人たちを本能的に温かく受け入れ、彼らの力が現代化に欠かせないと深く信じていた。鄧は毛が「ブルジョア知識人」に敏感なことを知っていたが、一九七五年末にはその他の分野の整頓で毛の支持を獲得して自信をつけていた。そのため鄧は、毛が清華大学に特別な愛着を抱いていることを知りながら、虎の穴に果敢に攻め込んでいった。

一九七五年の時点で清華大学を指揮していた党委員会書記の遅群《ちぐん》、副書記の謝静宜《しゃせいぎ》は、文化大革命の初期に「人民解放軍宣伝隊」のメンバーとして同大にやって来た革命造反派だった。遅群はもともと軍人で、中南海の警護にあたっていた中央警衛団、八三四一部隊の政治部宣伝科副科長を務めており、六八年に汪東興によって清華大学に送り込まれた。彼は献身的な造反派として大学の党委員会書記の地位まで上り詰めていた。そして清華大学における彼の最も親密な戦友が謝女史であった。謝は五八年から六八年にかけて毛沢東主席の機密秘書を務め、毛からは年少の者を呼ぶときの親しみを込めて「小謝《シャオシエ》」と呼ばれていた。「小謝」は清華大学の副書記に加え、清華革命委員会の副委員長、北京市党委員会の書記に就任していた。造反派たちに支持された遅群と謝は、清華大学の知識人から抑圧的なイデオローグとみなされていた。

一九七五年八月、鄧小平が整頓の標的を拡大していたことに、清華大学の党委員会副書記の一人だった劉冰《りゅうひょう》は希望を見いだしていた。かつて共産主義青年団で胡耀邦の部下の一人だった劉冰は、清華大学の知識人たちに説得され、遅群がいかに堕落した「ブルジョア」的な生活を送り、大学の雰囲気を汚しているかを知らせる手紙を毛沢東に送ることにした。この手紙の中で劉冰は、遅群が文書を読まず、会うべき人にも会わず、自らの任務を遂行していないと書いた。遅群はしばしば酔っぱらっていて機嫌が悪く、他人を罵り、突然激高してコップやグラスを投げつけたりした。さらにセクハラにも手を染めていた。劉冰から毛への手紙を届ける適切なルートについて相談を受けた胡は、自分が鄧に届けるとした。鄧はこの手紙をすぐに、そして勇敢に毛に転送した。

毛沢東は劉冰の手紙に答えず、また、それに関して鄧小平にもなにも言わなかった。しかし、手紙の存在を知らされた遅群はすぐに高位の党会議を開き、「清華大学党委員会における『修正主義』の支持者たち」、つまり劉氷とその支持者たちを批判した。ほどなくして劉氷は二通目の手紙を書き、今度は矛先を謝静宜にも向け、次のように言った。党書記の遅群は、謝静宜の助力を得て、鄧小平の演説や教育部部長の周栄鑫の指示といった文書の回覧を妨げている（周は、学生はもはや三分の一の時間を肉体労働にあてる必要はなく、学業成績の低い農民・労働者出身の学生数は削減し、科学技術専門家の育成に焦点をあてていく、と明言していた）。毛が二つの模範大学に関することに敏感だったため、李鑫やその他の人々は劉の二通目の手紙は毛に転送すべきではないとしたが、鄧は意に介さず、これを毛に送った。[67]

一〇月一九日、毛沢東は李先念、汪東興やその他を会議に招集したが、鄧小平は招かれなかった。毛は彼らにこう述べた。「この手紙を書いた劉氷の動機は不純だ。あいつは遅群と小謝を蹴落としたいのだ。この手紙の矛先は私に向けられている。……小謝は一九六八年に三万人の労働者を率いて清華大に行ってくれた」。毛はさらに、なぜ劉氷がこの手紙を直接自分に送るのではなく、鄧を経由したのか、と尋ねた。そして毛は、「劉氷の仲間に引きずり込まれないよう注意しろと、小平に伝えてくれ」と彼らに言った。[68]毛の指令に基づき、鄧は一〇月二三日に政治局拡大会議を開催して毛の指示を伝えた。北京市党委員会の高官はすぐさま、毛の指示を清華大学党委員会に伝達した。

毛沢東はこの時点で、中国科学院下での科学発展一〇カ年見通しの草稿第五稿の引用文に目を向け、これに反対し始めた。この中では「科学技術は生産力だ」という毛の言葉が引用されていた。毛はこれを読んだ後、そんなことは言っていないと述べた。そうだとすれば、科学技術が階級闘争と同じくらい重要だということになるが、そんな考えは受け入れられないと彼は言った。毛の見方では「階級闘争が要」なのだった。毛に呼び出された後、鄧小平はこの文書の起草の責任者だった胡喬木に、引用元にさかのぼって確かめるよう命じた。確認の後、胡は毛が正しかったとした。毛がこうした表現を述べたことはなかったのである。胡は毛の著作の中で似たような考えを見つけ、編集者として表現に多少の変更を加えていたのだった。[69] 毛は文化大革命が正しかったのだという一縷《いちる》の思いにしがみつきながら、文化大革命によってもたらされた多くの被害を、鄧が矯正するのを許した。しかし、今、鄧は毛のこうした思いに刃を向けているようだった。毛がまだ生きている間に、鄧がすでに毛の言ったことを変えたり、清華大学にいる毛のお気に入りたちを攻撃したりしているとすれば、鄧は毛が死んだ後にどうするつもりなのであろうか？

毛沢東の新しい連絡係、毛遠新——一九七五年一〇月〜一九七六年四月

鄧小平が自分の見方を尊重していないという疑いを抱き始めた毛沢東は、自分が連絡係として使ってきた二人の女性（唐聞生と毛の遠戚の王海容《おうかいよう》）に対しても、ますます疑いを強めた。彼女たちは鄧に接近しすぎていた。[70] 毛は二人がまるで、「沈みゆく船の上のネズミ」のように振る舞っていると言った。[71] 消えゆく毛に対して鄧は上り調子であり、二人の女性がいつまでも沈む船に忠誠を誓うとは限らなかった。実際、鄧は毛の怒りを買った後でさえ、彼女たちとたまに会って話をしていた。[72]

唐聞生は一九七二年のリチャード・ニクソン大統領の訪中で中心的な役割を果たしていたため、毛沢東は数週間後、七六年一月一日と二日にジュリー・ニクソンとデビッド・アイゼンハワーがやって来たときに彼女が通訳を務めることを許した。[73] しかし、これは彼女が毛の通訳を担当した最後だった。

その数週間前には、毛は甥の毛遠新を新たな連絡係として起用するようになっていたのである（「鄧小平時代の重要人物」参照、下巻四八四〜四八五頁）。

毛沢東の連絡係になったとき、遠新はすでに成熟した経験豊富な幹部で、毛の指示を熱心に遂行した。彼は一九七五年九月三〇日の新疆ウイグル自治区成立二〇周年の祝賀会に参加するため、（彼の父親が共産主義烈士として殉死した）新疆に向かう途中、九月二七日に北京の毛の自宅に立ち寄ったのだった。彼は以前と同様、このときも伯父の毛に東北地区の出来事について細かく話した。彼は東北での意見は、文化大革命が七割方成功したとする声と、七割方失敗したとする声の両方に分かれていると言った。加えて、文化大革命を否定する声は、林彪の死後の七二年に周恩来総理が極左派を批判したトーンよりもさらに高まっていると話した。

新疆での祝賀会に参加した後、毛遠新は一週間、東北に戻って身辺をまとめ、それからフルタイムで伯父の連絡係を務めるため北京に引っ越してきた。遠新は伯父に畏敬の念を抱いており、伯父と同様に急進的な見方を持っていた。経験ある幹部、そして毛の甥として、遠新は「二人の女史」よりもずっと威厳をもって毛の意思伝達係の役割を務めた。自分の伯父が鄧小平に対してほぼ日常的に批判運動を組織するうえで、彼は「二人の女史」がこれまでに果たしてきたよりもずっと活発に役割を担ったのであった。

鄧小平を支持する者たちの一部は、毛沢東に鄧への疑いの気持ちを抱かせたのは毛遠新だと述べる。たとえば毛が承認した文書に対して、それが配布される前に鄧がどのように修正を施したかを知らせるなどして、遠新が毛の疑念を強めたということはあったかもしれない。しかし実際には、遠新がやって来たときに毛はすでに鄧を疑っていたのである。(74) なお、毛の指示を伝達するにあたり、遠新がときに自分の意見を付け加えていたのは確実だとする幹部もいる。

鄧小平の支持者たちがこぼすほど、毛遠新が毛沢東と鄧の間の問題を広げたかどうかはともかく、遠新が急進的な見方を持っていたことは事実である。また、彼は一九七四年末に遼寧省で遅群とともに「朝陽モデル」を広めるため一緒に働いたことがあった。農村幹部の育成のために必要な教材を高等教育機関に提供し、政治思想教育を推進したのである。[75] そのため遠新は個人としても、清華大学での政治教育の重要性について遅群と同じ考えを持っており、遅群と同様に、劉氷、鄧、そして周栄鑫が推し進める学術的な質の重視に反対していた。

毛沢東、鄧小平への批判を発動——一九七五年一一月

一〇月三一日、毛沢東がますます自分への不満を強めていることを感じ取った鄧小平は、毛との会見を願い出た。毛は翌日、鄧と会い、彼が劉氷を助けたことを批判した。[76] しかし毛は他方で、多少鄧を安心させるようなことも言った。鄧がこの数カ月間の中央委員会の仕事をどう評価するか尋ねると、毛はその政策は「正しい」と話した。これは、整頓が成果を上げていることを認めたのと等しかった。[77] 毛はそれ以前の数カ月間、江青と何度か激しくやり合いながら、相変わらず鄧を支援していた。そのため鄧は、やや危険を冒していると認識しながらも、毛が支持を続けてくれることを期待した。しかし結果的には、鄧はその後数週間にわたって、毛がどれだけ自分を支持し続けてくれるかを過大評価していたのだった。

その翌日、毛沢東と会った毛遠新は、鄧小平が文化大革命の成果についてほとんど言及しない、劉

少奇の修正主義路線をほとんど批判していない、そして周恩来を標的とする批林批孔運動についてもまず称賛したことがないと報告した。遠新はさらに、鄧はほとんど階級闘争に言及しないし、生産を向上させることばかりに集中していると付け加えた。最終的には、鄧が文化大革命前の体制を復活させようとしている危険性があると、伯父の毛が最も恐れていたことを述べたのである。(78)毛と甥とのこの日の会見以降、鄧と毛との間の緊張は急激に高まった。

鄧小平は何度か「ご指示をいただくため」に毛沢東と二人きりで会おうとしたが、一一月一日の会見以降、毛は鄧との会見をずっと拒み続けた。鄧が二人だけの場で毛に文化大革命を肯定すると言うだけでは、自分が死んだ後、鄧は自分の発言を否定することができる。関連文書に目を通したことのある中国共産党史研究者たちは、毛は鄧の文化大革命を肯定する発言を記録に残し、人々に聞かせ、あるいは文書にすることによって、鄧がこれを決して公的に覆せないようにしたがっていたと認識している。たとえば一一月二日に甥と会った際、毛は自分の見方を鄧に伝えるため、同日中に二人の幹部を同伴して鄧に会うよう遠新に命じた。

鄧小平の娘の鄧榕《とうよう》は、日付はわからないとしながらも、おそらくこの夜に開かれたと思われる自宅での父親と毛遠新との会見について言及している。(79)彼女はある夜、遠新が伯父の要請により、鄧と話をするため自宅にやって来たとする。閉じられたドアの向こうで二人の間にどのような会話があったのかはわからないが、鄧の娘は、遠新が「人をいらだたせる」ために来たこと、そして父親が「信念を変えなかった」ことは確かだという。さらに「父と毛遠新との話は悪い方向に進んだ」と結論づけている。彼女は遠新が立ち去るとき、「父は見送りもしなかった」と書き記している。(80)遠新は毛の連絡係としての仕事を始めたとき、鄧を含む中共の老幹部に対して、いささか遠慮がちであったと言われている。しかし、彼が毛の全面的な支持を得て、その威を借りて話をするとき、彼自身も権力を持った。自らが培ってきた成果に誇りを感じ、自らの正しさを確信し、そして文化大革命を肯定することを渋っていた鄧が、自分の年齢の半分にも満たない人間に批判されることをいかに不快に思ったか、想像するのは難しくない。

その翌日、毛沢東は毛遠新と鄧小平との話し合いに参加させるため、自分と一緒に文化大革命に深く関与してきた汪東興と陳錫聯《ちんしゃくれん》の二人を選んだ。鄧は遠新が後から毛に報告することを知っていたが、決意を変えなかった。彼は自分の見方を力強く語ったのである。「あなた［毛遠新］は党中央の整頓が修正主義路線に追随しており、私たちがすべての分野で主席の路線を実行していないという。それは正しくない。私が中央委員会の仕事を率いるようになってから、過去三カ月間、どういう路線に基づいて仕事をしてきたか、全国各地の状況が多少よくなったか悪くなったか、実際の結果を見れば、評価は明らかなはずだ」。毛との間で深刻な問題を抱え始めていることを認識した鄧は、自己批判をしたいとさらに付け加えた。(81)

会見後の同日中、毛遠新は鄧小平がおとなしく批判を受け入れなかったと伯父に伝えた。毛沢東はすぐ八人会議を開けと甥に命じた。呼ばれたのは同じ四人（鄧、遠新、汪東興、陳錫聯）と、（四人組の一人の）張春橋、そして文化大革命の間に経済と政府の仕事を率いてきた李先念《りせんねん》、紀登奎《きとうけい》、華国鋒の三人の副総理だった。「多少けんかになっても構わない。次の段階は政治局の会議だ」と毛は述べた。毛は以前に文化大革命は九割方正しかったと言ったことがあったが、この会議の準備にあたって、毛はハードルをより低く設定した。鄧とその他の幹部は、文化大革命が七割正しかったと認めなければならず、「もし政治局会議が一回で問題を解決できなければ、二度目、三度目の会議を開いて

もよい」としたのであった。(82)

翌日の一一月四日、八人会議が開かれ、毛遠新はその日の夜に毛沢東に会議の結果を報告した。遠新は鄧小平に対して、文化大革命が基本的に正しく、今もなお階級闘争が「要」であることを受け入れるよう迫った。しかし、鄧ははっきりとした回答をするのを避けた。毛は鄧の反応に明らかにがっかりしていたが、それでも鄧を追い落とすためではなく、彼が間違いを修正するのを助けるために批判をするよう甥に言った。それから毛は甥に対して、江青は鄧を公開の場で批判する機会をいつも狙っているから、四人組のメンバーの張春橋に、このような展開について一言も漏らすなと口止めするよう指示した。(83) 遠新の報告を踏まえ、毛は八人にもう一度話し合うよう命じ、八人はこれに従った。一一月七日夜、遠新は伯父に、鄧は相変わらず頑固だと報告した。

毛沢東の次の戦略は、参加者の数を徐々に増やし、鄧小平が文化大革命への支持を表明するまで圧力を増大していくということだった。そのため毛は遠新に、江青を含む政治局のすべての委員を集めよと指示した。政治局のメンバーは、文化や科学技術の分野で鄧の手足となってきた者たち、すなわち胡喬木、胡耀邦、李昌《りしょう》、周栄鑫を名指しで批判せよと命じられた。鄧榕は、鄧が譲歩しなければ彼の指示で働いてきた仲間たちも深刻な状況に立たされるため、こうした人々への攻撃発動は鄧への圧力を高める手段だったと記している。前述したように、周栄鑫はかつて浙江大学の学長で、周恩来や陳雲《ちんうん》の助手を長い間務めてきた教育部部長だったが、彼は勇敢にも、現代化を促進するには教育水準を上げていかなければならないと発言し、政治思想教育の役割は縮小していかなければならないとすら述べた。(84) 鄧への攻撃が強まっていた一一月八日、教育分野を監督することに責任を負っていた張春橋は周に、学生に学問を奨励し、政治闘争を軽視させたことを自己批判するよう命じた。

鄧小平とその仲間たちを批判する政治局会議の開催と並行して、鄧の支持者たちは大規模な大衆集会でもエリート教育的な見方を持っていたと批判された。その時点では、鄧の名前は公の場ではまだ挙げられていなかった。しかし一一月一三日、当初の会議で鄧が望ましい反応をしなかったことに失望した毛沢東は、鄧を「助ける」ため、政治局会議に文書で指示を与えた。

二日後、毛の批判の深刻さを強く認識した鄧は、おそらく毛が王洪文に完全に失望していたことをも考えあわせ、浙江での課題をすでに終えていた彼に、自分に代わって中央委員会の日常業務の指揮をとらせるよう毛に手紙をしたためた。毛は同日夜、しばらくは鄧に会議の取りまとめを続けさせると返答した。毛は王にかつての責務を返すことは許さず、二カ月後、華国鋒を国務院総理代行に任命し、かつまた中央の業務を担わせた。

一一月一六日と一七日、教育と科学分野における鄧小平の支持者たち、そして鄧自身を批判するために、政治局は再び会議を開いた。毛沢東の強い主張により、かつての周恩来と同じく、鄧も自分が批判の標的にされている会議を自分で取り仕切るという気力のいる仕事を強いられた。毛遠新は鄧に対し、毛が文化大革命、階級闘争、毛の教育政策を肯定せよと指示しているのに、これに従わなかったと批判する基調発言をした。このときまでに批判大会への参加を認められるようになった江青と、彼女の極左派の仲間たちも、次々と批判に加わった。会議の間、鄧は議長として必要最低限の発言をしただけで、それ以上はなにも言わなかった。攻撃側が証拠を列挙するのを許した後、鄧は議長としての立場から、批判を受けていた胡耀邦、胡喬木、周栄鑫、李昌、劉氷たちに、それぞれ自分の立場について説明するよう求めた。ただ、会議の最後に議論を総括するよう求められたときには、鄧は耳が悪いことを理由に拒否した。(85)

鄧小平に対する批判は一一月前半中に急速に拡大し、議論が文化大革命の全体的な評価におよんだ一一月二〇日には最高潮に達した。毛沢東の指示により、会議を取り仕切っていたのはこのときも鄧だった。鄧が他人に助言を求めることはほとんどなかったが、圧力が続いたため、この会議の数日前、鄧は周恩来、葉剣英、陳雲に相談を持ちかけた。鄧は毛が最も反対しにくいやり方で、何とか自分が文化大革命の肯定を避ける手段はないかと探していた。政治局のメンバーに、文化大革命を肯定する決まり文句を受け入れるよう求められた鄧は、紀登奎の提案に基づいて次のように述べた。「文化大革命の間、……私は桃源郷にいた。漢の時代があったことも知らないし、その後、魏や金の時代があったことなど、余計わからない」。このスマートな隠喩は、毛沢東自身も数週間前に使っていたもので、陶淵明《とうえんめい》の『桃花源記』という有名な話に基づいていた。この逸話は、桃源郷の人々は自分たちが閉じこもっていたために、より広い世界でなにが起きていたのか知る立場になかったとしていた。[86] ただし、問題をかわそうとする鄧の努力は、文化大革命への明確な肯定を求めていた毛を満足させなかった。毛と鄧は袋小路に陥ってしまったのである。

四〇年もの間、鄧小平は毛沢東の命令に従ってきたし、毛が聞きたがる言葉を発言してきた。文化大革命の間に攻撃対象にされ、長男が一生、身体障害を引きずることになった鄧は、間違いなく文化大革命に強い個人的感情を抱いていた。ただ、鄧は長い間、こうした感情と国策の遂行という任務を切り分け、不満を言わずに毛の指導を受け入れてきたのだった。毛の意図を明らかに認識していたはずなのに、鄧はなぜこのとき従わなかったのだろうか？　鄧は毛がますます弱くなっており、昔のようにあらゆる出来事を制御する強力な存在感を発揮できなくなっていることを知っていた。実際、毛の死期は近づいていた。

しかし、答えはおそらく、鄧小平が中国の将来にとってなにが必要と考えていたかというところにあるのだろう。薄一波《はくいっぱ》は後に、もし鄧が文化大革命を肯定していたら、彼は秩序を回復することも、人々の思想を解放する新しい改革政策を発動していくこともできなかっただろうとしている。[87] つまり、「実事求是」（事実に基づいて真理を追求する）（のちの改革開放のスローガン）を実践していくことも、鄧が文化大革命の政策を肯定するのなら、整頓で行ってきたこともほとんど元に戻さなければならない。しかも、これまでの間違った政策を支持したことが記録に残るため、自分が中国を動かしていくために必要と考えていたことも実行できなくなる。彼が切り捨てた造反派たちの何人かは権力の座に戻るだろうし、特に教育や科学の分野で求められる措置がますますとりにくくなる。もし、毛の死後、中国を統治する役目が鄧に与えられるとすれば、整頓政策を継続するためにも、また文化大革命によって傷つき、それが大災害だったと確信している人々から全面的な協力を得るためにも、鄧は階級闘争から距離を置かなければならなかったのである。

鄧小平が周恩来や陳雲の助言を受け入れていたら、鄧は毛沢東の圧力に屈していただろうし、であればおそらく失脚は免れていただろう。しかし、鄧は譲らなかった。鄧榕によれば、彼女の父はその年の初めに整頓を進め始めたとき、すでに批判や粛清を予期しており、そのため心の中で覚悟を決めていたのではないかという。[88] このとき、鄧の運命は苦痛に満ち、不確かなものではあった。だが、鄧が一九七五年に譲歩をせず、毛から距離をとった分、七七年に復活したときに、彼は大きな裁量の余地を手にしたのだった。

毛沢東と鄧小平は砂の上に自分たちを隔てる一線を引いたが、一一月二四日に予定されていた大規模集会の準備にあたって、二人はなお遠慮がちな態度をとった。毛は鄧が指導力を発揮している間、大きな成果が達成されたことを認識していたし、鄧が行ってきたことのほとんどを肯定していた。毛は鄧ほど安定を実現してくれる人間はいないと知っていたし、鄧に取って代われる人材もいなかった。しかも一二月一日から五日にかけて、ジェラルド・フォード大統領の訪中が予定されていた。周恩来の病状が深刻だったため、鄧は前月、フォードの訪中準備のためキッシンジャーとの調整にあたっていた。そして毛は、アメリカの台湾への支援、中国承認の遅れ、またアメリカの対ソ・デタントなどの敏感な問題について、鄧ほど力強く巧妙に中国の見方を伝えることのできる中共指導者が、対外政策に関しては特に皆無であることを熟知していた。

一二月初めのフォードとの会見中、鄧小平は人気小説『三国志』中の故事を用い、アメリカがソ連に譲歩しすぎることがいかに危険かを主張した。魏王の曹操が戦いに勝った後、敗軍の将、呂布が陣営に加わることを申し出た。呂布の忠誠心を疑う曹操はこれを、「鷹を飼うようなものだ、飢えているときには懐くが、腹がいっぱいになれば飛び去ってしまう」と述べた[89]。言葉を換えれば、ソ連の要求を満足させることは長期的に見れば意味がない、ほしがるものを与えても、ソ連はひとたびそれを手にすれば自らの利益を追求する、ということだった。

フォードとの会見で、毛沢東は中国にはソ連と戦う装備がなく、空砲を撃つことしかできないと認めた。しかし、彼は「相手を罵ることなら、私たちにも多少能力がある」と告白した[90]。鄧小平への圧力を高めていくために、毛は江青や造反派たちがそうした能力を存分に発揮するのを許した。毛には鄧の運命を決める力があり、文化大革命が間違っていても、なお毛を尊敬し続ける他の指導者たちと協力していかなければならないことを鄧はよく知っていた。毛が台本を書き、鄧が議長を務めることになっていた一一月二四日の会議は、中共の正しい政策とはなにかを老幹部たちに改めて想起させた。

会議の三日前、その指揮にあたってどうすべきか、鄧は毛に書面で細かく建議し、毛は翌日、やはり書簡でその提案を承認した。毛はさらに、若い幹部にも正しい政策とはなにかを知ってもらうため、そうした者を何人か招待するよう指示した。しかし、毛にも鄧にも、ほとんどの「若い幹部」というのがかつての造反派で、そのうちの何人かは鄧を罵る高い能力を持つことがわかっていた。毛はすぐに考えを変え、翌日、若い幹部の教育を急ぐ必要はあるまいと手紙を書いた。それは後の会議にとっておけばよいのだ[91]。鄧を批判するにあたって、毛は一時的に全面攻撃を回避したのだった。

一一月二四日の「警報を鳴らす（打招呼）」会議には、「新しい間違いを犯さないための」指示を受けるため、すなわち鄧小平と同じ道を歩む者をやめさせるために、一三〇人を超す老幹部が集められた。鄧は会議の指揮について毛沢東から受けた指示に従い、毛の書簡を大きな声で読んだ。この中で、毛は、劉氷が遅群と謝静宜を蹴落とそうとしたことを批判し、劉氷の手紙は実際には遅群と謝を支持してきた自分に向けられていると述べていた。鄧の名前は挙げられてはいなかったが、劉氷の手紙を毛に転送したのが彼であったため、参加者には毛が鄧を批判していたことが明らかだった。会議で毛の書簡への反応を求められると、鄧は何とか文化大革命を肯定するのを避け、かつ毛の指示には従おうとした。主席は幹部たちが文化大革命に正しい態度をとることを求めている、「階級闘争を要」とするのが党の基本路線だ、と鄧は述べたのだった[92]。実際、鄧は、毛が言ったことがそのまま党の政策になると認めたが、自分がそれに賛同するとは言わなかった。会議の議事録は文書にまとめられ、毛の承認を受けて、一一月二六日に全国の党と軍の高位の幹部に発送された。鄧は名指しされてはいなかったが、これに目を通した者は、彼がトラブルの渦中にいることをすぐに察知した[93]。

鄧小平批判の拡大——一九七五年一二月〜一九七六年一月八日

一一月二四日の会議の概要が二六日に配布された後、政治局は二カ月間にわたり、あまりにも多くの老幹部を次々に復活させ、「右派巻き返し」を図った鄧小平を批判する会議を開き続けた。毛沢東は相変わらず鄧に、彼自身が攻撃の対象にされている会議の議長を担わせ続けた。鄧は会議を開閉会する役目を果たしたが、それ以外は江青と造反派たちが彼や彼の政策への批判を重ねるのを黙って聞いていた。『紅旗』や『人民日報』、そしてその他のメディアもさらに批判を展開した。こうした批判の間、断固として鄧を支持し続けた四人、すなわち胡耀邦、万里《ばんり》、周栄鑫、張愛萍《ちょうあいへい》（「四金剛」と呼ばれた）は、鄧の巻き返しを補助したかどで攻撃された。胡喬木、鄧力群、于光遠ら、政治研究室とその老幹部たちもまた、鄧を支持する間違いを犯したとされ、連日の批判大会の中で攻撃を受けた。[94]

一二月一八日、毛遠新は伯父の毛沢東に、彼が造反派の勢いの強い遼寧省、上海、清華大学、北京大学などの党委員会の手を借りて一〇月から集め続けてきた資料を転送した。これは鄧小平、周恩来、葉剣英を批判するものであった。遠新は添付したメモで毛にこの証拠の公開許可を求め、毛はすぐに同意を与えた。[95] 二日後、資料は党と軍の高官たちに転送された。[96] 同日鄧は、文書は書かずに短い「自己批判」を行った。[97] 一九七五年初めに仕事を任されたとき、多くの工業部門で生産は滞り、セクト間闘争が深刻だった、と鄧は語った。セクト間闘争の問題に対処するため、鄧はまず鉄道に注目し、すぐに解決に導いた。鄧はそれから生産向上のために同じ手法で鉄鋼業に対処した。鄧は自分の過ちは文化大革命の八年間、政権を離れていたためではなく、文化大革命に対する自分の態度のせいでもたらされたと語った。彼の娘が指摘している通り、彼はこの「自己批判」によって、自分がなお正しいと信じていた政策を弁護したのだった[98]。

毛沢東との関係を改善しようと、鄧小平は翌日、毛に個人的な手紙を送り、口頭で行った自己批判の原稿を添付した。そしてこれは初歩的な内容にすぎないため、次に自分がなにをすべきか、毛主席からのご助言をいただきたいとした。果たして、毛は鄧の自己批判を不適切とみなし、返事を寄越す代わりに鄧への批判運動を拡大した[99]。一九七六年元旦の直後、汪東興が鄧に電話をかけ、毛が承認した新年社説を鄧が読んだかどうかを尋ねた。社説は安定と団結の実現にあたって、階級闘争を軽視してはならないと宣言していた。鄧は毛がなにを求めているのかを理解し、すぐに新たな自己批判書を書いて一月三日に提出した。彼は一二月二〇日に述べたことを繰り返し、政策を表明する際、毛からの承認を受けないことがあったとだけ付け加えた。それに続くセッションで江青や造反派たちから批判を受けても、鄧は自分の主張をなお堅持した。鄧は、中国が階級闘争をその中心的な目標として据え続けなければならないと宣言するより、罰を受けることを選んだのである。鄧が自己批判書を提出した五日後、周恩来が死去した。その直後、華国鋒が鄧の後任に任命された。

キッシンジャーとフォード大統領との幕間劇

鄧小平はヘンリー・キッシンジャー、そして後にフォード大統領との交渉を行うため、しばらくの間、批判大会を欠席することが認められた。フォード訪中の準備のため、一〇月二〇日から二二日までの三日間、鄧とキッシンジャーは長い時間をかけて話し合い、世界情勢の変化について意見を交換した。鄧はキッシンジャーに鋭い質問をして、彼が用意してきた発言をするのをほとんど許さなかった。あなたたちはソ連にどれくらい穀物を売っているのか？　アメリカの現代的な設備や技術をどれだけソ連に譲り渡しているのか？（アメリカが西欧と共産主義陣営の間のデタントを推進しようとしていた）ヘルシンキ会議に対して、どのような見通しを持っているのか？　そのうえで鄧は、第二次世界大戦の前夜にヒトラーに譲歩したチェンバレンとダラディエの経験について詳述した。その教訓は、ヒトラーの初期の拡張にイギリスとフランスが強く対応しなかったため、ヒトラーは西側を攻撃したというものだった。彼は、脅威の拡大を防ぐには断固とした対応をとるべきだと助言し、アメリカは今、弱い反応しか示していないとした。ソ連は今、アメリカと西欧を合わせたよりも強くなっている、と彼は言った。しかしソ連には、穀物と技術の不足という二つの弱みがある。それなのに、アメリカはその双方で支援に回り、ソ連の問題解決を助け、すなわちソ連による攻撃の危険性を拡大している。[100] 周恩来は投降主義と批判されたが、この会議の参加者が毛に報告をしていれば、鄧をそのようにみなす根拠を探すのは難しかっただろう。

キッシンジャーと世界情勢について長時間、話し合う中で、鄧小平は何度も、アメリカがベトナムから撤退したことでソ連が前進して来る危険性があると繰り返した。議論で鄧はキッシンジャーに、アメリカはソ連の脅威に対してもっと断固たる態度をとるべきだと圧力をかけ、キッシンジャーはアメリカがソ連の脅威に対抗するためにどれだけ多くのことをしているかを説明しようとした。鄧は強烈で威勢がよかったが、外交的な礼節は保ち続けた。

鄧小平はキッシンジャーが毛沢東との会談をする際も同席し、毛は鄧と同様に、アメリカがソ連の挑戦への適切な対応を打ち出すのに失敗したことを中心に取り上げた。鄧や毛との会談報告の中で、キッシンジャーはフォード大統領に、中国はアメリカがソ連の拡大に直面して勢力を失いつつあると認識しており、訪中時にこうした議論が出たことは米中関係の冷却化の兆しであると報告した。そしてキッシンジャーは、アメリカの反応に失望した中国が、ソ連から自力で身を守る準備をしていると結論づけた。(101)

鄧小平が長時間におよぶ交渉で議論にしっかりと集中し続けたことは、彼がいかに圧力に強かったかを示す物差しになる。キッシンジャーにしろ彼のスタッフにしろ、鄧が毛沢東からの厳しい圧力にさらされていることを感じ取った人間は誰もいなかった。事実、毛の病状が重く、細かく継続的な仕事が不可能なことから、会見を終えたキッシンジャーは、「鍵となる指導者は鄧だ」と結論づけていたのである。(102)

鄧小平が八人会議で最初の批判にさらされていた一一月四日、外交部長の喬冠華《きょうかんか》がアメリカの連絡事務所所長のジョージ・H・W・ブッシュを呼び出し、一二月に予定されていたジェラルド・フォード大統領の訪中延期を願い出た。しかし、アメリカは逆に予定通り訪中を実現させることを要請し、中国は一一月一三日、訪中の受け入れを確約した。鄧はフォード大統領の主たる受け入れ役を担うことになり、一三〇人の高官の前で攻撃対象にされた一週間後に、彼を空港で出迎えた。鄧は歓迎宴をホストし、送別昼食会を開き、長時間にわたる交渉を三回にわたって行い、加えて毛沢東とフォードの会談に同席した。

中国側はフォードの訪中に大した期待を抱いていなかった。彼らにとってニクソンは、ソ連の圧力に対抗しうる情報通の信頼できる指導者だったが、今のフォードはウォーターゲート事件から何とかもち直そうとしているところで、ひ弱な新人にすぎなかった。ニクソンは中国と一九七六年に国交正常化をすると誓ったが、中国側はフォードの訪中前から彼が正常化計画を推進できないと認識していた。フォードにはニクソンほど対外関係での経験がなかった。実際、鄧は最初の長時間セッションで、ソ連に対してより強い行動に出るようアメリカに圧力をかけながら、フォードにこう言った。「お気持ちを害するつもりはないのですが、ソ連への対処という意味では、あなたよりも私たちの方が少し経験があるようです[103]」。彼は六週間前にキッシンジャーに語ったのと同じように、ソ連についての自分の見方をこう主張した。中国はソ連から身を守るために、一国でもやっていく覚悟だ。技術のない貧しい国であっても、兵を養うために「トンネルを掘り、粟を蓄える」つもりはあります。もっとも鄧は、ソ連に対するアメリカの反応が弱いとこぼしつつも、中国が自国の軍事費を増大させる用意があるとは言わなかった。

それでも毛沢東と鄧小平は、六週間前のキッシンジャーのときよりもフォード大統領に温かく接した。鄧はフォードに「より深い交流が必要だと確信しています。……われわれの見方に相違があったり、たまに口論をしたりしても問題ではありません」と言った。アメリカにソ連問題で圧力をかけたほか、鄧は愛嬌を交えながら、米中関係や貿易、文化交流、アメリカの台湾政策に関して、アメリカを威勢よくけしかけて揺り動かそうとした[104]。また鄧は、フォード大統領は自分が思っていたよりも世界情勢についてずっと見識豊かで、ソ連に対してかなり強い態度をとっているとも認識した。一週間後、鄧はジョージ・H・W・ブッシュに、フォードの今回の訪中の成果は予想よりもずっと大きかったと語った[105]。

フォードがアメリカに帰るとすぐ、鄧小平に対する批判大会が再開されたが、アメリカ側ではなお、誰も鄧が批判にさらされていることに気づいていなかった。アメリカの連絡事務所所長のジョージ・

H・W・ブッシュが任務を終えて帰国することになったため、鄧はフォードの訪中から一週間後、彼のために送別昼食会を開いた。ブッシュは昼食会が「リラックスして明るい雰囲気」だったと述べた。[106]

一九七五年一二月二日に行われた毛沢東とフォード大統領との会見は、鄧小平が毛に呼ばれて外国の訪問者と会った最後の機会だった。それはまた、鄧が毛に会った最後でもあった。鄧は一月一日にニクソンの娘のジュリーと夫のデビッド・アイゼンハワーに会い、翌日にはマーガレット・ヘクラー率いるアメリカの下院代表団を受け入れた。[107] しかし、それから一週間も経たないうちに周恩来が死去し、その後、鄧は七七年の復活まで外国のゲストに会うことはなかった。

凍結されたイニシアチブ

一九七五年一〇月二五日、毛沢東の甥の毛遠新が政治局に鄧小平への批判を伝達すると、中国共産党の再建、そして科学、教育、文化の前進に関するすべての動きが停止した。低いレベルの組織には、毛が鄧を批判したことはすぐに伝わらなかった。しかし数週間経つと彼らも、変革を求める自分たちの取り組みが上級レベルのどこかで滞って承認されないことを感じ取るようになっていった。七六年一月には、鄧は彼らを支援すらできない状態にあった。

一九七五年五月から一〇月にかけて、鄧小平は中国共産党の再建、そして経済、科学、技術、文化の長期的発展の基礎を作るために前向きに努力した。これらの取り組みは、凍結されたが消えはしなかった。七五年に鄧の下で描かれた経済計画は、七六年~八〇年の第五次五カ年計画の基礎として残った。四人組はメディアを使って「三本の毒草」への警鐘を鳴らし、それを批判する運動を指揮した。

それを読んだ人々は、表立ってそれを素晴らしいということはできなくなった。しかし、七七年には汚名は晴らされ、それらはその後数年間の政治綱領の土台となり、「三本のかぐわしい花」として知られるようになった。たとえば、独立した社会科学院の設立計画は七五年末にストップしたが、七七年に具現化した。政治研究室も七五年末までに活動を停止したが、研究室が集めた多くの文筆家たちは七八年の三中全会やそれに続く改革関連の文書の起草で役割を発揮した。

軍隊では、鄧への批判運動が真の意味でなにかの動きをもたらすことはなかった。四人組は人民解放軍の総政治部以外ではほとんど支持されていなかった。軍隊の中での最も目立った変化は、文化大革命で批判を受けていた老幹部の復活の速さが鈍ったこと、そして軍校の再開が遅れたことだった。一九七七年には幹部たちが再び復活してくるようになり、軍校も再開された。(108)

鄧小平の失脚は、短期的ながら、高等教育に劇的な衝撃をもたらした。教育水準を向上させ、政治教育を減らしていく計画は中断された。中国科学院の再建の勢いは失われ、文芸活動の許容範囲は狭められた。作家、音楽家、芸術家にとっては、再び冷たい時代が到来した。

政治の分野でも、かつて反逆者とされた老幹部を名誉回復する動きがスローダウンした。胡耀邦と胡喬木は攻撃を受けて解任され、彼らの下で働いていたより下のレベルの幹部たちも職を失った。一九七五年に毛沢東は、秩序、安定、経済発展をもたらすために譲歩しようとしたが、最後には毛が我慢できない範囲まで鄧小平が手を広げてしまった。毛は人生最後の数カ月間、権力を維持し、手綱を操って鄧を失脚させ、批判を受けさせることができた。しかし彼は、部下たちの考えを支配する力も、部下たちからの支持も失っていた。鄧は短期的には蹴落とされた。だが、七五年末、自分が支持してきたことが間違っていたと認めるのを拒否し、頑固に抵抗したことで、鄧は七七年以降に有利な立ち位置を占めることができた。彼は復活を果たすと、七五年に自分が創出し激励した指導者チームと整頓計画を冷凍庫から取り出し、解凍していった。

第5章　毛沢東時代の終焉を傍観——一九七六年

一九七五年一二月から七六年九月までの一年足らずの間に、中国では四人の長老が死去した。一番目の康生《こうせい》は腕利きの内部スパイで、何百人もの人々を革命の裏切り者として殺害する汚い仕事を毛沢《もうたく》東《とう》のために行い、七五年一二月に死んだ。次に周恩来《しゅうおんらい》総理が七六年一月八日の朝に亡くなった。さらに紅軍の創設者で初期の軍事指導者だった朱徳《しゅとく》が七月に死去した。そして九月にはその三人の上に君臨していた毛主席が逝去した。彼らの死と、一〇月に四人組が逮捕されたことで、神のような一人の革命家が国家全体を揺り動かすことのできる時代も終わりを迎えた。

周恩来の死

周恩来が毛沢東より早く死んだことは、毛に周の葬儀を手配し、その性質を決める権限を与えた。そして毛はその機会を使い、中共の基準からして周の貢献に対する敬意を最低限にとどめることで、多くの人々の彼への思いを踏みにじろうとした。だが、毛の策略は裏目に出た。中国の多数の人々は説得されるどころか、彼らが尊敬し思慕する周が、死後に当然与えられてしかるべき評価を与えられなかったことに失望したのである。

周恩来が死んだ日の午後、政治局はその葬儀を執り行うため会議を開いた。政治局はさらに、周の死去に関する通知文の原稿を準備した。そしてまだ公式には副総理だった鄧小平《とうしょうへい》が、六時半にこれを毛沢東に送付し、メモを同封して承認を求めた。翌朝早く、毛は通知文の内容を承認し、また、毛、王洪文《おうこうぶん》、葉剣英《ようけんえい》、鄧、朱徳を筆頭として一〇七人で構成される葬儀委員会の名簿についても反対を唱えなかった。(1) 毛は鄧が弔辞を読むことにも同意を与え、周は革命の英雄たちが眠る八宝山で火葬されることになった。

しかし、毛沢東は葬儀に出席しなかった。人民大会堂で葬儀が開かれる三日前、毛はボディーガードの汪東興《おうとうこう》に、「なんで私が葬式に出ないといけないのだ?」とあざ笑うように言った。彼は身の回りの手伝いをしていた張玉鳳《ちょうぎょくほう》に、自分が参加できないことをごく簡単に外部に説明するよう告げた(とはいっても、そのわずか数週間後、毛はニクソン前大統領と一時間四〇分の会談をするだけの元気があった)。(2) 毛は周恩来を追悼するため花輪を送ったが、それ以外にはどんな形でも弔意を示さなかった。

毛沢東は同様に、周恩来が死去する前の数カ月間、彼を遠ざけていた。一九七五年九月には、周の体重は通常の六五キロから四〇キロまで落ち込んでいた。(3) 鄧小平や葉剣英、そしてその他の親しい仲間たちは、周が口を利けなくなってからもしばしば病室を訪れ、彼を見舞った。翌年一月五日、周が最後の手術を受けたときには、鄧、李先念《りせんねん》、そして数人の指導者たちが病院で彼に付き添った。(4) 毛は身体的には周よりずっと元気だったが、一度も見舞いに行こうとしなかった。毛はさらに、外国人たちが周に敬意を示そうとするのを妨害した。周が逝去した日の午後四時、鄧は多くの国の代表団が弔問を申し入れてきていると毛に報告した。しかし、その夜遅くにアルバニア大使と会見した鄧は、毛の指示により、北京にいる各国大使の葬儀への参加は認めるが、諸外国の指導者には自国にある中国の大使館で弔問をお願いすることとし、北京では外国の代表団は受け入れないと通知した。(5)

対照的に、そして毛沢東の冷淡さにもかかわらず、ラジオや拡声器で周恩来の死が通知されると、一般大衆の間からは彼の死を悼む全国的で大がかりな動きが巻き起こった。彼らの目に映る周は、一九四五九七三年以降、不公正な取り扱いに苦しめられてきた。人々の側から自発的に感情がこみあげ、四五年にフランクリン・ルーズベルトが死んだとき、あるいは六三年にジョン・F・ケネディが暗殺されたときのアメリカと似たような状況が生まれた。前年の全国人民代表大会で周のやつれた様子を見ていた人々は、彼の死に驚きはしなかったが、毛と四人組の狂気の沙汰からもう誰も中国を守ってくれないのではないかとおびえた。文化大革命で苦しめられた指導者の中には、周が毛と協力を続けたことに失望していた者もいたが、大衆の側からすれば、毛の過剰なやり方から彼らを救ってくれたのが周だった。(6)彼らを守ってくれる周がいなくなった今、多くの人々は、これからどうなってしまうのかと強い不安に戦《おのの》いた。

一月一一日、周恩来の葬儀がその日に執り行われることを口コミで耳にした北京の市民たちは、彼に敬意を示すため天安門広場に集まった。その日の午後遅く、周の遺体を収容した霊柩車が、一〇〇台の黒いリムジンを伴って広場の横を通った。霊柩車は遺体が火葬される西山の革命英雄墓地、八宝山に向かうところだった。凍りつくような寒さにもかかわらず、推定一、二〇〇万人の人々が沿道に並んでいた。(7)政治局が周の意志に反してその火葬を命じたという噂に失望した弔問者たちは、駆けつけた周の妻の鄧穎超《とうえいちょう》が火葬は本人の意志だと説得するまで、車の前進を阻止し続けた[8]。

一月一二日には『人民日報』が党旗で飾られた周恩来の写真を掲載したが、これは追悼活動に許可が出たことを意味していた[9]。何百、何千人もの人々が天安門広場を訪れ、火葬された周の遺骨が入った木製の納骨箱に敬意を示すためやってきた。黒い腕章をつけることは禁止されたが、北京では腕章を作る黒い布と、弔問用の菊の花を作る白い絹紙とが売り切れた[10]。一月一二日までに推定二〇〇万人が、花輪や弔辞を用意して天安門広場の人民英雄紀念碑に足を運んだ[11]。

政治局は一月一五日に追悼式の開催を予定していたが、一月一二日の政治局会議では張春橋《ちょうしゅんきょう》が、政治局が用意した弔辞を読むのには葉剣英元帥がふさわしいと提案した。だが、葉元帥はわずか一カ月前に康生への弔辞を読んだばかりだった。このとき鄧小平は厳しい批判の対象になっていたが、葉は鄧が周恩来への弔辞を読むべきだと発言し、政治局のメンバーもこれに同意した[12]。毛沢東は、鄧が弔辞を読むことをやめさせることはできたが、政治局のこうした決定を拒否することは奇妙でもあった。その代わり彼は、政治局が正式に用意していた弔辞を鄧に読ませることを承認した。

追悼式には慎重に選ばれた五〇〇〇人が参列し、鄧小平は彼らの前で中央委員会を代表して弔辞を読んだ。しばしば周恩来や鄧の通訳を務めていた冀朝鋳《きちょうちゅう》は、このときのことを振り返ってこう述べている。鄧は普段ほとんど感情を表に示さなかったが、彼が「『われわれの総理』という言葉で切り出したとき、その声は震え、一瞬、間が空いた。どの人も涙を禁じ得なかった[13]」。鄧は半世紀もの間、周と密接に関係を結びながら人生を歩んできた。そして、二人はともに、何十年もかけて彼らが献身的に仕えた毛沢東の下で辛酸をなめたのだった。このときを最後に、鄧は一九七七年春まで、人前から姿を消した。

鄧小平が読んだ弔辞は周恩来をたたえていた。その内容は政治局の指示に基づいて準備されたため、毛沢東や四人組にとって反対を唱えにくい内容だった。弔辞によれば、周は共産党や無敵の人民解放軍のためにも、新民主主義革命の勝利や社会主義新中国の建設のためにも、労働者・農民・少数民族の間の偉大な団結などのためにも、それぞれ貢献を果たしたとされた。彼はプロレタリア独裁のために不朽の貢献を成し遂げ、対外関係では毛主席の革命的な対外政策路線を遂行した。その人生を通して、周同志はマルクス＝レーニン主義と毛沢東思想に忠実であった。彼は常に大局から考え、党の規律を守り、大部分の幹部を団結させることに長《た》けていた。彼は謙虚で、慎重で、でしゃばらず、勤勉に指揮をとり、生活は質素で、人々の模範であった。そしてさらに、彼は病に対しても英雄的な革命闘争を展開した、と鄧は締めくくったのだった。[14]

追悼式の直後には公的な服喪期間の終了が宣言された。追悼式の簡単な事実と鄧小平の弔辞が新聞に掲載されたが、革命的英雄が死去したときの慣例とは対照的に、周恩来の経歴に関する文章はほとんどなにも印刷されなかったし、天安門広場や火葬場への沿道で弔意を示した群衆数の公的推計も報道されなかった。多くの人々は、周が死に際してこうした取り扱いを受けたことに失意を感じた。それは彼らが敬愛する人物に対し、適切な追悼の場が与えられなかったからというだけではなかった。この事実はつまり、周や鄧の敵対陣営が政治的に強い立場にあり、今後、周とはまったく異なる政策を遂行していくであろうということを象徴していたのだった。[15]

追悼式後、周恩来の未亡人となった鄧穎超には希望通り、遺灰を空港へ運ぶことが許された。そこで遺灰は作業員によって飛行機に乗せられ、周が一生を捧げた中国の大地に向けて、空から撒かれたのだった。[16]

鄧小平の失脚と華国鋒の選出——一九七六年一月

周恩来の追悼活動が執り行われても、鄧小平を攻撃する政治局の会議が中断されたのは、わずか数日間だった。二度にわたる鄧の自己批判に不満を感じた毛沢東は、周の追悼式の前日、これらの自己批判を印刷し、政治局でさらに審査するため配布せよ、と命じた。[17] これは鄧にとっては不吉な兆候だった。鄧は一月二〇日の政治局会議で三回目の自己批判をし、再び毛との会見を求めた。なぜかと詰問する江青《こうせい》に対し、鄧は自分の間違いの深刻さについて主席と直接お会いしてお話をしたい、主席から直接批判とご指示を頂戴したい、そして自分が仕事の中で直面したいくつかの問題についてもご相談したいと答えた。[18] しかし毛は、自分が批判の標的とした者には会わないといういつもの慣習に例外を受け付けなかった。私的な発言なら、鄧は後で簡単にひっくり返すことができる。毛はそうしたぐいのものは、最初から耳に入れないと決めていたのだった。[19]

毛沢東との個人的な会見が受け入れられなかったことを聞いた鄧小平は、事実上の辞職願にあたる手紙をしたため、これを毛遠新《もうえんしん》に渡して毛沢東に届けてもらった。彼は次のように書いた。「主席、党中央の日常的な仕事を率いる私の任務を解いていただけますようお願い申し上げます。[20] 過去二カ月間、私は批判を受けて参りました。私が仕事を続けることで中央委員会の任務は停滞しており、私はそのことでさらなる過ちを犯す恐れがあります。私は主席と中央委員会のご決定に従います[21]」。

鄧小平の書簡を受け取った次の日、毛沢東は甥と面会し、前日の会議で鄧がどのように振る舞ったか報告を聞いた。毛遠新の見方では、鄧の自己批判はまったく不十分なままだった。遠新は毛に、三人の副総理、すなわち華国鋒《かこくほう》、紀登奎《きとうけい》、陳錫聯《ちんしゃくれん》が、国務院の仕事を処理するためこの中から誰かリーダーを決めてほしいと要請してきていると報告した（この地方出身の三人の若手指導者たちは、いずれさらに高い地位に上るための候補者として期待され、一九六九年か七三年に政治局入りしていた）。毛はすぐさま、華国鋒を先頭に立たせ、ただちに党の日常業務を取りまとめさせよと返答した。[22]

華国鋒は外国人にとって、また中国の一般大衆にとってさえも新顔だった。しかし、毛沢東は過去二〇年間、彼のことを知っていた。華は一九五五年、毛の故郷の湖南省湘潭で県の党書記を務めていたとき、初めて毛の面識を得た。華は当時、毛の急速な農業集団化を強力に支持しており、毛は彼によい印象を抱いた。毛が華を認識してから二〇年以上の間、華はすべての政治運動で毛を堅く支持し、それぞれの政治運動が一つ終わるごとに昇進を重ねた。議論の多い毛の五九年の彭徳懐《ほうとくかい》批判、そして墜落事件後の林彪《りんぴょう》批判で、華は毛の頼もしい支持者であることを改めて示した。ただ、その他の北京の指導者たちは、華が七三年に政治局に抜擢されてから初めて華のことを知った（「鄧小平時代の重要人物」参照、下巻四五一～四五二頁）。王洪文はあまりにも頑固で、多くの人々を一緒に働かせることができなかった。華は政治的に自分と違った見方を持つ幹部たちと、より良好な関係を築くことができた。彼は文化大革命以前から高官を務めていたため、新たに職務に復帰してきた幹部たちからも受け入れられやすかった。それに四人組のメンバーは、彼のことを従順で操縦しやすいと楽観的に考えており、彼らにとっても華は好ましかった。

毛沢東が毛遠新に対し、華国鋒に（中共の日常的な取りまとめを）まかせると告げた同じ日（一月二一日）、江青と張春橋は清華大学と北京大学の党委員会の会議をお膳立てし、公の場で初めて鄧小平の名前を挙げて批判を展開した。鄧の支持者たちが批判した清華大学の幹部、遅群《ちぐん》は、さらなる大衆大

会を組織して鄧を攻撃するため陣頭に立った。(23)

毛が鄧の公開批判をしたタイミングと、鄧が人々の前から姿を消したこととの間には関連性がある。一九七五年に大衆は鄧を指導者として受け入れ、彼が行った仕事についても肯定していた。こうした鄧の存在が華国鋒を新しい指導者とするうえで障害にならないようにするには、鄧を大衆の視野から消し去り、その評判をできるかぎりおとしめなければならなかった。

中国の大衆と外国のメディアは、一月二六日の『人民日報』で華国鋒の昇進を予見した。だが、このニュースは全段抜きの大きな見出しの記事にはならず、ただ華がルーマニアの貿易代表団を接待したということが第三面の見ばえのしない報道の中で紹介されただけだった。(24) 一月二八日、毛沢東は正式に華に党中央の日常業務の責任を担わせた。(25) そして、鄧小平が辞表を提出した二週間後の二月二日、党中央は全国の上級党員に対し、政治局が全員一致で華を総理代行に任命したと通知した。(26) こうしてしばらくの間、鄧は人々の視野から消えた。辞表を提出した後、鄧は一九七七年夏まで仕事に戻らなかった。(27)

毛沢東は、華国鋒が鄧小平や周恩来のような傑出した指導者ではないことを知っていたが、年齢や経験の面で彼以上に自分の要求を満たす適任者はいなかった。毛は少なくともこの時点では鄧をあきらめたわけだが、団結と安定を追い求めることを止めたわけではなかったし、華は（王洪文と違って）敵もおらず、徒党を組むこともなかった。実際、華は、鄧自身がどの幹部を昇進させるか考えた際に注目したようなタイプの人間だった。彼は現実的な問題解決を好み、一段、一段と昇進を積み重ねてきた。華はマルクス゠レーニン主義理論の知識や対外関係での経験に欠けていたが、毛は彼がこれらの面でも成長することを期待した。

毛沢東にとっておそらく最も重要だったのは、文化大革命の恩恵を受けてきた華国鋒なら、これを否定することはないと信じられたことだった。鄧小平と違って華には自分の支持基盤がなく、彼の政権維持の正統性は彼が毛によって選ばれたという一点にかかっていた。毛は華であれば、きっと自分の評判や遺産を守ってくれると安心できたのである[28]。

しかし、高い地位で試されたことのない華国鋒は、総理代行にしかしてもらえなかった。毛沢東はこの変化を恒久的なものにしてしまう前に、彼をじっくり観察しようとした。毛は鄧小平に指導力があることは十分認識していたため、一九七五年一月には彼に軍と党と政府の正式な肩書を与えた。対照的に七六年一月、華には政治局の常務委員の地位も与えられなかったし、党の副主席にもしてもらえなかった。さらに彼は軍では何ら重要な役職も与えられなかった。ただ、毛は華に政治局会議を取りまとめさせ、党と政府の日常業務を全体的に統括する職責を与えた。華の当初の任務の一つは、多くの老幹部を呼び戻そうとする鄧の取り組みを批判し、「右派巻き返し」に反対する運動を率いていくことであった。

鄧小平批判運動の失敗

鄧小平を要職から追放し、大衆の前で非難する準備を始めてからも、毛沢東は鄧への攻撃を制限した。毛は華国鋒を選んだ後の一月二一日の発言で、鄧との意見の違いはなお人民内部の矛盾に過ぎず、敵との矛盾ほど深刻ではなく、彼の仕事については後で相談すると述べた。当面、鄧の任務は削減するが、なお仕事を続けて構わないとしたのである。つまり、鄧は打倒され、死に追いやられたわけではなかった。毛は鄧を完全にはあきらめず、しかし、彼を批判する大衆運動は行うことにした。毛はまた、軍に対する鄧の統率力を弱め、鄧が軍を束ねて毛に反対できないようにした。

鄧が毛に辞表を提出するわずか二日前の一月一八日、国防科学分野の推定七、八〇〇〇人の幹部からなる大衆が先農壇体育館に集まり、「右派巻き返し」を批判した。鄧と国防科学分野で密接に働いたことですでに大々的に批判され、江青からは台湾のスパイとまで言われていた張愛萍《ちょうあいへい》将軍は、病気のため集会に参加できないと伝えていた。その短いメッセージの中で彼は、自分が下した決定に責任を負うのは自分であり、自分の下で働いていた人々が責めを負うべきでないと説明した。(29)

鄧小平や彼の仲間たちへの急激な逆風を生んだ政治情勢の中で、心身を病んだのは張愛萍将軍だけではなかった。張のほか、その他三人の「金剛」と彼らの親しい仲間たちもまた攻撃されていた。胡《こ》耀邦《ようほう》や科学の振興を図った彼の同僚たち、万里《ばんり》や彼とともに鉄道問題に立ち向かった同僚たち、周《しゅう》栄鑫《えいきん》そして彼の教育分野の同僚たちも、みんなが攻撃の標的になった。二カ月後には周が死んだ。二月二日には、葉剣英元帥が病気のため、陳錫聯が中央軍事委員会の責任者を務めると公表された。陳は遼寧省で毛沢東の甥の毛遠新と一緒に働いたことがあり、遠新が両者の仲介役を果たした。そのため、これは軍の中で毛沢東の利益を確保する措置でもあった。党中央は二月一六日、前年夏の中央軍事委員会拡大会議で鄧と葉元帥が深刻な間違いを犯したという中央軍事委員会の報告を承認し、彼らの演説内容は回収されることになった。この通達が公表されると、鄧と葉元帥は中央軍事委員会の仕事にも参加しなくなった。(30)毛は自分が批判していた鄧や葉元帥が、軍隊の指導者たちを団結させて反旗を翻すのを防ごうとしたのだった。

毛遠新の陣頭指揮により、中共中央は省級指導者たちと大軍区の指導者たちが参加する鄧小平批判会議を組織して開催した。二月末から三月初めに開かれたこれらの会議で、多くの地方幹部はまず、遠新が集めた資料に基づく毛沢東の鄧批判を聞いた。毛は甥に対し、鄧が自分の「三つの指示」（修正主義反対、安定団結、国民経済の向上）をひとまとめにして公表した際、政治局での議論も経ず、自分に報告もしなかったと不満を漏らしていた。毛はさらに鄧の「白猫黒猫論」（ネズミを捕まえさえすれば、白猫でも黒猫でも構わない）についても批判した。これは帝国主義とマルクス＝レーニン主義の間に線引きをしておらず、彼のブルジョア的思想が反映されているというのである。張春橋もこれに同調し、鄧は独占資本階級の代表であり、国内では修正主義、外国に対しては投降主義を行っていると述べた。

初期の鄧小平批判で彼は名指しを受けていなかったが、この会議で華国鋒は鄧を名指しして彼の「修正主義」路線を批判した。ただ、華は毛沢東と同じく、反鄧運動については控えめだった。鄧を批判する壁新聞や彼に関するいかなる批判放送も許可を得られなかった。三月三日、鄧に関する毛と華の批判の要約が、中共のすべての階級に配布された[31]。

いつものことだが、江青はあまり自制的でなかった。三月二日、彼女は一二の省から指導者を集めて会議を開き、鄧小平の誤りの深刻さをレベルアップさせようとして、彼を「反革命」「ファシスト」と呼んだ。毛沢東にとってこれはやりすぎで、江青が自分に相談なくこうした会議を開催したことを批判し、彼女の発言の録音記録の発表を禁じた。三月二一日には『人民日報』が、「党内のあの悔い改めようとしない走資派［鄧］をじっくりと批判する」ことを呼びかけたが、北京の幹部たちは毛がなお鄧の変化を望み、彼にもう一度機会を与えるつもりだということを理解した[32]。しかし、鄧は自分の態度を軟化させる様子を見せなかった。鄧を批判するこうした政治運動が大衆の心をつかみきれなかったことは、四月五日に露呈した。

周恩来と鄧小平のためのデモ——天安門広場、一九七六年四月五日

中国では清明節に墓地の清掃をするが、これは毎年、亡くなった者を偲ぶ日でもある。一九七六年の清明節は四月五日であり、数週間前から四人組は、この機会を使って周恩来を偲ぶためのデモを始める人間が出てくるのではと考えるようになった。懸念は正しかった。北京では役人や学生だけではなく、多くの一般市民が、一月の周への追悼のやり方はあまりにひどかったと落胆していた。彼らは四月五日にはぜひ周への敬愛の気持ちを示そうと計画を練り始めていた。

清明節の少し前の三月二五日、四人組の統制下にあった上海の新聞『文匯報《ぶんわいほう》』は、鄧小平に加え、彼の「支援者」であり、同じく「資本主義の道を歩む」者をともに批判する記事を公表した。読者にはこれが周恩来を意味していることは明らかだった。四人組はまったく大衆心理を把握しておらず、このケースでは記事を使って周に対する支持をかき消そうと試み、かえって逆風を招いたのだった。憤ったかつての紅衛兵たちは、江青の敵を攻撃するために身につけた技を用いて江青自身を攻撃し始めた。上海ではすぐに多数の大衆が『文匯報』紙の事務所を取り囲んで説明を要求した。

当時、上海から三時間の距離にあった南京大学でも、すぐさま『文匯報』を非難するポスターが貼り出され、デモを展開する人々が大学から街の大通りにあふれ出した。人々は南京の中心部から花輪を運び、国民党に殺害された一〇万人の共産主義者たちを記念するために創建された雨花台に置いた。しばらくすると、四人組は支持者たちを動員して花輪を撤去し、さらなるデモを妨害した。彼らには

公的メディアが南京のデモを報道するのは阻止できたが、非公式な噂話が全国のあちこちの街に広まることまでは防ぎきれなかった。(33)

南京でデモが行われた翌日の三月二六日、鄧小平は拡大政治局会議に参加させられ、悪名高き資本主義の頭として批判を受けた。彼は権力を握るためにセクトを形成したこと、そして資本主義を結局のところは復活させたことでも非難された。(34)鄧はさらに、もし四月五日に何らかのデモが起これば彼の責任だと、事実上の警告を受けた。

わずか四日後の三月三〇日、周恩来をたたえる北京で最初の花輪が天安門広場の人民英雄紀念碑の周りに現れ始めた。周をたたえる詩や文章が貼り出され、大衆に向かって周を賛美し四人組を攻撃する演説を行う者が現れた。ほかに鄧小平への支持を表明するポスターも見られ、さらに「小平《シャオピン》」と「小瓶《シャオピン》」の中国語の発音が同じことから、小さな瓶を通りに並べる人たちもいた。

北京の中共指導部は、大規模な感情の爆発を食い止めるため、各組織が職場で周恩来を追悼することとは構わないが、天安門広場では秩序を保たなければならないと告知した。デモを阻止するためのパトロール隊が投入された。北京市の幹部は、四月三日の土曜日には約一〇〇万人の中国人が広場を訪れ、ピーク時は数十万人、一日のうちで一番少ない時間帯でも一万人を下回らなかったと推計した。(35)北京の中共指導部は「花輪を捧げるために天安門に行ってはならない。……花輪を捧げるのは時代後れの習慣である」という緊急命令を出した。(36)しかし、ニュースは口コミで広がり、四月四日の日曜日には広場はものすごい数の人々（推計二〇〇万人以上）であふれ、人々は周に敬意を表し、四人組に反対して鄧小平への支持を表明した。

鄧小平は江青にさらなる攻撃の口実を与えないため、詩やポスター、白菊、花輪がどんどん積み上がる広場には行くなと家族に命じた。[37]広場では、逮捕の危険を冒しながら、周恩来への敬意、そして権力を握る策を練っていた四人組の打倒のために命をかけることなどを大声で表明する人々が現れ、大衆は彼らの話を聞くために集まった。役人、学生、労働者、農民ら、広場にはあらゆる社会階級の人々がいた。[38]最も勇敢な何人かの話し手は逮捕された。この光景を自ら観察していたイギリス大使館のスタッフ、ロジャー・ガーサイドは、次のように記している。

周を追悼する活動として、人々のこの儀式は、私が今までに見た国葬のどれよりも感動的だった。政治的デモとして、これは私が中国で今までに見たものとはまったく異なっていた。……大衆は……何年もの間、地下に溜め込んでいた考えや感情を表明し、……信念によって行動していた。そこにあったのは……周への思いを踏みにじられたことへの怒り、毛に対して反逆しようとする魂、中国の未来への不安、デモに参加した人々をきっと罰そうとするであろう者たちへの抵抗があった。……権力は毛の手から離れたのだ。[39]

四月四日、人民大会堂の「福建の間」で政治局会議が開かれ、広場の出来事にどう対応するかが話し合われた。政治局メンバーのうち、デモ参加者に同情的だった葉剣英元帥と李先念《りせんねん》は病気療養中で、鄧小平は欠席していた。華国鋒が会議を取り仕切り、毛遠新も参加していた。会議では北京市党委員会の議長で（北京の公的秩序の維持に全体的責任を負っていた）北京市革命委員会の主任でもあった呉徳《ごとく》が、一四〇〇以上の事業所や政府機関を代表する二〇七三基の花輪が飾られていると報告した。ある場所では花輪の山が幅六メートル以上に積み上げられていた。これらのデモ参加者は、こうした活動をかなりの時間をかけて計画しており、鄧小平の影響が推察される、と呉徳は報告した。江青はデモをやめさせるため、清明節は終わったのだからすべての花輪を夜明け前に撤去し、北京の八宝山革命公墓に送るべきだと主張した。華は呉徳に、彼女の要求を果たす方法を探すよう指示した。(40)

　四月五日、月曜日の夜明け前、北京市の約二〇〇台のトラックが天安門広場に到着し、労働者たちが花輪をトラックに放り込んで持ち去った。夜が明けると、広場の大衆の数は一〇万人に膨れ上がった。なにが起きたかを察知した人々は激しく憤り、「花輪を返せ、われわれの戦友を返せ」と叫んだ。反旗を翻した大衆は人民大会堂を攻撃し、車を燃やし、自転車をつぶし、外国のカメラマンを襲い、民兵が使っていた小屋を破壊した。

　その日の午後、政治局は再び会議を開いた。しばらく政治局の会議に参加していなかった鄧小平も批判を受けるため呼び出された。張春橋がまず鄧を、一九五六年のハンガリー動乱の激烈な指導者、イムレ・ナジのようだと言って攻撃した。(41)毛遠新が毛沢東からの、一部は書簡、一部は口頭による批判メッセージを伝え、鄧は黙ってそれを聞いた。そこで王洪文が政治局に、デモを沈静化させるため一〇万人の民兵を準備せよという毛の命令を伝えた。だが民兵を統括していた倪志福《げいしふく》が、最大三万人しか動員できないと返答し、呉徳がそれでは広場で抗議をしている膨大な数の人間に対応できないと付け加えた。

　次に張春橋が、呉徳がデモ参加者に放送で呼びかけるべきだと述べた。そこで呉徳は放送用の短いメッセージを書き上げ、それを華国鋒とその他の政治局メンバーに見せ、承認を得た。放送は抗議活動の原因には言及せず、代わりに毛沢東と中央委員会を攻撃することで、追悼活動を政治運動に変化させた広場にいる少数の反革命グループに注目を向けさせようとした。またその放送では、毛と中共の陰に隠れ、団結を追い求めずに右派巻き返しを図った、資本主義の道を歩む悔い改めない人物についても言及していた。メッセージの読み手は、反革命者たちが事件を間違った方向に利用しているため、革命的な大衆はすぐに広場を退去すべきだと呼びかけることになった。

四月五日の午後六時半、政治局のテープが広場に向かって放送された。翌日、呉徳のメッセージの活字版が『人民日報』に掲載されたときには、放送では読み上げられなかった鄧小平の名前が挿入され、彼は悔い改めない「資本主義の道を歩む者」として特別に明記されていた。(42)

政治局が認めた計画では、午後八時には民兵が投入されることになっていたが、このとき現場にいた北京警備隊（衛戍区）司令の呉忠《ごちゅう》は、広場に残留する抗議活動家が多すぎると判断した。彼は何度となく電話を寄越す華国鋒と陳錫聯に対し、掃討のため民兵を投入するのは早すぎると説明した。午後一〇時半、投光照明器が点灯され、デモ参加者に広場からの退去を呼びかける呉徳のテープが再度流された。ついに午後一一時、残留者が約一〇〇〇人という呉忠の電話報告を受けた呉徳は、民兵投入の許可を与え、このとき、三八人を逮捕した（その後の追加調査によると、それから次々と二六〇余人を逮捕し、合計三八八人を拘束した）。警察は武器を使わなかったが、棍棒は用いたため、何十人もの人々が負傷した。付近が掃討されると、道の上には血の跡が残った。(43) ただ、死者は報告されなかった。

数時間後の四月六日夜明け前、事件についてまとめるために政治局メンバー数人が集まった。彼らは、デモが計画的で組織化されていたため、国家に対する陰謀だと結論づけた。その日の午後、事件の性質について話し合うために毛遠新が毛沢東と会見し、毛は陰謀があったことを認める放送内容に同意した。毛自身が（公的な通知に記されていたように）デモを組織した「黒幕」が鄧小平だと信じた証拠はないが、彼は鄧が権力を握り続ければ、中共を悪い方向に引きずり込んでしまうと考えたのだった(44)。その日の夕方には江青が毛に会い、鄧を党から除籍するよう再び要求したが、毛はなお同意しなかった(45)。

そのとき、中共の檔案館《とうあん》で働いていた高文謙《こうぶんけん》はこう述べている。毛沢東にとって四月五日に天安門で起きたことに関するニュースは、「苦痛以上の何物でもなかった。……一〇〇万人もの若い紅衛兵たちが彼のために『万歳』を叫んだその場所で、……同じように多くの大衆が、……彼の支配に抵抗し、声を上げたのである。歴史の判決が非常に厳しいものになることを彼は知った。［彼は］突然、恐怖と落胆の気持ちに圧倒された(46)」。中国は、まだ農村でも選挙制度を導入していなかったが、デモ参加者たちはこの四月五日に自分たちの意志を行動で示した。少なくとも政治的意識がどこよりもずっと高い北京では、毛は大衆の支持を失い、周恩来が彼らの英雄になり、鄧小平は彼らから最高指導者に就任するのにふさわしい支持率を獲得したのであった。

鄧小平の解任と華国鋒の昇進——一九七六年四月

四月七日の朝、毛遠新が直近の情勢の変化について毛沢東に報告した際、毛はその日遅くに予定されていた政治局会議の進め方を書面で指示した。政治局会議が始まると、遠新は毛からのメモを取り出し、それを全員に見せた。そこにはこう書かれていた。「首都で、そして天安門で、物が燃やされ、なぐり合いが起きた。運動の性質は変わってしまった」。とどのつまり、運動は反革命になったというのである。矛盾はすでに人民内部の水準を超えてより深刻になった。それは党と、党を権力の座から引きずり下ろそうとする敵との敵対的なものになったのである。遠新は政治局に対してさらに、毛主席の提案を二つ伝えた。第一に、総理代行の華国鋒を正式に総理および党副主席の職に任じる。第二に、この時点まで政府、党、軍の職位から正式には追放されていなかった鄧小平を、すべての職から解任する。しかしこの時点でさえも、毛は彼の取り扱いに制約を設けた。彼は鄧に「党の中にとどまることを許し、どのような態度をとるかを見守る」よう指示したのである。毛の提案が読み上げられると、政治局に沈黙が流れ、そして提案は承認された。毛が発言すれば、その結果が問われることは決してなかった。

毛沢東は鄧小平を完全に権力の座から追放した。それにもかかわらず、鄧を攻撃するため江青が大衆動員を企んでいる可能性があると汪東興が毛に知らせると、毛はすぐさま汪に対し、鄧を子供たちと一緒に安全な場所に移し、四人組には鄧の居場所を知らせるなと指示したのである。[47]

華国鋒に全権を任せ、鄧をすべての公的な職位から追放することで、毛は華が中国の指導者となる道筋をつけた。毛の見方からすれば、総理代行を務めた数カ月の間、華は大きな間違いを犯さなかった。それに毛の名声に忠実で、かつ造反派と老幹部たちの両方とうまくやっていく潜在的能力を持つ人材について、毛には彼以上の選択肢がなかった。華はさらに、四月五日のデモを鎮静化させるうえで力強いところを見せた。

北京で事情をよく知る幹部たちは、毛沢東は四月五日の時点まで、鄧小平と華国鋒が指導的地位を分け合う可能性を残そうとしていたとみなすが、大衆が鄧を支持していることがこれほど明確になったあとではそれも不可能だった。そんなことをすれば、華は鄧に圧倒されてしまうであろう。鄧に党員資格の保留を許すことで、毛はいつか鄧が再び中国のために働く可能性を残したが、いずれにせよそれはすぐではなかった。その日の夜八時には、華が党第一副主席と総理の職に任じられたことが公表された[48]。

中国各地の多くの都市で、中共の高級幹部たちが華国鋒への忠誠を誓うデモを組織した。職場や大学でも組織された。たとえば北京大学ではすべての学生に、四月七日の午後八時に放送を聞くため集合せよという指示が下った。通知された時間が来ると、キャンパス中の拡声器が第一副主席と総理に新しく任じられた華への祝辞をがなり立てた。さらに続けて、学内のすべての学部から代表を集め、大規模な全学大会を開催するという通達があった。この大会では、代表たちは鄧小平を非難し、華への支持を表明した。ただ、これを観察していた人たちは、代表たちが注意深く台本を読み上げ、四月四日と五日に天安門広場にいたデモ参加者たちのような情熱をまったく見せなかったことに注意を向けた[49]。

華国鋒はあまり毛沢東と会う機会に恵まれなかったが、北京を訪問したニュージーランドのマルドゥーン首相に会うため四月三〇日に二人が顔を合わせると、毛は紙切れを取り出して華へのメッセージをなぐり書きした。「ゆっくりやれ、焦るな、過去の方針に基づいて行え。あなたがやれば、私は安心だ（慢慢来、不要着急、照過去方針弁事、你弁事、我放心）[50]」。華はこのとき、メッセージの最後の部分を公表しなかったが、その信憑性と毛の意味するところには疑いの余地がなかった[51]。毛は華を自分の後継者に選んだのである。華が自分に忠誠を尽くし、正しい政策をとり続けるだろうという毛の判断は正しかった。ただ、華に造反派と老幹部たちを団結させていってほしいと考えた毛の希望は実現しなかった。毛の死から数日以内に、華は江青やその仲間の造反派たちと一緒に働いていくのは無理だという結論を出すことになる。毛はまた、葉剣英元帥や李先念といった何人かの長老の助けを借り、華が長期的に指導力を維持していくことを期待したが、こうした願いもかなわなかった。

一九七六年四月七日以降の鄧小平

一九七六年四月八日、つまりすべての職位から解任された翌日、鄧小平は汪東興に毛沢東あての手紙を託した。その中で、鄧は、自分が党の規律に忠実であることを示し、「私は華国鋒同志を党第一書記と総理に任じた党中央の決定を完全に支持します」としたためた。江青が自分を党から追放しようとしたことを認識していた鄧は「私が党内にとどまることを許してくださった主席と党中央に深くお礼を申し上げます」と書き加えた[52]。

しかし鄧には、党内のハイレベルの議論に参加したり、公的な会議に出席したりすることは禁じられた。紅軍の指揮官だった朱徳が七月六日に死去したときも、毛沢東が九月九日に亡くなったときも、葬儀への参加が許されなかった[53]。毛が死去した夜の政治局会議では、江青が再び鄧を党から除籍しようとしたが、毛の命令に忠実に従おうとした華国鋒や葉剣英元帥によって遮られた[54]。

鄧小平のような鍛え上げられた人間にとっても、そして彼ほど強靭でない人々にとってはさらに、批判と孤独からくる圧力は耐えがたいものだった。四月五日以降、周栄鑫に対する批判大会はさらに過激化した。それは天安門広場の掃討を指揮した呉徳ですら、四人組と遅群が「彼を死に追いやった」ことを認めるほどだった[55]。

毛沢東は鄧小平に党籍の保持を許しただけでなく、特別な配慮を払った。たとえば六月一〇日、鄧は汪東興に手紙を渡し、華国鋒と毛に届けてもらうよう頼んだ。手紙には、妻が目の病気で入院したため、家族とともに病院内に住み込めたらどんなによいかと記したのであった。毛はこの要求に許可を与えた。六月三〇日にも鄧は、東交民巷の仮の住まいから寛街の昔の家に戻ることを許可するという通知を受けた。毛は死期迫る最後の日々でも、鄧を完全にあきらめたわけではなかった。

鄧小平一家が昔の家に戻って九日後、北京から数百キロ離れた唐山を震源とする壊滅的な地震が発生し、公式報道によれば二四万二〇〇〇人が亡くなった。北京でも余震が絶え間なく続き、市内では推定三分の一の建物が構造的な被害を受けた。かつての王朝時代と同様に、こうした自然災害は天が最高指導者に不満を感じていることを示す証だと考える人々もいた。鄧と家族は、建物が倒壊するかもしれないという恐れが遠のくまで、多くの人々と同様に家を出て、庭にテントを立てて過ごした。家に戻った後、鄧の生活は、一九七六年四月に自宅に引きこもってから一〇月に党の一部の文書を見ることが許されるようになるまで、江西時代の三年余のように、家族のこと、そしてラジオや新聞で見聞きするニュースだけに注がれることになった。

一九七六年四月七日以降の政治的均衡

総理と第一副主席に抜擢された華国鋒は、四人組の誰よりも政治的に高い地位に初めて就くことになった。華はその中の全員とよい関係を維持しようとしたが、彼らの方には足並みを揃えるつもりはなかった。結局のところ、彼らは毛沢東思想の極端な伝道者だったが、華は現実的な問題解決を志向した。さらに華は昇進したことで、四人組に容易ならぬ競争相手とみなされた。

もともと謙虚な中堅幹部で、突然、重責を担わされた華国鋒は、難しい政治的雰囲気のなか、注意深いアプローチをとった。多くの老幹部たちは、少なくとも短期的には中国をまとめるうえで華以外の選択肢がなく、そして華が穏健な政策をとって彼らに積極的に協力を求めてきたことから、彼を支持する側に回った。

四月七日まで、毛沢東にはハイレベルの政治を指揮する権力とエネルギーが残っていた。しかし彼は、人々が彼の余命は一年もないと考えていることに気づいていた。ネズミたちが沈みゆく船から逃げ出していくのを彼は目の当たりにしていた。二月二三日にアメリカのニクソン前大統領と会見したとき、彼は最も気にかけていた六工場と二大学のことを指しながら、「私は北京の周りのいくつかの場所を変えることができただけだった」と口にした[56]。毛の過去の成果に対して高官たちは敬意を払い続けたが、彼らでさえ毛の言うことをどれだけ聞き入れるべきか見極めようとしていた。一九五八年や六六年〜六七年のときのように、彼はもはや、自らのオーラを中国全土に動員するほどの権力に変えることができなくなっていた。

毛沢東は華国鋒を指導者に選んだが、毛が華に明確な権限を与えた四月七日の前にも後にも、二人はほとんど接触したことがなかった。毛は病床からではあったが、そのころまで鄧小平に対する批判活動を積極的に指揮し、将来的に指導部の中心になる人物を選ぼうとした。しかし、四月七日以降、特に五月一一日に初めて心臓発作を起こしてからは、毛は華を積極的に指導するのに必要なエネルギー、そしてビジョンを持てなくなった。対照的に、鄧やその他の高官たちへの批判を意気揚々と展開したのは江青だった。彼女は文民および軍隊の、主に宣伝部門に張り巡らされたネットワークを広げようとし、人々は毛が死んだ後に権力を握る可能性のある人物の機嫌を損ねることを恐れた。

一九七六年五月、葉剣英元帥が厚い信頼を寄せる友人、王震《おうしん》将軍が、西山の軍隊の敷地にある葉元帥の自宅を訪れた。そこで王震は、四人組にどのように対応していくべきかと問題を投げかけた。多くの人は本当は、四人組が毛沢東主席の率いる五人組であることを知っていたが、あえて口に出そうとはしなかった。実際、王震が葉元帥に注意深く四人組への見方を尋ねた際、葉は盗聴の可能性を考慮し、右手の四本の指を開き、残った親指を手のひらに閉じこんで見せ、毛が死ぬまで待つべきだとほのめかしたといわれる。この話の根拠は不確かだが、北京では多くの人に信じられており、またそれは葉元帥の行動とも合致していた。

毛遠新は、鄧小平批判と華国鋒の抜擢を指揮するうえでは、毛沢東の連絡係として中心的な役割を果たした。しかし四月五日以降、毛があまり積極的な動きを見せなくなると、連絡係の役割の重要性も低下した。

華国鋒は四月七日には正式に高位の役職に就いたが、彼が鄧小平ほど官僚集団を統率する力を握ることはなかった。華には自分の行動を導く政策的視野はあったが、それは四つの現代化に向けて現実的手段をとるという鄧のやり方とさほど食い違ってはいなかった。ハイレベルの政策決定はどっちつかずの状態で、毛沢東後の新しい権力構造の予測がつかないまま、官僚たちは明確な総合政策なしで日常業務を続けた。

毛沢東の死——一九七六年九月九日

天安門のデモからようやく一カ月経ったばかりの五月一一日、毛沢東は心臓発作（心筋梗塞）で倒れた。意識は失わなかったが、その後、かなり衰弱した。それまで毛は、政治局の決定が国内に通知されて実行される前に、政治局から文書を受け取り、それに最終的な承認を与える作業を続けてきた。しかし五月一一日以降は、文書に目を通すことができなくなった。六月二六日には二度目の心臓発作が、九月二日には三度目が起き、そして九日の午前零時一〇分、彼は亡くなった。自動的に党の主席代行となった華国鋒が、政治局メンバーにただちに招集をかけた。彼らは未明から会議を開き、毛の死去に関する公式通知の言葉づかいを検討し、訃報はその日の午後四時に公表された。

毛沢東の死で、中国は国を挙げての服喪期間に入った。中共を四〇年以上、そして国家を二七年間、支配した伝説的な男の死に際し、政治のことをなにも知らない一般の人々はむせび泣いた。彼らは指導者を崇拝するように教えられ、また、毛を尊敬していたからであった。四月五日のデモに参加した人々でさえも、中国の将来に不安を感じ、それが自分たち個人の生活にどう影響してくるのか心配した。中国に再び、一九六六年から六九年にかけてあったような混乱が訪れるのではないか？　政府がバラバラになり、内戦が始まるのではないか？

上層部の指導者たちも同様の懸念を抱えていたが、彼らは短期的には直近の出来事を取り仕切ることに没頭した。葬儀の準備や遺体の取り扱い、公式通知の内容検討、国内外各層との連絡、首都の安全の確保など、さまざまな問題があった。華国鋒を筆頭とする葬儀委員会三七七人の名前が、すぐに公表された。名簿の公表は、全指導者たちの序列を示し、党と国家に対する彼らの貢献度合いを定めた決定的瞬間でもあった。

北京と地方各省で入念な葬儀を執り行うにあたり、政治闘争はひとまずわきに追いやられ、亡き毛沢東に敬意を払うためみんなが一緒に働いた。すべての階級の指導者たちは割り当てに従って任務にあたったが、そのことで彼らは、政治的ヒエラルキーの中で自分がどういう位置にあるのかを確認することになった。華国鋒はしっかりと陣頭指揮をとり、このときの哀悼活動全体のとりまとめによって、後に高い評価を獲得することになった。九月一一日から一七日の間、人民大会堂では毎日、追悼会が開かれた。

王洪文は実際の任務からは解任されてはいたが、正式にはまだ元の地位のままだったため、儀典に即して九月一八日の葬儀の進行役を務めた。ただし、天安門広場で追悼の辞を述べるという最も栄誉ある役目を担ったのは華国鋒だった。弔意を示すためにやってきた推定一〇〇万人の聴衆の前で、華は毛沢東を「われわれの時代の最も偉大なマルクス主義者」とたたえた。この日、中国のすべての工場や列車は哀悼のため、三分間、汽笛を鳴らした。華はさらに、毛の遺体が検死の後も保存され、展示されることを発表した。天安門広場には後日、毛沢東紀念堂が建立され、その外には遺体に対面しに来た見学者たちが順番を待って長い列を作ることになる。鄧小平、そして一九七五年に彼と一緒になって働いた胡喬木《こきょうぼく》、張愛萍、万里、胡耀邦らの指導者たちにとって、毛に弔意を示す党指導者のコミュニティから外されたことは大きな衝撃だった。それにもかかわらず、鄧は自宅に特別な祭壇を作り、家族とともに自分たちだけで毛に追悼の意を示した。[57]

哀悼活動が終わると、上層部の政治指導者たちは大衆の目に映る自分のイメージを操作しようと再び画策し始め、不可避的にやって来る政治闘争に備えた。

四人組の逮捕

江青は彼女の伝記を書いた西側のロクサーヌ・ウィトケに対し、こう述べたことがある。「セックスは最初の段階では人を引き付けるけど、長期的な利益になるのは権力よ」[58]。毛沢東の死後、彼女は自分が彼の最も忠実な犬だったと誇らしげに宣言したが、自分の特別さを表現するには、彼女は「犬」の前に「攻撃用の」と付け加えた方がよかったかもしれない。毛が定めた標的を大胆に破滅へと追いやるうえで、彼女に並ぶ者はいなかった。その出自を知る知識人たちは彼女を、不適切なやり方で天に上り詰めた娼婦、二流女優とこっそりあざけった。自然と権力を手にした者が持つ自信や優雅さは、彼女にはまったくなかった。その代わり、他人を押しのけて最高の座を手にした者特有の傲慢さが備わっていた。彼女に仕えた人々の間でも、彼女は無礼で思いやりがないと言われていた。彼女は老幹部たちが一九四〇年代から自分を遠ざけていたことに、いつまでも腹を立てていた。毛に仕えることで、彼女は復讐の権力を手に入れ、それを冷酷に行使した。毛の最悪の一面を象徴していた彼女は中国ではもちろん、最も嫌われる人物であった。毛は自分が全国レベルの団結と安定を追求するようになった七四年以降、やや統制が必要だが、お手軽な大砲として彼女を用いてきた。ただ、毛は彼女の忠実さを評価していたし、彼女の身の回りのことにも関心を向け、再びその力を借りる日に備えて彼女を擁護し続けた。

毛沢東が江青を高位指導者にしようとしていたという証拠はないし、彼女がそのような野心を示したときには毛はそれを押しとどめた。毛が華国鋒を第一副主席兼総理として正式に任命すると、彼女が最高の地位に就いたり、指導部の中で重要な地位を占めたりする可能性は事実上消えたが、彼女の野心はやまなかった。

権力を実際に手にする者に求められる遠大なビジョンや組織力、他の権力者と建設的に協力していく能力といったものを、江青が身につけたことはなかった。彼女はあまりに多くの橋梁を焼き捨て、あまりに多くの高官たちを破滅に追いやり、あまりに多くの同僚たちを遠ざけていた。誠意ある反対陣営になるにしては、彼女はあまりにも自制心がなさすぎた。彼女は、組織力に勝る老幹部たちから支持されていなかった。軍隊でも、彼女は総政治部以外にほとんど支持基盤がなかった。

毛沢東が死去する前の数年間、江青は資本主義に対する毛の革命的階級闘争を継続し、文民の宣伝組織や人民解放軍の総政治部を通して自分の基盤固めを図った。彼女は上海でもまた、一部の武器を管理している民兵のなかの造反派と接触を続けていた。軍の将軍たちは、軍事的に決着をつけるとすれば、彼女に勝ち目はないと高をくくっていた。ただし彼らは、軍の一部の指導者が彼女との協力に引き込まれ、彼女が多数の造反派をけしかけることで長期的な闘争と混乱が生じ、中国の発展が後れることを懸念した。

江青がなにより望んだのは、自分により大きな権力を認め、毛沢東の遺産を定義する権限を与えてくれるような遺筆を見つける、あるいは多少改竄《かいざん》してでもそれを手に入れることだった。毛が死去するとすぐ、江青は毛の個人的な助手を務めていた張玉鳳の下に日参し、毛のすべての文書を引き渡すよう要求した。江青はいくつかの文書を受け取り、それらを数日の間、保管していたが、華国鋒が毛のすべての書類は汪東興が管理すると決まっていると主張すると、彼女はしぶしぶそれらを引き渡した。すると彼女は、もともと林彪が収集して管理し、当時、まだ毛家湾の彼の旧居に密封されていた文書にアクセスするため、紀登奎に圧力をかけ始めた。(59)

華国鋒が毛沢東に追悼の辞を述べた翌日、江青は毛の文書の取り扱いを議論するため、自分の味方の王洪文と張春橋を呼び、葉剣英元帥を参加させない政治局常務委員会会議をすぐに開催するように要求した。(60) 華はやむを得ず、その日の午後に会議を招集した。江青は姚文元《ようぶんげん》と毛遠新を伴ってやって来た。会議で彼女は、毛が死去する前の数カ月間、その文書を管理していた甥の遠新に、彼が残した文書の管理をさせ、それに関する報告のとりまとめを担わせることを要求した。しかしこれには反対の声が上がり、会議ではいかなる決定もされなかったため、文書は党中央の下に残った(61)。

江青はまた、文化大革命初期の自分の権力の絶頂期に配下に置いていた宣伝部門についても、統制を強化しようとした。それに加えて、彼女は青少年に階級闘争の継続を訴え、官僚主義を攻撃するように命じ、彼らの動員を図った。一〇月一日に清華大学で講演をした際には、若者たちに最後まで戦い続けよと訴えた。

華国鋒は、四人組がいくつかの集会で造反派たちに、一〇月七日、八日、九日にはよいニュースがあると述べたことを耳にして、緊急に行動を起こさなければならないと覚悟を決めた。江青が反乱を計画していたことを示す実際の証拠はないが、ほかにも不吉な兆候はあった。一〇月四日には遅群が江青に忠誠の誓いを立てていた。同日の『光明日報』が掲載した「梁効」（北京大学と清華大学両校の造反派が使っていたペンネーム）（「梁効」は「両校」とほぼ同音）を執筆者とする論文――「永遠に毛主席の既定方針通りに行う」は、「いかなる修正主義の頭目［華国鋒を暗示］であれ、毛主席の既定方針を大胆不敵に歪曲すれば、絶対によい結末はない」と公言していた。こうした事態の推移を懸念した葉剣英元帥は、同日中に汪東興と華の下に相談に訪れた。二人も同様に、四人組がすぐに何らかの行動に移ることを懸念していた(62)。

江青が「自分が生きるか、お前が死ぬか」という政治の伝統を受け継ぎ、最後まで戦おうとしていることを疑う者は誰もいなかった。四人組を逮捕するという決定には、主席代行だった華国鋒の勇気のある指導力と、中央軍事委員会副主席の葉剣英元帥、そして（党中央の警護にあたる）中央警衛団の責任者の汪東興の協力が欠かせなかった。三人は目くばせし合いながら、すばやく行動に出た。毛の死去した当時、国防部部長で中央軍事委員会の副主席でもあった葉元帥は、ポスト毛への移行を円滑に行うために全力で華を支持すると彼に誓っていた。毛の死去から数日後、華は李先念を葉のもとに送り、どのように四人組に対応すべきか打診していた。李と葉はすばやい行動が必要だということで一致した。後日、汪はどのように四人組の逮捕を準備したのかという質問に対し、作戦を立てたのは華と葉で、自分は単に彼らの指示を実行したにすぎないと答えている(63)。

情勢のさらなる不安定化を避けるため、葉剣英元帥は軍隊間の衝突を避けながら逮捕を実現する方法を探した。四人組は自宅のある釣魚台に自分たちの警備隊を抱えていたため、そこでの事態発生は回避しなければならなかった。しかし、タイミングも厳しかった。計画を立案した華国鋒、葉、汪東興の三人は、四人組が行動を起こす前に主導権を握らなければならないと認識していた。一〇月四日の論文を目にし、四人組が造反派たちに一〇月九日までによいことが起きると言っているというのを聞くと、華、葉、汪はすばやく決断力をもって動く覚悟を固めた。その間、汪は、自分の警備隊の中から信頼の置ける人間一人ひとりに声をかけ、少数のグループを選び出した。

一〇月五日の午後、葉剣英元帥は、華国鋒および汪東興と、それぞれ別々に話し合った。彼らは翌六日に、華が(いつものように)ショートノーティスで政治局常務委員会を開き、中南海の懐仁堂に午後八時に招集をかけると決めた。議題には『毛沢東選集』第五巻の出版、毛の紀念堂の建設計画、中南海にある毛の旧居の使途に関する方針という、三つの重要な問題が盛り込まれた。通常、政治局常務委員会に出席するのは華、葉、王洪文、張春橋だけだった。こうした項目が議題に盛り込まれれば、王や張が会議に出席しないわけはなかった。それに姚文元は『毛沢東選集』第五巻の出版に中心的に関わってきたため、常務委員会のメンバーでなくとも彼を会議に招くのは自然だった。

一〇月六日の夜、汪東興の警備隊の小さなグループが建物の内側で待機していたが、建物の周囲の様子は通常通りだった。午後八時直前、王洪文は建物の中に滑り込むと同時に警備隊に捕まった。彼は「会議に参加しに来たのだ、お前たちこそなにをしているんだ？」と憤り、怒鳴った。警備隊は彼を床に押しつけて取り押さえ、そのまま大会議場に連行した。そこで待ち受けていた華国鋒は、「王洪文、あなたは反党、反社会主義罪を犯しました。党中央は審査のためあなたを監禁します」と彼に告げた。王が大会議場から連れて行かれると、今度は張春橋が鞄を抱え、時間ぴったりに現れた。大会議場に入る直前、彼も警備隊に逮捕され、手錠をかけられた。華が彼に、犯罪行為のため尋問すると告げると、彼は抵抗をあきらめ降参した。姚文元は到着すると同時に建物の外で逮捕された。

その間、中央委員会の事務所の建物の警備を担当していた少数の特別警備隊が、江青の自宅に向かい、彼女に特別審査のため拘束すると告げた。江青がトイレに行きたいと言ったため、警備隊の女性メンバーが同行した。戻ってきた彼女は車に乗せられ、連れ去られた。銃声も流血もなく、四人組の脅威はわずか三五分間で排除されたのだった。(64)

ほぼ同じころ、華国鋒と葉剣英は、ラジオ局、新華社、人民日報社、その他のメディアに特別チームを送り込み、四人組の追随者たちが公的な放送をしたり、追随者の主なメンバーが逮捕される前にニュースが広まったりすることのないようにした。四人組が逮捕された翌日、北京市党委員会の謝静《しゃせい》宜《ぎ》と清華大学の遅群も隔離審査の下に置かれた。(65)

江青は最高指導者になることを熱望していた。政治局のメンバーでもある四人組が華国鋒の正式な最高指導者就任を妨害するのを避けるため、葉剣英元帥は西山にある自宅で四人組を交えずに政治局会議を開いた。会議は四人組が逮捕された日の午後一〇時に始まり、翌朝四時まで続いた。この会議で参加者たちは、全員一致で華を党と中央軍事委員会の主席に選出した。彼らはさらに、四人組の追随者たちが混乱を引き起こすのを避けるため、どのような警戒措置をとっていくべきかを話し合った[66]。加えて政治局会議の直後には、鄧小平と四人組が編纂をめぐって激烈な闘争を繰り広げた『毛沢東選集』第五巻が、華の指示の下で出版されることが明らかになった。こうして華は、毛の遺産を定義する決定的な機会をつかんだのだった[67]。

四人組の追随者の中で最も混乱を引き起こす可能性が高かったのは、上海の武装民兵たちだった[68]。実際、葉剣英も華国鋒も他の指導者たちも、上海の問題がちゃんと制御されたことを確かめるまで四人組の逮捕を公表しなかった。かつて上海地域を管轄する南京軍区で、長い間司令員を務めた許世友《きょせいゆう》が北京に飛び、何人かの指導者たちに、もし上海で内戦が起きても軍隊がしっかり対応すると請け合ったとされる。こうした心配の声にはもっともな理由があった。四人組の逮捕から二日後、上海にいた彼らの追随者たちは、彼らと連絡がとれないためになにか非常にまずいことが起きたのではないかと懸念し、武装闘争の準備に着手したのだった。

こうした脅威に対処するために北京は、上海にいた馬天水《ばてんすい》など江青の追随者たちを北京の会議に電話で呼び出し、彼らは北京に着くとすぐ、わけのわからないまま降参させられた。そのまま上海で抵抗を続けようとしていた者たちも、上層部の党指導者が大衆と同じく武装闘争に圧倒的に反対していると知り、一〇月一四日までに情勢に望みはないと判断し、戦わずにすぐあがきを止めた。中央はただちに蘇振華《そしんか》将軍を頭とする老幹部たちを上海に派遣し、情勢を安定させたのであった[69]。

その間、安全部門の役人は、四人組の手下のうち、誰が最も危険か判断しようとしていた。四人組が逮捕された翌日、北京にいた四人組の最も忠実な追随者たち三〇人が拘束された。その後も安全部門の役人は、安全面の危険性は依然高いと見て情勢の監視を続けた。[70] 毛遠新も逮捕された。四人組逮捕のニュースが突如解禁されると、闘争の継続に疲れ、四人組が権力を握ることを恐れていた大衆は歓喜し、安堵した。一〇月一八日の公式発表と同時に、大衆は大規模なお祭り騒ぎを始めた。一連の出来事を観察していた海外の特派員たちは、喜んだ大衆がすべての大きな都市で大通りに繰り出し、尋常でない興奮状態が生まれていると報道した。[71]

党内に支持を求める華国鋒主席

ところが、党内には、四人組を逮捕してよかったのか、毛沢東は本当に華国鋒を後継者として選んだのかという疑念の声があった。毛は事実上、これまで公には江青を批判したことはなく、人々も「四人組」という言葉を聞いたこともなかったからである。上層部の指導者たちは、毛であれば四人組を逮捕したいとは思わなかっただろうと考え、たとえ四人組を好まない人も、毛の遺志には従うべきだと感じていた。

華国鋒政権への支持固めを図るため、葉剣英元帥と李先念は中央、省、軍隊から最高幹部を招いて北京で会議を開き、そこで華への支持を表明した。彼らは四人組の罪状を列挙し、彼らを逮捕する必要があったと説明した。ほとんどの高官たちは四人組逮捕の必要性に同意し、華、葉元帥、汪東興が聡明に勇気をもってそれを実行したことを評価した。

この会議の場で華国鋒は、四月三〇日にニュージーランド首相のロバート・マルドゥーンと会談した際、毛沢東から渡された「あなたがやれば、私は安心だ」というなぐり書きのメモを初めて公開した。[72]そのことは各省の党書記たちを、毛が本当に華を選んだのだと説得するのに役立った。会議では、華を党と中央軍事委員会の主席に選ぶことが確認された。華と四人組の対決は、善と悪、すなわち正しい道を歩む党とそれへの反逆を画策していたギャングたちの間の偉大な闘争として、くり返し語り継がれていくことになる。中国の歴史的な文書に記録される多くの物語は、勝者を善人、敗者を悪党とみなしている。もっともこのときは一九四九年のころのように、多くの大衆が心から勝者を支持した。

自らの地位をさらに固めるため、華国鋒は鄧小平批判を継続し、その復活を遅らせることを選んだ。一〇月二六日には、党は四人組批判に加えて鄧批判も続けることになると発言した。[73]そのため党は、四人組が指揮していたときほど極端でなかったにせよ、数カ月間、批判を継続した。華には鄧の復帰を迎える準備はできていなかった。鄧はあまりにも経験豊富で、あまりにも自信たっぷりで、さらにあまりにも親分肌だった。葉剣英元帥もまた、華が力強い指導者として自立するには時間が必要と考え、鄧の復帰はもう少し待つべきだと考えた。葉元帥と李先念とそれ以外の老幹部たちが鄧を仕事に復帰させるべきだと唱え始めたのは、一九七六年も年末に近づいたころだった。[74]

力の現実を認めることを躊躇しない鄧小平は、指導者として最も早期に華国鋒への支持を打ち出した一人であった。一〇月七日、鄧榕《とうよう》の夫の賀平《がへい》が葉剣英元帥の家族から四人組の逮捕の話を聞きつけた。彼が自転車で自宅に舞い戻ってこのニュースを鄧と家族に知らせたため、彼らは逮捕の情報が公表される前に情報を耳にできた。[75]一〇月一〇日、鄧は華国鋒あての書簡を汪東興に届けた。その中で彼は、党が華同志の指導の下で断固とした行動をとり、権力を握るために策を練っていた者たちに対する大きな勝利を収めたことを祝した。彼はこう記していた。「私は華国鋒同志を中央委員会と中央軍事委員会の主席に任命するという党中央の決定を心から支持します。……［華］国鋒同志は毛［沢東］主席の最も適切な後継者です。これは何と喜ばしいことでしょう(76)」。

四人組逮捕から二カ月後の一二月一〇日、鄧小平は前立腺の病気で解放軍三〇一医院に入院し、一二月一四日には党中央が、彼に中央の文書を再び読むのを許可する決議を採択した。彼が病院で最初に受け取った資料の束は、「王洪文、張春橋、江青、姚文元の反党分派活動の罪状に関する証拠」であった。それは鄧が受け取ることになる一連のいくつもの資料の束の最初のもので、これを読んだ鄧には四人組を逮捕した華に支持を表明することが期待されていた。最初の束を読み終わると、鄧は逮捕を正当化する証拠は非常に多いため、次の束に目を通す必要はないと返答した(77)。にもかかわらず、華国鋒と葉剣英はなお自ら鄧に玉泉山までご足労いただきたいと頼み、四人組粉砕の経過を知らせた(78)。

多くの指導者たちはこのときまでに、鄧小平がいずれ仕事に復帰するだろうと考えるようになった。一部の指導者たちは、鄧には毛沢東が一九七四年に彼に託そうとしたような役割、すなわち周恩来に代わって政府の仕事を率い、王洪文とペアになって働いたときのような任務が与えられるのではないかと推測した。おそらく鄧は、華国鋒が率いる党の指導の下で、自分の重厚な経験とスキルを使って政府の仕事を操っていくのではないか。ほかにもたとえば、鄧の役割は対外関係に限定的されるのではとか、いずれかの時点で鄧は七五年半ばのときのように完全に党の任務を掌握するのではないかとか、さまざまな考えがあった。七七年一月六日には鄧が職務に復活するという決定がなされた。だが、実際には華がそれを六カ月間棚上げし、鄧の復活前に自分の基盤を固めようとした。

急進的毛沢東思想の終焉

学者のジョセフ・レベンソンは、帝国時代末期に儒学がたどった運命についてこう述べている。活力を失った後、儒学はなお寺や書庫の中では大切にされ、人々の敬意を集めていたが、もはや人々の日常生活との関わりを失っていた。これと同じように、毛沢東が死んで四人組が逮捕された後も、毛はなお崇拝され、大勢の人々が天安門広場の真ん中にある毛沢東紀念堂を訪問し続けた。しかし、大衆を動員して階級闘争を展開した急進的な毛沢東思想は、中国の人々の日常生活から消えていった。

急進的毛沢東思想と人々の日常生活を切り離す過程は、実際には一九七四年、毛自身が全中国の安定と団結を支持すると表明したときに始まっていた。それは七五年に鄧小平の指導の下で、そして七六年初めには華国鋒の指導の下で継続された。四人組の逮捕によって、急進的毛沢東思想はついにその力強い推進役を失うことになった。四人組の逮捕が公表されると同時に沸き上がったお祭り騒ぎと、七六年四月五日の激情のほとばしりはいずれも強烈で、大衆がかつてあれだけの混乱と破壊をもたらした急進的毛沢東思想を憎んでいたことが象徴されていた。

その後の四人組裁判は大々的な国家的儀式として行われ、急進的毛沢東思想の責任は毛ではなく四人組になすりつけられた。しかし本当のところ、四人組の逮捕や裁判を祝った一部の幹部を含む多くの人々は、かつて自分も急進的毛沢東思想に賛同し、そのビジョンの実現のため運動に参加したことさえあったのだった。そうであっても四人組の消滅は、革命と階級闘争の継続によって世界を再編しようとした希望が潰え、一つの時代が終焉したことを意味した。こうした事態の展開の際に中国の人々が見せた安堵と歓喜は、改革開放の現実的政策への確たる支持基盤に変わっていくのである。

第6章　華国鋒の下での復活——一九七七年〜一九七八年

一九七六年四月、華国鋒《かこくほう》が総理と党第一副主席に任命されてからほどなく、北京に置かれたアメリカの連絡事務所所長、トーマス・ゲイツが、彼と一時間四五分会談した。このときの会談を踏まえ、ゲイツのスタッフは華に関する報告をしたため、ゲイツの署名を得ている。そこで記された評価は驚くほど先見性に富んでいた。報告書はこのように締めくくられている。華は「聡明で個性がなく、その特徴を挙げるとすれば注意深さである。彼は書類を上手にとりまとめることはできるが、卓越した知性やカリスマ性の放つ生気はまったく感じられない。華は移行期の理想的な人物であり、内外政策で劇的な政策をとることはないだろう。……長期政権を維持するために必要なビジョンや指導者としての素質が、華に備わっているかどうかは疑問である。……私は新たな、より質の高い指導者が登場するのではないかと思う。……そして個性のない華国鋒氏は、自らの歴史的な存在意義を果たした後に、わきに押しやられてしまうのだろう」(1)。こうしたことを中国の役人たちが公の場で口にするわけはなかったが、中国側にも同じような見方があることに、アメリカの連絡事務所のスタッフたちは疑いを抱かなかった。

中国の政治史の記述では、勝者をたたえ、敗者を中傷するのが常である。こうした長年の伝統に沿って、鄧小平《とうしょうへい》は改革開放を始めたことで高く評価され、華国鋒は毛沢東《もうたくとう》の決定と指示にすべて従ったことで非難されてきた。華が最高指導者になったことは、地方で経歴を積み、北京のことをほとんど知らず、外交の経験は皆無で、軍隊でほんの少し経験を積んだだけという人物にとって、たしかにあまりにも背伸びしすぎだった。理解できることではあるが、最初の年に外国の指導者と会見した際、華は間違いを犯すことを恐れ、政策に関する一般的な説明や平凡な決まり文句、そして安全なスローガンを繰り返すのみだった。華は賢く、善良な役人だったが、総合的な能力や指導者としての素質の面で、鄧とは比べものにならなかった。加えて、鄧の以前の部下だった老幹部の全面的な職務復帰を主張せず、大胆でしっかりとしたリーダーシップを発揮することも、鄧のように諸外国とのよい関係を実現することもできなかった。

しかし、多くの人々は、華国鋒や彼の改革への熱意をあまりにも過小評価していた。後に編まれた正史は、実際には華が毛沢東のやり方から距離を置こうとしていたこと、また、西側への門戸開放政策を支持していたことなどにあまり触れていない。一九七六年九月の毛沢東の死から七八年一二月の一一期三中全会までは、まるで空白期間のように扱われている。華が政権を担当していたこの時期、彼は四人組を逮捕しただけでなく、実際には急進的な毛沢東思想を放棄し、イデオロギーと政治運動の役割を縮小し、階級闘争よりも現代化に重点を置き、毛の下で変則的になっていた党会議の日程を定例化したのだった。華はまた、現代的な技術を学ぶための視察団を次から次に海外へと送り出した。海外の直接投資を招き入れるための実験台として、中国で経済特区を始めたのは、鄧小平ではなく、華であった。華は七七年に鄧小平の職務復帰を遅らせようとはしたが、それでも鄧が七五年に採用した措置をひっくり返そうとはしなかったし、鄧が七七年の復活後に導入しようとした変化を支持した。彼は中国の対外開放を急速に実現しようとしただけでなく、むしろそれを過度に行って「洋躍進」を進めたとして、厳しい批判にさらされたのである。(2)

有名無実な華国鋒の権威

華国鋒の権威と権力の正統性は、彼が毛沢東によって選ばれたこと、そして彼が党と政府官僚組織の上に立つ公式な地位に任じられたことに完全に依拠していた。しかし、一九七六年の中国では、公式制度はまだまだ権威の基盤としては弱かった。毛が二七年もの間、党、軍、政府の最高の地位を支配し続けたことで、人々は彼に異を唱えにくくなったが、毛の権力の核心はなお個人的なものであった。彼が権威を持っていたのは、彼が公式な地位に就いていたからではない。それは彼が、規律正しい党と統制されたメディアの力を借りながら、中国革命を軍事的な勝利に導き、権力を巧みに行使し、壮大なビジョンを提示し、また、人々の心に希望と畏敬の念を生じさせることなどに並外れた成功を収めたからであった。

毛沢東や鄧小平は、革命で英雄的な成果を収め、大きなスケールで歴史を理解し、問題対応への確固たる感覚を持ち、自信と平静さを備えていたが、華国鋒にはそのいずれもなかった。華は党の任務のさまざまな面を経験していた。公安部部長だったこともあるし、一九七一年に政治局会議への参加が認められ、七三年に政治局の正式なメンバーとなってからは、中国政治について学ぶ多くの機会に恵まれてきた。しかし、彼個人の実績や視野の広さ、そして人々の間での全体的な評判は、鄧や葉剣《ようけん》英《えい》、陳雲《ちんうん》、李先念《りせんねん》といった年季の入った古参革命家にかなうべくもなかった。

毛沢東の死去後、政治局は華国鋒に党主席、国務院総理、中央軍事委員会主席という適切な肩書を与え、彼が政権を担えるようにした。葉剣英や彼の仲間たちは、中国共産党は一人の人間の個性に依存していくのではなく、公的制度の重要性を高めていくべきだと表明した。かつて一九五〇年代半ば、中国が安定的な構造を整え始めたころ、各組織では手続きが予測可能な形に整備された。さらに大躍進の大惨事後の六〇年代初め、そして鄧小平が整頓を進めた七五年にも、指導者の独断による政策決定を制約するため、手続きは通常の状態に戻されたのだった。(3) しかし、こうした通常の手続きやどんどん増えていく政府組織が、多くの西側諸国のようにルールに依拠するようになるには、まだだいぶ時間を要した。むしろ、中国の下層幹部たちは、権力を握っている上層部からの文書を読んで、最高指導者たちは危機のときはその前に送ってきた文書を覆し、新しい文書を起草することができると考えていた。

一九七六年末から七七年初めにかけ、葉剣英元帥と汪東興《おうとうこう》は、華国鋒の脆弱な権力基盤を強化するため、華への個人崇拝を推進しようとした。華が四人組を逮捕したことは並々ならぬ勝利で、それは彼をただの善良な幹部から素晴らしい指導者に持ち上げた唯一の成果であったが、多くの人がこれを喜んでもいた。七六年一〇月以降の数カ月の間に、華の指導力をたたえる本や記事が大量に出回った。(4) 彼の指導力をたたえる詩や歌が作られ、広く配布された。また、彼の写真が全国各地で毛の写真の隣に飾られた。中国ではテレビはまだ普及していなかったが、職場や農村の拡声器から流されるラジオのメッセージが、中国の舵をとる彼の能力をたたえた。

ただ、華国鋒の昇進は物議をかもした。中国のために戦地で戦ったことのある古参革命家たちは、一九三八年以降に入党した華のような若い成り上がり者を見下し、彼への賛美はやりすぎでおこがましいと考えた。さらに、影響力を持つ多くの党指導者たちは、個人崇拝が党内民主主義の妨げになることを懸念し、これに乗り気ではなかった。七八年末までに、華は自分の実績をそんなにも宣伝するのを許したことを弁解して回らなければならなくなる。自分が任命された指導的な立場を上回るほど、自分には権力を握る正統性があるということを、華は他人に説得できなかった。

指導者としての華国鋒の謙虚な姿勢は、北京での彼の状況を反映したものではあったが、湖南省においてさえも彼は同じランクの他の幹部に比べて慎重で臆病だという評判を得ていた。[5] 彼が自分に果敢に挑戦してくることはないと思えたからこそ、他人は彼と安心して働くことができた。彼にとって忍耐の限界を超えていた四人組とその追随者のほかは、彼は実に誰とでもうまくやる努力を怠らなかった。

共産主義者たちが一九四九年に政権を握ったとき、毛沢東や彼の同志たちが政権樹立後になにをするか計画を立て始めて、すでに二〇年近く経っていた。しかし、華にはほとんど準備の時間がなかった。ゼロから国家建設をし、政策立案を進めたかつての革命家たちには、華や彼の世代の者たちよりもずっと広い視野が備わっていた。だが、華たちは、新しく行動を起こして政策を作るのではなく、すでにあるものを実施することを学んで成長してきたのだった。七六年初めに突然、毛の最たる後継者候補だった王洪文《おうこうぶん》の代理に抜擢されるまで、華は最高指導者になる準備をしていなかった。さらに同年一月に総理代行になってからも、華は――周恩来《しゅうおんらい》の死、四月五日の天安門事件、毛の死、四人組逮捕など――緊急事態への対応で忙しく、大きな戦略問題を考える余裕がほとんどなかった。七六年一〇月以降、あまりにも膨大な問題群に直面した華は、帝位についたばかりの若くまじめな皇帝のように、葉剣英元帥と李先念という年老いた二人の相談役の助言を歓迎した。二人もまた、彼を導いていくつもりだった。

華国鋒は葉剣英元帥と李先念のことを一九七六年よりもずっと前から知っていたが、四人組を逮捕する秘密計画の実行のために信頼の置ける小さなグループを結成するまで、彼らと特に親しかったわけではない。葉や李は華と同様に、文化大革命で特に苦しみをなめたわけではなく、追放され、迫害された老幹部が持つ激情や敵意はあまり共有していなかった。葉元帥は文化大革命以前に主流から外されていたため、毛沢東が攻撃した実力者の中には入っていなかった。李は文化大革命で政治闘争の嵐が吹き荒れている間、政府内で経済を回し続けるルーティン・ワーク的な役割を担った「業務組」に参加していた。華、葉、李は文化大革命前から老幹部たちとうまく一緒に働いてきたし、三人とも、文化大革命の受益者および老幹部たちの双方と協力していく高い能力を持っていた。

葉剣英元帥と李先念は、他人を攻撃した造反派でもなければ、みんなの先頭に立って民主主義の拡大と経済分野でより野心的な試みを求めるタイプでもなかった。その代わり彼らは、華が海図なきポスト毛沢東時代に現実的に安全に航海を続けられるよう手助けしようとした。特に、葉元帥は華が軍隊との関係を構築していくのを手助けし、李は経済分野で華を導いていくことができた。

華国鋒、毛沢東の遺訓と対外開放との均衡を模索

毛沢東が死んだときから華国鋒は、筋金入りの造反派たちに、自分が毛の遺訓を継承していることを示さなければならないという圧力の下に置かれていた。彼らにとっては、華が毛の政策を続けると

言いながら、政治運動や階級闘争をやろうとしていないことはありありだった。毛の死後、中国は「脱毛沢東化」を図ろうとしていると西側のメディアが報道したことで、華は毛の遺訓に忠実だということをさらに示さなければならないという重荷を負った。

四人組の逮捕はほとんどの党の幹部や大衆に大歓迎されたが、自分たちこそ毛沢東に忠実だと考えていた造反派たちは失望を感じていた。臨終のときまで、毛は四人組の職位を党最高指導部の中に確保しようとしていたからだ。その不一致は、華と彼の年配の助言者であった葉剣英元帥、そして李先念を守勢に立たせた。彼らは四人組の逮捕が毛の遺訓を守っていくことと矛盾しないとこじつけるしかなかった。華は四人組の罪状を明らかにするための資料を収集し、三束もの資料を配布して、逮捕が毛の見方に沿ったものであることを立証した。

毛沢東が死去してからずっと、華国鋒は自分が毛の遺訓を引き継ぎ、その政策を継続していると主張し続けた。しかし、イデオローグや毛の筋金入りの崇拝者の中には、毛が敷いた党の路線から彼が逸脱していると批判し続ける者がいた。こうした批判に応えるため、彼は自分の支持者に、彼が毛の遺訓にどれだけ忠実であるかを示すために理論的論文を準備するよう指示した。その結果、一九七七年二月七日に『人民日報』『紅旗』そして『解放軍報』が社説を掲載した。そこでは、毛主席が下した決定はすべて実行しなければならず、毛主席が行った指示はすべてその通りにしなければならない、と宣言されていた。「二つのすべて」として知られるこの社説は、華が毛の遺産を全面的に継続していくことを謳うための旗印になっていく[6]。ただ、華にとって明らかに想定外だったのは、毛が晩年の二〇年間に追求したような政策を中国は止めるべきだと考えていた人々が、これを批判の標的にしたことだった。

華国鋒は、新時代の全国的なリーダーシップを総合的に確立していくために、党大会を開かなければならなかった。類似の試みは、毛沢東が一九五六年に（第八回党大会）、林彪《りんぴょう》が六九年に（第九回党大会）、そして林彪がいなくなった後の七三年に再度毛が行っている（第一〇回党大会）。経済計画を立案し、主な分野の政策で合意を実現し、党大会に必要な文書を用意するには何カ月もかかる。華は毛が亡くなった後すぐに準備に着手し、七七年八月一二日から一八日にかけて第一一回党大会を開催した。政府に関する全体的な指導体制を決める第五回人民代表大会が、引き続き七八年三月に開かれた。

権力の座に就いてから相当急いで党大会を開催したために、華国鋒は多くの問題を未解決のまま残すことになった。華が一一回党大会で行った四時間にわたる演説では、政策に関して意見の相違があることを覆い隠すため、イデオロギーと党の決まり文句が用いられた。しかし、そこには指導者たちの注目が必要な真の問題が存在しており、華は少なくともそのいくつかには答えを出そうとした。周恩来と鄧小平に続き、彼もまた四つの現代化に力を集中しようとした。彼は最も信頼する経済顧問として、より慎重な経済計画立案者や財政幹部ではなく、新しい建設プロジェクトや海外からの工業プラント導入の早急な拡大に積極的な「建設推進派」を選んだ（「建設推進派」と「均衡重視派」については第15章を参照）。彼は大慶油田の偉大な指導者だった余秋里《よしゅうり》を特に頼みとし、鄧の一〇カ年見通しにさらに大胆な目標を加えて、余にその修正版を作らせようとした。彼はまた、国家建設委員会の主任で、一九七四年一二月には毛沢東と周によって副総理にも抜擢された谷牧《こくぼく》にも大きな信頼を寄せた。

華国鋒は、外交の面では素人からの出発だった。一九七六年春に北京でシンガポール首相のリー・

クワンユーと会見した際、中国の政策の詳細について知らなかった華は、リーのコメントや質問に決まり文句とスローガンで答えるしかなかった。しかし、毛沢東の後継者となってから、華は早く対外政策問題をこなせるようになろうと真剣に努力した。七八年八月に代表団を率いてユーゴスラビア、ルーマニア、イランを歴訪したときには、彼は七六年のときよりもずっと豊富な知識を持つようになっていた。

一九七四年と七五年に外国を訪問した鄧小平が、毛沢東主席の手綱につながれていたのと対照的に、華は（毛がモスクワを訪問した）五七年以降で初めて外国を訪問する中国の最高指導者として、七八年にユーゴスラビアやルーマニアを訪れた。帰国した華は、中国にはユーゴスラビアやルーマニアから学ぶべきところがあると報告した。これらの国は自分たちの国家主権を損ねることなく、外貨を受け取り、外国の会社との合弁企業を立ち上げ、補償貿易（計上した利益から元の投資分を払い戻す見返り貿易）を行い、外国の技術を導入していた。自分が東欧で視察した工場は中国のように大型ではなかったが、中国よりもずっと効率的だったと華はコメントした。その意味するところは明らかだった。中国は東欧の例にならい、もっと外国の技術を導入すべきであった。

農村の組織改革の問題は、華国鋒にとって経験豊富な分野であった。ここで華は人民公社や生産隊といった社会主義構造の維持に努めただけでなく、かつての大寨《だいさい》の経験に学ぶいくつもの会議を開催した。大寨は集団農業の全国的模範村で、仕事に投入されるグループの人員の数が並外れて大きく、大規模灌漑用水路のような農業土木プロジェクトが推進されほめそやされていた。華にとって、農業を向上させる望みの綱は、結局のところ技術だった。鄧小平と同様、華は失われた時間を取り戻すためにすばやく行動に出ようとしたが、そうした変化をもたらすのに制度上、どのような改革が必要か判断する経験に乏しかった。彼は四年以内（一九八〇年まで）に農業機械化の分野で技術的に突破《ブレイクスルー》を実現しようと奮闘したが、これは素人的な楽観主義であった。

鄧小平が一九七八年末、最高指導者になると、華国鋒は中国の外貨不足、大量の技術を一度に吸収するための能力不足、財政不均衡などについて深く考えずに、あまりにも足取りを速めてしまったと自己批判をした。そのうちのいくつかの批判は当然だった。たとえば、華は数年内に大慶と同じ規模の油田を一〇カ所掘り当てるよう余秋里をけしかけたが、この目標はまったく非現実的だった。ただ、中国をできるだけ早く前進させ、海外からの技術導入を急ごうという全体的な華の狙いは、鄧を含む他の多くの指導者にも共有されていた。

世界に門戸を開くという中国の政策は――外国から学ぶ心構えと海外の技術を導入する熱意を含め――、一九七八年一二月の三中全会で確立された鄧小平のリーダーシップに始まる、としばしば言われている。しかし、こうした取り組みは実際には、すべて七七～七八年に華国鋒の指導下で始まったし、また、華が進めた政策も彼の独創ではなかった。多くの党指導者が、中国を新しい軌道に乗せるために必要と考えていた政策を、華と鄧の二人が推進したのである。

鄧小平の復活をめぐる綱引き――一九七六年一〇月～一九七七年四月

四人組が逮捕された瞬間から、鄧小平は復職するのか、もしそうだとすればどのような職責を担うのかという問題が再燃し始めた。党指導者たちは一致して鄧にたぐい稀な才能があることを認めていたし、復活した老幹部たちは彼を実績のある指導者とみなしていた。毛沢東の死が公表されるとすぐに、香港や西側のメディアは鄧と華国鋒の間で今にも権力闘争が起きようとしていると推測を始めた。だが、当時の中国では、毛が自分で後継者を指名すること、そして華が党書記に就任することに対して、真剣に挑戦しようとする者はいなかった。少なくとも当面の間、華には毛が彼のために選んだ地位に就任する権利があるという合意が存在していた。

毛沢東が死んで数カ月の間、党のエリート・サークルに所属する者たちは迷っていた。鄧小平は復活した後、かつて周恩来が毛沢東に仕えたように、あるいは鄧自身が一九七四年に王洪文の下で仕えたように、華国鋒主席の下で総理を務めるべきなのだろうか？　それとも彼は政権を担う指導者になるべきなのだろうか？　華の年配の助言者だった葉剣英元帥と李先念は、いずれ何らかの職位で鄧の復職を認めるつもりだったが、華が主導権を握ることを想定していた。四人組が逮捕されて間もなく、李先念はそのころ北京の西山で療養していた鄧を見舞い、復帰に備えておくよう励ました(7)。政界の実力者となった葉元帥も李も、彼らが鄧の復活を支持していることを繰り返し表明していた(8)。

華国鋒は鄧小平の復活を許すべきではないと特に述べたことはなかった。しかし彼は四人組の逮捕からわずか二週間後の一九七六年一〇月二六日に、鄧本人、そして老幹部たちを呼び戻すための鄧の取り組み（いわゆる右派巻き返し）に対する批判を継続するよう指示を出した(9)。

しかし、七七年三月の中央工作会議までに、華は鄧批判を奨励するのは止めていた。多くの幹部が鄧は四月五日のデモを画策したという罪を不当に擦《なす》りつけられているとこぼすのに応え、華は宣伝部門の幹部たちに、四月五日のデモの話題を以後提起しないよう指示した。彼はまた、四月五日の抗議運動に参加した大多数は反革命的ではなく、鄧は事件の計画に関与していないと認めた。

一九七六年一二月一二日、鄧小平にとってもう一つの突破口《ブレイクスルー》があった。この日、葉剣英元帥は、彼の長い間の部下で、当時、中共中央対外連絡部（中連部）部長だった耿飈《こうひょう》から手紙を受け取った。耿飈はこれに一束、四人組が四月五日事件の報告書の証拠を改竄《かいざん》して毛沢東と党中央をだましていたことを示す文書を同封していた。葉はすぐ部下に対し、この新しい証拠は重要であり、これをもって四月五日事件の判決は覆されるべきだと告げた。(10) 葉元帥がこれらの資料を受け取った二日後、鄧に再び党の文書を読むことが許されるようになった。葉元帥は機が熟していないと言ってはいたが、このときまでに多くの人たちが、鄧の復活は単に時間の問題だとみなすようになった。七七年一月六日には政治局が鄧の復活問題を議論し、彼には何らかの職責が与えられるべきだと結論づけた。

一九七七年二月七日、『人民日報』に「文書をよく学び、要《かなめ》［つまり階級闘争］をつかもう（学好文件抓住綱）」と題する「二つのすべて」社説が掲載されると、それはすぐに高位幹部間の争点になった。毛沢東が承認した政策や毛の指示をいつまでも守っていくとすれば、四月五日のデモが反革命的だとする判断や、鄧小平の解任は覆せないものになる。「二つのすべて」の社説は華への批判を拡大し、鄧が復活すべきかどうかという問題が論点として浮上した。『人民日報』の総編集長だった胡《こ》績偉《せきい》は、この「二つのすべて」の社説が、鄧やその他の幹部の復活、四月五日の天安門事件に参加した者たちの名誉回復、そして不公正で、虚偽に富み、間違った判決に苦しんできた者たちの冤罪晴らしを阻害したといっている。(11)「二つのすべて」への反対をすぐに行動に移したのは鄧力群《とうりきぐん》で、彼はこれをすぐに王震《おうしん》に相談し、次に王震が政治局でこの話題を取り上げた。(12)

党大会の前には、慣習に従って自由に議論し、党大会の参加者が全員一致で賛同できるような合意を形成するため、中央工作会議が予定されていた。翌年の一九七八年一一月から一二月にかけて開催された有名な中央工作会議は、鄧小平の立場を強化し、一二月の三中全会で承認されることになる

「改革開放」の取り組みに支持を固める転換点になった。七七年八月の第一一回党大会の準備のために三月一〇日から二二日にかけて開かれた中央工作会議では、この「二つのすべて」に反対する声が上がった。

中南海から数ブロックのところにある京西賓館で工作会議を招集するに当たって、華国鋒が議題として通知したのは、(一) 次の段階における四人組との闘争、(二) 一九七七年の経済計画策定、(三) 党大会の繰り上げ開催を含む七七年後半の党の工作計画、であった。[13]

この会議はわずか六カ月前の毛沢東の死後初めて、党の主な指導者たちが一堂に会して幅広い議論をする場となった。しかし、後の一九七八年一一月に行われた中央工作会議と対照的に、七七年三月には毛の間違いについて率直な議論をするには時期尚早と感じる者たちが多く、会議の雰囲気は自制的であった。ただそうであっても、党の活動の重点を文化大革命から四つの現代化に移すこと、共産党の指導を維持すること、マルクス＝レーニン主義と毛沢東思想の旗印を高く掲げること、そして海外の資金や技術の活用を拡大していくことなど、いくつかの問題については広範な合意が形成された。

文化大革命の間に侮辱と肉体的苦痛にあえいだ老幹部と、政治の混乱による受益者たちの間には、本能的に隔たりがあった。文化大革命で他人を攻撃して昇進した多くの指導者たちは、「右派巻き返し」への反対運動をかばい、彼らがかつて攻撃した者たちに権力が渡るのを妨げようとした。早めに職務への復帰が許された老幹部たちは、まだ帰ってくることが許されない友人たちの復活への働きかけにたいてい熱心だった。

これら二つのグループの間のバランスは、毛沢東自身が右派巻き返しを容認するようになった一九七二年以降、老幹部の側にどんどん傾いていた。第四期全国人民代表大会が開かれた七五年一月には、文化大革命で厳しい批判に苦しんだ一〇人の指導者が部長級の役職に返り咲いた。[14] この傾向はその後も続いた。七三年の第一〇回党大会で中央委員会のフルメンバーの地位にあり、七七年八月にまだ存命していた一七四人（その多くが文化大革命の受益者だった）のうち、なんと五九人が第一一回党大会の中央委員に選出されなかった。七七年の党大会で中央委員に選ばれた二〇一人の指導者のうち、一九人を除くすべてが四九年以前に入党した老幹部だった。[15] 対照的に、政治局の状況はもっとゆっくり変化した。政治局常務委員会は、四人組の逮捕にあたって主な役割を果たした四人で構成されていた。ただし鄧小平の復活問題では、葉剣英元帥と李先念のみがこれを支持し、華国鋒と汪東興は躊躇していた。

華国鋒は一九七七年三月の中央工作会議で長い演説をした際、なぜ四人組を逮捕した後に鄧小平批判をさらに継続する必要があったかを釈明し、こう述べた。「鄧批判と右派巻き返しへの反撃は、われわれの偉大な指導者である毛沢東主席によって決められたものだ。これらの批判は続けていかなければならない」。[16] さらに彼は、鄧が毛主席を完全には支持しなかったことを暗示しながら、「われわれはフルシチョフの例から学ぶべきだ」と厳しい言葉を付け加えた。[17] スターリンを全面的に攻撃したフルシチョフになぞらえ、鄧が「中国のフルシチョフ」になるという攻撃をしばしば受けていたことは、誰でも知っていた。華は毛の遺産をしっかりと引き継いでいこうと考えており、四月五日のデモの処理がもたらす消極的な作用を意識して、会議の参加者にこのデモについて話題にしないよう命じた。しかし、華には毛のように指揮をとっていくための威厳が欠けていた。広範な尊敬を集め、華よりもずっと年上で、個人としての権威も備えていた陳雲と王震は、会議の少人数討論であえて異なる見方を提示し、鄧の復活を支持した。

陳雲は控えめなうえ、慎重で、党に対してまったく献身的で非常に大きな貢献があり、党内ではたいへん尊敬されていた。彼は割り当てられた西南組（しばしば中国共産党の会議では、議論を深めるため、全体会議のほかに分科会でのグループ討論が行われる。各グループでの議論の概要は印刷物としてまとめられ、参加者全員に配布される）で、鄧小平の復活を主張する力強い演説をした。いつもの通り、陳は自分の報告を注意深く用意した。彼は胡喬木《こきょうぼく》に演説原稿を書いてもらい、演説をする前に耿飈の自宅で王震らと原稿の問題点について話し合った。この報告の中で陳雲は次のように述べた。「鄧小平同志は天安門事件とはいかなる関係もない。中国革命と中国共産党のニーズに応えていくために、党中央の何人かの同志が鄧小平同志を復活させ、党中央の指導的任務に就かせることを提案したと聞いている。これは完全に正しく、完全に必要で、私はこれを完全に支持する」[18]。

「髭の王」こと王震は、無骨で無愛想ながらも忠実で、勇敢で、党内の多くの人から慕われていた。彼はもう一つのグループで、同じく鄧小平の復活を支持する報告をした。かつて毛沢東が鄧をたたえた言葉を引用し、彼は毛沢東思想の信奉者たちがとても反対できないような発言をした。彼は毛の言葉を借りて、鄧の政治思想は強く、稀有な才能があり、有能な戦士でもあり、修正主義に断固として反対してきたと言ったのだった。王震はさらに、一九七五年に党と国務院の仕事を率いた際、鄧が毛の路線をしっかりと行って大きな成果を収めたとまで述べた。鄧は四人組との闘争で先頭に立った。そして今、全党、全軍、そして多くの人々は、鄧が早期に党指導部に復活することを待ち望んでいる、と王は言った[19]。

分科会における討論では、多くの人々が陳雲や王震の発言を支持した。しかし、会議報告の最終的な編集作業を握っていた汪東興は、陳と王の発言およびそれに引き続いて行われた議論を収録しなかった。汪は彼らに、彼らが発言内容を修正するなら、その概要を印刷に回してもよいと述べた。党内で汪をはるかに上回る長い経歴を持っていた陳雲と王震は、自分の見方が受け入れられないのなら、それでも構わないと返答した。公式の概要には掲載されなかったものの、彼らの発言は無修正のまま、会議の内外で広く回覧された。(20)

会議の間、一九七六年四月の天安門事件の名誉回復を強く求めていた多くの代表に対し、華国鋒はいくつかの妥協的な発言をした。亡き周恩来を偲んで七六年四月に集まってきた大衆を弾圧したのは四人組であり、鄧小平はこの天安門事件にはまったく関与しておらず、また、天安門に集まるという大衆の行動も理解できる、と華は認めたのである。それにもかかわらず華は、この出来事をやはり反革命事件と呼び、参加者の一部は反革命的であったと発言した。彼はさらに、――誰もが鄧が推進したと認識していた――右派巻き返しに対しては、今後も批判を続けていくべきだと述べた。(21)

中央工作会議では鄧小平の復活を支持する声が数多く聞かれた。華国鋒はこれに対して、「水が来れば水路はできる（水到渠成）」、「瓜は熟れればヘタから落ちる（瓜熟蒂落）」（ともに時が来れば、事は自然に成就するとのたとえ）と答えた。彼の意味するところは明快だった。機が熟せば、鄧の復活の道のりは見えてくるが、急ぐべきではないというのだ。しかし、鄧の支持者たちに対する譲歩として華は、（第一〇期）三中全会および（夏に予定されていた）第一一回党大会で、鄧の復活に関する正式な決定を下すのが適切だろうと回答した。

政治的環境が変化するなかで、華国鋒は『毛沢東選集』第五巻に収録される毛の著作の編集作業を統括することによって、毛沢東思想の解釈権を強化しようとした。四月七日、中央委員会はどうすれば第五巻をしっかり学ぶことができるのかという華の手引書を公表し、そのなかに最後まで革命を遂行していこうという毛の言葉の一説を加えた。一週間後の一五日、華の出版許可の下、『毛沢東選集』第五巻が出版された。[22] しかし、手引書も第五巻そのものの刊行も、鄧小平を指導的地位へと復活させるべきだという声の拡大を押しとどめることはできなかった。

その間、鄧小平は、華国鋒の「二つのすべて」を支持しないことを明確にしていた。華と葉剣英元帥、そして中央委員会にあてた四月一〇日付の手紙で、鄧は論争を招いていたこの社説に対して自分の見方を提示した。われわれは世々代々、「正しく」「完全無欠な」毛沢東思想で中国の党、軍、人民を導いていかなければならない、と彼は述べた。[23] 毛沢東思想への理解をこのように賢く定式化することで、鄧は毛の権威を受け入れ、他方で事実上、毛の見方を解釈する権限を持つのは華だけではないと主張したのだった。それより、あらゆる問題はより広い背景から検討されるべきだし、華よりも長く、そしてずっと緊密に毛と協力を進めてきた年配の党指導者の方が、こうした「より広い背景」から毛の見方を判断するのに有利な立場にある、というのである。そのうえで、鄧は中央委員会が天安門事件に対する自分の関与を清算してくれたことに感謝を表明した。また、自分が担当する任務については、「私がなにをするか、いつ仕事を始めるのが適切かということに関しては、私は完全に党中央のお考えと采配に従います」としたためた。鄧はこの手紙と、一九七六年一〇月に華にあててそのリーダーシップへの支持を表明した手紙とを、党内の回覧に供するよう提案した。[24]

華国鋒は、鄧小平からの手紙を受け取ったころまでに、鄧の復活を支持する声の高まりに応えないわけにはいかないと考えるようになっていた。そのため彼は、彼に忠実で、党の指導者としても位の高い汪東興と李鑫《りきん》を鄧の下へ送り、その復活について話し合いを持たせた。[25] 華がすでに一九七六年四月のデモの役割を肯定していたため、鄧はこのころまでに親しい友人たちに、天安門でのデモは間もなく間違いなく革命運動として認められるだろうと話していた。[26] 汪や李鑫は鄧の復活に際して、「二つのすべて」を肯定することを求めてきたが、鄧はこうした背景のなかでその必要性を感じていなかった。もし「二つのすべて」がドグマになってしまえば、自分あるいは天安門のデモへの判断をひっくり返す理由がつけられなくなる、と鄧は彼らに述べた。[27]

鄧小平はさらに加えて、毛沢東がある場所で行ったことによって、彼が別の時間に別の場所で行ったことは説明できないと述べた。毛自身ですら、自分が間違いを犯すことを認めていた。人は誰だって間違うのである。ある人の行いがもし七割正しければ、それは相当よいのだ。もし自分が死んだ後、私がやったことの七割は正しかったと人々が言ってくれれば、それで十分だ、と彼は言った。[28]

鄧小平には復職に際して、華国鋒のリーダーシップを認める公開書簡をしたためることが人々から期待されていた。鄧はこの要望を受け入れ、一九七六年一〇月一〇日の書簡のなかですでに、「政治的にも思想的にも、華国鋒同志は最も適切な毛主席の後継者であるだけでなく、年齢から考えると、少なくともあと一五年から二〇年間、プロレタリア指導の安定性を保証していってくれるでしょう」と述べていた。[29] 鄧が微細な修正を施した後、華は四月一四日にその書簡の党員への配布に同意した。書簡は五月三日に、党内では県レベルまで、また、軍では連隊レベルまで下達された。[30] 華は鄧の復活を説明可能な範囲でできるだけ遅らせたが、たくましい老幹部たちの間に鄧の復活を求める雰囲気があるのを察知し、鄧に自分のリーダーシップを文書で認めさせたうえで、最後にはこれに譲歩したのだった。

鄧小平の復活は正式には七月の三中全会まで待たなければならなかったが、華国鋒のリーダーシップをたたえた彼の手紙が回覧されたことは、実際には中級以上の党員に鄧の近い将来の職務復帰を通知したのも同然だった。[31] 経験豊富な鄧が指導者になれば、秩序の安定と現代化の推進に大きな役割を果たすだろうと、党員たちは高い期待を寄せた。党員たちはまた、海外メディアで公に議論されていた話題を、親しい者の間でささやき合った。それはつまり、華と鄧のどちらが将来、主導権を握るのかということだった。

五月一二日には、鄧小平は軍と対外関係に責任を負うことを含め、かつて自分が担っていた職責のすべてに復帰することが決まった。以前と同じく副総理にも就任することになった。鄧はまた自分から、科学技術と教育の分野を統括したいと申し出た。四つの現代化のうち、他の三つの分野(工業、農業、国防)を牽引するのが科学の現代化であり、これが最も重要だと鄧は考えていたのだった。申し出が受け入れられると、鄧は方毅《ほうき》と李昌《りしょう》を自宅に招き、科学技術の推進のためになにをしていくべきかを話し合った。[32] 当時の中国の雰囲気を考慮すれば、知識人への根強い反感を克服することから始めなければならなかった。鄧は方毅と李昌に、頭脳を使って働いている人々も政治的に尊重すべき労働者階級に属すると、人民に対して強調すべきだと告げた。[33]

五月二四日、職務への復帰準備の一つとして、鄧小平は親しい王震と鄧力群を自宅に招き、自分の執筆グループを復活させること、そして科学技術と教育を推進することとについて話し合った。鄧は以前、自分が政治研究室を作ったときに集めた執筆グループをなお重要視しており、かつてのメンバーを交えて、どのようにこれを組織化するか、初歩的な話し合いを持とうとしていた。鄧を攻撃する政治運動が行われたとき、批判に参加することを完全に拒否した者が数人だけいた。鄧力群はその一人で、そのために農村に送られ、肉体運動に従事させられる咎《とが》を受けた。彼は、かつて鄧の執筆グループの主任だった胡喬木の手紙を持参していた。それは鄧への批判に参加したことを陳謝する内容だったが、鄧はそれに目を通しもしなかった。その代わり彼は鄧力群に、胡の批判は問題ではないから、手紙は本人に返すようにと言った。胡は多くの人が言っていたことを繰り返しただけだし、気持ちはわかる。それをわざわざ謝る必要はない。鄧は加えて毛の「十大関係論」（『毛沢東選集』第五巻に収録）における胡の編集作業をほめた。さらに、彼が執筆グループに戻って来るのを歓迎すると言った。

中央軍事委員会の二人の副主席、葉剣英元帥と鄧小平は、相談のうえで軍隊での責任を分かち合うこととした。規模の削減やより高度な訓練を受けた新兵の採用、訓練と規律の向上、現代戦に備えるための軍事科学技術の改善など、鄧は一九七五年に自分が推し進めた仕事を再び担当することになった。軍隊に向けた報告の中では、鄧はこれらを中心的な問題として取り上げつつ、さらに「実事求是」（事実に基づいて真理を追求する）というより広い政治問題についても話をした。[34] もっとも鄧が軍隊の問題に用いた時間は、科学技術や教育に比べるとずっと少なかった。

鄧小平は対外問題にもあまり時間を割かなかった。彼は重要な政策決定に参加することには同意したが、日常的に対外関係を指導する責任までは負いたくないと言った。彼によれば、それは疲れるからということだった。一番力を入れたいのは、現代化の最大の鍵になるはずの科学技術と教育だ、と鄧は述べた。

鄧小平は、中国の科学技術は世界の他の国よりも二〇年後れているとみていた。たとえば当時の中国には、科学技術分野で働いている人は二〇万人いたが、アメリカには一二〇万人だった。中国が追いつくためには、自国がひどく後れていることを認め、独自の人材を育て始めなくてはならない、と鄧は述べた。鄧は一九七五年に自分がやろうとしていた政策を復活させながら、中国は小学校と中学校・高校で試験を実施して最も賢い学生を選んでいかなければならず、彼らを最もよい大学や職業学校に送って最もよい訓練を受けさせなければならないと言った[35]。

科学技術分野の責任を負うと申し出ることで、鄧小平は近い将来、自分が核心的な政治分野で華国鋒に挑戦しないことを明示した。ただ、科学の発展のためには、鄧はなお敏感と考えられていた政治的な問題に触れることを恐れなかった。毛沢東思想の信奉者たちは、専門性より政治を重視すべきだと主張していた。これとは対照的に、鄧は政治にあまり関心を持たない科学者も役に立つことがあり、軍隊も人材を育てなければならないとあえて宣言したのだった[36]。

鄧小平の復活

一九七七年七月一七日、第一〇期三中全会は「鄧小平同志の職務回復に関する決定」を採択した。制度上、この決定は一カ月後に開かれる党大会での承認を必要としたが、鄧はこの会議で七六年四月五日以前に就いていたすべての職務に公式に復帰することになった。それらの職務とは、中央委員会委員、政治局常務委員会委員、党副主席、中央軍事委員会副主席、副総理、そして人民解放軍の総参謀長であった。一カ月後の八月の第一一回党大会で、鄧は政治局常務委員会の五人のメンバー中、華国鋒と葉剣英元帥に次ぐ第三位に位置づけられ、李先念と汪東興がその後に続いた[37]。

鄧小平は七月二一日には事実上の指名受諾演説を行い、次のように表明した。「仕事に出てくるには二つの態度がある。一つは役人に徹すること、もう一つはなにかを成し遂げようとすることだ」。鄧の選択が後者だったことに驚いた者はいなかった。しかし、毛沢東の死後からまだ数カ月しか経っておらず、そのオーラがなお強く残っていたため、鄧はなお慎重に自分の道を描いて見せなければばならなかった。鄧はまず「マルクス＝レーニン主義と毛沢東思想が党を指導するイデオロギーだ」という合言葉を繰り返した。そしてそのうえで、自分が本当にやりたいと考えていたこと、すなわち第一に知識人の待遇の改善、第二に党の建設（党内の制度や手続きを整えること）を提起した。彼はこれらの取り組みは、毛の柔軟性を取り込んだ結果だと繰り返し述べた。彼が言うには、ある状況の中で毛が述べた言葉を取り上げ、異なる状況にそれをあてはめようとして、結果的に毛の考えを台なしにしている人がいる。しかし、毛は時が違えば違う答えを見いだしていたのであり、さまざまな状況にあった正しい処方箋を適用していた毛の思想を、われわれは正しく総合的に理解していかなければならない。鄧はさらに、中国の指導部は党内民主主義を促進していかなければならないと主張した[38]。ただし、政権を握った四年後には、鄧は党内民主主義への熱意を失い、自分の手の内に権力を集中させていると批判を浴びることになる。

この演説から二日後の七月二三日には、『人民日報』『紅旗』および『解放軍報』が社説で、彼が新しく職務に任命されたことを公表しこう記した。「鄧小平同志の党の内外のすべての職務を回復するというこの会議の決定は、広範囲の党員および大衆の希望を具現化したものである[39]」。これは一九七六年四月五日に天安門広場でほとばしった情熱や中央工作会議での議論を考えれば、誇張ではなかった。鄧が復活後、初めて大衆の前に現れたのは七月三〇日、中国と香港のサッカーの試合会場だった。拡声器が工人体育場への鄧の入場を告げると、大衆は総立ちになり、鄧に対して長い、長い拍手を送り続けた[40]。人々は鄧のリーダーシップの下で安堵し、また、彼が七五年に挙げた成果から希望を見いだしたのだった。

第一一回党大会は一九七七年八月一二日から一八日にかけて開かれた。鄧小平の復活は参加者たちに歓迎されたが、何人かの毛沢東思想の信奉者はこれを苦々しく感じていた。そして、毛の遺産をどう取り扱うのか、これから具体的にどのような政策を行っていくのかについては、まだ明確な合意がなかった。意見の違いを覆い隠し、団結を追求しようとしていた党指導者たちは、毛の遺産を肯定するスローガンを繰り返し、現代化の目標についてありきたりの説明をするだけだった。文化大革命の終結が宣言されたが、その価値は肯定された。プロレタリア率いる革命においては、中国が海外からの新技術の導入を模索し始めた後も、右派への批判は継続されるというのである。華国鋒は意見の相違を覆い隠すために決まり文句を多用して四時間にわたる演説を行ったが、少人数の分科会会議ではこうした彼のリーダーシップに不満を表明する者もいた(41)。

鄧小平は、なお毛沢東に愛着を感じていた人々を安心させるために決まり文句を繰り返し、当時の政治的な雰囲気に合わせようとした。八月一八日の短い閉会の辞の中で、鄧はこう述べている。「[この会議は] 社会主義革命、そして社会主義建設を推し進めていくうえで新しい時代を切り開いた。私たちは大衆路線を復活させ、それを前進させていかなければならない」。他方、彼は、物事を柔軟に進めていくための余地を残そうとした。「われわれは、毛主席が培った良好な伝統そして手法である実事求是の習慣を復活させ、また、前進させていかなければならない(42)」。毛の「実事求是」を取り上げることで、鄧は毛に忠実であることを示した。ただしこの「実事求是」を強調することで、鄧は現況のニーズに即した政策を採用する余地を獲得し、毛の一つひとつの言葉がすべての状況に自動的にあてはまるものではないと主張することができたのである。

鄧小平はこれに先立ち、八月初めの科学・教育工作座談会で、自分が華国鋒主席のリーダーシップの下で働いていくことを確認した。軍の比喩を用いて、鄧は自分が「後方勤務」の面倒を見るのだと言ったが、それを聞いた人は、彼が華司令員の補佐役に回るつもりだということを理解した。具体的には彼は、「華主席と葉剣英の手助けをするために」科学と教育の指揮をとるとした。[43] 少なくとも当面、鄧には華のリーダーシップを脅かすつもりがなかった。

鄧小平、科学技術と教育に注力

党大会の数週間後、教育部の幹部に対する演説の中で、鄧小平は次のように述べている。「科学と教育の責任を負うことは難しい仕事だと知っていますが、私は自分からこれをやらせてくれと言いました。もし科学と教育がしっかりできなければ、中国の四つの現代化に希望はなく、絵に画いた餅に終わるのです[44]」。一九七五年に自分がいったん開始した、科学者たちとの友好関係を再建する仕事を、鄧は胡耀邦《こようほう》の手を借りながら継続していくつもりだった。七七年、訪中した中国系アメリカ人科学者たちに対して鄧は、もしすぐに「マルクスに呼ばれなければ」（死んであの世へ行くことのたとえ）、あと一〇年は科学と教育の分野で働くつもりだと発言した。そして、五年以内に多少の、一〇年以内により多くの結果が出ればよいと言い、一五年内に大きな変革が起きることを期待していると述べた。[45]

鄧小平は、中国には識字率の向上と科学技術に関する知識の普及が絶対に必要だと認識してはいたが、自分の力を最も高い目標に集中させる道を選んだ。すなわちまず科学の分野で突破口《ブレイクスルー》を開くため基礎研究に力を注ぎ、工業、農業、国防という他の三つの現代化を推し進めようとしたのだった。彼の見方によれば、「中国は世界の最先進国に追いつかなければならない」のだった。[46]

鄧小平は、中国系アメリカ人のノーベル賞受賞者である李政道《りせいどう》、楊振寧《ようしんねい》、丁肇中《ていちょうちゅう》（サミュエル・

タン）と何度も会った。彼の質問はいつも同じで、科学の水準を上げるために中国はなにをすべきか、であった。鄧は中国の革新のために科学が魔法の力を発揮してくれると強く信じており、いくつものプロジェクトを次々と承認した。鄧は、現代化のこんなにも初期に中国はなぜ原子核加速装置に莫大な金を使おうとしているのかと問われ、科学の発展のために中国は先を見通していかなければならないのだと答えた。

一九五七年には、鄧小平は毛沢東の右腕として知識人に対する攻撃を推進したが、彼は毛のように本能的に彼らを嫌っていたわけではなかった。毛は彼らを「ブルジョア知識人」と中傷し、再三にわたって彼らを侮辱するための手段を画策し、そして彼らを再教育の肉体労働へと送り出した。鄧は大学で学ぶ機会には恵まれなかったが、高等教育を受けるつもりだったし、フランスの大学に入るため自分としては最善の努力を払った。彼の妻は中国の名門大学、北京大学で物理学を専攻していた。五人の子供のうち、三人はやはり北京大学で物理学を学び、もう一人は医学を学び、もう一人は理系の忙しい教育内容についていくにはあまりに病気がちだったため芸術を専攻した。加えて鄧は、中国の現代化に不可欠な科学技術が、知識人を攻撃したせいで荒廃したことを目の当たりにしていた。七三年に復活した後、鄧は五七年のときのように再び知識人を攻撃しようとはしなかった。他の指導者はときに「ブルジョア知識人」について口にすることがあったが、鄧は違った。科学に階級性はない、と鄧は言った。政治経済体制の相違にかかわらず、科学はすべての階級とすべての国で用いることができるのである。

鄧はほどなく、自分がどのように中国の科学の水準を向上させていくつもりか明らかにした。

われわれは、科学技術分野の知識人の中から最も優秀な数千人を選び、彼らが研究に集中できるようにしていかなければならない。経済的な問題を抱えている者には手当や補助を与えるべきだ。彼らの中には、子供や年老いた親と同居し、毎月の収入が一〇〇元を大きく下回り、家事に多くの時間を費やしている者もいる。彼らには夜、静かに読書する場所すらない。このような状況の継続を許していてもよいのだろうか？　こうした人々の政治的資格は、より適切なものに調整されるべきである。彼らは祖国を愛し、社会主義を愛し、党の指導を受け入れなければならない。……われわれは党内に、知識を尊重し、技術を持つ人材を尊重する雰囲気を作っていかなければならない。知識人を尊敬しないことは誤った態度であり、これには反対していかなければならない。頭脳を用いるものも肉体を用いるものも、すべての仕事は労働である。(47)

中国の科学を担っていくべき若い知識人が肉体労働に送り出されることを、鄧小平は大いなる無駄だと考えていた。彼は口に出しては言わなかったが、エリート統治論の信者であった。彼は中国に最大の果実をもたらす条件を創出するために、最も優秀な人間たちを優遇しようとした。

教育や科学のエリートの地位を高めようとする鄧小平の取り組みは、大きな抵抗に遭った。知識人への取り扱いのひどさは結局のところ、毛沢東主席に完全に原因があった。しかし、鄧は知識人の待遇が悪いと不満を言う際、毛がなにをしたのかについてはちゃっかりとすっ飛ばし、四人組をやり玉に挙げた。「帽子会社」や「棍棒会社」を開く四人組のいつものやり方、すなわち知識人に「帽子」（政治的レッテル）をかぶせたり、彼らを打倒するために棍棒を使ったりといった破壊的な方法を、今後、中国はとるべきではないと鄧は述べた。(48)

鄧小平の復活前、多くの保守派たちはなお、共産中国の最初の一七年間（一九四九年～六六年）の教育政策が「ブルジョア的」であったと批判していた。鄧が職務に復帰する前夜の七七年六月には、山西省太原で教育部の全国高等学校入試選抜工作座談会（全国高等学校招生工作座談会）が開かれた。参加者たちは将来の政策の基盤を、文化大革命中の政策に置くべきか、それともそれ以前の時代に置くべきか活発に議論した。そして最後に、文化大革命の政策を手引きとすることを選択して議論を終わらせていた。(49) 鄧がやるべき仕事はなお多かった。

鄧小平は年をとるにつれて仕事の量を減らしていたが、一九七七年に七二歳で職務に復帰した際、彼は活力にあふれ、仕事に没頭した。鄧は通常、幅広い問題に対処していたため、個別の問題については それが最重要と判断したときのみ、事の詳細に立ち入って管理した。七七年から七八年にかけて彼は、科学と教育の問題はそれほど重要だと判断した。この任務に初めて着手したころ、彼は「次の八年とか一〇年とかは、われわれはすべての努力を教育に傾けるべきだ。私は自分の仕事をしっかりやっていく。私のやり方は、一番上をしっかり握るのだ」と述べた。(50)

鄧小平は各地の党指導者たちと何度も話し合いの場を持ち、知識人への急進的な見方を批判し、どうすれば彼らの潜在力を新たに活用して中国の前進の一助としていけるのかを具体的に提案した。鄧は三中全会で科学分野の統括という職責を公式に担うことになったが、その会議が終結して一週間も経たない七月二七日から数日の間に、鄧は中国科学院副院長の方毅、同党小組副主任の李昌、教育部部長の劉西堯《りゅうせいぎょう》と何度も会い、科学分野における中国の現代化を加速化するために、なにをしていかなければならないか提起した。鄧はこれまでの計画はあまりにも非効率だったと述べた。中国の各分野で最も優秀な科学者のリストを作り、彼らが仕事に集中できるよう適切な環境と生活条件が与えられているか点検すべきだ。いまだに適切な仕事のない一九六四年と六五年の卒業生には、よりよい割り当てを行うべきだ（計画経済下の中国では、すべての職業は国家によって割り当てられていた）[51]。鄧はさらに、海外に留学した中国の学者には帰国を奨励すべきだが、もし彼らが帰国しなくても、やはり彼らを愛国主義者とみなすべきだし、彼らが戻ってきて講義を担当できるよう招待すべきだとした。学者に海外から教科書を集めさせ、簡潔で的を絞った質の高い教材を作らせるべきだ。そして教育部は水準の高い学校のリストを作り、入学試験で最もよい点数をとった学生たちが入学できるようにすべきだ。鄧はさらに、国防科学工作も科学計画全体に含めるべきで、幹部には他の科学的任務との兼職を認めるべきだとした[52]。

鄧小平総司令は、微細なことまで管理し指揮をとった。そしてこの分野で彼が与えた任務を遂行する幹部たちに、「われわれは空砲を放とうとしているのではない」と説明した[53]。エネルギーあふれる鄧の報告にもかかわらず、反対勢力はかなり強かった。教育が「ブルジョア」的な失敗だという見方は広く普及していた。三〇人の有名な科学者と教育者を集めて開かれた一九七七年八月三日から八日の科学・教育工作座談会で、鄧はこうした見方を再び批判する必要性を感じた。実用的な技術者たちばかりを称賛し、理論的研究を軽視してはならない。鄧の見通しでは、生産隊から選抜されるべき科学者も多少はいたが、最先端の科学技術のパイオニアはたいてい大学にいた。よい科学者たちを育てるには、初等教育で数学と外国語の基礎教育をしっかり行わなければならない。その間、大学では、学内の工場の数を減らし、研究室を増やしていくべきである[54]。

鄧小平は中国の最も有能な若者は、さらなる研究のために留学すべきと考え、中国人が海外留学するためのプログラムの構築に努力した。羅針盤や印刷機や火薬を発明した中国には優秀な人間がたくさんいると、鄧は自信を持って表明した。しかし、ずっと後れてしまった中国は、今こそ西側から学ばなければならない。海外から学ぶために、中国は（中国の教科書の向上のために）他国の書物を買い、学者を留学に送り出し、外国の科学者を中国に招くべきである。

教育部の役人たちを動かそうとし始めて二カ月ほど経った九月、鄧小平はなおいらついていた。毛沢東はかつて軍の中で、兵士たちが鄧を怖がっていると言ったことがあった。そして今、鄧総司令は大砲を教育部に向けていた。「教育部は主体的に動くべきだ。今のところ、それがまだできていない。……お前たちは肝っ玉が小さすぎて、私の助言に従えばさらなる『間違い』を犯すのではと心配している。……われわれには具体的な政策や手段が必要なのだ。……お前たちはいつもここそと他人の目を気にするのではなく、自由に、そして勇敢に働き、独立して考えろ。……党中央の政策がよいと思っている者はさっさと働け。悪いと思っている者はやり方を変えろ[55]」。鄧によれば、教育部には二〇人から四〇人くらい、「四〇歳くらいで、学校回りを担当」する人間が必要だった。「連隊に下って兵隊をやるように、『学生』として授業に参加し、状況をよく理解し、計画と政策の実行を監督し、そして報告を返してこい。……無駄なおしゃべりで満足していることはできない[56]」。

学界から熱烈な歓迎を受けるような政策を提起したことで、鄧小平は一九五七年に反右派闘争を指導して失った知識人からの好感を幾分か取り戻した。こうした知識人の多くが宣伝部やメディアのために文書を起草し演説原稿を書いていたため、彼らからの好意は鄧の大衆イメージを利するものだった。彼らは政治指導者が決めた範囲内でしか動くことができなかったが、それでも印刷され、ラジオやテレビで流される文書や原稿の形を多少整えるのに、多少は貢献したのだった。彼らからの支持を獲得することは、鄧にとって損ではなかった。

大学入試の再開

教育の質に関し、鄧小平とすべての中国人にとって決定的な問題となったのが、大学入試の再開であった。鄧は復活のだいぶ前から、より質の高い学校に進む学生は、「適切な階級的背景」や「適切な政治思想」(毛沢東の基準)ではなく、入学試験の成績を基準として選ばれるべきだと考えていた。一九五〇年代には子供たちは学校で試験を課されていたが、その結果はたいして重要視されていなかった。というのも役人たちは、四九年以前によりよい教育の機会に恵まれていた地主や資本家の子供に比べ点数がひどく悪かったという理由で、農民や労働者の子供たちを困らせるのが嫌だったからである。

一九七〇年代初めにいくつかの大学が規模を限定して再開し始めたとき、そこに受け入れられたのは「適切な階級」——労働者、農民、軍人——の若者たちであり、選抜は試験の点数ではなく、職場の同僚からの推薦に基づいていた。もちろん、自分の子供を推薦するのはさすがに露骨すぎだったが、幹部がほかの幹部の子供の推薦書を書き、お返しに自分の子供を推薦してもらうことは可能だった。試験でよい点をとった「階級的によい背景」の学生たちですら、自分より成績が悪く、しかし強いコネを持つ学生が大学に入学していくのを見て肩を落とした。推薦制は完全に腐敗していた。

資本家と地主の階級はもう存在しないのだから、階級的背景はもはや問題ではないと主張していた鄧小平は、小学校から高等教育までの入学試験の導入が早ければ早いほど、中国の指導部は早く教育成果を向上させることができると固く信じていた。鄧は文化大革命の間、中断されていた「大学・専門学校統一入学試験」の再開に特にこだわった。しかし、一九七七年八月三日に科学・教育工作座談会の開幕式が行われたときには、その秋に再開される大学、および推薦制に基づく学生選抜に関して、計画はすでに進められていた。秋の新学期が始まる前の数週間で、新しく入試制度を導入することは可能だろうか？　座談会でこの問題が提起されたとき、鄧は教育部部長の劉西堯の方を振り向き、できるか、と尋ねた。その瞬間、劉部長はできると答えてしまい、鄧は七七年の大学入試を総力を尽くして行うと決めたのだった。鄧は実際、座談会が終わる前にこう表明した。「われわれは推薦制を止め、高校から直接、入学願書を受け入れるものとする。これは能力のある人間をより早く育て、早く結果を出すためのよい方法だ[57]」。ただ、これほど大きな方向転換を、こんなにも短い時間ですることは簡単ではなかった。どの科目を試験に出すのかを決め、試験の中身を準備するための教員を選び、入試計画を公表して数百万人に試験を実施し、採点者を組織して点数をつけ、どの大学を再開するのか、各大学がどれだけの学生を受け入れるのかを決めるなど、信じられないほどたくさんの任務が待っていた。不可避的に、大学は予定より数カ月遅れて始まることになり、すべてがうまくいったわけではないが、なにはともあれ再開は実現したのだった。

大学入試委員会（高等院校招生委員会）が一年に二回、開かれたことはなかったが、一九七七年は違った。鄧小平が自分の決定を明らかにしてから一週間も経たない八月一三日、秋の入試計画のために第二回全国大学入試工作会議が開かれたのである。鄧はこの工作会議で、自分の政策の変化について踏み込んで説明した。「過去において私は……高校生が卒業後二年間、肉体労働に従事することの利点を強調しすぎてきた。しかし事実は、数年間、労働に従事した学生たちは、学校で学んだことの半分を忘れてしまうことを証明した。これは時間の無駄だ[58]」。彼はこの年、大学に受け入れる学生のうち、二、三割を直接高校から受け入れ、将来的にはほとんどの学生をそのように採用するよう指示した。学生たちには学業の中断なく、労働の尊重は教えられる。七七年の統一入学試験について、幹部の中からは難しいとか、そんなに早く実施するのは不可能だとかいう反対の声が聞かれたが、鄧はこれを実施するための正式な命令を発布した。鄧は気短に、政策はもう決まったのだと応じた。七七年中の入試は行われるのだ。変更はない[59]。会議内容を要約した文書が準備され、一〇月五日には政治局の議論に付されて承認され、一二日には国務院で修正を受けた。そして二一日に『人民日報』がこれを公表したときには、どのように試験の申し込みをするのかという学生向けの指示も一緒に掲載されていた[60]。

過去一〇年間に大学入学年齢に達していた者のうち、多くはなお農村で労働に従事していた。そのうち五七八万人が同年秋の試験を受けたが、大学の入学定員はわずか二七万三〇〇〇人分しかなかった。一九七七年と七八年に入学試験を受けた者のうち、実際に大学に入学できたのはわずか五・八パーセントにすぎなかった[61]。共産主義者によって支配される中国で、階級的背景が大学入学選抜において考慮されなかったのはこれが初めてだった。入学者の選抜は完全に、試験の点数のよしあしによって行われるようになった。

大学の再開が同年末にずれ込んだとはいえ、大学にとって学生の受け入れを準備するのは大きな負担となった。各大学に配置されていた労働者宣伝チームは排除されなければならなかった。荒廃していた大学の設備には修理が必要だった。何年も専門的な仕事をすることが許されなかった教員たちは、カリキュラムを組み上げ、授業の教材を揃えなければならなかった。入学を許された最初の学生たちは、急場しのぎで修繕されたような大学では、生活環境も教育課程も不十分だとこぼした。一部の学生の中には、「八〇年代の学生が七〇年代の教科書を使い、六〇年代の教員に教わっている」という言い回しが流行した。

鄧小平が一九七七年に導入した制度はそれ以降も継続され、中国ではカスケード（階段状の、下に行くほど幅の広くなる滝）式に正の成果を生んでいった。日本、韓国、台湾、シンガポールと同様に、中国の大学入試は大学進学希望者と新規労働者の双方の質を高めた。[62] 特に（小学校から大学院まで）すべての段階で入試が導入されるようになると、子供の将来に期待する両親は、一人っ子（都市部の家族には子供は一人しか認められなくなったため）がトップの小学校、トップの中学校・高校、トップの大学へと進めるように、子供に熱心に数学、科学、外国語を習得させようとした。小学校や中学校・高校も、学生たちに教育の階段を上っていかせるために入試の準備にいそしみ、そして大学もまた、最も優秀な学生たちが西側でさらなる教育を受けることを考えて準備を始めたのである。

文化大革命の間に農村に送られ、試験に合格できなかったロストジェネレーションの若者たちや、トップの大学に合格できず、一般的な学校に進学する成績しか収められなかった者たちは置き去りにされ、必ずしも新しいシステムに満足していたわけではなかった。しかし、試験に合格したほとんどの人々や教育の質に関心を持つ者たち――両親、教師、そして学校職員たち――は、鄧が入学試験の再開を急ぎ、質の高い教育を決然と支援してくれたことに、多大な感謝の念を抱き続けることになった。

科学の振興

一九七七年に復活して間もなく、鄧小平は「現在のところ、科学や教育では物事がうまくいっていないような気がしている」と述べた。[63] 胡耀邦の七五年中の尽力にもかかわらず、多くの知識人は役立つ仕事への復帰が許されず、ブルジョア的な生活スタイルで批判されていた科学者と、若く急進的な批判者たちとの間の闘争はなお激しかった。科学者や大学教員の生活環境は依然、悲惨なままであった。

科学者たちはもっぱら研究所でのみ研究を継続していた。文化大革命中、大学には左派の支援と「ブルジョア的知識人」の批判のために労働者の宣伝隊と軍隊が送り込まれていたが、彼らはなおキャンパスを支配し、科学者たちに命令を発していた。鄧小平はこうした状況は説明がつかないと考え、「労働者宣伝隊の問題は解決されるべきだ。彼らと左派支援のために送り込まれた軍隊は、すべて撤退すべきだ。例外は許されない」と表明した。[64]

科学者たちは、彼らの仕事の中身をわかる人間に指導を担当してほしいと不満を述べていたが、鄧小平はこれにも応えた。彼は各科学系研究所を三人指導体制に再編せよと指示した。党の指導者は全体的政策を管理するが、研究所の基礎的な任務は科学的訓練を受けた指導者が統括にあたる。三人目の指導者は、科学者たちの生活環境の改善と彼らの任務の遂行を確実にするための「後方勤務」の指揮をとる、としたのである。他方で知識人たちは、いまだに肉体労働と政治教育にかなりの時間を割かなければならないことに不満を感じていた。鄧はこれを踏まえ、科学者は週の労働時間のうち、少なくとも六分の五を研究にあてるという新しい規則を作った。

一〇年以上も前に国家科学技術委員会が解散されていたため、一九七七年の段階では、科学分野を総合的に統括する行政機関が存在しなかった。どの分野を優先すべきか？　さまざまな分野のニーズに応える人材をどのように育成していくのか？　鄧小平は七五年、科学の発展に関する文書を起草するために、中国科学院内の小さなグループを頼った。しかし七七年には、科学の発展について統括し、第六次五カ年計画（八〇〜八五年）の一部を代替する科学分野に特化した科学七カ年計画を起草するため、国家科学技術委員会の再建を指示した。鄧が七五年に起草を指示し、造反派たちから「三本の毒草」の悪名で呼ばれた文書が、ほこりを払い落とされてよみがえった。七五年に行われていた作業が、新しい計画の基礎となった。

鄧小平は一九七五年の計画から出発したが、中国にかけた彼の夢は、その間にさらに大きくなっていた。七五年のときに比べて、中国は世界との接触を拡大していたが、鄧はそれによって計画立案者たちが科学の発展に関してより高い目標を目指すことができるようになると考え、また、そうしなければならないと信じていた。彼はこうした新しい野心的な戦略を率いていくため、傑出した中国系アメリカ人科学者たちからの助言を活用し、科学分野に全体的な責任を負っていた政治局メンバーの方毅と密接に協力した。方毅と科学技術委員会は、工業、軍事、そしてその他の分野における科学の発展の指揮を担当することになった。ただし彼らは、大学や科学系の独立研究所、特に中国科学院と新設の中国社会科学院での基礎研究に主な関心を注いだ。(65)

鄧小平自身は社会科学よりも自然科学に注目していたが、経済や哲学、マルクス主義理論、そして他国に関する研究などを含む社会科学も、現代化のために欠かせないと考えていた。一九七五年には鄧の指示の下で中国社会科学院の設立計画が検討されていたが、華国鋒は七七年五月にこれを承認した。七七年秋には約二〇〇〇人の人員を擁する中国社会科学院が設立された。このときまでに復活を果たしていた鄧は、七五年に創設計画の骨組みを築いた胡喬木を初代院長に任命した。中国社会科学院は国務院に直属し、部（省）と同等の資格を独立に持つことになった。[66] 教育部から切り離されたことで、社会科学院は宣伝から離れて、比較的圧力を受けずに仕事が遂行できるようになり、学者たちが日課的に各分野の現状に関する報告役を果たすのでなく、より研究に専念できる環境が整った。

一〇八の主なプロジェクトを含む新しい科学発展七カ年見通しが、一九七八年三月一八日から三一日までの間に開かれた全国科学大会で提示された。会議の開幕の辞で、鄧小平は科学技術が「生産力」だと述べた。これは七五年末、彼が科学を階級闘争と同じくらい重要だとみなし、毛沢東から批判を受ける原因になったあの表現だった。鄧はさらに、自分が中国系アメリカ人科学者から学んだことについて話して聞かせた。世界は科学技術に関してまさに革命的な変化を経験しつつあり、ポリマー、原子力エネルギー、電子計算機、半導体、宇宙工学、レーザーなどのまったく新しい分野が生まれていると表明したのである。さらに鄧はいつものやり方で、これまでマルクス主義を学んできた聴衆に対して、労働力は常に科学技術に関する知識を活用してきたし、科学の発展には普遍性があるため、すべての人類がこれを使ってよいのだと言い聞かせ、彼らを安心させた。鄧は、工業オートメーション化などの推進に役立つ工学などの応用分野にも科学者の一部を割く必要があると認めたが、基本的には科学そのものに重点を置き、海外の先進的な成果に学ぶ必要があると改めて強調した。[67]

鄧小平は一方で政治闘争を闘い、他方で科学の発展に関する具体的な計画を策定するため、科学者たちと協力を進めていかなければならなかった。彼が両者と複雑な渡り合いをこなしていかなければならなかったことは、前述の演説にも表れている。プロジェクトの選定や特定の研究所に関する計画を監督する際も、鄧は古い毛沢東思想を持った指導者たちの認識を入れ替えるために闘争を続けなければならなかった。科学には生産力とみなされるだけの十分な重要性があり、頭脳労働も労働の一つであり、科学者たちは政治活動に干渉されずに専門的な任務に集中すべきである、と彼は主張した。かつて中国には紅（政治性）と専（専門性）のどちらがより重要かという議論があり、鄧自身がこのような言葉を用いていたわけではないが、この問題に対する彼の答えは明らかに「専」であった。専門家たちが四つの現代化の実現のための最も重要な任務を担っていけるようにするため、鄧は政治闘争を闘っていく覚悟をしていた。

一九七七年七月に中央軍事委員会の副主席としての職務を回復すると、公式には鄧小平の身分は華国鋒主席と葉剣英元帥の下に位置したが、彼は総参謀長として軍事計画の指導の責任を担った。(68) しかも、鄧は長年、軍の指導にあたった経験を踏まえ、軍の指導権が華の手の内に移らないよう、これを個人的に掌握しようとした。毛沢東と同じく、鄧は軍の指導者に厳格な服従を期待し、それを遂行していくうえで厳しい手段をとる準備をしていた。兵士たちは、華ではなく鄧が軍の統率権を握っていることを、明確に理解していた。

「二つのすべて」に対する「実践」の挑戦

中央党校は、一九七七年に再開するとすぐに党の進歩的な学者や学生の中核となった。同年三月に党の理論や歴史を研究する学者たちが仕事を開始し、一〇月には最初の学生の受け入れが始まった。

八〇七人の第一期生のうち、各部委（省庁）や省から特に将来有望と推薦されてきた中堅以上の幹部が一〇〇人ほどおり、彼らは六カ月間「高級班」で研鑽を積むことになった。[69]

卒業後に重要な地位に就くことが期待されていた最初の数グループの学生たちは、特別な興奮の中に置かれた。高級班の一〇〇人の学生のほとんどは文化大革命で苦しんだ経験を持っており、過去二〇年間になにが間違っていたのかを分析し、また、中国の将来のビジョンを話し合いたいと考えていた。もちろん、彼らが批判し提案できる内容には限界があった。しかしその限界の中で、学生たちは幅広く新しい考えを吸収しようとし、新時代に向けて理論と政策の方向性を打ち出していきたいと考えていた教員や研究者たちも、彼らと情熱を共有した。[70]

新しいアイデアを開拓したいという願望は、胡耀邦から全面的な支持を受けた。正式には中央党校の校長は華国鋒で、第一副校長は汪東興だったが、副校長の一人だった胡は彼らよりもっと頻繁に学校に現れ、学生、スタッフ、そして彼らのアイデアに強い関心を示した。彼は新しい考え方を勇気づけ、スタッフと学生たちは彼の励ましに温かく応えた。高級幹部たちがときに日常業務から一息入れ、スタッフや学生たちと新しいアイデアの開拓にいそしむことができた中央党校は、すぐに創造的な新しいアイデアを生み出すための党内拠点になった。

中央党校に第一期生たちが入学する前の七月一五日には、胡耀邦のスタッフたちが『理論動態』という名の小冊子シリーズを発行し始めた。少数の高官を読者として想定していたこのシリーズは、特定の問題に関する短い論文に番号を振って数日ごとに発行するという、党内のそれまでの発行物よりずっと自由な形を採用し、新しいアイデアやものの見方を開拓した。これらの論文は閉じられたサークルの外側には出回らなかったが、党内で許容しうる最先端の新しいアイデアを提示したことで、読者の関心を大いに引き付けることになった。

一九七八年五月一〇日、『理論動態』第六〇号に「実践は真理を検証する唯一の基準だ」と題した論文が掲載された。(71)論文は数カ月にわたって準備されたもので、南京大学の若い哲学教員の胡福明《こふくめい》、中央党校理論研究室の孫長江《そんちょうこう》、七七年秋に中央党校で学んだ楊西光《ようせいこう》の三人による草稿が基礎になっていた。(72)七八年初めに『光明日報』紙の総編集長になっていた楊は、読者が新しいと感じる考えに常に敏感であった。彼は翌一一日、「特約論説員」という防御的な署名をつけ、「実践は真理を検証する唯一の基準だ」論文を同紙に転載した。翌一二日、『人民日報』と『解放軍報』がこれをさらに転載し、多くの地方紙もすぐにそれにならった。

論文は、真理を検証する唯一の基準は、人類の広範な社会的経験だと説いた。マルクス主義は不変の思想枠組みではなく、むしろ経験を踏まえながら再解釈され続けるべきものである。マルクス主義の基本原則は理論と実践の融合である。特定の状況では真理を認識するときに間違うこともあるが、経験によって間違いが明らかになれば修正を加えるべきである。そうすれば、新たな経験と実践が新たな理論をもたらしてくれる。もしマルクス＝レーニン主義と毛沢東思想の既存の公式が無効であったり、かえって悪い結果を招いたりしているのであれば、やり方を変えなければならない。(73)

論文は、掲載されるとすぐさま大きな注目を集めた。これを称賛してやまない読者もいたが、宣伝工作のお目付け役で政治局常務委員会メンバーの汪東興や、『人民日報』の前総編集長だった呉冷西《ごれいせい》は憤った。汪東興は一週間前に「労働に応じて分配を行おう（按労分配）」という記事が掲載されたときにも激怒し、どの中央指導者が論文の掲載を許可したのか教えろと要求したばかりだった（彼は後に鄧小平と彼のスタッフがこれを後押ししていたことを知った）。

胡耀邦とその他のリベラルな幹部たちは、『理論動態』の「特約論説員」による論文は、汪東興や彼のスタッフによる通常の検閲を受けずに新聞に掲載が認められるというルールを活用したのであった。[74]そうでなければ汪と彼の保守的なスタッフたちは、こうした論文が新聞に掲載される前に、その根を刈り取ってしまっただろう。汪と呉冷西は、その論文が彼らの信じる毛沢東の正統性に、疑義を唱えることを推奨していると認識した点で正しかった。階級闘争や継続革命が被害をもたらすのであれば、それらは放棄されなければならない。論文は「硬直した教条主義」や「神を拝むような崇拝ぶり」を批判していたが、汪と呉は、それが「二つのすべて」およびそれに責任を担う華国鋒と汪を暗に攻撃しているとみなした点でも正しかった。汪は、共通の信念がなければ党は団結を維持できないと主張し、自分で胡に電話をかけて、彼がそのような論文の出版を許可したことに不満を述べた。[75]

鄧小平は後日、胡耀邦に対して、「実践は真理を検証する唯一の基準だ」論文が最初に印刷されたときはこれに気づかず、論争が熱を帯びた後で初めてこれを読んだと述べている。彼は、これはよい論文で、マルクス＝レーニン主義に則している、と述べた。彼はさらに胡が『理論動態』の出版のために作った理論グループをほめ、これからも仕事を続けていくべきだとした。胡が汪東興など他の指導者とよい関係を維持しようとしていたことに対し、鄧は、他の指導者は「二つのすべて」を支持しているため、この問題で多少の闘争が生じることは避けられないと話し、胡を元気づけた。鄧が論争の決定的な瞬間に支持を表明したことは、胡にとって大きな励みになった。それがなければ、胡と多くの仲間たちは信念を失い、譲歩していたかもしれない。[76]

「実践」論文（一九七八年五月）と「二つのすべて」論文（七七年二月）は、二つの磁極のように二種類の異なる見方を持つ人々をそれぞれ引き付けた。両者の間の論争は、伝統的な正統思想をゆるめれば恐ろしい結果が訪れると考えて華国鋒を支持する人々と、意味のないドグマをできるだけ遠くに追いやろうとする鄧小平の支持者たちとの間に亀裂を生み、そしてそれを深めた。議論はイデオロギー的な表現に満ちていたが、両者がともにこれに真剣に臨んだのは、その根底に政治があったからだった。中国共産党の仲間内では、指導者を直接、おおっぴらに批判することはタブーである。ただ、文化大革命の受益者たちは通常華を支持し、その間、批判の標的とされた人々は通常鄧を支持した。「実践は真理を検証する唯一の基準だ」論文は、華国鋒が中国を指導していく立場にふさわしくないと考えながら、表向きは口をつぐんでいた幹部たちを引き付け、その数をますます拡大していく原動力となった。またその論文は、強靭で有能で、鄧小平と長年協力して働き、文化大革命では早くから標的にされた中央軍事委員会秘書長の羅瑞卿《らずいけい》を含む軍の指導者を、鄧の側へと引き付けるのにも役立った[77]。これ以降の数カ月間、二つの論文をめぐる論争は徐々に熱を帯び、「実践」論文に賛同して鄧を最高指導者にふさわしいと考える人々と、「二つのすべて」を掲げて華を支持する人々との間の、激しい政治闘争へと発展していくのである。決戦のときは近づきつつあった。

第3部

鄧小平時代の始まり——一九七八年〜一九八〇年

第7章　三つの転換点——一九七八年

日本では、国が近代化の道を進む歴史的な転換点となったのは、岩倉遣欧使節団だった。一八七一年一二月から七三年九月にかけて、五一人の明治政府の指導者が船と汽車で一五カ国をめぐった。使節団は工業、農業、鉱業、金融、文化、教育、軍事、警察など、すべての主要な分野の官僚たちで構成されており、公家で明治政府の最高指導者の一人であった岩倉具視に率いられていた。使節団が故国を離れたとき、日本は基本的に鎖国状態であった。日本人は外の世界についてほとんど知らなかった。しかし、団員たちは各国の工場や鉱山、博物館、公園、証券取引所、鉄道、農場、造船所を視察したことで開眼した。そして日本が自らを造り変える方法としては、新しい技術だけではなく、新たな組織戦略と思考様式が必要だと考えるようになった。使節団の旅は団員たちの間に、日本が先進諸国に比べてどれほど後れているか、いかに変革を取り入れていくべきかという共通認識をもたらしたのである。彼らはこの見聞によって落胆するのではなく、むしろ意気揚々と帰国し、日本の将来展望に興奮し、より詳細な研究のために追加の使節団の海外派遣を熱心に勧めた。

中国では、岩倉使節団のような長期間にわたる政府要人の大型使節団が海外視察に派遣されたことは一度もなかった。しかし一九七七年から八〇年にかけ、いくつものグループに分かれたベテラン幹部たちが視察に出かけ、中国の思考様式に同様の影響を与えた。先駆的意義を持ったのは、七五年の鄧小平《とうしょうへい》の五日間にわたるフランスへの旅である。鄧はこの旅に工業、交通運輸、管理、そして科学技術分野の高官を同行させ、それぞれの専門分野ごとに視察を行わせて先例をつくった。フランスから帰国した鄧は視察旅行の信奉者となり、他のグループにも海外視察をしきりに勧めた。彼は他の指導者が、中国がどれほど後れているかに無知なことに不満を唱えた。そして海外視察が彼らの目を開くことを信じて疑わなかった。東欧視察団を率いた華国鋒《かこくほう》も、帰国後には現代的国家への視察の信奉者となった。

何世紀もの間、さまざまな中国人が西洋を旅し、中国に新しい考えを持って帰国した。たとえば、一九世紀の翻訳家王韜《おうとう》はロンドンから帰国し、中国が西欧から近代化について何を学べるか貪欲なまでに書き記している。(1) それと一九七〇年代後半が異なっていたのは、責任ある地位にある主要な幹部たちが視察に随行し、鄧小平と華国鋒の堅い支持の下に、自分たちが学んだことを帰国後、大規模に実行できる立場に就いていたことである。

鄧小平がフランスから帰り、毛沢東《もうたくとう》が死去すると、海外視察を長い間控えさせられてきた幹部たちに新たな機会がめぐって来た。何十年もの間、資本主義国の恐ろしさを大衆に警告してきた幹部たちは、その目でじかに資本主義諸国を見てみようとわれ先に争った。すでに退職していた幹部たちは、長年にわたる共産主義への貢献の褒美として、また文化大革命での受難の埋め合わせとして、資本主義諸国への海外旅行の機会を追い求めた。海外視察の手配には、毛の死去と四人組逮捕の後は数カ月かかった。しかし一九七八年までにはそうした手配も整い、多くの高級幹部たちが海外視察に参加する初の機会に恵まれた。その年、一三人の副総理級の政府要人が二〇回におよぶ海外視察に出かけ、合計五〇カ国を訪問した。[2] 部長、省長、省第一書記およびそのスタッフ数百人がこれに加わった。岩倉使節団の官吏たちのように、中国の政府要人たちも、彼らが目の当たりにしたものに大いに刺激を受け、中国の前途に胸をふくらませ、より詳細な研究のためにさらなる視察団を派遣する必要があると確信した。

一九七八年の終わりごろ、鄧小平は海外視察の結果を総括し、「最近、われわれの同志は海外を視察した。視察すればするほど、われわれがいかに後れているかについて理解が深まった」とうれしそうに報告した。[3] 鄧はこうした認識を、改革に対するさらなる支持を固めるうえできわめて重要と考え、後の七八年一二月二日に改革開放政策の開始を宣言することになる彼の演説の起草者たちに、こう指摘した。「最も基本的なことは、われわれが後れていることをわれわれ自身が認めなければならないということである。われわれの物事の進め方は多くが不適当であり、われわれは変わる必要があると自覚しなければならないのだ[4]」。海外視察によって、鄧の見通しは正しいと感じていた多くの高級幹部たちは強い確信を抱くようになった。中国は新しい道を歩み出さなければならない、と。

一九七八年に海外へ派遣された視察団のうち、最も格が高かったのはその年の春に組織された四つだった。それらはそれぞれ東欧、香港、日本、そして西欧へ派遣された。三月九日から四月六日にかけて、中国共産党中央対外連絡部副部長李《り》一氓《いつぼう》が団長を、喬石《きょうせき》と于光遠《うこうえん》が副団長を務めた視察団が、ユーゴスラビアとルーマニアを訪問した。[5] 工場、農場、そして科学技術に関する諸機関を訪問した彼らは、中国がなすべきいくつかの具体的提言を携えて帰国した。[6] しかしより重要なことは、視察団の帰国後、中国の指導者がユーゴスラビアを「修正主義」と呼ぶのを止めたことである。「修正主義」

という呼び方は、毛沢東が真の社会主義の道から逸脱した相手を非難するときに使った蔑称であった。さらに加えて、中国共産党はユーゴスラビア共産党との関係を修復した。(7) これによって中国は、より大きな観点から改革を考慮することができるようになった。今こそ、思想が堕落しているとの非難を受けずに、東欧諸国の経済改革の経験から教訓を吸収できるようになったのである。

一九七八年の四月から五月にかけて、国家計画委員会と対外貿易部の幹部たちが香港を訪問した。香港がどの程度、中国の発展を金融面、工業面、管理面で支援しうるのか、その潜在力を評価するためである。幹部たちは香港との境界にある広東省宝安県に輸出加工区を設置する可能性を探った。そこでは、材料を海外から持ち込み、中国人労働者の手で製品に仕上げ、関税などの制限を受けずに輸出が可能になるはずだった。数カ月のうちに国務院は、そうした地域の設定を正式に許可した。それが後に深圳《しんせん》経済特区となるのである。当時、広東は現実的な治安の問題に悩まされていた。毎年、何万人もの若者が香港へ逃げていた。七七年の広東視察の際にそうした問題があることを耳にした鄧小平は、鉄条網や辺境警備を増やしても真の解決にはならない、問題を解決したければ広東の経済改革を進め、若者が仕事を求めて香港へ逃亡しなくてよいようにすることだ、と述べた。

国家計画委員会の視察団が香港から帰った後、一九七八年五月、北京は国務院の下に香港マカオ弁公室を設立した。そして七八年一二月には李強《りきょう》対外経済貿易部副部長が、北京と香港政庁との関係を強化するために香港に立ち寄った。李はそこで香港総督マレー・マクレホースと会談し、香港が中国の現代化に主要な役割を果たせるよう措置を講じてほしいと説得し、彼を北京へ招いた。国務院視察団の香港視察以前、香港と大陸の接触は厳しく禁止されていた。それだけにこの香港訪問によって、香港は中国に世界の経済発展に関する知識と資本とをもたらす重要なパイプ役となっていったのであった。

中国の指導者は日本に関心を抱いた。それは単に日本が先進工業技術の源だったからだけでなく、現代化の全体的な過程を管理していくための成功戦略の雛形を提示していたからである。上海革命委員会副主任の林乎加《りんこか》（事実上の上海市副市長）を団長とする視察団が、一九七八年三月二八日から四月二二日まで日本を訪問した。視察団には国家計画委員会、商業部、対外貿易部、そして中国銀行を代表するメンバーが加わっていた。日本には特別な意義が見出されていた。日本は当時、中国が直面していたのと同様の問題を、すでに成功裡に処理していたからである。第二次世界大戦の終わり、日本経済は悲惨な状況にあった。にもかかわらず、戦後の日本経済は中央政府の強力な指導力の下に急速に発展を遂げ、西側諸国に追いついた。その過程で日本は、厳しい経済統制や中央集権的な経済計画、配給、そして価格統制を実施する戦時経済体制から、はるかに自由で力強い一般経済体制に移行し、消費財産業が産業発展の重要な原動力となっていたのである。

林視察団は帰国後、政治局に対し、第二次世界大戦以降の日本の経済発展について次のように報告した。日本人は、大胆に外国の科学技術を導入し、外国資本を活用し、教育と科学研究を精力的に充実させた。日本政府と経済界には、中国の発展のために資金と技術を提供する用意がある。さらに視察団は政治局に対し、さまざまなプロジェクトの中でも、特に一〇〇〇万トン級の製鉄所の建設を優先することを提案した（後の宝山製鉄所）。後に日中関係が悪化したため、中国政府は日本が中国を再起させるために果たした役割を低く評価するようになる。しかしこの視察団は、同年一〇月の鄧小平の訪日と並び、資本、科学技術、そして産業管理の手法などで、日本が大いなる貢献を行うのを促す役割を果たした。

一九七八年のすべての視察団の中で、中国の発展にとりわけ大きな影響を与えたのは、五月二日から六月六日まで西欧諸国を訪問した谷牧《こくぼく》の代表団であった。それは、七八年一一月の中央工作会議と一二月の第一一期三中全会とともに、中国の改革開放における三つの転換点の一つに位置づけられるものであった。

谷牧の西欧視察と現代化検討会――一九七八年五月～九月

経済面で李先念《りせんねん》と余秋里《よしゅうり》に次ぐ指導者だった谷牧は、一九七八年五月二日から六月六日まで、高位の視察団を率いてフランス、スイス、西ドイツ、デンマーク、そしてベルギーといった西欧諸国を訪問した。視察団は出発前に簡単な説明を受けたが、西欧に対するメンバーたちの予備知識はきわめて乏しかった。尊敬を受けていたこれらの幹部たちがヨーロッパで見聞を広め、視察後に開かれた国務院の検討会で中国にとっての新たな可能性を明確に述べたことで、彼らの観察結果は並外れた影響力を持つことになった。七五年における鄧小平のわずか五日間のフランス訪問は、外交関係に焦点をあてたため、企業訪問はわずかしか含まれなかった。しかしそれとは対照的に、谷牧の五週間の視察団は広範な専門性を持つ政府の幹部チームで構成されており、彼らは中国として活用できそうな多方面の科学技術と知識を丹念に調べ上げた。谷牧は出発の前夜、指示を受けるため鄧と面会した際、鄧が次のように話したと記憶している。「広範に接触を行い、詳しく調査し、問題点を深く研究せよ。資本主義国の先進的な経験、よい経験を、あちらが経済面をどのように管理しているか見てこい。中国に持ち帰ってこなければならない(8)」。

谷牧視察団の二〇人のメンバーは華国鋒の指名を受けていた。[9] メンバーのうち、少なくとも六人は農業部と水利部の副部長、そして広東省委員会書記を含む部長級であった。彼らが選ばれたのは、ちょうど岩倉使節団の団員がそうであったように、帰国後、それぞれ経済のさまざまな分野を率いていくことが期待されていたからである。[10]

経験豊富で広く尊敬を集めていた経済幹部の谷牧副総理は、一九五四年に国家建設委員会副主任として上海から赴任して以来、経済分野の最高指導者の一人であった。文化大革命の期間中、彼は経済分野で李先念と余秋里に次ぐ地位に昇進し、「業務組」の中で経済全般にわたる指示を下すようになった。彼は経済計画の策定のみならず、科学技術も担当していた。当初、鄧小平は谷牧について懸念を抱いていた。というのは、彼が文化大革命中に昇進を重ねた人物だったからである。しかし、鄧は谷牧が現代化に前向きな実務的な幹部であることを見てとり、疑いは晴れた。谷牧は文化大革命中の失脚から復活した古参幹部とも、文化大革命中に出世した若手幹部とも良好な関係を保っていた。事実、谷牧は西欧視察の後、対外貿易の発展と深圳経済特区の開発のために指導的役割を任されるほど、十分な尊敬を集めていた。

谷牧視察団が出発した時点では、アメリカとの関係がいつ正常化されるのか、まだはっきりしていなかった。だが、中国はこの視察団が訪問したヨーロッパ五カ国すべてと国交を正常化しており、これらすべての国の首脳が一九七〇年代に中国へ高位の代表団を派遣していた。これら西欧諸国のほとんどは、谷牧視察団を中国初の国家級代表団として最高の待遇で受け入れた。そのころ北京で病に臥《ふ》せっていたベルギーの大使を除く他のすべての北京駐在大使が、それぞれの国を訪問する視察団に随行するため帰国したのである。[11]

中国が冷戦中の思考様式からようやく抜け出し始めたばかりであったため、視察団一行は敵として扱われることを覚悟していた。しかし、視察準備のため国内で聞いていたのと違い、受け入れ国の親善ぶりと開放性は彼らを驚かした。当時、中国のほとんどの工場や施設は秘密のベールに包まれ、外国人にはもちろん、一般中国人にすら公開されていなかった。彼らが工場や事務所、商店など、ありとあらゆる施設の視察を希望したのに対して、ヨーロッパの人々がそれに喜んで応じたことは衝撃的であった(12)。

視察団は五カ国、一五の都市を訪問した。彼らは船と電車、そして自動車に乗り、港と道路を観察した。発電所、農場、工場、市場、研究機関、そして住宅地も訪ねた。いくつかの訪問先では、視察団は小グループに分かれ、全部で八〇カ所以上を見て回った(13)。彼らは視察先で説明を受け、訪問先でさまざまな資料を集めた(14)。彼らは経済問題に焦点を絞っていたため、会ったのはほとんどが経済の専門家だった。しかし外交官、政治家、そして軍幹部とも会見した。集積回路や光学機器、化学製品を生産する工場も見学した。彼らには観光を楽しむ時間はほとんどなかったが、トリーアにあるカール・マルクスの生家だけは訪問した。西ドイツの資本主義の成功を観察しながらも、共産主義の原点に忠誠を示したのだった(15)。彼らは機械化と自動化の水準、そして労働者の全般的生産性に感銘を受けた。スイスの発電所やシャルル・ド・ゴール空港では、コンピュータが使われている様子に度肝を抜かれた。前者では発電所の管理に、後者では飛行機の管制業務にコンピュータが使われていた。ブレーメンの港湾施設では、現代的なコンテナが船に積み込まれるのを初めて見た。農業の生産性の高さは彼らの想像を絶していた。彼らは数年前の鄧小平と同じく、中国は科学と技術の習得に集中しなければならないという結論に達した(16)。

視察団のメンバーは労働者への搾取の証拠を目にすることを期待していたが、結果は一般労働者の生活水準の高さに唖然とさせられただけだった。広東省省委員会書記の王全国《おうぜんこく》は、印象を以下のようにまとめている。「わずか一カ月超の視察で、われわれの目は見開かされた。……見るもの、聞くもののすべてがわれわれ全員を驚愕させた。われわれは強烈な刺激を受けた。……資本主義国は後れており、頽廃しているとばかり思っていた。祖国を離れ、一目見ただけで、物事の在り様がそれまでの理解とはまったく異なっていたことを理解した」[17]。視察団のメンバーは、ヨーロッパ人が彼らに喜んで金を貸そうとし、現代的な技術を提供しようとすることにも度肝を抜かれた。たった一回の宴会で、在席していたヨーロッパ人のグループは二〇〇億米ドルもの資金を貸す用意があると表明してきた[18]。西欧諸国が地方自治体に財政運営を任せ、徴税を担わせ、自治体についての事柄の決定をまかせていることにも一行は驚かされた。海外視察から帰った一行は、中国の財政はあまりにも中央集権的で、地方の党指導者に十分な自由度が与えられていないと確信した[19]。

谷牧一行は中国への帰国直後、視察結果を政治局にただちに報告するよう日程をアレンジされた。報告会は華国鋒が議長を務め、午後三時から開始された。政治局のメンバーはその報告内容にあまりに強い衝撃を受け、夕食をとりながら議論を続けることにした。会議はとうとう夜の一一時まで続いた[20]。谷牧の報告を聞いた一同は、中国と外の世界とのギャップがいかに大きいかということを知り、驚愕した。幾人かの中国の指導者は、西側諸国に関する報告内容に疑念を抱いた。しかし、彼らは谷牧視察団のメンバーを知っており一目置いていたし、その信頼性には疑問を挟む余地がなかった。彼らは何十年もの間西側世界を恐れてきたが、彼らを温かく迎え入れ、喜んで技術や借款を提供しようとするヨーロッパ人に接して、心の底から驚いた。同僚たちが資本主義者に疑いを抱いていることを知っている谷牧は、ヨーロッパ人が投資に熱心だったのは、彼らは工場を能力以下で操業しているため、中国にその製品と技術を売りたいと考えているのだと説明した。谷牧は中国の生産を改善するために、どのようなやり方で外国人からの支援を活用しうるか、いくつもの提案を行った。それは補償貿易、合作生産、外資受け入れなどの方法であり、中国はこれらすべての可能性を注意深く吟味すべきであると述べたのである。谷牧の報告には誇張があるのではないかという疑いが差し挟まれないように、外国の発展ぶりに最も詳しい葉剣英《ようけんえい》元帥、聶栄臻《じょうえいしん》、そして李先念がみな、谷牧の報告の客観性と明確さを褒めたたえた。報告に強く印象づけられた政治局のメンバーは、中国としてこのチャンスをただちに生かし、行動に移すべきであると同意した。[21]もし他の国々が資本と原材料を輸入し、輸出製品を生産できるのであれば、「われわれにそれができないわけがあろうか」[22]。

その後の数週間にわたり、代表団は集めた資料を政治局への公式報告書としてまとめ上げ、六月三〇日に提出した。鄧小平は耳が悪かったため、政治局会議の出席に時間を使わず、谷牧と個別に会った。その際に鄧は、外国からの借款も含め、すべて谷牧の提案に従ってできるだけ速く実行に移すべきだと述べた。[23]中国の指導者たちは、手始めに繊維に集中することに決めた。中国では衣類がとても不足しており、購入には配給券が必要だった。衣類の供給拡大は対外開放の価値を手早く人々に示すことになり、さらなる改革と開放への支持獲得につながるはずであった。また穀物不足のため、衣類供給の拡大のために綿花栽培を急増させることは容易ではなかった。代替手段で衣類需要を満たすには、谷牧は合成繊維の生産工場を早期に導入するべきだと主張した。そして、日本や台湾、韓国や香港と同様に、繊維とアパレル産業に中国軽工業の離陸《テイクオフ》を牽引させようとした。[24]

谷牧の視察旅行は、資本主義国と協力したいという新たな意志を中国にもたらした。これには特定の産業の計画練り直しだけでなく、外国企業の中国における活動を認可する、政府のルールや役所の手続きの改正をも必要とした。西側の資本主義者が国際慣行を知らない中国の無知につけ込むのではないかという疑念は消えなかったが、中国の幹部はそれでも前に突き進んだ。彼らは経済のすべての局面について新たな問題を考察していた。どの企業が外国人と仕事をすることを許されるべきだろうか。彼らを利用しようとする外国人たちから身を守るには、どうするのが一番よいのだろうか。対外貿易をどのように中国の計画体制に組みこんでいけばよいのだろうか。資金と技術を導入する地方やセクターをどうやって決めればよいのだろうか。

時間がよりゆったりしていた明治期の日本では、岩倉使節団が訪問の概要をまとめるだけで五年かかった。対照的に、谷牧が視察から帰国して一行が報告書をとりまとめ、中国の経済指導者が一行の学んだことの意味合いを議論するための適切な組織を立ち上げるまで、わずか数週間しか費やされなかった。

報告書が完成するやいなや、国務院は四つの現代化実現の原則に関する検討会（四化建設的務虚会）を開いた。この検討会は、西側から資本と技術を導入する新たな機会をどう活かしていくかを議論するもので、七月六日から九月九日まで続いた。開会にあたり、谷牧は彼らが視察で得た成果を長大な報告書として提示し、個人的な印象も付け加えた。[25]検討会の議長は李先念が務めた。彼は依然として経済分野で最も地位の高い指導者であった。出席者たちは過去の過ちをあげつらうのではなく、これからこの国がどうすべきかを考えるよう求められた。教育や科学技術、そして対外関係の処理に忙しかった鄧小平は会議に出席しなかったが、各セッションの概要報告に目を通し、最後には最終報告の草稿を読み、いくつかの修正を提案した。[26]

ホテルに何日か缶詰めになる通常の工作会議とは異なり、この検討会では二カ月間にわたって二三回におよぶ朝のセッションが設定され、とり行われた。国務院の会議には稀にしか出席しなかった華国鋒ですら、この会議をきわめて重視し、二三回の会議のうち一三回も出席した。[27] 幹部たちは午後には自分の職場に戻り、午前中の議論の中身を職場の同僚たちに伝え、提起された問題について各職場の対応を文書にまとめた。検討会は六〇人もの主要経済部委（省庁）の代表に、それぞれの職場の全体的な活動や計画の提出を許した。このようにして、それぞれの職場は他の職場がなにを考えているかを、正確な割当てや生産目標の議論には触れないままおおまかに理解した。そうした詳細な点は、後の計画会議で議論されることになっていた。

九月九日の閉会の会議で、それまで外部世界に閉ざされた経済を主導してきた李先念が、この日から中国にとって新たな対外開放の時代が始まると宣言した。彼は検討会の閉会の辞で、中国はもはや閉鎖経済の中にとどまることはできず、発展を加速させるために外国の技術や設備、資本、管理経験を輸入しなければならないと説明した。李はさらに、もし中国が現在の恵まれた状況を十二分に生かすなら、二〇世紀中に高度の現代化を達成できるだろうと述べた。そしてこの目標を達成するため、一九七八年から八五年までの間に一八〇億米ドル分の製品と設備を輸入すべきであると宣言した。[28]

一九七八年の半ばころ、検討会の参加者は世界経済システムについて学び始めたばかりで、中国にもまだ市場経済の実験を始める用意ができていなかった。しかし、比較的自由な雰囲気の中で、参加者たちは市場や脱中央集権化、価格、対外貿易、ミクロ管理、マクロ管理などについて問題を提起することができた。これらの問題はその後の二〇年をかけて、より詳細に議論されていくことになるのである。これらの中で最も差し迫っていたのは、次の二つだった。一つは、どのようにすれば中国が、対外貿易を統制を失わずに拡大していけるのかということ、そしてもう一つは、どうすれば国家の計画システム全般を制御したまま、個人や地方、そして外国人にインセンティブを与えていけるかということであった。

検討会における議論で形を現わしたその後一〇年間の展望は、谷牧の視察から生じた楽観と興奮を反映していた。いくつかの想定、たとえば、中国は新たなプラント設備の代金を石油の輸出でまかなえるといったものは、後にまったく非現実的であったことが証明される。これまでなかったような新たな機会に興奮し、野心的ではあっても経験のない幹部たちは、失われた二〇年を取り戻そうとして自分たちの能力以上に構想を膨らませてしまった。彼らは過度に楽天的であったが、政府による統制をあきらめてはいなかった。外国人たちには中国経済への完全に自由なアクセスが与えられたわけではなかった。その代わり対外貿易に関わる政府の特別な機関が、外国人と中国経済との接触を仲介した。そこでは外国語ができ外国人に関する知識を持った中国の幹部たちが、中国の利益を擁護するのであった。

検討会の楽観的な参加者たちは、これを覚めた目で見ていた慎重派の代表、陳雲《ちんうん》に耳を貸そうとしなかった。陳雲は一九六二年に毛沢東に遠ざけられて以来、指導的地位から離れていたが、彼ほど大躍進の過度な楽観主義がいかに経済を荒廃させたかを熟知し、当時の楽観主義を戒めるのに大胆に発言した者はいなかった。検討会のいくつかの議論を耳にした陳雲は、元の部下であった李先念に対し、会議の終了を前にして、会議を数日延ばして異なる見方を聞くべきだと述べた。(29) 陳雲は言った。「外国から金を借りるのは正しい……しかし、一度にそれほど多く借りても、とてもちゃんと管理できない。一部の同志は外国の状況だけを見て、わが国の現実を見ていない。われわれの工業基盤は彼らと比べるべくもない。われわれの技術的力量はとても彼らにはおよばない。一部の同志は資金が借りられるということしか見ていない……もし均衡を保たずに外債だけに頼るようなことになれば、危うくてとても見てられない」[30]。検討会の参加者は前に進むことに積極的だった。その結果、華国鋒は異なる意見を検討するために会議を延長することはなかった。

鄧小平は検討会には出席しなかったが、議論の進捗状況は把握しており、楽観主義を戒めることはしなかった。一八〇億米ドル相当の技術と商品を導入するため資金を借りるという決定を聞いた鄧は、「どうして八〇〇億米ドルじゃないんだ」と無頓着に言った。検討会が招集される二カ月前に鄧に会ったズビグネフ・ブレジンスキーは、彼の様子を正確に観察していた(第11章を参照)。鄧は急いでいる、とカーター大統領に報告していたのである。

飛び散る火花――一九七八年九月一三日～二〇日

毛沢東は中国革命に点火しようとしていたとき、「小さな火花でも広野を焼きつくすことができる(星星之火、可以燎原)」と明言する有名な文章を書いた。胡耀邦《こようほう》はこれになぞらえ、鄧小平の東北地方への旅(一九七八年九月一三日～一九日)が中国に劇的な変化をもたらす燎原《りょうげん》の火を点じたのだと述べた。この変化は秋に開かれた中央工作会議に反映されることになった[31]。もし問われれば、それに続いて鄧の最高指導者への就任という変化もあったと胡は付け加えたかもしれない。鄧自身は後に、いくつかの地方へ赴いて改革開放に「点火する」機会が三度あったと回顧している。一度目は彼と葉剣英が広東の経済を活気づけるため、広東で人民解放軍の幹部と市民に会った七七年一一月だった[32]。

二度目は七八年二月、ビルマ（現・ミャンマー）からネパールへ行く途中に四川に立ち寄ったときで、彼は地方と都市の改革の推進について話し合うために趙紫陽《ちょうしよう》と会っている（四川滞在中、鄧は農民がアヒルを三羽飼っているなら社会主義だが、五羽なら資本主義と言われると聞き、こうした現象をばからしいと述べた(33)。そして鄧は、このような凝り固まったドグマから人々の思想を解放すべきで、社会主義は貧困と同義ではないと主張した）。三度目は、朝鮮労働党の建党一三周年記念祝賀会に出席した帰途、東北地方への旅の途上であった。

最後の点火の旅で、鄧小平は中国の東北三省（黒竜江省、吉林省、遼寧省を指し、日本人から「満州」と呼ばれた）で数日間を過ごし、その後、唐山と天津にも滞在した。そこで彼は華国鋒の「二つのすべて」よりもいっそう大胆に、毛沢東主義からの脱却を試みた。鄧の東北視察までに、その三カ月前から現れていた「実践は真理を検証する唯一の基準だ」という主張と、「二つのすべて」との間の闘争が白熱していた。鄧がやって来る数週間前、華の下で宣伝部部長を務めていた張平化《ちょうへいか》が、「二つのすべて」を支持するよう東北地方の高官たちに説いて回っていた（鄧は三中全会でより大きな権力を掌握するとまず張を更迭し、その後任に胡耀邦を据えた）。鄧の東北への視察は事実上、張に引き起こされた論争に対する回答であり、改革開放を推し広めるためのより大胆な試みへの支持を広げようとするものであった。北京の宣伝機関は党主席の華が掌握していたため、鄧は直接対決を引き起こさないよう、北京での発言には慎重を期していた。だが北京を離れれば、彼はより多くの聴衆にほとんど遠慮することなく発言することができた。公式な場での談話は正式な許可を得るためにお役所的な手続きが必要となるため、彼はその必要のない非公式の場で話をした。彼は発言の中で、汪東興《おうとうこう》について直接は批判しなかったが、「二つのすべて」を批判して「実践」を支持した。これは間接的に華のグループを批判したのと同じだった。政治に敏感な中国人幹部は、鄧が「二つのすべて」に対して「実践」を支持したのを見て、鄧が最高指導者の地位をめぐる華との争いで、優勢に立とうとしていると結論を下した。鄧にとっては、彼の支持基盤である東北で燎原の火を点じ、事を始めるのが理にかなっていた。遼寧省には任仲夷《にんちゅうい》がおり、吉林省には王恩茂《おうおんも》がおり、さらに瀋陽軍区司令員の李徳生《りとくせい》がいた。これらの高官たちは最も早く「実践」への支持を表明した人々であった。

吉林省の党幹部の集まりで、鄧小平は「二つのすべて」の主張が、「毛沢東の真の精神である実事求是を伝えていない」と批判した。マルクス＝レーニン主義は中国の革命家たちに、農村から都市を包囲せよとは言わなかった、と鄧は指摘した。毛が軍事的に成功したのは、マルクス＝レーニン主義を当時の中国の特殊な条件に適合させたからである。同様に、外国人から中国が物を買うのを断っていたのは対外貿易発展の条件が熟していなかったからだが、現在は諸外国との経済関係を改善する条件が整ってきていると鄧は論じた。四人組は外国人との関係改善を「売国的行為」と糾弾したかもしれないが、毛沢東思想の旗を高く掲げる真の道は、そのような変化に順応して対外貿易の拡大を推し進めることにある、と。(34)

鄧小平は遼寧で言った。われわれ中国の指導者は、鄧自身を含め、善良な中国の人民を苦しめてきたことを認めなければならない、民衆はこれまでとても我慢強かった、と指摘している。政治に通じている者は、それがなにを意味しているかすぐに理解した。したがって彼には、「『われわれ』が中国の一般民衆を苦しめたときの責任が誰にあったのか、こうした誤りを正さなかったのは誰なのか、毛沢東の言ったことがすべて正しいなどとどうして言えようか」と付け加える必要がなかった。その代わりに彼は、「わが国の制度は……基本的にソ連から取り入れたものである。それは後れており、物事を表面的にしか扱わず、仕組みを丸写ししただけで、官僚主義を助長している。……もしわれわれが資本主義国よりも速く発展できなければ、われわれの制度の優越性を示すことはできない」と言った。国の仕組みを変え、経済発展のための堅固な基盤を整えるため、華国鋒が十分力を発揮していないという結論を鄧が下していることは、容易に推測できた。

鄧小平は東北地方で、彼に対する軍の支持も固めようとした。東北で最高位の軍人である李徳生は瀋陽軍区司令員でもあり、第二野戦軍時代、鄧の下で軍務に就いていた。鄧が工場、農村、そして軍事施設の視察を行った際にはこれに随行しており、二人は十分に話す機会があった。(35) ただ、鄧は海軍の第一政治委員――いつも旅順大連港視察に行く蘇振華《そしんか》上将――の個人的忠誠心には懸念を持っていた。蘇は第二野戦軍時代、鄧の下で仕えていたが、あまり忠誠を尽くさなかった。一九七六年に幹部たちが鄧を攻撃するよう求められたとき、彼は鄧がやむなしと考えた以上に鄧に批判的であった。七八年四月に湛江の港で駆逐艦が偶発的に爆発して多くの犠牲者が出たが、最高位の海軍軍人として、また、政治局における軍の代表として、鄧は蘇に責任があると考えた。鄧の批判を受けて間もなく、蘇は華国鋒が北朝鮮訪問の帰途、東北に立ち寄ることを知らされた。鄧と華のライバル関係を意識し、自分が批判されたことを不快に思っていた蘇は、華が大連に着いたとき、歓迎式典の一部として一二〇隻もの戦艦が参加する海軍の演習を行うことを申し出た。鄧は蘇が華に対してそうした形で支持表明を計画していることを聞いて激怒し、軍への影響力を行使して演習をやめさせた。そのため彼は東北での視察中、元鄧は軍の中で華への支持が残っていないことを確かめようとした。東北訪問の際、の忠実な部下であった李と綿密に打ち合わせたのであった。

鄧小平は聴衆に対し、四人組批判を終わらせて生産を増やすため、なにをする必要があるのかに焦点をあてるべきだと繰り返し訴えた。鄧も生産を拡大するために仕事を始める用意ができていた。そして聴衆は、彼がより重い責任を引き受ける心づもりでいることに、少しの疑いも抱かなかった。

中央工作会議——一九七八年一一月一〇日〜一二月一五日

共産党の公的な歴史は、一九七八年一二月一八日から二二日にかけて開かれた第一一期全国代表大会第三回中央委員会全体会議（一一期三中全会）を、鄧小平の「改革開放路線」が始動した会議としている。だが実際にはこの一一期三中全会は、これに先立ち一一月一〇日から一二月一五日まで開かれた中央工作会議を、公的に追認する手続きにすぎなかった。毛沢東の死と四人組の逮捕から二年を経て、毛に対する多少の不敬はさほど気にする必要がなくなり、会議はさまざまな観点から忌憚なく議論できる雰囲気で開催された。閉会に際し、鄧は会議を称賛した。参加者が真に信じたことについて率直に話し合える、党伝統の民主的な討論を取り戻したからである。それは五六年の百花斉放運動以降の党会議で、最も素晴らしい討論だったと彼は指摘した。[36] これを第七回党大会以降の最上の会議だったと感じた者もおり、四一年から四二年にかけての延安整風運動に比肩されるべきだと考えた者もいた。[37]

中央工作会議は華国鋒主席によって招集されたが、彼の冒頭の演説からは、なにが自分を待ち構えているのか、彼が予知していた節はほとんど見られない。彼が会議を一一月一〇日に始めたとき、その主題は一九七九年から八〇年にかけての農業と国家発展計画についてであった。この会議は四つの現代化推進の原則に関する検討会の続きである、と彼は述べた。その議事予定は前年、広東で開催された人民解放軍の会議で鄧小平が主張した内容と完全に一致していた。四人組批判に終止符を打ち、四つの現代化に集中すべきとしていたのである。しかし会議が始まって二日後には、より大きな政治の議論によって華の議事予定は思わぬ方向へ脱線した。

華国鋒も鄧小平も、政治的な雲行きがこれほど完全かつ急激に変化するとは、予想すらしていなかった。その数週間前、鄧は会議での演説概要をまとめ、胡喬木《こきょうぼく》と于光遠にそれを肉づけするよう命じていた。(38) しかし鄧は一一月一四日に東南アジアから帰国し、北京の雰囲気に変化が生じているという報告を聞くと、演説の起草者にまったく異なった演説を準備するよう頼んだ。(39)

葉剣英元帥は、情勢が変化して華国鋒への支持がどれだけ弱まったかただちに察知し、一一月一一日、華に自分が変化を受け入れていることを示す発言を用意するよう忠告した。驚くべきドラマが一一月一一日から一一月二五日までの間に起きた。鄧が会議に加わった一一月一五日までに、会議の焦点は経済から政治へと移っていた。そして政治的雲行きが変わり、華と彼が唱えた「二つのすべて」が批判され始めたのであった。何人かの長老が後に論じている通り、遵義《じゅんぎ》会議が毛沢東の党主席への台頭に決定的な転換点となったのと同じく、この工作会議も鄧の台頭に決定的な事件となった。(40)

工作会議では二一〇人の党幹部が一堂に会した。この中には、党、軍、政府の重要な地位を占める人たちが多く、すべての主要な党支部のトップと、各省級単位の二人の党指導者と、すでに第一線を退いた尊敬されるべき老幹部たちが含まれていた。そのほか、幅広く理論的見方を提供できる党員もいた。華は開会演説の中で、会期は二〇日間の予定だが、それ以上の日数が必要になるかもしれないと言及した。結局、会議は三六日を要した。出席者は中南海から歩いていける京西賓館に缶詰めとなり、議論は正規の会議時間の内外を問わず、夜も週末も続けられた。(41) 会議の形式や進め方は、全体会議もグループごとの分科会も、そして出席者を京西賓館に缶詰めにするやり方も、一九七七年三月の中央工作会議のときと同じであった。しかし、二〇カ月後の政治的雰囲気はまったく異なっていた。

このような会議の進め方は、出席者たちの積極的参加を促した。四回の全体会議以外、出席者は六つの地区別グループ（華北組、東北組、華東組、中南組、西南組、および西北組）に分けられ、そこで一人ひとりが自らの見解を表明することが求められた。分科会ごとの会議概要が毎日、資料にまとめられ、出席者全員に配られた。報告のために分科会としての見解を表明する必要がある場合は、挙手による採決が行われた。(42) 鄧小平は、他の政治局常務委員会のメンバーと同様に、地区別分科会には出席しなかったが、概要報告には毎日、注意深く目を通していた。(43)

会議が始まると同時に、華国鋒は非常に多くの出席者が「二つのすべて」に対して満足していないことを自覚した。その理由は、「二つのすべて」が四月五日のデモ（一九七六年四月の第一次天安門事件）の参加者に厳しすぎる批判を加えるものだったからであり、また、文化大革命期に批判された多くの老幹部の名誉回復に華が消極的だったからである。(44) 四月五日のデモは特に微妙な問題で、華としては、まだ多くの出席者を満足させられるところまでには至っていなかった。すでに七七年三月の中央工作会議で、華は四月五日に天安門広場に集まった者の大部分が周恩来《しゅうおんらい》に哀悼の意を表し、その事績をたたえるために集まったことを認めていたが、たとえそうであっても、デモ自体は「反革命事件」とのレッテルが貼られたままだった。七八年一一月の会議出席者の大部分は、こうした不正義が正されつつあると感じた。(45) 鄧小平は七六年四月五日の事件に関わっていないと華は繰り返し表明してはいたが、多くの老幹部たちは、鄧はこの事件の結果として不当にその地位を追われ、華に交代させられたのだと考えていた。事件の評価はある程度まで鄧の評価そのものであったため、多くの者が事件には新たな評価が下されるべきで、「革命的行動」と規定されるべきだと主張していた。[46]

開会の演説で、華国鋒は四つの現代化に焦点をあてた。多くの人々の合意がある経済問題について討論し、意見の相違が大きい政治問題を回避しようとしたのである。華の会議冒頭の演説は注意深く巧妙に練られ、老幹部たちの批判を和らげるためにかなり譲歩したものになっていた。彼は「二つのすべて」にまったく言及しなかった。その代わり、会議の議事次第をおおまかに説明した後、華は外国からの借款、科学技術、そして外国製品を経済計画の一部として受け入れることを明確に表明した。これらはいずれも、毛沢東が決して認めようとはしなかったものである。彼は政治運動をやめると明言はしなかったが、社会の上から下まですべてを巻き込むような運動を始めるべきかどうかは慎重に考慮してきたと述べた。そして、多くの時間と労力は政治運動に浪費するより、国家が直面している緊急の課題に取り組むために使った方がよいと結論を下したと述べた。これに加え、華はかつて大衆批判集会が開かれたとき、人々に街頭に繰り出してはならないと命じたことがあると会議で言及した。[47]文化大革命や階級闘争を直接批判してはいないものの、華がその最悪の事態に終止符を打つために真剣な努力を重ねているのは明らかであった。改革をより強く欲し、老幹部のより早期の復活を求めてきた多くの出席者にとっても、それは認めざるをえないことであった。鄧小平も華の発言の核心部分に異議を唱えることは困難であったろう。

一一月一三日の第二回全体会議で副総理の紀登奎《きとうけい》が農業に関する発言をするまで、華国鋒は表面的には何とか会議を取り仕切っていた。ほとんどの出席者はいずれかの時点で農村の基層レベルでの活動に携わったことがあり、大躍進後の飢饉は彼ら自身の直接体験でもあった。共産党は貧しい農民の支持で権力の座に就くことができたにもかかわらず、その政策の過ちで何千万もの農民たちが餓死に追いやられたことを、彼らは痛いほど意識していた。深刻な食糧不足が続いていたにもかかわらず、穀物の輸入に外貨がほとんど用いられなかったことも、彼らの心痛の種であった。会議に参集した指導者たちは、飢餓にあえぐ農民や気の狂ったような基層レベルの幹部たちを目の当たりにし、こうした大災害の結果に対処させられてきたのだった。苦痛をもたらした過ちの主たる責任は林彪《りんぴょう》と四人組に押しつけられたが、共産党もそれらの誤った決定を実施した責任から逃れることはできなかった。高官たちは公式の場では発言を控えていたが、責任のいくらかは毛沢東に帰されるべきだということを、私的な会話では進んで語るようになった。(48)

以上のような課題について、紀登奎の報告は、農業政策の立案に誠実さと率直さが戻りつつあることを参加者たちに感じさせた。慢心と楽観、空疎な言辞に満ちた毛沢東時代から舵を切り、紀は問題の深刻さを強調しながら率直で包括的な発言をした。彼は中国の農業政策があまりにもしばしば、そしてあまりにも予測不能な形で変更されてきたこと、しかもそれぞれの地方の個別条件の確認もなしに行われてきたことを認めた。参加者たちは党が未解決のままの食糧不足問題を解決しなければならないことをよく認識しており、紀はその具体策を提起した。投資を増やし、種苗や化学肥料の供給を改善し、農民が利用できる借り入れ額を二倍に増やし、穀物の買い上げ価格を三〇パーセント引き上げることで、農業問題を解決すべきであると訴えたのである。(49)

しかし、紀登奎の率直な態度と華国鋒の懐柔姿勢も、事態の進行を食い止めるには十分ではなかった。華への批判は、一一月一一日に葉剣英元帥や王震などが参加する分科会討論でも取り上げられた。多くの参加者が、党にとって必要な最高指導者としての力を華はもはや発揮できないと考えた。たとえばその討論が始まって間もなく、中南組分科会の参加者は、「実践は真理を検証する唯一の基準だ」とする考えへの支持を満場一致で宣言した。(50)一一月一一日、つまり分科会討論の初日には会議参加者の多くが、さらなる名誉回復を阻止しようとする華と汪東興に対して反旗を翻した。彼らはすでにこの世を去った尊敬すべき幹部の名誉を回復し、元の同僚たちを復活させようとした。

崇敬を集める三人の高官、陳再道《ちんさいどう》と李昌《りしょう》、呂正操《りょせいそう》が、分科会討論でより多くの判決を見直す必要があると発言したのは一一月一一日のことだった。すると、会議の空気はその日の終わりまでに極度の緊張に達した。葉剣英元帥は華国鋒に対し、空気の変化を受け入れるか、さもなければ打ち捨てられる覚悟を固めるか、どちらかしかないと忠告した。(51)自分に選択肢がないことは、華にはわかりきっていた。彼を含むすべての参加者は、一九六四年の政変でフルシチョフがブレジネフらソ連高官にいかに追い落とされたかをよく知っていた。

翌一一月一二日にはその他の九人がそれぞれの分科会で、華国鋒と汪東興が拒絶していた判決の見直しを主張した。なかでも陳雲は最も影響力のある人物で、一部の説明では会議のムードは彼の演説で変わったとする誤った説が伝えられている。たしかにその演説は胡喬木によって表現に磨きのかかったものになってはいたが、実際には彼の演説の前にムードはすでに変化していた。その他の者もそれぞれの分科会で、陳雲よりも先に同様の点を指摘していた。ただ、陳雲の発言は公の人事記録を引用しながら、最新情報を包括的に提示していた点で際立っていた。なぜなら彼の人事工作面での指導力は四〇年間の実績に裏づけられたもので、発言には重みがあった。彼が東北組分科会で発言したとき、陳雲は経済問題に焦点をあてようとする華の試みを遮った。まず党が未解決の政治論争に決着をつけないかぎり、幹部たちにやる気を起こさせて経済工作を成功させることは不可能だ、と反撃したのだ。そしてわれわれは特に、不当に批判されてきた五つのグループの人々の名前を明確にしておかなければならない、と述べた。

（一）文化大革命中に「裏切り者集団」として批判された薄一波《はくいっぱ》が率いる六一人。[52]

（二）一九四〇年に牢獄から釈放されるために進んで敵に投降したと非難された人々。彼らは党籍を回復されるべきである。

（三）一九三七年に獄から解放された陶鋳《とうちゅう》、王鶴寿《おうかくじゅ》とその他の者。彼らは圧力をかけられ、根拠もない同志の情報をリークしたと批判された。

（四）故・彭徳懐《ほうとくかい》元帥は名誉をもって遇されるべきであり、その遺体は八宝山革命烈士公墓に埋葬されるべきである。

（五）一九七六年四月五日の天安門事件に参加した人々。中央はこの運動を肯定すべきである。

陳雲はさらに康生《こうせい》について付け加えた。そして文化大革命中、多くの優れた党の指導者を攻撃し、その功績をおとしめ、命までをも奪ったその罪について、本人がすでに物故しているとはいえ、責任は問われるべきであると主張した。[53]

陳雲の訴えに強い思いが込められていたのはやむをえないことだった。それほど彼の恨みは深かった。とりわけ華国鋒が彼を要職に戻さなかったこと、また、鄧小平の職務復帰を認めるべきだとした彼の七七年三月の中央工作会議での発言について、汪東興が印刷を拒否したことに対しては、許せないとの思いが渦巻いていた。しかし、彼の発言だけが強烈な感情をむき出しにしたわけではない。すべての地区別分科会で、それまで抑えつけられてきた華や汪らへの怒りが堰を切ったようにあふれ出した。善良な幹部を不当に批判し復権を阻んできた文化大革命派幹部に対する批判が、発言者の口をついて出た。これらの発言者は、まだ復権を認められていない人々のために主張を展開した。というのは、屈辱を受けたり、肉体的虐待を受けたりすることがいかに苦痛かを、多くの人々が熟知していたからである。六つのすべての分科会で、発言者が次々と立ち、不当に批判された幹部たちの名誉回復と康生に対する死後の断罪を求めた。というのは、康生があまりにも多くの死に責任を持っていたからであり、康生の元秘書李鑫《りきん》がいまだに汪を支え、判決の見直しを阻止していたからである。汪ないしは華に対する不満に火をつけたのは、こうした激情であった。

中央工作会議はまだ続いていたが、会議のムードは北京市党委員会のとった行動で早くも表面化した。同委員会は北京市の安全に責任を負っている。呉徳《ごとく》に代わって林乎加がその第一書記に就任したのは一〇月九日であった。呉徳は一九七六年四月五日の逮捕劇を指揮した人物だった。指名を受けるやいなや、林と北京市党委員会は、四月五日のデモで捕らわれた人々の無実をいつどのようにして晴らすかを検討し始めた。工作会議が始まる前から、彼らは早くもいずれ出されるべき声明の草稿を練り始めていた。

林乎加は中央工作会議の参加者であり、また、華北組の組長でもあった。一一月一三日、葉剣英元帥と華国鋒との会談および陳雲の発言の後に、雲行きが完全に変わったことを知った林は、ただちに北京市党委員会拡大会議を招集した。会議終了後、彼は北京市党委員会を代表して声明を発表した。それは華の許容範囲をはるかに超え、四月五日のデモは反革命ではないことを宣言したものであった。そこでは、「一九七六年の清明節に、多くの群衆が、崇敬する周総理の死を悼むため天安門広場に集まった。……彼らは国家に惨禍をもたらした四人組の犯罪を深く憎んでいた。この行動は……完全に革命的行動である。これに関与したことで迫害を受けたすべての同志は復権され、名誉回復されるべきである」と宣言されていた(54)。

翌日の『北京日報』がただちにこの声明を伝えた。同紙は北京市党委員会の直接の指導下にある報道機関で、委員会のトップには今や林乎加が就いていたのである。それに加え、中央工作会議に出席していた三人の報道機関幹部、すなわち新華社社長の曽涛《そうとう》、『人民日報』編集長の胡績偉《こせきい》、『光明日報』編集長の楊西光《ようせいこう》（彼らはいずれも党宣伝部の副部長でもあった）は大胆にも、『北京日報』の記事の中身をそれぞれの紙面などで公表することを決めた。翌一一月一五日に『人民日報』と『光明日報』は、「北京市党委員会が天安門での行動を革命的行動と宣言」との全段抜き見出しをつけ、『北京日報』の報道内容を伝えた。新華社は、民衆の行動が革命的だっただけではなく、事件そのものが革命的であったとの声明を発表した。そして一一月一六日には、『人民日報』と『光明日報』が新華社の声明を転載した。

通常であれば、このように重要な政治的声明は政治局の承認を必要とした。しかし、三人の老練な編集長は政治的な雲行きの変化を察知し、上からの承認を得ることなく危険な一歩を踏み出した(55)。胡耀邦が三人に対し、政治局どころか、自分にすら事前に相談がなかったことに不満をこぼすと、もし相談すれば重大な責任が胡自身におよぶことになる、と曽涛は答えた。自分たちが責任を引き受け、発表してしまった方がよいと彼らは考えたのであった(56)。

声明の公表は会議に興奮の嵐を巻き起こした。大胆な行動をとった林乎加が批判を憂慮していたのは、誰にも理解できることであった。声明が二紙に掲載された後、一一月一六日に林は編集長の一人を呼び、二紙の見出しは誰が許可したのかと尋ねた。編集長たちはすでに『北京日報』に掲載された内容を印刷する決定を下しただけですという答えを聞くと、林は言った。自分は『北京日報』の記事については責任を負うが、二紙の見出しについてはそれぞれの編集長が責任を負わなければならない。華国鋒の怒りを恐れた林は、理解を求めるために華に電話を入れた。ところが驚いたことに、華は声明の公表になにも不平を言わなかった(57)。事実、記事が出てから三日後の一一月一八日、華は四月五日のデモに参加した人々をたたえる出版間近の本、『天安門詩集』の題字に、揮毫をしてみせるところまで踏み込んだのである。題字の筆をふるう華の写真が報道された。常に好奇心旺盛で、政治感覚に鋭い北京市民はただちに理解した。華は天安門事件の判決の見直しを完全に受け入れたのだ。彼はすでに、打ち捨てられないように雰囲気の変化に適応せねばならない、という葉元帥の忠告を受け入れようとしていた(58)。

華国鋒は一一月二五日、予定通り演説した。それは決して自己批判ではなく、あくまでも引き続き任にあたる用意があるという声明にほかならなかった。彼は、自分がそれまで信じてきた考え方とはまったく異なるが、大多数の党員に広まった考え方を受け入れることで地位を保とうとした。こうして華は、天安門事件が正真正銘の愛国的革命運動であり、これに関与した人々はすべて名誉回復されなければならないという意見を受け入れた。

華国鋒は毛沢東の死後、「右派巻き返しの動き」を批判してきたのは誤りであったことを認め、それが結果的には鄧小平に対する批判につながってしまったことを認めた。そして、一九六七年二月に文化大革命に抵抗したこと（「二月逆流」）で非難された老幹部への批判を取り消し、彼らの名誉を回復すべきであると勧告した。これによって、彭徳懐は八宝山革命公墓に埋葬され、陶鋳への処分も見直され、楊尚昆《ようしょうこん》は党への陰謀を企てたという汚名をそそぎ、通常通り党の会議に参加して新たな任務を与えられることになろう。そして、康生は批判されよう。そういった空気が北京に流れた。

華国鋒は、政治問題は事実から出発し、「実践は真理を検証する唯一の基準だ」という原則に基づいて解決されなければならない、と肯定した。[59] 華はまた、紀登奎の農業に関する言及がなお十分でないと多くの会議参加者が感じていることにも気づいていた。彼は演説の中で、もはや大寨《だいさい》をモデルとして取り上げることはしなかった。そうした華の演説は会議参加者に温かく迎えられた。[60] さらに一二月一三日の演説で、華は自分もいくつかの誤りを犯したことを認めた。

政治的雰囲気の変化に譲歩し、多くの問題でそれまでの自分の立場を否定することで、華国鋒は戦いを避けた。[61] 彼はその言葉通り、党の団結を保つために行動した。しかし、多くの人が信じたように、こうした雲行きの変化は夏から秋にかけて次第に醸成されて決定的になり、中央工作会議の最初の三日間に結晶したのだった。その地位を保とうとすれば、華にはほかに選択の余地はなかったのである。現に華は、党主席と国務院総理、中央軍事委員会主席の地位にとどまることを認められた。

新たな政策路線が導入されると、それまでの路線（その時点では「誤った路線」と言及されていた）の主な支持者は自己批判が求められ、新たな「正しい路線」への支持を宣言することが求められた。しかし、華国鋒に近い仲間たちの何人かは、華ほどすばやくかつ器用に動くことができなかった。当時、共産党の副主席であり、中央弁公庁の主任として「特別案件」を処理し、宣伝業務を監督していた汪東興は、多数の幹部の名誉回復と毛沢東思想からの逸脱に断固として反対した。老幹部たちは、毛の警護隊長にすぎなかった汪が能力以上の地位にあると信じて疑わなかった。そして、四人組逮捕で彼が大きな貢献を果たしたことが、彼に分不相応な地位にとどまることを許しているだけで、汪はそうした現状を何とか維持しようと汲々としているのだと見ていた。華が一一月二五日に党内のすみずみまで広がったムードを受け入れると、風向きの変化を確信した二人の会議参加者が、事前の根回しもなく汪を名指しで批判した。彼らは汪が老幹部たちの復帰を阻止し、「実践は真理を検証する唯一の基準だ」という原理に反対し、「二つのすべて」を支持し、鄧小平を侮辱したと激しく非難した。冤罪に苦しむ幹部の名誉回復を阻み、硬直した毛沢東思想の呪縛からの解放を阻む最大の障害とみなされていた人物への攻撃に、他の者もいっせいに加わった。

汪東興は口頭での自己批判を拒絶したが、一二月一三日の工作会議の閉会に際し、書面で見解を提出した。[62] 彼は特別案件の処理にあたり、誤りを犯したことを認めた。「仕組まれた、偽りの、誤った判決を、私は正していくべきだったが、これにしかるべき関心を払わず、速やかに行動せず、任務を適切に遂行できなかった」、と汪はまた、党中央の決定に従い、中央審査委員会および五月一六日事件特別審査委員会の審査関連資料を、組織部に提出することに同意した。そして、「私はその任にたえなかった……中央委員会による解任を切に求める」と表明した。[63] 呉徳と李鑫も批判を受け、張平化は三中全会後、ほどなく更迭された。華国鋒と「二つのすべて」に与《くみ》した呉冷西《ごれいせい》、熊復《ゆうふく》、そして胡《こ》縄《じょう》ら演説草稿起草者たちも、やや穏当ながらやはり厳しい批判にさらされた。

華国鋒と汪東興は当面の間、中央政治局常務委員会のメンバーにとどまり、華国鋒の三人の盟友、呉徳、紀登奎、そして陳錫聯《ちんしゃくれん》は政治局委員にとどまった。急速に頭角を現した最高指導者として、鄧小平は任務分担をいくつか変更したが、自己批判をした中央政治局やその常務委員会のメンバーをあえて更迭する必要はないと決めた。[64] 鄧は対立を避けることを優先した。そして、権力闘争の進行を国内にも海外にも決して表沙汰にしないことをなにより優先した。

中央工作会議は華国鋒の鄧小平への交代を実現する場となっただけでなく、高官たちに過去の過ちをより率直に振り返らせ、未来に向けて新たな政策を熟考させる公開討論の場を提供した。分科会討論では次々に発言者が立ち、多数の餓死者を出した食糧不足の悲惨な体験を口々に語り、問題を一挙に解決するためにはより多くの国費の投入が必要であると主張した。多くの指導者にとって、こうした議論は個人的な鬱積を解放する場でもあった。自分たちがそれまで真正面から向き合ってこなかった過ちを公に認め、それによってもたらされ、自分たちが見過ごすことしかできなかった多くの苦難や死を、世の人々に対して認めることができたからである。非難の的はより高位の指導者たちに向けられたが、彼ら自身が完全に責任を逃れることはできなかった。多くの幹部にとって、それらは癒やしようのないトラウマとなっていた。

農業に関する最も大胆な演説は、西北組の胡耀邦によってなされた。彼は、紀登奎の提案が農村問題を解決するには不十分で、依然として旧弊にとらわれた考え方が表れていると論じた。しかも彼は大胆にも、各地の政治と経済を統合する単位であった人民公社が、もはや機能していないと主張した。この問題を解決するために、党は農民と地方の基層幹部の積極性を高める方法を見いださなければならない。胡は、もし公社の運営に誤りがあり、それが原因で農民のやる気が起こらないのであれば、効率化は望むべくもないと言った。[65] 胡は、農村生産隊をより小規模な組織に分割して再編成することに、多くの同僚が賛同していると表明した。しかし胡や万里《ばんり》（万里は安徽《あんき》省で生産隊より小さな生産組に生産を担わせる実験をしていた）ですら、請負制を各農家のレベルまで引き下げて人民公社を廃止することなど考えてもいなかった。そのような議論を党上層部で行えば激しい論争となり、公社がうまく機能するよう必死になっている地方党幹部の権威をおとしめることになると知っていたからである。[66]

分科会討論参加者たちは、経済問題についても議論していた。軽工業部部長の梁霊光《りょうれいこう》（後の広東省省長）は、政治的安定がいかに重要であるかを強調した。彼は他の参加者に、中国の経済発展が比較的速かった三つの時期を指摘した。それは一九四九年の建国直後の数年と、第一次五カ年計画期（五三年〜五七年）、そして大躍進後の調整期（六一年〜六五年）であったが、これらの時期はいずれも政治が安定していた。梁はまた、もっと一般家庭の日常的なニーズを満たすべきで、そのために軽工業の改善を優先するべきだと論じた。彼は市場がより大きな役割を果たすべきであると主張し、時代をいくらか先取りした。彼の見方によれば、新しい生産技術の輸入にあたっては、輸出を増やすために輸出税を減らすべきであった。(67)

中央工作会議の終わりに向け、会議の参加者たちの心は全員にとってきわめて切実な問題に向かい始めていた。それは、誰が中央委員会、中央政治局、そしてその常務委員会に入るかという人事の問題であった。中央工作会議には人事を決定する権限はなかったが、後にそうした決定をする人々のほとんどが会議に出席していた。鄧小平は政治局やその常務委員会の現行メンバーの更迭を避けるつもりだったため、新しいメンバーを補充するには、政治局の拡大も当面やむを得ないと同意した。いずれは定年に達したり、不適任とされる者が出ることで、政治局の規模は再び縮小するであろう。参加者たちは、「入れるだけで出さない（只進不出）」、「思い切って事にあたる（敢做事）」者を新しいメンバーに選ぶという鄧の方針を受け入れた。(68) 西北組は挙手による投票で、陳雲、鄧穎超《とうえいちょう》、胡耀邦、そして王震《おうしん》を政治局メンバーとして推薦することにした。(69) 中央工作会議に続いて開かれた正式会議で、これらの推薦は正式に承認された。

会議ではある認識が広く共有されていた。経済最優先の時代には、経済に最も明るく、最も経験豊富な専門家である陳雲が、高い職位に就くべきだとの認識である。陳雲は対外関係と軍事の重要二分野で経験を欠くことを誰よりも強く自覚し、これらの分野で鄧小平が広い経験を持つことを熟知していたため、最高指導者にふさわしいのは鄧だけだと述べた。(70) しかし参加者たちは、陳雲の党副主席への就任を熱狂的に求めた。

中央工作会議で鄧小平と陳雲を団結させたのは、老幹部たちを名誉回復し、彼らの職場復帰を認める決意であった。鄧は集団指導体制の事実上のスポークスマンであり、特に外交面でそうであった。彼は軍に対しても、葉剣英元帥に並ぶ権威であった。しかし、陳雲も人事面の仕事では権威であり、また、数週間のうちに経済関係でも重責を担うことになった。すべてをひっくるめた政治的地位、すなわち政治の大きな方向と重要人事の決定に対する影響力の点で、陳雲は鄧と同等であった。

改革開放に向けた鄧小平の準備

中央工作会議の五日目、東南アジアから北京へ戻った鄧小平に、葉剣英元帥は政治の空気が変わったことを手短に伝え、新たな重責を引き受ける覚悟を固めるよう忠告した。葉元帥は一九二七年の広州蜂起からの長い党歴を持ち、権力に恬淡《てんたん》とした人柄が人々の尊敬を集めていたため、「キングメーカー」の立場に押し上げられた。大躍進や文化大革命の過ちは、権力が一人の人間の手に集中しすぎたせいだ、と葉元帥は確信していた。彼は華国鋒と鄧に対し、二人が手を携えて党と国家を指導すべきだとしきりに説いた。葉が鄧に会ったとき、鄧は集団指導体制の強化に同意し、特定個人のメディアへの過度の露出を制限することに同意した。(71) 華も葉元帥の助言を受け入れた。彼は党の政策内容で歩み寄り、鄧を党の最高のスポークスマンとすることに同意した。華の党、政府、軍のトップとしての地位にはいかなる措置もとられず、公式の祝賀行事はなにも行われなかったが、新たな役割を担う覚悟を固めるべきだとする葉元帥の助言を鄧は受け入れたのだった。

鄧小平は新たな責務に備え、用意していた工作会議の閉幕の辞と三中全会における演説の草稿を書き直すよう、同僚たちに再度確認しなければならなかった。鄧は政治局常務委員会のメンバーと直接顔を突き合わせ、鄧が毛沢東とは違うことを十分承知していた同僚たちに、自分は決して中国のフルシチョフにはならないと改めて確認した。毛主席の党に対する貢献は計り知れない。フルシチョフはスターリンに対して容赦ない攻撃を加えたが、中国共産党は毛主席に対し、決してそのような攻撃に踏み切ってはならないと述べたのである。さらに彼は、中国は毛沢東思想の旗の下で一致団結すべきと重ねて強調した。会議の概要報告に目を通し、中央工作会議に生じた熱意ゆえの楽観主義を見てとった鄧は、経験豊かな先輩指導者として後輩たちに「成功に酔いしれる」ことは危ういと警鐘を鳴らした。すべての問題を一挙に解決するような芸当は中国にはできないのであり、安易な解決策の無理強いを勝手気ままに試してはならない、と注意したのである。[72] 解決の困難ないくつかの問題には、次の世代に解決を委ねるしかないものもあろう。彼は文化大革命の傷口が再び裂けるようなことは何としても避けたいと願い、さらに踏み込んで研究することを促した。そして過去、何度も繰り返したように、まず大局を把握したうえで細部に踏み込め、まずより広い真実を把握し、その後に個別の真実を考察せよ、などと助言した。中国は投資や技術を諸外国から導入する前に、まず国内を安定させなければならない、と彼は宣言した。安定があってこそ、中国は初めて四つの現代化を実現できるのである。[73] したがって、国の内外を問わず、権力闘争の臭いを決して嗅ぎつけられてはならないということとは至上命令だった。こうした鄧の政治局常務委員会での所見は、党全体の見解として受け入れられた。それらは中央工作会議の数日後に印刷され、会議参加者へ配られた[74]。

今や最高指導者となることが確定した鄧小平は、中央工作会議の閉幕の辞と三中全会で行う予定の演説を書き直さなければならなくなった。一二月二日に至り、すなわち華国鋒がすべての政策上の重要論点で譲歩した数日後、鄧は根っからの改革派である胡耀邦と于光遠を呼んだ。彼らは中央工作会議の閉幕式での鄧の演説草稿作成の指揮をとっていた。その演説は、彼の生涯の中で最も重要な演説になるはずであった。そのとき彼は、アメリカとの国交樹立の最後の詰めで忙しかった。加えて予想されるベトナムのカンボジア侵攻に対し、強烈な反撃を加えるための軍事的準備に追われていた。しかし、鄧がその演説で述べようとしていたことは、少なくとも一九六九年から七三年にかけて江西省に追放されていたときから、長い時間をかけて考え続けてきたことだった。胡耀邦と于は何人かに草稿執筆を分担させ、それらを統括したが、最後はいつものように胡喬木が磨きをかけなければならなかった[75]。

鄧小平が演説の中身について要点を書き示すのは稀であったが、一二月二日の打ち合わせはいつもと違っていた。彼は漢字で一六〇〇字（英語で約八〇〇語、日本語で二四〇〇字程度）ものメモを書き上げ、執筆責任者たちに期待する話のスタイルや内容、概要を説明した。彼は演説を簡潔で明瞭にしてほしいと書き手に告げた。望んでいたのは短くて簡潔な文章だった。その方が説得力があるからである。鄧は中国がいかに後れているかはっきりと示し、どれほど変革が必要かを明らかにしようとした。一二月五日に最初の草稿を読んだ後、鄧は起草者たちに一行一行詳細な指示を与えた。書き直された草稿を検討するため、一二月九日と一一日に彼らに会った際にも、再度同じように一行ごとに手直しした。

演説の中で、彼は特に新しい政策を提示しなかった。それを準備する時間もなければ、部下もいなかったからである。その代わり、会議に集まった党の指導者たちに、新たな時代へ向けた取り組みの全体像を示そうとした。演説は、彼がそのとき格闘していた諸問題についての見通しを描くものだった。守旧派幹部の抵抗を極力抑えながら、どうやって新鮮で活力ある思想を推し広めるか。脱毛沢東化を図りながら、どうやって毛への敬意を捧げ続けるか。後で過度に失望が広がることを回避しながら、どうやって楽観的な見通しを提示するか。経済の対外開放を進めながら、どうやって安定を維持するか。そして中央の優先権を確保しながら、どこまで地方幹部に自由度を与えるか。これらの重要問題を、演説はすべて取り上げていた。

起草者たちとの最初の会合で、鄧小平は次の七つの論点を取り上げて指示を与えた。第一に思想の解放、第二に党内民主主義と法制化の推進、第三に未来を正しく導くための過去の再検討、第四に行き過ぎた官僚主義の克服、第五にいくつかの地域と企業が先に豊かになるのを認めること、第六に責任の明確化、第七に新たな課題への取り組みである。二回目の会合で、鄧は最後のいくつかの問題を一つにまとめることにし、演説の最終草稿を四つのテーマに絞ることを起草者たちに伝えた。

一二月一三日の午後の中央工作会議の閉幕式で、鄧小平は主題を読みあげながら演説を始めた。「本日、私は主に一つの問題を取り上げて議論をしたい。それは、どのようにしてわれわれ自身の思想を解放するかということであり、どのようにして実事求是を行うかということであり、また、未来を視野に入れ、どのようにして統一を保つかということである」、と切り出した。鄧は今回の中央工作会議が、一九五七年以降に招集された党の会議の中で最も率直に議論が交わされ、最も実りの多い会議であったと称賛した。実際の情況について、誰もが見解の表明を認められるべきだ、と彼は言った。「中央集権制は、民主主義的措置が十分に講じられて初めて正しく機能するのである。現時点では、われわれは民主主義に特別な重点を置かなければならない。というのは、これまでかなりの長期間にわたり……民主はあまりにも軽んじられてきたからである。……民衆は大いに批判を提起すべきである。……不満分子が民主主義につけ込んで面倒を起こそうとしても、なにも恐れることはない。最も恐れなければならないのは沈黙である」、と。鄧はそのときも、またそれ以外のいかなる場面でも、完全なる言論の自由を主張したことはなかった。事実、人々が自分の見解を天安門広場からそう遠くない「民主の壁」に貼り出すようになって数日後の一一月二九日までに、鄧は「民主の壁」に貼られた見解のいくつかは誤っている、と指摘するようになっていた。

毛沢東のいくつかの政策から決別する余地を確保しながらも、鄧小平は毛を称賛して言った。「[毛沢東の]傑出した指導がなければ、[われわれは]今日も勝利を得られていなかっただろう。……毛主席は無謬でもなければ、完全無欠でもない……いずれかの適切な時点でそれらは整理され、そこから教訓を学ばなければならない……しかしなにも今、それを急いでやる必要はない」。彼はこの見解を何度も繰り返した。毛は誤りを犯したし、鄧自身も誤りを犯した。どんな指導者であれ、何事かを成し遂げようとするかぎり誤りを犯すものである、と。鄧は政府高官たちの間で広まっていた見方を表明した。中国の二つの巨大な災厄、つまり大躍進と文化大革命はいずれも、他者の声に耳を貸そうとしない一人の人間に統治を委ねてしまったシステムそのものが引き起こしたのだ、とする点である。したがって中国は、いかに有能であっても一人の人間がすべてを支配することができないよう、法を整備していく必要があった。法律は当初は完全無欠ではないかもしれないが、一歩一歩時間をかけてやれば、公平と正義にかなうものに仕上げていけるはずである。

大躍進を推し進めた毛沢東は精神主義に傾斜していたが、現代化を達成するための鄧小平の戦略はそれとは際立った対照をなしていた。「経済的手段を用いずにやる気をひき出すことはできない。少数の先進的な人々は呼びかけに反応してくれるかもしれないが、そのようなやり方は短期間しか通用しない(76)」と鄧は言った。その代わり、中国は科学や技術を進歩させ、生産性を引き上げた者には昇進や快適な生活で報いるような仕組みを作り上げなければならない、と主張した。特に地方幹部に対してはより柔軟な裁量権を与えなければならない、そうすれば彼らは格段に主体性を発揮するようになる、とした。

集団責任制の理論は、実際には「誰も責任をとらないことだ」、と鄧小平は明言した。責任がある個人に割り当てられ、当人がその責任を果たすことを周囲からも認められた場合、その人間には同時に権限も賦与されなければならない、と主張した。一九七五年に鄧が、基層幹部はもっと大胆に考え、大胆に行動しなければならないと話したとき、彼らは毛沢東がその政策をひっくり返すのではないかと懸念した。しかし、七八年に鄧が同じ呼びかけを繰り返したとき、聴衆は政策の逆戻りを懸念する必要はなかった。彼らは自分が国のために最善を尽くす権限を与えられたと感じた。実行に際して過ちを犯すことはありうるが、とにかく国のために最善を尽くそうと考えた。

鄧小平は文化大革命の間に下された判決を覆すことを支持し、「すべての誤りは正されなければならない、というのがわれわれの原則だ」と述べた。しかし彼は、かつて自分や友人、身内が受けた攻撃に対して「落とし前をつけよう」とする人々には断固として反対した。報復の連鎖を断ち切るため、不正義は迅速に正されなければならない。「しかし」、と彼は言った。後に尾を引くようなことがあってはならないのである。「一件一件細かいところに入っていくことは、可能でもなければ、必要でもない」、と鄧は言った。人々は文化大革命にいつまでもとらわれていてはならない。それは人々に不和をもたらすだけである。そのことを彼は知っていた。時が癒やしてくれるのを待つしかないのである。「なによりも重要なのは安定と団結」であった。殴打や打ち壊し、略奪に加わった者や、分派主義に走った者は重要な地位に就けなかったが、過ちを犯しながらも真摯な自己批判を行った多くの人々には、新たな機会を与えるべきであった。ただし鄧は最後に、今後、過ちを犯す者に対して党はより厳しく臨む、とまとめた(77)。

鄧小平は、新政策のもたらす結果に不満を覚える層が生じ、そうした人々の反感を和らげなければならなくなると覚悟した。彼には不平等の拡大が不可避であることがよくわかっていた。来たるべき変化の速さと民衆のニーズの大きさを考えれば、「ある者が先に豊かになる」ことは避けられない。しかし、と彼は言った。他の者は後で豊かになることができるし、先に豊かになった者は後れた者を助けなければならない、と。おそらく彼にとっても、また党の他の指導者たちにとっても、未知の領域に踏み込むことになる、と鄧は警告した。しかしそのような恐れがあったとしても、党と国家の総合的な利益は最優先されなければならず、そのためには全員が「学び続けなければならない」のである、と(78)。

鄧小平は詳細には語らなかったが、すでに市場の存在をある程度認める意向であった。そして同僚たちには、それが経済混乱をもたらすのではと恐れる必要はないと告げていた。彼は国家全体の計画責任者と、それぞれの自治を堅く決意した地方幹部との間の摩擦が避けられないことを察知していた。利害対立はそれまでより深刻になるだろうが、長期的な生産力拡大がそうした問題を緩和させるはずであった[79]。

来たるべき多くの変化に備え、鄧小平は党幹部が特に学習すべき領域として、三項目を指摘した。すなわち、経済と科学技術、そしてマネジメントである。彼はさらに、幹部たちに対する評価基準を明らかにした。各経済単位の党委員会は、先進的なマネジメント手法をどの程度取り入れたかによって判断され、技術革新をどれだけ成し遂げたか、生産性をどれだけ引き上げたか、利潤をどれだけ収めたかによって評価されることになった。労働者の一人あたり所得と集団の福利厚生も部分的に参考とされた。会議出席者たちは、こうした新たな環境の下のやり方について、さらに詳しい指針を熱望した。中央工作会議の最後の主要な演説が終わると、出席者は通常解散するが、鄧の演説の後、出席者たちはさらに二日間、会議を延長することに同意した。全国各地から集まったそれぞれのグループにとって、鄧が述べた新たな指示の実行方法を議論するには、どうしてもそれだけの時間が必要だった[80]。

鄧小平の演説に示された多くのアイデアは、西欧の経営責任者から見れば常識としか思えないものである。それらのいくつかは一九四九年以前に中国で行われていた政策に由来するものであったし、また、五〇年代や六〇年代のより安定していた時期の政策に淵源を持つものもあった。しかし、七八年の中国を率いる者たちにとって、鄧のアイデアは毛沢東時代からの根本的な決別を意味していた。聴衆には希望を抱く十分な理由があった。大衆動員、階級闘争、イデオロギー上の強硬路線、英雄崇拝、徹底的な集団化、そしてそれらすべてを取り囲む経済計画などに象徴化された、中国の苦痛に満ちた時代はついに終息の時期を迎えたのだった。

三中全会――一九七八年一二月一八日～二二日

一一期三中全会は、一二月一八日の月曜日に京西賓館で開幕した。そこは、その前週金曜日に中央工作会議が閉幕した場所であった。三中全会出席者の半数を若干上回るメンバーが中央工作会議にも出席していたが、三中全会には党、政府、そして軍の重要な地位を占める中央委員会のメンバー全員が参加していた。それに対して中央工作会議には、中央委員ではないが、幅広い理論的見方を提示できることで選ばれた優れた党員も含まれていた。中央工作会議には加わらず、三中全会だけに出席したメンバーは、月曜日の朝、他のメンバーが到着する前に集合した。そして午前と午後の時間を使って、鄧小平、葉剣英元帥と華国鋒が行った中央工作会議での演説内容を読んだ。中央工作会議で定まった観点を、彼らも共有する必要があったからである。正式な全体会議と地区別分科会が三日間、続いた。分科会は、中央工作会議と同じ組長たちに指導された。

三中全会はある意味、中央工作会議の精神を祝賀する場のようなものであり、中央工作会議の結果を中国社会と全世界に向けて発表し、新たな方向を正式に承認する儀式のようなものであった。中央委員会全体会議は、第何回目の全国代表大会が選出した第何回目の中央委員会全体会議かを示す番号で特定される。しかし第一一回の全国代表大会が選出した中央委員会の第三回目の全体会議（一一期三中全会）がもたらした変化があまりにも重大だったため、中国人が単に「三中全会」と言えば、どの期の中央委員会の第三回全体会議のことを指しているのかは誰にとっても明らかである。中国民衆の心にとって、三中全会はその後の中国を巨大な変革に導く「鄧小平の改革開放」の幕開けを象徴する会議であった。改革開放が華国鋒の手によって始動されたのは事実だが、それが実現されたのは鄧の指導の下でだった。

中央工作会議での合意の通り、華国鋒は党主席、国務院総理、そして中央軍事委員会主席の肩書を保持した。鄧小平も党副主席、国務院副総理、そして中央軍事委員会副主席の肩書を保った。しかし海外メディアや外交界は、中国の民衆と同様、実際には鄧が最高指導者の地位に就いたことをただちに察知した。早くも一一月二三日、つまり華国鋒の一一月二五日の演説の二日前に、香港の記者たちは訪問中のアメリカのコラムニストのロバート・ノバクに対し、「鄧はただの副総理だが、権威主義的な中国政府を取り仕切っているのは彼だ」と説明した(81)。

三中全会で確固たる地歩を築いたのは陳雲だった。三中全会以前、彼は政治局にすら入っていなかったが、三中全会では政治局常務委員会のメンバーに選出され、さらに中央委員会副主席に選出された。最後の本会議で中央規律検査委員会が正式に設立され、陳雲はその第一書記に任命された。こうして汪東興ではなく陳雲に、判決を見直すべき全事案について最終承認権が与えられた。早ければ数カ月以内に、遅くても数年後には、多くの老幹部たちの名誉が回復され、いずれは職場復帰が果たせるとの理解が広まった。

通常は最高指導者が本会議で基調報告を行うが、名義上のトップはあくまでも華国鋒であり、鄧小平が事実上の最高指導者であるとしても、どちらがそれを行うべきかは難問であった。会議事務局は基調報告そのものを行わないことでこの難問を解決した。しかし彼らは事実上、その前に行われた中央工作会議での鄧の演説を、党の向かうべき方向を定めた基調報告として扱った。最終セッションを取り仕切ったのは華だったが、中央委員会に参集した出席者たちは、彼らの眼前に隣り合って座る二人の真の権力者、すなわち、今後数年にわたって中国を指導することになる鄧と陳雲に注がれていた。東北組分科会の共同議長の任仲夷が述べた通り、遵義会議が教条主義に対する毛沢東思想の勝利を象徴したように、三中全会も教条主義に対する勝利を象徴する出来事であった。「二つのすべて」という教条主義に対し、党内における民主的討論のよき伝統が勝利を収めた[82]。陳雲は閉幕の辞で、任とはやや異なる対比を行っている。延安での整風運動が団結をもたらし、その団結が一九四九年以降の共産党による国家指導を可能にしたのと同様に、中央工作会議が四つの現代化達成に不可欠な団結をもたらした、と総括したのである[83]。

戴冠式のない継承

世界の政治史で、継承のための正式な公的承認手続きを経ずに大国の最高指導者に就任した例を、ほかに見つけるのは難しい。中央工作会議以前、鄧小平は共産党の副主席、国務院副総理そして中央軍事委員会の副主席だった。三中全会で事実上の最高指導者の地位に就いた後も、その地位には何ら変更はなく、相変わらず党副主席、国務院副総理、そして中央軍事委員会の副主席のままだった。単に戴冠式とか就任式といった式典が行われなかっただけでなく、彼が最高の地位に就いたという公式発表すらなされなかった。一体どのような状況が組みあわさって、このようなきわめて珍しい事態が生じたのだろうか。またそれはどのような結果につながったのだろうか。

中国の指導者たちは、権力闘争の存在を察知されるのを好まなかった。三中全会によって中国は権力闘争の渦中にあるのではないかとの疑念を、国内にも海外にも与えることを望んでいなかった。一九七六年に政権を握ったばかりの華国鋒が突然その地位を追われるようなことになれば、国内の政情は不安定化し、海外の資本と技術を誘致するためのそれまでの努力は水泡に帰すだろう。指導者たちはそのことを心配していた。その後、鄧小平が華国鋒を追い落とし、並び立つ者なき最高指導者となったのは事実である。しかし、彼はそのために三〇カ月もの時間をかけ、中国や世界を混乱に陥れることのないよう、一歩一歩平穏裡にそのプロセスを進めた。

鄧小平に新たな肩書を一切付与しないと決めた指導陣は、国家権力を一人の人間の手に委ねてしまうことに危惧の念を抱いていた。大躍進と文化大革命の大難は、すべての地位を正式に掌握していた毛沢東が誰からも掣肘《せいちゅう》を受けず、権力を勝手気ままに行使した結果であると彼らは確信していた。もし華国鋒が最高指導者の座にとどまっていれば、そのような事態を恐れる必要はなかっただろう。華がその地位にあったとき、葉剣英元帥などが懸念していたのは、その権力が強大になりすぎることではなく、それがあまりに弱すぎて、威令が行き届かないことだった。しかし、鄧小平の場合はそうはいかなかった。彼はあまりにも自信に満ち、果断で、その足下は磐石だった。そのため彼らは、鄧がその師、毛沢東と同様に振る舞うことを恐れた。そこで彼らは彼に全権を託すことを避け、その権力を彼と同等の権威者である陳雲の権力と均衡させようとした。正式な承認手続きを経ず、権限だけを鄧小平に与えるという奇妙な取り決めがうまく機能した。誰もが目の前で起きていることの意味をわきまえていた。鄧自身にとっても、単なる職務上の肩書より、権力を実際に掌握できているか否かの方が重要だったからである。彼は非公式な形での責任を、何のためらいもなく引き受けた。しかし、それを公然とひけらかすようなことは、決してしなかった。

三中全会が開かれた一九七八年一二月から七九年一二月までの一年余、鄧小平は華国鋒を徐々にわきへ押しやり始めたが、それはあくまでも党と国家の利益のためであった。二人が公の場で互いのことに言及するとき、そこには相手に対する敬意が込められていた。二人とも、国家の現代化と国力の強化を強く願っていた。そのためなら、二人ともいくらでも合理的で柔軟になることができた。しかし、七九年に華がなお主席にとどまり、鄧がその非公式な権力を行使していたとき、二人の関係は特に扱いにくいものであった。対決に決着をつけるとすれば、鄧の非公式な権力が華の公式な権力を上回るしかなかったが、同僚たちばかりでなく鄧自身も、いかなる形であれ軋轢が決して表沙汰にならないよう努めた。華は会議の議長を務め続けた。公式な会議では、彼が党と政府を代表した。そして彼自身が政治局常務委員会のメンバーだっただけでなく、政治局には彼の支持者も何人か残っていた。のみならず、彼は葉剣英元帥と李先念から一定の支持を得ていた。集団指導体制を望み、独裁を恐れる二人の長老は、その限りにおいて華を支持した。七九年の華は西洋式に言えば、取締役会で多数を占めていない無力な会長であった。決定権はなかったが、彼にはまだ支持者が残っており、彼の意見を無視するわけにはいかなかった。鄧は最高指導者として華の上に立とうとはしなかった。また、自らの手足となるチームを設けようとも、自らの統治機構を設けようともしなかった。しかし、鄧は華の権力基盤を弱体化する力を持っており、その力を効果的に行使する手段も、そしてそれらを実現する政治的手腕も持っていた。支配をより強固なものとし、より効率的な統治機構を確立しなければならなかった鄧は、七九年半ばごろまでには、華を徐々に弱体化して最終的には追い落とすために、一歩一歩動き出した。

三中全会が鄧小平の地位を押し上げつつあった間、中南海から数百メートルしか離れていないところで、デモ参加者たちが鄧を支援する壁新聞を貼っていた。彼らは林彪《りんぴょう》と四人組を批判することで、直接、あるいは間接的に鄧を後押しした。なかにはあえて毛沢東自身を批判する者すらあった。ほどなく、共産党と鄧を批判する壁新聞まで現れるようになった。これらの壁新聞は、単にちょっと鄧の癇にさわっただけではなかった。それは最高指導者としての彼に、長年にわたってまとわりついてきた問題だった。つまり、自由は一体どの程度まで許容されるべきか、党と政府は公開の場での異議申し立ての限度を、一体どこに、またいかに設定すべきなのかということだった。

第8章　自由の限度の設定——一九七八年〜一九七九年

文化大革命は事実上、「反文化大革命」であった。それは新たな文化を創造する以上に、古い文化を攻撃したからである。紅衛兵は歴史的アナロジーと故事を用いて現代の役人たちを攻撃しただけでなく、ほぼすべての小説、物語、演劇、エッセーを批判した。毛沢東《もうたくとう》の死と四人組の逮捕で文化大革命が終わりを告げたとき、長年にわたり恐怖で沈黙を強いられてきた多くの中国民衆は、狂ったように物を言う機会を求めた。ある者は迫害を加えた者たちに仕返しをしようとし、ある者は己の身をなんとかして守ろうとした。そして単に自分や家族が堪えてきた苦痛を、とにかく声にして訴えようとした者もいた。

多くの党指導者たちは、この鬱積した怒りを利用すれば、これを政敵に対して利用できることに気づいていた。そうした政治的な目的を持たない指導者は、それぞれの思いを語ろうとした。だが、鄧《とう》小平《しょうへい》を含め、体制全体を考える党指導者には懸念があった。もし「過度の」自由が許されて抗議者たちが徒党を組むようになれば、中国は再び文化大革命期と同様の大混乱に陥りかねない。何千万人もの人々が、政治運動や飢餓に苦しめられ、あるいはそのような目に遭わされた親族を目の当たりにしてきた。強い敵意は、民衆を虐げた各地の地元幹部にだけでなく、そうした苦しみを引き起こした体制の一部であるより高位の指導者たちにも向けられた。鄧の考えでは、中国社会はあまりに大きく、人々はあまりに多様で貧しく、相互の敵意も大きく、そして誰もが受け入れる共通の行動規範がほとんどなかった。そうである以上、上から課す一定の権威が必要だった。中国社会は一九四九年以前や文化大革命期のような大混乱に陥ることなしに、どこまで自由の境界を拡大していくことができるのだろうか。この問題は鄧小平時代を通して一貫して、最も中核的で、最も意見対立の激しい問題であった。

党の指導者たちは、公衆の非難のうねりがどのような状況になれば秩序崩壊に転じるのか、それを正確に判断する方法について合意に達していなかった。その結果、どこで線引きを行い、それをどう維持するかについて、意見対立が避けがたいことはわかりきっていた。科学や高等教育、青年問題、統一戦線工作の責任者たちは、彼らがともに働いてきた人々の意見に理解を示し、より大きな表現の自由を擁護するのが一般的であった。ところが、治安維持の責任者たちは相変わらず慎重であり、自由に対してより大きな制限を加えるよう主張した。そして、宣伝機関の指導者たちは相矛盾する二つの考え方を持っていた。彼らの一部は人文科学と社会科学の高い教育を受けており、他者のためにも自らのためにも、より大きな自由を求めた。しかし宣伝任務の実行にあたっては、多くが自由の限度を民衆に伝え、それを強制する小暴君となった。

一方、公開の場での自由な議論がどの程度まで許されるのか、その限度をあえて試そうとしたのは、地主や資本家などの出自とはほぼ無縁の人々であった。長年にわたって弾圧され、脅かされてきた「出身階級が悪い」党外知識人も、公然と不満を言う最前線にいたわけではない。彼らに代わって毛沢東以後の時代にその限度を推し広げたのは、通常恐れ知らずの若者か、あるいは党の現役幹部や第一線を退いた元幹部、そして、彼らを守ってくれる権力者を友人や親戚に持つ人々であった。

原則的に、鄧小平は自由の拡大を支持し、合理的、実際的であろうとした。しかし、社会秩序の維持に最終的な責任を負っていた彼は、秩序維持の可否に深刻な懸念を抱いた場合には、すばやく手綱を引き締める方向へ動いた。三中全会の後、鄧は文化大革命の終息と改革開放の新時代へ向けた船出について民衆の広い支持を感じ取り、中国の人々の表現の自由を拡大する二つの重要な議論を行うことを認めた。一つは一般社会に公開されたもので、天安門広場にほど近い壁で自然発生的に始まり、「西単民主の壁」として知られるようになった。それはすぐ国中に広がり、あちこちの都市に同様の壁が出現した。もう一つは党が主催した議論の場であり、部外者には閉ざされていた。それは一部の知識人と党の文化担当政策責任者が一堂に会し、新たな時代における彼らの任務の指針を模索するものであった。

民主の壁――一九七八年一一月～一九七九年三月

公の通知や新聞が、村や町や都市の住民向けの告知板やバスの停留所のような人々の集まる場所に掲示されるのは、長年にわたる中国の習慣であった。北京では、天安門の西側数百メートルにある西単と呼ばれる告知板ほど、人々の注意を引く場所はなかっただろう。巨大な灰色のレンガの壁は、高さ約三・七メートル、長さ約一八〇メートルであった。壁の隣は、市内の最も賑やかなバス停留所の一つで、そこでは多くのバス路線がそれぞれの客を乗り降りさせていた。文化大革命中の西単は、

「走資派」（「資本主義の道を歩む者」の意）として非難された劉少奇《りゅうしょうき》や鄧小平など、党の指導者たちを糾弾する壁新聞で覆われてきた。そして、一九七六年四月五日のデモのときには、その壁は四人組を公然と非難し、周恩来《しゅうおんらい》をたたえて鄧小平を支持する壁新聞で埋めつくされた。

中央工作会議が開かれて一週間後の一九七八年一一月一九日にも、西単は最も新しい政治の風向きを伝える場となった。中国共産主義青年団の雑誌が丸ごと一冊、まだ新聞売場では入手できないうちに、壁に一頁ずつ貼り出された。共産主義青年団は未来の党員を育てる教育訓練組織であり、自由の拡大を求めて奮闘する人々の最前線に立っていた。その雑誌は文化大革命中、廃刊処分を受けていたが、数カ月前に復刊を果たしたものの一つであった。胡耀邦《こようほう》に励まされ、青年団の幹部は復刊第一号を印刷所に送り届けた。そして、第一号は、九月一一日には出版される予定だった。しかし、宣伝部門の監督責任者だった汪東興《おうとうこう》が、刊行予定の中身を見てただちに回収を命じた。汪は、その雑誌には華国鋒《かこくほう》主席の題辞もなく、毛沢東主席を記念する文章も掲載されていないのに、「童懐周《とうかいしゅう》」なる人物の「天安門革命詩抄」が載せられていると批判した。

だが、雑誌の編集者たちは、簡単には引き下がらなかった。ほんの数日後の九月二〇日、印刷を終えた雑誌が新聞売場に配達された。(1) しかしそれらが売場に到着するやいなや、汪東興は再び雑誌のすべてをかき集めて回収し、それ以上のいかなる販売、流通も一切禁止した。西単の壁に一一月一九日に出現したのは、回収され発禁になっていた、まさにこの復刊第一号の雑誌だった。そしてそれは、北京市党委員会が七六年四月五日のデモに関する判決を覆す決定を下してから、四日後のことであった。

ポスターはすさまじい注目を集めた。青年団の雑誌から貼り出されたある記事は、四月五日のデモの咎《とが》で獄につながれたままの若者たちへの判決撤回を激しく訴えていた。別の記事は、「二つのすべて」に反対を唱え、林彪《りんぴょう》と四人組のみならず、毛沢東に対してすら疑問を提起していた。「君自身に問え」と呼びかけたある記事は、こう続けていた。「毛の支持なくして林彪は権力を掌握できただろうか？　君自身に問え。毛主席は江青《こうせい》が裏切り者だと知らなかったのだろうか？　もし、毛主席が同意していなければ、四人組は鄧小平打倒の目的を達成できただろうか？」(2)。毛の元警護隊長で、忠実な擁護者だった汪東興が、これらの非難になぜ慌てふためいたのかを理解するのは難しくない。

青年団の雑誌の貼り出しに続いて、少なからぬ勇者が他のメッセージを貼り出し始めたが、その多くは一九七六年四月五日の容赦ない鎮圧を批判したものであった。当初、壁沿いに歩いた人々は貼り出されたものを見ることさえ恐れ、新しいものが貼られても関わらないようにしていた。しかし、数日が経過し、誰も処罰されず、特に鄧小平が壁新聞を貼る自由を支持したという噂が広まると、人々は大胆になった。情報が厳しく制御されていた一〇年間もの文化大革命が過ぎ去り、多くの人々が純粋に強い好奇心につき動かされるようになっていた。だが、そうでない人も多かった。それまでは少しでも「誤った」考えに染まれば、処罰や屈辱を受け、あるいは地方へ追放されるのが落ちだった。そのため恐怖におののき続ける人も多かった。にもかかわらず、新たな壁新聞が現れ続ける西単の壁の周りには、興奮のざわめきが絶えなかった。

ある人々は詩や短い個人的な話、あるいは哲学的論評を貼り出した。ある壁新聞は太い筆で書かれ、ある詩やエッセーはノートの紙にペンで書かれていた。それらの多くを書いたのは若者たちで、それも高級幹部の子弟たちだった。彼らの親はそのとき開催されていた中央工作会議に出席していたため、親を通して会議の空気の変化を身近に感じ取っていたのである。新たに生まれた自由に触発され、壁新聞を貼り出した若者たちもいた。しかし閉鎖社会で生きてきた彼らには、自らの判断を他者に伝えたり、抑制したりする経験と知恵に欠けていた。文化大革命の恐怖の時期には、人々は自らの考えが正しいのかどうかを検証できず、運動が大規模化していくなかで自身の戦略を磨くことができなかった。加えて、自由と民主主義の提唱者たちは、これに異を唱えた批判者たちと同様に、外国の状況について実情を体験しておらず、あまりよく理解していなかった。毛沢東思想とマルクス主義の理論に疑いを抱き、他の国が中国より経済的にはるかに進んでいることを知ると、彼らの中には西側の民主主義にほとんど無邪気と言えるほどの信頼を寄せる者もいた。[3] 自分たちがこれまで教えられてきたことのすべて、すなわちマルクス＝レーニン主義と毛沢東思想は、間違っていたと書いた者もいた。壁は「西単民主の壁」、あるいは単に「民主の壁」として知られるようになった。その絶頂期には、毎日数十万人の見物人が、壁の傍に足を止めた。似たような壁が国中の他の都市にも現れた。

壁新聞は熱い思いを訴えていた。報復を恐れて筆名を使う者もいれば、救済を求めて本名を明かす者もいた。大都市から遠い辺鄙《へんぴ》な田舎に住む者は、その訴えを貼り出すためにはるかな道のりを旅してやって来た。文化大革命で拷問にかけられたり、親族が殺されたりした多くの者にとって、その身に受けた理不尽な仕打ちを世に訴える日がついにやってきた。農村に下放されたままの友や獄につながれたままの身内、自宅に軟禁されたままの親族らを持つ多くの人々が、犠牲者の解放を呼びかけた。非難を浴びて死に追いやられた者の親族は、ただ悲嘆に暮れるばかりのみじめな生活から抜け出すために、今は亡き家族の名誉回復を求めた。一九六七年以降、農村に下放された一七〇〇万人の若者のうち、都市に戻れたのはおよそ七〇〇万人であった。[4] 訴えの多くは、高等教育とよい就職機会を奪われ、農村での困窮生活を強いられている者からなされた。そのほか、より高度な政治的洗練さをもって党内に生じている最新の論争をほのめかし、「二つのすべて」への攻撃と四月五日事件の再評価を求めて声を上げる者もいた。

一一月二六日、すなわち華国鋒が中央工作会議で演説して「二つのすべて」からの撤退を公にした翌日、鄧小平は日本の民社党党首、佐々木良作に次のように語った。「壁新聞を書くことは、わが国の憲法で許されている。人々が民主主義を推進し、壁新聞を貼り出すことを否定したり、批判したりする権利はわれわれにはない。人々が不満を口にするのは、許されるべきだ」[5]。彼は「民衆が意見を表現するのを許すことは、なにか間違っていますか?」と、大げさに反問してみせた[6]。加えて、葉剣《ようけん》英《えい》元帥と胡耀邦の二人も、人々が意見を貼り出すことへの支持を表明した。

同じ日の午後、『トロント・グローブ・アンド・メール』（カナダ最大の全国紙）のジョン・フレーザーがアメリカ人コラムニストのロバート・ノバクと連れ立って西単民主の壁を見に行ったとき、彼らを取り囲む数百人の群衆の中で、ノバクが翌日、鄧小平に会うらしいとの噂が広まった。見物人たちは中国語を話せるフレーザーに、ノバクから鄧に尋ねてほしいいくつかの質問を出した。フレーザーは翌日の夕方、結果を彼らに報告することに同意した。フレーザーが約束した時間と場所に戻って来たとき、数千人もの群衆が鄧の返答を聞こうと待ち構えていた。フレーザーが彭徳懐《ほうとくかい》の名誉はほどなく回復されるだろうと言うと、群衆は拍手喝采した。鄧が壁はいいことであると明言したと伝えると、彼らは喜びと安堵の歓声を上げた[7]。

群衆が毎日民主の壁に集まり、西単は興奮のるつぼと化した。中国人一人ひとりが情報に飢えて外国人と話をしたがり、他国の民主主義と人権について、素朴ながらも心底まじめな質問を彼らに爆撃のように浴びせかけた。あなたの国では誰が新聞に載せる記事を決めるのか、どんなことが放送で聞けるのか、と質問攻めにしたのである。[8] それまで何年にもわたって民衆自身の口から本音を聞こうとして外国人記者は、民主の壁で語られる彼らの率直な会話と感動的な雰囲気を、最大限漏らさず本国に伝えた。中国の公式報道機関が西単の壁に現れたメッセージを中国民衆に伝えることはなかったが、これらの会話はVOA（ボイス・オブ・アメリカ）とBBCを通じ、電波に乗せて中国へ送り返された。

西単の壁に集まる群衆は、初めはとても秩序正しかった。しかし数週間後には、民主主義と法の支配を要求し、政治的色合いの強いメッセージを貼り出す人々が現れるようになった。北京の治安当局は壁の周辺であったいくつかの乱闘事件を報告し、増え続ける群衆が秩序を脅かしかねないとの懸念を表明した。すでに一一月下旬の佐々木との会談で、鄧小平は指摘していた。掲示物の中には安定、団結、そして四つの現代化の実現の助けにならないものもある、と。にもかかわらず、民主の壁での壁新聞が始まって一カ月が経ち、三中全会が幕を閉じようとしていたとき、中国の最高指導者たちは、個人の意見を貼り出す自由を支持することに依然として前向きだった。たとえば葉剣英元帥は、中央工作会議の閉幕の辞で、会議は党内民主主義の模範であり、西単民主の壁は「民衆の民主主義の模範」であると述べている。[9]

中央工作会議が終わる少し前の一二月一三日、鄧小平は、彼の政治研究室のスタッフで三中全会用の演説起草者の一人、于光遠《うこうえん》を部屋のわきに連れて行き、西単民主の壁を支持する演説を用意するよう指示した。彼は于に、「少しばかり反対があったとして、なにか問題があるか？」と言った。[10]『人民日報』は西単での出来事を報じなかったが、壁を支持する新聞社のスタッフたちは、一九七九年一月三日に、大胆な社説「民主主義を発揚して四つの現代化を実現しよう」を発表した。それは「人々に思うままに語らせよ。それでも天は落ちて来はしない。……もし、人々がなにも語りたがらなくなれば、それこそ最悪の事態だ……民主主義を窒息させれば、ひどい結果をもたらす」と表明していた。[11]

一月半ばごろまでには、壁の上の論評はますます政治的になってきた。一月一四日には、一群の人々が「全中国の迫害の被害者」と書いた横断幕を掲げて隊列を組み、「われわれは民主主義と人権を要求する」と宣言して、天安門広場から中南海の入口まで行進した。中南海は中国共産党最高指導者たちの居住区であり、執務場所である。隊列は門を入ろうとしたが、武装兵士に阻止された。イギリス外交官のロジャー・ガーサイドはデモ隊を見て、「これほど怒りに燃えた集団は、今まで見たことがない[12]」と、彼らのことを表現した。

雑誌を印刷して、壁を見に来た人々に無料で配布する集団も現れるようになった。一月一七日には「中国人権協会」と名乗る一群の抗議者たちが一九項目の宣言を印刷し、公表した。そこでは、表現の自由、党と国家の指導者を評価する権利、国家予算の公表、全国人民代表大会への一般人の会議傍聴許可、外国大使館への自由な接触、そして教育を受けた青年の再就業の権利などが求められていた。[13]

こうした怒りに満ちた抗議行動が起きたのは、鄧小平がアメリカへ出発する数日前であったため、鄧はこれらを制止しようとはしなかった。もし彼がアメリカに発つ直前に民主の壁を厳しく取り締まれば、それが西側の新聞に報道され、外遊の成功に悪影響をおよぼすからである。二月八日に鄧が訪米と訪日の旅から戻ったとき、彼は于光遠に、用意させていた民主の壁を支持する演説草稿を見せよとは言わなかった。いっそう重要なのは、鄧がそれを演説しなかったことである。[14] 三月までに、共産党の統治の根幹を攻撃する論評がさらに多く掲示された。何ら取り締まりがなされないため、人々は大胆になり、共産党全体や政治体制、そして鄧さえをも批判し始めたのである。

三月二五日に、動物園の従業員で元兵士の魏《ぎ》京生《きょうせい》が、それまでの境界線を越える大胆な一歩を踏み出した。彼は「民主主義を求めるのか、それとも新たな独裁を求めるのか」と題する一文を貼り出し、鄧小平が「歩むのは独裁路線だ」と名指しで批判した。魏は大学教育を受けておらず、その内容は民主主義に対する洗練された分析とは言えなかった。しかしそれを補って余りある情熱があった。彼にはチベット人の恋人がいた。彼女の父親は投獄されており、母親は投獄されて辱めを受けた後、自殺していた。魏自身は新疆の辺鄙な田舎の仕事に分配され（当時の中国では就職は国家により決められており、仕事に就くことを「分配される」と表現していた）、多くの乞食を見て苦悩していた。彼は、役人たちがこんなにも快適に暮らしている一方で、なぜこれほど多くの人々が死んでしまったのか、それを理解しようと努めた。そして彼は、党が「四つの現代化」というスローガンを使っているのは、実際には以前と何ら変わることなく続いている階級闘争体制を隠すためだ、と非難した。彼は問うた。「今日、人々は民主主義を享受しているか？　いや、していない。人々は自主独立を望んでいないのか？　いや、もちろん、望んでいる。……人々は、なにが自分たちの究極のゴールなのか、ついにわかった。彼らは明確な方向と、真の指導者を得た。すなわちそれは、民主主義の旗じるしそのものである」[15]。これらの宣言により、魏はたちまち世界のメディアに一大センセーションを巻き起こした。そしてそのことが、中国人の先頭に立ち、新しい民主的制度を希求するオピニオン・リーダーの地位に彼を押し上げた。

中国のベトナムへの攻撃が終わり（対越攻撃については第18章を参照）、鄧小平が民主の壁と理論工作検討会（務虚会）などの国内問題により大きな注意を向けることができるようになったのは、ちょうどこのころであった。そのときまでに、民主の壁が鄧にとって政治的に大きな利用価値があることは明らかとなっていた。それは「二つのすべて」や四月五日のデモの取り扱い、そして毛沢東主席の誤りに対し、人々が異議申し立てを行うはけ口としての役割を果たした。その結果、彼自身はそうした攻撃の隊列に加わることなく、新しい路線を推し進めうる政治的自由度を確保することができた。

統治の手綱を握ったばかりの鄧小平にとって、民主主義は論理的には魅力的に見えたかもしれない。彼は党内ではより民主的な討論を奨励した。しかし、抗議者たちが恐ろしい数の群衆を魅了して運動に引きつけ、共産党の指導という根本原則に抵抗したとき、鄧は挑戦を鎮圧するために断固として動いた。ある省の第一書記が後に語った通り、民主主義についての鄧の考え方は、葉公の龍に対する考え方に似ている。「葉公はかわいらしい龍の絵の本を見るのが好きだった（葉公好龍）。しかし、本物の龍が現れたとき、彼は恐怖にかられた」のである。党主席かつ国務院総理だったのは華国鋒であったが、批判を抑え込むと決めたのは鄧であった。政治的風向きと鄧の見解の変化を反映して、北京市政府は三月二八日に規則を公布した。そこでは、「社会主義、プロレタリア独裁、共産党の指導、マルクス＝レーニン主義と毛沢東思想に反するスローガン、壁新聞、本、雑誌、写真、その他すべてのものは、正式に禁止する」と宣言していた[16]。

皇帝時代と同じく、秩序は統一的な命令によって維持され、注目ケースが見せしめのために厳罰に処せられ、人々を震え上がらせることによって維持された。鄧小平の断固たる措置は三月二九日の魏京生の逮捕につながったが、それは民主主義を求める魏の主張が民主の壁に出現してわずか四日後のことであった。魏の逮捕とともに壁を訪れる人の数はがくんと減り、壁新聞を貼り続けたのは少数の勇敢な人々だけになった。信頼できる外国の評価によると、その翌週の北京での逮捕者数はわずか三〇人に過ぎず、一九五七年や文化大革命期の数十万人の逮捕者と比べると、比較にならないほど少なかった。死者はいなかったと記録されている。[17] 残った壁新聞は、訪れる者がずっと少ない月壇公園へ移された。そこは西単から簡単に歩いていける距離ではなかった。新聞にはいくつかの壁新聞を批判する記事が現れ始めた。月壇公園では、ポスターを貼ろうとする者に、名前と所属を明かすよう求める役人が配置された。[18] 西単の壁新聞は正式には一九七九年一二月まで禁止されなかったが、実際には三月末で民主の壁は終わったのである。胡耀邦は従順な幹部として、公式には鄧の決定を支持した。しかし于光遠が述べている通り、人々にもっと自由を与えても公の秩序を危険にさらすことにはならないと、胡が個人的に信じていたことは理論工作検討会（務虚会）の開幕式に出席した党員たちには明らかだった。

西単の壁が閉ざされたとき、あえて抗議した一般民衆はほとんどいなかった。[19] 党内の多くは、文化大革命時のような大混乱を防ぐために不可欠であったとして、鄧小平の行動を断固支持した。しかし多くの知識人をはじめ、鄧の決定に深く当惑させられた党員たちも多かった。[20] 于光遠の見方では、一二月半ばに西単の壁を是認してわずか三カ月後にこれを閉鎖した鄧の豹変ぶりは、毛沢東以後の中国における重要な転換点の一つであった。[21]

理論工作検討会、第一部

一九七八年九月も終わりのころ、葉剣英元帥は、「二つのすべて」の支持者と「実践は真理を検証する唯一の基準だ」というテーゼを肯定する者との間の闘争が、党に亀裂を招きかねないという危惧を抱いていた。その懸念を解消し、文化および教育分野で党の任務を指導する共通の基本原則を確立するため、葉は会議の開催を提案した。[22] 経済工作の検討会の成功につき動かされた葉は、理論原則に関する自由な議論が新時代の党指導者を団結させると考えた。一二月一三日の中央工作会議の閉幕に際し、他の指導者の賛同を得て、華国鋒は理論工作検討会の開催計画を正式に公表した。[23]

会議の第一部は、春節のため一月二六日からの五日間の中断を挟んで、一月一八日から二月一五日まで開催された。主催者は党宣伝部と中国社会科学院であった。[24] 会議の具体的な議事次第が決まったときには、「実践は真理を検証する唯一の基準だ」という考えが「二つのすべて」に対して勝利を収めたという共通認識は、最高指導層の間ですでにでき上がっていた。宣伝部のトップにはちょうど胡耀邦が就いたところであり、保守派の頭目だった汪東興はすでに自己批判を行っていた。会議の段取りを取り仕切ったのは主に、国際感覚に富む進歩的な宣伝分野のリーダーたちであった。冒頭の本会議で、胡は会議の目的を提起した。それは過去三〇年間の宣伝工作を再検討し、対外開放のさらなる促進と四つの現代化の実行を党がどのように支えていくかについて、おおまかな方針を描くことであった。胡は四人組失脚後の二年間に、思想解放の面で大きな進展が見られたことを称賛した。そして、それが直近の数カ月は、「実事求是」を主張した鄧小平の指導力でいっそう進展したと大いにたたえた。胡はさらに、会議が第一部と第二部に分けられ、第一部の会期は二月の半ばまでで、参加者は五つの分科会に分けられることを説明した。[25] 第二部は第一部よりさらに大規模で、国中の宣伝部門から四〇〇〇人以上の幹部が招集され、第一部で形成された合意を実行に移すための計画が立案されることになっていた。

胡耀邦は新聞や大学、シンクタンク、そして宣伝部で働く最もリベラルで偏見のない知識人を多数、分科会の議長に選んだ。呉冷西《ごれいせい》や胡縄《こじょう》のような保守派もいた。しかし、五人の分科会の議長のうちの四人、つまり胡績偉《こせきい》、于光遠、呉江《ごこう》、周揚《しゅうよう》は「実践は真理を検証する唯一の基準だ」というテーゼをめぐって行われた「真理の基準論争」で大いに活躍した人物だった。これらの論争は、毛沢東主義者が正統だという凝り固まった観念への間接的な攻撃として作用した。そして五人目の議長である童大林《とうたいりん》はリベラルで、于に近かった。[26]最古参の幹部である周揚と陸定一《りくていいつ》は、一九五七年の反右派運動時代に宣伝機関の最も高い地位にあったが、彼らはその後、知識人に対してのこの運動について真摯に悔悟し、その結果、自由を拡大することへの強力な支持者に変身していた。会議の参加者は国中から参集し、北京での会合を終えると、多くの地方で同様の会議を開いた。[27]

会議が始まると、民主の壁は百花斉放の様相を呈した。西単民主の壁は正式な組織や計画のない民衆運動であったが、理論工作検討会は終始注意深く組織化された会議だった。加えて西単の壁新聞の書き手と見物人は、壁の前で偶然に出遭ったにすぎない見知らぬ者同士であったが、理論原則に関する会議に出席した一六〇人の参加者は厳選された党員で、一カ月にわたって毎日のように意見を交わした。彼らの議論は民主の壁の壁新聞より洗練されており、党の歴史と世界の発展に対する幅広い理解を踏まえたものであった。二つの議論の場はまったく異なってはいたが、それでも共通の根を持っていた。そのいずれもが、新時代の開かれた知的雰囲気の創出とその拡大を心から願っていた。二つの議論の場には、ほかにもつながりがあった。『人民日報』副編集長の王若水《おうじゃくすい》は理論工作検討会の参加者であったが、西単民主の壁でなにが起きているのかを報告するよう命じられた。彼は現場を見て回った後で、民主の壁は活気があるが平穏で、貼り出された論評は誠実であるように思われると報告した。[28]他の会議の参加者たちも、民主の壁についてそれぞれの観察に基づく同様の意見を伝えた。

理論工作検討会を主導していくうえで、胡耀邦は華国鋒と鄧小平の双方からの支持をつなぎとめることに腐心した。彼は本会議冒頭の開幕の辞の内容について、まず華に承認を得たうえで、演説でも華の指導下で達成された数々の成功を称賛した。鄧はアメリカへの外遊日程の作成とベトナム攻撃への対応で忙しかった。しかし、鄧の訪米前日、すなわち一月二七日に、胡は鄧が会議討論の状況報告を受けた際の反応を会議に向けて伝えた。鄧の話は、どのような種類の民主主義が中国にふさわしいかは誰もまだ明らかにできておらず、この問題は慎重に考慮されなければならないという内容だった。鄧は胡に、二〇人か三〇人のスタッフを組織して関連する諸問題を明らかにさせ、五四運動六〇周年記念日に演説できるよう、民主主義の実施に関する二万字から三万字の論文を用意するよう指示した。その論文では、社会主義下の民主主義の方が資本主義下の民主主義よりも優れていることを示せ、と鄧は述べた。(29)

理論工作検討会の雰囲気は、『人民日報』の元編集長である呉冷西に対する扱いに象徴的に示されていた。彼は「実践は真理を検証する唯一の基準だ」を酷評していた。呉は自己批判を書くよう命じられ、最初の自己批判が不十分と判断されると書き直した。開明派は権力を握りつつあったが、彼らが団結を確保するために用いた手法は、以前の過激な運動が進められたときと何ら変わりのない、批判と自己批判というものであった。鄧小平は一九七八年八月二三日に、『毛沢東選集』の第五巻の編集にあたって「実践は真理を検証する唯一の基準だ」という精神を表現すべきだと呉に明言しており、会議の参加者たちはそのことを呉に思い起こさせた。呉は、毛沢東の名声を傷つけるようなことはしたくなかったため「二つのすべて」を支持したのだ、と告白した。さらに自分がもっと「思想を解放」すべきだと認めた。(30)

参加者たちは胡耀邦の開幕の辞に熱列に反応した。胡の演説は彼らに自由な思考を促し、言いたいことは何でも言う勇気を与えた(31)。新たな空気が束縛の限界を押し破り、党の工作に対してこれまでにない率直な批判が許された。批判の許容範囲について新たな境界線が引かれたため、参加者たちは毛沢東時代の過ちを自由に批判できるようになり、より広い視野の下でさまざまな見解について、自由な思考が促された。『人民日報』の副編集長王若水はさらに大きな自由を求めた。毛沢東とひと握りの追随者が、いかにして全国民を悲惨な大躍進へ引きずり込むことが可能だったのかという問題を検証し、きわめて強力な論陣を張ったのだ。彼は一九五七年の知識人に対する弾圧を指摘した。それが知識人から諫言《かんげん》の勇気を奪い、その結果、毛が身の毛もよだつような過ちに突き進むのを引き止められなかったのだ、と論じた。人民大学のある哲学の教授は四人組のことを「ファシスト独裁者」と呼んだが、それが許されるほど自由が享受された。後に中国社会科学院の政治研究所の所長となった厳《げん》家其《かき》は、そうした大惨事が再び繰り返されることがないよう、すべての公的役職には任期を設けるべきだと論じた(32)。

しかし会議の参加者の中には、もし政治の潮目が変わって最高指導層が保守化すれば、面倒なことに巻き込まれるのではないかと当初から心配する者もいた。一九五七年の「百花斉放」時代の二の舞とならないよう、言論を理由とするいかなる処罰も行わないことを、法的に保障すべきと主張する者もいた(33)。

こうした会議では各セッションの概要報告が印刷され、当該セッションに出席しなかった最高指導層に配布されるのが通例である。そのようにして彼らが報告を読んだとき、指導層の何人かが、会議で理論家たちがあまりに極端に走りすぎていると不満を述べた。同じころ、香港と外国のジャーナリストが「脱毛沢東化」について報じ始めたが、これに中国の指導者たちは圧力を感じた。それがまったくの見当違いであり、彼らにはそのような意図がないことを証明しなければならなくなったからである。指導者の中には、中国の理論家たちがフルシチョフの路線を踏襲するのではないかと危惧する者もいた。フルシチョフの非スターリン化政策は、ソ連共産党の権威を弱めた[34]。事実、党の古参幹部たちは、会議で表明された見解が毛沢東時代の事象を全否定するに等しい、と不平を唱え始めた。毛時代に重要な地位にいた長老の中には、毛への批判の高まりで彼らも汚名を着せられるのではないかと不安を覚える者もいた。そして胡耀邦とその仲間が、会議で修正主義者か、反毛沢東分子か、あるいは反党分子たらんとしているのではないか、との疑問を呈する者も現れはじめたのである。

一部の古参幹部を一方に、民主の壁や理論工作検討会で遠慮なく発言した人々を他方に置いたときの双方の間のギャップは、埋められないほど大きくなっていることが明らかになってきた[35]。一九七八年一二月の三中全会で鄧小平を支持した陳雲《ちんうん》や李先念《りせんねん》らは、党に対する行き過ぎた批判が彼らの規律と秩序維持能力を脅かしかねない、と懸念を述べ始めた。胡耀邦は高まりつつある保守派の反撃の危険性を察知し、会議の参加者に対して、一部個人の行き過ぎた批判が、良識ある判断と党に忠実な行動の限界線を越えたと警告した。二月二八日に宣伝部が招集したジャーナリスト会議で、胡は言った。毛沢東はたしかに過ちを犯したが、「われわれは、毛主席のなした偉大な貢献を客観的に認めなければならない[36]」。しかしこうした表明も、党内保守派による胡と理論工作検討会への批判を抑え込むには十分ではなかった。

理論工作検討会、第二部

中国軍が一カ月の戦闘の末にベトナムを離れた三月一六日、鄧小平は党指導者の会議で演説をした。訪米とベトナムへの攻撃を終えた今、彼は国内政治の基本問題に再び集中して取り組むことができるようになっていた。彼は出席者に対し、全般的状況は国家の安定と団結にとり良好だと請け合ったが、いくらか気がかりな兆しがあると警告した。そのため、毛沢東の旗じるしを高く、しっかりと掲げる必要があり、そうしなければ党自体が攻撃される恐れがある、党が攻撃されるような事態になれば、中華人民共和国の名誉が傷つき、中国の歴史全体が台なしになる、と警告した。さらに鄧は安定と団結を守るため、文化大革命のようないくつかの歴史問題の評価について、党は当面の間、棚上げすべきだと主張した。新聞はこの問題を慎重に扱うべきだ、と中国の最高指導者は警告を発したのである。(37)

他の党指導者たちは、毛沢東と共産党に対する党の理論家たちの批判には行き過ぎがある、と不満をこぼしていた。鄧小平は理論工作検討会第一部の地区別分科会の報告を読み、不満を述べる他の党指導者たちに同意した。百花斉放運動の後の一九五七年、知識人の批判には行き過ぎがあると毛が感じたのと同様に、七九年には今度は鄧が、知識人はまたしても限度を越えたと感じた。しかし、毛の五七年の反撃から負の教訓を学んでいた鄧は、過剰に反応して知識人の支持を失いたくはなかった。他方、民主の壁と理論工作検討会第一部の精神を支持する者たちは不満を募らせていた。会議の概要報告は保守派の鄧力群《とうりきぐん》と胡喬木《こきょうぼく》の監督の下で書かれており、党への批判のレベルを誇張して描くことで、鄧と、いっそうの民主的議論を望む者とを断絶させようとしている、と彼らは内輪で不満を募らせた。[38]鄧は特に『人民日報』の副編集長王若水に憤慨した。王は毛沢東を批判したばかりでなく、自分の意見が香港で出版されることまで許したのである。鄧は他の高位指導者たちと同様に、党指導者間の見解の相違を決して表沙汰にしてはならないと強く主張した。

会議の演説を用意させるために、鄧小平は理論工作検討会第一部に参加していた胡喬木に再び頼った。演説草稿を吟味するため、鄧が胡喬木や胡耀邦らと会合を持ったのは三月二七日であったが、それは魏京生の論文が民主の壁に貼り出されて、党の古参幹部に衝撃を与えてからちょうど二日後であった。鄧は毛沢東時代よりも自由の拡大を認めたいと考えていたが、他方で原則を確立する必要にも迫られていた。政治的発言について、容認可能なものと容認不可能なものとの間に明確な境界を設ける必要があった。彼は胡喬木、胡耀邦、そしてその他の演説起草者たちに対し、自由の境界を明らかにするために四つの基本原則を提起すべきだと告げた。[39]彼の演説は、わずか数日で用意されたものであったが、理論工作検討会第二部の基調を定めたばかりでなく、特定の記事や本、映画が政治的に受け入れ可能であるかどうかを判断するため、その後、数十年間にわたって機能する指針となった。

四つの基本原則――一九七九年三月三〇日

鄧小平は、容認できるものとできないものとの間に一線を引くうえで決定的影響を与えた重要演説で、きわめて重要な四つの基本原則を提示した。いかなる文書も(一)社会主義の道、(二)プロレタリア独裁、(三)共産党の指導、(四)マルクス=レーニン主義と毛沢東思想に、異を唱えてはならない、としたのである。鄧は、中国がいくつかの分野では資本主義の国々から学べることがあると、それまで通り認めた。彼はまた、林彪と四人組によって実際にそうなったように、社会主義国が重大な誤りを犯して後退を余儀なくされることもありうると認めた。しかし、中国の抱えている問題が社会主義に由来していることは否定した。彼の考えによれば、それらの問題が生じた原因は社会主義に帰せられるべきではなく、共産主義の歴史に先立つ封建主義と帝国主義の長い歴史の結果として生じたものであった。中国は社会主義革命によって、すでに資本主義の国々との差が縮まっており、今後もその差はますます小さくなり続けるであろう。のみならずプロレタリア独裁は、社会主義とその下での公共秩序に敵意をもつ反革命主義者、敵のスパイ、そして犯罪者を含む諸勢力に対抗するために、引き続き必要であろう。中国社会の現代化に不可欠な「社会主義下の民主主義」の実施を中国が認めたときですら、プロレタリア独裁はやはり必要なのだ。鄧は、現代化と同じように、民主化も一歩一歩進めるしかないと語った(40)。

鄧小平にとってもし神聖にして侵すべからざるものがあるとすれば、それは中国共産党であった。彼は党に対する批判には本能的にいらだち、党に対する公の場での批判は許されないと強調した。彼は、「毛同志は他の誰もと同じように欠点を持ち、過ちを犯した」と認めたが、しかし毛沢東思想は「中国人民の半世紀を超える革命闘争の経験の結晶である」と論じた。歴史は一人の人間によって作られるのではないが、人々は一人の人間を尊敬してもよいと、彼は言った(41)。毛沢東主義者の思考は、毛が下した指示はすべて文字通りに遵守しなければならないという硬直したものであった。民主の壁と理論工作検討会で民衆に批判の自由を許したことは、こうした毛沢東主義者の盲信の呪縛を弱めるうえで、鄧小平を利した。そして過去二〇年間もの長きにわたって続いてきた党の過ちに対し、批判を加えることを正当化した。しかし、鄧は毛への攻撃をたきつけるような立場には決して立とうとせず、むしろ毛の偉大さを擁護し続ける者としての立場を貫いた。

党の思想統一という葉剣英元帥の目標は、実現しなかった。なぜなら、リベラルな知識人の抱く希望と思想堅固な保守派の抱く恐れの間のギャップは、公開討議による紳士的な合意で橋渡しできるほど、小さなものではなかったからである。[42] 結局、鄧小平は上からの団結を課そうと試みた。国家権力に支えられた権威主義的声明により、上からの団結を強制したのである。党内の分裂を目の当たりにした鄧は、不承不承ではあるが、中国は何らかの強制手段なしに全国民の団結を達成できるほど成熟してはいないという思いを、深くかみしめざるをえなかった。三月三〇日の鄧の演説後、会議は一二の分科会に分けられた。そこでは鄧の指示をいかにして実行するかについて、三日間にわたる討議が繰り広げられた。

四月三日の会議の閉幕の辞の中で、規律に忠実な党員胡耀邦は、四つの基本原則についての鄧小平の立場に対し、全面的支持を表明した。[43] しかし、会議の第一部で胡の話を聞いていた人々は、彼が個人的にはもっと開かれた社会を志向しており、異なる見解がもっと自由に表明されたとしても国家が無秩序に陥ることはない、と確信していたのを知っていた。[44] 鄧と胡はともに現代化の実現を堅く心に誓い、そのためにともに働き続けたが、どこに自由の境界線を引くかについて二人の間の亀裂は拡大し続けた。そして結局は、胡をその地位から解任するという、一九八七年の鄧の決定につながっていくのである。

鄧小平の演説が党の指導者たちにとって筋が通っているものであればあるほど、知識人たちにとっては「自由の境界が狭められた」という当惑と失望を意味した。民主の壁は公式には閉ざされなかったが、鄧小平の演説は冷水を浴びせたような効果を生み、魏京生の逮捕も加わって、壁新聞を貼り続ける人々は脅され、民主の壁と文化領域における真の百花斉放への希望には終止符が打たれた。さらなる自由を望んだ者は、民主の壁で情熱があふれんばかりに高揚した瞬間や、理論工作検討会が思慮深く知的な可能性を探求したことを、容易に忘れ去ることはできなかった。社会科学院とその他の機関の知識人たちは沈黙した。しかしその多くは、新たな政策に心から納得したわけではなかった。

会議の参加者やその他の者が、新たな政治的現実に自らを順応させようともがいているとき、鄧小平の提起した四つの基本原則に起因する新たな保守的な動きが、メディアを通して波紋を広げた。『人民日報』の五月五日の社説は、「民主主義とは、したいことは何でもしてよいことだと思っている者がいる。……しかし、われわれが唱えるのは、集中指導の下の民主主義である」と述べた。[45]下級の役人たちは、狭められた新たな許容限界を徹底させるために宣伝を始めた。多くの知識人は、彼らの自由に課せられる制約に深く失望したが、鄧の示した反応は、毛沢東の一九五七年の知識人への攻撃よりはるかに抑制されたものであった。現代化を実現するために彼らの協力が不可欠であることが、鄧にはよくわかっていた。[46]彼の四つの基本原則の表明により、知識人は公然と党を批判することに慎重にならざるを得なかったが、実際に非難され、屈辱を与えられ、あるいはその地位を追われた知識人はきわめて少なかった。一部の最も名の通った批評家は外国に出国して滞在し、そこで語り続けることすら許された。[47]事実、七八年から九二年にかけての長期的趨勢を見れば、自由な討論のための空間は拡大へ向かっていた。表現の自由の境界を守らせるため、武骨で気まぐれな措置に時に動転させられながらも、一般民衆と知識人は、彼らの自由を束縛する境界を元に押し戻す機会を求め続けた。表現の自由の境界の設定を、一度限りですべて終わりにすることは不可能であった。知識人たちの協力を確保し、現代化のための斬新な発想やアイデアに対する自由な挑戦を促すために、鄧は七八年以前に許されていた以上の、より大きな自由の基準を、どうしても認める必要があった。

一九七九年一〇月末、第四回全国文学芸術大会で、鄧小平はこの自由と統制の微妙な均衡を何とか達成した。それは、党の権威を脅かしかねないと判断されるいかなる攻撃もはねつけながら、ほとんどの知識人からの支持を確保する、あるいは少なくともその黙認をとりつけるという方法であった。大会での彼の演説を用意していたとき、鄧のスタッフが草稿のコピーを周揚に見せた。周揚は五〇年代には文化領域の帝王で、七〇年代後半には知識人のための自由の戦士であった。周揚は鄧に長い演説をしないよう助言した。周揚の提案に従い、鄧はごく手短な祝賀の挨拶をした。その中で彼は、芸術分野での中国人民の創造性を褒めたたえ、五〇年代における彼らの前進を肯定し、林彪と江青により課された創作の自由への制約を批判した。そして文化領域でのさらなる前進に期待を表明した。彼の演説は文学・芸術界の人々からだけでなく、四つの基本原則に関する彼の演説に不満を抱きつづけた人々からすら、温かく、熱狂的な称賛を受けた[48]。五七年の毛沢東とは異なり、七九年の鄧は主流の知識人の支持を失わなかった。多くの人々が政府の制限の勝手気ままさに対して内輪では不満を漏らしたが、四つの現代化のためには積極的に働き続けた。しかし、九二年に退陣するまでの彼の全統治期間を通して、鄧は自由の境界をめぐる一進一退の攻防に立ち向かうことになる[49]。そして、一九八九年六月四日、この命を懸けた攻防は悲劇を引き起こすことになるのである。

第9章　ソ連・ベトナムの脅威——一九七八年〜一九七九年

一九七七年半ば、鄧小平《とうしょうへい》が再び国家の安全保障や対外関係に責任を担ったとき、彼には二つの主たる懸案があった。中国をソ連とベトナムの脅威から守り、中国の現代化のために諸外国から支援獲得の基盤を造ることである。(1)ソ連の軍事的危険性を低減するため、彼は中国の近隣諸国との関係を固め、ソ連の拡大を食い止めようとした。現代化の支援国としては、彼は日本とアメリカに目を向けた。これらの目標を達成するため、七八年一月以降の一四カ月間、鄧はそれまでの訪問国数を上回る、多くの国々をめまぐるしく駆け回った。こうした訪問によって、彼は中国と陸続きの国々との関係を改善し、四九年以降のどの時代より中国の門戸を外に向けて大きく開いた。また国際問題に積極的に関わり、世界中との意見交換を積極的に進めていくうえでも不可逆的な流れを築いた。五度にわたる海外訪問で、彼はビルマ（八九年、ミャンマーと改称）、ネパール、北朝鮮、日本、マレーシア、タイ、シンガポール、アメリカを訪れた。加えてこの一四カ月間に、鄧は日本との平和友好条約を締結したり、アメリカと国交正常化交渉を行ったりしながら、中国をベトナムとの戦争に導いたのである。

対外政策の重責を引き継いだ鄧小平

一九七七年夏、鄧小平が党務に復帰したとき、彼は対外関係に責任を負いたいとは考えていなかった。こんな面倒なことはやりたくないと、一度は口にしたことがあったほどである。しかし、中国が対外関係をうまくこなしていくために、鄧は必要な存在だった。鄧は毛沢東《もうたくとう》や周恩来《しゅうおんらい》が外国の指導者と会見する際、五二年から六六年にかけて陪席し、しかも七三年半ばから七五年末までは毛と周の後見の下で対外関係を統括していた。国際関係についての知識、戦略的思考、外国の指導者との個人的な関係、そして海外との間でよい関係を構築しながら中国の国益を手堅く守る手腕といった面で、周が亡くなった今、同僚たちは鄧の右に出る指導者はいないと認識していた。七六年一二月に喬冠《きょうかん》華《か》に代わって外交部長となった黄華《こうか》のような外交官たちは、海外のことも諸外国との過去の交渉についても広範な知識を持っていた[2]。しかし、中国の外交官たちには、重要な政治的判断を下す自信や、外国の最高指導者と対等に付き合っていけるだけの地位はなかった。

中国共産党のトップの指導者たちは長い間、対外政策に大きな関心を注いできた。とりわけ毛沢東と周恩来は非凡な世界級の戦略家で、世界のその他の指導者たちと対等に渡り合っていく自信に満ちていた。一九七八年以前の中国は比較的閉鎖的だったが、毛と周は対外関係には大いに関心を向け、自ら進んで政策を指導した。毛は外国人との会見では皇帝のような威厳を放ち、哲学や歴史、文学、そして世界政治の生々しい力学を語った。周は国内外での外国人との会見では、博識で、優雅で、魅力に富み、繊細で、細かい配慮を示すことができ、微細なことからグランド・デザインに関することまで何でも話し合う準備を整えていた。

毛沢東や周恩来と同じく、鄧小平にも国家への本能的な忠誠心や戦略的構想、そして国益追求にかける根本的な強さが備わっていた。外国人との会見では、毛や周と同じく鄧もまた、単に議題をこなすだけでなく、訪問者の個性や目的を見定めようとした。ただし鄧は、中国にとって関心事である主たる問題に焦点をあてようとする点では毛や周よりずっと秩序立っており、直接的で単刀直入でもあった。外国からの訪問客と会う前、彼は口頭での簡単な報告は受けず、客の個性や訪問の目的、どのような話題をカバーすべきかについて、スタッフが用意したメモを読みたがった。毛や周のころと同様、外国からの訪問客はたいてい最初に中国の外交官と会見し、その外交官が鄧との会見の前に客の関心事に関するメモを鄧に送付した。

北京に駐在していた諸外国の外交官たちは鄧小平を非常に尊敬し、彼のことを一緒に協力していける相手とみなした。機知に富み、強烈な個性を持ち、拍子抜けするほど率直で、問題を解決しようとする意欲のある鄧は、海外の訪問客から好感をもって受け入れられた。ジョージ・H・W・ブッシュ（一九八九年に大統領に就任）は、七五年には北京に置かれたアメリカ連絡事務所の所長としてしばしば鄧と会見したが、「彼は振る舞いに緊張感があり、曖昧さを残さない単刀直入な物言いをした」と評している。(3) 毛沢東、周恩来、鄧が外国の指導者と会見する際、何度も彼らと同席した黄華は、鄧について「大きな問題をうまくとらえて問題の本質を根底から理解し、簡潔に説明し、断固としたまっすぐなやり方で判断や決定を下すことに長けていた」と述べている。(4)

毛沢東は中国について実際の国力や影響力を超えた壮大な構想を描いていたが、鄧小平は彼と違って中国の弱さや後れを認めた点で現実的だった。だが、鄧も自信を秘めていた。彼は自分が偉大な文明国として非常に長い歴史を持つ巨大な国を代表していることを知っていたし、個人としても数々の挑戦に打ち勝ってきたという成功体験に加え、国内外の事情に関する幅広い知識を強みとしていた。ソ連の指導者たちは外国人に会う際、たとえ彼らがソ連より優れた国から来た場合でも、なんとか彼らを感動させようと試みたが、鄧はそうではなかった。その代わり、鄧は問題解決のパートナーとして外国の指導者たちと接し、すぐに本腰を入れて本題に取り組んだ。鄧は精神的に特に悩みがなく、外国が圧力をかけてきても、自分が中国の国益にかなっていないと判断すれば、防御的にも卑屈にもならずに断固、抵抗できた。

とはいえ、鄧小平がいつもそうした自信を示していたわけではない。一九七四年に国連で演説をするため初めてニューヨークを訪れた際、鄧は随行員が彼の発言や行動を毛沢東に報告することを知っていたため、注意深く言葉を選び、その発言はぎこちないほどよそよそしかった。すべての重要な対外政策問題について毛の最終承認が必要だったため、鄧は七五年中はずっと慎重だった。また鄧自身も、自分よりも周恩来の方がはるかに豊富な知識や経験を持つことを認めていた。しかし、毛や周が死去すると、鄧は他人の目を気にせずに外国の指導者たちと渡り合えるようになった。七七年半ばに再び対外関係の指揮をとり始めると、鄧は自分が七五年に実施していた政策を継続した。ただ、七七年七月以降に鄧と会った外国の指導者たちは、彼がより自発的で自信に満ち、幅広い政策問題について自分の意見をより積極的に表明したがっていることを感じた。

一九七七年七月から七九年末にかけ、鄧小平は外国の指導者たちとの会談で、敬意を込めて「華国《かこく》鋒《ほう》主席」に言及した。だが訪問客たちは、七七年の復活のときから、鄧が対外政策を統括していることに疑いを抱かなかった。彼は中国にとって、交渉役でもあるが、偉大な戦略家でもあった。彼は外交官の報告を読んではいたが、重要な決定については年季の入った自分の判断力の方をより重視した。手元の問題が全体の戦略にどのように関連しているかを根本的に理解し、また、相手との交渉能力にも自信を抱いていた鄧は、落ち着いて任務にあたることができた。時間の経過とともに、鄧は外国人との会見で自分の個性的なスタイルを発展させた。彼は客人を歓迎するために機知に富んだ短い挨拶をした後、自分が取り上げようと考えていた主な問題に焦点を移し、自分のポイントを直接、明解に力強く述べた。

主要敵としてのソ連

鄧小平の戦略分析の起点は毛沢東と同じであった。主要な敵を特定し、それに敵対する同盟相手を探し、敵の同盟国を中立化して敵から引き離すことである。ソ連は一九六九年までには、中国にとって明らかにアメリカに代わる主要な敵になっていた。同年七月、アメリカのニクソン大統領はグアムで、今後アジアでの陸上戦には関与しないと表明した。ソ連は三月と八月には中国軍と国境で衝突し、中ソ関係は非常に緊迫した状態が続いていた。

アメリカ軍が一九七五年にベトナムから撤退すると、ソ連とベトナムはその機に乗じて、アメリカ軍がいなくなった後に生じた空白を埋めようとした。しかし、それは鄧小平にとって中国の国益をますます脅かす行為であった。ソ連は世界の覇権国というアメリカの地位に取って代わろうとし、ベトナム人たちもまた東南アジアにおける覇権を目指している、と鄧は考えた。そのため、中国は「一本の線」(一条線)を形成し、同じ緯度にある他の国々――アメリカ、日本、西欧各国――と団結してソ連に対抗していかなければならないとしたのである。その間、中国はインドのような国々をソ連の側から引き離すためにも努力を重ねた。

鄧小平が一九七七年に復活したとき、ソ連とベトナムは東南アジアで勢力を拡大するために協力を進めており、鄧にとって両国はますます悪意に満ちた存在に見えた。ダナンとカムラン湾にはかつてアメリカが現代的に整備した港があったが、ベトナムはソ連にその使用を認めた。この協力により、ソ連はインド洋から太平洋に至るすべての海域で、自分の船を動かす自由を獲得することができた。ベトナムにはミサイル基地が造られ、そこには中国に照準をあてたソ連製ミサイルが配備され、技術協力によってソ連のスタッフと電子機器が提供されていた。また、ソ連は中国の北方国境線沿いにも大規模な数の軍隊を駐屯させていた。さらに西を向けば、ソ連はインドと協力を進めてアフガニスタン侵攻にも備えており、状況は緊迫して見えた。その間、ベトナムはすでにラオスを手中に収め、中国の同盟者であるカンボジアに侵略を仕掛ける準備をしていた。鄧はこうした展開を、まるで囲碁の対局のように、諸国家があちこちの場所に陣取り、敵を囲い込んで勝利を得ようとしているものと理解した。鄧にとって、中国は包囲される危機にさらされていたのだった。

これらのすべての展開の中で、鄧小平は、中国に最大の脅威を与えているのはベトナムとソ連の同盟関係であり、ソ連から包囲されるのを防ぐため、中国が果敢な行動によって相手に最も大きな打撃を与え得る場所がベトナムだと判断した。アメリカ兵を追い出した後、ベトナムは自分の尾羽を見せびらかす高慢なクジャクのように振る舞い始めている、と鄧は言った。一九七八年五月、国交正常化の計画を話し合うために鄧と会見したブレジンスキー（アメリカの国家安全保障問題担当大統領補佐官）は、鄧がベトナムの裏切りをあまりにも強い口調で非難することに驚きを覚えた。七八年中に鄧と会見し

た他の外交官たちも、ベトナムの話題が出るたび、鄧がいつも感情的に怒りを爆発させたのを目撃していた。(5)

鄧小平とベトナムとの関係

ベトナムに対して、鄧小平は個人的にも国家としても裏切られたと感じていた。中国はアメリカの攻撃にさらされていたベトナムのために犠牲を払ってきたし、鄧は個人的にも五〇年間にわたってベトナム人と深く結び付いてきた。半世紀前、フランスで勤工倹学の留学生だった鄧は、ベトナム人と一緒に抗仏反植民地闘争に参加した。鄧とホー・チ・ミンはこのころ、ともにフランスに滞在しており、二人が知己の間柄だったことを示す証拠はないが、鄧は一九三〇年代末には延安で確実にホーと面識を得ていた。周恩来はフランス時代からホーと知り合いで、二〇年代半ばには黄埔《こうほ》軍官学校で同僚同士でもあった。二〇年代末に広西で働いていた鄧は、ベトナムの地下共産党員の支援を得て、何度となくベトナム領を通過した。四〇年代および五〇年代の初め、鄧とベトナムの共産主義者たちは共産主義の勝利のために戦う革命の同志であったが、五四年以降、彼らはそれぞれの国益を守ることに尽力する政府の幹部仲間になった。

鄧小平のかつての部下の一人だった韋国清《いこくせい》将軍を通したつながりにも、深いものがあった。広西と淮海《わいかい》戦役で鄧に仕えた韋は、鄧が一九二九年に革命根拠地を構築した広西のチワン族の出身だった。鄧はシンガポールのリー・クアンユー首相に、五四年にベトナムがフランスと戦っていたころ、ベトナム人側には大規模戦役の経験がなかったため、ディエン・ビエン・フーの戦いでは中国から来た韋将軍の指揮が最も重要な役割を果たしたと説明している。ベトナム側は退去を考えたが、韋は拒否した。中国人戦闘員たちはベトナム北部の防空にも従事した。

鄧小平は中国とベトナムとの関係の複雑さを理解していた。それは国益が変容していくなかで、新しいレンズを通して再解釈されるようになっていた。中国が侵略と占領を行ったため、ベトナムの愛国主義者たちは何世紀にもわたって中国を彼らの主要敵とみなしてきた。（一九六〇年代以降の中ソ対立の深まりのなかで）中国とソ連はどちらもベトナムを自分の側にたぐり寄せようとし、ベトナムは双方から受ける援助を最大化しようとした。中国は韋国清将軍と中国人義勇兵たちの貢献がディエン・ビエン・フーでの勝利に決定的な役割を果たしたと考えた。しかし、ベトナム人たちはそれでも、五四年のジュネーブでの和平交渉で、中国が彼らの統一を支持しなかったことを苦々しく思っていた。[6] ホー・チ・ミンが中国の意に反して、六五年に書いた遺言書のなかで、ベトナムがインドシナを支配する大国になるべきだと記したことは、鄧に強い印象を残した。[7] 七二年以降、中国がアメリカとの関係改善のためにベトナムとの関係を犠牲にし、ベトナム側がそれに失望したことも、鄧は知っていた。

しかし、中国は北ベトナムがアメリカと戦うために寛大な支援を与え続けた。アメリカが北爆を拡大すると、一九六五年四月一八日から二三日にかけ、ベトナムの党第一書記レ・ズアンが支援を求めて北京を訪れた。劉《りゅう》少《しょう》奇《き》国家主席はレ・ズアンに、中国はベトナムが必要とする物資をできるかぎり提供していきたいと述べた。この訪問中、鄧小平はレ・ズアンを空港で迎え、劉との会談の間も陪席し、最後は空港まで彼を見送った。[8] その後、中国は、国務院の下に対北ベトナム援助の調整にあたる小組を設置した。ここには軍、交通、建設、兵站《へいたん》業務などを含む二一の政府機関からスタッフが集められた。中国の記録によれば、六五年六月から七三年八月にかけ、中国はベトナムに総勢三二万人の「義勇兵」を派遣し、防空兵器、機械整備、道路・鉄道建設、通信、空港整備、地雷除去、後方支援など各種の援助を提供した。ベトナムには最大で一七万人の中国兵が一度に滞在していた。中国は戦争で一一〇〇人の中国人が死亡し、四二〇〇人が重傷を負ったと報道したが、中国の学者は、実数は一万人程度に上ると推定している。七八年、鄧はシンガポールのリー・クアンユー首相に、アメリカ人がまだベトナムにいる間、中国はベトナムに当時の金額で一〇〇億米ドル以上に相当する物資を供給し、その援助総額は中国が朝鮮戦争中に北朝鮮に提供したものを上回っていたと述べている。[9] 中国はベトナムへの支援を拡大するなかで、中国の工兵、建設兵、対空砲兵、その他の物資などを現地に送るようになった。[10]

一九六五年、鄧小平は中国政府を代表し、もしベトナムがソ連との関係を断ち切れば、中国はベトナムへの援助を大幅に拡大するという申し入れをしたが、ベトナム側は拒絶した。アメリカのベトナムへの爆撃が増えてからはむしろ、ベトナムは自国の防衛のために高度な技術と現代的な兵器を持つソ連に大幅に依存するようになった。ソ連はますます拡大する自分の影響力を行使し、見返りに中ソ論争でベトナムが自分に味方するよう圧力をかけた。

ベトナムは「ソ連修正主義」への批判を停止し、中国もまた、ベトナムから軍の師団を撤退させてベトナムがソ連に接近していることへの不快感を表明した。こうして一九六〇年代半ばには、両国間の溝が広がった。周恩来と鄧小平は六六年にホー・チ・ミンと会見した。このとき二人は、中国兵たちは史上何度も中国からやって来た傲慢な侵略者と同じように振る舞っているという不満が、ベトナム側でくすぶっていることを痛感させられた。鄧は一〇万人の中国軍の駐留は、ひとえに西側の侵略の可能性からベトナムを防衛するためだと主張し、周はその撤兵を申し入れた。[11] しかし、ベトナムは軍の引き揚げは要求せず、中国は相当量の弾薬、兵器、装備の供給を続けた。

中国語に堪能で、中国で長く暮らしたホー・チ・ミンは、ソ連だけでなく中国とも良好な実務的関係を維持するために尽力した。しかし、一九六九年九月に彼が死去すると、中越関係は悪化して中国の対越援助も減少し、中国は徐々に部隊をベトナムから引き揚げるようになった。[12] 七二年のニクソン訪中後、中国がアメリカとの関係を改善してベトナムへの援助を減らすと、ベトナム側はこれを中国がベトナムの対米戦争を裏切った証拠とみなした。[13]

アメリカ人たちがベトナムから出て行った後、戦争で傷ついた国家の再建のために、ソ連人たちは寛大にも大規模援助の提供を申し入れてきた。癌との闘病のため入院していた周恩来は対照的に、アメリカ人たちがベトナムを離れて数カ月経った一九七五年八月一三日、ベトナムで経済計画を担っていたレ・タン・ギに対し、中国はベトナムの再建では大した支援はできないと告げていた。中国は文化大革命に疲れ果て、経済的に困窮していた。「あなたたちベトナムの方々には、私たちが一休みして体力を回復するのをお待ちいただきたい」と周は言った。だが、同月、中国の別の幹部はカンボジアの副総理たちを迎え入れ、次の五年間に一〇億米ドルの援助を供与することを約束した。[14] そのころまでにソ連はベトナムと緊密に協力し、中国はベトナムがインドシナ全体を支配下に置くのを防ぐためにカンボジアと協力するようになっていた。鄧は後日、シンガポールのリー・クアンユー首相に対し、中国がベトナムへの援助を停止したのは、ソ連に見合う援助額を拠出するのが難しかったからではなく、ベトナムが東南アジアで覇権を追求するようになっていたからだと述べている。ソ連はベトナムの野心を助けて利益を得る準備を進めており、中国はそうではなかった。

一カ月後の一九七五年九月、ベトナムの最高指導者で党第一書記のレ・ズアンは、対中関係の完全な断絶を避けようと、代表団を率いて北京に赴いた。ソ連からある程度の自立性を確保する目的もあり、ベトナムの指導者たちは中国から多少の援助を得たいと考えていた。毛沢東の監視を気にしながらホスト役を務めた鄧小平は、関係決裂を回避したいとする点ではレ・ズアンと同じだった。鄧は空港でベトナムの代表団を迎えて歓迎宴で挨拶を述べ、引き続きレ・ズアンと会談して鉄道の駅まで代表団を見送った。[15] そして九月二五日には、少額の借款とわずかな援助物資をベトナムに提供する協定をなんとか調印した。[16] もし鄧が七五年以降も政権を担えていたら、中国に対するベトナム人の長年の敵意や後に生じる意見の食い違いを和らげることができたかもしれない。しかし、鄧の力が弱まると、四人組はさらに強硬な姿勢をとり、ベトナムに対して「覇権主義」のソ連と決別するよう要求した。[17] 中国の造反派たちによるそうした要求は、レ・ズアンにとってあまりにも過大であり、彼は共同声明への署名を拒否し、慣例となっていた答礼宴すら開かないまま北京を後にした。[18]

一カ月後、モスクワに降り立ったレ・ズアンは、自分が求めていた長期援助の約束をソ連から取り付けた。ベトナムはソ連への過度の依存を避けたいと考えていたが、他方で国家の再建のために外国の支援を渇望していた。中国からソ連の要求に抵抗するだけのてこ入れを受けられなかったレ・ズアンは、ソ連の対外政策への支持を盛り込んだ協定に署名した。[19] こうしたソ越協定はベトナムの対中関係をさらに麻痺させ、中国がカンボジアとの関係を強化する原因にもなった。[20]

一九七七年初め、北京にいたベトナムの大使は、もし鄧小平が権力の座に戻ることがあれば、彼はより事務的に問題に対処するであろうし、中国とベトナムとの関係も改善するだろうと述べた。鄧が七五年に解任された後の中国の対外政策は、革命的なスローガンに満ちて大局的な視野に欠け、表現の仕方も粗野だった。[21] 造反派たちは中国とベトナムとの結び付きを根本からぶち壊し、ベトナムをソ連の側に追いやった。七五年一一月九日、鄧が対外政策を担う力を失って間もなく、ベトナムは南北ベトナムの統一に備えるために政治協商会議の開催を明らかにした。各社会主義国はどこも祝電を打ったが、中国はそうしなかった。会議の三日後、中国の『光明日報』は、南沙諸島の領有権問題は未解決だとする鄧の過去の発言を覆し、同諸島が中国の「神聖な領土」であると宣言する強硬な主張を掲載した(22)（七六年四月に鄧が公式に解任された後、彼に対する批判の一つに、同諸島に関する交渉で彼がベトナムを支持したというのがあった）(23)。さらに七六年になると、東欧諸国、北朝鮮、ソ連はどこもベトナムの求めに応じて同国への支援を約束したが、中国だけは違った。造反派は関係を維持しようとする鄧とレ・ズアンの努力を台なしにしたのである。

毛沢東が死去して四人組が逮捕されると、中国とベトナムの指導者たちはしばらくの間、関係改善の可能性を探った。ベトナムの指導者たちは中国が友好的な政策に転換して自分たちの次期五カ年計画を支援してくれることを願い、四人組が逮捕されてわずか数日後の一九七六年一〇月一五日、北京に経済援助を要請した。しかし、中国は返答をせず、七六年一二月にベトナムが党大会を開き、二九の兄弟党がハノイに代表団を送った際には、華国鋒の指導する中国は招待状に返事すら送らなかった。鄧が復活する五カ月前の七七年二月、中国側は訪中したベトナムの代表団に対して、援助の予定はないと単純に繰り返した(24)。

中越紛争への前奏

もし鄧小平が一九七五年末に失脚していなければ、中越関係の完全な亀裂は避けられたかもしれない。しかし、七七年七月に復活した鄧が直面したのは、ソ越協力が拡大し、中国と両国との関係が相当悪化した状況であった。

鄧小平が復活する数カ月前の一九七七年三月から五月にかけ、ベトナムのボー・グエン・ザップ将軍がモスクワを訪問し、ソ連側と軍事協力の拡大に関する協定を締結した(25)。ソ連は、間もなく軍艦を中国の沿海全体にアクセスできるようにするため、ダナンやカムラン湾の海軍基地にスタッフを派遣し始めた。さらにベトナム軍は、国境地帯でもカンボジアや中国と、より頻繁に大規模な衝突を起こすようになった。ベトナムは社会主義国の貿易機構である経済相互援助会議(COMECON)への加盟について、経済的な自律性を阻害する恐れがあるとそれまで躊躇していた。しかし、経済の再建を強く欲していたベトナムは、ほかに経済支援のあてもなかったため、七七年六月二八日、これへの加盟を表明した(26)。

その間、ベトナムからは華人たちが逃げ出し始めていた。一九七五年に南ベトナムを統一すると、ベトナム労働党の指導者たちは自国経済の集団化と国有化という大きな課題に着手し始めた。南ベトナムには一五〇万人の華人がおり、その多くは集団化に反対する中小企業主だったが、この過程で彼らは攻撃の標的になった。ベトナム労働党の指導者たちは、もしベトナムがカンボジアに侵攻したり、あるいは中国との国境紛争がより深刻になったりすれば、こうした華人が彼らに反抗するのではと懸念した。ベトナム人たちが数の多い華人をいっせいに検挙するために大規模な政治運動を始め、彼らを収容所送りにしたため、多くの人々がベトナムから逃げ出した。中国政府はベトナムに対して同国在住の華人に対する不当な扱いを止めるよう要求したが、ベトナム側は意に介さなかった。七七年七月に鄧小平が復活したときには、この政治運動はかなり進んでおり、最終的に推定一六万人の華人がベトナムから追い出された[27]。鄧が復職した後の七八年五月、中国は報復としてベトナムを利する二一の援助プロジェクトの実行を中止した[28]。このときまでに中国は、援助を提供してもベトナムをソ連から引き離すことはできないと考えるようになった、と鄧は後に説明している[29]。

鄧小平は毛沢東や周恩来と同様、一〇年単位で物事を考えていた。一九七八年、中国にとって問題となったのは、間もなく自分が侵略されるかもしれないということより、ソ連がベトナムの基地を使って拡張し続ければ、中国がソ連とベトナムに包囲される危険性が拡大していたことだった。欧米人に状況を説明する際、鄧はベトナムをアジアのキューバと呼んだ。ソ連が軍艦や飛行機やミサイルを中国にほど近い基地に置いている、というのである。一〇年あまり前の六二年には、アメリカが自国の優れた軍事力の行使をほのめかしたため、ソ連はキューバからそのミサイルを撤去した。しかし、ソ連の軍事力は中国に比べればずっと優れたものだった。もしソ連がベトナムにミサイルを配備すれば、中国がソ連にそれを撤去させることは、いかなる手段をもってしても難しい。ソ連‐ベトナム両国の拡張に対抗するため、基地が整備される前にその他の国々との協力を急いで強化しなければならない、と鄧は考えた。

一四カ月間にわたる鄧小平の外遊の中で、唯一の社会主義国は北朝鮮で、他の七カ国は非社会主義国であった。彼が最初に赴いた数カ国は中国とすでに良好な関係を持っており、中国が国境沿いに安全保障を強化するのを支援しうる国々であった。五回の外遊のうち、最初の三回で彼は中国と陸続きの国々を回った。鄧は昔の中国の統治者と同じく国境の安定化を図ったが、他方でソ連とベトナムの前進に抵抗するために、こうした国々との協力も求めた。

彼はさらに日本とアメリカを訪問した。両国は中国の四つの現代化にとって最も頼りになる存在で、また、ソ連とベトナムを抑止するのに有用な大きな軍事力を持ってもいた。世界的にはヨーロッパも中国の現代化を手助けしてくれる地域だったが、ヨーロッパとの協力は一九七五年の鄧小平の訪仏ですでに確実なものになっていた。ヨーロッパとの関係を強化するのは谷牧《こくぼく》視察団の役目であり、鄧が再び訪問する必要はなかった。

ビルマ、ネパール訪問――一九七八年一月～二月

鄧小平が対外関係に責任を負うようになって最初に訪問した外国は、中国の南部と西部で長い国境を接するビルマ（現・ミャンマー）とネパールであった。中国はビルマとの間に約二二〇〇キロ、ネパールとの間に約一三六〇キロの国境線を持つ。鄧の目的は両国と特定の協定などを調印することではなかった。野蛮な紅衛兵たちが中国のすべての隣国を脅かしていたため、良好な協力関係を構築するには、まずフェンスの修理が必要だったのである。中国と国境を接する諸国は、関係が改善すれば、この地域でソ連の影響力の拡大を阻止するためにもっと協力してくれるだろうと考えられた。

紅衛兵の記憶はまだ生々しかったが、ビルマおよびネパールと中国との関係はすでに比較的良好であった。たとえば、ビルマを訪問した際、鄧小平は約二〇年間にわたる両国の友好関係について言及することができ、また、それはあまり文化大革命の影響を受けていなかった。中国とビルマは一九六〇年に国境問題を解決していた。また、六二年のネ・ウィンのクーデター以降、ビルマは多くの国からかなり孤立していたが、中国は緊密な関係を維持し、発電所の建設やインフラ関連のプロジェクトなどを行ってビルマの手助けをしていた。周恩来はビルマを少なくとも九回にわたって訪問し、同国

を六二年から八一年の間、統治したネ・ウィン元将軍は、七七年までに中国を一二回、訪問した。[30]中国とビルマは六九年に友好協力条約を調印し、七七年には周の未亡人である鄧穎超《とうえいちょう》がビルマを訪問し、また、鄧小平自身がネ・ウィンを北京で二度もてなしていた。そのうち一度において鄧は、ベトナムからの圧力をすでに受け始めていた中国の従属国、カンボジアとの関係を強化するよう、ネ・ウィンに強く働きかけた。ネ・ウィンは北京訪問から一週間後、カンボジアを訪問する最初の国家元首となった。

ビルマで発言する際、鄧小平は注意深く華国鋒主席の言葉を引用し、彼への敬意を示した。鄧は階級闘争が要だという中国の政策を何度も繰り返したが、これは数年後、党内で毛沢東思想離れが進み、鄧の個人的な威厳が高まると、彼が口にしなくなる内容であった。外国訪問にあたり、鄧は単に政治指導者と会見するだけでなく、両国の絆を深める手段として、その国の文化や社会に高い評価を示すことが重要と考えていた。ビルマでは社会各層の主な指導者と会見を行い、著名な仏教寺院などの場所を訪れて地元の文化への敬意を示した。仏教は中国でも普及しているため、両国の間には明らかにこれを媒介とした結び付きがあった。彼はビルマと中国の長い友好の歴史を強調する発言をして、東南アジアにおけるソ連とベトナムの影響力に対抗していかなければならないとする点で、両国には共通認識があると述べた。

ビルマや東南アジア各国での共産党の武装蜂起に中国が関与していることに、ネ・ウィンは懸念を表明した。中国にはこれらの共産党との関係を断ち切る準備はまだできていなかった。この問題は中国とビルマとの協力の進展を制約したが、鄧小平の訪問の後は文化交流が拡大し、また、翌年には経済技術協力も調印された。より重要なのは、表面的に不同盟政策を継続していたビルマが、ソ連とべトナムの覇権に対抗する闘争で実際は中国の側に大きく傾くようになったことであった。[31]

ビルマと同様、ネパールも鄧小平を温かく出迎えた。一九五〇年代から六〇年代にかけ、ネパールはインドと中国の対立の間で中立的な立場を維持しようと努力してきた。しかし七〇年代にインディラ・ガンジーがネパールへの強硬路線を採用すると、ネパールのビレンドラ国王は中国に支援を求めた。中国は平和地帯を構築しようとするネパールの取り組みを支持して直行便を開通させ、高位指導者の相互訪問に同意した。七六年六月、ビレンドラ国王は四川省とチベットを訪問した。

ネパールでは、鄧小平は寺院や博物館、多くの歴史的遺跡を訪問した。彼は中国とネパールの二〇〇〇年にわたる友好について発言し、ビレンドラ国王が唱える平和地帯への支持を再確認した。鄧はすべての国が独立を望んでいると発言し、第三世界の国々が帝国主義、植民地主義、他国による支配に対抗していくための協力を呼びかけた。鄧は二つの超大国のライバル関係が南アジアで深刻な不安定要因になっていると主張しながら、地域の情勢はいまだに超大国にとって不利であり、中国はネパールの独立の維持をこれからも支持していくと表明した。ネパールで彼は、インドへの批判を避けただけでなく、この地域で独立政策を模索するすべての国家を中国は支持すると言及し、インドの好感を引き出そうとするかのような発言をした。鄧はインドとの関係改善を進め、インドをできればソ連から引き離すための道筋をつけようとしていた。[32]

一九七八年一月の時点で、鄧小平は毛沢東の考えから大きく離れた政策をとる権限はまだ持っていなかった。ビルマでの発言に表れているように、彼は華国鋒率いる党中央を支持するだけでなく、毛主席の「革命路線」とその対外政策の執行を表明している。[33]北京で新しい合意が誕生し、鄧が階級闘争に別れを告げることができるようになるまでには、さらに数カ月を要した。ただ、ビルマとネパールへの外遊はうまくいき、それは中国と両国との協力関係の強化を促進した。

北朝鮮——一九七八年九月八日～一三日

ベトナムがソ連と結託するようになると、中国にとって、ある程度大きさのあるアジアのもう一つの社会主義国、北朝鮮とよい関係を維持し、同国がさらなる「アジアのキューバ」にならないようにすることがより重要になった。流暢な中国語を話す金日成《キムイルソン》は、一九四五年に朝鮮半島に帰国するまで、通算約二〇年間、中国で暮らした。彼は帰国してからも毛沢東や周恩来と緊密な関係を維持し、毛や周は朝鮮戦争で北朝鮮を援助するために大規模な兵力（義勇軍）を送り、中国の東北地区から後方支援をした。ベトナムと同じく北朝鮮も、中ソ両国から援助を獲得するためにそのライバル関係を巧みに利用したが、たいていはやや中国寄りだった。

鄧小平は北朝鮮との関係では、一九五三年には財務部部長として朝鮮戦争後の北朝鮮の再建を助ける援助プログラムを発動し、また、七五年四月に金日成の訪中をホストとして受け入れた経験を活用できた。[34] 北朝鮮の首都はどの国の首都よりも北京に近く、北朝鮮と中国との関係は北朝鮮とソ連との関係よりも緊密だった。鄧が七七年半ばに復活して初めて会見した外国の幹部は、中国に駐在していた北朝鮮の大使であった。[35] 七八年には華国鋒が四カ国を訪問し、鄧は七カ国を訪問したが、その二人を受け入れた唯一の国が北朝鮮であった。社会主義国同士として、中国と北朝鮮は政府間だけでなく、党と党、軍と軍の関係を維持し、中国はそのすべてのチャンネルを活用した。朝鮮戦争をともに戦った双方の将軍たちはしょっちゅう交流していたし、中国共産党中央対外連絡部は北朝鮮の相手役との接触を続けていた。

北朝鮮の敵の韓国を支持する大国、アメリカと中国が関係を拡大しようとしていたことは、北朝鮮を大きく失望させる可能性があった。北朝鮮にとっての長年の敵で、韓国の経済発展の手助けをしていた日本を鄧小平が訪問する予定だったことも、相当な懸念材料になった。鄧は一方で日本やアメリカへの門戸を開きながら、他方で、北朝鮮に与える損害をいかにうまく制御するかという問題に取り組まなければならなかった。北朝鮮がソ連寄りになることは望むところではなかった。そのため彼は、北朝鮮を後でびっくりさせるよりも、彼らに事前に十分な説明をする方がよいと考えていた。

鄧小平は、両国の関係を温かいものにするために、北朝鮮が最も喜ぶ方法で彼らに敬意を示そうと特別な努力を払った。北朝鮮は小さかったが、大国としての誇りを持っていた。同国がどれだけ外部から敬意を集めているか計るのに用いていた物差しの一つが、建国記念日のお祝いのため海外から派遣されてくる幹部の数と地位であった。一九七七年に金日成の招待状を受け取った三人の外国の高位訪問者は、東ドイツ、ユーゴスラビア、カンボジアの代表だけであった[36]。金は彼らを手厚くもてなした。カンボジアのシアヌーク殿下は宮殿のような邸宅を贈呈され、東ドイツ指導者のエーリッヒ・ホーネッカーは訪朝に際して生涯最大の歓迎を受けた[37]。

一九七八年九月九日に朝鮮民主主義人民共和国の建国三〇周年記念日を迎えるために、金日成は長い時間をかけて外国の高位指導者を祝賀会に招待する準備をした。鄧小平は北朝鮮に五日間も滞在して金への敬意を表した。鄧は訪朝した外国の指導者の中で最も地位が高かった。彼のような中国の高位指導者が招待に応じてくれたことに喜んだ金は、その週に開かれた数々の大衆集会で、常に自分の隣に鄧の席を用意した[38]。

北朝鮮で、金日成は鄧小平と公的にも私的にも数度にわたって会談した。鄧は中国が深刻な経済問題を抱えており、現代化を進めていかなければならないことを説明した。このころ、北朝鮮のGNPに占める工業生産の割合は中国よりも高かったが、金の率いる北朝鮮は、経済発展の離陸《テイクオフ》段階に入りつつあった韓国に後れをとりはじめていた。鄧は金に次のように述べ、工業力向上のために、中国は最先端技術を獲得しなければならないと説明した。「私たちが現代化を進めていくには、世界の最先端技術を起点にしなければならない。最近、われわれの同志が外の世界を見に行ったが、見れば見るほど、自分たちが後れていることがよくわかった」。ソ連と中国の手を借りながら現代化に着手した金は、このメッセージの意味をよく理解したことだろう。鄧はまた、ソ連に反対する反覇権条項を日本に呑ませることがいかに難しかったかを説明し、アメリカとの国交正常化の秘密交渉の進捗状況についても簡単に紹介した[39]。鄧はさらにソ連の危険性についても話し、戦争を避けるためには戦争に備えなければならない、そうすることでソ連は慎重な姿勢を保ち続ける、と言及した。そして金に対し、ソ連への妥協は避けなければならない、と注意を促した[40]。

鄧小平がアメリカと日本に対してとっていた政策を考えれば、彼の訪朝は非常にうまくいったと言えよう。金日成は中国を包囲するベトナムに同調せず、むしろ、中国と良好な実務的関係を維持し続けることを選んだ。後に金は、鄧が自分の友人だと強調し、東欧の共産党指導者のグループの前で、中国を政治的、経済的に対外開放する鄧の政策を弁護する発言をしている。この一九七八年の訪朝で鄧は、北朝鮮が自国の敵(アメリカと日本)と手を結ぼうとしていた中国に背を向け、ソ連に接近するのを防ぐという繊細な使命を成し遂げたのである。

東南アジアで同盟国を探す――一九七八年一一月五日〜一五日

中国では、新時代への幕開けとなる中央工作会議が一九七八年一一月一〇日から始まる予定だった。しかし鄧小平は、ベトナムが今にもカンボジアを侵略しようとしていることを特に憂慮すべきと考え、中央工作会議への参加とアメリカとの国交正常化交渉をわきに置いて、一〇日間の東南アジア訪問に出かけた。その目的は、侵略の動きに対応して中国が計画していたベトナム攻撃行動につき、東南アジア諸国の理解を得ることであった。

中国側は一九七八年夏までにベトナムがカンボジア侵略を計画していると分析しており、こうした侵略への見通しが中国の行動を促した。ベトナムがソ連の従属国になったのと同様、カンボジアも中国の従属国になっていた。中国は自分たちが援助や支援を与えてきた同盟国に、手を差し伸べようとしたのである。特に中国人たちの癪に障ったのは、ベトナムによる攻撃を手助けするために、ソ連からさらに「顧問団」や装備が到着しつつあったことだった。アメリカ当局は七八年八月までに、三五〇〇人から四〇〇〇人のソ連の顧問がベトナム入りしていると推定し、一〇月半ばにはソ連の貨物船が、航空機やミサイルや戦車や弾薬を荷下ろししたことが報道された。すでに鄧小平の堪忍袋の緒は切れていた。彼にとって、まずは強い姿勢を示すことが必要だった。しばらくは現代化のための平和な天候を待たなければならないだろう。彼はポル・ポトとの協力についてすら考えた。あまりにも多くの人々を殺害したポル・ポトは、国際的な評判がひどかった。しかし、鄧の見方からすれば、ベトナム反対のための同盟者として十分な兵力を持っていたのは彼だけであった。

ベトナムはカンボジアに、七月には一日に最多で三〇回の攻撃を仕掛けるようになり、この数は九月には一日に一〇〇回に拡大した[41]。一一月、ベトナム側の備えを観察していた中国の指導者たちは、乾季が到来して戦車が動かせるようになる一二月に、ベトナムがカンボジアへの侵攻を仕掛けると分析した[42]。

鄧小平は軍事的に強い対応をとることが絶対に必要だと考えた。フランスとアメリカは、自国軍が多大な損害をこうむった後はベトナムへの関与を続けようとしなかったが、中国はいつまでもベトナムの隣に居続ける、と鄧は発言し警告した。しかし、ベトナム人たちはそれに耳を貸そうとはしなかった。その三年前、鄧はキッシンジャーとフォードに対し、西側の指導者たちが軍事的に強い対応をとろうとしなかったために、ヒトラーが西側を侵略したと述べていた。鄧は自分がソ連と渡り合った長い経験から、問題は交渉では解決できないとみて、ソ連に東南アジアへの拡張を思いとどまらせるためには、強硬な軍事行動に出る必要がある、と信じていたのである。彼はベトナム人たちに、中国の警告を無視してソ連に基地を提供したことがどれだけ高くつくか、「教訓を与える」つもりであった。

ベトナム人が、最初はラオス、それからカンボジアへと勢力を拡張するに伴い、東南アジア大陸部の諸国はベトナムの新たな力の受け入れを迫られていた。東南アジアの人々はベトナムの支配を歓迎したわけではなかったが、ソ連に支援されたベトナムに対して力が足りず、その地域でソ連が勢力を伸張することには抗しきれないとみていた。鄧は、マレーシア、タイ、シンガポールといった東南アジア大陸部国家がソ連とベトナムの勢力拡大を受け入れてしまえば、中国の長期的な国益が損なわれると懸念した。鄧の目から見れば、東南アジア諸国をベトナムから引き離す試みはきわめて重要であった。

一九七八年九月、ベトナムのファン・バン・ドン首相が東南アジアを回り、ベトナムのカンボジア侵攻について東南アジア諸国から理解を得ようとした。ファンは東南アジア諸国連合（ASEAN）との友好条約の締結には成功しなかったが、東南アジア諸国はベトナムの勢力の拡大をやむなく受け入れ始めていた。東南アジア諸国がソ連とベトナムの脅威を受け入れるのを阻止するため、鄧小平は一一月にはこれらの国々への訪問を決意した。

鄧小平は東南アジア訪問への出発時点で、ベトナムのカンボジア侵攻への軍事的対応の準備をすでに始めていたが、この計画はまだ公表されていなかった。ベトナムの軍事力がカンボジアの奥地まで浸透したとしても、中国は朝鮮戦争で北朝鮮を助けたときのようには、ポル・ポトの要求に沿ってカンボジアに軍隊を送るつもりはなかった。泥沼にはまるのは避けたいと鄧は考えていた。その代わり、鄧はベトナムへの侵攻を仕掛け、いくつかの省都を占領してもっと深く侵攻できることを示したうえですぐに撤退し、「ベトナムに教訓を与える」ことを決めた。こうすることでまた、ソ連がベトナムを支援するために兵力を送ってくる可能性を低減できた。ベトナム人たちは、ソ連がいつも彼らを助けてくれるわけではなく、自分たちがこの地域に対してあまり大きな野心を持つべきではないと理解するだろう。しかもソ連ではなくベトナムを攻撃することで、中国はソ連に対してこの地域で兵力を拡大することがいかに高くつくか見せつけることができる。文化大革命の間、中国軍は訓練や規律を犠牲にしてきたし、実戦の経験も乏しかったが、鄧は経験豊富でよりよい装備を持つ敵軍を前に、中国軍が適切に政治目的を達成するであろうと自信を示した。中国は撤退完了後、国境付近でベトナム軍への小規模攻撃を続けることになっていた。

鄧小平の東南アジア訪問にとって幸運だったのは、彼が最初に現地に到着する二日前の一一月五日、ソ連とベトナムがかねて交渉していた条約をまとめ上げ、二五年期限の平和友好条約を調印したことだった。[43]この条約が東南アジア諸国の警戒を招いたことで、ソ連とベトナムの拡張に抵抗するために協力しようという鄧の呼びかけはより受け入れられやすくなった。東南アジアの指導者たちは、鄧が中国の対外政策を指揮していること、そして中国のその他の指導者たちが対外政策に関する彼のすべての発言を受け入れるであろうことを確信していた。

●タイ——一九七八年一一月五日〜九日

鄧小平は一一月五日にタイに到着したが、これは共産中国の指導者による初めてのタイ訪問となった。タイではクリアンサック・チョマナン首相が彼を温かく歓迎した。

鄧小平が東南アジアで最初の訪問国としてタイを選んだのは、カンボジアのポル・ポト軍への物資供給のために中国軍がタイを経由する必要があったからだけではない。中国は、東南アジアのどの国と比べても最もよい関係をタイと築いていた。タイ、マレーシア、インドネシア各国にはそれぞれ約五〇〇〇万人の華人がおり、三カ国の指導者たちは誰もが、華人は自国より中国に忠誠心を持っているのではと憂慮していた。一九六〇年代初め、中国がこれらの国々に住む人々に向けて革命遂行を呼びかけるメッセージをラジオで放送するようになると、こうした懸念はさらに拡大した。鄧が訪問したときには、ラジオによる呼びかけはなお続いていた。インドネシアでは軍の共産党系幹部たちが、六五年、中国のラジオ放送にあおられてクーデターを企てた。インドネシアは六七年に中国との外交関係を断絶し、九〇年まで正常化しなかった。しかし、タイでは、華人はより現地との同化が進んでおり、彼らが中国を支持して敵になる恐れは、マレーシアやインドネシアほど大きくなかった。鄧がここでの訪問を成功裡に終えることができれば、タイは他の東南アジア諸国に対して、ベトナムの拡張に抵抗するために中国やカンボジアと協力しようと説得に回ってくれるかもしれなかった。

タイは歴史的に、フランス、イギリス、日本など、自国よりも強大な外国勢力の意向に逆らわないことで相対的に独立を維持してきた。もし中国が自分の利益を主張しなければ、タイはすぐにベトナムになびいてしまうと鄧は考えた。鄧にとって幸運なことに、これまでアメリカと緊密に同盟を組んできたタイの指導者たちは、ソ連とベトナムの受け入れを嫌がり、彼が訪問するとベトナムの地域支配に抵抗するために中国との協力を歓迎した。

訪問前、タイの世論に備え、同国が抱く懸念についてより深く理解するため、鄧小平は同年の早い段階からクリアンサック首相と北京で何度も会談を開き、また一〇月初めには同じく北京でタイの記者団と会見していた[44]。クリアンサックの訪中に際し、鄧はASEANと協力し、インドネシアおよびシンガポールとの関係を正常化する意向を彼に語っていた。二人の指導者は世界問題に関して共通の見解を持ち、ソ連とベトナムの支配に反対するため協力を深めていくことで基本的に合意した[45]。鄧はまた、ASEANとして平和・中立圏を維持していくというクリアンサックの取り組みを支持することに同意した[46]。おそらく最も重要だったのは、鄧が六月に北京で中国‐タイ友好協会代表団を受け入れた際、彼がタイにカンボジアとの意見対立を解決するよう強く促したことだった。一カ月後、タイとカンボジアは長年の国境紛争を解決し、大使を交換することで基本的に合意したと公表した[47]。

一一月、タイでクリアンサックと会談した鄧小平は、ASEANと協力し、インドネシア、シンガポールとの関係を正常化したいという希望を再び表明した。そしてソ連の世界への野心、ベトナムのこの地域への野心について、彼の分析を提示した。ベトナムにおけるソ連の基地は、中国だけでなく、この地域、さらには世界を脅かしている、と彼は主張した。記録係と通訳だけを交えて行った個別会談では、鄧はクリアンサックに対し、ベトナム軍はカンボジアを侵攻し、占領する準備をしていると注意を呼びかけた。長い国境線でカンボジアと接するタイは、間もなく脅威の下に置かれることになるだろう。クリアンサックは、中国がカンボジアに物資を届けるため、タイの上空を通過する権利を与えることに同意した[48]。

鄧小平はさらにクリアンサックに対し、タイに住む華人は国家に十分な忠誠心を抱いていると言い含めた。そして中国は国外に住む華人にその国の国籍の取得を呼びかけている、と主張した。いったんタイの国籍を選んだ人々は、自動的に中国の国籍を失うことになっている。タイ国民になった人々には、タイの法律に従い、現地の習慣を尊重し、現地の人々と融和的に暮らすことが期待されるし、中国の国籍を維持する人々にも、中国－タイの友好関係およびタイの経済、文化、福祉に貢献していくことが望まれる、と鄧は表明した[49]。信頼の醸成を図ろうとする鄧のメッセージは、わずか一〇年ほど前、タイの人々に革命を呼びかけた毛沢東のメッセージとは非常に対照的だった。毛のメッセージをタイで最も強く受け入れたのは華人だった。鄧は一一月九日にバンコクで記者会見を行った際には、クリアンサックとの個別会談のときほど、もうすぐベトナムとの紛争が起こりそうだとは明言しなかった。彼は、覇権国のように振る舞おうとしている国に対してタイと中国は協力すべきであり、東南アジアの平和と安定の維持のためには協力強化が特に重要だ、と強調した。そしてさらに、タイ共産党と中国との過去の関係を一夜にして終結することはできないが、それが政府間関係の問題になることはないと述べた。ただ鄧は個人的には、クリアンサックに対し、中国はタイ領内で活動している共産党への支援を停止すると請け合った。[50] 彼は、中国とともに働いてきたタイの人々、そして中国領内にいる彼らの支持者たちにまずは準備を促し、それから中国が革命奨励のためにこそこそと流していたラジオ放送を停止すると説明した。八カ月後の一九七九年七月一〇日、ラジオ放送は終了した。[51]

他の外国訪問のときと同じように、鄧小平は公的な場所に出かけ、現地の文化への関心を示した。仏教徒が人口の九割を占めるタイを訪問しているとき、仏教の儀式に参加する鄧の姿がテレビに映し出された。彼はタイの国王や王妃とも会談し、スポーツ競技や軍事パレードを観覧し、両国の科学技術協力を推進するための式典にも参加した。[52]

●マレーシア——一九七八年一一月九日〜一二日

マレーシアは鄧小平にとって、タイよりもずっと大きな挑戦だった。マレーシアの指導者たちはこの地域でのベトナムとソ連の狙いを憂慮していたが、彼らにとってはマレーシアに居住する華人の活動の方がより大きな不安材料だった。これを踏まえ鄧は、自分がタイのときほど熱狂的な歓迎で受け入れられるとは考えていなかった。古典的な統一戦線戦略に従い、マレーシアに言い寄るベトナムの努力を打ち消し、マレーシアを中国の側に引き寄せることが彼にとっての最善の策であった。

鄧小平のホスト役を務めたダトー・フセイン・ビン・オン首相には、現地の華人、そして華人と中国との関係について憂慮するだけの十分な理由があった。イギリスの植民地だったマレーシアでは、一九五〇年代に共産主義運動が盛り上がり、多くのマレー人たちはマレーシア独立後に共産主義者たちが実権を握ることを恐れた。[53] 六三年にマレーシアが独立すると（マラヤ連邦としての独立は五七年、その後、六三年にシンガポール、北ボルネオ、サラワクなどを合併）、マレー人たちは強い政党を持つ華人たちが政府を牛耳るのではと懸念した。これを避けるため、マラヤ連邦の一部でありながら、華人人口が七五パーセントを占めていたシンガポールは六五年に追放され、独立を迫られた。その後も経済分野や大学では華人の力が支配的で、華人の強力な政党組織はフセイン・オンたちにとって一種のトゲであり続けたが、とにかくマレー人たちは明らかな多数派になった。

華人たちの側もまた、祖国との密接な結び付きを維持していた。一九六九年五月には人種暴動が起き、二カ月間続いたが、これによって現地の華人の多くが自分たちの将来に不安を感じ、中国籍の維持を選ぶことになった。七八年一一月に鄧小平が訪問した際には、大多数が華人党員からなるマラヤ共産党の活動は依然活発で、総書記のチン・ペン（陳平）はときに中国に避難していた。

ベトナム人に比べ、鄧小平はマラヤ共産党に対してより中立的なトーンを打ち出した。彼は秘密のラジオ放送をすぐに止めることはできなかったが、こうした活動を停止し、問題を解決するために動いた（華国鋒が公式に職務を解かれた一九八一年六月の六中全会で、中国は最終的に秘密の「マラヤ革命の声」を停止した）[54]。ただ、鄧はマラヤ共産党から距離をとりすぎることは注意深く避けた。たとえば、鄧がマレーシアを訪問する二カ月前、ベトナムのファン・バン・ドン首相は、自分が共産主義者であるにもかかわらず、共産主義者の蜂起を制圧するために亡くなったマレーシアの役人の記念碑に花輪を捧げた。鄧はマレーシアの支持を欲していたし、中国共産党ももはや革命政党ではなくなっていたため、同じ行動をとることは鄧にとって容易であった。しかし、彼は花輪も捧げなかったし、現地の共産党を非難することもなかった。鄧はフセイン・オンに対し、中国がかつての仲間たちを突然放り出してしまえば、自分たちが海外の支持勢力を引き付け、維持していくことが難しくなると説明した。中国政府はマレーシア政府との協力を望んでいるが、中国共産党はマレーシアを含む海外の共産党との関係を維持していくだろうと彼は述べた。フセイン・オンは、それはマレーシアにとって受け入れられないと答えたが、鄧も姿勢を曲げなかった。[55] 鄧はすでに、マレーシア政府が中国に対して誠意のこもった協力は打ち出さないとあきらめていた。それに中国として、以前の政策や過去に中国と協力してきた人々と、突然縁を切ることはできないとも考えていた。[56]

一九七四年に中国とマレーシアが正式な外交関係を結んだ際、周恩来は中国が二重国籍を認めないことを明らかにした。鄧小平は周のこの政策に再び言及し、マレーシアの国籍を得た華人は自動的に中国の国籍を失い、中国はマレーシアに住むすべての人々に現地の習慣に従うことを推奨すると述べた。[57] そして鄧は、マレーシアで忌み嫌われていたポル・ポトに話がおよぶと受け身になった。彼はしかし、問題があることは認め、ポル・ポトはベトナムに抵抗できる唯一のカンボジア指導者であり、情勢が不安定になることを覚悟して指導層の交代を求めるには、カンボジアは中国にとって戦略的な意義が高すぎると説明した。[58]

鄧小平は、政治的な中立地帯構想を唱えているマレーシアとであれば、共通認識を開拓できるのではないかと高い期待を寄せていた。一九七一年、マレーシアの指導者だったトゥン・アブドゥル・ラザクは、冷戦を展開している二大国から地域の自律性を確保しようと、平和・自由・中立地帯構想（ZOPFAN）を提唱していた。鄧は中立地帯の構築に向けたマレーシアのイニシアチブをたたえた。そしてすべてのASEAN諸国に対し、地域に浸透して拡張を図ろうとするベトナムの取り組みに対抗するため、結束を高めて東南アジアにおいて中立地帯の理想を守っていくことを呼びかけた。フセイン・オン首相は自らもベトナムの拡張の危険性を懸念しており、また中国がマレーシアの重要なゴム輸出先と知っていたため、鄧の見方に賛同した。彼はベトナムを名指しすることは避けたが、外国による侵略、干渉、支配、転覆活動は、耐えがたいほど高まりつつあると主張した。[59]

マレーシアで鄧小平は、二国間の問題を回避しようとはせず、むしろこれらの存在を正面から率直に認めた。鄧の出国に際しフセイン・オンは、開放的なその姿勢に言及し、彼の訪問は相互理解をさらに深めるための非常によい機会になったとコメントした。フセイン・オンは二度にわたる会談が「最も有益かつ有用」であり、「二国間関係は将来的に発展し強化されるだろう」と述べて多少の自信を示した。[60] 当時の状況を考えれば、これは鄧にとって最も望ましい答えであった。

●シンガポール——一九七八年一一月一二日～一四日

華人人口七五パーセントを擁するシンガポールが、自国よりも大きく強い隣国を前にして、中国寄りの姿勢をあまり示せないでいることは鄧小平も理解していた。彼はまた、たった二〇〇万余の人口しかない都市国家のシンガポールは、ソ連とベトナムが影響力を拡大する地域の力の現実に順応していかなければならないことも認識していた。ただ、彼は他方で、シンガポール首相のリー・クアンユーが、地政学的な現実を深く理解し、ＡＳＥＡＮや西側の政府に対して多大な影響力を行使していることも知っていた。そのため鄧は、もし中国がベトナムとの戦争を始めた場合、ＡＳＥＡＮにベトナムへの反対を呼びかけ、さらにはアメリカに中国を支援するよう——あるいは少なくとも相手方につかないよう——リーが説得を手伝ってくれることを期待した。

リーが前回、一九七六年五月に訪中した際、鄧小平は失脚中だったため、両者は七八年一一月一二日に鄧がシンガポールにやって来たとき初めて顔を合わせた。二人の偉大な指導者たちの経歴はまったく違っていたし、双方とも相手の名声は耳にしていたが、互いに敬意を示しつつ、当初は一定の距離を保った。リーの中国理解は個人的な経験というより学習によって培われたものだった。というのも、彼はイギリス風の家庭で育ち、中国式ではなくイギリス式の学校教育を受け、イギリスのケンブリッジ大学で法律を学んで卓越した成績を収めたほどであった。実際、彼は四つの言語を話すことができたが、マンダリンはあまり流暢ではなく、むしろ自分が民族的な出自に拘束されず、シンガポールに忠実な人間であることを示すため、会談の間は英語を用いた。他方、鄧は四川訛りのマンダリンしかしゃべれなかった。鄧はリーより一九歳年上で、社会主義国の指導者であり、リーは資本主義国の指導者であった。リーは選挙に直面していたが、鄧は政治局に直面していた。彼らが顔を合わせたとき、シンガポールはすでに高度成長を始めた秩序よくこぎれいな都市国家だったが、巨体を抱えた中国は貧しく汚かった。中国の人口はシンガポールの四〇〇倍余だったが、シンガポールは東南アジアの知的・金融的な中心であり、力強い指導者もいたため、実際の影響力はそのサイズが示唆するものよりずっと大きかった。鄧とリーは丁重に互いの相違を乗り越えようとした。鄧の癖について説明を受けたリーは痰壺を用意し、鄧がたばこを吸えるよう灰皿を勧めた（しかも、壁には煙を排出するために特別な空気孔を通した）。しかし、リーの考えやアレルギーについての情報を得ていた鄧は、痰も吐かなければ、リーの前ではたばこも吸わなかった。

鄧小平は第一回会談の二時間半を通して、ソ連とベトナムの脅威について詳述した。彼はかつてのキッシンジャーや周恩来と同じようにメモを使わず、独自の総合的な分析と長期の歴史的展望に基づき、地政学的な見通しについて説明し続けた。しかし、リー・クアンユーが最も驚いたのは、鄧がソ連とベトナムの脅威をとても真剣にとらえ、一刻も早く対策をとらねばならないという姿勢を示したことだった。ソ連はGNPの二〇パーセント、すなわちアメリカとヨーロッパを合わせたよりももっと多くを軍備に割いている、と鄧は言った。ソ連には四五〇万人の兵力がある。かつてロシアのツァーリが南に抜ける回廊を切望したように、ソ連の指導者たちは今、南進を目指しており、まずインド洋に港を造り、それから中東に向かうシーレーンを押さえようとしている。この目標を達成するため、ソ連はすでに七五〇隻の軍艦をかき集め、ものすごい速さで太平洋艦隊を拡張している、と鄧は注意を促した。そしてソ連はさらに、軍港と資源をその手に収めたがっている。戦争は避けられそうもないが、中国はソ連のこうした戦略展開に断固として反対していく、と付け加えた。

鄧小平は続けて、ベトナムについての見方を語った。ベトナム人たちには、ラオスとカンボジアを支配してインドシナ連邦をつくり、東南アジアを支配するという長年の夢がある。彼らはすでにラオスを支配下に置いているが、インドシナ統一という目先の目標を達成するためにソ連からの支援が不可欠と考えている。中国はその最たる障害とみられていた。鄧は、こうした背景においては、覇権国になりたいという彼らの夢をソ連が支援してくれているのだから、中国がベトナムへの援助をどれだけ継続してもそれに見合うわけがなく、その拡張を助けることになるだけだ、と説明を加えた。だからこそ、中国はベトナムへの援助停止を決定したのである、と。(61)

鄧小平が緊張した面持ちでソ連−ベトナム支配の危険性を並べ立てたため、ベトナムがカンボジアを侵略したら中国はどう対応するのか、とリーは尋ねた。鄧は、それはベトナムがどれだけ進むかにかかっている、とだけ述べた。その答えからリーは、もしベトナムがメコン川を越えてプノンペンまで到達すれば、中国はきっと軍事的な対応策をとるつもりなのだろうと推測した。(62)

リー・クアンユーがアメリカの政治指導者たちの敬意を集めていることを認識していた鄧は、中国がベトナムのカンボジア侵攻の可能性を深く憂慮していることを、自分が訪米する前にアメリカ側に伝えてほしいとリーに頼んだ。リーは後日、実際にそうした[63]。鄧はさらに、域内の国際関係についての長期的な見方を語った。彼は特に、中国がベトナムをソ連から引き離すには今は機が熟していないが、あと八年から一〇年ほど経てば新たな機会が到来するだろう、と言及した。後の展開からすれば、その見通しは驚くほど正確であった。

翌一一月一三日午前、リー・クアンユーは鄧小平に対し、西側にはソ連の軍事力についてさまざまな見方があると説明した。ソ連の軍事力が世界最大で、しかもなお拡大していることは確かだ。よってその脅威が差し迫っていると見る専門家もいるが、ソ連が過度に拡張しすぎていると考える者も少なくない。リーは、シンガポールがこの地域にソ連を受け入れようとしているのではという鄧の懸念を和らげるため、シンガポールの主な貿易相手国は日本、アメリカ、マレーシア、西欧で、ソ連との貿易量は〇・三パーセントにすぎないと説明した（なお、当時、シンガポールの対中貿易は、同国の貿易量のわずか一・八パーセントであった）。

リー・クアンユーは、ASEAN諸国が経済的な発展、政治的な安定、そして国家としての一体性の維持を求めている、と説明した。鄧小平を驚かせたのは、リーが、東南アジア諸国はベトナムより中国をもっと憂慮していると発言したことだった。そこでリーは特に、華人に革命への参加を促している中国のラジオ放送を、東南アジア諸国がどれだけ懸念しているか語って聞かせた。これは鄧がタイやマレーシアの指導者から耳にした話とも符合していた。リーはまた、東南アジアの人々の間では、ベトナムのファン・バン・ドン首相が共産主義者の暴動を鎮圧するために戦ったマレーシア人に花輪を捧げたのに、鄧がそうしなかったことが注目されていると告げた。リーが驚いたのは、そのとき鄧が、「ではASEAN各国は、われわれにどうしてほしいと考えているのか？」と尋ねたことだった。

リーはそこで、「ラジオ放送を止めることだ」と答えた。鄧は考える時間がほしいと言った。リーは、それまで自分が会ったことのあるほぼすべての指導者たちと異なり、喜ばしくない事実に直面した鄧が、考えを変える姿勢を見せたことに驚きを覚えた。(64) しかし、鄧は共産主義者を殺害したマレーシア人に花輪を捧げることは考えていなかった。ファンは魂を売っている、と彼は言った。鄧はさらに、中国の指導者の言葉は正直で、中国は約束したことは必ず守ると付け加えた。

鄧小平は一一月一四日にシンガポールを後にしたが、二人の指導者はそのときまでに、互いに尊重し合い、共通の波長で語り合うようになり、あたかも周恩来とキッシンジャーのような特別な関係を培った。リー・クアンユーと鄧はどちらも植民地主義との闘争を展開した世代で、ともに植民地大国の懐《ふところ》で暮らしたことがあった。二人は祖国の革命闘争の勇敢な指導者であり、混乱した状況の中から秩序を構築していくことの大変さを互いに理解していた。リーはイギリス式の教育を受けたとはいえ、中国の歴史を学んだこともあり、鄧がどのような環境の中で生きてきたかを察知することができた。彼らは二人とも真っ向からの現実主義者で、祖国に完全に身を捧げ、若いときから重責を担い、個人の強いリーダーシップが必要だと信じる者同士であった。彼らは権力を理解し、長期の歴史的な趨勢を踏まえながら戦略的に物事を考えた。中国本国以外でリーほど鄧と打ち解けることのできた者は、おそらくY・K・パオ（包玉剛《ほうぎょくこう》、香港のワールド・ワイド・シッピング・グループ創立者）しかいないし、政治指導者ではほかに見当たらない。鄧は海外の多くの指導者と密接な関係を築いたが、彼とリーとの間にはより深い相互理解があった。鄧の目から見てリーとY・K・パオは、現実問題への対応がうまく、世界の指導者たちと直接渡り合い、世界の出来事に通じ、長期的な趨勢をしっかり把握し、真実に向かい合い、それを見た通りに語る覚悟ができていたという点で、非常に魅力的に映ったのだろう。リーにとっても、物事を熟考する能力に長け、間違いがあればそれを認めて解決する行動力を持つ鄧は、それまでに会った中で最も印象深い指導者であった。

鄧小平はシンガポールにおけるリー・クアンユーの功績に称賛を贈り、リーは中国における鄧の奮闘に感嘆した。鄧がシンガポールを訪問する前、中国の報道はシンガポールを「アメリカの帝国主義の走狗《そうく》」としていた。しかし、鄧のシンガポール訪問から数週間後、シンガポールに関するこうした表現は中国のメディアから消えた。むしろ、環境保全、公営住宅、観光などでイニシアチブをとっているシンガポールは、学ぶ価値のある国として描かれるようになった(65)。リーと鄧はその後、一九八〇年、八五年、八八年に再会した。

鄧小平のシンガポールの訪問の目的は、ベトナムとソ連の東南アジア進出を食い止めるために支持を獲得することだったが、シンガポールは鄧に深い印象を残した。ニューヨークやパリや東京を訪問したときには、彼はそれらの都市が中国よりずっと現代的なことに驚かなかった。しかし鄧は一九二〇年、フランスに向かう途中に二日間、シンガポールに立ち寄ったことがあった。だからこそ、その進歩に目を瞠《みは》ったのだった。鄧は中国でどのような政策を行っていくか決めきれていなかったが、シンガポールを見たことで、抜本的な変革が必要なのではないかという考えをさらに強く持つようになった。鄧は後に次のように嘆いたことがある。「もし上海だけなら、私も同じようにすばやくこれを変えていけるかもしれない。しかし、私が考えなければならないのは中国全体だ(66)」。

鄧小平はシンガポールに関する報告を読んではいたが、彼が得ていた情報の大半はシンガポールの左派から来たものだった。そのため彼は、熱狂的な華人の群衆からの大歓迎を受けず、現地の人々が独立した思考を持ち、中国に従いそうもないことに驚いた(67)。シンガポールの共産主義者たちは明らかに、中国大陸にいるその仲間たちと同様、北京にとって耳障りのよい情報だけを流しており、その報告は信頼が置けなかった。しかし、鄧はなにが本当に起きているのかを見聞きしようとした。そして彼は直接、自分が予想していたのより、もっと先進的でもっと秩序だった都市国家の姿を目にすることができた。ベトナムとの戦争も終わった一年後、鄧は中国でのある演説で、シンガポールに外国人が設立した工場で自身が目撃した、いくつかのよい点について言及した。工場は政府に税を納めて労働の機会を提供し、労働者たちは自分の働きに応じて収入を受け取っている。外国の資本家をそう恐れる必要はない、と彼は言った。[68] 鄧は自分の改革にとって、秩序立ったシンガポールが魅力的なモデルになると考え、都市計画や公衆管理、汚職統制などを学ばせるために人材を派遣する準備を進めた。

東南アジア華人との付き合い

中国に戻った鄧小平は、彼を東南アジアに向かわせた問題、つまりソ連とベトナムの脅威への対応を続けた。しかし、この訪問の結果、彼は中国の四つの現代化への貢献者、また、中国と居住国間の関係向上に手助けのできる善良な市民として、中国域外に住む華人の役割により深く関心を寄せるようになった。鄧と中国の指導者たちは資金の提供者として海外にいる華人に注目し始めたし、また、鄧の目から見てさらに重要だったのは、華人が海外の発展の様子を中国大陸に伝えてくれると思われたことだった。

一九五〇年代初頭、海外に親族を持つ中国人の多くが、土地や仕事を失い、命を落とす者さえいた。生き残った人々の多くも、文化大革命の間に再び攻撃を受けた。海外に住んでいる華人の一部にとって、中国に残っていた彼らの親族に残忍な仕打ちを加えた中国の共産主義者たちは、決して許すことのできない存在であった。しかし、親族がそれほどひどい仕打ちを受けていなかった場合、中国の故郷の村に貢献しようと応じる者も出始めた。建物や医療施設に彼らの名誉をたたえる名前が付けられることで、そうした努力も見返りを受けた。また、海外に住んでいる親族の中には、中国にビジネス・チャンスを見いだす者も出始めた。鄧小平の訪問の数週間前の一九七八年一〇月、古傷を癒やすための高位指導者の取り組みとして、廖承志《りょうしょうし》が四人組のかつての「華僑政策」に対する大がかりな批判に着手した。華人を迫害に追い込んだこれらの政策が、もともとは毛沢東のものだったと認めるにはまだ時期尚早だった。しかし廖が以前の間違った政策を批判してくれたおかげで、新しい一章を記し始めようとしていた鄧やその他の幹部たちも、過去の恐ろしい出来事から距離をとることができるようになった。

鄧小平はまた、中国にいてひどい扱いを受けてきた海外華人の親族たちに、国家として償いをする努力をした。海外にいる人々の中には、かつて差し押さえの対象となった自宅に呼び戻され、住むことができるようになった者もいた。それが難しかった場合でも多くの人が、失った職業や財産の代わりにもっとよい仕事や住居、もしくは子供の修学の機会を与えられ、なんらかの補償を受け取った。鄧は、疑念はすぐに晴れないが、物事を長期的にとらえ、自分が華人に対して新しい政策をとれば、それは自分が最高指導者でなくなった後も続くだろうと考えていた。鄧は海外に住む華人とも、そして彼らが居住する東南アジア諸国の政府とも、よい関係を維持したいと考えていた。マレーシアのように華人と居住国の政府との対立が特に深ければ、中国が華人への公平な扱いを求めて立ち上がるのは難しかった。しかし、中国はベトナムとよい関係になかったため、ベトナム政府が華人を包囲したり、収容所送りにしたり、迫害したりして、推定一六万人を同国から駆逐したときには、大声で不満を言うことができた[69]。

鄧小平の東南アジア訪問で中国は、東南アジアにいる華人に対し、ますます居住国への忠誠を奨励することになった。鄧の東南アジア訪問から二年以内に、革命的なラジオ放送への支援は止められた。中国共産党も中国政府も、東南アジアで実際に政権を担っている政府および政党と、協力を推進するようになった。こうした変化は、中国共産党の国内的な性質が革命党から執政党へと変わるのと軌を一にしていた。「海外華僑」という表現は、外国に住んでいる華人が結局のところ中国系だということを暗示していたため、これさえも徐々にあまり用いられなくなった。代わりにこうした人々は、公的には「中国系マレーシア人(あるいはタイ人、シンガポール人)」と呼ばれるようになったのである。

鄧小平の東南アジア訪問によって、この地域の政府との関係を改善していこうとする取り組みは加速した。インドネシアとシンガポールが中国との関係を正常化した一九九〇年までに、中国は東南アジアのすべての国との間で、政府、ビジネス、そして文化のレベルで関係をしっかりと構築していた。このころまでにすべての東南アジア諸国は、大陸中国との貿易の経済的メリットを認識するようになり、また中国系の先祖を持つ人々は、中国にも彼らの居住国にも利益をもたらす潜在的な仲介役として、肯定的にとらえられるようになっていた。

問題解決を通しての変化

ベトナムのカンボジア侵略の決意に対する鄧小平の反応は、彼の時代に起きた様々な変化のプロセスを映し出している。実利主義者である鄧は、新しい問題に直面すると、最初は関連する問題を理解しようと努力し、それからようやくなにをするかを決めた。自分の行動が新しい問題群を作り出してしまった際には、彼はそれらに一つひとつ対処していった。ソ連とベトナムの拡張主義に脅威を感じたとき、鄧は中国軍の反撃の準備を始めたが、中国軍の欠陥が深刻だということがわかると、彼は中国軍のパフォーマンスを向上させることに注意を向けるようになった(中国の対越戦争の説明については、第18章を参照)。ソ連とベトナムの脅威への対応策を考慮した際、彼は近隣の東南アジア諸国との協力が早急に必要と認識し、関係強化のためにこれらの国々への訪問を準備した。しかし、いったんそれらの国々を訪問すると、今度は彼らからの協力を得るためには、まず現地の革命派に対する中国の支援を停止し、そして華人に居住国への忠誠を示すことを奨励しなければならないとわかった。これまでにないほど拡大するソ連とベトナムの脅威に対抗しながら、四つの現代化の達成に必要な支援を獲得するため、鄧はソ連に対抗する能力を備えた二つの大国、すなわち日本とアメリカとの関係をも強化しようとした。

第10章　日本への門戸開放——一九七八年

一九七八年一〇月の日本への旅で、鄧小平《とうしょうへい》はソ連とベトナムの拡張に対抗するために、なんとかして日本の協力を取り付けようとした。それだけでなく彼は、四つの現代化に対して、アメリカという例外が可能性として存在してはいても、日本以上に協力的な国はないことも知っていた。日本は先進技術と効率的経営システムを持っており、中国にとって多くの学ぶべきものを具えていた。どうやって成長を加速し、先進的工業を拡大していくか、そしてどうやって規制ずくめの経済からより開かれた経済へ移行していくかについて、多くの経験を重ねていた。しかも日本は、地理的に近かった。そして多くの日本人が、中国に対してはもの惜しみをすまいという気持ちを持っていた。日本と協力関係を築くには、中国が安定しており、責任あるパートナーになる覚悟があることを日本に確信させなければならない。そのことを鄧小平は熟知していた。加えて、かつての敵と手を結ぶことに対する、中国の民衆の反発を克服しなければならないこともよく知っていた。

鄧小平が日本を訪問したとき、彼に随行した中国の撮影隊は常にあるイメージを追いかけた。中国の民衆にはびこる戦前日本の固定観念を根底から覆すような、新生日本のイメージをとらえようとしたのである。彼らが撮った映像は、最新の工場や新幹線、そして中国からの客人を心から歓迎し、中国への心からの協力を表明する平和愛好的な日本人の姿を伝えた。こうした日本人のイメージを伝えることは、決定的に重要であった。それは、日本人への憎悪に染まった中国の民衆が、日本人を客人として、雇用主として、そして教師として受け入れられるようになるための不可欠な前提条件であった。そしてこの前提条件の実現は、日本人に資金と技術、そして経営管理の技術を中国に提供させるのと同じくらい、達成が困難であった。日本は一八九四年から九五年までの日清戦争で台湾を植民地として奪って以来、一貫して中国の敵であった。第二次世界大戦の恐怖を自らの記憶として思い出すことができるのは、一九七八年の時点で四〇歳以上の中国人だけだった。しかしすべての中国人が、三〇年もの間、学校や職場の拡声器ががなり立てる報道や演説を通して、日本軍が戦争中に行った残酷な行為を知っていた。愛国心をかき立てるうえで、第二次世界大戦時の日本の残虐行為を記憶に焼きつけることほど、効果的な宣伝はなかった。

徹底した合理主義者である鄧小平個人にとっては、国益を冷静に評価し、それに従って行動することは何の困難もないことであった。若いころ、彼は日本や他の外国の帝国主義者を公然と非難したこともあった。しかし彼は、責任ある立場に上がっていくにつれて円熟味を増し、国益の変化を見きわめるようになった。自分の利益をどこまでも追求しようとする帝国主義者や帝国主義国の本性に対し、彼は何の幻想も抱いていなかった。そして彼らと仕事をするときには、頑固に中国の国益を守った。だが一九七八年には、日本もアメリカもソ連の拡張傾向に警戒の必要を感じ、中国をソ連から引き離すことを重視していた。そして、それが鄧に好機を与えてくれた。

鄧小平にとり、中国の熱狂的愛国者に日本人から学ぶべきであると説くのは、政治的勇気と決断を要することであった。しかし幸いなことに、筋金入りの反共主義者として定評のあったニクソン大統領が、かつての敵、共産中国と関係を打開できる政治的基盤を持っていたのと同様に、鄧もまた日本と八年間戦った兵士として、日本との関係改善に勇気ある一歩を踏み出すことができる強い政治的基盤を持っていた。

鄧小平は日本訪問の前に、そのための地ならしとして、まず日本との条約を交渉しなければならなかった。毛沢東と田中角栄首相が両国の関係を正常化した後、両国は貿易、海運、航空、漁業に関する四つの協定を結んだ。しかし多くのことが未解決のままであり、より緊密な日中関係に向けた政治的基礎を打ち固めるためには、新たな二国間条約が必要であった。

日中平和友好条約

鄧小平が一九七七年半ばに復活したとき、日中関係を補強するための条約交渉はだらだらと四年もの時間を空費していた。主な障害は、中国の求めた反覇権条項に日本が消極的だったことにある。反覇権条項は、両国が地域での覇権を求めないこと、そしていかなる国の覇権を確立しようとする試みにも反対することを規定していた(1)。当時の中国外交の文脈からすると、その条項の狙いが日本をソ連から引き離すことにあったのは明らかだった。中国側の交渉者は、反覇権条項がソ連を怒らせることを知っていた。日ソ関係は七六年九月、ソ連のパイロットがその空軍機を北海道へ操縦し、亡命したことでさらに悪化した。アメリカとともに機体の性能を分析した日本は、ソ連に機体を返還することを拒絶した。しかし、日本は当時、国境の外で軍事的に戦うには十分な能力を持たない通商国家であり、いかなる国とも過度に敵対することを避けていた。七三年の石油危機以降は、相手が豊富な石油埋蔵量を持つ国であればなおさらのことであった。

日中国交正常化交渉の中で、中国側は両国が日中戦争を正式に終結させる平和条約を交渉することを提案していた。しかし日本は、中国政府を代表する台湾の蔣介石《しょうかいせき》との間ですでに平和条約を結んでおり、それが大陸と外交関係が樹立されるまでの間は有効である、と答えた。周恩来《しゅうおんらい》は子々孫々に至る平和で友好的な二国間関係を打ち立てるために、平和友好条約を結んではどうかと再提案した。日本はこの提案を歓迎した。国交正常化の共同声明において、日中平和友好条約を締結するための交渉を開始することが明記された。しかしこの取り組みは、七七年まで問題の解決につながらなかった。北京は東京をソ連から引き離して自分の陣営に引き寄せるべく努力を重ねたが、モスクワは東京がそのような条約を北京と結べば日ソ平和条約は締結しない、と東京を脅した。田中角栄の後を継いだ三木武夫首相は七五年六月に、もし反覇権条項が単なる普遍的原理に過ぎず、特定の国に向けられたものではないことに北京が同意するのであれば、日本はそれを受け入れる用意があることをほのめかし、中国に譲歩した。しかしそれでも中国の指導者は、いかなる外交的譲歩もしようとはしなかった。鄧小平は国内でも国外でも時間のかかる民主的プロセスにうんざりし、問題解決に素早く動きたいと考えていたが、国内の政治的困難の中で日本との協力を辛抱強く続けた。

膠着状態が続く中、一九七七年の九月と一〇月に、鄧小平は条約締結の可能性を探るため親中派とみられていた幾人かの日本の政治家を迎えた。[2] その中には二階堂進や河野洋平が含まれていた。その間、日本では、中国とより緊密な接触を望むさまざまな業界団体や地方組織が、この条約を締結する方法を見いだすために、政府により柔軟性を求める運動を展開していた。[3] 聡明で大蔵官僚出身の福田は「福田ドクトリン」を掲げて東南アジアの近隣諸国に援助を供与し、そのことでアジア諸国の指導者から称賛を受けていた。福田は七七年一一月二八日に内閣を改造し、外務大臣に園田直を指名した。園田は中国の「古い友人（老朋友）」であり、中国と条約を締結できる可能性が最も高い政府高官となった。[4] 福田は条約締結の障害となっている問題を解決するために、園田に黄華《こうか》外交部長との交渉を進めるよう指示した。[5]

一九七七年暮れから七八年七月半ばまで、条約案文の詳細についてほとんど途切れることなく交渉が持たれたが、反覇権条項がどうしても折り合えない膠着点として残った。しかし、三月に入って進展の兆しが見えた。日本側は、注意深い言葉遣いでの微妙な変更を検討する用意があることを示唆した。[6] この条約がいかなる第三国に対しても向けられたものではないという折衷条項がもし加えられるならば、ソ連はそれを容認するだろうと日本側は考えたのである。

一九七八年七月二一日、鄧小平の指導の下に本交渉が始まった。両国政府はこの日、第一回交渉を開始し、その後一四回におよぶ交渉でさまざまな草案を交わした。八月初めには、北京の日本側交渉者は中国側が折衷案の第三国条項で譲歩をするに違いないとの見通しを持つに至った。この第三国条項は、後に園田外務大臣が自ら北京に赴き、直接交渉することになるものであった。日本側の条約局次長東郷和彦が後に報告している通り、このとき鄧は明らかに「政治決断」を下したのである。交渉中の黄華外交部長が日本側の文案を受け入れた際、「われわれはうれしくて、テーブルの下で上司と堅く握手を交わしたほどだった」とも東郷は述べている。第三国条項では、「この条約は、第三国との関係に関する各締約国の立場に影響をおよぼすものではない」と表現されていた。[7] こうして条約は北京で、一九七八年八月一二日に黄華と園田との間で調印された。[8]

八カ月以上におよぶ交渉の末に、なぜ鄧小平は突如外交的行き詰まりを打開し、日本側が条約に第三国条項を盛り込むことを容認したのだろうか。彼は現代化に着手しようと急いでいた。だがそのとき、ベトナムでの紛争の見通しは、事態が急であることを告げていた。彼は迅速に動かなければならなかった。その二週間前の七月三日、中国政府はすべての中国人技術顧問をベトナムから引き揚げることを宣言していた。そのときまでに、彼はベトナムがカンボジアを侵略する可能性が高く、もし実際にベトナムが侵略すれば、中国はこれに対抗せざるをえなくなると判断していた。そうなった場合でもソ連の紛争介入意欲を削ぐため、鄧はアメリカや日本などの主要国との関係を可能なかぎり早急に強化しておこうとしたのである。たしかにソ連は日本の条約締結に腹を立てたが、予測された通り、第三国条項があったために彼らはそれを甘受した(9)。

平和友好条約は北京で締結されたため、その批准書交換式典のために中国の高位指導者を日本へ送る必要はなかった。中国が高位指導者を日本に送ることは、一九七二年の田中の中国訪問への返礼として望ましかったが、六年もの間、中国の指導者は誰も日本を訪れていなかった。鄧小平が島国日本を訪問する条件は、明らかに整っていた。

劇的成功を収めた鄧小平の訪日——一九七八年一〇月一九日〜二九日

第二次世界大戦後の最初の六〇年間に、雷のような衝撃を日本の民衆に与えた外国の指導者が三人いた。彼らはたった一度の訪日で、各国に対する日本人のそれまでの見方を一変させた。一九六〇年代の初め、ケネディ大統領の弟ロバート・ケネディが、率直かつ活発な議論に満ちた公開討論で学生と一般市民のグループを魅了した。それまで日本の民衆は外国の指導者との間でそのようなことが可能だとは思ってもいなかった。ロバート・ケネディのバイタリティ、すがすがしく若々しい理想主義、全世界の人類のために奉仕したいと言う真摯な願い、そして他者の見解に対する彼の明らかな敬意が、民主主義の最上の姿に対する日本人の思い入れを深め、アメリカ人に対する好意を揺るぎないものにしたのである。(10)

三〇年後の一九九八年、もう一人の外国の指導者、韓国の金大中《キムデジュン》大統領が同様に深い印象を日本人の中に刻んだ。彼はそのとき、二五年前の七三年に手を差しのべて自らの命を救ってくれた日本人たちに感謝を表明した。金は東京に滞在中、ＫＣＩＡに誘拐され、小さなボートに閉じ込められて海に沈められるところだった。彼は勇敢な救助隊がいなければ助からなかった。韓国人の心の奥底に刻まれた日本に対する強い敵意を克服するために、誰の目にも明らかな親しみを込めて金が日本語で語りかけたとき、彼は聴衆の心をとらえた。韓国と日本は後ろを振り返るのではなく、前を向き、平和と友好の未来だけを見つめるべきだと訴えたのである。その数カ月後に行われた世論調査では、日本と韓国の双方が、相手に対してそれまでよりずっと肯定的な態度を示した。

日本人に深い感動をもたらしたこれら二人の指導者の訪日の間に日本を訪れた鄧小平も、彼らと同じく深い印象を人々に残した。中国と、これに隣接する島国日本の二二〇〇年におよぶ交流の中で、鄧は日本に足を踏み入れた中国の最初の指導者であった。彼はまた、初めて天皇に拝謁した中国の指導者でもあった。(11) 鄧が二〇世紀の一時期に起きた不幸にもかかわらず、二〇〇〇年にわたって営まれてきた両国の良好な関係を強調し、将来にわたる友好関係への期待を述べたとき、その言葉は日本人の心を強く打った。それはとりわけ、自国の侵略によって中国の民衆に与えてしまった途方もない惨禍を深く胸に刻み、そのことを深く悲しみ、友情の手を差し伸べたいと強く願っていた日本人たちの心の琴線に触れた。鄧は和解の精神で訪日し、平和で善意に満ちた新たな時代を両国の国民がともに切り開けるのだという希望を携えてやって来た。第二次世界大戦が始まってから三〇年もの時を経て、ようやく癒やしの時が来たことを、多くの人々が実感した。

鄧小平の訪日の間、多くの日本人が中国に与えてしまった苦痛に対して遺憾の意を表明した。そして日本の政治指導者たちも、そのような悲劇を二度と繰り返さないことを誓った。鄧は恐ろしい罪状を逐一明らかにせよとは求めずに、彼らの謝罪を受け入れた。多くの日本人にとっては、さまざまな領域で中国の現代化を助けることが、中国の繁栄に貢献するだけでなく、自らの悔悟の念を表す道でもあった。そうした行動自体が、両国の平和共存の可能性を高める道だったのである。

当時、日本では、ほぼすべての家庭にテレビが行き渡っていた。指導者が国を代表して鄧小平に謝罪するテレビの映像を通じ、日本全体が中国への深い謝罪の真情を共有した。中国ではテレビはまだ普及していなかったが、日本の工場を訪問する鄧の姿を映した映像や写真を通して、中国の民衆は日本人が鄧に対して示した温かい歓迎ぶりを知ることができた。それと同時に、日本の先進技術を目の当たりにした彼らは、中国が実際にはこれほど後れていたのかという思いをかみしめたのであった。

一九七四年と七五年当時、鄧小平は外国の指導者を接遇する任にあったが、そのころ彼が迎えた賓客のうち、最も多かったのが日本からであった。これら日本の代表団との交流を通して、日本人は出身階層に関わりなく、中国文化に親近感を持っていることを彼は理解していた。日本で彼を迎えた人々は、日本文化の源泉としての中国に対して繰り返し感謝した。日本の仏教、文字、芸術、建築物、特に彼らが日本の伝統的な心とみなす奈良や京都の古い建築、それらすべての源である中国に対し、鄧に感謝を表明したのである。一〇日間の滞日中に、鄧はあらゆる階層の人々に会った。政府の指導者、与野党の議員、財界の代表、地方の一般市民、そして報道関係者などである。一九七三年から七五年にかけて、そして七七年から七八年にかけて彼が北京へ招いた人々の多くが、今度は彼を客人として迎えてくれたのだった。それまでに会ったことのある人に対して中国人がみなそうするように、鄧は彼らを「古い友人」と呼び、再会の喜びを伝えたのである。

鄧小平が日本に着いたのは一九七八年一〇月一九日で、そのとき彼はまだ最高指導者になっていなかったが、中国を代表する人物として早くもてなされた。[12] 日本での鄧の日程には片時の空白もなかった。かつて軍を指揮していた鄧は、厳しい行動規律と時間管理を重んじてきただけに、自らの訪問に対してホストたちが心を砕いた配慮の細やかさに、深く心を動かされた。彼らは日本の工場の品質管理担当エンジニアのように、鄧の日程にこれ以上ないほど細心の注意を払った。

一〇月二三日の朝、福田赳夫首相と四〇〇〇人の日本人が鄧小平を迎賓館に迎え、日中平和友好条約の批准書交換式典が正式に執り行われた。東京に大使館を構える主要二八カ国の大使が式典に出席したが、中国側の要請に基づき、ソ連大使は招かれなかった。[13]

式典の後、福田首相との会見で、鄧はパンダ印のたばこを取り出して周囲に勧め、その場の雰囲気を和ませた。「何年もの間、私は日本を訪問する機会を探し求めてきましたが、ついにそれが実現できました。首相の知遇を得る機会を得られ、光栄です」と鄧は言った。福田は「中国と日本の間の、一世紀近く続いた不正常な関係は終わりました。条約の目的は日中両国の間に永遠に平和で友好な関係を作り上げることです。条約の締結は鄧小平副総理の決断の結果にほかなりません」と応じた。福田が、自分は戦前の中国を知っているだけなので、いつかもう一度中国を訪問したいと述べたとき、鄧はただちに「中国政府を代表して、私は首相がご都合のよいときに中国を訪問されるようお招きします」と答えた。福田はその場で招きに応じ、「必ず中国を訪問します」と述べた(14)。福田が両国の関係強化について語ったとき、鄧は笑いながら「日本がこんな貧乏人［中国］を友人にしてくれるなんて、本当に素晴らしい」と述べた(15)。

園田外相と黄華外交部長が正式な批准書に署名し、交換すると、鄧小平はいきなり福田を強く抱きしめた。福田は一瞬たじろいだが、すぐにわれに返り、それが親善の気持ちの表れであることを理解した（鄧は他国の共産主義の同志に対しても同じことをしただろう）。平和友好条約は、「政治、経済、文化、技術などの交流を通して、アジア・太平洋地域の平和と安全に積極的な影響をもたらすでしょう。……友好関係と協力は一〇億の中国人民と日本人民の共通の願いであり、歴史の潮流の向かうところです。……両国人民を代表し、子々孫々に至るまで友好を続けましょう」と鄧は宣言した(16)。

来日中、鄧小平は皇居で天皇陛下と二時間にわたって昼食をともにした。天皇が訪問客と自由に話せるようにするため、会談の内容は記録しないことになっている。しかし、鄧は後に二人の会話が素晴らしいものであったと伝えた。陪席した黄華は、鄧が「過去のことは過去のこととして、将来に前向きになって、両国間のあらゆる分野で平和で友好的な関係の発展に励まなければならない」と述べたとしている。黄華は特に天皇の述べた「不幸な出来事」という表現に言及し、これが「中国の人々が受けた戦争の惨禍に対する間接的な謝罪であった」と伝えている。天皇も鄧も、両国が今や子々孫々にわたる平和な友好関係に努めていくべきとの考えを表明したのである(17)。

その日の午後、鄧小平は福田首相と一時間半におよぶ会談を行った。福田はその後、一〇〇名にも上る政財界、学界の著名人が出席する歓迎宴を主催した。その中には自由民主党幹事長大平正芳、元外務大臣の藤山愛一郎、そして後に首相に上り詰める中曽根康弘が含まれていた。歓迎宴での挨拶で、福田は両国間の二〇〇〇年にわたる緊密な関係を振り返り、「今世紀において両国は不幸な関係に陥りました」と述べた。そこで彼はスピーチ原稿を離れ、「これは真に遺憾なことでありました」と付け加えた。それは中国人が謝罪と受け取れる言葉だった。福田はさらに続け、「このようなことは二度とあってはなりません。平和友好条約はまさにそのためのものであります。そしてこれはお互いへの誓いであります」と述べた。[18] 鄧はこれに対し、「両国は不幸な時期を歩みましたが、それは二〇〇〇年の良好な関係の中ではほんの一瞬にすぎませんでした」と応じたのであった。[19]

鄧小平は歓迎宴の主催者に訪日の三つの目的を説明した。第一は日中平和友好条約の批准書交換のためであり、第二は過去、数十年間にわたって日中関係改善のために貢献した日本の友人に感謝の意を表すためであり、第三は徐福のように「不老不死の秘薬」を見つけるためであると述べた。会場は笑いに包まれた。彼らは二二〇〇年前、秦の始皇帝のために不老不死の秘薬を求めて日本に渡った徐福の伝説をよく知っていたからである。鄧はさらに説明を続けた。彼が探しに来た「秘薬」とは、現代化を達成する秘薬のことだった。彼は先進技術と経営管理を学びたいと言った。善意に満ちた冗談がそれに続いた。公明党の竹入義勝委員長が、最高の秘薬は良好な日中平和友好条約ですよ、と応じたのである。[20] その後、鄧が京都の二条城を訪れたとき、案内役は、「閣下がここでご覧になられたすべての文化は、中国で学んだわれわれの祖先が持ち帰り、その後徐々にわが国独自の形になっていったものです」と説明した。これに対して鄧はただちに、「今ではわれわれの［師弟］関係は逆転していますね」と応じた。[21]

中国における自らの権威に対する自信と、日本で会う友人たちとの気安さから、鄧小平はくつろぎ、その自然な魅力と飾り気のなさが人々に伝わった。群衆が彼を一目見ようと集まると、鄧は自分の言葉が聴衆の琴線に触れていることを感じとりながら、政治家として生き生きとした話術で聴衆を魅了した。

鄧小平の日本に関する主な指南役は廖承志《りょうしょうし》であった。彼とは北京で何年にもわたり、日本や香港、海外華僑問題に関してともに仕事をしてきた。鄧より四歳若い廖は、日本人の間で圧倒的な人気があった。彼らは廖が日本で生まれ、小学生時代を過ごし、早稲田大学にも留学し、何十年もの間、北京を訪れる日本人のホスト役を務めてきたことを知っていたからである。廖の父親の廖仲愷《りょうちゅうがい》は、一九二五年に政敵に暗殺されるまで、孫中山《そんちゅうざん》の有力な後継候補の一人だった。廖承志も鄧と同じように長征に参加し、四五年に中央委員会の候補委員になった。日本に関する直感的理解、個人レベルの緊密な交友関係、中国国内での高い政治的地位の面で、後にも先にも廖承志の右に出る中国人指導者はいなかった。彼は鄧の日本訪問にとって、完璧な指南役であった。

鄧小平は日本の先進的工場を視察したとき、高い技術には効果的な経営管理を必要とすること、そして、効果的な経営管理は全体的な国家システムに関連していることを意識した。彼は日本の経験に学びたいと言った。政府が統制していた第二次世界大戦中の閉鎖経済から、一九五〇年代によりダイナミックな開放経済に移行した日本の経験に、強い興味を示したのである。彼は、日本政府が社会主義的計画の硬直性を避けながら、日本の現代化を率いるために中核的役割を果たしたことを知っていた。それだけでなく、彼はいくつかの工場や公共交通、そして建設プロジェクトなどで見た先進技術にも引き付けられた。彼はそれらの先進技術と先進的管理を中国に導入する方法を、何としても探し出そうとした。そして日本の経済人、特に戦前または戦時中を中国で過ごした人々も、中国に対して物惜しみしない覚悟を決めていた。

鄧小平は田中角栄元首相、衆議院議長の保利茂、自由民主党幹事長の大平正芳を表敬訪問し、その足で国会での歓迎式典に臨んだ。田中はロッキード事件で自宅拘禁中であり、多くの日本人が彼を避けていた。にもかかわらず、鄧はたっての希望で田中の自宅に向かった。そこで彼は、日中関係の改善のために、古い友人たちが果たした貢献に感謝を表明することが、彼の来日の目的の一つだと述べた。彼は田中元首相が日中共同声明に署名して両国の友好関係を前進させたことに感謝の意を示そうとしたのである。[22] 鄧は田中が訪中したとき、自分はまだ「桃源郷」にいたが（江西省への追放を指す）、「両国の関係における閣下の役割を、われわれは忘れることはできません」と述べた。そして、鄧は国賓として訪中するよう田中を正式に招請した。その日遅く、田中は記者に向かって、日中平和友好条約の締結による日中の提携は、明治維新以来、最大の慶事であると語った。田中は今まで会ったすべての外国指導者の中で、最も偉大な印象を受けたのは周恩来だったと述べた。そして「今日、鄧小平さんにお会いして、周恩来さんと会ったときとまったく同じ感覚を覚えました」と語った。[23]

一九五〇年代、六〇年代に中国との橋渡し役を担い続けた日本人のほとんどが、七八年を待たずにすでにこの世を去っていた。一〇月二四日の夕刻、鄧小平と妻、卓琳《たくりん》は、まだ存命の人々や遺族たちを赤坂の迎賓館へ招いた。その多くは困難な時代に中国との関係保持に腐心した、今は亡き政治家たちの未亡人や子供たちであった。鄧は一人ひとりを直接訪ねる時間がなかったことを詫び、一九一七年から一九年まで日本に住んだ周恩来と同様に、「井戸の水を飲むときは、井戸を掘った人の苦労を忘れることはできない」と日本の友人たちに伝えようとした。そして彼はさらに述べた。国交がまだ正常化されていないときから、こうした方々は正常化が果たされる日が必ず来ると信じていた、たとえ、今日の喜びを分かち合うことはできなくても、その努力が忘れ去られることはない。その名前は両国の友好の歴史に永遠に記録され、両国関係をさらに前進させていくだろう、と。[24] 鄧はさらに続け、こうした方々はその未亡人や子供たちを含め、みな中国の友人であり、「両国人民の友好は子々孫々まで受け継がれる」という確信を中国人に与えてくれていますと述べた。そして鄧は彼らに、何度でも中国を訪問してくださいと言った。[25] 多くの人々の目から涙がこぼれ落ちた。

その日の午後、日産会長の川又克二が一時間におよぶ鄧小平の座間工場見学に随行した。ここにはロボットが導入されたばかりで、おそらく世界で最も自動化の進んだ自動車生産工場であった。生産ラインを見学し、鄧はこの工場が一年間に一人あたり九四台の車を生産していると聞くと、それは中国最高の長春第一汽車製造廠より九三台多いと答えた。日産座間工場の見学を終え、鄧は「現代化とはどういうことか初めてわかった」と語った。[26]

次の日、鄧小平は再び福田首相と会い、日本の経済界の総本山といわれる経団連の主催する昼食会に出席した。夕刻近くには日本記者クラブで記者会見に臨み、日本に住む中国系の人々と会って宴席を設けた。経団連の昼食会には三二〇人もの主だった企業経営者が出席し、エリザベス女王の来日に際しての出席者三〇〇人というそれまでの記録を塗り替えた。[27]

中国では、鄧小平は記者会見を開いたことがなかった。しかしその日、鄧は中国共産党指導者として文字通り初めて、西側風の記者会見を開いた。四〇〇人もの報道記者が日本記者クラブに集まった。鄧は覇権を追い求める国々の危険性と、これに対抗するための日中提携の重要性から話を説き始めた。しかし、鄧は日本の厳格な中立感情を十分わきまえており、中国は国際問題を平和のうちに解決することを望んでいると強調した。事実、中国の現代化を進めるためには平和な国際環境が不可欠であった。ここで彼は質問を促した。ある記者が尖閣諸島の領有権について質問すると、その場は緊張に包まれた。しかしこれに対して鄧は、中国と日本は異なる見解を持っており、島の呼び名も違っている、この問題はわれわれの世代よりも賢い次の世代に解決を委ねるべきだと答えた。記者たちは明らかにほっとした様子で、鄧の賢明な回答ぶりに感心した。最後に毛沢東が文化大革命期に中国にもたらした災厄について問われると、鄧は「それは毛主席だけの過ちではなく、われわれすべての過ちです。われわれの多くが過ちを犯しました。われわれは経験不足で、判断力も足りませんでした」と答えた。そして、「われわれはとても貧しく、とても後れています。われわれはそのことを自覚しなければなりません。われわれがなすべきことは多く、前途はほど遠く、学ぶべきことは山ほどあります」と付け加えたのである。(28)

四つの現代化について答えたとき、鄧小平は二〇世紀末までに突破すべき目標を定めたと明らかにした。この目標を達成するために、中国は正しい政治情勢と正しい政策を必要としていた。彼はさらに続け、中国人は、「顔が醜いのに、美人のようにもったいぶってはいけないと思います」、「正直に後れていることを認めることに、希望があると思います。……私たちは［日本を含めた］発展しているすべての国々に教えていただきたいと思います」とすら言明したのである。日本訪問の印象を聞かれたとき、彼は素晴らしいもてなしに感謝を表明した。彼は天皇陛下をはじめ、日本の経済界やあらゆる階層の人々に丁重な歓待を受けたと述べた。そして、福田首相と素晴らしい会談が持てたことに言及し、日中の指導者は毎年会うべきであると言った。その訪問は短かったが、日中両国の友好関係が永遠に続くことを彼は強く願った。それはまさに日本国民のすべてが聞きたいと願っていたメッセージであった。彼が話し終わると会場は総立ちとなり、記者たちの鳴りやまぬ拍手が数分間も会場に響き渡った。(29)

共産党の指導者が、初めての記者会見でどうやってこうした成功を収めることができたのだろうか。一つには、さまざまな問題を多様なグループに説明してきた鄧小平の中国での長い経験に答えがあるだろう。しかしそれだけでなく、彼の成功は、日本をめぐる諸問題と日本人の物の見方に精通していたこと、中国の政策について語る自信と中国の欠点を認める率直さ、誰の目にも明らかな日本への好意、そして軽快で個性的な話しぶりによってもたらされたものである。加えて、鄧の日本訪問は歴史的瞬間だという認識が記者会見の出席者には広く共有されていた。日本国民は、過去の不正義に対して謝罪し、中国の現代化に手を差し伸べることを堅く誓って、鄧の来日が日中両国の平和で友好的な新時代の幕開けとなることを望んでいたのである[30]。

その翌日、新日鉄の会長で、日中経済協会の会長である稲山嘉寛が、当時まだ中国では知られていなかったホバークラフトで東京港から君津製鉄所へ向かう鄧小平に同行した。君津製鉄所は自動化の最も進んだ製鉄所で、ここだけで当時の全中国の鉄鋼生産量の半分を生産していた。工場設備の視察を終えた後、鄧は即座に君津と同じ製鉄所を中国に建設したいと表明した。しかし実際には、君津をモデルとした宝山製鉄所の建設計画は、鄧が復活する前からすでにその形を見せ始めていた。

東京から鄧小平は、弾丸列車と呼ばれた新幹線に乗り、京都とその近くの奈良、大阪を訪れた。関西地区のホテルで鄧が宴席の前を通りかかったとき、白無垢《しろむく》の衣装に身を包まれた美しい女性の姿が目に入った。鄧小平はなにが行われているのかと尋ね、結婚式が行われていることを知ると、見せてもらってもよいかと訊いた。新郎新婦は自分たちの結婚式が国際ニュースに流れることを知り、鄧との写真に喜んでポーズをとった。見物人は大いに喜んだ。

鄧小平は八世紀から栄えた京都を訪れた。その都市計画、芸術そして建築は、唐時代の都・長安をモデルとしていた。そこで彼は京都府知事、京都市長、そして地域経済界の主だった人々に会った。京都からは特別列車で奈良に向かった。奈良もやはり中国をモデルとした都市であり、京都よりもさらに古い都であった。奈良で彼は、八世紀に建てられ、後に南宋様式で再建された東大寺を訪れ、奈良市の幹部と昼食をともにした。

古都の奈良を後にした鄧小平は、大阪にある松下電器産業の最先端技術を用いた工場を訪ねた（同工場はパナソニックおよびナショナルのブランドで製品を生産していた）。そこで彼は松下幸之助に会った。松下は一九二〇年代に自転車用の電灯を作る一介の労働者から身を起こし、鄧が工場を訪問したときまでに自社を世界的な電子機器メーカーに成長させた立志伝中の人物であった。他の経済界の指導者と同様に、松下は日本が中国にもたらした巨大な惨禍に対し、深い自責の念を抱いていた。彼は良質で安価なテレビを中国で生産し、それまでテレビなどとても買えなかった一般庶民にも自宅で楽しんでもらって、中国の民衆の生活水準の向上に寄与したいという思いを持っていた。[31]

松下の工場で、鄧小平はカラーテレビだけでなく、ファックスや電子レンジが大量生産されている様子も見た。それらはいずれも中国にはまだ導入されていない製品であった。松下幸之助の評判を知っていた鄧は彼を「経営の神様」と呼び、中国にすべての最新技術を教えてほしいとしきりに求めた。松下は、鄧が明らかに周りの者から説明を受けていなかったことを伝えた。つまり、彼の会社のような私企業は自社の開発した技術によってもうけを稼ぎ出しているため、最新の企業秘密を引き渡すことにはどの企業も消極的だと言ったのである。にもかかわらず、松下の工場はその後、瞬く間に中国へ進出し、技術を中国人たちに教え、中国の一般民衆が買えるテレビを生産するという松下自身の夢を、一〇年間で実現したのであった。[32]

その夜、鄧小平は大阪府の幹部および高碕達之助の娘と夕食をともにした。鄧は高碕の貢献に対する敬意と感謝を伝えるために、娘との面会を申し入れた。彼女の父親は廖承志とともに貿易交渉に尽力し、一九六二年に「日中貿易に関する高碕達之助・廖承志の覚書」を締結する合意に達した。この覚書に基づいて両国にそれぞれの貿易事務所が設立され、七二年の国交正常化までの間、さまざまな制約を受けながらも日中貿易と記者交換が行われたのである。

ＮＨＫのテレビ報道は、工場訪問をする鄧小平の、気力にあふれ、鋭い観察力を持ち、自信に満ちた姿を伝えた。鄧は日本の優れた技術に強い関心を示し、きわめて熱心であったが、決して卑屈ではなかった。もし彼が過度にうやうやしい態度をとっていれば、外国の物に対して媚びへつらっているとの非難を受けていたであろう。鄧の反応は適切な反響を呼ぶものでなければならなかった。訪日中、記者が新幹線についてどう思ったか質問すると、鄧は完璧な回答をした。つまり、単に「本当に速い」と答えただけであった。鄧は中国のプライドを傷つけることなく、外国の技術の価値を認めたのである。

来日した鄧小平に日本の指導者たちが示した言葉や行動も、日本国民によい作用をもたらした。数十年後の若い世代でさえも、金銭上の些事やつまらぬ政治上の論争に明け暮れている後継者たちと違って、鄧を温かく迎えたこの世代の指導者たちを「大物」と評した。鄧を歓迎した福田首相、園田外務大臣、土光敏夫経団連会長、そしてビジネス面でホスト役を務めた稲山嘉寛や松下幸之助らの経済界の指導者たちは、まったく大胆な計画者で建設者であった。彼らは戦いに敗れて荒廃した国土を、十分な食べ物もないような状態から立ち上がらせ、一九七八年にはなお急速な成長を続ける力強い国家へとよみがえらせたのである。これらの年長のリーダーたちは第二次世界大戦を経験しており、日本がどれほどの恐怖を生み出してきたか個人として熟知していた。日本が中国にもたらした惨禍がとても償いきれるようなものではないことを、彼らは十二分にわきまえていた。しかし、だからこそ、彼らは次世代が平和のうちに生きることを願った。彼らは自社の利益を後回しにしてでも、自分たちの経験や革新技術を中国の現代化のために生かす覚悟を固めていた。鄧が中国を立て直そうとしたとき、彼が関係を構築し、多くを学んだのは、第二次世界大戦後の荒廃からの復興に挑戦した日本のこの世代の指導者たちだった。

鄧小平のビジネス上の主なホスト役を務めた稲山が、中国との商売を始めたのは、一九五七年の鋼材取引にまでさかのぼることができる。その後、彼が率いた八幡製鉄は、日中国交正常化が実現した七二年九月二九日のまさにその日に契約の引き合いを受け、武漢製鉄所を中国一の現代的な製鉄所に生まれ変わらせるために主要な役割を果たした。稲山の部下の中には、まったく新たな工場を新設するのではなく、時代後れのソ連式工場に自社の多くの技術を移転することに不満をぶつける者もいた。これに対して稲山は、武漢製鉄所を現代化できることはわれわれの喜びだと応じた。八幡製鉄が一九〇一年に最初の高炉に火入れしたとき、鉄鉱石は武漢から運ばれていた。その武漢に対して少しでもお返しができることが、稲山にはこの上もない喜びであった[33]。

稲山の「我慢の哲学」が部下から非難されたのは、これが初めてではなかった。他社や他国に対して自社の利益を犠牲にしてまで尽くすのは、あまりに気前がよすぎると思われた。もちろん、彼は自社が損することを望んだわけではなかった。しかし彼は、なにが世のためになるのかをとことんまで追究した。彼は製鉄技術の移転が、韓国と中国に利益をもたらすと確信していた。そして、他の国々へのそのような贈り物は、すべての国々が繁栄を共有できれば互いのためになるのだとの信念を抱いていた。彼は、日本人が「ブーメラン効果」と呼ぶ危険を喜んで冒そうとしていた。中国への技術移転は、将来安価な中国製品の流入をもたらし、国内の生産基盤を破壊すると懸念されていた。しかし彼は、中国の市場は中国製品を吸収する十分な大きさがあると自信を見せた。君津へ向かうホバークラフトの上で、稲山と鄧は同じ年生まれであることに話がおよんだ。稲山が鄧にどうやったらそんなに健康でいられるのかと尋ねると、彼は「一介の『チウパ』だったおかげでしょう」と答えた[34]（兵を丘と八に分解して「チウパ」［日本語読みでは「きゅうはち」］と発音し、「兵士」を意味した）。中国を手助けしたいと願った日本人に対し、鄧がいかに深く感謝していたか、稲山は後に回想している。

鄧小平は、今回の来日で中国の沿海地域に全面的に現代化された製鉄所を建設する計画が促進されることを期待していた。そうした計画が稲山と李先念《りせんねん》副総理との間で話し合われていた。鄧は、当時の世界最先進製鉄所だった君津で、最新の連続鋳造生産ラインやコンピュータ制御技術を目の当たりにした。それらはその後、上海北郊の宝山の地に建設された中国初の最新鋭製鉄所のモデルにほかならなかった。宝山製鉄所をうまく稼働させるために、中国人は日本人の手を借りて管理手法を習得しなければならない、と鄧小平は述べた。彼は半ば冗談めかして、「もし生徒がうまくやれなければ、先生の教え方が悪かったということでしょう」と付け加えた[35]。

来日後、「管理」という言葉が鄧小平にとってより深い意味を持つようになり、彼はそれをより頻繁に使うようになった（中国語の「管理」という言葉は日本語よりも概念が広く、ここでは「経営管理」や「労務管理」、「品質管理」を含む総合的概念として使われている）。彼は、西側では労働者は搾取されているという毛沢東時代の教えを信じて疑わない自国民に対して、現実はまったく異なっているのだということを語り聞かせた。日本人労働者は自宅を持ち、車を所有し、中国ではとても入手できない電化製品を持っている、と。訪日中、彼は事前に聞いて知っていたことがその通りだったと確認しただけでは満足しなかった。日本人はどうやって労働者一人ひとりの業務への献身と効率を最大化できたのかということを、どうしても学ぼうとしたのである。それこそが、彼にとっては「管理」であった。彼は日本への旅から、「われわれは管理をがっちりと掌握しなければならない。物をつくるだけでは十分ではない。われわれは品質を引き上げなければならない」と結論づけた。[36] 一世紀前、中国の愛国者は西洋の技術を取り入れる一方、「中国の精神」を保持することを主張した。西欧のやり方を学習するにあたり、鄧は二つのやり方で保守派の抵抗を弱めようとした。第一に、価値中立的な「管理」という用語を用いた。第二に、党に対する揺るぎない信念と忠誠を保持した。これら二つの方法で保守派の抵抗を減じることで、鄧は単なる科学技術よりもずっと大きなものの導入を図った。事実、鄧は、社会主義も先進的管理手法を用いることができるのだとし、共産党はそれを擁護する闘士になることすらできると論じたのである。

日本のメディアは、鄧小平の来日の成功と日中両国関係の強化を熱狂的に称賛した。中国での報道はより公式的で、抑制されていたが、メッセージの本質は同じであった。中国の民衆は鄧の訪日を伝えるフィルムや写真を通じて、最先進の工場とはどんなものかを理解すると同時に、中国がどれほど後れているのか、そして世界の水準に追いつくにはどれほどのことをしなければならないのかをはっきりと理解した。

訪日の成果

鄧小平の離日を前に、さらなる調査のための視察団が派遣されることになった。日本をより詳細に研究するために、北京、天津、上海から集められた主要な経済官僚からなる代表団の派遣が、ただちに手配された。鄧力群《とうりきぐん》が代表団の顧問を務め、中国国家経済委員会副主任の袁宝華《えんほうか》が団長を務めた。代表団は鄧の帰国からわずか数日後に日本に到着し、一カ月にわたって日本に滞在した。視察を終えた代表団は、経済の管理運営について日本からどのように学ぶことができるか大筋を明らかにした、積極的で期待に満ちた報告書をとりまとめた。

報告書は、それを読む共産党指導者たちのマルクス主義的思考回路に細心の注意を払って執筆された。それはマルクスによって描かれた初期資本主義に対し、日本が重要な改変を加えていたことを指摘した。日本の経営管理層は、労働者にインセンティブを与えて利益を稼ぎ出すことを賢く学んでいた。マルクスは搾取される労働者を目にしていたが、日本の労働者はより丁重な扱いを受け、ずっとよく働いた。代表団の帰国後、鄧力群は品質管理協会や企業管理協会を含む新たな協会設立の先頭に立った。それらはいずれも代表団が日本で視察した協会や組織をモデルとしていた。彼らが日本で学んだことを参考にして、各省の高級経済幹部の教育訓練プログラムが日本のいくつかのやり方を習得するために編制された。たとえば、生産コストを反映した価格の調整方法や、恣意的で強制的な計画ではなく市場の需要に応じた生産目標の設定方法、不良品の検品に頼らず生産プロセスそのものでの丁寧な作り込みによる品質管理の方法、製造過程の成否を判断する際に用いる指標についてなどである[37]。中国の工場は、日本的経営管理システムを学び、かつそのための教育訓練プログラムを確立することの重要性を強調する横断幕を高々と掲げた。

鄧小平は文化交流にも先鞭をつけ、日本の映画、物語、小説、そして芸術が中国に紹介された。たとえば、日本の映画は中国の観衆にも強い人気を博し、日本の一般民衆のありのままの姿に中国人の理解が深まった。こうした相互理解の深化が両国の経済的、政治的な関係拡大の堅固な基礎として不可欠であると、鄧にはよくわかっていた。このような鄧の働きかけの下で、日本人に対する中国人の態度は著しく好転した。

このように、鄧小平は日中間の健全な協力関係の基礎を打ち固めるために大きな前進を成し遂げた。彼の来日後、外国からの投資を制限した中国の調整政策によって、経済的関係の発展は三年間、低迷した。しかし鄧小平時代のほとんどの期間において両国は、もちろん若干の浮き沈みはあったが、一貫して良好な関係を保った。

事実、一九八〇年一二月には、日中関係は両国で最初の合同閣僚会議の開催にこぎつけるまでに発展した。[38] 加えて同じ月には、黄華外交部長が伊藤正義外相との間で海外経済協力基金（ＯＥＣＦ）からの優遇条件での長期借款に調印した。七九年から二〇〇七年までの間に、ＯＥＣＦは中国に対して他のどの国よりも多い合計二・五四兆円（〇七年の為替レートで約二五〇億米ドル）の資金を供与した。[39] 日本の製造メーカーが中国の至るところに工場を造った。そして、日本貿易振興機構（ＪＥＴＲＯ）が上海に事務所を開設し、日本企業の中での広いネットワークを活かし、さまざまなセクターで教育訓練プログラムを欲する中国の要請に応えたいと考える企業を見つけ出し、紹介した。鄧小平が国政の舵をとっていた歳月において、工業力の向上とインフラ建設を図る中国に対し、日本以上に支援の手を差し伸べ貢献した国はどこにもなかった。

第11章 アメリカへの門戸開放――一九七八年～一九七九年

鄧小平《とうしょうへい》は、政治局常務委員として正式に職務に復帰してから一週間後、一九七七年八月二四日の午後に、アメリカのサイラス・バンス国務長官と会談した。鄧は復活して数年内に実のあることを実現したいと考えていたが、この会談のタイミングは彼がいかにアメリカとの関係正常化を重視していたかを示していた。中国共産党主席で総理でもあった華国鋒《かこくほう》は、この会談の翌日にバンスと会見したが、アメリカ側は鄧に会うことが訪問の主な目的だったと考えていた。

ニクソンが一九七二年に訪中してから、中国はずっと早期国交正常化への期待を抱き続けていた。ところが、いつもアメリカの国内政治が障害となり、中国は五年間もじりじり待たされるはめになった。一八カ月間の強制的な引退生活から復帰したばかりの鄧小平は、正常化には特に強い意欲を見せ、バンスの訪中でその露払いができると期待を高めていた。ウォーターゲート事件は過去のものとなり、七七年二月にはジミー・カーター大統領がワシントンの中国代表事務所の黄鎮《こうちん》所長を呼んで会見していた。彼は黄鎮に、「正常化に向けて大きな動きが生み出されることを願っている」と述べ、コンサートか観劇に行かないかと誘いをかけたのである。(1) 加えて、鄧がバンスに会う直前には、アメリカ側の連絡事務所の新所長、レナード・ウッドコックが、北京で両国の関係正常化交渉にあたってほしいというカーター大統領の意向を受けて、現地に到着したばかりだった。

かつて周恩来《しゅうおんらい》と毛沢東《もうたくとう》がキッシンジャーやニクソンと会見して米中和解を行ったとき、双方をつき動かしたのはソ連の脅威であった。鄧小平がバンスと会った一九七七年にも、鄧を動かす動力になったのはソ連の脅威だった。しかし鄧は同年には、中国の現代化になにが必要かという問題も考え始めていた。彼は日本、韓国、台湾が現代化を実現する過程で、アメリカの科学技術と教育に大きく依存したことを知っていた。また彼は、ヨーロッパで生産される製品の多くにアメリカの個人や企業が所有する特許が使用されており、ヨーロッパから技術支援を受けるのでもアメリカの協力が必要になってくるということを認識し始めていた。そのため米中関係の正常化は、中国の現代化にふさわしい対米関係を構築するための最初の重要な第一歩であった。

アメリカとの関係正常化を実現するため、鄧小平は多くの問題で臨機応変に対応していく覚悟だった。しかし台湾問題についてだけは、毛沢東や周恩来のときにそうだったように、揺るがすことのできない「原則」があった。アメリカが台湾との外交関係を断絶し、米華相互防衛条約を破棄して台湾からすべての兵力を引き揚げないかぎり、鄧はアメリカとの関係正常化にイエスというつもりはなかった。鄧は米華相互援助条約が終了すれば、選択肢のなくなった台湾が統一を受け入れるだろうと考えていた。鄧だけでなく、多くのアメリカの役人たちもまた、数年内にそうなることを想定していた。

サイラス・バンスの「一歩後退」——一九七七年八月

鄧小平はバンス国務長官の訪中に高い期待を寄せていたが、そこに再びアメリカの国内政治の問題が持ち上がった。ジミー・カーター大統領はバンスに対し、正常化に向けた土台を北京側と構築してくるよう命じていた。しかし、バンスが北京に向かう日の前夜、再び彼と会ったカーターは、議会で（運河地区におけるアメリカの支配を終結する）パナマ運河条約の批准の見通しが立たないと懸念を表明した。パナマ問題の審議中に中国承認というもう一つの争点が持ち上がれば、大きな勢力を誇っていた台湾ロビーが議会で反対運動を盛り上げ、パナマ運河条約すら頓挫してしまうかもしれない。そのためカーターは、パナマ運河条約が批准されるまで、中国との国交正常化問題を先送りする必要があると考えた。パナマ問題がいったん片付けば、中国との国交正常化についても議会で十分な支持を集められるというのであった。

バンスはこのころ、第二次戦略兵器制限交渉（ＳＡＬＴⅡ）に力を注いでおり、これを通じてソ連とデタントを実現することの方が、中国との国交正常化よりずっと切迫した課題だと個人的に考えていた。もしアメリカがＳＡＬＴⅡの完了の前に正常化交渉に着手すれば、ソ連が落胆する可能性もあり、また、バンスの見方ではＳＡＬＴⅡそのものが頓挫する危険性があった。しかもカーター自身が急ぐ姿勢をとっていなかったため、日本が中国と関係正常化したときより、もっとちゃんとした政府組織を台湾に残せないものかどうか、中国側とかけ合ってみる価値があるとバンスは考えたのだった。

バンスがまだ北京に到着していない段階から、彼がとろうとしている姿勢について、中国側はうすうす感づき始めていた。中国ではいつもの習慣通り、まず外交部長の黄華《こうか》がバンスと会い、それから鄧小平が重要事項を話し合う前に彼にバンスの関心事項が伝達された。バンスは八月二一日の黄華外交部長との会談で、アメリカ側は正常化に前向きだが、少数の政府スタッフを台湾に残したいと考えていると説明した。彼はさらにアメリカが、台湾問題の平和的な解決に関心を抱いていると伝えた。

バンスは中国側が失望することを想定していたが、どれだけ彼らががっかりするかつかんでいなかった。翌朝、第二回会談のためにバンスが再び黄華と顔を合わせると、黄華が憤慨した口調で、アメリカが台湾に何らかの形で代表を維持するという提案を延々と非難した。黄華は「台湾解放」にまで言及し、もし必要なら大陸側の軍隊には攻撃を開始する準備ができているとさえ示唆した。[2]

同日の午後、バンスと会った鄧小平は、私は一九七五年に最後にあなたにお会いした直後、すべての職から解任され、しかも失脚はそれで三度目でしたと話して、快活に会談を始めた。彼はしかも、「私は国際的によく知られた人間です。それは私に能力があるからではなく……私が三回、昇進し、三回、失脚したからです」と付け加えた。[3] バンスは後に、鄧は会談の間「中国的な礼儀正しさを示した」が、アメリカの台湾に関する立場を断固として批判したと認めている。

鄧小平は本題に入ると、まず西側とソ連の間の総合的な力のバランス、それから東西両陣営がアフリカ、中東、東欧でどの程度力を持っているかについて述べ、国際政治の見通しを幅広く語った。なかでも彼が力を注いだのは、ソ連の挑戦にどのように対応していくか、台湾問題をどのように解決していくかという二つの問題であった。鄧は一九七四年にヘンリー・キッシンジャーのデタント推進を批判してからずっと、アメリカがソ連に対して弱腰すぎると嘆いてきたが、ベトナム撤退以降、アメリカがソ連に対して消極姿勢をとってきたことに対しては特に批判的だった。[4] 彼はソ連に関する大統領覚書一〇号が妥協策であふれているとなじった。第二次世界大戦後、ソ連にドイツの三分の一の支配を認めたことで、ソ連はバルカンを効果的に支配できるようになり、さらには南欧にも多大な影響が出た、と。鄧は囲碁のことは持ち出さなかったが、バンスに対し、実際、ソ連はすでにユーゴスラビアを握っており、次はオーストリアの支配を強化し、そこから西欧にも触手を伸ばそうとしていると力説した。彼はバンスに、もしソ連に譲歩を続ければ、「あなたはダンケルク（一九四〇年、仏英連合軍とドイツ軍のフランスにおける激戦地。この戦いでイギリス軍はフランスから撤退し、フランスはドイツに降伏した）の轍を踏むことになる」と注意を呼びかけた。[5]

鄧小平は台湾について、一九七五年一二月のフォード大統領の発言要旨、そしてキッシンジャーの発言記録の二つの文書に言及し、唐聞生《とうぶんせい》に命じてバンスの前でこれらを大声で読ませた。この二つの文書ではキッシンジャーもフォードも、国交正常化にあたって日本方式を受け入れることを示唆していたが、その意味はアメリカが台湾に非公式の代表組織のみを維持するということであった。現在、アメリカは中国の一部である台湾を占領することで、すなわち台湾の大陸との統一を邪魔しているのだと鄧は主張した。さらに彼は、アメリカが中国に台湾を吸収する際に軍事力を使うなと要求することは、他国への内政干渉にほかならないと言った。アメリカは台湾の安全保障に関心を抱いている、とバンスが主張すると、鄧は「中国の人民はアメリカよりもずっと自国のことを心配している」と答えた。中国は忍耐強いが、中国がこの問題の解決を永遠に先延ばしするわけはないということを、アメリカ側も認識すべきだと鄧は言った。[6]そして、台湾にスタッフを維持したいとするバンスの提案が、事実上「国旗のない大使館」を造ろうと言っているに等しいと批判した。[7]ただ彼は、もしアメリカが台湾にまだ居続けようと考えるなら、中国としては待つことができると付け加えた。[8]そして最後にこう締めくくった。「ここで私は、あなたの今の見解が以前の状況からの後退だということだけを指摘しておきたいと思います。……率直に申し上げて、私たちはあなたの考えに同意できません。でも、次に議論できるのを楽しみにしています」。鄧がバンスの姿勢を拒否したにもかかわらず、バンスの帰国後の八月二八日、彼と訪中した幹部たちは、何とかその成果を印象づけようとした。彼らは記者たちに、バンスはアメリカの見方を上手に伝えたと言った。政府の幹部の説明を聞いたジョン・ウォラーチ記者は、中国が台湾問題で柔軟な姿勢を示しているという記事を書いた。バンスは手を尽くしたが、ウォラーチの記事が公表され注目されるのを止められなかった。(9) 鄧は、自分は台湾問題で軟化しようとも、誤解を容認しようともしているのではなく、ウォラーチの記事は完全に間違っていると怒って非難した。

鄧小平はアメリカとの関係をあきらめず、別のアプローチを探った。バンスはよい相手ではないとみなした彼は、交渉にホワイトハウスを巻き込み、ブレジンスキーを自分の相手役にしようと企んだ。そしてアメリカのメディアと議会に直接訴えかけて正常化に対する支持を盛り立てようとした。中国がようやく孤立から脱却しようとしていたこの段階では、アメリカには台湾ロビーに匹敵するような大陸中国ロビーはまだいなかった。実際、ワシントンにある中国の連絡事務所は、議会やアメリカのマスコミに対応するスタッフさえほとんどまだ育てきれていなかった。鄧自身が、アメリカのマスコミや議会に影響力を持つ中国唯一の、そして最善のチャンネルであった。鄧はアメリカ人の中国への関心、そして自分自身の率直さや愛嬌たっぷりのウィット、威勢のよさといったものを存分に活用したのである。彼は九月六日には、ＡＰ通信編集長のキース・フューラー率いるハイレベルのマスコミ訪問団をアメリカから受け入れた。その中には『ニューヨーク・タイムズ』を発行していたアーサー・O・ザルツバーガーや、『ワシントン・ポスト』を発行していたキャサリン・グラハムも含まれていた。

鄧小平は広範な議論を行い、林彪《りんぴょう》や四人組が残した問題に触れたほか、中国が後れを取り戻すためには学生を海外に送って質の高い訓練を受けさせる必要があること、中国の労働者に物質的なインセンティブを与えていく必要があることなどを話した。しかし彼はなにより、台湾問題について熱く語り、台湾に関するバンスの提案は一歩後退と呼ぶべきで、中国にとっては受け入れられないと率直に明言した。中国と関係正常化するためには、アメリカは国民党との軍事条約を廃棄し、彼らとの外交関係を断絶して台湾島からすべての軍隊を撤退しなければならない。中国は台湾問題を平和的に解決するため尽力するが、これは完全に国内問題であり、中国は外国の干渉は受け入れない、としたのである。(10)

鄧小平は九月二七日、共和党の指導者で、後に大統領となるジョージ・H・W・ブッシュと会見した。ブッシュはかつて北京にあるアメリカの連絡事務所の所長だったため、二人は一九七五年から知己の間柄だった。ソ連に対するアメリカの政策は妥協に満ちあふれていると、鄧はバンスに言ったことをブッシュにも繰り返した。しかも、当局の『人民日報』の社説は、「アメリカの独占資本家を率いる特定の人物たちは、ミュンヘンの教訓(一九三八年、イギリスはドイツに譲歩してミュンヘン協定を締結したが、ドイツの拡大を防ぐことに失敗した)を忘れている」とまで言って、補足的な指摘を加えていた。(11)鄧はブッシュに対し、関係正常化にあたって中国が台湾問題で妥協する余地はないと述べた。(12)正常化に好意的だった民主党の上院議員、テッド・ケネディやヘンリー・M・ジャクソンも北京に招待された。七八年一月四日、鄧はケネディに、できるだけ早く合意にこぎつけたいと強調した。主な障害は台湾だが、それは国内問題だと鄧は繰り返した。中国が期待していた通り、ワシントンに戻ったケネディは、早期正常化を主張する際にこの会談における鄧の発言に言及した。二月一六日には、鄧は自分と同じようにソ連に対する強硬路線を主張していたヘンリー・ジャクソン上院議員と会見した。その間、鄧とその外交政策チームは、ソ連に対するアメリカの宥和政策や、アメリカが米中正常化交渉を前進させられないでいることに対して批判を続けた。

一九七八年初頭、アメリカにしばらく帰国したレナード・ウッドコック大使は、国交正常化に向けた進展がないことに公の場でいらだちを表明した。ウッドコックが北京での任務を受け入れる前、カーターはいくつもの閣僚の地位を提示したが、彼はそれらをすべて拒否した。そして彼は、自分が中国との国交正常化交渉を担うという前提のうえで、アメリカの連絡事務所の所長になることを選んだのだった。彼は二月一日、ワシントンの全米自動車労働組合（UAW）で行った演説で、アメリカの対中政策が「明らかにばかげた考え」に基づいているとして、次のように述べた。第二次世界大戦終結後、アメリカは全中国の代表として国民党政府を承認したが、国民党は実際には台湾という小さな島を代表しているに過ぎないのだ、と。アメリカの政策はばかげているとしたウッドコックのこの発言は広く注目を集め、彼自身、ソ連とのSALTⅡに関心を注ぐカーターを失望させてしまったかと気にやむほどだった。しかし、演説からほどなく、ウッドコックと会見したカーターは、個人的には彼に賛同すると言ったのだった[13]。

バンスは中国との国交正常化交渉が始まれば、ソ連とのSALTⅡで前進が見込めないと心配していた。しかしカーターは、自分の政権ではSALTⅡを進めながら中国との国交正常化交渉を進めていくという決断を下した。ただ、ベトナムとの関係は潜在的にはもう一つの障害だった。カーター政権の中には、アメリカと関係を正常化させたいというベトナムの要望に応えるべきだとする者もいた。しかし、ベトナムと中国との緊張の高まりを前提にすれば、国交正常化交渉の相手として、アメリカは二カ国ではなく、一カ国を選ばざるをえなかった。カーターは中国との国交を追求していくことの方がアメリカにとって利益が大きいと述べ、論争に終止符を打った。こうしてカーターは、中国との正常化交渉にゴーサインを出したのである。しかし、彼は議会の台湾ロビーが議論の邪魔をすることを懸念し、交渉を極秘のうちに進めることを主張した。それはすなわち、国務省ではなく、ホワイトハウス内の小さなグループに交渉を委ねるということだった。米中国交正常化に向けた議論を進めるため、カーターは北京に、ソ連に対する毅然とした姿勢や米中関係の正常化を急ぐ覚悟といった面で、鄧小平と共通点を持つホワイトハウスの幹部を送り込むことにした。その人物こそ、鄧が自分の相手役として待ち望んでいた国家安全保障問題担当大統領補佐官のズビグネフ・ブレジンスキーであった。

ズビグネフ・ブレジンスキーの「一歩前進」——一九七八年五月

一九七七年一一月中旬、ズビグネフ・ブレジンスキーと、中国問題で彼を補佐していたマイケル・オクセンバーグは、ワシントンにいた中国代表と一緒になって七八年初めのブレジンスキー訪中の可能性を探り始めた。当初、彼は訪中の目的をグローバルな課題について幅広く議論することとし、正常化の問題には触れていなかった。[14] しかし、ワシントンにある中国の連絡事務所にブレジンスキーが訪中の意向を持っているという情報が入ると、鄧小平はすぐさま中国は彼を歓迎すると表明し、ときをあけずに計画の立案に取りかかった。アメリカ側の準備ができ次第、鄧は彼を受け入れるつもりだったのである。[15] 議会が第一パナマ運河条約を承認すると、翌七八年三月一七日、中国の連絡事務所にはブレジンスキーが訪中の意向を固めたという連絡が入った。第二の、そして最後のパナマ運河条約が署名されると、四月一九日には訪中日程が決まった。[16] カーター大統領はブレジンスキーに正常化交渉の土台を固める権限を与えた。カーターにとって、こうした交渉をまとめ上げるのに理想的なのは、七八年一一月の議会選挙の直後だった。パナマ運河条約を成功裡に締結することができたため、彼はソ連とのSALTⅡと中国との正式な国交正常化に関する同意の双方を、議会から取り付けることができるのではないかと楽観視するようになった。

カーター大統領は個人的な場で、指導的立場にある共和党と民主党の議員に、米中正常化交渉を始める意向を告げた。彼らは肯定的な反応を見せ、そうすることがまさにアメリカの国益にかなうと言った。しかし、この問題は政治的にはなお敏感だった。ある議員は、もしこの問題が明るみになれば、自分は反対せざるをえないとまで付け加えた。[17] 北京での会談で、ブレジンスキーはこうした懸念を鄧小平に伝え、次のように言った。「これらの話し合いは極秘とし、事前にはなにも公表しないようにしていただきたい。……［そうすることで］わが国において……問題が政治的に複雑化するのを極力避けることができます」。これに対して鄧は「中国で秘密を守るのはアメリカよりも条件が整っていますから、ご安心ください」と応じた。ブレジンスキーは、「おっしゃっていることはおそらく完全に正しいです。……だからこそ［正常化に関する交渉は］ワシントンではなく、ここで行った方がよいのです」と述べて同意を表明した。[18]

敏感な軍縮交渉が続いていたため、バンスは個人的にソ連をがっかりさせることは避けたいと考えていた。しかし、彼は忠誠心の強い幹部であり、カーターの指示に従った。米中関係正常化に関する交渉の計画を練り上げたのは、彼とスタッフたちだった。カーターは一九七八年六月一三日、この問題に関するバンスのメモを受け取り、次のようなコメントを書き込んだ。「リークがあればすべての努力は台なしだ。特使の数や交渉に関する情報は厳しく制限すべきだ。進捗状況を示唆するあらゆる情報は、外に出してはならない。機密保持で私が信頼していないのは、(一) 議会、(二) ホワイトハウス、(三) 国務省、(四) 国防省だ」。前任にあたるニクソンやキッシンジャーらの共和党員と同じく、カーター、ブレジンスキー、バンスといった民主党員たちもまた、機密の保持が必要だと考えていた。[19] まさにキッシンジャーがホワイトハウスで働いていたときのように、それと北京とを結ぶ極秘チャンネルが形成されたことで、ホワイトハウスの国家安全保障スタッフの個人的な影響力と、国務省にいる彼らの相手役との間の組織的な競争関係が高まった。[20] 鄧の方もまた、国務省を通したチャンネルではなく、ホワイトハウスとやりとりすることを好んだ。

一九七八年五月二一日、ブレジンスキーは北京に到着して最初の朝を迎え、黄華外交部長と会談した。かつてキッシンジャーと周恩来が行ったように、ブレジンスキーと黄華はグローバルな出来事に関して意見を交換し、それぞれの大陸で起きている主な問題を議論し、特にソ連と西側間の主たる力関係の現状について密接に話し合った。ブレジンスキーが黄華の発言に応える中で言及したように、両者は多くの問題で一致していたが、いくつか重要な見解の相違もあった。アメリカは覇権を確立しようとはしておらず、世界の多様性を許容していた。アメリカは戦争が不可避的だとは考えていなかった。さらにアメリカはソ連に妥協しているつもりもなく、むしろ全世界的な規模でソ連と競合関係にあると考えていた。ブレジンスキーはこの会談の内容が午後に面会する鄧小平に伝達されることを意識しながら、カーターが自分にメッセージを伝達する権限を与えたと黄華に告げた。その内容は、アメリカは台湾に関する中国側の条件を受け入れるが、大陸中国と台湾との問題は平和的に解決されるべきと宣言する権利はなお留保するということであった[21]。

その日の午後、鄧小平とブレジンスキーは二時間、会談してともに夕食をとり、世界戦略を話し合いながら正常化交渉への基礎を固めた。ブレジンスキーは北京に到着したばかりだったため、鄧は慇懃《いんぎん》に「お疲れでしょう」といたわったが、ブレジンスキーは「いや、とても楽しんでいます」と返した。鄧とブレジンスキーはいずれも自国の見解をしっかりと主張したが、ブレジンスキーは後に次のように記した。「私はすぐに鄧に引き付けられた。彼は賢くて鋭く、きびきびしており、物わかりが早く、ユーモアもあり、頑固で、とても単刀直入だった。彼の目的意識と意欲は印象的だった。鄧はすぐに問題の核心をついてきた。……中国側は自分たちの見方や考えを率直に話した。鄧はこう言うのだ。『中国を理解することは難しくない。……毛沢東主席は兵士だったし、周恩来も私もまたそうだった』」(これに対してブレジンスキーは、アメリカ人もとても単刀直入だと返答している)。ブレジンスキーは五月二六日の鄧との会談であまりに大きな感銘を受けたため、彼から報告を受けたカーターが日記にこう書いたほどだった。「ズビグは中国人に圧倒されて帰ってきた。私は彼に、抱き込まれちゃったねと言った[22]」。

ブレジンスキーとの会談の中で、鄧小平はアメリカに、台湾との関係を断絶する意志がどれくらいあるのか確かめようとした。「問題はどう決断するかです。もしカーター大統領がこの問題で決断されたのでしたら、解決は困難ではないと思います。……正常化を実現するため、なにを行うべきだとお考えですか?」。ブレジンスキーはカーターが、問題を前進させる決断をしており、台湾との関係断絶で中国の原則を受け入れるつもりであることを説明し、双方が六月に関係正常化に向けた極秘交渉を始めることを提案した。鄧はこれをすぐに受け入れたが、台湾に関する三つの原則を履行するうえで、アメリカがどのような具体的な措置をとるつもりかを重ねて尋ねた。彼が「カーター大統領が決断される日をお待ちしています」と言うと、ブレジンスキーは「お話ししましたように、カーター大統領はもう決断されているのです」と応じた。(23) ブレジンスキーはアメリカ側の具体的な行動を明示しないまま、アメリカは三つの原則を受け入れると繰り返した。また彼はアメリカには、大陸側と台湾側が台湾問題を平和的に解決することの重要性を確認する声明を公表する計画があると続けた。鄧はアメリカがそうした声明を出すことに中国は反対しないと請け負ったが、「それを条件として受け入れることはできません。台湾は国内問題です。これは基本的な主権に関する問題なのです」と述べた。(24) このことからブレジンスキーは、もしアメリカがこうした声明を公表しても、中国が表立って反対することはないと考えた。ブレジンスキーはさらに、双方にとって受け入れ可能な形で正常化をできるかどうか検討するため、レナード・ウッドコックが七月以降、黄華と真摯な議論に入る用意をしていると伝えた。(25)

鄧小平はソ連の軍事的な拡張に対して憂慮を表明し、アメリカはしっかりとした対応を十分にとっていないという見方を繰り返した。鄧はソ連とベトナムが軍事協力を拡大していることについても触れ、ベトナムのボー・グエン・ザップが三月と五月上旬に二回もモスクワを訪問したことを論拠として挙げた。鄧は西側諸国がヨーロッパで軍事力を強化すれば、ソ連がアジアからヨーロッパに兵力を動かさざるをえなくなり、中国の利益にかなうと考えていた。そのため彼は、かつて毛沢東と周恩来が主張していたのと同様、ソ連の主たる目標はアジアではなくヨーロッパだと強調した。鄧はソ連の行動にもっと断固とした姿勢をとるようアメリカをけしかけるため、ブレジンスキーをせっついた。

「おそらくあなたは、ソ連を攻撃することを怖がっているのではないでしょうか。そうではないですか？」。ブレジンスキーは次のように応えた。「ソ連に攻撃を仕掛けることを恐れる傾向は、私のなかにほとんどないと、私は保証できますよ」。鄧はアメリカがソ連とＳＡＬＴⅡ合意に達した場合の損失について指摘し、さらに問いつめた。「あなた方とソ連との合意はいつも、アメリカ側がソ連を喜ばせようと譲歩したことの産物ですね」。これに対してブレジンスキーは、「私とあなたのうち、どちらがソ連でより不人気か、賭けてもいいですよ」と応じた。[26]

ブレジンスキーはこの訪中の機会に、北京とワシントンの実務者間関係を強化しようとし、中国側もこれに積極的に応じた。彼はアメリカのいくつかの政府機関から幹部を数人同行し、彼らに中国側の相手役とのより具体的な議論を行わせた。たとえば当時、国防省に出向していた熟年外交官のモートン・アブラモウィッツは、中国の国防機関の幹部とソ連の動向などについて意見を交換した。

会談の間、鄧小平はブレジンスキーに対し、アメリカが中国に技術輸出制限を設けていることについても圧力を加えた。ハイテク輸出に関し、彼はアメリカのスパコン、アメリカの部品を用いた日本の高速コンピュータ、そしてスキャナーの三つのケースを挙げた。これらのすべてで、アメリカのメーカーはぜひ売却したいと考えているが、アメリカ政府に歯止めをかけられているというのだった。

また、会談に際し、鄧小平は高位指導者として自分にはあと三年ほどしかないと言いながら、訪米の意向をほのめかした。このことからブレジンスキーは、鄧ができるだけ早く米中関係を進展させたがっていると感じ取った。正常化交渉が完了しなければ鄧の訪米はありえないため、ブレジンスキーは彼をワシントンの自宅での夕食に招待し、交渉の早期妥結への自信を垣間見せた。鄧はすぐにこの招きを受け入れた。[27]

ブレジンスキーは鄧小平に、中国と日本との関係強化を望んでいると伝えた。彼の訪中の後、鄧は日中平和友好条約の締結に向けてすばやい動きを見せた。ブレジンスキーも帰国途上に日本に立ち寄り、日本側の指導者に中国との国交正常化交渉を始める計画があることを簡単に報告した。ブレジンスキーがワシントンに戻ると、カーターは彼が中国人に抱き込まれたとからかったが、訪問は成功したと評価した。正常化に関する話し合いはすぐに始まり、関係は温もった。ほどなく、アメリカが北京に、公の場でアメリカの政策を批判し続けるのを止めてくれないかと頼むと、中国はすぐに応じた。

アメリカに早期正常化への圧力をかけ続けるため、ブレジンスキーとの会談の翌日、鄧小平はイタリアの代表団に対し、中国はアメリカとの貿易や技術面での交流を歓迎するが、通常の外交関係を持つ国の方を優遇すると発言した。[28] 六月二日、ブレジンスキーが鄧と会見してから二週間も経たないうちに、ワシントンで黄華はサイラス・バンスにこう言った。もし鄧氏の訪米をお考えでしたら、彼は正常化が実現しなければ訪米しないし、年もとってきているので、頑張らなければならないですね、と。八月六日には、鄧がオーストリアの代表団に対し、中国は貿易にあたって正式な外交関係を持つ国を優先すると繰り返した。[29] そして九月二七日は、ワシントンで中国の連絡事務所の所長をしていた柴沢民《さいたくみん》が、正常化交渉のペースが遅すぎるとブレジンスキーに愚痴をこぼした。[30]

教育交流での跳躍

アメリカとの国交正常化が数カ月以内に実現する見通しになると、鄧小平はすぐさま、自分がアメリカへの要望リストの筆頭に置いていた問題に焦点を絞った。それは貿易でも投資でもなく、なんと科学であった。彼にとって、科学は現代化実現の最も決定的な要素であり、アメリカはこの分野でずっと先を歩んでいた。幸運なことに、彼が責任を負っていた分野の組み合わせ（対外関係、科学技術および教育）は、一一期三中全会以前から彼にこれらの分野で新しい措置をとる権限を与えていた。さすがに国交正常化前に学生たちをアメリカに派遣することはできなかったが、正常化が実現すればすぐに若い中国人科学者たちをアメリカでのさらなる訓練に送り出せるよう、鄧は準備に取りかかった。

一九七八年三月、中国で初めて全国科学会議が開催された。そのとき中国政府は、自国の科学者たちに五〇年代初頭以降初めて西側にいる科学者仲間との接触を許可し、さらにむしろそれを奨励すると言った[31]。中国に残り、四九年以降の多くの政治運動で標的にされてきた中国系アメリカ人科学者たちの親族には、よりよい住居や就業条件が与えられた。また、中国人の科学者たちも、もはや地主や資本家や右派などというレッテルを貼られることがなくなった。こうした政策ではもちろん、彼らの苦悩した年月や打ち砕かれたキャリアを取り返すことはできなかった。しかし、政府は彼らのかつての苦痛に対して補償をし、また、高官が彼らに実際に謝罪した（もっとも、彼らが西側の科学者に会うにあたって、中国政府との過去の問題について具体的な話をしないようにと要請しながらだったが）。

鄧小平は、中国系アメリカ人だけでなく、西側のすべての科学者に訪中を勧めたが、科学研究の普遍性を堅く信じるアメリカ人科学者たちは喜んでそれに従った。一九七八年七月六日から一〇日にかけ、カーター大統領の科学顧問を務めるフランク・プレスが、アメリカ人科学者の代表団を率いてやってきた。代表団には、それまでの彼らの海外訪問団のなかで最も地位の高い人々が集まっていた。

もともと地震科学の専門家でＭＩＴの教授だったプレスは、七五年から七七年にかけて、アメリカの中華人民共和国との学術交流委員会（ＣＳＣＰＲＣ）の主席だったこともあり、中国との学術交流に強い関心を持っていた。鄧はプレスの代表団に対して、科学技術の分野で中国がいかに後れているかを語り、また、アメリカがハイテク輸出を制限していることに憂慮を表明した。彼はさらに、中国は海外からの投資を必要としていると述べた。(32)

鄧小平が話し終わった後の質問の時間、アメリカ国立科学財団理事長のリチャード・アトキンソンは、科学分野の中国人留学生が亡命する恐れはないのかと鄧に尋ねた。鄧は心配していないと答えた。ソ連の留学生と違って、中国人留学生は祖国に忠誠心を抱いているし、海外で学んだ者は仮にすぐに帰国しなくとも、長期的に見ればやはり中国の財産になるというのである。このときプレスは、中国の政治指導者たちがかつてと同じように、アメリカに渡った科学者たちへの統制を続け、科学分野の交流の拡大に慎重になるのではと予期した。

会談の中で鄧小平が、科学を学んでいる七〇〇人の中国人留学生をすぐにアメリカに送りたい、数年内にはこの数を数万人にしたいと言い出すと、フランク・プレスは面食らった。(33) 鄧が何としてでもすぐに回答を得ようとしたため、これが自分のキャリアにとって最も重要な突破口《ブレイクスルー》の一つになると考えたプレスは、ワシントン時間の午前三時にカーター大統領に電話をかけて彼をたたき起こした。そして、七〇〇人の中国人留学生をすぐさま歓迎し、数年内にもっとすごい数の学生を受け入れると同意することに許可を求めた。大統領だったとき、深夜ほとんど起こされたことのなかったカーターは肯定的な回答を与えたが、プレスがそうした質問を投げるためなぜ自分を起こしたのか不思議がった――そうした質問に同意する権限を、彼はすでにプレスに与えたつもりであった。(34)

プレスの代表団は中国側の大きな関心を集めた。『人民日報』は外国人の演説をほとんど載せたことがないが、このときはグローバル化の利点を強調したプレスの晩餐会での演説を掲載した。中国政策でブレジンスキーの助手を務め、一四回ほど鄧小平との会談の場に同席したマイケル・オクセンバーグは、このときほど、鄧が知的好奇心を前面に出して積極的に中国の将来への見通しを語ったことはなかったと述べた(35)。

実際、ニクソン大統領という例外を除けば、プレスは一九四九年以降に北京を訪れたアメリカの代表団の中で最も温かい歓迎を受けた(36)。鄧は両国が通常の外交関係を打ち立てる前に学生を海外に送るつもりはなかったため、中国からの最初のグループがアメリカに飛び立ったのは、正常化のすぐ後の七九年初めだった。このときの五〇人ほどの学生たちは強い意欲を持っていたが、彼らはかつて海を渡った先人のように、アメリカと関係を持つことで後から問題に巻き込まれるのではという不安も抱いていた。交流の最初の五年間で、一万九〇〇〇人ほどの学生がアメリカに留学し、その数はその後も拡大を続けた。

正常化への突破口《ブレイクスルー》――一九七八年六月〜一二月

ブレジンスキーの訪中後、アメリカと中国は、正常化交渉をどのように行うか秘密の話し合いを始めた。双方とも最初から、交渉がうまくいくのも決裂するのも台湾問題にかかっていると認識していた。六月二八日、バンスがウッドコックに電報を打ち、正常化交渉に関するアメリカ側の提案を伝え、黄華外交部長に示すよう指示した。その内容は、中国人同士が平和的に台湾問題を解決するまでの間、文化的・経済的な接触が台湾とアメリカの人々の間で継続されるのであれば、大統領は中国が示す三つの原則の枠内で正常化を実現する用意があるというものだった。正常化前に解決しておかなければならない一連の問題を話し合うため、北京では二週間に一回、継続的に会合を開くことになった。ウッドコックは北京での定期会合で、正常化後にアメリカが台湾に維持する代表所の性質や、正常化を公表する正式声明の内容について、両者がまず議論するよう提案した。すなわち交渉担当者は、話し合いの進展を示すために最初は容易な問題から取りかかり、アメリカの台湾への兵器売却など、より難しい問題は後から着手するというのである。彼らはアメリカの議会選挙の数週間後、一二月一五日までに交渉を妥結する目標を定めた。[37] 七月五日、第一回会合が四〇分間にわたって開かれ、双方は交渉手順について意見を交換し、また、台湾問題についての自国の立場を初歩的かつ一般的に説明した。[38]

中国側で鄧小平は、交渉の進捗に関する報告は受けていたが、最終段階までは自分が直接話し合いに参加することはなかった。当初、中国側で交渉責任者だった黄華外交部長は、アメリカ人との交渉では比類のない豊富な経験を持っていた。一九三六年、彼は（『中国の赤い星』の著者である）エドガー・スノーを北平（一九四九年に「北京」と改称）から北部の陝西《せんせい》省まで連れて行き、毛沢東に会わせた。毛、周恩来、鄧というそれぞれスタイルの異なる主人に仕えて生き残ってきた黄華は、文化大革命の一時期は中国が海外に派遣していた唯一の大使でもあった（文化大革命中、中国は国外にいた大使をほぼ全員召還し、政治運動に参加させたり、その批判対象にしたりした）。彼は自分に権限が与えられた以上のことを言わないよう慎重だったし、しかも、鄧の憤慨と愛嬌たっぷりの善意の両方を相手方に伝達することのできる人材だった。黄華は七一年には中華人民共和国の初代駐国連大使としてニューヨークに赴任した。[39] 中国の外交官の中でも最も有能で、アメリカとの豊かな交渉経験を持つ章文晋《しょうぶんしん》と韓念龍《かんねんりゅう》の二人が、正常化交渉で彼を補佐した。

「A」ランクのチームをテーブルにつかせたのは中国側だけではなかった。カーター大統領は、労働組合の指導者で仲介役として実績のあるレナード・ウッドコックを北京の連絡事務所の所長（大使級）に選んでいた。カーターは彼の交渉力を高く評価していたし、また、彼はワシントンで政治家との関係が深かったため、北京とどのような合意に達した場合でも、議会でそれを認めさせるのはより容易になると考えられた。ウッドコックはワシントンにいる政治家たちとの個人的な関係を活用し、通常の官僚的手続きで簡単に解決できない政策を調整することができた。彼は毅然として信頼の置ける労働者の代表という評判を持ち、誠実で礼儀正しいことで知られていた。バンス国務長官はウッドコックを、「こうした交渉に決定的に重要な正確な記憶力と思慮深さ、的確な表現力」を備えた「本能的に卓越した外交官」と呼んだ(40)。国務省もホワイトハウスも、ワシントンから高官を派遣して「シャトル外交」を展開する必要は、ウッドコックに関してはないと確信していた。交渉が始まったとき、ウッドコックは北京の連絡事務所ですでに一年間の在勤経験があり、北京の幹部たちからも信頼され、交渉相手としてすぐに認められた。

デビッド・ディーンに代わって一九七八年六月に北京の連絡事務所の次席に着任したスタプルトン・ロイは、父が教育に従事する宣教師だったため南京で育った。彼は中国語を話し、中国史への造詣が深く、国務省のなかで最も優秀な若手専門家とみなされていた。ホワイトハウスの中ではカーター大統領、ウォルター・モンデール副大統領、ブレジンスキー、マイケル・オクセンバーグが、機密チャンネルを通してウッドコックやロイと直接連絡を取り合っていた。中国問題に関してブレジンスキーの補佐を務めたオクセンバーグは、スケールが大きく大胆な戦略家で、無限の興味関心と情熱を抱く、政治に精通した中国専門家だった。ワシントンで情報が伝えられていたのは、ホワイトハウスの外ではバンスやハロルド・ブラウン国防長官らほんのわずかな人々だけだった。アメリカの戦略はホワイトハウスで作成され、ウッドコックが実行役を担った。ホワイトハウスはワシントンにある中国の連絡事務所の柴沢民所長や韓叙《かんじゅ》次長とも連絡を取り合ったが、交渉はすべて北京で行われた。

黄華とウッドコックとの間で行われた七月五日、一四日、八月一一日、九月一五日、一一月二日の話し合いの様子は、逐時鄧小平に報告されていた。黄華が病気を患ったため、一二月四日には韓念龍がウッドコックと話し合いをしたが、その報告も鄧に上がった。その後、鄧は自らウッドコックと最終交渉をした（一二月一三日午前一〇時、一四日午後四時および九時、一五日午後四時）。交渉の期間中、鄧は中国の立場を説明し、交渉の進展に圧力をかけるためにアメリカの指導者たちとの会見を続けた。たとえば、ウッドコックと黄華が第一回会合を開いてから四日後の七月九日、アメリカの下院外交委員会委員長のレスター・ウルフ率いるアメリカ議会代表団と会見した鄧は、台湾との民間関係の全面的維持を認める日本方式の受け入れは、中国にとってすでに譲歩にあたると述べた。「われわれはこの問題を平和的手段で解決する条件を創出するため、最善の努力をします」と鄧は言った。そして「もしわれわれが関係を正常化することができれば、これはソ連とやり合っていくうえで、われわれ双方にとって大きな利益になります」と説明した。鄧は交渉がすでに始まっていることを、ウルフの代表団に匂わせもしなかった[41]。

中国側は交渉では通常、まず一般的な原則について述べ、それから具体的な議論に進むことを好んだ。七月一四日に行われたウッドコックとの第二回会合で、黄華は一度に一つひとつの問題を議論していくのではなく、まずアメリカにすべての主な問題を最初にテーブルに並べてもらい、それから双方でパッケージ全体を検討していきたいと述べた。その後、ワシントンではアメリカ側のさまざまな見方が集約され、今後の交渉を良好な雰囲気の中で進めていくため、中国側提案を受け入れるというウッドコックの意見が採用された。双方はその後、それぞれの立場を説明するための準備をし、解決しなければならない主要な問題についていくつかメモを交換した。八月一一日の第三回会合で、アメリカ側は大陸中国との国交正常化の後に台湾とどのような関係を持つつもりか概説した。そして、文化面、経済面その他の関係は維持するが、アメリカ政府は正式な代表部を置かないとした。

交渉の中で唯一の難題は、アメリカが台湾への兵器売却を継続するかどうかだった。[42] アメリカは売却を継続する意志があることを明確にしていたが、この問題が提起されるたび、中国側は絶対に認められないと反論した。もしアメリカが台湾への兵器売却を停止することに同意するなら、台湾側には大陸と統一の合意を結ぶ以外に現実的な選択肢が残らない。鄧小平はそうなることを望み、また、自分が中国の舵を握っている間にそれが実現することを期待した。

主張を展開するうえで、中国側は自分たちの上海コミュニケに対する解釈を固守しようとした。それはすなわち、アメリカが「一つの中国」（つまり大陸の政権のみ）の政策を支持するというものだった。実際のところ、リチャード・ニクソンが上海コミュニケに署名するときに認めたのは、台湾海峡を挟んで向かい合う双方がともに一つの中国という見方を維持しており、アメリカはその事実を受け入れるということだけだった。一九七八年九月七日、国務次官補のリチャード・ホルブルックが韓叙に対し、台湾に売却する兵器はすべて防御性のものだと述べると、韓叙は「台湾への兵器売却は上海コミュニケの精神と合致しない」と反論した。[43] 九月一九日にはカーターが、当時、中国側の連絡事務所所長だった柴沢民に「いくつかの、とても慎重に選んだ防御性兵器の抑制的な売却を含めて、わわれわれは台湾との貿易を続けるつもりだ」と告げると、柴は「アメリカが蔣の一味［蔣介石《しょうかいせき》が七五年に死去した後、息子の蔣経国《しょうけいこく》が最高指導者となっていた」に兵器売却を続けることは、上海コミュニケの精神と合致していない」と反論した。(44)そして一〇月三日に国連でバンスと会見した黄華は、「蔣の一味」への兵器売却の継続は上海コミュニケの原則に反すると、準備してきた発言を繰り返した。(45)

一〇月に東京を訪れた鄧小平は、アメリカとの関係正常化が日本方式に沿った合意の上でなされるのであればこれを実現したいと、公の場で重ねて発言した。彼はアメリカの台湾への兵器売却に中国が反対しているということには触れずに、アメリカと台湾との経済・文化的な関係の継続には反対しないとだけ述べた。

一〇月末になると、交渉の実施について知るスタッフの数をできるだけ限定しようとしてきたカーターとブレジンスキーは、問題が長期化することで情報漏洩の危険が増すのを懸念し始めた。ブレジンスキーは柴沢民に対し、もし中国が今回の国交正常化の機会を逃せば、アメリカの国内政治上の事情から、一九七九年末までは正常化に向けた真剣な話し合いができなくなると告げた。それからほどなくして、アメリカは台湾側とF‐5E戦闘機の売却を継続する合意を結んだことを公表し、それよりも高度な戦闘機は売らないと表明した。(46)

その間、双方は大方の交渉を終え、一一月二日にはウッドコックが中国側に、一月一日に公表される国交正常化声明の案文を手交した。ところが、一一月一〇日からの中央工作会議で劇的な変化が始まり、それへの対応で国内的に忙しかった中国側は、一二月四日までこれに返答してこなかった。(47)鄧小平は一一月五日から東南アジアに出かけ、一四日に帰国するとすぐに中央工作会議に飛び込み、中国の最高指導者の地位に上り詰めた。

華国鋒は中央工作会議で自分の職位に関するすべての批判を受け入れ、鄧小平を最高指導者にするという合意を事実上、受け入れた。鄧はその二日後の一一月二七日、ワシントンの最も優れた新聞論説委員で、当時、アジアを回っていたロバート・ノバクと会談した。ニクソン訪中直前の一九七一年に周恩来がジェームズ・レストンを受け入れたことはあったが、中国の主な指導者としてそれ以降、初めてアメリカ人ジャーナリストのインタビューに応じたのだった。鄧はノバクに対し、アメリカと中国のためだけでなく、世界の平和と安定のために両国関係の早期正常化を実現すべきだと述べた。ノバクは鄧のメッセージを実際にアメリカの民衆に向けて発信した。この中で彼は、「鄧が私に二時間を割いてくれたのは、彼が早期正常化を望んでおり、高い値段を要求しているのではないということをワシントンに伝えるためだったのであろう」と締めくくった。[48] このときノバクは、鄧がすぐにアメリカを訪問することも、アメリカの民衆が彼を迎える準備をするうえでこのインタビューが役立つ日が来ることも知らなかった。

ウッドコックは一二月四日に、(病気になった黄華に代わり)外交部副部長の韓念龍と会合を開いたが、双方が顔を合わせたのは一一月二日以来だった。華国鋒が一一月二五日に最高指導者の地位を鄧小平に譲ったことも、鄧の政策的アプローチを受け入れたことも、中国側にとっては自明だったが、アメリカ側は知る由もなかった。一二月四日、中国側は突然、前向きな姿勢を見せた。韓はウッドコックに国交正常化声明の中国側案文を示したが、これはアメリカ側が示していたものとほとんど変わらなかったし、また、彼はこれを一月一日に公表することを求めた。韓は、アメリカ側が台湾問題の平和的解決に希望を表明する一文を挿入するなら、中国側はこれに反対しないと明確に述べた。議論が終わり、ウッドコックが立ち去ろうとしたとき、韓はこう言った。「最後にお伝えしたいのですが、鄧小平副総理があなたと早めにお会いしたがっておられます。具体的な時間については後ほどご連絡します」。[49]彼がワシントンに送った電報によれば、韓は台湾への兵器売却には反対しているが、この問題があるからといって正常化をしないわけにはいかないと結論を出したのだろう、とウッドコックは分析していた。いつ鄧との会談が実現するかはっきりしなかったため、ウッドコックはスタプルトン・ロイに予定していた出張をキャンセルするよう命じ、いつでも鄧との会談に臨めるよう準備を整えた。[50]

その間、ワシントンでは、鄧小平がウッドコックに会う前日の一二月一一日の午後(北京ではすでに一二日)、ブレジンスキーが柴沢民と面会していた。ブレジンスキーは柴に国交正常化声明の修正版を提示し、アメリカ側は目標にしていた一月一日の正常化実現を希望すると伝え、また、合意が達成されればすぐにでも中国の指導者の訪米を招請する用意があると述べた。このとき、公式にはまだ華国鋒の序列の方が鄧より高かったため、アメリカは中国が華か鄧を選ぶことになると想定していた。ブレジンスキーは加えて柴に、一月にはアメリカでブレジネフとの首脳会談が行われる可能性があると事前通知した。[51]

鄧小平は一二月一三日の水曜日に人民大会堂の「江蘇の間」でウッドコックと会談した。互いに社交辞令を述べた後、ウッドコックは鄧に、一頁の長さの声明文の英語草案を四部提示した。鄧は通訳にそれを口頭で訳すよう告げ、公式な翻訳も待たず、中国語草案も作成しないまま、個別の問題を取り上げ始めた。明らかに彼は交渉を遅滞なく進めたがっていた。台湾との防衛条約が破棄されることになっているのに、なぜアメリカ軍が台湾から撤退するのに一年もかかるのかと鄧は尋ねた。ウッドコックは、アメリカ側は一月一日に台湾と断交するつもりで、実際にはその後、四カ月以内に兵力を撤退する計画だが、現行の条約には破棄の一年前に相手方にそう通知するという規定があるため、このようになっていると説明した。鄧はその計画は受け入れ可能だと返答したが、アメリカには（軍事関係の停止について一年間が必要なことを特記していた）第一〇項に関するすべての言及を、単純に削除してほしいと言った。さらに彼は、この期間中アメリカには台湾に兵器を売却してほしくない、なぜならアメリカが兵器を売れば、「蔣経国は自分の尾羽をひけらかすであろうし、それによって台湾海峡での紛争の可能性が増大する」、と自らの希望を表明した。[52]

鄧小平は声明の中国側草案に反覇権条項が盛り込まれ、アメリカ側には入っていないということに目を付けた。彼はアメリカ案には満足できるが、共同宣言を出して反覇権条項を加えるのはどうかとアメリカに提案した。そうでなければ世界は米中が合意に達しなかったと考えるだろうというのだ。ウッドコックは鄧の見方をワシントンに伝え、返答を待つと言った。一月一日が声明を公表するのに適切な日付だということには、鄧も同意した。

アメリカ側は中国の高位指導者の訪米を招請していたが、これについて鄧小平はウッドコックに、「ワシントンを訪問するというアメリカ政府の招待状を受け入れます。具体的に言えば、私が行きます」と応えた。[53] この一二月一三日の午後、米中国交正常化問題の基本的解決を飾り羽根として、鄧は華々しい帽子をかぶって中央工作会議で改革開放に関する画期的な演説を行った。

翌一二月一四日、ウッドコックと鄧小平は午後四時に会合を始めるはずだったが、まだワシントンからの指示が届いていなかった。ワシントンの小さなチームはすでに疲れきっていたが、カーターが国交正常化の公表をワシントン時間でなんと翌日の一二月一五日に早めようと決断したため、これを実現するために奮闘していた。一月一日までに細部を含むすべてを完了させようとするあまり、ホワイトハウスが大きな動きを見せるようになっていたため、他の役人たちはなにかが起きていることを疑い始めていた。そこでカーターは、情報が漏れて議会が騒ぎ出し、すべてのプロセスに影響が出るのを防ぐため、先手を打って一月一日ではなく、一二月一五日に国交正常化を公表すると決断した。そして実際に国交が結ばれる一月一日に、公式な声明を発表するとした。ワシントンの小さなグループは、正常化交渉のためにひそかに活動し、主な関係者の間で合意の形成を図り、文書の案文を作成し、議会とやり合うための戦略を立案し、経済、軍事、学術活動に必要なさまざまな調整を考慮するなどしていた。彼らは前倒しされた最終期限に間に合わせるため、臨界点ぎりぎりまで努力を重ねていた。国務省の中国専門家、ロジャー・サリバンは、ホワイトハウスからの要請で国務省に三日間の病欠を申請し、その間、ホワイトハウスで必要なすべての文書の量産を手伝う極秘任務に、半狂乱になりながら参加した。

北京にいたアメリカ・チームも、同様に半狂乱のペースで働いていた。三〇年後に北京でアメリカ大使館が新しい建物へと引っ越したとき、そこには一〇〇〇人を超えるスタッフがいた。しかし、一九七八年に北京のアメリカ連絡事務所で働いていたのはわずか三三人のアメリカ人で、非常に機密性の高いこの任務に従事していたのは、そのうちさらにひと握りの人々だった。[54] 加えてワシントンのチームと同様、彼らは当初一月一日までに、国交正常化に必要なすべての交渉と手続きを完了することを想定していた。新しい一二月一五日の期限を守るためには、超人的な努力ですべてを片付けなければならなかった。

一二月一四日の北京時間午後四時、鄧小平とウッドコックが顔を合わせたときには、ワシントンからの指示がまだ届いていなかったため、両者は具体的な中身でなく、国交正常化と鄧のアメリカ訪問の日程についてのみ話をした。鄧は正常化の公表を早めるというアメリカ側の要求を受け入れ、アメリカ側にとって都合のよい数少ない日付の中から一月二八日を選び、この日から訪米を始めることで合意した。ウッドコックがワシントンからの最後の指示を受け取ったあと、その日の夜に再会することを約束し、双方は一時休会した(55)。

午後九時の会合では、鄧小平とウッドコックが共同声明の文言に一連の小さな変更を加えた。双方は中国語と英語の文章が正しく、また、相互に適合していることを確かめるため、章文晋とスタプルトン・ロイの二人に再度表現の確認をさせることを約束し、比較的早く合意に達した。反覇権条項はすでに上海コミュニケに含まれていたため、ワシントンはこれに関して中国の要求を受け入れるというウッドコックの提案を了承した。双方とも合意が妥結したと信じており、それは会談の雰囲気にも映し出されていた。ワシントンに提出した会談報告の中で、ウッドコックはこう書いていた。「鄧はわれわれの話し合いの成果に明らかに有頂天になっており、これを最も重要な出来事と呼び、そして大統領、バンス国務長官、ブレジンスキー博士に自分からの感謝の気持ちを伝えてくれと頼んだ」。ウッドコックはワシントンに、この会談が「非常にうまくいった」と報告した(56)。

その間、ブレジンスキーはワシントンの中国の連絡事務所の人々と会談の機会を持っていた。彼はこのとき、柴沢民所長が、アメリカは台湾へのすべての軍需品の売却を取りやめることに同意したと考えていると聞いて驚き、アメリカ側に台湾への兵器売却を継続する決意があることを北京は誤解しているのではないかと憂慮した(57)。アメリカは一九七九年中には新たな兵器売却をしないという鄧小平の要望には同意したが、その後は売却を再開するつもりだった。カーター、ブレジンスキー、そしてオクセンバーグは、議会に対してどのように国交正常化の合意を示していくかを考慮し始めていたため、彼らは議会がすぐにでも台湾への兵器売却問題に焦点を移していくことを心配した。もし北京がさらなる軍需品の売却はないと考えているのなら、アメリカがいったん兵器を売却すると公表した途端、回復しつつある米中関係がまた険しいものになってしまう。

これは大きな賭けであった。鄧小平が主張していた揺るぎない「原則」について、この時点で誤解が生じているのなら、決定的瞬間で両国の関係が損なわれる可能性がある。そのためブレジンスキーはウッドコックに電報を打ち、兵器売却が継続されることを北京はしっかり理解しているのかと問いただした。ウッドコックとロイはすぐに電報を返し、双方は兵器売却に関する立場を明確に記録に残していると応えた。(58) ウッドコックはブレジンスキーに、彼らが中国側に対し、「国交正常化によってアメリカの人々が、台湾の人々とすべての経済的、文化的、そして、その他の非公式な関係を維持することを妨げられるものではないことを、韓外交部副部長には一二月四日に説明した」と返答した。彼はさらに韓外交部副部長が「正常化後の兵器売却には語気を強めて反対した」と付け加えた。ウッドコックのメッセージを受け取ったカーター大統領とブレジンスキーは、アメリカが一九七九年以降、兵器売却を継続する意向であることを、鄧がはっきり理解しているかどうか疑問が残ると考えた。そのためブレジンスキーはウッドコックに、鄧ともう一度会談し、もし議会が台湾への兵器売却の問題を提起した際には、アメリカ政府は国内政治的に七九年以降も兵器売却を再開しないとは言えないと、完全にはっきりさせるよう指示した。ただしアメリカは、兵器売却は慎重に行う予定だった。(59)

すぐにもう一度会いたいというウッドコックの要求に、鄧小平は応じた。一二月一五日午後四時、二人が顔を合わせると、ウッドコックはこうしたショート・ノーティスで鄧が会談に同意してくれたことに感謝の意を表明した。そして彼はカーター大統領が、全面的に率直であろうとする意図から、

「双方に誤解がないことを完全に確かめたがっている」と説明した。そして彼は、ホワイトハウスが送ってきた、アメリカの国内政治上、台湾に対する兵器売却の継続が必要だとする声明文を読み上げた。鄧は憤慨したが、自制心は失わなかった。彼は、その受け入れは完全に不可能だといい、一〇分間、怒りをあらわにし続けた。そして「この兵器売却の問題がなぜ今になって再び持ち上がったのだ？」と声を荒らげた。ウッドコックは、それは大統領が声明を公表した後に、中国側がショックを受けるのを避けるためだと説明した。鄧は「では、大統領は記者の質問に答えて、一九八〇年一月一日以降、アメリカが台湾への兵器売却を続けるというつもりなのか？」と食いついた。ウッドコックは、「われわれはその可能性を残したいと考えています、その通りです」と答えた。鄧は、「そうであるならば、われわれは同意できない。それは実際に中国が、国家の統一の問題を台湾と話し合ううえで合理的な手法をとるのを妨げることになる」と言った。鄧は、蔣経国が極度にいい気になるだろうと述べた。「台湾問題の平和的解決は不可能になり、最後の手段は武力を使うことだけになってしまう(60)」。

話し合いのこの段階で、ウッドコックは鄧小平に、アメリカは細心の注意を払ってこの問題を取り扱うと請け合った。中国側は、台湾への兵器売却の継続は中国にとって受け入れられず、自分は前の日にもこの問題を取り上げたと反論した。ウッドコックは、おそらく自分が誤解していたのだと責任を認めた。鄧があまりにも落胆していたため、ウッドコックとロイは、鄧が国交正常化の実現に同意するかどうか真剣に憂慮した。

話し合いが一時間ほど続き、鄧小平の反撃が収まると、彼は台湾の問題が唯一の未解決の問題だと述べ、「われわれはどうすべきだろうか？」と尋ねた。ウッドコックは、正常化をして時間が経てば、アメリカの人々は台湾が中国の一部だということを受け入れ、統一を支持するようになるだろうと応じた。この時点では、アメリカの多くの指導者も中国側も、統一が数年以内に実現するだろうと考えていた。正常化の実現が最初の大切な一歩だ、とウッドコックが言うと、鄧は「好《ハオ》（わかった）」と答えた。この返答で行き詰まりは打開された。

話し合いの終了間際、鄧小平は、もしカーター大統領が台湾へのアメリカの兵器売却に人々の関心を集めるようなことがあれば、中国側も反応せざるをえず、そうなればこの問題に対する民間レベルの反発が起き、国交正常化の重要性が低下してしまうのではと問題提起した。ウッドコックは、米中両国がこの国交正常化を非常に重要なものと考えており、アメリカ政府はその意義を世界に全力で訴えていく、と鄧に確約した。これを受けて、鄧は「わかった。では、予定通り、われわれは文書を公表することにしよう」と返答した。中国の他の指導者との相談もないまま、国交正常化への決断が下されたのだった。

アメリカが台湾に兵器売却を継続するのに、アメリカとの国交を正常化するということは、鄧小平の生涯の中で最も重い決断の一つだった。彼がこのとき、なにをどう計算していたのかを示す記録はまったく残っていない。自分が生きている間に台湾を祖国に統一することは、彼にとって最も大切な目標の一つだった。しかし、その障害になることが明らかな決定に、なぜ彼は同意したのだろうか？当時、鄧は、同じくらいの力を持つ指導者の中からようやく一番手として台頭してきたばかりで、国交正常化の実現によって中国の指導者たちのなかで自分の立場が強固になると計算した可能性はある。ただし、おそらくより重要なのは、アメリカとの関係正常化をすれば、中国が現代化を実現していくために必要な知識や資本や技術へのアクセスがずっと容易になると、彼が考えていたことだろう。数週間前、ブレジンスキーは柴沢民に、アメリカの国内政治を前提とすれば、正常化を実現できる好機は少なく、彼らが早めに動かなかった場合、次の機会は一九七九年末までめぐって来ないと告げていた。新しい問題が次々に発生したことで、それまで国交正常化は何年も実現されないままであった。鄧は好機を目の前にして、これを手にとる方を選んだ。

当時、鄧小平がもう一つ強く懸念していたのは、中国の南方でソ連の軍事的脅威が拡大していたことであった。このころ彼は、ソ連がベトナムに南進し、タイとマレーシアを通ってマラッカ海峡に到達する危険性は現実的に見てとても高いと信じていた。そのため米中協力の成果を上げれば、ソ連に自重を促せると彼は考えた。また同様に、時期迫る中国のベトナム攻撃に対し、ソ連が反応してくるリスクを抑制することもできた。鄧はブレジネフが自分より先にワシントンを訪問しようとしているという情報も得ていたため、ウッドコックと合意して自分の訪米を発表することで、ブレジネフの訪米に先手をかけることができるとも考えた。鄧にはアメリカに、中国との国交正常化を行わせながら台湾への兵器売却を停止させる力がなかった。だが彼は、こうした計算に基づいて決定を下したのである。正常化への強い意志を持っていた彼は、アメリカの台湾への兵器売却という高コストの譲歩をしなければならなかった。しかし彼は、台湾を祖国に統一する目標をあきらめたわけではなかった。正常化を実現した後、彼はあらゆる機会をとらえてワシントンに売却を削減するよう圧力をかけた。

国交正常化の合意の妥結は、北京とワシントンで同時に公表された。北京時間の一二月一六日朝一〇時（ワシントン時間の一五日午後九時）、双方は共同声明を発表した。「アメリカ合衆国と中華人民共和国はともに外交承認を行い、一九七九年一月一日から外交関係を樹立することに合意した」。カーター大統領は、アメリカの人々に向けて自分でこの発表を行った。中国では公式にはなお最高指導者だった華国鋒が記者会見をし、決定を発表した。ニュースが報道されると、一般の人々も党内の指導者たちも、喜びで沸き返った。

台湾では、蔣経国が真夜中に緊急通知を受けていた。北京の民衆が陶酔していたのと対照的に、台湾の人々は悲しみに沈んだ。台湾の指導者やアメリカ議会にいた彼らの友人たちは憤慨し、その他の保守派も彼らと一緒になって、アメリカ政府が「敵の共産主義」と協力を深めようとしていると批判した。だが、まったく異なる文化を持つ二つの偉大な国家が、友情の手を携えて平和な世界をつくり出そうとしているイメージは、アメリカ人にも中国人にも訴えるものがあった。カーター大統領自身は、「私たちは国中、そして議会全体から深刻な反対意見が提起されることを予想していたが、それはほとんど出てこなかった。世界の反応はびっくりするほど肯定的だった」と述べた[61]。

鄧小平の訪米――一九七九年一月二八日～二月五日

六週間後、鄧小平と妻の卓琳《たくりん》、ウッドコックと妻のシャロン、そして鄧の随行員は、ボーイング七〇七型機でアメリカに向けて飛び立った。同行していた者たちは、機内での長い時間、鄧が読書もおしゃべりもせず、なにかを深く考えながら、ほとんど起きて過ごしていたと述べている。鄧はある意味では喜びで満たされていたに違いない。彼はアメリカとの正式な国交を成功裡に打ち立てただけでなく、個人的にも三回目の失脚から勝利の復活を遂げ、中国の最高指導者に就任した。そして共産中国からの最初の国賓として、今、アメリカを訪れようとしていたのである。

しかし、鄧小平の肩にのしかかる責任は重く、この訪問は非常に重要だった。彼は外国の客人に会う前、自分がなにを言おうとしているのか、数分間かけて考えを整理することがあった。今、彼は、多くの人々に向かってなにを言うか考えなければならなかった。彼はいくつか事前準備した演説を行うことになっていたが、彼のスピーチの多くはアドリブで、メモさえ使わなかった。加えて彼は、中国のベトナム攻撃をすでに決断していたが、ソ連が中国に報復攻撃を仕掛けてくる可能性もあった。どうすれば彼は、ソ連との合意の形成に向けて動いているカーター大統領を困らせずに、ソ連に反対するうえでのアメリカの協力を確約させることができるのだろうか？　ベトナムについてカーターにはなにを言えばよいのだろうか？　大統領、議会、そしてアメリカの一般大衆と良好な関係を打ち立て、中国の現代化を促進していくには、どうすれば最も効果的なのか？　一月九日、鄧はサム・ナン上院議員率いる訪中代表団に対し、アメリカでは人権について議論するつもりはないと述べていた。彼は、アメリカが人権について圧力を行使するやり方に批判的な意見を持っているが、それを提起するつもりはないと言った[62]。もし親台湾派のデモが起きれば、彼はどう対応したらよいのだろうか？西側のテレビ司会者にはどう対応したらよいのだろうか？　彼に同行し、毎日、祖国の人々に新聞記事やテレビニュースを送っている三三人の中国人記者には、なにを言うべきだろうか？　どうすればアメリカの指導者を敵に回さずに、台湾への兵器売却を減らすようアメリカに圧力をかけ続けられるのだろうか？

　ワシントンで鄧小平の訪米の準備をしていたバンスとそのスタッフは、カーター大統領や、鄧と会見するその他の指導者のため、鄧と彼の訪米に関する簡単な報告資料を作成した。一三頁のメモの中で、バンスは鄧を、「短気で、活力があり、自信をもってずけずけと発言し、単刀直入でたくましく、そして賢い、卓越した人物」と呼んだ。彼は、鄧が米中関係の幅を広げていくため、カーターを助けて議会やアメリカの大衆に正常化の価値を高く評価してもらおうとしていると見ていた。そうすれば、変化は不可逆的になり、ソ連のさらなる拡張に抵抗するようアメリカに圧力をかけ、また、アメリカのベトナムに対する敵意を刺激することにもなるからであった。ただ、米中間の緊張がゆるんだことの重要性は、こうした個別の目的よりもずっと大きかった。それは「アジア、そして世界の政治戦略的な見通しに劇的な衝撃を与えた」のである。[63]

人々は鄧小平がやって来る前から、一九五九年のフルシチョフ訪米以来最大の関心を彼に注いだ。アメリカのメディアは鄧について、その復活、改革推進と西側への対外開放への決意、国交正常化に対するコミットメント、そして訪米それ自体などを取り上げ、詳細に報道した。一月一日の『タイム』誌は、鄧を七八年の「マン・オブ・ザ・イヤー」に認定し、閉ざされた共産主義国家を対外開放に導いた彼の役割を積極的に評価した。同誌はなお華国鋒を主席としていたが、中国の四つの現代化の「設計者」は鄧だと述べていた。『タイム』誌は華が中央工作会議でどれだけのダメージを受けていたかを知る由もなかったが、鄧を中国の最高経営責任者（CEO）と呼び、華は取締役会のトップだと言っていた。

アメリカの民衆は、世界の反対側にある神秘的で閉鎖的な古代からの文明国に、長い間、関心を抱いていた。そのため鄧小平の訪米は、わくわくするような見物として、一九七二年のニクソン訪中以上に大きな関心を集めた。この強靭で小さな指導者は、堅物でイデオロギー的な、いかにも「共産主義者」っぽい人物なのか、それともアメリカ人のようにもっとオープンな人間なのか？　中国の潜在的に巨大な市場が開放されるとき、中国になにを売っていくか考えていたアメリカのビジネスマンたちは、なんとかして公式晩餐会などの招待状を受け取ろうと張り合った。また、中国に新支局を開設したいと考えていた報道機関も、鄧やその代表団の注目を引くために競争した。

鄧小平と同様にカーター大統領も、静かに真剣に鄧の訪米開始を見守っていた。当初、前途洋々に見えた彼の中東和平への取り組みは、少し前に頓挫したばかりだった。そして調査によれば、彼の支持率は三〇パーセント前後に落ち込んでいた。台湾との公式の関係を断絶し、共産主義を掲げる大陸側と関係を正常化するという彼の決定に、世論と議会がどのように反応するかを彼は懸念していた。正常化交渉について知らされていなかった議員たちは、相談を受けなかったことに遺憾の意を表明するのではないか？ 古くからのパートナーを見捨て、失礼なやり方で蔣経国に通知をしたカーターは、親台湾派からの批判に弱かった。カーターは、夜も明けないうちに蔣をたたき起こし、その日中にアメリカが台湾と断交して大陸と国交樹立すると、アメリカの役人の口から伝えさせたのだった。

鄧小平の訪米の日程調整は迅速に行われた。彼がワシントンに到着したのは、一二月一五日の合意から六週間も経たない一月二八日のことだった。両国の関係者はこの訪米を成功させるために尽力し、訪米は全体的に問題なく行われた。飛行機がアンドリュー空軍基地に着陸した後、鄧はアメリカ政府の重要な客人が泊まる首都のブレア・ハウスまでリムジンで連れて行かれた。鄧に痰壺を使う習慣があることを知っていたアメリカ側のホストは、ブレア・ハウスにぴかぴかの新品の痰壺をいくつか設置した。ほかにも具体的な準備が慎重に行われた。中国に売却できない技術を含む軍事装備品などがある場所は、鄧の訪問先から除外された。中国の代表団に提供される肉は、箸で食事をすることに慣れた彼らが扱いやすいように、大きな固まりではなく小さく切って出された。実際鄧は、ジョージア州知事のジョージ・バズビーに、アメリカでなにか面白いものをご覧になりましたかと尋ねられ、アメリカ人が毎回の食事で子牛肉ばかり食べているとは知らなかったと、からかい半分に答えたほどだった。ワシントンとアトランタで細心の注意を払って鄧をもてなすことになった人々は、鄧が子牛のような肉を好むという報告を受けていたため、連日の晩餐に立て続けで子牛肉ばかり出していたのだ。その次の食事では、子牛肉は外された。

受け入れ側のアメリカは安全面にも気を遣ったが、屋外では特にそうだった。ホワイトハウスの芝生の上で歓迎式典が開かれた際には、記者席にいた二人の男が「毛主席万歳」と叫んでガードマンに連行されたものの、鄧は気にとめたそぶりも見せなかった(64)。建物の入口で人々が武器を携行していないか調べる金属探知器ができる以前、警備担当者はできるかぎりの予防措置を講じていた。一つの心配は、悪天候でリムジンの隊列が乱れることだった。ワシントン以外の訪問地として考慮された四つの都市のうち、アトランタとヒューストンは気候が暖かく、三番目のシアトルは穏やかだった。カーターの出身州のアトランタを選ぶのは自然であった。一月一日、ウッドコックが鄧に、訪米中なにを見たいか尋ねると、鄧は宇宙探査施設などの先進的な技術を見てみたいと即答した(65)。鄧はNASAの施設と最先端の石油掘削技術を見学した後、シアトルに飛び、中国がまさに購入を始めようとしていた新しいジェット機を生産するボーイング社の工場を訪れた。鄧は消費よりも生産に関心を抱いていた。彼はショッピング・モールや個人の自宅は訪問しなかった(他の客とともにブレジンスキーの自宅で夕食に招かれたときを例外として)。アトランタで鄧は、フォード自動車の最も先進的な工場の一つを訪れ、以前、北京で彼と会見したヘンリー・フォードII世から案内を受けた。

鄧小平はアメリカに関しては、日本のときの廖承志《りょうしょうし》に匹敵するような高位の指南役を持たなかった。ただし、数年間アメリカに住んだことがある黄華外交部長や、アメリカの歴史や宗教について深みのある研究をしてきた北京の中国社会科学院アメリカ研究所の李慎之《りしんし》所長を活用した。加えて鄧の主たる通訳だった冀朝鋳《きちょうちゅう》は、幼少期の多くをアメリカで過ごし、大学二年生だった一九五〇年に中国に帰国するまでハーバード大学で学んでいた。(66)

ワシントンにあった中国の連絡事務所は、三月一日に正式に中華人民共和国の大使館に昇格することが決まっていた。鄧小平のアメリカ訪問の間、そのスタッフの任務はあまりにも膨れ上がり、彼らは電話の応答すらできなかった。中国で英語を学び、アメリカでほとんど経験を踏んでいなかった中国の役人たちは、安全の確保や訪問の準備、アメリカのホスト側との調整、乾杯用の演説原稿の準備、西側からの九五〇人ほどの、そして同じく中国からの三三人の報道関係者の質問への対応など、自分たちの業務に圧倒されていた。彼らはそれらをちゃんと行おうと、非常に緊張しつつ力を尽くした。

中国のメディアは鄧小平の訪米を大々的に報道した。当時、中国にはテレビは一〇〇〇人に三台しかなく、ほとんどは地位の高い幹部のオフィスに設置されていた。あちこちで一台のテレビに同時にたくさんの人々が見入っていた。中国のテレビ局は中央電視台（CCTV）の一局しかなかった。鄧の一行には著名な新聞社や新華社から来た記者だけでなく、ニュース解説員として中国で名高い趙《ちょう》忠祥《ちゅうしょう》も含まれており、彼は毎日、三〇分間のテレビ番組の編集を指揮し、一日の終わりにそれを中国に送った。加えて中国人の撮影スタッフは、訪米後に中国で放映されるドキュメンタリー番組の撮影にも余念がなかった。多くの中国人にとって鄧の訪米は、アメリカを自分の目で見て、アメリカや、その先進的な工場、政治指導者、普通のアメリカ人などに関する感覚を養う好機だった。(67)鄧も彼らがこうした関心を抱くのを奨励し、それによって中国で映像に見入っていた人々が自国の後れと改革の必要性を認識するよう願った。

人々の目の前に登場した最初の数日間、鄧小平は緊張していた。彼はフォーマルで、真剣で、手を振るときでさえ非常にきちっとしていた。彼は記者会見も開かなかったし、自分が感じていたことはほとんどなにも表に出さなかった。

●ワシントンDC

一月二八日、鄧小平はワシントンに到着し、数時間の休憩をとった後、前年五月の約束通り、ソ連に反対して米中正常化を推進するうえで彼の同盟者になっていたブレジンスキーの自宅で、小規模の非公式な夕食会に出席した。鄧は長旅から明らかに疲れた様子だったが、ブレジンスキーは報告の中で、彼とその妻は素晴らしいユーモアを交えて会話し、鄧が機敏で機知に富んだ応答の達人だということがわかったと述べた。ブレジンスキーが、中国とフランスの文明はどちらも自分が他者より優越しているとみなすと言うと、鄧は「それはこういうことでしょう。東アジアでは中華料理が一番、ヨーロッパではフランス料理が一番なのです」[68]と返した。またブレジンスキーが、カーターは（親台湾派の）中国ロビーがいたため正常化を実現するのが難しかったと述べ、鄧に国内で同様の反対意見に遭遇したかどうかを尋ねると、鄧は反射的にこう応えた。「ええ、遭いましたよ。台湾にいる一七〇〇万人の中国人が反対しました」[69]。

このとき鄧小平は、もし中国がソ連に攻撃されたらどう反応するのかと聞かれた。彼は同席していたモンデール副大統領、バンス国務長官、ブレジンスキー、そしてマイケル・オクセンバーグらの前で、中国にはブラーツク・ダム、ノボシビルスク、そしておそらくモスクワまでも攻撃できる核兵器があると応じた。まさに毛沢東が、中国は侵略者を消耗させる長期戦を戦うことで、核戦争にも侵略にも耐えて生き延びられると発言したように、鄧は最悪の場合のシナリオを考えつくしていたのである。この非公式のおしゃべりの間に鄧は、ベトナム問題を話し合うため、大統領と少人数の非公式会談の場を持ちたいとブレジンスキーに真剣な面持ちで言った(70)。

翌一月二九日、鄧小平はカーター大統領と午前中も午後も会談し、昼はバンス国務長官主催の昼食会に、夜は公式晩餐会に出席した。その夜、カーターは日記に「彼と交渉するのは楽しかった」と書いた(71)。彼は、鄧が人の話を注意深く聞き、カーターのコメントに対して質問をしてきたとも記している。翌日の午前から開かれた三回目、すなわち最後の会談では、カーターと鄧が率直に直截的に議論したとブレジンスキーは報告している。二人は敵対関係にある者同士というより、同盟関係にある者同士のように話し合ったという。

第一回会談で、鄧小平はカーターに最初に話をするよう頼んだ。カーターは国際情勢に関する自分の見解を提示し、アメリカは世界の人々がより質の高い生活を実現するのを手助けする責任を感じていると強調した。そのためには、政治参加や自国政府の迫害からの解放、外部の覇権国からの自由などを確保していかなければならない、と。次に自分の番になると鄧は、中国の指導者は常に最大の脅威は二つの支配的大国からやって来ていると考えていたが、最近はアメリカの危険性はソ連ほどではないと思えてきた、と述べた。鄧はそのとき、緊張したとても真剣な面持ちで、ソ連の拡張主義の危険が迫っていると話した。彼はアメリカと中国にとって、現時点で同盟関係を結ぶことは得策ではないと認めつつも、両国が緊密に協力してソ連の拡張に対抗していくべきだと主張した。

鄧小平はベトナムを、ソ連の基地となって中国を南方から脅かしている東方のキューバと呼んだ。鄧の見方では、ソ連とベトナムはアジアの集団安全保障システムを形成し、すべての周辺国を脅かそうとしていた。「中国は四つの現代化を実現するために長い平和な時間を必要としている」ため、中国とアメリカはソ連を抑え込むために協調行動をとるべきであった。中国が韓国と直接の接触をとることはまだできなかったが、鄧は南北朝鮮が統一に向けて会談を開くことが望ましいとした(72)。また、自分が一〇月に訪れたばかりだった日本も、ソ連の拡張主義を制約するために協力できるはずだ、と述べた(アメリカに向けて出立する直前、鄧は『タイム』誌のヘドレー・ドノバンに、ロシアの白熊に対抗するため、中国は日本とアメリカの双方と一緒に働くべきと述べていた(73))。

午後のセッション――一月二九日の三回の話し合いのうちの二回目――が終わりに近づいていたとき、鄧小平は少人数で非公式に極秘事項を話し合いたいとカーターに再度提案した。そこでカーター、モンデール、バンス、ブレジンスキー、鄧、そして彼の通訳が一行から離れ、大統領執務室に移った。そこでの一時間の会談の間、鄧は厳粛かつ毅然とした態度で、自分がベトナムに対して懲罰的な攻撃を加える計画を立てていることを話した。彼はベトナムのカンボジア占領以降、ソ連とベトナムの野心が東南アジアに深刻な危機をもたらしていると説明した。そして彼は、ソ連の打算を打ち砕き、ベトナムに適切で限定的な教訓を与えることが必要だと言った。カーターは鄧にベトナムへの攻撃を思いとどまらせようとしたが、その行動に反対することまではしなかった。その代わり彼は、もし中国がベトナムを攻撃すれば、中国の方が侵略者とみなされるのではと懸念を表明した。カーター政権は中国との関係拡大が平和の維持につながると主張していただけに、もしそうなれば中国と協力を深めていくことについて、議会の支持を得るのがより難しくなるのはわかりきっていた。

翌日、鄧とカーターは、中国のベトナム攻撃についての話し合いをまとめるため、再び自分たちだけで会談した。このときカーターは、自分が一晩かけて用意した手書きのメモを読み上げ、なぜそのような行動を止めた方がよいと考えるか説明した。多くの論点のなかでも、カーターは特に「中国が武力紛争を仕掛ければ、中国の一般的性質や台湾問題の将来的な平和的解決について、アメリカでは深刻に懸念されるだろう」と指摘した。(74) 鄧はなぜ自分がこうした決定を下したのか説明し、もし攻撃を仕掛けても中国軍は一〇日後か二〇日後には撤退するとカーターに約束した。さらに鄧は、中国のこうした攻撃の効果は長期的だと主張した。もし中国がソ連に今回、教訓を与えなければ、ソ連はかつてキューバを使ったのと同じやり方でベトナムを使おうとするだろう（鄧はさらに、ソ連はアフガニスタンに勢力を拡張すると予言したが、同年一二月には本当にそうなった）。それから鄧とカーターは一同と合流した。カーターは鄧が最も重い任務を完了させたことで、リラックスして快活になったと感じた。(75)

アメリカと中国は、ベトナムと中国との間の紛争にソ連が介入してくることをともに懸念していた。鄧小平の訪米からほどなく、アメリカの役人たちは、もしソ連がカムラン湾を海軍基地として使用し始めるのなら、それがいかに挑発的な意味を持つことになるか警告を発するようになった。(76) たしかにカーターは中国のベトナム攻撃を支持せず、また、後にそのことをソ連側にも伝えた。ただ、鄧は二月後半の攻撃発動までに、ソ連がベトナム側に味方するのを思いとどまらせるという目的は達成していた。ソ連はもし自国が参戦すれば、アメリカが何らかの報復手段に出るのではないかと懸念し始めていた。

ワシントンにいる間、鄧は中国人留学生をアメリカに送るという自分の関心事項を実現しようとした。しかし、留学生交流についてはカーター大統領にも懸念があった。彼はまず、中国にいる外国人留学生は中国の学生から隔離されている、と不満を述べた。鄧はこれに対して、中国の大学の生活条件はあまりよくないため、外国人に生活しやすい環境を提供するためそうしている、と説明した。カーターが次に、中国には受け入れ留学生の選別をするのをやめてほしいと言うと、鄧は笑い、中国には多様な背景を持つ学生を受け入れるだけの抵抗力が備わっており、イデオロギーを受け入れ判断の根拠にするつもりはないと答えた。彼はさらに、外国人記者の国内旅行は今後も制限されるが、彼らの書いた記事を検閲するのは止めると付け加えた。

カーターと鄧小平は最後の会談で、領事館の開設、貿易、科学技術、文化交流に関する協定に署名した。鄧は、もしアメリカと日本が台湾に北京との交渉を促し、アメリカが台湾への兵器売却を減らしていくことができれば、両国は世界平和に貢献できるだろうと主張した。彼はカーターに、もし台湾が長い間、北京との交渉を拒んだり、ソ連が台湾問題に介入してこないかぎりは、北京は台湾と戦争しないと言った(77)。

鄧小平のために開催された公式晩餐会は、カーターがホワイトハウスにいた四年間のなかで最も優雅な夕食会だったのではないかとブレジンスキーは述べている(78)。一月二九日に開かれた晩餐会については、カーター自身が、参加していた彼の娘のエイミーやその他の子供たちが鄧の背の低さと快活さをすっかり気に入り、双方ともが楽しんでいたようだと述べている(79)。鄧家の生活を記した鄧の娘も、父親は口数は少なかったが、孫と遊ぶのをとても喜んでいたと書いている。

この公式晩餐会の際、カーターは中国における宣教師の問題について、鄧小平と相反する互いの意見を穏やかに交換した。かつて日曜学校の教員を務め、若いときには教会を通して中国にいる宣教師に小銭を献金していたカーターは、中国で宣教師たちが果たした役割を称賛した。彼は中国に行った多くの宣教師は善良な人々だったと言い、彼らが学校や病院を作ったことを指摘した。鄧の方は、あまりにも多くの宣教師たちが中国式の生活様式の変革を試みたと応じ、いくつかの学校や病院は今でも運営されているが、宣教活動の再開を許可することには反対だと述べた。そこでカーターは、聖書の配布と礼拝の自由を許可するよう鄧に頼んだ。カーターは後に中国を訪れた際、中国がその二つの面で前進を見せていたことに満足を覚えた。

鄧小平はニクソンが訪中したとき「桃源郷」に追放されていた。しかし彼は、米中関係の修復を見事に実現してくれた前大統領に会い、中国の人民を代表して謝意を伝えたいと申し出た。カーターは鄧の要望に同意し、二人が個人的に会うことを許可した。カーターはまた、ニクソンが一九七四年八月に不名誉な形でホワイトハウスを退去してから（ニクソンはウォーターゲート事件で議会から弾劾決議を受ける見通しとなり、急遽辞任した）、初めて彼をそこに招き入れ、鄧の公式晩餐会に参加させた[80]。ニクソンはその後、思案してカーターに個人的に手紙をしたため、彼の国交正常化の決定を支持し、将来の米中関係のためにいくつかのアイデアを提起した[81]。

公式晩餐会の後にケネディ・センターで開かれた舞台芸術プログラムは、国営テレビでも放映されたが、ある幹部によれば「カーター政権を通しておそらく最も輝かしい夜」になったと言われる[82]。ジョージアのピーナッツ農民だったカーターが、かつて兵士だった鄧と、それぞれの国を代表して手に手をとって登場した。彼らが聴衆に紹介されると、音楽隊が『Getting to Know You』（邦題は『仲良くしましょう』）の曲を奏でた[83]。エイミー・カーターを含むアメリカの子供たちのグループが鄧の好きな歌をいくつか中国語で歌うと、鄧は完全に台本を無視して子供たちに駆け寄り、彼らの手にキスをした。モンデール副大統領はホールには目が乾いたままの人はいなかったと言ったが、それは大して誇張ではなかった[84]。

閣僚メンバーとの会談で、鄧は貿易問題に焦点をあてた。一月三一日に彼らと会見した際、もし中国が、普通の貿易相手国の地位を事実上意味する最恵国待遇を与えられるのであれば、アメリカと大陸中国との貿易（当時はほぼ米台貿易額に匹敵）はすぐに一〇倍に拡大するだろうと予言した。鄧は閣僚たちとの会談で、アメリカにおける中国の資産と中国におけるアメリカの資産のそれぞれを、凍結解除することで合意した。アメリカ側は、それぞれの連絡事務所を大使館に昇格させることに加え、各国が相手国の首都以外の都市に領事館をそれぞれ二カ所開設することに同意した。鄧は両国間に直行便の開設を許可するためになにをすべきかと尋ね、中国の幹部はアメリカのメディアが中国で支局を開設するための行程表の作成に同意した。鄧はさらに、学術的な科学交流を拡大させる件でも議論を重ねた。

鄧小平は技術を徐々に格上げするプロセスを完全には理解していなかったし、民間企業が研究開発にかかった経費を取り戻すために特許や著作権を活用するときの計算の仕方をちゃんと把握していたわけでもない。鄧はこうした複雑な問題の存在をようやく認識し始めたばかりで、跳躍に向けた野心でいっぱいだったため、一九七〇年代の技術ではなく最先端の技術が欲しいとシンプルに明言した(85)。

鄧小平は、アメリカ上院との会談ではロバート・バード上院議員にもてなされ、下院との会見では議長のティップ・オニールにもてなされた。鄧はオニールと三権分立について議論して大変興奮し、特に立法府と行政府が権力と影響力をかけて競争する手法に関心を示した。鄧はオニールを個人的に気に入り、後日、彼を自分で北京に招待した。ただし、オニールが後に記しているように、少なくとも中国にとって三権分立は恐ろしく非効率な国家運営のやり方で、中国がこれを回避すべきだということについて、鄧はまったく疑いを抱いていなかった(86)。

鄧小平と下院議員との会見で出てきた主な問題の一つは、中国が人々に移民の自由を認めるかどうかであった。わずか四年前、アメリカ議会は共産主義国家に対し、議会が彼らに通常の貿易相手国としての待遇を与えるようになるまで、移民を希望するそれらの国民にその自由を認めることを要求する、ジャクソン＝バニク修正条項を可決していた。議員たちが鄧に、中国はこうした移民に自国を離れる自由を認めますかと問いただすと、鄧はこう答えた。「ああ、それは簡単です。どれくらい差し上げましょうか。一〇〇〇万人？　一五〇〇万人ですか？」鄧が真顔でそう言ったため、議員たちはそれ以上、問題を追及するのをやめた。中国は免責が認められ、最恵国待遇の利益の享受が認められることになった。(87)

慎重な準備作業にもかかわらず、アメリカの「中国専門家」を交えた歓迎会の場所の選択では大きな失態があった。ナショナル・ギャラリーでのこのイベントは、中国系アメリカ人の役割を示すため、中国系アメリカ人建築家のI・M・ペイがデザインした新しく美しいイーストウィングで開催された。中国に関心を持つ財界、学界、外交政策コミュニティのためのこの歓迎会は、外交政策協会、ナショナル・ギャラリー・オブ・アート、米中関係全米委員会、中華人民共和国との学術交流委員会、アジア協会、そして米中ビジネス協議会が主催したものだった。それはさまざまな分野の人々が大々的に集まる一つの機会になっていた。中国が対外開放を始める以前、政府、ジャーナリズム、ビジネス、学術サークルにまたがるチャイナ・ウォッチャーたちは香港をセンターとして活動し、そこで知り合いになっていた。その日はこうした参加者たちが準備して待ち望んだお祝いの一日で、華やいだ雰囲気であふれていた。後日、この歓迎会について耳にしたI・M・ペイは、公共集会の音響など考慮されていないその場所で、鄧が演説を要請されたと聞いて愕然とした。実際、鄧が話をしたときには、歓迎会の参加者たちは鄧がマイクを使ってしゃべっている内容をまったく聞き取れず、友人たちと楽しいおしゃべりに興じ続けたのだった。鄧と親しかった人々は彼が失望していたことを知っていたが、彼はそうした素振りも見せず、党大会で微動もせずに座っている規律ある党員たちを前に話をするように、演説の原稿を読み続けたのだった。[88]

●フィラデルフィア、アトランタ、ヒューストン、シアトル

鄧小平はワシントンの指導者たちとの会話でグローバルな戦略問題を取り上げたが、アメリカ中をめぐる旅の中で現代的な工業や交通網を目にした。彼はアメリカのビジネスマンたちに中国への投資を、学者に学術交流の推進を、一般大衆に米中両国の関係強化への支持を、それぞれもちかけた。[89] ビジネスマンたちと話をする際、鄧は中国が多くの日用品を作っていることを強調し、これらを輸出すれば彼がどうしても欲しがっていた技術の支払いにあてることができると言及した。[90] 彼が立ち寄ったほとんどの場所には、台湾の国旗を振って抗議する人々がいた。そしてたまには、鄧が毛沢東思想を裏切って資本主義に向かっていることに抗議する小煩《こうるさ》いアメリカの左派もいた。ただ、大半の聴衆のムードは、大きな好奇心と善意が混じり合った好意的なものであった。[91]

アメリカで鄧小平はオープンな記者会見も開かなかったし、テレビの生放送で質問に答えることもしなかった。ただ、彼の訪米日程に同行したアメリカの記者たちは、鄧が親しみやすく、彼らや訪米中に出会ったビジネスマンの質問に答えようとする姿勢を常に示したことに感心していた。鄧は主なテレビネットワークの四人の総合司会者とも会見した。[92] 外交やアジアについての優秀な記者で、鄧の四都市訪問にも同行したドン・オーバードーファーは、ワシントンでの日程が終わると鄧がリラックスし始めたと報道している。鄧は訪問先で右手を挙げて大衆に手を振り、人々と握手を交わした。シ

アトルのヘンリー・ジャクソン上院議員のような特別な友人に会うと、鄧は相手をぎゅっと強く抱きしめた。オーバードーファーは鄧についてこう記している。「疑問と好奇心が混じり合い、彼の目は若者のように輝いていた[93]」。

一月三一日にフィラデルフィアのテンプル大学で名誉博士号を授与されたとき、鄧小平は演説で次のように述べた。「テンプル大学は学問の自由を高く掲げていることで知られています。これはあなた方の大学に成功をもたらしている重要な要素だと私は考えています。私のようなマルクス＝レーニン＝毛沢東思想を信じる者に、名誉博士号を授与してくださるということが、それを十分に証明しています。アメリカの人民は、二〇〇年という短い時間に巨大な生産力と豊かな物質的富を生み出し、人類の文明に顕著な貢献を果たした偉大な人々です。アメリカの生産拡大の過程のなかで蓄積された、経験という名の財産は、私たちにとっても学ぶことのできるものです」。

鄧小平はアトランタにはたったの二三時間しか滞在しなかったが、カーター大統領の出身州の人々を十分に魅了し、地元のメディアを数日間、沸かせ続けた。鄧は昼食会に参加した一四〇〇人の人々を前にして、南北戦争で荒廃したアトランタを再建した地元の歴史的指導者たちを称賛した[94]。彼はその町の過去の経験を中国の現在の経験に結び付けてこう言った。アメリカ南部は相対的に後れた地域だと思われてきたが、「今では南部は時代を作り出しています。中国にいる私たちも、自分たちの後れた部分を変革していく課題に直面しています。……あなた方はわれわれに……自信を与えてくれました[95]」。アトランタの新聞は、鄧の妻の卓琳がエイミー・カーターを抱きしめている写真を掲載し、卓琳がワシントンにいる間、ロザリン・カーター夫人に伴われ、エイミーの学校、子供病院、そして国立動物園のパンダを見学したと報道した[96]。

ヒューストンではウッドコックが次のように回想している。ジョンソン宇宙センターで宇宙船のレプリカに乗船した途端、「鄧は大興奮だった。……着陸時の様子を再現したその乗り物の中で、彼はすごくうれしそうだった――本当は一日中、そこにとどまりたかったのではないかと思う」[97]。そして、オービル・シェルの記事によると、ヒューストンから六〇キロほど離れたシモントンでロデオを見た際は次のようだった。「部長（大臣）や通訳などお付きの者たちに囲まれた鄧は、小さな町の政治家のように拍手を続けながら……手すりに近づいてきた。馬に乗った少女が彼に近づき、カウボーイ・ハットを差し出した。……ヒューヒューと口笛が鳴り、群衆が喝采して大喜びするなか、鄧は芝居っ気たっぷりにその新しい帽子を頭に載せた。この単純なジェスチャー一つで、鄧は中国とアメリカ間の三〇年間の対立を終わらせただけでなく、中国の西側に対する歴史的な反抗をとりやめ、自国の人々がアメリカの生活や文化を受け入れることを許可したのだ」[98]。鄧がカウボーイ・ハットの下で笑顔を見せている写真はアメリカ全土に流れ、彼の訪問を象徴する一枚となった。これによってアメリカの人々は、彼がユーモアにあふれる人物というだけでなく、結局のところ「あの共産主義者」の一人というより「われわれ」にずっと近い人間だということを実感したのであった。『ヒューストン・ポスト』紙には、「鄧、政治を避け、テキサス人になる」という見出しが躍った[99]。

鄧小平はつやつやしたヘリコプターやホバークラフトにも搭乗した。鄧と中国共産党は日本を訪問したとき、中国の現代化を達成するためには組織や管理の手法に大規模な変革を加えていかなければならないという印象を抱いたが、アメリカで現代的な工業基地や宇宙センターを訪れたことで、こうした信念はさらに深まった[100]。高層ビルと何車線もある高速道路を背景に映された鄧の画像が、全中国に

フォード社やボーイング社の現代的な工場、それにヒューストンの宇宙センターを見学したほか、

テレビ配信された。

鄧小平は訪米の最後にシアトルで次のように述べた。「われわれ両国は、一つの海を挟んで両側にある隣人同士です。われわれは太平洋によって隔てられているのではなく、結ばれているのです」[101]。シアトルから出国して東京に向かうころまでに、鄧は風邪を引いてしまっていた（ウッドコックによれば、「われわれは喜びすぎて疲れ果てていた」）。そのため、最後の朝食会では、鄧に代わって黄華外交部長が記者や論説委員に対して話をした。出国直前、冷たい霧雨が降っていたために空港ターミナル内で開かれた短い会見で、鄧は熱を我慢し鼻をすすりながらこう言った。「私たちは中国人民の友好のメッセージを携えてアメリカにやってきました。今、私たちは、アメリカの人々の温かいお気持ちをいっぱい積んで帰国いたします」[102]。

大平原を燃やす火花

ジミー・カーターは日記に次のように記している。「鄧小平氏の訪米は、私が大統領だった間の喜ばしい経験の一つだった。私にとってすべてはうまく行ったし、鄧小平氏も同じように楽しんでいたようだった」[103]。カーターは鄧が「賢くてタフで、知識に富み、率直で、大胆で、愛嬌があり、自信に富み、フレンドリー」だったと書いている[104]。大統領は、鄧がアメリカの政治の現実に敏感で、両国の関係を語るなかでソ連反対という基盤をあえて強調しないでいてくれたことに感謝してもいた。鄧がもしそうしていたら、アメリカとソ連の間の兵器削減交渉は台なしになっていただろう、と彼は述べている[105]。

鄧小平の訪米は、二つの国が手に手を携えて世界の平和を築こうとしていることの象徴とされた。これはアメリカ人にも中国人にも強いアピール力を持った。この訪米の成功はある程度、米中関係の改善に大きな意欲を持ち、自分を強く信じ、特殊な役割を難なくこなすことのできた、鄧の個人的資質にかかっていた。こうした資質のある鄧だったからこそ、のびのびとした率直さと鋭い機転をフルに利かせ、鑑賞力の鋭い聴衆に楽しみながら訴えかけることができたのである。内部の事情に詳しい中国人たちは、鄧が通常、個性を全開にしたりしないことに気づいていたが、訪米の際にそうだったように、彼は必要となればエネルギッシュに振る舞うことができたのである。

鄧小平は、彼の二〇年前にやって来て一三日間、アメリカを席巻し続けたソ連の指導者、ニキータ・フルシチョフほど、個性豊かでもこれ見よがしでも意固地でもがさつでもなかった。ある意味ではフルシチョフの方が、ずっと大きな注目を集めたともいえるだろう。彼も鄧もどちらも、アメリカとの関係で新時代を切り開こうとした。鄧の方がより自制的ながら、自分の脚本に従い、計画を変えようとはしなかった。[106] しかし鄧は、アメリカと交流プログラムの開始で合意し、ビジネスマンたちと関係を築くことで、持続的な米中関係のためにフルシチョフの米ソ関係よりもずっとしっかりした土台を構築できた。鄧が多くの都市で演説するのを聞いたアメリカのビジネスマンたちは、ビジネス・チャンスを切り開くため、即座に訪中の準備を始めた。鄧がアトランタで会見した一七州の知事の多くが、地元のビジネスマンを引き連れて訪中する計画を立て始めた。ジュアニータ・クレップス商務長官、ボブ・バーグランド農務長官、そしてエネルギー長官のジェームズ・シュレシンジャーも、それぞれの分野で関係を拡大するため、数カ月中に代表団を率いて訪中する準備を進めた。議会のメンバーたちは、過去に中国について不満を並べていた者も含めて、中国へのこうした訪問団に参加するため競い合った。フルシチョフは訪米から五年後に失脚したが、訪米後、一〇年以上も中国の最高指導者であり続けた鄧は、自らがアメリカで蒔いた種が実を結ぶのを見届けることができた。

訪米中の一九七九年一月三一日、国家科学技術委員会主任の方毅《ほうき》と鄧小平は、アメリカと科学交流を加速する協定に署名した。[107] 七九年初め、前途洋々とした最初の中国人学生五〇人が、ほとんど準備もないままアメリカに到着した。鄧が訪米した次の年、学生ビザでアメリカに滞在していた中国人は一〇二五人だったが、八四年には一万四〇〇〇人がアメリカの大学で学ぶようになり、また、その三分の二は自然科学、保健科学、工学の分野にいた。[108] 中国最高の大学、北京大学と清華大学は非公式に、より高度なトレーニングのためアメリカに進学する学生の「予備校」となって名を馳せた。七九年は、三〇年間断ち切られていた両国の関係が再開された年だったと言えるかもしれない。ただしその後数年以内に、交流の規模や範囲は四九年以前の状態を大きく凌駕するようになった。

思慮深い国務省の役人たちは、米中関係を復活させる意義は大きいと堅く信じていたが、鄧小平の訪米でアメリカの中国への好感がピークに達したことを憂慮した。彼らは、アメリカのカーター政権とメディアが、自国民に中国を高く売りつけ過ぎたのではないかと心配したのである。米中両国が同盟関係にあった第二次世界大戦の間、アメリカでは当時の政権とメディアが蔣介石政権を称賛しすぎたため、アメリカの民衆は国民党の中で腐敗が蔓延していたことに心の準備ができていなかった。鄧の一九七九年の目覚ましい訪米で熱狂したアメリカ人たちは、その後も中国共産党が権威主義体制を維持し、両国の間に国益の相違が存続し、台湾問題の解決を妨げる多大な障害が残されていたことを理解していなかった。[109]

中国では、鄧小平訪米の効果はアメリカよりもさらに大きかった。鄧の訪米は、アメリカ人一般の中国に対する印象を変えた。しかし彼の訪米で、中国では人々の将来に対する思考様式や願望が連鎖的に変化し始めた。鄧の訪米は日本や東南アジアへの訪問のとき以上に、現代的な生活とはどういったものなのかを中国の人々に見せつけた。鄧の訪米中に撮影された連日のテレビ報道やドキュメンタリー番組は、アメリカの生活を好意的に映し出していた。そこには工場や交通網や通信網だけでなく、新しい家の中で現代的な家具に囲まれ、おしゃれな服を着て暮らす家族の生活があった。まったく新しい生活様式を目にした彼らは、それへの憧れを抱いた。北京に暮らすアメリカ人と中国人との間の障害も取り払われ、互いの家を訪問することが突然許可されるようになった。毛沢東は一つの火花によって大平原に革命の炎を放つことができる（「星星之火、可以燎原」、すなわち「小さな火も広野を焼きつくす」の意）と述べたが、一九七九年以降の中国は、毛が始めたのよりもずっと大規模で持続的な革命を経験していくことになった。この巨大な革命はあちこちで点火されて始まったが、鄧の訪米によってもたらされた火花以上に、すばやく燃え広がったものはなかったであろう。

アメリカ人たちが鄧小平に過剰な反応を示したように、多くの中国人も彼の対米開放に過剰反応した。中国人の中には、経済発展の成果を享受できるまでに中国がどれだけ多くのことを成し遂げなければならないか認識しないまま、すぐにすべてを追い求める者もいた。中国の現実にまだそぐわない組織や価値観を導入しようとした者もいた。西側と中国のやり方をうまく均衡させていくことは、容易ではなかった。しかし、対外開放によってハイブリッドな活力と知的ルネッサンスがもたらされ、それらが中国の長期的な再建を牽引していくことになった。

一九七九年二月の訪米の最後、鄧は通訳をしていた施燕華《せえんか》に、この旅で自分の任務は終わったと言った。最初、彼女はその意味が理解できなかった。鄧の中国人の同行者や彼と会見した外国人たちは、彼がこれらの旅を楽しんだのだと受け取った。彼はこうした機会を活用して世界を見学し、民衆の大喝采を受けたように見えた。しかし、これは彼が各国を回った理由ではなかった。祖国のためにやらなければならない仕事があったからこそ、彼は旅をしたのだった。周辺諸国との関係を改善し、日本とアメリカへのドアを大きく開放し、また、ソ連に対抗して中国の現代化への支援を両国から獲得することが、彼にとっての責務であった。こうした使命を完了して自らの責任を果たすと、彼は次の段階の重要な任務に取りかかった。鄧はわずか一五カ月の間に五回の外国訪問をこなした。鄧はそれから一八年生きたが、その後は一度も国外を旅することがなかった。(110)

第12章　鄧小平政権の船出——一九七九年～一九八〇年

一九七八年一二月に最高指導者の地位に昇ったとき、鄧小平《とうしょうへい》にはまだ自分の率いる指導チームもなければ、人々を結集させられるような中国の将来を明確に示したビジョンもなかった。指導権はさしあたり、党主席と国務院総理という公的立場をまだ維持していた華国鋒《かこくほう》と、華を支持していた政治局のメンバー四人との間で共有されていた。七八年一二月には、鄧は自身が築いたのではない体制のトップに押し上げられたのだった。

鄧小平の関心は肩書よりも、中国の現代化のために協力できる有能なチームと組織を作り出すことにあった。支配を固めて、自ら幹部を選び、彼らと自身の計画を軌道に乗せるには一年はかかるだろう。その間、鄧は、華とその支持者の権力を弱めたうえで排除し、自身のチームに取って代え、徐々に自身の政策課題を練っていくことを選んだ。最高指導者になった今、党内に依然として行き渡っている毛沢東《もうたくとう》の超人的イメージにどう立ち向かうかについても考える必要があった。鄧は自身の政権を打ち固め、人々のために新たな道を切り開くと同時に、毛を今も崇める人々の心情的な離反を最小限に食い止めなければならなかった。彼らはいつでも、鄧を中国に「脱毛沢東化」と「修正主義」をもたらした「中国のフルシチョフ」と糾弾する気でいたからである。

一九七九年の春、鄧小平が大胆な開放に着手するのではないかと危惧していた一部の保守派に対し、彼は統制を強化しようと試みた。軍と政府高官の多くが、ベトナム攻撃をめぐる鄧の行動に疑念を抱き、彼が党を裏切って中国を資本主義の道へ導いていくことを公然と危惧していた。七九年三月三〇日に鄧が行った四つの基本原則に関する演説は、こうした保守派の批判を鈍らせるうえで重要な一歩だった。しかし、彼がそうした抵抗に対処しながら、自身の指導チームをしっかりと確立するにはなおも数カ月を要した。

鄧小平は強く支持されていたが、明らかに抵抗もあった。たとえば五月二一日、人民解放軍の機関紙『解放軍報』のある記事は、以下のように伝えた。多くの軍の部隊は「実践は真理を検証する唯一の基準だ」について議論することに抵抗している、三分の一もの兵士が三中全会の基本精神を支持していないと報告した部隊もある、というのである。兵士の多くが華国鋒を支持するのは、彼の功績が理由ではなく、毛沢東が華を選び、華が毛の政策を支持するとみなされているからだという報道もあった(1)。都市部のエリートはむしろ毛に批判的だったが、農民たちは毛崇拝を喜んで受け入れるのが一般的であった。なかでも、農村出身の兵士は郷里の扶養家族に特別な援助をしてくれる農村の集団組織をありがたく思い、除隊後はそうした集団組織で職を探すつもりの者が多かった。その制度が鄧の主導の下で脅かされている、そう彼らは感じていた。

鄧小平はこれらの保守派の圧力に反撃するため、一九七九年の春に「実践は真理を検証する唯一の基準だ」という主張への支持強化キャンペーンを展開し、「補習」を行うことで鄧の改革政策に対する支持固めを図るよう当局に指示した。彼は公の場に出るとき、毛沢東を批判せず、むしろ、毛時代の問題の元凶として林彪《りんぴょう》と四人組を批判した。党の一致団結したイメージを守るため、華国鋒本人を標的にするのではなく、「二つのすべて」を標的にするよう注意を怠らなかった。

華国鋒党主席の権力は弱まっていたが、六月一八日、彼は第五期全国人民代表大会第二回会議の冒頭で政府活動報告を行った。そのとき、聴衆は気づいていなかったかもしれないが、これは党や政府の会議で華が行った最後の重要報告となった。その報告後ほどなく鄧小平は、党の改造に乗り出す準備ができたと感じた。

黄山からの下山と、党の建設

一九七九年七月一一日、鄧小平は華北と華中への一カ月におよぶ旅に出た。旅は安徽《あんき》省の黄山への登山から始まった。黄山は古くから中国の文学や歴史の中でたたえられてきた国内屈指の名峰の一つである。鄧は七月一三日に登頂を開始し、二日後に下山した。七五歳を過ぎようとしている高齢者としては、驚くべき壮挙である。ズボンの裾をまくり上げ、杖を手に、登頂を目前にして一休みする健康そうな鄧の写真は、広く世に伝えられた。麓に戻った鄧は、盟友の一人である万里《ばんり》の出迎えを受けた。鉄道輸送の行き詰まり打破で成果を収めた安徽省党委員会第一書記の万里は目下、農村再編の障害を取り除くための道を切り開きつつあった。麓では記者たちも出迎えた。鄧は彼らにこう言った。

「黄山の試験では、私は十分合格だな」(2)。

北京では、政治的嗅覚の鋭い役人たちの間で、ある種のコンセンサスが生まれた。鄧小平の黄山登山は、毛沢東が揚子江を泳いで渡った有名な話と同様、国内政治をいつでも強力に推し進めることができる健康な指導者の出現として人々の注目を集めた。[3] 一九六六年七月の毛の揚子江横断は、七三歳の党主席の健康が懸念されたころに周到にお膳立てされ、国内メディアで大げさに騒がれた。しかし鋭い読者からすれば、かなり年配の毛が、報じられたような世界記録並みの泳ぎをしたとは信じがたいことであった。それとは対照的に、鄧の黄山登山はありのままに扱われた。いつでも精力的活動に取りかかれる、並外れて健康な人間の快挙として伝えられた。

では、鄧小平が取りかかろうとしていた新しい仕事とは何だったのだろうか。それは党の建設強化、つまり重要な地位に就く高官を選任し、新しい党員を選抜して鍛えることだった。黄山登山の数日後、鄧は海軍常務委員会拡大会議で演説した。そしてその中で、わが国が直面している重要な課題は後継者たちの育成である、と語った。[4] 政治上、イデオロギー上の重要な問題を解決した今、わが国は組織上の問題、つまり、役人を選んで鍛えることに集中しなければならない。重要な政治目標として、四つの現代化の実現が三中全会で確認された。イデオロギー上の問題は三月三〇日の四つの基本原則に関する鄧の演説で解決されていたし、また、毛沢東思想の本質は「実事求是」、すなわち事実に基づいて真理を追求することであるという解釈を、鄧が主張したことで解決されていた。今こそ指導部の構成メンバーを選び出し、彼らを鍛えるための基準を確立しなければならないときだった。まずトップから選出を始め、より低いレベルへ移り、最後は草の根に至るまで選出しなければならない。そのようにして確立した指導部が新しい党員を募集し、育成するのである。この演説から数週間後、鄧は上海、山東、天津を歴訪し、その先々で党委員会に人材発掘計画の策定を促すための会議を重ねた。

鄧小平が党の建設強化を決めたタイミングの選択は、過去、繰り返されてきた通常のパターンにならっていた。建党以来、ある派が抗争に勝利して権力を固めると、その指導者たちは彼らを支える高級幹部を選ぶだけではなく、彼らの基準にかなった者を入党させるリクルート活動にも乗り出した。こうして一九七九年の夏までに古参の党幹部のほとんどが復帰し、文化大革命中に重要な地位を占めていた兵士や急進派に取って代わって重要な地位を占めた。そのころ華国鋒はすっかり力を失い、党の建設強化にいかなる重要な役割も果たせなかった。どういった幹部を発掘、育成すべきかについては、鄧と彼が復帰させた古参幹部が責任を負っていたため、彼らは十分な合意に達することができた。

何年にもわたって党内抗争の勝者たちが求めた新党員は、革命家、兵士、急進派など、好みがさまざまであった。鄧小平が自らの陣営に望んだのは、四つの現代化に貢献できる者だった。特に対外貿易、財政、技術など、最新の問題点に対応できる幹部を探した結果、教育水準が高く、科学、技術、経営の知識がある者が選抜され、昇進した。多くの現代社会の指導者にとってそれは当たり前に思えるかもしれないが、当時の中国ではこれは根本的な変化を象徴していた。毛沢東時代は、思想的に「紅」であることが「専」であることよりも重要だった（「紅」は共産主義思想への堅い信念を表し、「専」は専門家としての能力を表す）。一九四九年以降、指導的地位の大半は労働者や小農出身の「紅」の人々に渡った。一方、ゆとりある家庭で教育に恵まれた四九年以前からの専門家は、ブルジョアや地主階級出身というレッテルを貼られた。鄧は、これらの古い階級はすでに消滅しており、自分は家柄を問わず能力ある人材を求めると宣言した。新たな指導層に道を開くため、彼は保守的政策で知られる政治局委員の排除を図り、手始めに華国鋒の主な支持者である汪東興《おうとうこう》、呉徳《ごとく》、陳錫聯《ちんしゃくれん》、紀登奎《きとうけい》の四人を更迭した。そして、彼らの更迭と新しい指導者の選出は、現代化を実現するためにどうしても必要なのだと説明した。

鄧小平が政権の主要人事を発表したのは一九七九年末になってからだが、彼はその一年の多くを熟慮し、相談し、観察することにあてた。数人の私的補佐役と軍の人事を除けば、鄧は指導者を選ぶ際、自身への個人的忠誠心を基準にすることはなかった（軍人事における陣営強化については第18章を参照）。その代わり、適所適材を求めた。当人が任に足る能力を備え、かつ党に忠実であるならば、彼らと協力できる自信があった。鄧は自分が指名し、たとえ高い地位に昇った人たちでも、信用しなかった。彼は愛想をよくしながらも、実務的でいくぶんフォーマルに彼らを扱った。彼らは同じ目的に身を捧げる同志ではあっても、個人的友人ではなかった。彼が重要な地位に選んだのは、大いなる才能とエネルギーにあふれ、改革開放に身を委ねる——つまり、ずっと下のレベルから一挙に抜擢されたのではなく、一歩一歩試されてきた人たちだった。[5]

人々を正しく判断するために、鄧小平は人事を考えるのに大量の時間を費やした。文化大革命前の一〇年間、彼は総書記として大勢の中堅党員と親しくなり、彼らは一九八〇年代までに党の上級幹部になっていた。しかし、重要な人事では、鄧は他の上級幹部にも内密に相談し、特に彼らの側近となる者については率直な評価を求めたうえで決断を下した。[6]

鄧小平の指導チーム内で最高位の二人、陳雲《ちんうん》と李先念《りせんねん》は、鄧に選ばれたわけではなかった。どちらもあまりに高い地位にいたので、たとえ鄧が望んだとしても彼らを追いやることは困難だっただろう。鄧と陳雲、李は同世代だった（順に一九〇四年、〇五年、〇九年生まれ）。彼らは四九年のずっと前から互いを知っていた。三人とも五〇年代と六〇年代の初めは、北京で毛沢東と周恩来《しゅうおんらい》に仕えていた。公人としての存在感では、陳雲と李は鄧に比べるべくもない。しかし、事情をよく知る幹部は、八〇年代の権力構造を「二人半」と表現した。党内のトップレベルでは陳雲が鄧とほぼ同格とみなされ、李はその半歩後ろにいるということだ。陳雲は鄧より一歳若かったが、三〇年代半ばから二〇年間は鄧より上の地位にあり、経済の舵取りや過去の人事案件の経緯について彼の右に出る者はいなかった。六二年から七八年まで陳雲が権力から外れていたときは、李が周恩来国務院総理の下で経済を主導する立場にあった。

鄧小平よりも一〇歳から二〇歳若い高級幹部で、大学にいく機会に恵まれた者はほとんどいなかった。彼が政治の最高指導部に選んだのは、教育に敬意を払い、自ら教育の機会を得るために奮闘してきた人々であった。鄧は自らの指導チームのメンバーとして胡耀邦《こようほう》（一九一五年生まれ）、趙紫陽《ちょうしよう》（一九一九年生まれ）、万里（一九一六年生まれ）の三人を選んだ。彼らは中国の現代化を指導できると鄧が判断した人物であり、彼らとは打ち解けた気持ちで仕事をすることができた。胡は中国科学院で科学者たちを指導し、成果を上げさせることで能力を示していた。趙は四川省の産業再編で将来的成果の期待できる試みを指揮していた。万里は鉄道輸送に秩序をもたらしていた。胡、趙、万里の三人が、今度は現代科学、技術、工学の分野で中国になにが必要かを知る若手官僚を育て、彼らに革新的な管理手法を実践させた。三人は献身的に鄧に仕えたとはいえ、彼らもまた同じ大義に身を捧げる同志であり、かつ党の政策を実行するために厳格にしつけられた党の信奉者であって、友人とは言えなかった。胡や趙より鄧と親しかった万里でさえ、自らを鄧の友人ではなく、忠実な部下と考えていた。鄧の指導チームに対して大きな影響力を持つもう一人が鄧力群《とうりきぐん》（胡と同じ一五年生まれ）で、彼は他の者ほど党内行政面での高位に就かなかったが、強い信念を持ち、陳雲と王震《おうしん》の支持を受けていたことから、演説起草者や内部文書作成者として大きな影響力を行使することができた。チーム内のもう一人が胡《こ》喬木《きょうぼく》（一二年生まれ）で、正統性の守護神として特別な役割を果たした。制度が未確立だった時代に、彼ら七人の経歴、性格、傾向、業務スタイルは、八〇年代の発展を具体化していくうえで決定的に重要な影響をおよぼした。彼らはみな高い知性と豊かな経験を持ち、数十年にわたって党内で重要な地位を保持してきた人物であった。

一九八〇年から胡耀邦が解任された八七年までの鄧小平政権において、西側の用語法で言えば鄧は取締役会長兼最高経営責任者であり、彼の下の胡と趙紫陽は二つの異なる部門、すなわち党と政府の執行に責任を負う現役社長だった。党は全体方針を定め、最高レベルから草の根の一般大衆まで、すべてのレベルでの人事と宣伝を管理した。他方、政府はすべてのレベルの行政を担った。高官たちは党と政府の職位を兼任し、職務が重なり合うことも多かったが、原則として胡と趙はそれぞれの領域の活動を指揮し、鄧の承認を求める文書を用意し、党と政府の最前線での執行、すなわち「日常業務」を管理していた。当時のあらゆる困難にもかかわらず、労苦をともにした幹部たちの多くが八〇年代の初頭を黄金時代として振り返っている。それは、中国の「改革開放」を開始し推進するために、高官たちが打って一丸となって働いた時代だった。

鄧小平を悩ませたのは、文化大革命中の混乱が原因で、この最高指導部の下に経験豊かな鍛えられた次世代の指導者がいないことだった。彼はこの状況を晩春の穀物不足にたとえた。秋に収穫した穀物は尽きかけているが、畑の穀物はまだ実っておらず、人々の必要を満たせない状況に似ていた。鄧はこう言った。幸い、中国にはまだ国の役に立てる年配の幹部がいる。ただし、このギャップを埋めることは急務である。三〇代と四〇代の後継世代を早急に鍛え上げ、茎についているまだ青い穀物をもっと早く実らせなければならないのだ。

鄧小平は党組織部に対して、高い地位に昇りそうな、特に見込みのある若手の名簿づくりを命じた。その後、名簿が提出されたとき、鄧と陳雲は愕然とした。そこに載っていた一六五人のうち、大学を出た者がわずか三一人しかいなかったからだ。鄧は教育を受けた若手幹部が、あたかも投石機から撃ち出されてきたかのように突然トップに抜擢されるべきだとは考えていなかったが、彼らは各レベルでその実力を証明して、すぐに昇進してくるはずだと期待していたからである。

一九七九年七月、鄧小平は全国の党組織部に二、三年以内で新しい人材の育成を図ることを命じ、各級指導者の積極的関与を求めた。(7) 九月五日から一〇月七日にかけて北京で開かれた全国組織工作座談会は、有能な後継者を育成選抜するための鄧の努力を、最後まで貫徹するために開催されたものであった。総括演説は胡耀邦が行い、中国が直面する最も切迫した任務は次代への継承である、とする鄧の見解が伝えられた。

他の中国共産主義指導者と同じく、鄧小平は後継者の「育成」をよく口にした。「育成」には候補者を選抜し、彼らに正式な訓練を施すことに加え、個人的に薫陶を与えるという意味もあった。どの部門の高官たちにも、部下となった青年幹部に対して、一定の著作を読み、党への忠誠心を表明し、仕事を通じてなにかを達成するよう奨励し、彼らの総合的成長を監督することを求めた。

人事の重要な決定をするのは各単位の指導者だったが、各級の党組織部は、それぞれの党員についての資料を集め、訓練プログラムを実施し、これはと思う一群の候補者の資料を上司へ送って検討を求めるという、きわめて重要な役割を担っていた。

鄧小平が党の建設強化に忙殺される一方、鄧と同僚指導者たちは、大躍進と文化大革命という災厄をもたらした党に対し、民衆が抱いている根深くて公然とした離反感情とも向き合わなければならなかった。一九七九年の後半まで、党指導部はこれらの災厄の責任が党にあるとは認めなかった。そのためなにを話しても、民衆の信頼は得られなくなっていた。この問題については、葉剣英《ようけんえい》元帥が中国

政府成立三〇周年記念日の前夜に大演説をして解決を図ることが、六月の全国人民代表大会で決定された。(8)

葉剣英元帥の建国三〇周年記念演説——一九七九年一〇月一日

葉剣英元帥が行う予定の演説の枠組みを作るために、鄧小平は主要な役割を果たした。彼は起草者らに対し、一九四九年以降の中国の歴史に全体として肯定的な評価を与えるよう指示した。しかし他方では、大躍進と文化大革命中の過ちを率直に認めるよう指示した。それが過ちであったことは、中国の全民衆が体験した自明の事実であった。演説は、中国共産党の歴史について幅広い視点を提示し、将来へ向けた新たな方向を感じさせるものでなければならなかった。胡喬木と約二〇人のスタッフが作成に加わり、鄧の目が光る中で、草稿は九度にわたって最高指導層の綿密な点検を受けた。(9)

葉剣英元帥は演説をするのにうってつけの人物だった。全国人民代表大会常務委員会委員長として政府の活動を監督する立場にあったし、三〇周年記念日は党ではなく、政府の祝賀の場だったからである。加えて葉は広く尊敬され、個人的な野心がなく、鄧小平や華国鋒を含め、あらゆる方面と良好な関係を保ってきた。毛沢東から厳しく批判されたことは一度もなく、敬愛された周恩来に近いことで知られていた。さらに軍との関係もよかった。ただ、肉体的にひどく弱っていたため、演説の冒頭と終わりの数行を読むのが精一杯で、残りは代読された。(10)

葉元帥の演説は長さにして約一万六〇〇〇語で、中国共産党が自国の社会的、歴史的伝統を踏まえ、いかにしてソ連から自立して歩んできたか、いかにして勝利を勝ち得てきたかを語っていた。葉は中国の経済発展と公教育の拡大の足跡をたどり、いかにして党が外国の侵略に打ち勝ったかを誇らしげに語った。その一方、党は一九五七年に大勢の「ブルジョア右派」を攻撃したり、自らの成果に慢心するという誤りを犯し、現実から遊離したあまりに高度な集団化の実現を試みる「共産主義の風」を吹かせる誤りを犯したと認めた。文化大革命は、林彪や四人組、その他の陰謀家たちに多くの善良な人々をほしいままに攻撃することを許した、政策の重大な過ちであった、と彼は断言した。先進的な社会主義体制を築く党のこれまでの努力は、一貫して未熟なままだが、党は自らの過ちによって厳しい懲罰を受けたこと、そして今や輝かしい未来をもたらす「現代化された社会主義強国」を築くために尽力していることを述べた。[11] 葉は演説の中で、物質文明だけでなく精神文明の重要性をも強調した。この議論は、後に胡耀邦によって大々的に展開されることになるものであった。

国が大躍進と文化大革命という過ちを犯したとき、実権を握っていたのは毛沢東であったことを、葉剣英は明らかにした。多少遠回しだったにせよ、毛自身に過ちの責任があることを国の指導者が初めて公式に認めたのである。葉はまた、多くの党指導者にも忍耐強さが欠けていた点で、これらの過ちの責任の一端があることを認めた。「一九五七年にわれわれは忍耐強さを欠くようになった。……新たな制度を全面展開するには、その前に徹底的な調査と研究をして、すべてを試してみるという原則を、五八年には踏み外してしまった」ことを認めた。文化大革命については、「われわれは最初の一七年間で確立した正しい原則を常に守り通せたわけではなかった……その結果、たいへん苦い代償を払うことになり、過ちを避ける代わりに……さらに重大な過ちを犯した」と述べた。[12]

それから葉剣英元帥は、毛沢東の過ちからいかにして適切な教訓を引き出すかについて指針を与えた。一九二七年以降、毛は「中国の現実から出発することで中国革命の正しい道を見つけた。……われわれ中国共産党員と中国人民は、この中国革命におけるマルクス＝レーニン主義の発展を『毛沢東思想』と呼ぶ」と宣言した[13]。葉はまた、毛が取り仕切った五六年の第八回党大会をたたえた。このとき毛は「革命時に特有の、大衆による大規模で嵐のような階級闘争は収束した」と述べ、「経済と文化の発展のために全人民を団結させる」ことがきわめて重要だと宣言した[14]。

葉剣英元帥の演説への反応はきわめて好ましいものだった。教育のある人々は、党の指導者たちがついに自らの問題と向き合い、彼らにも支持できる現実的な方向へ進みつつあることを知り、喜んだ。何年もの間攻撃されてきた者にとっては、どのような演説も、彼らが受けた苦しみに対する真の癒やしにはならなかった。もっとも遅きに失したメッセージではあったが、それが自画自賛の空虚なスローガンに終わりを告げ、国が直面する課題に真正面から取り組むための大きな突破口となるかぎり、党が過ちを認めたのは歓迎すべきことだった[15]。

党史への評価に着手

葉剣英元帥の演説が行われる前、鄧小平はこの演説が党の歴史問題を解決し、毛沢東の役割をめぐるさらなる議論を何年か先延ばしにできるだろうと考えていた。彼は中国史における毛とその位置づけがさらに議論されれば、自分が終止符を打とうとしている論争を拡大させるだけだと危惧していた。それより、ただ仕事に取り組んでいく方がよかった。しかし、毛の役割が多くの政策に深く組み込まれていたために、党指導者の多くは党史のさらなる見直しを支持した。毛の考え方を具体的に批判しなければ、文化大革命のような政治運動が再び起こると危惧する者もいた。葉の演説への肯定的反応を見て、とにかく賛否両論ある問題のいくつかについては、国を分裂させずに議論できそうだと感じ、鄧は気持ちを和らげた。そして、党史のより詳しい分析をどう進めるかについて、周囲と協議を始めた。[16]

一九四五年の第七回党大会は第二次世界大戦の終結間近に開催された。このとき、党は新たな段階を迎えていたため、党幹部は新時代に照らして建党以来二四年間の歴史を総括した。党が文化大革命から脱し、再び新たな段階を迎えていた七九年に、再度、党の歴史経験を総括することは妥当と思われた。指導部が「建国以来の党の若干の歴史問題についての決議」と呼ばれた文書の作成に取りかかると、毛沢東の役割への評価に議論が集中するのは避けようのないことであった。

この歴史評価を進めるために、鄧小平はプロジェクト・チームを組織した。旗幟鮮明な改革派の胡耀邦を責任者とし、党の正統性擁護を最優先に考える二人の保守派、胡喬木と鄧力群の二人を、それぞれ起草委員会のトップと世話役に据えた。[17] いつもの通り、鄧小平はまず起草者たちに会い、盛り込んでほしい主要な論点と構成を提示した。結局、彼らとはさらに一五回も会い、そのたびに草稿を徹底的に読み込み、細かな指示を出したとみられる。一九七九年の半ばに華国鋒が権力を失い始めると、鄧とその盟友にとっては毛沢東への否定的見解を含む合意を形成しやすくなったが、完全な評価は一年経っても完成しなかった。しかし、八〇年までに鄧が支配力をいっそう強固にし、華の権力基盤を弱めた後には、毛の過ちを以前よりあからさまに口にすることができるようになった。

新政権への最後の仕上げ——一九七九年後半

一九七九年半ばまでに、華国鋒はおおむね権力の座から外されていた。鄧小平と華の責任が重なり合う分野に、鄧はあっさりと入り込み、実権を握った。事実、八〇年一月にアメリカ国防長官ハロルド・ブラウンが北京を訪れたとき、華主席は権力をほとんど失っていたため、会談で彼が話している間、陪席していた中国の役人たちは私語を発し続け、主席の話にろくに注意も払わなかった。中国の指導者に対して通常払われる敬意からすると、これははなはだしい逸脱だった。[18]

一九七九年一〇月の後半、鄧小平は胡耀邦、姚依林《ようい りん》、鄧力群と会議を重ねた。八〇年二月に予定されていた五中全会に向け、彼らは検討中の重要案件を数多く抱えていた。この五中全会は鄧政権の船出とみなすことができるものであった。胡と趙はそこでしかるべき地位に就き、華の主だった四人の支持者（汪東興、呉徳、陳錫聯、紀登奎）は中央政治局から更迭される予定だった。鄧はこの五中全会で、劉少奇《りゅうしょうき》の汚名を正式にそそぐつもりでもいた。[19] そしてさらに指導者たちは、党の中央書記処の復活計画についても話し合う必要があった。

これらの重要会議が行われているとき、華国鋒との間で対立は生じなかった。というのは、当時、華は鄧小平と李先念の勧めに従ってフランス、西ドイツ、イタリア、イギリスを歴訪していたからである。彼が出発したのは一〇月一五日だった。華の不在中、国務院と政治局の会議は鄧が取り仕切った。一一月一〇日に華が帰国したときには、彼に忠誠を誓う汪東興ら四人の排除のもくろみも含め、五中全会の主な筋書きはすべてお膳立てが終わっていた。[20] 華の支持者が更迭され、趙紫陽と胡耀邦がしかるべき地位に就くと、歴史決議に関する鄧の政治日程はいっそう進めやすくなったはずである。三中全会からかろうじて一年が過ぎた一九八〇年二月の五中全会までに、鄧小平は権力を磐石にしていた。それゆえ、八〇年代に向けた政策課題を打ち出し、指導層レベルでの党務遂行上の協力調整をする仕組みを作り直し、老練な幹部を指名して自らの指導グループを組織することができた。アメリカ式に言えば、鄧政権は八〇年初めに執務室に入った。

一九八〇年代に向けた鄧小平の一般教書演説

一九八〇年一月一六日、鄧小平は「当面の情勢と任務」に関する長大な演説を行った。その中で、彼は八〇年代を通しての一〇年間の目標を提示した。それは事実上、鄧の一般教書演説だった（アメリカの大統領は議会出席権を持たないが、年に一度だけ、通常一月最後の火曜日に議会より招かれ、国家の現状と政治課題について一般教書演説を行う）。華は七七年の第一一回党大会で行った政治報告で、当時の政治抗争に焦点をあてていた。七八年の国民経済発展一〇カ年見通しは経済問題に的を絞っていた。それに対し、七八年の三中全会で鄧が行った短い演説は、改革開放への結集の呼びかけだった。八〇年一月の鄧の演説は、その後の一〇年の全体目標を定めた、毛沢東の死後初めての大演説だった。

鄧小平の論理は単純明快であり、単刀直入だった。すなわち、四つの現代化の実現に貢献する政策をとれ、それだけだった。

すべての重要な課題の中の核心は現代化建設である。それはわれわれが国内外の問題を解決するための最も重要な条件だからだ。すべては国内の仕事をうまくやれるかどうかにかかっている。われわれが国際問題に対してどれほどの役割を果たせるかは、われわれ自身の建設の成否にかかっている……わが国の対外政策の目標は、わが国に言わせれば、四つの現代化を実現するため平和な環境を求めていくことだ……これは中国人民だけではなく、世界の人々の利益にも合致する重大事項である。[21]

この演説の中で鄧小平は「ある人々、特に若者たちが社会主義制度に懐疑的で、社会主義は資本主義ほど優れていないと主張している」ことを認めた。では、中国はいかにして社会主義の優位性を証明すべきだろうか。「なによりも第一に、それは発展の速度とその効果で示されなければならない」と鄧は述べた。[22]当時、共産党に率いられた国の経済成長率が、三〇年間は言うにおよばず、一〇年間でも実際に、西側諸国の成長率を上回るなどと予想した外国人はほとんど皆無であった。

鄧小平は再び幹部を抜擢する規準の確定に取り組んだ。強い経済力があれば、重要な地位を保持したければ、専門能力を身につける必要がある、と彼は幹部たちに告げた。強い経済力があれば、中国は覇権国への対抗の面でも、台湾再統一の面でも有利な立場に立てる、とも言った。「台湾の祖国復帰のために、中国の再統一のために、われわれは身を粉にして働かなければならない。この目標を一九八〇年代に達成するために、あらゆる努力を傾注しなければならないのだ」。[23]そのために、彼はこうも言った。「われわれは台湾を上回らねばならない、経済発展の面で、少なくともある程度は台湾を上回る必要がある……この点はビタ一文も負けられない。四つの現代化が成功して経済発展がさらに進みさえすれば、再統一のためにわれわれは有利な立場に立てるのだ」。[24]一〇年間で台湾を経済的に上回り、再統一を果たすという鄧の目標があまりに楽観的すぎたことは、その後の事実が証明することになった。しかし、このときから三〇年間で、台湾経済の繁栄は中国大陸との経済関係に全面的に依存するようになってしまった。そのことを八〇年の時点で想像できた者は、ほとんどいなかった。

経済の現代化を実現するために、中国にはなにが必要だろうか。鄧小平は以下の四つを挙げた。（一）決して揺らぐことのない、終始一貫した政治路線、（二）安定して団結した政治局面、（三）刻苦奮闘の開拓者精神、（四）「社会主義の道を堅持」し、「専門知識と能力」を兼ね備えた幹部の隊列、である。[25] 鄧のメッセージの核心は、堅固な政治路線と安定した社会秩序の必要性だった。これは九カ月前に彼が発表した四つの基本原則と一致しており、また、彼が最高指導者であった期間を通してとり続けた立場とも一致していた。一九八〇年一月一六日の演説で、鄧はこう言った。「外国の軍隊や国民党の特務機関と共謀して地下活動をする悪党、犯罪者、反革命派がいる。われわれは社会主義体制と共産党の指導に公然と反対し、隠された企みを持つ、いわゆる民主主義者らを決してみくびってはならない。……反革命派にも利用される恐れがあるような形で、言論、報道、集会、結社の自由の宣伝を断じて許してはならない」[26]。けれども鄧は、党が百花斉放政策を継続し、「文学と芸術は政治に従属する」というスローガンを放棄することも宣言した。それが恣意的介入の論理的口実に、あまりにも安易に使われたからである。しかし彼は、「すべての進歩的で革命的な作家もしくは芸術家は、その作品の社会的影響を考慮しなければならない」と警告した。[27]

一九七八年一二月以降に湧き起った過度な期待をしずめるために、鄧小平はその後、直面しなければならない闘いの厳しさと開拓者精神を持ち続ける必要性を強調した。二〇年にわたる災厄に苦しんできた人々は、現実的な目標よりも希望的観測に基づく目標を描き始めていた。鄧は、池田首相が六〇年代に所得倍増計画で日本の経済発展を促したことに、強い印象を受けていた。しかし彼には、目標を達成できず、失望をかみしめざるをえなかった大躍進の苦い教訓があった。そこで国内の専門家だけでなく、世界銀行の外国人専門家にも意見を聞き、現実的と思われる目標を定めた。[28] 彼は八〇年から二〇〇〇年にかけて、中国は所得倍増を二回、やれると確信した。そこで「二〇〇〇年までに所得四倍増」というスローガンを世に広めた。後に目標達成が難しそうになると、鄧は所得四倍増にはあまり触れなくなり、目立たぬように、それよりも達成しやすい国民総生産四倍増について語るようになった。ただし彼は、これからの一〇年間で中国が福祉国家となるだけの財力はない、と人々の楽観を戒めた。

一九七八年の三中全会の後、鄧小平は各省の指導者の多くが、投資と経済発展に踏み切りたくてうずうずしているのをひしひしと感じた。彼らは経済発展を抑え込もうとする陳雲の「調整政策」（第15章を参照）に強い不満を抱いていた。しかし、八〇年の時点では、鄧は調整政策を依然として擁護していた。彼は当時の現代化の速度に不満な「何人かの同志」に対し、七八年から八〇年までの中国がそれまでに比べると、どれほど大きな進歩を成し遂げたか、そのことに注目すべきだと指摘した。

実のところ、政権党の理想的役割を定義するときの鄧小平は、毛沢東主義者というより西側の企業経営者のようだった。彼は「労働生産性を高め、社会に不要な商品の比率を引き下げ、工場の不良品発生数を減らし、生産コストを下げて資金の使用効率を上げる」ために、中国人民は大いに努力すべきだと説いた。[29] 幹部たちにとって「紅」と「専」のどちらが重要かという問題で、彼はすでに明らかにして来た信念を繰り返した。「各級専門組織の指導部は、党委員会の指導部も含め、専門家としての技能を持つ者に徐々に置き換えていかねばならない」とした。そして「文化大革命中に入党した新党員の中には、資格要件を欠く者がいる」と警告した。鄧は「党の指導なくして、今の中国は何一つ成し遂げることはできない」と述べ、党員たちの鳴り響くような熱烈な支持の中で一般教書演説を締めくくった。[30]

五中全会の最終日である一九八〇年二月二九日、鄧小平は党に期待することは効率的管理運営であることを、嚙んで含めるように説明した。軍務経験のある工場長さながらに、彼は言った。「会議は小さく、短くしなければならない。参加者がしっかり準備できていなければ、会議そのものを開催してはならない。……言うべきことがなければ余計な口出しをしてはならない。……会議で発言する唯一の理由は、問題を解決するためである。……重要問題の処理には集団指導体制であたるべきだ。しかし、特定の業務や特定の範囲に関わる決定については、個人の責任を明確に規定したうえで、各人が任された任務に責任を負うべきである[31]」。

鄧小平を知る者は、社会秩序を維持しようとする彼の決意に驚かなかった。一般民衆を攻撃することは許されないことだった。一九六六年に民衆を攻撃する権利を紅衛兵に与えてしまった「四大自由」（自由に発言し、大いに意見を述べ、大いに討論し、壁新聞を掲示する自由）は、改正された憲法では廃止されることになった。鄧は、彼の言う党内民主主義の意味について、問題解決に役立つ意見を持つ党員はそれを口に出すべきだが、党の最高指導層がいったん、多様な意見に耳を傾けて決断を下した後は、党員はそれを実行しなければならない、と説明した。鄧は彼の指示に反応を示さない党員がどう扱われるかを明らかにした。「無能な党員」は更迭されるということである。[32]八〇年までに鄧の考え方は固まっていた。この演説は、鄧が国の舵取りを任された時期を通して執行される、彼の政策を端的にまとめたものだった。

就任式——五中全会、一九八〇年二月二三日～二九日

一九八〇年二月二三日から二九日まで開催された五中全会で、中央委員会は七九年末の数週間に鄧小平と盟友が下した決定を正式に承認した。華国鋒を支持する政治局の主要メンバー、汪東興、呉徳、陳錫聯、紀登奎の四人は、正式に批判されて政治局委員を「辞任」した。陳と紀は国務院副総理の地位も失った。汪と陳は本物の急進派だったが、実を言うと、呉徳と紀は本質的には急進派ではなく、左寄りの風との関係をうまく取りなすことで長く生き残ってきた、経験豊かな党の指導者だった。彼らの運命は、周恩来と鄧に敬意を抱く民衆が七六年四月五日に天安門広場で弾圧された事件で、彼らが果たした役割にかかっていた。

彼らに代わって重要な地位に就いたのは、鄧小平の有力な支持者である胡耀邦、趙紫陽、万里の三人だった。胡は中央書記処総書記に就任した。名目上の国務院総理は華国鋒だったが、趙が事実上の総理として国務院の日常業務を取り仕切るようになった。一方、万里は事実上の国務院副総理となり、国家農業委員会主任を兼任して、農業生産の家族ごとの請負契約を認める政策の下地を作った。趙と万里の国務院副総理としての地位は、四月の全国人民代表大会常務委員会で正式に承認され、二月に政治局を解任されていた紀登奎と陳錫聯も、同じ会議で正式に国務院副総理の地位を更迭された。

この五中全会は事実上、胡耀邦と趙紫陽を党と政府の日常業務の指導者に就任させるものであった。今や、政治局は鄧小平の政策の熱烈な支持者が安定多数を占めていた。安定多数が重要なのは、正式な議決手続きのためではなかった。採決はめったに行われなかったが、実は政治局常務委員会の会議

自体がめったに開かれなかった。しかし、政治局委員の顔ぶれが変わったことで、指導者層の政治的雰囲気に変化が生じ、その下の幹部は上司が新たな政策路線に進もうとしていることをすばやく察知した。そのため五中全会以降、下級幹部は鄧と胡が行った大きな会議での演説やその文書を、いっそう綿密に吟味するようになった。もはや華国鋒の言葉に細心の注意を払って危険分散を図る必要は、まったくなくなった。

五中全会で最高指導層に就任したこれらの指導者を除き、その他の高位の役職に就いたのは、能力に定評があり、やはり改革を強く支持していた古参の党幹部たちだった。鄧小平は経験豊かな古参幹部を押しのけて文化大革命中に昇進した幹部たちを、彼の政権の要職から更迭した。軍の一部の重要な地位には、第二野戦軍で彼に仕えて特別な信頼関係にあった幹部を選んだ。しかし、それ以外の場合、彼はさまざまに異なる経歴を持つ党員たちをうまく率いていく十分な自信を持っていたため、彼らに個人的忠誠心を求める必要を感じなかった。彼が率いたのは党内の自派閥ではなく、むしろ党全体だった。もちろん言うまでもなく、鄧が定めた原則にのっとる自己変革を遂げられないままの文化大革命の受益者たちは、そこには含まれていなかった。

鄧小平は党宣伝部に対し、具体的な指示を出す必要がなかった。五中全会に出席していた主要なメディア（『人民日報』、新華社、『光明日報』、党の理論機関誌『紅旗』）の編集者を含む党宣伝部の幹部たちは、鄧の発言を引用し、彼の考えを反映した社説や記事を書いた。長く重責を担ったことで鍛えられ、自分の発言がどう解釈されるかをよく心得ていた鄧は、言葉を選ぶのに慎重だった。

トップからのシグナルは、下の者たちによりきわめて注意深く学習されていた。ある省の党委員会書記が北京へ行くときは、まず鄧小平のその時点の関心事項を常に把握している党書記処の、信頼できる知人に話を聞くのが当たり前だった。各部や各省は少人数の政治研究グループを設けており、その重要任務の一つは最高指導者たちの最新の考え方に精通することであり、そしてそれが彼らの部や省にどのような意味合いを持つかについて熟考することだった。上から降りてくる書類は膨大な量で、下級の幹部たちには一字一句を吟味することは不可能だった。そこで各組織の政治研究グループは、どの指示が一番重要かを組織内の上司に知らせ、鄧や胡耀邦総書記、趙紫陽国務院総理の次の行動を予測することを任務としていた。そのようにして各組織の指導部は、面倒を避けるにはどうすればよいか、財源を得るには党中央にどのように訴えればよいかを嗅ぎ取っていた。

一九八〇年代初めの人事刷新で、鄧小平は日常業務をより効率よく行えるようになり、毛沢東主義者であれば遅らせるか中止しそうな複数の計画を前に進めることが可能になった。行き詰まっていた劉少奇の名誉回復作業はたちまち再開された。劉は四五年から六六年まで、毛沢東政権のナンバー・ツーだった。しかしその後毛は、資本主義の道を歩む裏切り者として劉を攻撃した。劉は六九年にこの世を去ったが、彼に対して党が下した判決は、どうしても覆されなければならない最重要のものであった。鄧は五中全会で、そうした判決の逆転は必ずしも毛への攻撃にはならないと宣言した。後に明らかになったように、劉少奇の名誉回復の措置によって、党員たちは毛の歴史評価を見直し、毛の過ちを認める心構えをし、また、劉少奇の側近くに仕えた党の古参幹部の名誉回復もよりやりやすくなった。(33)

五中全会では、一九六六年に廃止された党中央書記処の復活も決定された。書記処の復活後には、政治局の主要メンバーがそこにオフィスを構えた。彼らはさまざまな分野の指導者たちの小組を指導する責任を負っていたので、書記処は事実上、党の日常業務を調整する最高機関となった。各種会議が毎週、定期的に開催されるようになり、国務院にオフィスを持つ趙紫陽総理も書記処での会議に加わって党と政府の間の調整にあたった。

五中全会で行われた変革で政治局会議の緊張は和らぎ、改革への道が大きく開けた。新指導部の体制が磐石となった結果、鄧小平はわずか数カ月のうちに、地方の農業集団組織を解体して農業生産の責任を各家庭へ移すよう指示することができた。五中全会は一九八〇年の後半に向けて、党の歴史問題に評価を下し、すべての権力の座から華国鋒を引きずり降ろすための道を推し開いた。

毛沢東時代、そして華国鋒との決別——一九八〇年秋〜一九八一年六月

鄧小平がいつ華国鋒を権力の座から追い落とす決断をしたのか、それを正確に示す資料はこれまでのところ公表されていない。しかし、毛沢東の幹部追放の手口を鄧が長年にわたってつぶさに観察してきたことや、華を一九七八年一二月から八一年六月にかけて一歩一歩、実に整然と権力の座から外した事実を踏まえると、一つの戦略がそこにあったと仮定してもおかしくはない。たとえ七八年一二月の時点で精密で詳細な計画がなかったとしても、少なくともそれまでには、華の同僚に衝撃を与えず、かつ表立った争いをせずに、彼の権力をどうしたら徐々に弱めていけるかを考えていたはずである。

毛沢東は上級幹部を攻撃するとき、まず手始めに目標とする人物の腹心の排除に動いた。それが相手を孤立させ、当の本人に対する攻撃を容易にした。同様に鄧小平も、一九八〇年二月に華国鋒の右腕を更迭し、趙紫陽を引き入れて国務院総理の任にあたらせた。八〇年五月に華が日本を訪問したと

き、彼の権力はほとんど残っていなかったが、その訪日は中国が権力闘争で分裂してはいないとの印象を海外に与えた。[34] 華は八〇年九月、国務院総理の職を正式に明け渡した。八一年六月には、一一期六中全会が北京で行われ、党主席および中央軍事委員会主席を辞任したいという華の求めが全会一致で承認された。

毛沢東をめぐる中国共産党の歴史評価は、華国鋒の更迭に引き続いて進められた。この二つの取り組みは当然つながっていた。華は毛の政策と指示のすべてに賛同してきたからである。毛が重大な過ちを犯したときでさえも、彼はその姿勢を変えることはなかった。そうした毛の過ちは、毛時代に対するより公正な評価で次第に明るみに出てきた。党の歴史評価が開始されたのは、一九七九年の国慶節に際する葉剣英の演説直後からであり、その時点から鄧小平はあらゆる方面に対して幅広く意見を聴取するプロセスに取りかかっていた。それは毛に対する評価について、党内合意を得ることを最終目的としていた。[35] 葉元帥の演説の数週間後に、そのためのチームが鄧により胡耀邦の下に設けられ、その初会合が七九年一〇月三〇日に開かれた。

毛沢東の残したものをどう扱うかという問題について、鄧小平が真剣に考え始めたのは、遅くとも一九五六年のことであり、モスクワでフルシチョフがスターリンを批判した第二〇回党大会に出席していたときからだった。鄧は長年、この問題をじっくり考える機会を十分に持った。文化大革命中に三年半、江西省に追いやられている間は、特にそうだった。鄧は一人の若者として毛に心酔し、そして何十年もの間、献身的に仕えてきた。しかしその結果は、二度彼に見捨てられ、屈辱的な世間の攻撃にさらされただけだった。鄧の長男は、毛を崇拝する紅衛兵らの手で、生涯、下半身不随の体におとしめられた。そのことに彼が身をさいなまれていなかったとしたら人間的ではない。不撓不屈ではあっても、鄧はきわめて人間的な男だった。にもかかわらず、歴史問題を扱う際、彼は私情をいささかも差し挟まなかった。

毛沢東を評価するプロセスは、党の権威を守り通すために必要なことをすべきだという、鄧小平の理にかなった分析の延長線上にあった。それは今では鄧の下にある上級幹部たちに、毛の路線を断ち切らせる過程でもあった。毛の評価がまだ初期段階にあった一九八〇年八月、鄧はジャーナリストのオリアナ・ファラチに「フルシチョフがスターリンにしたことを、毛主席に対してするつもりはない」と告げた。[36]そして彼は、論争が起こりつつあった同年一〇月に、次の方針を起草者たちに示した。「毛沢東同志の間違いについて書くときは、誇張してはならない。でなければ毛沢東同志の名誉を損なうことになる。そうなれば、わが党と国家の名誉も損なわれることになるのだ」[37]。最終文書は全体として毛に十分な敬意を示していたため、鄧を含め、毛のそばで仕えた者たちの権威が危うくなることはなかった。しかし決議はまた、毛に批判されたこれらの幹部が今、なぜ復職するのにふさわしいかを明らかにし、毛時代の高度の集団化と階級闘争を取り止めることを正当化しなければならなかった。

初稿は一九八〇年二月にでき上がった。これに不服だったと伝えられる鄧小平は、胡耀邦、胡喬木、鄧力群を呼び集め、以下の三点を執筆者たちに伝えるよう求めた。（一）毛沢東思想と毛の歴史的役割を肯定的に評価する、（二）実事求是の精神で、文化大革命中の毛の過ちを明らかにする、（三）人々が団結して未来に目を向けられるような包括的結論を下す、であった。これら三点の中では、最初の点が「最も重要で、最も根本的で、最も決定的」だった。[38]鄧自身、毛から受けた批判と毛が下した決定によって、長年にわたっていかに苦しめられて来たことだろう。にもかかわらず鄧は、党と人民がこの先も毛沢東思想を堅持すべきことを旗幟鮮明にするよう起草者たちに求めた。毛時代に迫害を受けた大勢の上級幹部の復活や、「民主の壁」での毛沢東への批判噴出は、影響力のある人々の間で毛批判に対する支持が多いということを意味した。その結果、鄧は、過去の政治路線への逆行の危険を冒すことなく、公の場では毛の偉大さを守り抜く擁護者としての立ち位置を貫き通した。[39] そのため彼は、公の場で口を開くたびに、直近の草案は毛主席の偉大な功績を十分認めていないと不満を唱える結果になった。

たとえば、一九八〇年六月二七日に、最新の草案は否定的すぎると鄧小平は不満をぶつけた。彼は執筆者に対し、毛沢東が正しかった事柄をさらに強調するよう求めただけでなく、毛の過ちは主として当時の制度や組織のせいであり、そのことを認識するべきだと迫った。しかし、大躍進の過ちは起草者としてどうしても認めざるをえないという胡喬木の指摘を、鄧は受け入れた（文化大革命とは異なり、大躍進には鄧自身も深く関与していた）。ただ、大躍進の扱いについては、まず当時のいくつかの肯定的成果を数え上げたうえで、弱点を認めるのはその後にするよう鄧は主張した。[40]

幅広い民衆の意見の一致、それも対立ではなく、団結につながるような民衆の総意を獲得するために、鄧小平は北京と各省の上級幹部に草案についてコメントするよう指示した。こうして一九八〇年一〇月一二日に最新の草案が政治局を通過すると、党書記処はそれを約四〇〇〇人の上級幹部へ送り、意見表明を求めた。彼らの意見を集約したものは、さらなる検討のために起草者に送られることになった。[41] 実際、草案をめぐる議論には、中央党校の学生一五〇〇人を含め、約五六〇〇人の上級党員が参加した。なかにはもっと批判的な記述を遠慮なく要求する者もいた。科学技術政策の専門家である方毅《ほうき》は、毛沢東は一貫して暴君だったと宣言した。譚震林《たんしんりん》は大胆にも六七年二月に文化大革命に対して不平を述べた者の一人で、毛は自分自身の教えに反する行動をとってきた、と宣言した。しかし、黄克誠《こうこくせい》が毛の貢献を挙げて擁護すると、それ以上の厳しい毛批判は困難になった。黄は上司だった彭《ほう》徳懐《とくかい》が攻撃されたとき、自身が激しい批判にさらされた人物だったからである。

草案の練り直しと協議が繰り返されたが、主な議論は一九八〇年一一月末ごろまでには終了した。一九八一年三月二四日、鄧小平がかなり煮詰まってきた草案を基に陳雲と意見を交換したとき、陳は一九四九年以前の毛沢東の役割にもっと重点を置くべきだと主張した。そうすれば、毛が成し遂げたことの積極面が強調されるだろうといった。陳雲は、マルクス＝レーニン主義と毛沢東思想の双方を強調したうえで、毛の理論面での特筆すべき貢献に注目してはどうかとの提案もした。鄧は陳雲の意見を入れ、それを起草者たちに伝えた(42)。

この議論が延々と続いたのは、毛沢東の評価という問題を上級幹部がどれほど重視していたかの反映でもあった。歴史の中に毛がどう位置づけられるのかは、彼ら自身の政治的未来を左右するだけでなく、自分の家族や仲間の処遇にも直接関わってくるからである。重要なのは、これらの評価を下す過程で、毛と劉少奇、毛と彭徳懐の政治的相違は、もはや「二つの路線の間の闘争」と表現されるほど深刻なものとみなされなかったことである。これには誰もがほっとした。特に迫害を受けた者の身内や友人たちは、こうした表現が変わったことに感謝した。

文書の最終草案は、毛沢東思想と偉大なプロレタリア革命家としての毛の貢献への賛美であふれる一方、大躍進と文化大革命での毛の役割については批判的なままだった。たとえば、大躍進の問題については「毛沢東同志と多くの指導的同志が、中央と地方の双方での成功に慢心し、早く結果を出そうと焦り、人間の主観的意志と努力の役割を過大評価した結果である」と指摘していた。また、文化大革命は「党、国家、人民に共和国建国以来最も深刻な挫折と損失を味わわせた。それは毛同志により開始され、主導されたものである」と指摘した[43]。文書は毛の過ちを大まかにしか扱っていなかったが、鄧小平は一五年経てば、毛に再度別の評価を下すことが可能になるだろうと述べた。鄧のコメントが意味するところは明らかである。一九八〇年に党があまりに手厳しく毛を批判すれば、民衆間の亀裂が深まり、人々からの支持が弱まる恐れがあった。しかし、何年か経って、党が現在の感情と目下の人事問題から一定の距離を置くことができるようになれば、より詳細で率直な毛批判が可能となるということだった[44]。

ソ連でスターリンが功績七割、誤り三割と言われたのと同様、毛沢東の功績も七割と評された。何といっても、毛は自分で自分は過ちを犯したことがあると認めていた。鄧小平は、文化大革命中の毛の状況評価には誤りがあり、そのため間違った方法をとり、それらのミスが重なって党と国に重大な損害を引き起こした、と指摘した。文書の草案完成が大詰めに近づいていた一九八一年三月一九日、鄧は文化大革命期の毛の役割をめぐる議論について満足の意を表明した。

鄧小平は、毛沢東と華国鋒に評価を下す過程が整然かつ適切に進められることを保証し、人々を安心させることが肝要だと痛いほど意識していた。さらにもまして、中国では破壊的な「権力闘争」や「脱毛沢東化」などは起きていないと、全世界に伝えることも重要だと意識していた。この時点で、鄧は高官へのインタビューで世界的に知られたイタリア人女性ジャーナリスト、オリアナ・ファラチとの会見に応じた。ファラチは対決的な姿勢ときわめて入念な準備、そして鋭く厳しい質問で知られていた。鄧はこの挑戦を楽しんだ。一九八〇年八月二一日の午前中に行われたインタビューはとてもうまくいき、鄧は最後に「昼食へ行きましょう。私のおなかが革命を起こし始めている」と冗談を飛ばし、二日後にもう一度会いたいと申し出たほどであった。

ファラチが鄧小平と初めて会う二週間前に、北京市は公共の場に掲げられた毛沢東の肖像画と詩を減らしてもよいとの通達を出した。そこで彼女は開口一番、天安門広場の毛の肖像画は残りますかと尋ねた。鄧は「残りますよ、永久に」と答えた。毛はたしかに誤りを犯したが、それは林彪や四人組が犯した犯罪行為とは異なっており、その功績に比べれば誤りは副次的なものにすぎない、と彼は説明した。毛は晩年に現実から遊離し、自身がそれまでに主張していた考えに反する行動をとったが、それでも毛沢東思想は依然として重要な指針であることに変わりはないと言ったのである。ファラチが大躍進の誤りについて尋ねると、それは毛だけの誤りではない、むしろ彼とともに仕事をした者全員が責めをともに負うべき誤りだと彼は答えた。(45)毛が林彪を選んだことについて聞かれたとき、鄧は指導者が自らの後継者を決めるのは封建的だと答えた。鄧が示そうとした言外の意味は、誤解しようのないほど明白だった。毛が華国鋒を後継者に選んだのも誤りということである。文化大革命のような経験を、将来どうしたら避けられるかと問われると、党の指導部は社会主義的な民主主義と法制を実現するために、国家制度の再構築を検討していると鄧は説明した。(46)

他の多くの指導者ならば、対決的姿勢に満ちたファラチの問いにいらだちを示したかもしれない。しかし、鄧小平は気楽に堂々とこれに応じた。ファラチは後に自身の長い経歴を振り返り、鄧への二度の会見を彼女のお気に入りとして挙げている。ファラチだけでなく、他のジャーナリストによる鄧へのインタビューに何度も同席した後の外交部長、銭其琛《せんきしん》は、これら二度の会見での鄧の受け答えは、とりわけ見事だったと評価している。(47)

一九七九年五月以降、華国鋒は公の場にあまり姿を見せなかった。八〇年九月七日の第五期全国人民代表大会の第三回会議で、華は最後の重要演説をした。彼は階級闘争の終結を明言はしなかったが、それはもはや主要矛盾ではなくなっており、党は大規模な階級闘争を発動すべきでないと述べた。経済問題についての彼のコメントは、当時の党の政策と軌を一にしており、陳雲の再調整への呼びかけを支持し農業と軽工業の重要性を強調していた[48]。この全国人民代表大会に提出された文書の一部、たとえば「指導原則」などは、事実上、華の指導力に対する強力な批判であった。

ある政治局常務委員会の会議で、メンバーたちは、党史に関する文書について、一九七六年以降を簡潔に六行でまとめたものと、その四年間についてより詳しく述べた長文のものと、どちらがよいかを問われた。後者に華国鋒への批判が含まれるのは不可避である。むろん、華は四年間の詳細をいちいちあげつらうことに反対した。メンバーたちは、まずより簡潔な方を他の指導者らに送って検討させ、その反応を待つことで合意した[49]。意見を求められた指導者の相当数は、華が鄧小平の即時復帰阻止に果たした役割に批判的で、長文の方に賛成した。最終的に、鄧は華を更迭する理由が明確になるよう、四年間に関する議論を文書に書き入れることに同意した[50]。こうして長文の方が最終文案に加筆された[51]。

一九八一年五月後半、約七〇人が参加した政治局拡大会議で、党の歴史に関する修正案が最終承認された。起草者たちが最終仕上げの手を加えた後、完成版が六中全会に提出され、六月二七日に採択された。それは建党六〇周年記念日の八一年七月一日、全国に向け公表された[52]。

華国鋒から党主席と中央軍事委員会主席という主要な地位を剥奪するかどうかという問題は、一九八〇年一一月一〇日から一二月五日にかけて連続して開かれた九度の政治局会議で山場を迎えた。それらの会議での議論はきわめて慎重な扱いを要するとみなされ、三〇年の時を経ても、議事録の大部分は党史編纂者ですら利用を許されない。しかし、一つだけ重要な文書が公開されている。華の問題点を列挙した一一月一九日の胡耀邦の演説である。それによって議論の大きな流れが明らかにされた。

胡耀邦は引退後、自分が最も楽しかったのは華国鋒に仕えていた時期だと語っている。おそらくこのコメントは、鄧小平により失脚させられたことへの恨みを多分に反映していると考えられる。しかし一九八〇年の時点で胡に与えられていた任務は、華更迭の論拠を提示することだった。胡はこの時期の歴史について報告するにあたり、党と人民は、華が四人組の逮捕に果たした貢献を決して忘れないと認めることから始めた。ただし華が、自分が果たした個人的役割を誇張したことを指摘した。そして四月五日のデモ後の政治情勢に基づけば、四人組の逮捕はさほど困難ではなかったとした。胡によれば、華は毛沢東の死後、階級闘争を追求する毛の誤った政策を正す代わりに継続し続け、広く各方面に諮ることなく『毛沢東選集』第五巻の出版を急いだ。毛がまだ存命中、華は毛に異議を唱えて批判されたことがあったが（毛は華が生産に関心を払いすぎるとこぼしていた）、毛が死ぬと「二つのすべて」を利用して自身の権力を強化した。さらに胡は、華が自分への個人崇拝を奨励したことを批判した。これらの指摘を行ったうえで、最後に胡は、七六年四月五日の事件後に非常に失望したと訴えた。自分がそのときから七七年二月二六日まで、華と話す機会を与えられず、同年三月一四日までは鄧を自由に訪ねることすらままならなかったからだった。

陳雲は三中全会で彼を待望する雰囲気が強まるまで、華国鋒によって職務復帰を差し止められていたが、胡耀邦はその陳雲の発言として、華が毛沢東の死から一九七七年三月まで古参幹部の処遇にひどく厳しかったことを報告した。特に問題だったのは、古参幹部の復帰が自身の統治能力を削ぐことにつながると危惧し、華が七六年四月五日の事件に対する判決の見直しを拒否したことである。葉剣英元帥と李先念が鄧小平の職務復帰を認めるよう華に何度か迫り、陳雲と王震も七七年三月の工作会議で鄧の復帰に同意したにもかかわらず、華は依然としてそれを拒否した。そして代わりに華は汪東興、紀登奎、呉徳、蘇振華《そしんか》、李鑫《りきん》ら少数の相談相手だけに頼り、他方でその他の幹部たちに情報を隠して党の事務事項をぎりぎりまで知らせないこともあった、と胡は指摘した。華はまた経済に拍車をかけ、あまりに速く動かそうとした。この点は華だけの誤りではなく、鄧と胡自身の過ちでもあったことを胡は認めた。実を言うと、当時、経済計画が野心的すぎることを見抜いていたのは陳雲だけだった[53]。

一九八〇年後半に、華国鋒を権力の座から追いやることに最も強く抵抗したのは葉剣英元帥だった。党史をめぐる議論の中で、葉元帥は毛沢東の晩年の過ちを強調することを支持しなかった。彼は国家の利益のためには、鄧小平よりもさらに徹底して毛の名声を擁護することが不可欠だと感じていた。彼はむしろ、江青《こうせい》と林彪に汚名を着せることを選んだ。葉にとって、この二つは切り離すことができない問題だった。ある政治局会議で、葉は感動的にこう回想している。死を目前にした毛に最後の表敬をしたとき、毛は彼を招き寄せた。毛は口が利けなかったが、彼には毛が言いたいことはわかった。華を助け、華が指導的地位へと成長できるよう自分に託したというのである（だが、そのとき、毛に付き添っていた毛遠新《もうえんしん》はそのような出来事はなかったと断言している）[54]。伝えられるところによれば、葉元帥には一つの信念のようなものがあったという。それは華は肩書を保持したままでいるべきであり、鄧は職務を継続しながらも、正式には華の下にとどまるべきだ、ということであった。

葉剣英元帥はなぜ華国鋒をかばったのだろうか。葉元帥自身が党と政府において重要な役割を果たすために、それを可能にしてくれる華を支持したと言う人もいる。しかし、葉はあまりに高齢で身体的に弱く、個人的野心のかけらも見せたことがないばかりか、日常的業務をこなすことすらずっと嫌っていた。どちらかと言えば葉元帥は、他の党幹部らが論じているように、権威を固めた鄧小平が、毛沢東と同じように振る舞い始めることを懸念していたように見える。鄧の権力を抑制し、党内民主主義を促進する手段として、彼は華をその地位にとどめておこうとしたと考えられるのである。

最終的に葉剣英元帥らの抵抗は、華国鋒の辞任と、鄧小平やその盟友たちに権力が集中することを支持する政治局の多数意見に打ち負かされた。一連の政治局会議の最終会議の直後、一九八〇年一二月五日に回覧された内部文書で、政治局は華の党主席および中央軍事委員会主席からの辞任を承認するよう六中全会に求めると発表した。党主席には胡耀邦、中央軍事委員会主席には鄧が取って代わり、華は党副主席と政治局委員にとどまるものとされた(55)。

葉剣英元帥は信念のために闘う意志の強い人物ではなく、むしろ対立を避ける方を選んだ。彼は華国鋒に関する政治局の決定を受け入れた。それればかりか、自らが華を支持していたことについて、軽い自己批判すら行った(56)。事実、彼は鄧小平が中央軍事委員会のトップに就くと、鄧と責任を分かち合おうとはせず、自身の故郷の広東省へ退いた。そこでは息子の葉選平《ようせんぺい》がすでに副省長と広州市長の地位にあり、快適な生活を送ることができた。葉元帥は六中全会(一九八一年六月二七日〜二九日開催)の冒頭、写真撮影のために姿を見せたが、党の歴史決議と華国鋒の更迭が正式に採択されたときには、すでに議論の場にはいなかった。その後、八四年と八六年に葉元帥が危篤に陥ったとき、鄧小平は周恩来のために行ったような見舞いを葉剣英には行わなかった。葉元帥は八六年にこの世を去った。

激論の後、最終的に固まった政治局の歴史決議は、単刀直入で荒々しかった。「華国鋒同志は、自分への新たな個人崇拝を作り出し、それを受け入れた。……一九七七年と七八年、華国鋒同志は経済工作の領域で左寄りのスローガンを推し進め……国家経済に重大な損失と困難をもたらした。……華国鋒同志は一部の成果を成し遂げたが、党の主席としての政治的、組織的能力に欠けていることはきわめて明白である。しかも彼が軍事委員会主席に任命されるべきでなかったことは、誰の目にも明らかである」[57]。華は終わった。八一年六月の六中全会後も、彼は政治局に残ることを認められたが、批判によって面目をつぶされた華が、最高レベルの党会議に出席することは稀だった。

鄧小平には、歴史評価のプロセスとその結果だけでなく、華国鋒の更迭にも満足するだけの十分な理由があった。華は表立った権力闘争なしに更迭された。歴史評価は、党の権威を失墜させないよう十分に毛沢東をたたえる一方、大躍進と文化大革命における毛の役割を批判するという微妙なバランスを達成した。党の最高指導層で毛が晩年に重大な過ちを犯したという合意が幅広く形成され、鄧が国のためになると信じた方向に中国を導く道が拓けた。それはおそらく、毛が認めようとはしなかった道であった。

第4部

鄧小平の時代——一九七八年〜一九八九年

第13章　鄧小平の統治技術

鄧小平《とうしょうへい》は毛沢東《もうたくとう》が好んだ個人崇拝には我慢がならなかった。(1) 毛沢東時代とはきわめて対照的なことだが、鄧の像が公共の建物に設置されたり、写真が家庭にかけられたりするようなことは実質的になかった。彼の勝利を祝う歌や劇もほとんど作られなかった。鄧は党主席や総理にすら就任しなかった。学生たちは彼の政策について学び、最もよく知られた言い回しを引用することはあったが、その著作を暗記するために多くの時間を割いたりはしなかったのである。

個人崇拝や堂々とした肩書を持たないにもかかわらず、鄧は単に党の副主席、国務院の副総理、それに中央軍事委員会の主席という地位だけで、権力を効果的に操ることができた。彼はどのようにしてこの驚嘆すべき偉業を成し遂げたのだろうか。彼は、自らへの評判を最大限に活用し、強くて繁栄した国家を築く能力のある安定した制度をつくろうと、大胆に行動したのだった。毛沢東が歴史書や小説を読み、布告を発する雲上の皇帝のような存在であったとしたら、鄧は自らの戦闘計画が適切な人員配置の下に実行されるよう、注意深い点検を怠らない司令官により近かった。

権力の構造

鄧小平は中南海の北東の、車で一〇分足らずのところにある寛街の自宅のオフィスで執務していた。聴力が衰えていたため、会議に参加するのは気が重かった。彼の聴力は治療法がなく、改善の望めない神経の老化と時たま起こる耳鳴りの結果であり、それが神経性の難聴や耳の中で鐘が鳴り響くような状態を引き起こしていた。(2) 一九八〇年代の終わりごろには聴力が悪化したため、彼は左の耳元へ大声で話してもらわないと聞き取ることができなかった。鄧自身も会議に参加するより資料を読んだ方が、時間を効率的に使えると思っていた。彼は会議の報告書を読み、自分の代わりに会議に出席した弁公室主任の王瑞林《おうずいりん》から会議の様子を聞く方を好んだ。王は他の指導者の弁公室主任たちを通じて、指導者一人ひとりの意見を把握していた。

鄧小平は規則正しく日課を守った。午前八時に自宅で朝食をとり、九時にはオフィスに入った。妻の卓琳《たくりん》と王瑞林が彼の読むべき資料を準備していた。その中には一五種類ほどの日刊紙や外国の定期刊行物から翻訳された参考資料、各部や各省の党書記から送られてきた山積みの報告書、新華社が収集した内部情報メモ、それに彼の承認を求めて送られて来た稟議文書の草案などが含まれていた。刻々と変化する最新情勢の把握には、大部分を党中央書記処や党中央弁公庁が作成した主要活動の概況報告に頼った。鄧は読むときにはノートをとらなかった。稟議文書は午前一〇時前にオフィスに配達されることになっていて、彼はそれをその日のうちに返却した。まったく書類を残さなかったので、オフィスは常に清潔でこざっぱりと片付けられていた。

陳雲《ちんうん》は自分の弁公室主任に読むべき最重要項目を毎日、五つ選ぶようにと命じていたが、鄧小平はなにをより入念に読むべきかを自分で決められるように、積み上げられた書類すべてに目を通そうとした。資料を読み終わっていくつかに簡潔なコメントを書き込むと、鄧はその書類の山のすべてを王瑞林や卓琳に戻した。そうすると、彼らが鄧の承認を示す丸印やコメントのついた稟議文書を回覧の必要な幹部たちに回し、残りはファイルに入れた。それらの文書上に記された承認の丸印やコメントは、鄧が党の任務全般を指導する手段となっていた。稟議文書の中には単に最終的承認を与えただけのものもあったし、他方、もう一歩突っ込んだ作業や内容の明確化を求めたもの、もしくは検討すべき新たな方向を示して、送り返したものもあった。

鄧小平は午前中の三時間を文書資料の閲読にあて、来訪者に会うことはほとんどなかったが、途中で二〇分から三〇分ほどは、よく自宅に隣接する庭を早足で散歩した。自宅で昼食をすませた後、通常彼は資料を読み続けたが、ときにはさまざまな幹部たちに自宅に会いに来るよう求めた。外国の要人が来たときには人民大会堂の一室で会見し、ときには彼らと食事をともにすることもあった。

鄧小平はキャリアの早い時期から、重要な問題と瑣末な問題とを仕分ける能力があり、中国に最も大きな違いをもたらすことに焦点をあて、そこに努力を集中することができるという評価を得ていた。たとえば、長期戦略を考え出したり、長期目標の達成に決定的影響をおよぼす政策を評価したり、その政策に対する同僚幹部や一般民衆の支持を勝ち取ったり、実現しようとする政策が一目でわかるような事例を宣伝したりすることに焦点を定め、努力を傾注できた。経済や科学技術といった重要ではあるが込み入った領域については、鄧は他の人たちを頼りにし、戦略を徹底的に考え抜かせ、自らが最終決定を下すための選択肢を示すよう求めた。それ以外の国家安全保障や主要諸国との関係、高級幹部の人事などの問題に関しては、鄧は自ら状況を整理して戦略を策定することにより多くの時間を費やした。一九五二年以来、鄧の秘書長を務めてきた王瑞林は、鄧の意見を外部に説明する際、これ以上はないほど慎重を期し、発言に自身の解釈を付け加えるようなことは一切避けた。毛遠新《もうえんしん》の場合はそれとは対照的だったと、多くの幹部たちは信じている。七五年の終わりから七六年の初めにかけて、毛遠新は伯父（毛沢東）の考えを外部世界に伝える際、彼自身の強い信念に任せて、毛沢東が他の幹部たちに伝えようとしたことに脚色を加え、補足していたと信じられている。しかし王は違っていた。鄧との長い付き合いからほとんど家族の一員のようになってはいたが、王は党や政府に関するいかなる問題にも、個人的な解釈を付け加えることは決してしなかった。鄧にとって、自分が外部に伝えようとしたことに王が粉飾を加えないというのは重要なことであった。他の指導者たちに彼の意見を間違いなく正確に伝えなければならない重要事項に関しては、要点をメモに書き出しコメントを稟議文書に添えて、一緒に回覧させるよう王に言いつけることもあった。

党総書記である胡耀邦《こようほう》は党に関する問題の最高責任者であり、国務院総理である趙紫陽《ちょうしよう》は政府に関する問題の最高責任者であったが、すべての重要事項について二人は鄧の最終判断を求め、そのほとんどの場合は書面で意見を仰いだ。本人たちが鄧にじかに会って最終決断を求めるのは稀だった。胡は中央政治局常務委員会と中央政治局の定例会（ただし、主として書記処会議）の議長を務め、趙は国務院会議の議長を務めた。陳雲や鄧はめったにこれらの会議には参加せず、彼らの弁公室主任が代理となって参加した。趙は彼の口述回顧録の中で、自分や胡は決定権者というよりも、むしろ補佐役のようなものであったが、執行については責任を負っていたと述べている。鄧は最終決定を下す権限をがっちりと保持していたが、通常、彼は枝葉末節にはこだわらず、むしろ検討すべき課題を決めたら後は胡や趙に任せ、彼の指示を彼らが最善と思うやり方で実行させた。最終決定を下すにあたり、鄧は全般的な政治状況やその他の主要な指導者たちの意見を考慮に入れた。彼は権威にあふれ、大胆ではあったが、実際には政治局メンバー間の全体的な雰囲気によって制約を受けていた。

一九八〇年の時点では、政治局は二八人の委員と二人の候補委員で構成されていた。若い政治局委員は将来の常務委員会のメンバーの有力候補と考えられており、常務委員会委員は当然、政治局委員の中から選ばれるものと考えられていた。[3] その中核となる強力な常務委員会は七人で構成されていた。八〇年代初期の常務委員会は華国鋒《かこくほう》、葉剣英《ようけんえい》、鄧小平、李先念《りせんねん》、陳雲、胡耀邦と趙紫陽で構成されていた。高齢の葉元帥は実務にはほとんど参加しなかった。陳雲や李は重要事項に関して意見を述べたが、日常的な党の意思決定は大部分が鄧と胡、それに趙の手中にあった。常務委員会の委員や何人かの政治局委員はそれぞれ中央書記処に設けられた弁公室主任（秘書に相当）を抱えており、彼らは資料を集めたり、文書を起草したり、管理規定に従って文書を処理したり、常務委員会とその他の高位指導者たちの弁公室との連絡役を果たした。観点の相違はあったが、鄧の下にあって、政治局は彼の指示に応じて動く比較的統制のとれた組織であった。

華国鋒が党主席の任にあったとき、彼は政治局常務委員会を定期的に開催した。しかし、鄧小平はめったに常務委員会を招集しなかった。趙紫陽が一度その理由を尋ねたことがあったが、そのとき鄧は、「耳の聞こえない二人が、なにを話そうと言うんだ？」と答えた。「二人」とは鄧小平と陳雲のことである。鄧は責任分担を明確にしようとしていたのだった。権力を思うままに操るには、自分の政策とは合わない古い組織にやり手を一人や二人送り込むよりも、新たな組織体制を作った方がずっと容易であることを、鄧は十分承知していた。再建された中央書記処は、鄧がその機能を完全に掌握したまったく新しい組織となった。鄧は党全体を最高レベルで指導するために、この新しい中枢機構を中南海の北門のすぐ内側に設けた。そして、彼自身が指名した胡耀邦にそこを任せ、党の日常的な業務の処理にあたらせた。政治局のメンバーは書記処にオフィスを持ち、そこで定例会議を開いた。共産党の中央弁公庁は北京や各省の党組織を対象に文書の起草や配布を行い、互いの意思疎通を図る巨大行政組織であるが、それよりもずっと小さい書記処はこれとは異なり、最高幹部だけに服務する党内の内閣のように機能した。

書記処会議の議長を務めたのは胡耀邦だった。胡は政治局やその常務委員会の議長も務めたが、鄧小平自身が作り上げた党内行政組織が機能するようになると、常務委員会の会議はほとんど開かれず、政治局が一カ月に一回会議を持つか、持たないかであった。趙紫陽は国務院総理として書記処会議に参加したが、鄧や陳雲、李先念、それに葉剣英元帥が本人じきじきに出席することはなく、その代わり彼らの弁公室主任が出席した。弁公室主任たちはそれぞれ自分が仕えている指導者の考え方をよくわかっていたため、弁公室主任同士として率直な意見交換が可能であった。指導者同士の間では序列や権力や面子《メンツ》を守る必要性から厄介な問題や緊張が起こりかねないのだが、彼らの間ではそうした心配をする必要がなかった。

鄧小平の見解は合意形成を容易にしたが、通常、彼は問題が書記処を通して入念に検討されるまで、最終決定を明らかにしなかった。重要な問題について合意が得られると、文書が作成され常務委員会のメンバーに配布された。そして、そのメンバーが承認を意味する丸印をつけたり、あるいは手短なコメントを書き込んだりしたが、後者の場合、当該文書は書記処へ送り戻されて再度起草し直された。そして最後に、比喩的に言えば、鄧が「テーブルを平手でぴしゃりと叩いて」、決定や文書の文言を最終承認した。

数人の党高官（そのほとんどは政治局委員に次ぐ地位にある幹部）が書記処の書記に任命され、全員が党運営の権限を持った。政治局の委員や書記処の書記たちは、特定の系統の調整業務を担う「指導小組」に割り振られた。(4) たとえば、彭真《ほうしん》が政治と法律関連の指導小組を率い、万里《ばんり》が農業関連を、宋任窮《そうじんきゅう》が人事、余秋里《よしゅうり》が工業や運輸の大型プロジェクト、楊得志《ようとくし》が軍事、胡喬木《こきょうぼく》が党史とイデオロギー、姚依林《よういりん》が経済計画、王任重《おうじんじゅう》が宣伝活動、方毅《ほうき》が科学技術、谷牧《こくぼく》が海外貿易と投資、彭冲《ほうちゅう》が揚子江デルタ地域（上海周辺）に関する指導小組をそれぞれ率いた。(5)

他の最高指導者たちはときには鄧小平の決定に異議を唱えたり、鄧が彼らに意見を求めるのを怠ったと腹を立てたりすることがあった。当初、鄧は陳雲と意見を戦わせなければならなかった。彼は鄧よりも経済をよく理解しており、彼の意見は他の指導者たちから重みをもって受け止められていた。軍事面では、葉剣英元帥が身を引いた後は鄧は誰の意見にも制約されなくなった。軍事や対外政策では、鄧は数十年の経験に基づく自身の見解に自信を持っていたため、細部や文書の起草で専門家に頼ることはあっても、めったに他者に屈することはなかった。他の指導者たちが鄧の下した決定に異議を唱えるときも、彼らは党の規律を受け入れ、決して公の場で反対意見を表明することはなかった。

鄧小平は弁公室主任の王瑞林とはくつろいだ会話ができたが、胡耀邦や趙紫陽との関係はより格式ばっており、それはずっと変わらなかった。鄧が一人で彼らと会うことはめったになかった。彼らは自身の弁公室を思い通りに運営する、かなりの自由を享受していた。鄧は彼らが回してきた文書を通してその意見を知ったが、そこには王のコメントが付されているのが常であった。

鄧小平は自分と年齢が近く、数十年におよぶ付き合いのある楊尚昆《ようしょうこん》、王震《おうしん》、それに薄一波《はくいっぱ》らの古参幹部と、ときに非公式に会うことがあった。彼らは何でも打ち明けられる相談相手であり、強い個人的信頼関係で意見を内々に聞くことができた。大勢を占めつつある政治的雰囲気や人事問題など、秘密を要する事項について、鄧は彼らの評価を内々に確かめることができた。鄧は、彼が党の総書記だったときに、中央書記処にいた同じく四川出身の楊ととりわけ密接な関係を持っていた。軍事問題を扱う際に、楊は鄧にとって信頼の置ける連絡役を果たした。鄧はまた、彼の個人的な演説原稿や文書の起草者たち、なかでも胡喬木や鄧力群《とうりきぐん》とは格式ばらない関係を保ち、彼らとは胡耀邦や趙紫陽との場合よりも気楽なやりとりができた。

鄧小平は毎年開かれる中央委員会全体会議の準備に相当の時間を費やした。それは中央委員会全体会議が、二〇〇人以上の正規の中央委員や一〇〇人以上の候補委員の間で共通の大局観を打ち立て、それを鍛え上げる場だったからである。五年ごとに開かれる党の全国代表大会の準備には、彼はさらに多くの時間を費やした。それは全国代表大会がより長期にわたる計画を練り、より多くの代表たちの意思統一を打ち固める場だったからである。そうした重要会議の大筋を固めるにあたり、鄧は主要な問題が議事に含まれるよう胡耀邦や趙紫陽と綿密な打ち合わせを行った。そのうえで彼らに、胡喬木やその他の者たちと協力し、文書や演説の起草を監督するよう指示した。鄧の主要な演説はその演説が終わった後も、それを長期的な歴史資料にして彼の選集に入れるために、もう一度一連の編集がなされるのが通例であった。

鄧小平は他の高官たちと同様、一月や二月の最も寒い時期には、温暖な地を訪れて数週間を過ごした。夏にはよく北戴河《ほくたいが》の海辺に出かけたが、そこは最高級の要人たちが休養と非公式な対話のために集まる場であった。鄧にとってこうした「休暇」は、言うまでもなく党務をこなす機会でもあった。

たとえば一九八四年に、彼は経済特区として実験が進められていた広東省と福建省の現地で冬期休暇を過ごし、現地の発展の成果を支持してこれを沿海地域の発展モデルと宣言した（第15章を参照）。そして、八八年、九〇年、九一年と九二年には、上海などを訪問し、そこで都市の発展を加速する計画を前進させた。

高齢になってから、鄧小平は体力を維持する方法をいくつか見つけた。ほとんどの仕事は文書化された資料を通じて行い、負担の大きい会議を避けた。電話は多くの場合、王瑞林が応対した。鄧は海外の要人らと会う前に口頭での説明を求めなかったが、それでも部下たちは、彼が訪問者の最新の活動を多少なりとも把握していると感じとった。そのような訪問者がなければ、鄧は通常自宅で家族と共に食事をとり、夕食後は子供たちとくつろいでテレビを見ることが多かった。彼はニュース報道の動きを丹念に追った。しかしスポーツにも興味を持ち、週に一、二度は夕食やブリッジに客を招いた。ただしブリッジの相手や彼の家族とでさえ、くだらない会話には加わらなかった。[6] 鄧は家族からさえも、おしゃべり好きではない（不愛説話）という高い評判を勝ち得ていた。[7] とりわけ晩年に外部の人間に会うときには、彼らからすきがなく、快活で、強烈ですらあるとみなしてもらえるように、彼はうまく体力を維持し続けた。

公式の場以外で話をする場合、鄧小平はほとんどメモなしに整然と話すことができた。彼が留意しなければならなかったのは、話の主題と聴衆がどのようなグループかということだけだった。一九八五年に八十路の坂を越えてから、鄧は入念な原稿執筆や編集や弁舌を必要とする長大な演説を避けた。一九九二年の南巡談話のようなほんの二、三の例外を除けば、もはや彼の話が長い象徴的文書に入念に仕上げられることはなかった。

鄧小平の身近な家族たちは、彼のことを愛すべきで、優しく、そして話が面白いと思っていたが、それ以外の人々にとって鄧は親しみやすい人物ではなかった。同僚やその他の人々は彼に絶大な敬意を払っていたが、胡耀邦や周恩来《しゅうおんらい》が愛されたように、彼が敬愛されたわけではなかった。危機に際し、鄧は国のために最善と見なされることをなすということが、彼らにはわかっていた。それが必ずしも彼に仕えた者たちにとってよいこととは限らないことも、彼らはよくわきまえていた。実のところ、周や胡とは対照的に、鄧は人々を役に立つ道具のように扱っていると感じていた者もいた。鄧は一六歳で後にした故郷の村へ一度も帰らなかった。そのことは、彼の個人的献身の対象が国家としての中国にあり、地方とか、派閥とか、友人などではないことを明確に示していた。毛沢東とは異なり、鄧にはずるさはなかった。また、稀な例外はあったが、復讐心を煮えたぎらせるということもなかった。部下たちは彼のことを厳格で、気短で、要求は厳しいが、それでも理の通った上司と見ており、敬意を込めた距離感を保っていた。彼はあくまでも大義のための同志であり、組織の要求を置き去りにして私情を優先するような仲間ではなかった。(8) 毛の気分はいつ変わるか得体が知れなかったが、鄧は最高指導者として堅実な振る舞いを保持し、首尾一貫した統治に取り組み続けた。

統治と中国再生への指針

一二年にわたる戦争中、軍の指導者として鄧小平は権威と規律を重んじた。その後、文民として国家の統治に携わるなかで、彼は国家の権威を重んじた。アヘン戦争以後の一〇〇年間、中国の指導者にとって、統治に不可欠な権威を保つことがいかに困難であったか、鄧にはよくわかっていたからである。一九五〇年代の指導者として、彼は毛沢東の神のような力を体験し、そうした権威によってなにが成し遂げられるかを目のあたりにしてきた。しかし、鄧はまた別のものも見てきた。そうした権威も、文化大革命中のように四散してしまえば、何事も成就しがたいのである。鄧は卓越した指導者として、規則だけでは人々をついて来させられないことを知っていた。中国はまだ、法律全般への尊重が人々に染み渡っている国ではなかった。指導者たちが勝手気ままに法律を変えてきたさまを、人々が長い間見せつけられてきたことも一因だった。他の共産党の同僚指導者と同様に、鄧もこう信じていた。なぜ一定の行動様式が求められるのかを民衆に理解させるためには、学校での教育や生涯を通しての宣伝教育が必要である。だが、その「教育」には、最高指導者に対するある種の畏怖の念と、もしあえて権威を愚弄すれば自分と家族の身になにが起こるかわからないというかすかな恐れが、伴われている必要があった。

かつて毛沢東がもたらしたような畏怖の念を人々に生じさせることは、自分には決してできないと鄧小平は理解していたが、彼自身の権威を守るためになにをなすべきかもよくわかっていた。最高指導者になったとき、彼にはすでに半世紀におよぶ党指導者としての経験と、将来の後継者として毛沢東や周恩来から受けた薫陶と、国のためになる決断を下せる力量があり、それらに基づいて人々から個人的な尊敬を集めていた。一九八一年以前は毛のイメージがあまりに強力だったため、鄧自身の権威を保つためにはまず毛主席への崇敬を表さなければならなかった。しかし八一年までに、毛の思想の真髄は「実事求是」であるという見方が党の総意となり、そして五八年以降の毛の過ちを認めた党の歴史決議が採択されると、鄧はたとえあるいくつかの問題で毛と異なる意見を打ち出すときも、自分の権威を十分保つことができた。

鄧小平は「党内民主」という考え方を重んじ、それによって指導者に「建設的な意見」に耳を傾けさせ、重大な過ちを犯す危険性を減らそうとした。しかしいったん決定がなされると、党員たちは「民主集中制」に従って決定を履行しなければならなかった。

鄧小平は、経済発展が党の権威と彼自身の名声を高めると信じていたが、この判断は正しいことが後に証明された。一九八三年から八四年にかけてのように、経済発展が急速かつ順調に進んだとき、鄧の権威はほとんど磐石であった。しかし、八〇年代後半のように中国が激しいインフレに見舞われ経済問題が深刻化したとき、世間は仰天し、彼の名声は打撃をこうむった。

鄧小平は統治の指針を一度も提起したことがなかったが、彼の演説を読み、彼の部下たちのコメントを考慮し、鄧が実際にやったことに着目すれば、彼の統治パターンを支えている原則をいくつかにまとめることができる。

権威をもって話し、行動せよ。鄧小平は一〇年以上、軍の厳格な指導者であったため、機知に富んだ会話をしているときでさえ、威厳に満ちた雰囲気を漂わせることができるようになっていた。重要な演説をする前には、いつも他の主な指導者や正統思想を擁護する理論家と一緒に演説内容を点検し、党の声を伝えるための自信を固めた。

鄧小平は、いったん決定を発表すると、過ちを認め権威を弱めようとはしなかった。彼は外国からの賓客とはくつろいだ時間を過ごせたが、党内で軽々しくその権威を危険にさらそうとはしなかった。自分の権威を用いる場合は毅然とした態度を保った。

党を守れ。 一九五六年のモスクワにおけるニキータ・フルシチョフの全面的スターリン批判は、党の権威を失墜させた。それを見て鄧小平は、中国共産党の尊厳をあくまでも守り抜くことを固く決意した。党や彼の指導力に対する基本的敬意を脅かす意図があると判断した場合、鄧は批判を抑えつけた。もし批判者が多くの支持を得れば、彼はこれをよりいっそう激しく抑えつけた。西欧民主主義のような西洋思想に対する称賛が中国共産党に対する深刻な批判になっていると判断したとき、鄧には党の権威を守るためにいつでも断固として対処する覚悟ができていた。

毛沢東とは異なり、鄧小平は自身に対する批判者を公開の場で侮辱にさらすことはしなかったが、社会秩序にとって脅威となると判断した批判者には、常に情け容赦がなかった。彼は江青《こうせい》の死刑判決を支持し、魏京生《ぎきょうせい》のような批判者を投獄した。王若望《おうじゃくぼう》や劉賓雁《りゅうひんがん》、方励之《ほうれいし》のように、貢献があったにもかかわらず党に批判的であった党員たちは、党を除名され職位を追われた。最終的に、彼はそうした者たちが海外へ出ることを許したが、たいてい帰国は認めなかった。

統一的指揮命令系統を維持せよ。 鄧小平は行政、立法、司法の三権分立が中国で機能するとは考えなかった。彼は統一された一つの指揮命令系統の方がより効率的であり、効果的であると信じていた。中国には三権分立の萌芽がすでにあったと言えるかもしれない。党大会が立法に準じる機能を、中央書記処が行政に準じる機能を、党員の行動を審査する中央規律検査委員会が司法に準じる機能を有していた。しかし鄧の下では、権威という一本の強い指揮命令系統が貫徹していた。

軍を揺るぎなく掌握せよ。 鄧小平は毛沢東と同様に、軍に対して党による支配のみならず、個人による支配も確保しようと努めた。華国鋒が軍の指導者にあまりに接近しすぎる兆候を見せたとき、鄧はただちにこの結び付きを遮断した。他の公式な地位を離れた後も、彼は一九八九年一一月まで、中央軍事委員会の主席であり続けた。最高指導者としての期間を通し、彼は軍高官たちの支持を確保するために、忠実な支持者である楊尚昆を通して働きかけた。鄧は北京衛戍区の司令員のような要職に、彼の真の忠臣ともいえる第二野戦軍のかつての部下たちを任命した。その見返りとして彼らは、鄧の権威を脅かしかねない党内の反対勢力が確実に根絶されるよう手を貸した。

新たな道を切り拓く政策は、広範な支持を得たうえで推進せよ。鄧小平は、多くの高級幹部や一般大衆の抵抗を引き起こしかねない政策を主張して、危ない橋を渡るようなことは避けようとした。最も物議をかもした彼の措置の一つが、農村の脱集団化であった。一九七九年、彼は脱集団化に表立った支持は与えてはいなかった。彼は飢えた農民が生き延びる術を探し求めてなにが悪いという、保守派ですら容易に反対できない意見を述べただけであった。家族生産請負制（農家ごとに農地の貸与を受け、農業生産を請け負う制度）の導入後、飢えた農民たちの生産量が劇的に増えたという報告に接すると、鄧はただちにその成功が広く世に伝わるよう措置を講じた。八〇年五月には相当数の地方が成功を報告したため、家族生産請負制に対して一般大衆の支持が大きく広がった。ようやくそのときになり、初めて鄧は彼自身の支持を表明したが、そのときですら目立つ形でメディアに出ることはなかった。鄧は家族生産請負制は人々がそれを支持する地方でのみ許されるであろうと述べるにとどめ、あくまでも慎重姿勢を崩さなかったが、彼にはその実施が急速に広がり続けるだろうと信じるに足るあらゆる理由があった。

非難を回避せよ。鄧小平の政策が不評で失敗だったことが明らかになると、部下たちが責任をとるのが当たり前だと思われていた。それはちょうど毛沢東の過ちが林彪《りんぴょう》や江青、そしてより地位の低い幹部たちのせいにされたのと同じだった。統治の最高レベルにおける規律がまだ個人の権威に依存している国では、鄧は他の多くの党高官と同様、王と王位に対する揺るぎない敬意を守るために、ときには将棋の駒の「歩」のように誰かを犠牲にするのもやむを得ないと思っていた。もちろん極端な場合には、どうしてもやり遂げなければならない眼前の任務を貫徹するために、あえて危険を冒して自らの威信にものを言わせるしかないと判断することもあった。たとえば、一九七九年にベトナムを攻撃したときがそうである。しかし通常、結果が思わしくなかった場合、部下がその責めを引き受けるのが当然とされた。その場合、部下たちの間に生じる重大問題は、一体誰がその非難を引き受けるのかということであった。

長期目標を踏まえて短期政策を設定せよ。一九七八年に最高指導者になったとき、鄧小平はすでに七〇歳を過ぎていた。彼が無数の困難を経て率いることになったのは二千余年もの歴史を誇る国であり、鄧は国力の盛衰について長期的な展望を持つのが当然であると悟っていた。ひとたび権力を握ると、鄧は短期的な選挙にわずらわされる必要がなかったため、一九八〇年から二〇〇〇年までの間にGNPの四倍増を達成するとか、二一世紀の半ばまでに中等程度の所得国にするなどといった長期的目標に焦点を絞ることができた。彼はまた香港や台湾に対しても、中国に吸収された後、少なくとも半世紀の間は大陸とは切り離された制度を継続すると提案できた。年度計画や五カ年計画を立てる際にも、鄧はそれらを彼の長期目標の展望の中に位置づけた。

長期目標達成に役立つ政策を追求せよ。 鄧小平は、ひとたび四つの現代化の実行について広範な支持を勝ち取ると、次には目標達成に資する政策への民衆の支持を勝ち取ることができた。専門家が養成されて雇われ、年老いた非熟練労働者はより訓練された若者たちに取って代わられた。鄧は、肥大化した文民と軍の官僚組織を縮小するために闘った。これらの官僚機構は、中国の現代化への投資促進に必要な資源をむしばんでいた。軍と文民官僚組織の規模縮小は、退職を望まない者たちから強力な抵抗に遭い、鄧の時間を大量に奪った。新たな計画案の多くを一歩一歩進めていくしかないと鄧は悟るようになった。たとえば、教育水準を引き上げるには数十年かかるし、個々の目標を実現するためにはまず物差しを設定しなければならないのである。

新しい雇用が創出されないうちに国有企業をつぶせば、大規模な社会問題となり、下手をすれば政治問題を引き起こす。そうした強い懸念から、鄧小平は新たな雇用の受け皿が用意できるまで、莫大な数に上る競争力のない国有企業をつぶすのは延期すると決めた。革命を闘い抜いてきた古参幹部に退職を強制すれば巨大な抵抗に遭うと十分わきまえていた鄧は、退職に同意した者のために、住宅や娯楽設備などの便宜供与のため、限られた予算の相当部分を喜んで使うことにした。何人かの高官たちには公用車の継続使用すら認めた。この困難な移行が完了すると、彼は定年制を含む通常の制度作りに着手した。

鄧小平は前途有為な若者たちがよりよい教育訓練を受ける機会を大々的に拡大し、学者の地位を高め、教養豊かな若い知識層が農村から都市へ戻るのを許した。実際には資格もないのに「専門家」と称して働いてきた四四五万人もの人々に対し、必要な補充訓練をする教育訓練プログラムをただちに作り上げた。また、人材交流センターを設立し、教育を受けた人材の個人記録（檔案《とうあん》）をそこに集めたことで、彼らの最適な職位への再配置が容易となった(9)。

鄧小平は過渡的措置を認めることにやぶさかではなかったが、彼は長期的目標を常に念頭に置いていた。一九八一年、文化大革命の後に中国の大学が初めて卒業生を送り出したとき、鄧は政府による卒業生の職業分配制度を継続した。その制度によって、卒業生たちは人が足りない職位へ振り分けられた。大卒者が自分で将来の仕事を選択する自由を許されたのは、一〇年後にその数が十分増えてからであった。

鄧小平はいかなる制度が現代化された中国に最もふさわしいかを、一九七八年の時点で予見できるとは考えなかった。そこで彼は、趙紫陽の下にあるシンクタンクに、さまざまな地方で採用されている根本的に異なる制度を研究する権限を与えた。もし試みが成功すれば、他の地方でも同じ結果が出るかどうかを確かめさせた。

不都合な真実を暴け。鄧小平は、物事の真のありようを知るのは重要だと確信していた。大躍進は誇張された報告で悲劇をいっそう悪化させたが、その真っただ中にいたことがある鄧は、情報が真実であるかどうかの判断を下す前に、常にいくつかのチャンネルを通じてその情報自体を確かめるよう努めていた。それでも彼はまだ懐疑的で、自分自身で物事を見る機会をことのほか大切にした。鄧はとりわけ楊尚昆のようなえり抜きの幹部たちや、物事をありのままに報告する弁公室主任・王瑞林の意見に耳を傾けた。そして中国を見つめ続けてきた外国人たちの見方にも注意深く耳を傾けた。

中国が長期的になにを達成できるかについて、鄧小平は大言壮語を避けた。さらには地方幹部や民衆全般に共通して見られがちな、短期間で達成可能なことについての非現実的期待に対しても、それが過度に走るのを戒めた。のみならず、彼は中国が大規模重工業に一気に跳びつくべきではなく、当初は軽工業に集中すべきだとの専門家の助言を受け入れた。

大胆であれ。中国語でよく言われるように、鄧小平は「重いものをあたかも軽いかのように持ち上げた（挙重若軽）」。鄧と一二年間、ともに働いた軍司令員の劉伯承《りゅうはくしょう》は、とても慎重な人物として知られていた。劉と同じように、陳雲もきわめて慎重な人物であり、「軽いものをあたかも重いかのように持ち上げる」という評判があった。陳雲は特に経済問題では、鄧よりもはるかに慎重に細部を考えた。しかし鄧の考えでは、戦闘前に敵のあらゆる情報収集にこだわる将軍は、ときとして攻撃の好機を失うのであった。自分の決断がもたらしうる結果の分析に、鄧が多くの時間を費やしたのは確かである。しかし重要な問題に関して彼は、すべての事実が明らかになっていなくても、大胆に前に突き進む覚悟を固めていることが多かった。

圧力を加え、収まるのを待ち、再び圧力を加えよ。抵抗の激しい問題に対する最も効果的な対処法は、繰り返し圧力をかけ、その後は事が収まるのを待ち、その後さらに圧力を加えることだ、と鄧小平は確信していた[10]。たとえば、華国鋒の追い落としに際しても、鄧は段階を追って圧力を加えるようにした。圧力によって生じた新たな状況に人々が順応するのを待ち、そのうえで次の圧力をかけた。一九八〇年代初頭、彼はソ連との関係正常化は時期尚早だと判断していたが、それでもそうした方向に向けて小さな前進を図った。そして、ソ連が手を広げすぎるまで待った。結局、手を広げすぎたソ連は、中国の提示していた条件で喜んで関係修復を求めてきたのだった。

団結を強化し、分裂を最小限に抑える。鄧小平が引き継いだ中国は、深刻な内部対立に苦しんでいた。一九四〇年代末と五〇年代初めに地主とその家族を打倒したことや、文化大革命のさなかに最高潮に達した度重なる狂暴な政治運動は、中国社会に共存不可能な憎悪を残した。そのうえ、闘争は個々の村や職場単位で起こっていた。そのことは、被害者や犠牲者の子供たちが昔の加害者と隣り合わせで働くことを意味していた。

権力継承に際して鄧小平が直面した最も根本的な問題は、「恨みを晴らす」機会をうかがう犠牲者の家族や友人たちの激情を、どうやって和らげるかということであった。彼は荘厳な説教壇に立つ聖職者のように、過去のことは水に流して仕事に取り組もうと繰り返し人々を励ました。彼はまた頻繁に、「いさかいはやめよう」と呼びかけた。彼は、難しい問題の解決は、もっと賢く、もっとうまく解決できる次世代に任せればよいとし、議論の激化が避けられない多くの問題を回避した。彼はまた、犠牲者の名誉回復や物質的損害をこうむった人々への賠償によって、文化大革命の被害者を救済しようとする胡耀邦の努力を全面的に支持した。

過去の不満を晴らすのは避けよ。鄧小平は、文化大革命について公開の場で一般論として議論するのは構わないが、具体的な詳細に入り込んではならないと指示した。それは個人が受けた傷に焦点を当て、昔の憎悪をぶちまけ、その結果、再び憎しみをよみがえらせかねないからである。文化大革命中に誤って批判された幹部たちは、名誉を回復されて職場復帰を果たしたが、その際、鳴り物入りで彼らを職場に迎えるようなことをしてはならないと鄧は忠告した。昔のいさかいをぶり返させてはならなかった。

実験により保守派の抵抗をかわせ。党内保守派の多くの指導者は、資本主義的企業の形成を恐れた。しかし、毛沢東の下で強制的に農村に行かされていた下放青年たちが続々と都会に戻り始めたとき、鄧小平や他の幹部たちは、彼らの就業難がもたらしかねない巨大な社会不安を心配した。当時の予算不足から、政府は国有企業の雇用を拡大する余裕がなかった。そうした事情から、大量の失業者を避けるためには家族で個人経営企業(中国語で「個体戸」)を起こすことが認められた。そこでは企業家自身も一緒に働くのである。マルクスは『資本論』で、八人の従業員を雇って彼らを搾取している資本家について論じていた。これが労働者を七人しか雇わず、自らも働く企業家は、資本家ではないと解釈される根拠となった。個人経営企業がまさに「雨後の筍《たけのこ》のように」成長し始めた。鄧は陳雲の同意を得て、「どうなるか見てみよう」と言った。当初、企業家たちは七人を超える労働者を雇うことに警戒的であったが、八人以上雇っても政府が一向に取り締まる様子がないのを見てとると、繁盛している企業はみなこれにならった。鄧は保守派と論争はしなかった。彼はただ「バカの種」を引き合いに出しただけだった。それは安徽《あんき》省の一人の無学な農民とその従業員が生産した、こんがり煎られた評判のヒマワリの種のことであった(中国では煎った種がよく食用される。このヒマワリの種は香ばしく、粒が大きく、量も十分で、利幅がきわめて薄かったので、その創業者は同業者から「バカ」と呼ばれた。しかし、彼はそれをブランドにして商売を成功させた)。「もし[ヒマワリの種と一緒にそのバカを]商売から締め出したら、それは人々を不安に陥れるだけであり、誰にとってもなにもよいことはない。……しばらく彼に種を売らせたとしても、それが社会主義を損なうだろうか」と鄧は述べた。(11) なぜ個々の世帯での実験を中国がやってみるべきなのかを、彼はわかりやすく説明した。そして保守派に対しては、肩すかしの仕草をまさにぴったりのタイミングでやってみせた。こうして鄧は巧みにイデオロギー闘争を避け、より多くの雇用を促し、より大きな私有企業を許した。

複雑で意見の分かれる問題を説明するにはわかりやすい言い回しを使え。鄧小平はひとたび基本政策を決定すると、よく知られた言い回しを使ってそれを説明した。この抜け目のない、しかし庶民的なやり方は、その政策に異議を唱えにくくしたばかりでなく、鄧自身を親しみやすい人物に見せた。党指導層の中で言い回しを使ったのは彼が初めてではなく、また、言い回しからその名が連想されたのも彼が初めてというわけではないが、彼が他の指導者よりずっと多く言い回しを使ったのは確かである。「ネズミを捕まえてくるなら、黒猫でも白猫でも構わない」という「白猫黒猫論」は、毛沢東のイデオロギーの重みを削ぐためにきわめて効果的で創意に富んだ言い方であった。それはうまくいくことをやる方が、特定のイデオロギーに従うよりも重要だということを示唆していた。鄧が単に「イデオロギーは重要ではない」と言っていたら、猛烈な論争を引き起こしていただろう。しかし、彼の「白猫黒猫論」は、人々を微笑《ほほえ》ませただけだった（実際、猫をテーマにした装飾品を作って売った企業家もいた）。ほかにも「一部の人が先に豊かになっても構わない」という言葉は、改革後すぐにでも豊かになりたいという人々の過度の期待を抑える作用を果たした。そして、改革の恩恵がまだ行き届いていない人々の心にひそむ、先に金持ちになった人々へのねたみを無害化する作用も果たした。それはまた、一部の人々が先に豊かになった後、政府が富裕層のさらなる拡大推進を約束するものであった。「石を探りながら川を渡る」という言い回しは、実験を奨励する創造的な方法であると同時に、新たな状況の中ではすべての政策がうまく運ぶと期待してはならないと、人々に理解させるためのきわめて独創的な方法でもあった。

根本原則がわかるような、偏りのない説明をせよ。鄧小平はすでに確定された党のやり方にならい、重要な政策文書では、計画が穏健な中庸の道にかなっていることを示そうとした。彼は極端な者たちを排した。それが左であれ、右であれ、封建的であれ、ブルジョア的であれ、極端な論者にはしばしば批判を加えた。そしてさらに、一般民衆に向けて重要政策を提示するときには、命令よりも説明の方が効果的であると悟っていた。つまり、全般状況を説明し、行動を開始しなければならない長期目標について説明した方が、命令よりもずっと効果的であると知っていた。

派閥主義を排し、有能な幹部を選べ。地位の低い幹部の中には、経歴や出身地、教育水準が同じ特別な関係がある人を、仕事仲間に選んだ方が安全だと信じる者もいた。当時の北京のエリートたちの間では、お互いが関係を築きやすい関係は三つあると言われていた。(一)「団派」、すなわち共産主義青年団で仕事をしたことがある者。(二)「太子党」、すなわち高級幹部の子弟で、同じ学校に通ったことのある者同士もいた。そして(三)「秘書グループ」、すなわち党や政府高官の秘書、つまりは弁公室主任として務めたことがある者である。しかし、鄧は有能で献身的な高級幹部でありさえすれば、これら三種類のすべての人々と仕事をともにする用意があり、派閥的行動を拡大しようとはしなかった。彼は他の人々にもそうするよう勧めたのである。

「雰囲気」を読み、具体化せよ。鄧小平は最高指導者としてかなり自由に政策を選択できたが、彼ですら北京の最高指導層の政治的雰囲気には一定の制約を受けた。大胆に動くとき、彼は他の最高指導者たちの全面的支持を確実にしておこうとした。限界はあるものの、鄧が自分の演説や行動、そして彼が支持した人々を通して、雰囲気作りを進めることができたのは言うまでもない。しかし自分が話すときですら、彼は具体的な詳細には踏み込まず、幅広い一般的な原則を主張するのが通常であった。政治局に所属しているような最高幹部は、国家の問題を十二分に知りつくしており、なにが望ましいとか、あるいは最低限なにが受け入れられるかといったことについて、自分なりの見通しを持っていた。それゆえに毛沢東の評価の扱いや、農村と都市の脱集団化、経済計画からの離脱、そして外国人の中国国内旅行の自由化といった大きな問題に関しては、鄧は政治的風向きが確実に追い風であると感じ取れるまでは、旗幟を鮮明にして動くのを避けた。

民主集中制とうまく折り合っていくためには、高級幹部を含む全員が、そのときの政策やそのときの指導者に対する強い支持を表明することが求められた。したがって一九七八年末に華国鋒と彼の政策をめぐって実際にそうだったように、たとえ高級幹部といえども、いつ他の高級幹部たちがそのときの政策や指導者に対し深刻な疑念を抱き始め、変化が必要だと確信するに至るかを察知するのは、決して容易なことではなかった。高級幹部からは、政策の重要事項に関する反対意見は公の場では表明されなかった。そのため各省は北京に事務所を構え、起こりうる政策変更の兆候を察知しようと、また、自省が実施を検討中の行動がいつごろ妥当もしくは最低でも許容されるのかを察知しようと、それぞれ必死になっていた。雰囲気をつかむためには鄧でさえ、彼の元へ来るすべての資料から得られた情報と経験豊かな判断力に頼るだけでは不十分だった。彼に向かってあえて不愉快な真実を語ってくれる鄧力群や楊尚昆、王震、王瑞林、それに彼自身の子供たちのような少数の人々の意見にも、耳を傾ける必要があった。

なにが最高指導層の雰囲気を変えたのかは、複雑かつ微妙で、とらえがたいままだった。というのは、それは単刀直入な公開討議にかけられるようなものではなく、無言のうちに形成される暗黙の了解に基づいていたからである。最高指導層の雰囲気の変化が見える形になっていくうえで、おそらくその政策や戦略、もしくはその指導者が結果をちゃんと出しているか否かということ以上に、決定的な要素はなかった。もしなにかが機能していれば、その政策あるいはその人物は支持を集めた。しかし、なにかが失敗しつつあれば、人々は離れ始め、そして失敗から遠ざかろうとした。たとえば毎年、年末に向けて経済成長の結果が報告され始めると、それらは現行政策の評価や担当幹部の評価に影響を与えた。大多数の高級幹部が特定の地方で実験を試みることを是認し、その実験が成功だとわかると、鄧小平らはより広い規模での実行を気兼ねなく推し進めた。

たしかに、政策がどれほどうまくいったかとか、将来、なにがうまくいくかについての見解は、それぞれの幹部によって見方がさまざまであった。より保守的な者もいれば、より進歩的で国際的な者もいた。鄧小平は多数派の支持確保に努めたが、かなりの数を占める少数派からもできるだけ支持を得続けようとし、少なくとも容認を得るよう努めた。強い抵抗を察知した問題に関しては、たとえそれがごく少数であっても、強い影響力を持つ少数の反対であれば、鄧は最後の主導権を発揮する前に、彼らの協力、もしくは少なくとも彼らの消極的な容認を勝ち取る道を模索した。そうした容認が得られない場合には、彼は党内の雰囲気がもっと有利になるまで、断固とした態度をとるのを遅らせた。

結局のところ民主集中制は、ある特定の政策を支持するために、パレードの先頭を行く楽隊車《バンドワゴン》にみんながいっせいに跳び乗ることを要求しているようなものである。人々は自分が適切だと考える政策に対しては、支持する側に加わる用意ができていた。なぜなら、すぐに加わらなければ後でまずいことになることが、彼らにはわかっていたからである。鄧にとって、成功した指導者であり続けるためには、長期的に見て正しい戦略的方向を決めるだけでは足りなかった。雰囲気をどのようにして目に見える形にしていくか、そして、彼が大胆な一歩を踏み出したときに他の幹部や一般民衆もいっせいに楽隊車《バンドワゴン》に跳び乗れるように、タイミングを見極められるようにしておくことが重要だった。

48 「政府工作報告」、中共中央文献研究室編『三中全会以来重要文献匯編』（北京：人民出版社、1982）1979年6月18日、上冊、198-222頁。
49 鄧力群『十二個春秋』166-169頁；中国課「華国鋒総理訪日」。
50 *SWDXP-2*, June 22, 1981, pp. 306-308.
51 鄧力群『十二個春秋』169頁、Ibid., p. 297.
52 *SWDXP-2*, pp. 304-305；鄧力群『十二個春秋』196頁。
53 「胡耀邦在中央政治局会議上的発言」、中共中央文献研究室編『三中全会以来重要文献匯編』1982年11月19日、下冊、735-747頁。
54 毛遠新に近いある人物へのインタビュー、2006年2月。
55 鄧力群『十二個春秋』169-171頁。
56 同上。
57 Richard Baum, *Burying Mao: Chinese Politics in the Age of Deng Xiaoping* (Princeton, N.J.: Princeton University Press, 1994), pp.116-117.

第13章

1 *SWDXP-2*, p. 329.
2 耳鼻咽喉科の専門医、サミュエル・ローゼン（Samuel Rosen）の検査による。情報の出所は2010年11月のデビッド・シャンボー（David Shambaugh）へのインタビューによる。
3 Carol Lee Hamrin,"The Party Leadership System," in Kenneth G. Lieberthal and David M. Lampton, eds., *Bureaucracy, Politics, and Decision Making in Post-Mao China* (Berkeley: University of California Press, 1992), pp. 95-124. 中央委員会、政治局、政治局常務委員会メンバーのリストについては『中国組織別人名簿 China Directory』（東京：ラジオプレス社、1979年～現在）を参照。これらの機構の機能についての全体的な要約は、Kenneth Lieberthal, *Governing China: From Revolution through Reform,* 2nd ed. (New York: W. W. Norton, 2004)を参照。さらに最近の新情勢についてはRichard McGregor, *The Party: The Secret World of China's Communist Rulers* (New York: Harper, 2010)を参照。
4 「系統」（縦方向の機能的ヒエラルキー）の概念については、Ezra F. Vogelも寄与したA. Doak Barnett, *Cadres, Bureaucracy, and Political Power in Communist China* (New York: Columbia University Press, 1967)、ならびにLieberthal, *Governing China*を参照。【また第3章の注38も参照。――香港中国語版編者】
5 Hamrin, "The Party Leadership System," pp. 95-124を参照。
6 鄧小平のブリッジ仲間の1人、呉明瑜へのインタビュー、2006年8月および2007年7月。
7 鄧小平の娘、鄧榕へのインタビュー、2002-2006年。
8 鄧小平の下で仕えた人々へのインタビュー；Ezra F. Vogel,"From Friendship to Comradeship: The Change in Personal Relations in Communist China," *The China Quarterly,* no. 21 (January-March 1965): pp. 46-60.
9 汪文慶、劉一丁「改革開放初期的人事制度改革：訪原国家人事局局長焦善民」『百年潮』2007年第5期、42-47頁。焦善民は当時の国家人事局局長であった。
10 これはレナード・ウッドコック（Leonard Woodcock）の観察である。LWMOTを参照。
11 *SWDXP-3*, p. 97.

に見られる。
17 鄧力群『十二個春秋』160頁。
18 LWMOT, tape 31, pp.16-17.
19 『鄧譜2』1979年10月下旬、574頁。
20 同上、1979年10月12日、566頁、および1979年11月10日、578頁。
21 *SWDXP-2*, pp. 225-226.
22 Ibid., p. 251.
23 Ibid., pp. 241-242.
24 Ibid., p. 242.
25 Ibid., p. 233.
26 Ibid., pp. 253-254.
27 Ibid., pp. 252-257.
28 エドウィン・リム（Edwin Lim、林重庚）へのインタビュー、2009年8月。リムは1980年代初期に世界銀行の中国担当責任者であり、また世界銀行北京事務所設立直後の数年間、その代表を務めた。
29 *SWDXP-2*, pp. 260-261.
30 Ibid., pp. 260-265.
31 Ibid., pp. 280, 281.
32 Ibid., pp. 273-283.
33 『鄧譜2』1980年2月28日、および1980年5月17日。名誉回復のより広い背景については、『国史10』258-267頁を参照。
34 日本での彼の会談記録は、情報公開請求によって開示された日本国外務省の記録、外務省アジア局中国課「華国鋒総理訪日：首脳会談等における発言（項目別）」昭和55年6月2日（開示請求番号：04-01024-2）を参照。
35 この問題の最終的な文書は、『関于建国以来的若干歴史問題的決議』としてまとめられた。"Resolution on Certain Questions in the History of Our Party since the Founding of the People's Republic of China," June 27, 1981, *Beijing Review*, no. 27 (July 6, 1981)、を参照。
36 Oriana Fallaci, "Deng: Cleaning Up Mao's 'Feudal Mistakes,'" *Washington Post*, August 31, 1980; *SWDXP-2*, August 21, 23, 1980, pp. 326-334.
37 *DXPNP-2*, October 25, 1980.
38 *SWDXP-2*, pp. 290-292、および鄧力群『十二個春秋』160-162頁。
39 *SWDXP-2*, p. 295.
40 Ibid., pp. 295-297.
41 多数の党と政府関係者の見解のかなり詳細な要約が、「中直機関討論歴史決議（草案）簡報」（ハーバード大学フン図書館のフェアバンク・コレクションで利用可能な未出版資料）に含まれている。
42 鄧力群『十二個春秋』103-104頁；*SWDXP-2*, pp. 289-290.
43 *Resolution on CPC History (1949-81)* (Beijing: Foreign Languages Press, 1981), pp. 28, 32.
44 鄧力群『十二個春秋』165頁。
45 鄧小平は彼自身の誤りをこうした一般的な形では認めたが、しかし圧力を受けないかぎり、具体的事例を列挙しようとはしなかった。
46 *SWDXP-2*, pp. 342-349.
47 銭其琛「一次極不尋常的談話」、中共中央文献研究室編『回憶鄧小平』（上中下冊）（北京：中央文献出版社、1998）上冊、35-41頁。

96 *Atlanta Constitution* and *Atlanta Journal*, February 1, 2, 1979.
97 LWMOT, tape 22, p. 6.
98 Schell, "*Watch Out for the Foreign Guests*," p. 124.
99 *Houston Post*, February 3, 1979.
100 Oberdorfer, "Teng and Khrushchev."
101 *Associated Press*, Seattle, February 5, 1979.
102 LWMOT, tape 22, p. 14.
103 Carter, *Keeping Faith*, p. 207. 後に出版された、より内容の充実した日記が、Jimmy Carter, *White House Diary* (New York: Farrar, Straus, and Giroux, 2010)である。
104 Carter, *Keeping Faith*, p. 207.
105 Ibid., p. 216.
106 記者としてフルシチョフと鄧小平の両方の訪問に同行したドン・オーバードーファーによる。Oberdorfer, "Teng and Khruschev"; Richard L. Strout, *Christian Science Monitor*, February 5, 1979も参照。
107 Smith, "The Role of Scientists in Normalizing U.S.-China Relations."
108 David M. Lampton, *A Relationship Restored: Trends in U.S.-China Educational Exchanges, 1978-1984* (Washington, D.C.: National Academy Press, 1986), pp. 30-32.
109 Harry Thayer and Arthur Hummel, in Tucker, *China Confidential*, pp. 326-328. これらの問題と中国の人権侵害状況についての懸念は、1979年1月29日の『クリスチャン・サイエンス・モニター』紙（*Christian Science Monitor*）の社説にも見られる。
110 鄧小平の英語通訳の1人で、のちに駐ルクセンブルク中国大使となった施燕華へのインタビュー、2008年2月；鄧小平の訪米にあたって通訳を務めた冀朝鋳へのインタビュー、2006年11月、2009年4月。

第12章

1 『国史10』194-204頁
2 『鄧譜2』1979年7月11日。
3 学者たちの間で黄山登山の政治的重要性に最初に着目したのは、ウォーレン・スン（Warren Sun）であった。
4 *SWDXP-2*, pp. 197-201.
5 たとえば、鄧力群『十二個春秋（1975-1987）：鄧力群自述』（香港：博智出版社、2006）157頁。
6 鄧小平の娘、鄧榕へのインタビュー、2002年から2006年。
7 *SWDXP-2*, First ed., 1984, pp. 196-199.
8 『鄧譜2』9月5日～10月7日、553頁。1979年10月5日の座談会閉幕式における胡耀邦の演説全文は、鄭仲兵編『胡耀邦年譜資料長編』（上下冊）（香港：時代国際出版有限公司、2005）上冊、412-421頁。
9 鄧力群『十二個春秋』150-152頁。
10 LWMOT, tape 29, pp.7-8.
11 Xinhua General Overseas News Service, September 30, 1979, pp. 1-22.
12 Ibid., pp. 6-7.
13 Ibid., p. 2.
14 Ibid., p. 6.
15 鄧力群『十二個春秋』160頁。
16 党の歴史問題に関する報告書作成の問題に関する優れた議論は、『国史10』249-258頁

67 Orville Schell, "*Watch Out for the Foreign Guests!" China Encounters the West* (New York: Pantheon Books, 1980).
68 Carter, *Keeping Faith*, p. 214.
69 Michel Oksenberg, "I Remember Deng," *Far Eastern Economic Review*, March 6, 1977, 35; Brzezinski, *Power and Principle*, pp. 405-406.
70 Brzezinski, *Power and Principle*, p. 406.
71 Carter, *Keeping Faith*, p. 207.
72 Ibid., pp. 209-210.
73 『鄧譜2』1979年1月24日、473-474頁。
74 Letter, Carter to Deng, Brzezinski Collection, China, Pres. Meeting w/ Deng Xiaoping, box 9, Jimmy Carter Library.
75 Carter, *Keeping Faith*, pp. 211-213; Brzezinski, *Power and Principle*, pp. 409-410.
76 Brzezinski, *Power and Principle*, pp. 412-415.
77 Solomon, *U.S.-PRC Political Negotiations, 1967-1984*, p. 76.
78 Carter, *Keeping Faith*, p. 211; Brzezinski, *Power and Principle*, p. 407. 公式晩餐会に出席した22名の下院議員の名簿が、*New York Times*, January 30, 1979に掲載されている。
79 Carter, *Keeping Faith*, p. 213.
80 Ibid., p. 212; *The Washington Post*, Nov. 1, 1979; *New York Times*, January 30, 1979.
81 ニクソンとカーターの間の書簡は、"Staff Office on Chinese Normalization" Collection, box 34A, Jimmy Carter Libraryを参照。
82 LWMOT, tape 21, p. 7.
83 Brzezinski, *Power and Principle*, p. 407; Tyler, *A Great Wall*, p. 275.
84 Memcon, Mondale and Deng in Beijing, 8/28/79, vertical file, China, box41, Jimmy Carter Library.
85 Solomon, *U.S.-PRC Political Negotiations, 1967-1984*, p. 76.
86 Tip O'Neill, *Man of the House: The Life and Political Memoirs of Speaker Tip O'Neill* (New York: Random House, 1987), pp. 306-307.
87 Arthur Hummel and David Reuther in Nancy Bernkopf Tucker, ed., *China Confidential: American Diplomats and Sino-American Relations, 1945-1996* (New York: Columbia University Press, 2001), p. 329; Carter, *Keeping Faith*, p. 213.
88 私もこの歓迎会に参加していた。米中関係全国委員会副主席のジャン・ベリスは親切にも、このときの出来事に関する文書や記憶を私とシェアしてくれた。
89 Don Oberdorfer, "Teng Tired But Satisfied, Leaves U.S.," *The Washington Post*, February 6, 1979, A12.
90 Karen Elliott House, "Teng to Return to China with Assurances of U.S. Economic, Political Cooperation," *Wall Street Journal*, February 5, 1979, 6.
91 鄧小平のアメリカ訪問に同行した中国語のできる国務省スタッフ、ドナルド・アンダーソンによる。Tucker, ed., *China Confidential*, p. 330より。ほかに*New York Post*, January 29, 1979も参照。
92 Fox Butterfield, "Teng Inspects Boeing 747 Factory," *New York Times*, February 6, 1979, Al.
93 Oberdorfer, "Teng and Khrushchev."
94 Richard L. Strout, *Christian Science Monitor,* February 5, 1979.
95 Harry F. Rosenthal, *Associated Press*, Atlanta, February 1, 1979.

39 『親歴与見聞』(北京：世界知識出版社、2007) は黄華の自伝である。英語版は、Huang Hua, *Huang Hua Memoirs* (Beijing: Foreign Languages Press, 2008)。
40 Vance, *Hard Choices*, p. 117.
41 Memcon, USLO Peking, "Transcript of CODEL Wolff Meeting with Teng Hsiao-píng," 7/10/78, vertical file, China, box 40, Jimmy Carter Library.
42 スタプルトン・ロイへのインタビュー、2008年10月。
43 Richard Holbrooke and Michel Oksenberg to Ambassador Woodcock, 9/7/78, vertical file, China, box 40, doc. 24, Jimmy Carter Library.
44 Memcon, "Summary of the President's Meeting with Ambassador Ch'ai Tsemin," 9/19/78, vertical file, China, box 41, Jimmy Carter Library.
45 Memcon, "Summary of Secretary Vance's Meeting with Foreign Minister Huang Hua, 10/3/78, vertical file, China, Jimmy Carter Library.
46 Ross, *Negotiating Cooperation*, pp. 134-136.
47 スタプルトン・ロイへのインタビュー。
48 Robert D. Novak, *The Prince of Darkness: 50 Years Reporting in Washington* (New York: Crown Forum, 2007), pp. 324-332;『足跡』1978年11月27日。
49 Leonard Woodcock to Cyrus Vance and Zbigniew Brzezinski, "Sixth Session: December 4 Meeting with Han Nianlong," Brzezinski Collection, Alpha box 9 cont. [12/78-1/79], docs. 3A, 4A, 5, and 6, Jimmy Carter Library.
50 Ross, *Negotiating Cooperation*, pp. 136-137.
51 Solomon, *U.S.-PRC Political Negotiations, 1967-1984*, p. 71; ibid., pp. 136-137.
52 Leonard Woodcock to Cyrus Vance and Zbigniew Brzezinski, "My Meeting with Teng Xiaoping December 13," vertical file, China, box 40, Jimmy Carter Library.
53 Ibid.
54 LWMOT, tape 19, p. 8.
55 Leonard Woodcock to Cyrus Vance and Zbigniew Brzezinski, "To the White House Immediate," 12/14/78, vertical file, China, box 40, Jimmy Carter Library.
56 Ibid.
57 LWMOT, tape 18, p. 28.
58 Cable, Woodcock to Vance and Brzezinski, "Full Transcript of December 15 Meeting with Teng," 12/15/78, vertical file, China, box 40, Jimmy Carter Library.
59 Ibid.
60 この言及、およびこの会談に関するすべての引用は、Leonard Woodcock to Cyrus Vance and Zbigniew Brzezinski, "Full Transcript of December 15 meeting with Teng," 12/15/78, vertical file, China, box 40, Jimmy Carter Libraryによる。
61 Carter, *Keeping Faith*, p. 205.
62 Telephone Record, Peking to Secretary of State, 1/11/79, vertical file, China, Jimmy Carter Library.
63 Memo, Vance to Carter, 1/26/79, Scope Paper for the Visit of Vice Premier Deng Xiaoping of the People's Republic of China, January 29-February 5, 1979, vertical file, China, Jimmy Carter Library.
64 式典に参加したリチャード・ソロモンの見聞。ソロモンとの個人的意見交換、2010年11月。
65 Don Oberdorfer, "Teng and Khrushchev," *The Washington Post*, Feb. 5, 1979, A1.
66 Chaozhu Ji, *The Man on Mao's Right: From Harvard Yard to Tiananmen Square, My Life inside China's Foreign Ministry* (New York: Random House, 2008).

くかどうかにかかっていると黄華に話し、デリケートな言い回しでアメリカが台湾への兵器売却の権利を引き続き留保することを伝えた。しかしアメリカが台湾に対して兵器売却の継続を計画しているということに、中国側は12月に驚きを表明している。会談記録、およびTyler, *A Great Wall,* pp. 254-255を参照。

22 Carter, *Keeping Faith*, p. 200.

23 Brzezinski, *Power and Principle*, pp. 213-214.

24 『足跡』1978年5月21日。

25 Oksenberg to Brzezinski, "The Road to Normalization."

26 Memcon, Meeting of Zbigniew Brzezinski and Vice Premier Teng Hsiao P'ing, 5/25/78.

27 Brzezinski, *Power and Principle*, p. 215.

28 『足跡』1978年5月22日。

29 同上、2005年8月6日。

30 Solomon, *U.S.-PRC Political Negotiations, 1967-1984*, pp. 65-69.

31 *SWDXP-2*, pp. 101-107.

32 『鄧譜2』1978年7月10日、339-340頁。

33 Kathlin Smith, "The Role of Scientists in Normalizing U.S.-China Relations: 1965-1979," in Allison L. C. de Cerreno and Alexander Keynan, eds., "The Role of Scientists in Mitigating International Discord," *Annals of the New York Academy of Sciences,* 866 (December 1998): 120; 訪問のアレンジを担当したアメリカ全国科学協会のスタッフ、アン・キートリー・ソロモン（Anne Keatley Solomon）へのインタビュー、2005年12月；Richard C. Atkinson（プレスの代表団のメンバー）, "Recollection of Events Leading to the First Exchange of Students, Scholars, and Scientists between the United States and the People's Republic of China," at http://www.rca.ucsd.edu/speeches/Recollections_China_student_exchange.pdf, 2011年3月22日アクセス。私は何年か対中学術交流委員会（CSCPRC）のメンバーを務め、1973年5月には初めての科学者代表団の一員として中国を訪問した。中国の科学者は文化大革命の間中は冷遇されていたが、希望は忘れていなかった。ただし米中の関係が花開くようになったのは1978年になってからである。学者に学問をさせるため、鄧小平は彼らをアメリカに派遣するよう命じた。これを受けて1978年10月中旬に、北京大学の事実上の学長だった周培源が中国の学者代表団を率いて訪米した。ただし文化大革命中の教育環境のまずさから、初年度の参加者は700名にも満たず、また訪米した人々も英語力の準備ができていなかった。アメリカ政府は、ソ連との交流と同様、政府プログラムを通して米中間の交流を管理することを計画していた。ただしシカゴ大学で博士学位を取得した周培源は、ワシントンDCに赴く前にアメリカ西海岸の学者たちと個人的に連絡をとり、正式な政府間関係の必要ない個人的なアレンジで多くの学者との交流を実現した。（アン・キートリー・ソロモンへのインタビュー、2005年12月）; Atkinson, "Recollection of Events"；また、Memo, Frank Press to the President, 10/16/78, Staff Offices Collection: Science and Technology Adviser, Jimmy Carter Library.

34 ジミー・カーターへのインタビュー、2009年4月。

35 LWMOT, tape 15, p. 25.

36 Ross, *Negotiating Cooperation*, p. 159.

37 Vance to Woodcock, 6/28/78, Brzezinski Collection, box 9, doc. 4, China, Alpha Channel [2/72-11/78], Jimmy Carter Library.

38 Woodcock to the White House, 7/25/78, Brzezinski Collection, box 9, doc. 4, China, Alpha Channel [2/72-11/78], Jimmy Carter Library.

ン)、章含之、施燕華とも話をした。さらに加えて、カーター政権中国政策オーラル・ヒストリー・プロジェクト(LWMOT)の成果も活用した。このプロジェクトは、退任後のオクセンバーグとレナード・ウッドコックが、米中国交正常化の歴史的過程を当事者の視角から記録するため、1981年の秋から1982年の夏にかけて39回にわたって口述を行ったものである。これらの録音は現在、ほぼウェイン州立大学図書館に所蔵されているが、一部がウッドコック個人のものとなっている。親切にも利用を許可してくださった彼の未亡人、シャロン・ウッドコックに感謝する。

3 Memcon, Meeting of Teng Xiao-ping and Secretary Vance, 8/24/77, vertical file, China, Jimmy Carter Library; Vance, *Hard Choices,* p. 82.

4 Solomon, *Chinese Negotiating Behavior.*

5 『足跡』1977年8月24日。

6 『鄧譜2』1977年8月24日、188-189頁から引用。

7 Vance, *Hard Choices*, p. 82; Solomon, *U.S.-PRC Political Negotiation, 1967-1984,* p. 62.

8 『足跡』1977年8月24日。

9 Vance, *Hard Choices,* pp. 82-83; Ross, *Negotiating Cooperation,* pp. 110-111.

10 『鄧譜2』1977年8月24日、188-189頁。

11 Robert S. Ross, *The Indochina Tangle: China's Vietnam Policy, 1975-1979* (New York: Columbia University Press, 1988);『人民日報』1975年11月26日。

12 Memcon, Meeting of Teng Xiao-ping and Secretary Vance, 8/24/77, vertical file, China, Jimmy Carter Library;『足跡』1977年9月17日。

13 Tyler, *A Great Wall*, pp. 249-250.

14 Cable, Brzezinski to Ambassador Woodcock, 11/18/77, Brzezinski Collection, Geo file, "Brzezinski's Trip [11/19/77-5/14/78]," box 9, Jimmy Carter Library.

15 ジミー・カーターへのインタビュー、2009年4月。さらに、スタプルトン・ロイおよびウッドコック未亡人シャロン・ウッドコックとの数多くの意見交換に依拠。これらの出来事に関しては、Ross, *Negotiating Cooperation,* pp. 126-132が参考になる。ブレジンスキーとバンスのライバル関係については、Tyler, *A Great Wall*, pp. 237-239を参照。

16 Memo, Michel Oksenberg to Zbigniew Brzezinski, "Impressions on our China Policy to Date," 8/23/78, Jimmy Carter Library, ハーバード大学フン図書館フェアバンク・コレクションにも所蔵あり; Michel Oksenberg, "A Decade of Sino-American Relations," *Foreign Affairs,* 61, no. 11 (Fall 1982): 184.

17 連邦議会の指導者へのブリーフィングを担当していたスタプルトン・ロイへのインタビュー、2008年10月。

18 Memcon, Meeting of Zbigniew Brzezinski and Vice Premier Teng Hsiao P'ing, 5/25/78, vertical file, China, Jimmy Carter Library.

19 Memo, Cyrus Vance to the President on "Next Moves on China" Woodcock's Approach, 6/13/78, NSA Staff Material, Far East-Armacost, "Armacost Chron. File [6/14-6/30/78]," box 7, Jimmy Carter Library.

20 アメリカ側は厳重な機密措置をとったが、リチャード・ホルブルック、ハリー・セーヤー、ロジャー・サリバン、ジャイムズ・リリー、チャールズ・ニューホーザー、デビッド・シャンボーなど、ワシントンの少数の政府当局者は一部の討論に参加していた。

21 Memcon, Dr. Brzezinski's meeting with Foreign Minister Huang Hua, May 21, 1978, 9:52 a.m. to l:20 p.m., vertical file, China, Jimmy Carter Library; Solomon, *U.S.-PRC Political Negotiations, 1967-1984*, p. 64; Brzezinski, *Power and Principle*, p. 212. ブレジンスキー本人の記述によれば彼は、極東の平和はアメリカの信頼性が続

37 鄧力群『十二個春秋（1975-1987）：鄧力群自述』（香港：博智出版社、2006）190-195頁；鄧力群「訪日帰来的思索」『経済管理』1979年第3期、7-14頁。
38 外務省アジア局中国課「第一回日中閣僚会議」昭和55年12月（開示請求番号：04-01031-1)。第二回閣僚会議は1981年12月14～17日に開催された。
39 Lanqing Li, *Breaking Through: The Birth of China's Opening-Up Policy* (New York : Oxford University Press, 2009), pp. 318-324.

第11章

1 Memcon, Carter with Huang Zhen, 2/8/77, vertical file, China, box 40, Jimmy Carter Library, Atlanta; Memo, Michel Oksenberg to Zbigniew Brzezinski, no. 17, "The Road to Normalization"（交渉妥結から間もなくして書かれた、9頁にわたる交渉概要）, vertical file, China, Jimmy Carter Library, ハーバード大学フン図書館フェアバンク・コレクションにも所蔵あり。
2 Memcon, Secretary Vance's meeting with Huang Hua, 8/24/77, vertical file, China, Jimmy Carter Library. 国交正常化交渉にいたる背景、および交渉そのものに関するさまざまな叙述は、以下を参照せよ。Cyrus Vance, *Hard Choices: Critical Years in America's Foreign Policy* (New York: Simon and Schuster, 1983), pp. 75-83; Jimmy Carter, *Keeping Faith: Memoirs of a President* (Fayetteville: University of Arkansas Press, 1995), pp. 190-197; Zbigniew Brzezinski, *Power and Principle*: *Memoirs of the National Security Advisor, 1977-1981* (New York: Farrar, Straus, Giroux, 1983); Robert S. Ross, *Negotiating Cooperation: The United States and China, 1969-1989* (Stanford, Calif.: Stanford University Press, 1995); Patrick C. Tyler, *A Great Wall: Six Presidents and China: An Investigative History* (New York: PublicAffairs, 1999); Jimmy Carter, Zbigniew Brzezinski, and Richard N. Gardner, "Being There," *Foreign Affairs,* 78, no. 6 (November-December 1999): 164-167; Brent Scowcroft and Patrick Tyler, "Safe Keeping," *Foreign Affairs,* 79, no. 1 (January-February 2000): 192-194; James Mann, *About Face: A History of America's Curious Relationship with China from Nixon to Clinton* (New York: Alfred Knopf, 1999); Richard H. Solomon, *U.S.-PRC Political Negotiations, 1967-1984*: *An Annotated Chronology* (Santa Monica, Calif.: Rand, 1985)（ここに掲載されたのはもともと機密資料で、後に公開されたものである); Richard H. Solomon, *Chinese Negotiating Behavior: Pursuing Interests through "Old Friends"* (Washington, D.C.: United States Institute of Peace Press, 1999); Nicholas Platt, *China Boys: How U.S. Relations with the PRC Began and Grew* (Washington, D.C.: New Academia, 2009); Jeffrey T. Richelson, project director, *China and the Untied States: From Hostility to Engagement, 1960-1998* (Alexandria, Va.: Chadwyck-Healey, 1999). 台湾問題に関する説明は以下を参照。Nancy Bernkopf Tucker, *Strait Talk: United States-Taiwan Relations and the Crisis with China* (Cambridge: Harvard University Press, 2009); Alan D. Romberg, *Rein in at the Brink of the Precipice: American Policy toward Taiwan and U.S.-PRC Relations* (Washington, D.C.: Henry L. Stimson Center, 2003). 本章の執筆にあたって、私は以下の人々を含む元政府当局者から話を聞いた。カーター大統領、ウォルター・モンデール、スビグネフ・ブレジンスキー、スタプルトン・ロイ (Stapleton Roy)、チャス・フリーマン (Chas Freeman)、リチャード・ソロモン (Richard Solomon)、ウィンストン・ロード (Winston Lord)、マイケル・オクセンバーグ (Michel Oksenberg)、およびニコラス・プラット (Nicholas Platt)。私はまた、中国外交部長の黄華や、中国側通訳を務めた冀朝鋳、唐聞生（ナンシー・タ

参照。

7 Kazuhiko Togo, *Japan's Foreign Policy 1945-2003: The Quest for a Proactive Policy,* 2nd ed. (Leiden: Brill, 2005), pp. 134-135; 裴華編『中日外交風雲中的鄧小平』80頁を参照。

8 Chae-Jin Lee, *China and Japan: New Economic Diplomacy* (Stanford, Calif.: Hoover Institution Press, 1984), pp. 26-27.

9 Togo, *Japan's Foreign Policy*, pp. 134-135.

10 George R. Packard, *Edwin O. Reischauer and the American Discovery of Japan* (New York: Columbia University Press, 2010).

11 鄧小平の天皇との会見に焦点を当てた永野信利『天皇と鄧小平の握手：実録・日中交渉秘史』(東京：行政問題経済所出版局、1983) は、きわめて詳細に会見の様子を記録している。

12 鄧小平の訪日に関する権威ある中国の文献は、裴華編『中日外交風雲中的鄧小平』115-209頁である。

13 同上、120頁。

14 同上、121-122頁。

15 同上、122頁。

16 同上、125頁。

17 Huang, *Huang Hua Memoirs*, pp. 333-334; 同上、137-140頁.

18 Huang, *Huang Hua Memoirs,* pp. 334-335.

19 裴華編『中日外交風雲中的鄧小平』126頁。

20 同上、147-148頁。

21 同上、182頁。

22 同上、151頁。

23 同上、150-153頁。

24 同上、154-155頁。

25 同上、150-155頁。

26 同上、156-159頁。

27 同上、202頁。

28 同上、165-174頁。

29 同上、165-172頁。

30 同上、165-174頁。

31 松下幸之助へのインタビュー、1979年6月。

32 松下幸之助『松下幸之助は語る：情熱がなければ人は動かん』(東京：講談社、1985) 137頁；裴華編『中日外交風雲中的鄧小平』194-197頁。

33 千速晃（当時の新日鉄会長および経団連中国委員会委員長）および華井満へのインタビュー、2004年10月。華井は終戦時満州に住んでおり、当時13歳であった彼は家を出て、吉林省の北部で人民解放軍に加わった。彼は1949年以後も解放軍に止まり、その後北京の人民大学で学んだ。1957年に日本へ帰国し、1962年より八幡製鉄のために通訳として働くようになり、八幡が富士と合併して新日鉄となった後も引続きその役割を果たしている。

34 同上。

35 華井満・千速晃・杉本孝へのインタビュー、2004年10月。1980年代、杉本は中国の宝山プロジェクトにおける新日鉄の中国語通訳であり、交渉役でもあった。また、裴華編『中日外交風雲中的鄧小平』174-178頁を参照。

36 裴華編『中日外交風雲中的鄧小平』164頁。

48 Chanda, *Brother Enemy*, p. 325.
49 Xinhua News Service, November 9, 1978.
50 『足跡』1978年11月5日〜9日；Xinhua News Service, November 9, 1978; Chanda, *Brother Enemy*, pp. 325-326; Lee, *From Third World to First*, p. 662.
51 Heaton, "China and Southeast Asian Communist Movements," p. 785.
52 Xinhua News Service, November 9, 1978.
53 Lucian W. Pye, *Guerrilla Communism in Malaya: Its Social and Political Meaning* (Princeton, N.J.: Princeton University Press, 1956).
54 Heaton, "China and Southeast Asian Communist Movements," pp. 786-790.
55 *Facts on File World News Digest*, November 24, 1978.
56 Xinhua News Service, November 10, 11, 1978.
57 Ibid., November 12, 1978.
58 Chanda, *Brother Enemy*, p. 325.
59 Stephen Leong, "Malaysia and the People's Republic of China in the 1980s: Political Vigilance and Economic Pragmatism," *Asian Survey,* 27, no. 10 (October 1987): 1109-1126.
60 Xinhua News Service, November 12, 1978.
61 Lee, *From Third World to First*, pp. 662-665. また、2004年11月のシンガポール当局者との意見交換にも依拠。
62 Lee, *From Third World to First*, pp. 660-662. また、2004年11月のシンガポール当局者との意見交換にも依拠。
63 シンガポール当局者との意見交換、2004年11月。
64 Lee, *From Third World to First,* p.667.
65 Ibid., p. 668.
66 Ibid.
67 鄧小平との会談に出席したシンガポール当局者との意見交換、2004年11月。
68 Lee, *From Third World to First*, pp. 668-669.
69 Ross, *The Indochina Tangle*, p. 154.

第10章

1 「反覇権」という表現を中国人はよく使うが、最初はヘンリー・キッシンジャーが周恩来に伝えた表現である。Henry Kissinger "The China Connection," *Time*, October 1, 1979 を参照。
2 裴華編『中日外交風雲中的鄧小平』(北京：中央文献出版社、2002) 50-54頁。
3 同上、47-50頁。
4 園田の回想については、園田直『世界・日本・愛』(東京：第三政経研究会、1981) 174-185頁を参照。
5 日中関係の交渉経緯に関する黄華の説明については、Hua Huang, *Huang Hua Memoirs* (Beijing: Foreign Languages Press, 2008), pp. 308-342を参照。
6 北京訪問の帰途、1978年5月に東京へ立ち寄ったブレジンスキーは、アメリカが「条約の迅速な締結」を望んでいることを強く日本に印象づけた。彼は日本がその後ほどなく条約に同意したと報告している。Zbigniew Brzezinski, *Power and Principle: Memoirs of the National Security Advisor, 1977-1981,* rev. ed. (New York: Farrar, Straus, Giroux, 1985), p. 218を参照。日本側は3月には条約締結へ動くことを決めていたが、問題は7月まで解決されなかった。福田が5月2日、3日にワシントンでバンスとカーターに会った時にも、彼らはこれらの問題を協議している。裴華『中日外交』65-66頁を

China's Territorial Disputes (Princeton, N.J.: Princeton University Press, 2008), pp. 276-287.

14 Chanda, *Brother Enemy*, pp. 13-18; Ross, *The Indochina Tangle*, pp. 64-65.

15 『足跡』1975年9月22日〜25日。

16 同上、1975年9月25日。

17 Ross, *The Indochina Tangle*, pp. 67-68.

18 Chanda, *Brother Enemy*, pp. 134-135; Kenny, "Vietnamese Perceptions of the 1979 War with China," pp. 26-28, 222-223; Ross, *The Indochina Tangle*, p. 67.

19 Chanda, *Brother Enemy*, p. 28.

20 Ross, *The Indochina Tangle*, p. 75.

21 たとえば、1976年5月の華国鋒との7時間におよぶ会談について、リー・クアンユー本人の叙述を参照せよ。Lee, *From Third World to First,* pp. 642-650.

22 Chanda, *Brother Enemy*, pp. 27-28.

23 Ross, *The Indochina Tangle*, p. 68.

24 Ibid., p. 127; Chanda, *Brother Enemy*, pp. 88-89.

25 Ross, *The Indochina Tangle*, pp. 128-129.

26 Chanda, *Brother Enemy*, pp. 187-188, 240-245.

27 Ross, *The Indochina Tangle*, pp. 130-131.

28 Chanda, *Brother Enemy*, p. 189.

29 Lee, *From Third World to First*, p. 661.

30 範宏偉「周恩来与緬甸華僑」『当代中国史研究』2008年第1期、31-37頁。

31 以下を参照。Wayne Bert, "Chinese Policy toward Burma and Indonesia: A Post-Mao Perspective," *Asian Survey,* 25, no. 9 (Sept. 1985): 963-980; Bertil Lintner, "Burma and Its Neighbors," in Surgit Mansingh, ed., *Indian and Chinese Foreign Policies in Comparative Perspective* (New Delhi: Radiant Publishers, 1998); 田曽佩『改革開放以来的中国外交』（北京：世界知識出版社、2005）70-72頁；『足跡』1978年1月26日〜31日; William R. Heaton, "China and Southeast Asian Communist Movements: The Decline of Dual Track Diplomacy," *Asian Survey,* 22, no. 8 (Aug. 1982): 779-800.

32 Xinhua News Service, February 4, 6, 1978.

33 Ibid., February 6, 1978.

34 『鄧譜2』1975年4月18日〜26日、36-37頁。

35 Don Oberdorfer, *The Two Koreas* (New York: Basic Books, 1997), p. 96.

36 Dae-Sook Suh, *Kim Il Sung: The North Korean Leader* (New York: Columbia University Press, 1988), pp. 262, 391, n26.

37 『足跡』1977年8月7日。

38 同上、1978年9月8日〜13日；『鄧譜2』1978年9月8日〜13日、370-373頁。

39 『鄧譜2』1978年9月12日、372-373頁。

40 潘敬国『共和国外交風雲中的鄧小平』（哈爾濱：黒龍江出版社、2004）379頁。

41 Chanda, *Brother Enemy*, p. 318; Ross, *The Indochina Tangle*, p. 208.

42 Ross, *The Indochina Tangle*, pp. 207-208.

43 Ibid., p. 208.

44 『足跡』1978年10月3日。

45 同上、1978年3月29日〜4月1日。

46 Xinhua News Service, March 30, 1978.

47 *Facts on File World News Digest*, July 21, 1978.

39 『鄧譜2』1979年3月27日、498-500頁。
40 *SWDXP-2*, p. 177.
41 *SWDXP-2*, pp. 179-181.
42 鄧力群『十二個春秋』136-139頁。（葉剣英は鄧小平の演説に感心しなかった。これについては137頁を参照。）
43 「胡耀邦同志在党的理論工作務虚会上的結束語」1979年4月3日（盛平『胡耀邦思想年譜（1975-1989）』345-347頁より引用）。
44 鄧力群『十二個春秋』138-139頁。
45 Goldman, "Hu Yaobang's Intellectual Network," pp. 236-237.
46 『国史10』165-247頁。
47 鄧力群『十二個春秋』135-137頁。
48 同上、155-156頁。
49 Goldman, *Sowing the Seeds of Democracy in China*；およびMerle Goldman, *From Comrade to Citizen: The Struggle for Political Rights in China* (Cambridge: Harvard University Press, 2005)を見よ。

第9章

1 鄧小平が正式に対外関係の統括担当となったのは1978年3月10日からであったが、彼は復活するとすぐにサイラス・バンス（Cyrus Vance）との会談を主催して対米関係の処理にあたり始めた。対米関係は中国にとって最も重要な対外政策問題であった。
2 Huang Hua, *Huang Hua Memoirs* (Beijing: Foreign Languages Press, 2008).
3 George Bush and Brent Scowcroft, *A World Transformed* (New York: Knopf, 1998), p. 93.
4 Huang, *Huang Hua Memoirs*, p. 289.
5 Nayan Chanda, *Brother Enemy: The War after the War* (San Diego: Harcourt Brace Jovanovich, 1986), p. 259.
6 Robert S. Ross, *Indochina Tangle: China's Vietnam Policy, 1975-1979* (New York: Columbia University Press, 1988), p. 67; Jian Chen, "China and the First Indo-China War, 1950-54," *The China Quarterly,* no. 133 (March 1993): 85-110.
7 Henry J. Kenny, "Vietnamese Perceptions of the 1979 War with China," in Mark A. Ryan, David M. Finklestein, and Michael A. McDevitt, eds., *Chinese Warfighting: The PLA Experience since 1949* (Armonk, N.Y.: M. E. Sharpe, 2003), p. 218.
8 『足跡』1965年4月18日、19日、22日、23日。
9 Kuan Yew Lee, *From Third World to First: The Singapore Story, 1965-2000* (New York: HarperCollins, 2000), p. 661. 援助計画全体については、軍事科学院軍事歴史研究所『中華人民共和国軍事史要』（北京：軍事科学出版社、2005）549-570頁を参照。アメリカの文献はベトナム戦争中に中国が派遣していた兵力を相当、過小評価していた。たとえばある推定では兵力5万人とされていた。Kenny, "Vietnamese Perceptions of the 1979 War with China," p. 217; Donald S. Zagoria and Sheldon W. Simon, "Soviet Policy in Southeast Asia," in Zagoria, ed., *Soviet Policy in East Asia* (New Haven, Conn.: Yale University Press, 1982), pp. 153-173を参照。
10 Jian Chen, *Mao's China and the Cold War* (Chapel Hill: University of North Carolina Press, 2001), pp. 221-229.
11 William J. Duiker, *Ho Chi Minh* (New York: Hyperion, 2000), pp. 541, 550.
12 Chen, *Mao's China and the Cold War*, pp. 229-237.
13 M. Taylor Fravel, *Strong Borders, Secure Nation: Cooperation and Conflict in*

Intellectual Network and the Theory Conference of 1979," *The China Quarterly*, no. 126 (June 1991): 223.

7 Goldman, "Hu Yaobang's Intellectual Network," pp. 223-225, 237, 243-244.
8 Ibid., pp. 220-221.
9 胡績偉「胡耀邦与中国民主墙」(http://www.shufa.org/bbs/viewthread.php?tid=85030、2010年8月6日アクセス)。
10 于光遠へのインタビュー、2001年1月。
11 Garside, *Coming Alive*, p. 247に再掲。
12 Ibid., p. 255.
13 Ibid., pp. 431-434.
14 于光遠へのインタビュー、2001年1月。
15 Garside, *Coming Alive*, pp. 231-233, 263-284.
16 Ibid., p. 257.
17 Ibid., pp. 257-259.
18 ある西側の学者による観察。日時不詳。
19 Garside, *Coming Alive*, p. 259.
20 朱佳木「胡喬木在十一届三中全会上」、于光遠他『改変中国的41天：中央工作会議、十一期三中全会親歴記』308頁。
21 于光遠へのインタビュー、2001年1月。
22 鄧力群『十二個春秋(1975-1987)：鄧力群自述』(香港：博智出版社、2006) 133頁。
23 瀋宝祥『真理標準問題討論始末』(北京：中国青年出版社、1997) 321-325頁。理論工作会議に関する記述は、盛平編『胡耀邦思想年譜(1975-1989)』(上下冊)(香港：泰徳時代出版社、2007) 上冊、293-315頁、341-347頁；鄭仲兵編『胡耀邦年譜資料長編』(上下冊)(香港：時代国際出版有限会社、2005) 上冊、355-367頁、385-387頁；『国史10』69-82頁；Merle Goldman, *Sowing the Seeds of Democracy in China: Political Reform in the Deng Xiaoping Era* (Cambridge: Harvard University Press, 1994), pp. 47-61；程中原・王玉祥・李正華『1976-1981年的中国』(北京：中央文献出版社、1998) 273-356頁。
24 瀋宝祥『真理標準問題討論始末』328頁。
25 演説の全文は鄭仲兵『胡耀邦年譜資料長編』上冊、355-367頁を参照。
26 Goldman, "Hu Yaobang's Intellectual Network," pp. 229-237; 瀋宝祥『真理標準問題討論始末』323-327頁。
27 瀋宝祥『真理標準問題討論始末』370-371頁。
28 盛平『胡耀邦思想年譜(1975-1989)』上冊、306頁；『国史10』67頁；王若水へのインタビュー、2001年11月。
29 盛平『胡耀邦思想年譜(1975-1989)』上冊、306頁；『国史10』67頁。
30 瀋宝祥『真理標準問題討論始末』342-347頁。
31 同上、321-333頁。彼の演説原稿の当該部分は321-323頁を参照。
32 Goldman, *Sowing the Seeds of Democracy in China*, pp. 50-54.
33 Goldman, "Hu Yaobang's Intellectual Network," pp. 229-235.
34 瀋宝祥『真理標準問題討論始末』367-370頁。
35 『国史10』65-74頁。
36 盛平『胡耀邦思想年譜(1975-1989)』上冊、322-324頁。
37 『鄧譜2』1979年3月16日、493頁。
38 Ming Ruan, *Deng Xiaoping: Chronicle of an Empire* (Boulder, Colo.: Westview, 1994), p. 56.

53 *DXPSTW*, pp. 63-65；于光遠他『1978：我親歴的那次歴史転折』77-79頁を参照。
54 *DXPSTW*, p. 70.
55 Ibid., pp. 71-72.
56 于光遠他『1978：我親歴的那次歴史転折』、85-86頁。
57 同上、90-91頁。
58 『葉譜』1978年11月10日～15日、1155-1156頁；1978年11月12日～13日、1156頁。
59 *DXPSTW*, pp. 72-76.
60 Ibid., pp. 46-51, 74-76, 78-79, 166.
61 于光遠他『1978：我親歴的那次歴史転折』86頁。
62 *DXPSTW*, pp. 80-90, 108；同上、115-125頁を参照。
63 *DXPSTW*, pp. 163-165.
64 『鄧譜2』1978年12月28日。
65 *DXPSTW*, pp. 39-46.
66 呉象「万里談三中全会前后的農村改革」；于光遠他『改変中国命運的41天』286-287頁。
67 梁霊光「一次画時代的中央会議」、于光遠他『改変中国命運的41天』273-274頁。
68 任仲夷「追尋1978年的歴史転軌」、于光遠他『改変中国命運的41天』216頁。
69 *DXPSTW*、127頁。
70 朱学勤「30年来的中国改革、有両個階段」『南方都市報』2007年12月16日。
71 『葉譜』1157頁、1978年11月半ば。
72 同上、1978年11月27日。
73 同上、1978年11月25日。なお*DXPSTW*、76-78頁には鄧の所感が述べられている。
74 *DXPSTW*, p. 78.
75 鄧の演説の準備に関する議論と鄧の所見は、同上129-148頁からの引用。この議論のなかで、私は于光遠へのインタビューも活用した。『憶鄧』。また、韓鋼「一份鄧小平珍貴手稿的発現」、『百年潮』1997年第4期、4-6頁（楊天石編『鄧小平写真』［上海：上海辞書出版社、2005年］186-189頁に再録）；李向前・韓鋼「新発見鄧小平与胡耀邦等三次談話記録」190-200頁。
76 *DXPSTW*, pp. 185-190.
77 Ibid., pp. 129-143.
78 *SWDXP-2*, “Emancipate the Mind, Seek Truth from Facts and Unite as One in Looking to the Future”, pp.151-165.
79 *DXPSTW*, pp. 132-139.
80 Ibid., pp. 168-172；梁霊光「一次画時代的中央会議」175頁。
81 Robert D. Novak, *The Prince of Darkness: 50 Years Reporting in Washington* (New York: Crown Forum, 2007), pp. 324, 326.
82 任仲夷「追尋1978年的歴史転軌」215-216頁。
83 *DXPSTW*, pp. 205-207.

第8章

1 Roger Garside, *Coming Alive: China after Mao* (New York: McGraw-Hill, 1981).
2 Ibid.
3 Ibid., pp. 237, 243-244.
4 Ibid., p. 241.
5 Ibid.
6 Ibid., pp. 196-197; Robert D. Novak, *The Prince of Darkness: 50 Years Reporting in Washington* (New York: Crown Forum,2007); Merle Goldman, “Hu Yaobang's

30 同上、第3巻、252頁。
31 蘇台仁編『鄧小平生平全紀録：一個偉人和他的一個世紀』（上下冊）（北京：中央文献出版社、2004）第２巻、625頁。
32 当時多くの地方にはまだ「革命委員会」が残っていた。つまりそれは、地方政府の幹部に軍の肩書を持つ多くの軍人が含まれており、また文民の中には軍の肩書を与えられた者が含まれていたことを意味している。
33 蘇台仁編『鄧小平生平全紀録』第2巻、623-624頁。
34 王恩茂（当時の吉林省第一書記）「決定中国命運的『工作重点転移』」、于光遠他『改変中国的41天：中央工作会議、十一期三中全会親歴記』（深圳：海天出版社、1998）204-206頁；*SWDXP-2*, pp. 141-144.
35 李徳生「偉大的転折、歴史的必然：回憶十一届三中全会的召開」；于光遠他『改変中国命運的41天』231-235頁。
36 *DXPSTW*, p. 131；于の中国語原書は于光遠『1978：我親歴的那次歴史転折；十一届三中全会的台前幕後』（北京：中央編訳出版社、1998）。李向前・韓鋼「新発見鄧小平与胡耀邦等三次談話記録」190-200頁。
37 *DXPSTW*, p. 131；朱佳木『我所知道的十一届三中全会』（北京：中央文献出版社、1998）46-181頁。
38 『鄧譜2』415頁、10月末；蘇台仁編『鄧小平生平全紀録』第2巻、625頁。
39 李向前・韓鋼「新発見鄧小平与胡耀邦等三次談話記録」129-148頁；*DXPSTW,* pp. 128-148.
40 *DXPSTW*, pp. 167-168.
41 Ibid., pp. 18-22.
42 Ibid., pp. 29-32.
43 この情報は筆者の東南アジア政府高官たちとの会談から得られたものである。鄧小平は東南アジア諸国への訪問の際、これらの高官たちと接触した。
44 朱佳木「胡喬木在十一届三中全会上」、于光遠他『改変中国命運的41天』304頁；*DXPSTW*, p. 21.
45 *SWDXP-2*, pp. 65-72.
46 *DXPSTW*, p. 24.
47 Ibid., pp. 23-28.
48 Ibid., pp. 51-53.
49 于光遠他『改変中国命運的41天』；*DXPSTW,* pp. 39-42.
50 王全国「十一届三中全会与広東的改革開放」、于光遠他『改変中国命運的41天』198-203頁。
51 この情報は葉選基との会話から得られたものである。この間彼は叔父の葉剣英とともに任務についていた。また彼の論文「葉帥在第十一届三中全会前後：読于光遠『1978：我親歴的那次歴史転折』有感」、『南方週末』2008年10月30日D23面（http://www.infzm.com/content/19143/0、2010年3月17日アクセス）、を参照。于光遠は鄧小平の報告原稿の起草者であり、この間の議論について注意深い記録を作成しているが、しかし11月11日の会議については知らなかった。
52 銭江「張聞天冤案是怎様平反的」、『縦横』2001年第2期、4-6頁。鄧小平は早くも6月25日に61人の事件に関する報告を読み、これらの案件は解決すべきであると言ったが、実際には6カ月後の中央工作会議まで未解決のままだった。これら61人が1936年4月に牢獄から釈放してもらうため国民党に協力しすぎたかどうかについて、党の指導部はすでに無罪と断定していた。しかし1967年3月に、林彪と康生と江青が再び彼らを裏切り者と宣告した。

Ch'ing China (Cambridge: Council on East Asian Studies, Harvard University, 1987).
2 『李先念伝』編写組編『李先念伝　1949-1992』(上下冊)(北京：中央文献出版社、2009)下冊、1049頁；Nina P. Halpern, "Learning from Abroad: Chinese Views of the East European Economic Experience, January 1977-June 1981," *Modern China,* 11, no. 1 (January 1985): 77-109.
3 Deng Xiaoping, *South China Elites Weekly,* August 17, 2004. (林重庚［Edwin C. Lim］「序言：中国改革開放過程中的対外思想開放」、呉敬璉編『中国経済50人看三十年：回憶与反思』［北京：中国経済出版社、2008］からの引用)。
4 李向前・韓鋼「新発見鄧小平与胡耀邦等三次談話記録」『百年潮』1999年第3期、4-11頁（楊天石編『鄧小平写真』［上海：上海辞書出版社、2005］192頁に再録)。
5 *DXPSTW*, pp. 55-56.
6 東欧の改革に対する中国の経済学者の見方としては、Jinglian Wu, *Understanding and Interpreting Chinese Economic Reform* (Mason, Ohio: Thomson/South-Western, 2005), pp. 17-30を参照。
7 Xinhua General Overseas News Service, March 9 to April 6, 1978.
8 谷牧「小平同志領導我們抓対外開放」中共中央文献研究室編『回憶鄧小平』(上中下冊)(北京：中央文献出版社、1998）上冊、155-156頁；谷牧「小平領導我們抓開放」『百年潮』1998年第1期、4-11頁（楊天石編『鄧小平写真』［上海：上海辞書出版社、2005年］203-204頁に再録)。
9 張根生「聴谷牧談親歴的幾件大事」『炎黄春秋』2004年第1期、3-5頁。
10 徐瑷「不看不知道：訪原国家軽工部部長楊波」、宋暁明・劉蔚編『追尋1978：中国改革開放紀元放談録』(福州：福建教育出版社、1998）539頁。
11 Xinhua General Overseas News Service, May 2 to June 7, 1978.
12 徐瑷「不看不知道」540頁。
13 『李先念伝』編写組編『李先念伝』下冊、1050-1054頁。
14 谷牧「小平同志領導我們抓対外開放」203-204頁。
15 Xinhua General Overseas News Service, May 2 to June 7, 1978.
16 程中原・王玉祥・李正華『1976-1981年的中国』(北京：中央文献出版社、2008）263-266頁。
17 崔栄慧「改革開放、先行一歩：訪原広東省省委書記王全国」、宋暁明・劉安編『追尋1978：中国改革開放紀元訪談録』558頁。
18 徐瑷「不看不知道」541頁。
19 同上、541頁；崔栄慧「改革開放、先行一歩」558頁。
20 崔栄慧「改革開放、先行一歩」559頁。
21 谷牧「小平同志領導我們抓対外開放」156頁。
22 張根生「聴谷牧談親歴的幾件大事」3頁。
23 程中原・王玉祥・李正華『1976-1981年的中国』70頁；蕭冬連「1979年国民経済調整方針的提出与争論：大転折紀実之一」『党史博覧』2004年第10期、4-10頁。
24 蕭冬連「1979年国民経済調整方針的提出与争論」。
25 谷牧「小平同志領導我們抓対外開放」156-157頁。
26 『鄧譜2』1978年9月20日。
27 蕭冬連「1978-1984年　中国経済体制改革思路的演進：決策与実施」『当代中国史研究』2004年第4期、59-70頁；*DXPSTW*, pp. 53-61.
28 『鄧譜2』1978年9月20日、388頁。
29 陳雲『陳雲文選』(3巻本)、(北京：人民出版社、1995年［第2版］）第3巻、235頁。

54 同上、1977年8月4日、172-173頁；ほかに1977年8月8日における彼の演説を参照せよ。英語版は*SWDXP-2,* pp. 61-72、に掲載。
55 *SWDXP-2*, pp. 82-83.
56 *SWDXP-2*, p. 83.
57 程中原・王玉祥・李正華『1976-1981年的中国』55-56頁；中央文献研究室・湖南省委員会・湖南電視台の制作による大型テレビドラマ『鄧小平十章』（湖南電視台、2004）第3回「破氷」より。
58 *SWDXP-2*, p. 82.
59『鄧小平十章』第3回「破氷」。
60 程中原・王玉祥・李正華『1976-1981年的中国』56-77頁。
61 同上、57頁。
62 これは日本、韓国、台湾そしてその他の東アジア各国の社会的パターンに沿っている。これらの地方では大学統一入学試験が類似の役割を果たした。たとえば以下を参照。Ezra F. Vogel, *Japan's New Middle Class: The Salary Man and His Family in a Tokyo Suburb* (Berkeley: University of California Press, 1963), pp. 40-67; Thomas P. Rohlen, *Japan's High Schools* (Berkeley: University of California Press, 1983); Denise Potrzeba Lett, *In Pursuit of Status: The Making of South Korea's "New" Urban Middle Class* (Cambridge, Mass.: Asia Center, Harvard University, 1998).
63 *SWDXP-2*, p. 64.
64『鄧譜2』1977年9月19日、204頁。
65 鄧小平の考えのほとんどは、科学と教育に関する彼の1977年8月8日の演説に述べられている。*SWDXP-2*, pp. 61-72を参照。
66『前奏』223-230頁。
67 *SWDXP-2*, pp. 101-116.
68『鄧譜2』1977年7月23日、164-165頁。
69 中央党校とその他の党校の概説は、David Shambaugh,"Training China's Political Elite," *The China Quarterly*, no. 196 (December 2008): 827-844を参照。
70 孫長江へのインタビュー、2006年8月。ほかには馬立誠・凌志軍『交鋒：当代中国三次思想解放実録』（北京：今日中国出版社、1998）49-61頁を参照。
71 私は本書（英語版原著）の中で"Practice is the sole criterion for judging truth"という表現を用いているが、原文（「実践是検験真理的唯一標準」）のより直接的な翻訳は"Experience is the sole criterion for testing truth"となる。
72 孫長江へのインタビュー、2006年8月；瀋宝祥『真理標準問題討論始末』; Michael Schoenhals, "The 1978 Truth Criterion Controversy," *The China Quarterly*, no. 126 (June 1991): 243-268.
73 瀋宝祥『真理標準問題討論始末』107-108頁；Party History Research Center, comp., *History of the Chinese Communist Party: A Chronology of Events, 1919-1990* (Beijing: Foreign Languages Press, 1991), May 11, 1978.
74 Schoenhals, "The 1978 Truth Criterion Controversy," pp. 252-260; 瀋宝祥『真理標準問題討論始末』。
75 瀋宝祥『真理標準問題討論始末』122頁。
76 同上、127-129頁；『鄧譜2』1978年7月22日、345-346頁。
77 馬立誠・凌志軍『交鋒』41頁。

第7章

1 Paul A. Cohen, *Between Tradition and Modernity: Wang T'ao and Reform in Late*

中国』45-46頁。
22 『鄧譜2』1977年4月7日、156-157頁。
23 鄧小平は1977年7月21日の第10期三中全会でさらに全面的にこれらの観点を提示した。「完整地准確地理解毛沢東思想」と題する一文を参照せよ、*SWDXP-2*, pp. 55-60.
24 『鄧譜2』1976年4月10日、157頁。
25 同上、1976年4月10日、157頁。
26 たとえば、李徳生「偉大的転折、歴史的必然：回憶十一届三中全会的召開」、于光遠等編『改変中国命運的41天：中央工作会議、十一届三中全会親歴記』(深圳：海天出版社、1988) 230頁を参照。
27 程中原・王玉祥・李正華『1976-1981年的中国』46頁。
28 『鄧譜2』1977年5月24日、159-160頁；*SWDXP*-2, May 24, 1977, pp. 51-52.
29 『中発十五号：鄧小平致華国鋒的両封信（一)』(1977年5月3日、鄧小平が汪東興を介して華国鋒に届けた書簡) 未公刊資料、ハーバード大学フン図書館フェアバンク・コレクション所蔵。
30 『鄧譜2』1977年4月10日、157頁。
31 程中原・王玉祥・李正華『1976-1981年的中国』44-45頁。他には『鄧譜2』1977年3月10日〜20日、156頁を参照。
32 『鄧譜2』1977年5月12日、157-159頁。
33 同上。
34 『鄧軍集』第3巻、53-87頁。
35 『鄧譜2』1977年5月24日、159-161頁；*SWDXP-2*, pp. 53-54.
36 鄧力群『十二個春秋（1975-1987)：鄧力群自述』(香港：博智出版社、2006) 86-96頁。
37 『鄧譜2』1977年7月16日〜21日、162-163頁；程中原・王玉祥・李正華『1976-1981年的中国』47頁。
38 程中原・王玉祥・李正華『1976-1981年的中国』47-48頁；『鄧譜2』1977年7月16日〜21日、162-163頁；*SWDXP-2*, pp. 55-60.
39 程中原・王玉祥・李正華『1976-1981年的中国』47-48頁；『鄧譜2』1977年7月16日〜21日、162-163頁。
40 『鄧譜2』1977年7月30日；現場に居合わせた人の話、日付不詳。
41 瀋宝祥『真理標準問題討論始末』10頁。
42 “Closing Address at the 11th National Congress of the Communist Party of China,” in *The Eleventh National Congress of the Communist Party of China* (Peking: Foreign Languages Press, 1977), pp. 189-195.
43 『鄧譜2』1977年7月23日、164頁。
44 *SWDXP-2,* p. 82.
45 『鄧譜2』1977年10月10日、221-220頁。
46 *SWDXP-2*, p. 61.
47 Ibid., p. 54;『鄧譜2』1977年5月24日、160-161頁。
48 『鄧譜2』1977年7月23日、165頁。
49 吉偉青「教育戦線推翻『四人幇』両個估計前後」『炎黄春秋』2003年第5期、40-42頁。鄧小平が1977年に教育の向上を推進したことについては、夏杏珍「鄧小平与教育戦線的撥乱反正」『当代中国史研究』2004年第4期、50-58頁を参照。
50 *SWDXP-2*, p. 85.
51 『鄧譜2』1977年7月27日、166頁。
52 同上、1977年8月1日、169頁。
53 同上、1977年7月29日、167頁。

76 『鄧譜2』1976年10月7日、10日、152頁。Baum, *Burying Mao*, p. 43、からの引用。
77 同上、1976年12月7日、12日、13日、14日、24日、153-154頁。
78 同上、154頁、1976年12月24日以降のしばらくの間。

第6章

1 U.S. Dept. of State, "Ambassador Gates' Discussion in Peking," DNSA, doc. CH00407, Secret Action Memorandum, April 22, 1976.
2 華国鋒が政権を握っていた2年間についての洞察力に富んだ分析として、程美東「1976-1978年中国社会的演化：兼論華国鋒時期政治環境的変動与十一届三中全会的召開」『学習与探索』2008年第6期、32-41頁を参照。華国鋒が改革を支持していたことを示す資料を提供してくれたウォーレン・スンに感謝している。
3 経済部門など、異なる階層や部門では、個人の権力は依然として大きい。Andrew G. Walder, *Communist Neo-Traditionalism: Work and Authority in Chinese Industry* (Berkeley: University of California, 1986).
4 葉剣英の伝記の執筆者は、「四人組」の逮捕計画で主要な役割を果たしたのは葉だと主張する。一部の党史研究者は葉の役割が大きかったと考えているが、華の役割が大きかったとする研究者もいる。フレデリック・テウィスとウォーレン・スンは、これらの見方を検討したうえで、華の役割の方が大きかったと結論している。彼は責任者の地位にあり、主導権を握っていた。Frederick Teiwes and Warren Sun, *The End of the Maoist Era: Chinese Politics during the Twilight of the Cultural Revolution, 1972-1976* (Armonk, N.Y.: M. E. Sharpe, 2007), pp. 591-594を参照。同様の結論は次の文献にも見られる。高原明生「現代中国史の再検討：華国鋒と鄧小平、そして1978年の画期性について」『東亜』2008年9月、第495期、32-40頁。
5 たとえば、于光遠「我対華国鋒的印象」『領導文萃』2008年第16期、68-70頁を参照。
6 「二つのすべて」の英語訳はさまざまである。作者は（英語版原著においては）*SWDXP-2*の137頁で使われている正式な言い回しを用いている。
7 程中原へのインタビュー、2005年10月。
8 『鄧譜2』1976年10月の「四人組」の逮捕後。
9 Richard Baum, *Burying Mao: Chinese Politics in the Age of Deng Xiaoping* (Princeton, N.J.: Princeton University Press, 1994), p. 43.
10 『葉譜』1976年12月12日。
11 瀋宝祥『真理標準問題討論始末』（北京：中国青年出版社、1997）331-332頁。
12 程中原へのインタビュー、2005年10月。
13 『陳伝』1447-1450頁。
14 Teiwes and Sun, *The End of the Maoist Era*, pp. 238-240.
15 程美東『1976-1978年中国社会的演化』34頁。
16 程中原・王玉祥・李正華『1976-1981年的中国』（北京：中央文献出版社、2008）43頁。
17 同上、44頁。
18 『陳伝』1447-1448頁；『陳譜』1977年3月17日。陳雲は上海代表団に対しても同様の発言を行っている。『陳譜』1977年3月13日を参照。そのほか、程中原・王玉祥・李正華『1976-1981年的中国』44頁；『鄧譜2』1977年3月10日～20日；瀋宝祥『真理標準問題討論始末』4頁。
19 程中原・王玉祥・李正華『1976-1981年的中国』44-45頁；ほかに『鄧譜2』1977年3月10日～20日も参照。
20 『陳譜』1977年3月17日。
21 『鄧譜2』1977年3月10日～20日、156頁；程中原・王玉祥・李正華『1976-1981年的

57 『鄧譜2』1976年9月9日、151頁。
58 Roxane Witke, *Comrade Chiang Ch'ing* (Boston: Little, Brown, 1977), p. 449.「四人組」逮捕の一般的な背景とプロセスについては以下を参照。『国史8』647-716頁；武健華「粉砕『四人幇』策画実施過程」『中華児女』2001年第10、11期、ただし李海文『中共重大歴史事件親歴記（1949-1980）』（上下冊）（成都：四川人民出版社、2006）下冊、248-281頁からの引用；『葉関鍵』；呉徳『呉徳口述』。英語での叙述は次を参照。Yan and Gao, *Turbulent Decade*, pp. 519-528; Teiwes and Sun, *The End of the Maoist Era*, pp. 536-594; Richard Baum, *Burying Mao: Chinese Politics in the Age of Deng Xiaoping* (Princeton, N.J.: Princeton University Press, 1994), pp. 40-45.
59 『葉関鍵』363-364頁。Li, with the editorial assistance of Thurston, *The Private Life of Chairman Mao*, pp. 3-30, 615-625; 紀登奎の息子の紀虎民へのインタビュー、2007年10月。
60 『葉関鍵』367頁。
61 同上、369-370頁。
62 Yan and Gao, *Turbulent Decade*, p. 524; 程中原・王玉祥・李正華『1976-1981年的中国』（北京：中央文献出版社、2008）4-5頁；Teiwes and Sun, *End of the Maoist Era*, pp. 551-594.
63 『葉関鍵』368頁。華国鋒と葉剣英のどちらが最初に行動をとろうと提案したのか、2人のうちどちらがより重要な役割を果たしたのかについて、西側の学者と中国の学者の見解は異なる。華が最高指導者だったとき、中国のメディアは彼の役割を強調していたが、彼が更迭されると同じメディアが葉の役割を強調するようになった。もっとも双方ともに重要な役割を果たしたことは確かである。この問題については、Teiwes and Sun, *The End of The Maoist Era*, pp. 536-594を参照。
64 『葉関鍵』377-380頁。
65 Garside, *Coming Alive*, p. 154とSalisbury, *The New Emperors*, p. 274は、いずれもある未確認情報に触れている。それは毛遠新は本来、逃走を図ったが、東北行きの航空機に乗り組もうとしているときに捕らえられたとするものである。しかし多くの党内資料にアクセスできる範碩は、こうした噂に言及していない。香港の雑誌『明報』と『争鳴』は、江青逮捕の劇的な様子を掲載した記事と一緒にこのニュースを報じている。概要紹介については、Garside, *Coming Alive*, pp. 152-167を参照。党史研究者もこうした噂の信憑性を確認していない。他に、Teiwes and Sun, *The End of the Maoist Era*, p. 580も参照。
66 Teiwes and Sun, *The End of the Maoist Era*, p. 582.
67 Roderich MacFarquhar, *The Politics of China: The Era of Mao and Deng*, 2nd ed. (New York: Cambridge University Press, 1997), p. 312.
68 これら労働者民兵の背景については、Elizabeth T. Perry, *Patrolling the Revolution: Worker Militias, Citizenship, and the Modern Chinese State* (Lanham, Md.: Rowman and Littlefield, 2006)を参照。
69 程中原・王玉祥・李正華『1976-1981年的中国』11-14頁；Teiwes and Sun, *The End of the Maoist Era*, pp. 582-590.
70 Garside, *Coming Alive*, pp. 154-167.
71 『鄧譜2』1976年10月21日、152頁；Garside, *Coming Alive*, pp. 165-166.
72 Teiwes and Sun, *The End of the Maoist Era*, pp 586-587.
73 『鄧譜2』1976年10月26日、152-153頁。
74 同上、1976年10月の「四人組」粉砕後、153頁。
75 *DXPCR*, pp. 440-441.

34 『鄧譜2』1976年3月26日、148頁。
35 呉徳『呉徳口述』204-206頁。
36 Garside, *Coming Alive*, p. 115.
37 鄧小平が家族に天安門広場に行くなと言ったことについては、『鄧譜2』1976年3月下旬～4月初、148-149頁。
38 Zweig, "The Peita Debate on Education and the Fall of Teng Hsiao-p'ing," pp. 154-158; Garside, *Coming Alive*, pp. 125-128.
39 Garside, *Coming Alive*, pp. 125-126.
40 呉徳『呉徳口述』207-211頁。
41 『鄧譜2』1976年4月5日、149頁。
42 呉徳『呉徳口述』210-214頁。ガーサイドによれば、午後6時半にアナウンスが始まり、9時35分には投光照明器が点灯され、紫禁城に集結して命令を待っていた民兵が広場に向かったという。Garside, *Coming Alive*, pp. 128-135を参照。「四人組」が逮捕された後、呉徳は鄧小平を侮蔑したことで何度も自己批判を行ったが、同時に4月5日には毛沢東主席と政治局の決定に従うしか自分には選択の余地がなかったとも弁明している。4月5日にかなりの流血事態が発生したという者もいるが、病院、火葬場などを対象としたこの事件の三つの事後報告書に依拠するかぎり、弾圧による死亡者がいたという証拠はあがっていない。呉徳によると、中国共産党中央党史研究室が編集した『中共党史大事年表』（北京：人民出版社、1987）の記述は混乱している。政治局は4月4日と5日に二つの会議を開催したが、これらが4月4日に開催された一つの会議だったように書かれ、それぞれで出された結論が一緒になってしまっている。またそれらの会議で「四人組」が表明した批判が記録されなかったこともその一因である。呉徳『呉徳口述』218-221頁を参照。
43 章含之へのインタビュー、2006年10月21日。
44 毛遠新の見解に詳しい幹部へのインタビュー、2006年1月。
45 『鄧譜2』1976年4月6日、149頁。
46 『晩年周』308頁。
47 ランクの高い幹部にも鄧小平の行方は知らされていなかった。外国人の間では、鄧は広州に避難し、彼の旧友かつ支持者であり、1974年1月から1980年2月まで広州軍区司令員を務めていた許世友将軍に保護されているという噂が広がっていた。香港の新聞だけではなく、西側の研究者もこのような噂に言及している。Garside, *Coming Alive*, p. 140; Harrison E. Salisbury, *The New Emperors: China in the Era of Mao and Deng* (Boston: Little, Brown, 1992), p. 367を参照。後に鄧の娘は、こうした誤解を否定している。
48 『鄧譜2』1976年4月7日、150頁；呉徳『呉徳口述』216-218頁。
49 Zweig, "The Peita Debate on Education and the Fall of Teng Hsiao-p'ing," p.158.
50 『毛伝』1778頁。
51 毛沢東のかかりつけ医だった李志綏は、毛沢東が華国鋒にこうした言葉をしたためたのは4月30日だったとしている。Zhisui Li, with the editorial assistance of Anne F. Thurston, *The Private Life of Chairman Mao: The Memoirs of Mao's Personal Physician* (New York: Random House, 1994), p. 5、を参照。
52 『鄧譜2』1976年4月7日、8日、150頁。
53 同上、1976年7月6日、9月9日、151頁。
54 同上、1976年月9月9日、151頁。
55 呉徳『呉徳口述』197頁。
56 Teiwes and Sun, *The End of the Maoist Era*, p. 390.

108『前奏』420-422頁。

第5章

1 『鄧譜2』1976年1月8日、141頁。
2 毛沢東の汪東興への評価は、『晩年周』7-8頁、602-604頁を参照。
3 Jiaqi Yan and Gao Gao, *Turbulent Decade: A History of the Cultural Revolution* (Honolulu: University Press of Hawaii, 1996), p. 482.
4 『鄧譜2』1976年1月5日、140-141頁。
5 同上、1976年1月9日、141-142頁。
6 晩年の周恩来と毛沢東の関係については、『晩年周』を参照。
7 呉徳『呉徳口述：十年風雨紀事；我在北京工作的一些経歴』（北京：当代中国出版社、2004）203-204頁。
8 ロジャー・ガーサイド（Roger Garside）は1976年から1979年にかけて北京に滞在したイギリス外交官で、デビッド・ツワイグ（David Zweig）はカナダからの留学生であった。2人とも中国語ができ、その数日はほとんどずっと天安門広場にいた。Roger Garside, *Coming Alive: China after Mao* (New York: McGraw-Hill, 1981)を参照。
9 呉徳『呉徳口述』203頁。
10 黒い腕章をつけるのが禁止されたことについては、同上、204頁を参照。
11 Garside, *Coming Alive*, pp. 10-13.
12 『鄧譜2』1976年1月12日、142-143頁。
13 Chaozhu Ji, *The Man on Mao's Right: From Harvard Yard to Tiananmen Square, My Life inside China's Foreign Ministry* (New York: Random House, 2008), p. 285; 冀朝鋳へのインタビュー、2002年4月。
14 『鄧譜2』1976年1月15日、143-144頁；Ji, *The Man on Mao's Right*, p. 285.
15 Garside, *Coming Alive*, pp. 12-13.
16 『鄧譜2』1976年1月14日、143頁。
17 *DXPCR*, p. 372.
18 『鄧譜2』1976年1月20日。
19 党史研究者へのインタビュー、日付不詳。
20 *DXPCR*, pp. 372, 380-388; Frederick Teiwes and Warren Sun, *The End of the Maoist Era: Chinese Politics during the Twilight of the Cultural Revolution, 1972-1976* (Armonk, N.Y.: M. E. Sharpe, 2007), pp. 414-415.
21 『鄧譜2』1976年1月20日、145頁。
22 同上、1976年1月21日、145-146頁。
23 同上、1976年1月21日、1月～4月、146頁。
24 『人民日報』1976年月1月26日。
25 『鄧譜2』1976年1月21日、146頁。
26 同上、1976年2月2日、147頁。
27 *DXPCR*, pp. 380-388;『鄧譜2』1976年1月15日、21日、2月2日、143-147頁。
28 Teiwes and Sun, *The End of the Maoist Era*, pp. 443-447.
29 『前奏』584頁。
30 『鄧譜2』1976年2月2日、147頁。
31 同上、1976年2月25日～3月初、147-148頁。
32 Garside, *Coming Alive*, pp.18-24.
33 Ibid., pp. 110-115; David S. Zweig, "The Peita Debate on Education and the Fall of Teng Hsiao-p'ing," *The China Quarterly*, no. 73 (March 1978): 154.

1755頁；*DXPCR,* pp. 352-353.

79 *DXPCR,* p. 362;『鄧譜2』はこの訪問を単に11月初とだけ記している。

80 *DXPCR,* p. 352.

81 『鄧譜2』1975年11月1日、2日、1頁；『毛伝』1755頁。

82 『毛伝』1755-1756頁。

83 同上、1756頁。

84 David S. Zweig, "The Peita Debate on Education and the Fall of Teng Hsiao-p'ing," *The China Quarterly*, no.73 (March 1978): 140-159.

85 『鄧譜2』1975年11月16日、17日、31頁。

86 同上、1975年11月20日、131-132頁；*DXPCR*, p. 361.

87 薄一波『若干重大決策与事件的回顧』（上下冊）（北京：中共中央党校出版社、1991）下冊、1249頁。

88 *DXPCR,* p. 366.

89 Patrick Tyler, *A Great Wall: Six Presidents and China; An Investigative History* (New York: PublicAffairs, 1999), p. 226.

90 Henry Kissinger, *Years of Renewal* (New York: Simon and Schuster, 1999), pp. 890-891.

91 『前奏』574頁。

92 *DXPCR,* pp. 364-365;『前奏』575-576頁；『鄧譜2』1975年11月24日、132-134頁；唐聞生（ナンシー・タン）へのインタビュー、2002年4月。

93 『前奏』576-577頁；*DXPCR,* p. 365.

94 『前奏』583-586頁。

95 同上、579-580頁。呉徳『呉徳口述』194-199頁も参照。

96 『前奏』579-582頁。

97 鄧小平の演説の録音テープは現在も中央檔案館に保存されている。この部分の叙述は、このテープ起こし記録から作成された程中原の要約による。『鄧譜2』1976年12月20日参照。【香港中国語版の編者の調査によると、この資料には該当する記載がない。】

98 *DXPCR,* pp. 367-368.

99 『前奏』571-579頁。

100 Memcon of meetings between Deng and Kissinger, DNSA, CH00366, CH00367, CH00369, and CH00373, October 20-22, 1975.

101 Analysis, highlights of Secretary Kissinger's meeting with Mao, DNSA, CH00368, October 22, 1975; Memcon, meeting between Kissinger and Mao, DNSA, CH00372, October 17, 1975; DNSA, CH00398, December 3, 1975.

102 Ibid.

103 Memcon, meeting between Gerald Ford, Henry Kissinger, and Deng Xiaoping, DNSA, CH00398, December 3, 1975.

104 Mao's meeting with Ford, DNSA, CH00395, December 2, 1975; Memcon, meeting between Gerald Ford and Deng Xiaoping, DNSA, CH00396, December 2, 1975; DNSA, CH00398, December 3, 1975; Memcon, meeting between Gerald Ford, Henry Kissinger, and Deng Xiaoping, DNSA, CH00399, December 4, 1975;『鄧譜2』1975年12月1日～5日、134-135頁；Kissinger, *Years of Renewal*, pp. 886-894; Tyler, *A Great Wall*, pp. 215-219.

105 Report by George Bush, DNSA, CH00402, December 9, 1975.

106 DNSA, CH00402, December 9, 1975.

107 『鄧譜2』1976年1月1日、2日、139-140頁。

58 『水滸伝』事件に関する詳しい説明は、Merle Goldman, *Chinese Intellectuals: Advise and Dissent* (Cambridge: Harvard University Press, 1981)を参照。

59 『前奏』507-512頁；『国史8』577-580頁。後者によると、この議論を起こしたのは毛沢東ではなく蘆荻で、彼女は毛の見解を記録した。また議論を公に広めたのも毛ではなく姚文元と江青だった。ただし少なくとも、毛は公の場で議論が行われるのを許し、その政治的な重要性も認識していた。

60 『前奏』512-517頁。

61 『晩年周』565頁。

62 『水滸伝』運動についての詳細な説明は以下を参照。Teiwes and Sun, *The End of the Maoist Era*, pp.363-374; Merle Goldman, "The Media Campaign as a Weapon in Political Struggle: The Dictatorship of the Proletariat and Water Margin Campaign," in Godwin C. Chu and Francis L. K. Hsu, eds., *Moving a Mountain: Cultural Change in China* (Honolulu: University Press of Hawaii, 1979), pp. 191-202; Barbara Barnouin and Changgen Yu, *Ten Years of Turbulence: The Chinese Cultural Revolution* (New York: Kegan Paul International, 1993), pp. 283-285.

63 Wenqian Gao, *Zhou Enlai: The Last Perfect Revolutionary; A Biography* (New York: PublicAffairs, 2007), p. 166.

64 『前奏』512-517頁。

65 毛遠新の見解に詳しい幹部へのインタビュー、2006年1月。

66 この政治闘争にはさまざまな見方がある。以下を参照。『毛伝』1753-1755頁；*DXPCR*, pp. 350-351; Teiwes and Sun, *The End of the Maoist Era*, pp. 388-399; Jiaqi Yan and Gao Gao, *Turbulent Decade: A History of the Cultural Revolution* (Honolulu: University of Hawaii Press, 1996), pp. 471-473; Roderick MacFarquhar and Michael Schoenhals, *Mao's Last Revolution* (Cambridge: Belknap Press of Harvard University Press, 2006), pp. 404-407;『前奏』560-563頁。

67 『国史8』406頁。

68 『毛伝』1754頁。

69 同上。

70 この節の内容は、毛遠新の状況を知りうる立場にいた幹部への2006年1月のインタビュー、および以下の文献に依拠する。『毛伝』1752-1758頁；*DXPCR*, pp. 350-355; Teiwes and Sun, *The End of the Maoist Era*, pp. 374-381, 399-410;『前奏』560-579頁；『国史8』592-598頁；『鄧譜2』1975年11月1日～28日、125-134頁。

71 事情を知りうる立場にいた幹部へのインタビュー、2006年1月。ほかにTeiwes and Sun, *The End of the Maoist Era*, p. 517も見よ。

72 *DXPCR*, p. 361.

73 『鄧譜2』1976年1月1日、2日、139-140頁; Teiwes and Sun, *The End of the Maoist Era*, p. 516.

74 1980年、歴史問題の評価にあたって、陳雲や葉剣英などは、もし毛遠新が単に毛沢東の意見を伝達していただけとする結論を出せば、毛沢東の権威が損なわれると懸念した。そのため毛遠新は、自分が毛沢東に影響をもたらしたと責任を負うことに同意し、見返りによりよい待遇を得た。党内資料に詳しい党史研究者へのインタビュー、2008年12月。

75 「朝陽モデル」の議論は、Teiwes and Sun, *The End of the Maoist Era*, p. 340を見よ。

76 この節の内容は、関連資料の多くにアクセスできる党史研究者への2006年1月のインタビューに基づいている。

77 *DXPCR*, p. 351.

78 毛遠新の状況を知りうる立場にいた幹部への2006年1月のインタビュー；『毛伝』1754-

20 同上、353頁。
21 同上、353-357頁。
22 同上、222-224頁。
23 同上、367頁。
24 同上、364-365頁。
25 同上、366-367頁。
26 同上、374-380頁；『憶鄧』68-70頁。
27 『前奏』371-374頁。
28 同上、381-386頁。
29 同上、390頁。
30 同上。
31 同上、389-392頁。
32 同上、390-392頁。
33 同上、392-394頁；呉徳『呉徳口述：十年風雨紀事；我在北京工作的一些経歴』（北京：当代中国出版社、2004）166-173頁；『憶鄧』94-97頁。
34 『前奏』226-232頁。
35 同上、275頁。
36 同上、282-286頁。
37 同上、274-282、341頁。江青との談話の録音記録。後に毛沢東がこれに少し修正を加え、1975年11月15日に発表した談話に収録された。『建国以来毛沢東文稿』（北京：中央文献出版社、1987-1998）第13冊、447-449頁を見よ。
38 『前奏』343-346頁。
39 同上、291-298頁。295-296頁にこの書簡が収録されている。
40 毛沢東のかかりつけ医だった李志綏は、毛が眼科手術を受けた背景を説明している。Li, with the editorial assistance of Anne F. Thurston, *The Private Life of Chairman Mao: The Memoirs of Mao's Personal Physician* (New York: Random House, 1994), pp. 604-605を見よ。
41 『前奏』296-298頁。
42 同上、329-339頁。
43 同上、273頁。
44 同上、339-341頁。
45 同上、471-473頁。
46 アメリカ国家科学院代表団の科学者たちが出した結論。筆者はその代表団の1人だった。
47 中央文献研究室、湖南省委員会、湖南電視台の制作による大型テレビドラマ『鄧小平十章』（湖南電視台、2004）第3回「破氷」より。
48 『前奏』473-474頁。
49 同上、477-478頁、495頁。
50 同上、478-480頁。
51 同上、480-482頁、488-490頁。
52 同上、490-496頁。
53 この代表団に同行した中国問題の専門家、マーラ・ゴールドマン（Merle Goldman）は、親切にも私に会談記録を見せてくれた。
54 『前奏』498頁；*SWDXP-2*, pp. 45-47.
55 『前奏』581-582頁。
56 同上、499-502頁。
57 同上、499-502頁、506頁。

70 同上、443-465頁；Frederick Teiwes and Warren Sun, *The End of the Maoist Era: Chinese Politics during the Twilight of the Cultural Revolution, 1972-1976* (Armonk, N.Y.: M. E. Sharpe, 2007), pp. 245-251, 274-282; Keith Forster, *Rebellion and Factionalism in a Chinese Province: Zhejiang, 1966-1976* (Armonk, N.Y.: M. E. Sharpe, 1990); 紀登奎の息子、紀虎民へのインタビュー、2007年10月。
71 『前奏』445頁。
72 同上、445-446頁。
73 同上、446頁。
74 程中原が行ったインタビューより、『前奏』454頁。
75 同上、465頁。
76 『鄧譜2』1975年4月18〜26日、36-37頁。
77 同上、1975年4月18日、35頁。
78 同上、1975年4月27日、38-39頁。
79 同上、1975年5月3日、40-41頁。
80 同上、1975年5月27日、6月3日、49-50頁。
81 同上、1975年5月12日〜18日、42-46頁；『足跡』1975年5月12〜18日。
82 『チャイナ・デイリー』(*China Daily*) 紙によるジャック・シラクへのインタビュー、2004年8月23日。

第4章

1 『前奏』202-203頁；『憶鄧』5頁。
2 *SWDXP-2,* pp. 24-26.
3 『前奏』537-540頁。
4 同上、208頁。
5 この節の政治研究室に関する情報は、その上級メンバーであった于光遠、および政治研究室理論組党組書記であった朱佳木とのインタビューによるものである。ほかに『憶鄧』も参照。胡喬木の生涯については、「鄧小平時代の重要人物」(下巻454〜457頁)を見よ。
6 『前奏』213頁。
7 同上、204-208頁。
8 同上、212-213頁。
9 『鄧譜2』1975年7月13日、18日、8月8日、69頁脚注；『前奏』213-215頁。
10 この一連の会議はそれぞれ1975年6月29日、7月23日、8月26日、9月13日、19日、25日、26日、10月10日、14日、24日、11月10日、15日、1976年1月17日に開催された。
11 『前奏』233-272頁；Frederick Teiwes and Warren Sun, *The End of the Maoist Era: Chinese Politics during the Twilight of the Cultural Revolution, 1972-1976* (Armonk, N.Y.: M. E. Sharpe, 2007), pp. 324-339.
12 『前奏』241-243頁。
13 『鄧譜2』1975年9月20日、102頁。
14 *SWDXP-2*, pp. 41-44.
15 二つの草稿の違いについては、『前奏』265-266頁を参照。
16 同上、252-256頁。
17 同上；『鄧譜2』1975年12月25日、138頁。
18 『前奏』242-243頁。比較的収入の高い地域にはより多くの支出が認められ、多少の譲歩が行われた。239-241頁を参照。
19 同上、353-357頁。

38 中国では各省省委員会書記（省内で最高の党の職位）の呼称がよく変わり、また省によっても異なっていた。通常、1982年以前は各省に数名の党委員会書記がおり、その中の1人が「第一書記」と呼ばれていた。その他の党書記には序列がつけられることもあれば、全員が「副書記」と呼ばれたり「書記処書記」と呼ばれたりすることもあった。最高位の書記以外は、それぞれが政治法律、工業運輸、商業、文化教育など「系統」と呼ばれる特定の分野を管轄した。多くの場合、肩書が変わっても職責に変更はない。中国人の研究者でも正式な肩書を用いていない場合が多い。1982年の中国共産党第12回代表大会が再び集団指導体制の重要性を強調したため、「第一書記」の呼称は多くの省で徐々になくなり、1985年以降は使われなくなった。ただし全体に対して最高責任を負う書記は、必ず1人置かれている。私は本書において、時代に関係なく職位の一番高い書記に言及するときに「第一書記」を用い、ほかの書記を全員「省委員会書記」と呼ぶ。

39 『前奏』62頁。

40 *SWDXP-2*, pp. 14-17.『鄧小平文選』を検討したダン・ゾウ（鄒讜）は、ここに収録された文章はオリジナルのテキストからほとんど変更されていないとしている。Tang Tsou, “Review: The Historic Change in Direction and Continuity with the Past,” *The China Quarterly*, no. 98 (April 1984): 320-347.

41 『前奏』58頁、67-68頁。

42 同上、64頁、68頁。

43 *DXPCR*, pp. 298-299.

44 『前奏』68-69頁。

45 同上、69-70頁。

46 同上、70頁。

47 *DXPCR*, p. 299.

48 『前奏』70-71頁。

49 同上、71頁、77頁。

50 『鄧譜2』1975年3月22日、28-29頁；『前奏』73-74頁。

51 『鄧譜2』1975年4月18日～26日、36-37頁。

52 『前奏』81-84頁。

53 同上、429-445頁、465頁。

54 同上、456頁。

55 同上、76頁、82頁、126頁。

56 同上、113-114頁。

57 同上、125頁。

58 同上、118-120頁。

59 同上、126-133頁。

60 同上、142-153頁。

61 同上、125頁。

62 同上、147-149頁。

63 同上、150-152頁。

64 『鄧譜2』1975年5月21日、47-48頁。

65 同上、1975年5月29日、50-51頁。

66 『前奏』163-166頁。

67 同上、166頁。

68 同上、169頁。

69 同上、169-170頁。

9 『鄧譜2』1975年5月29日、50-51頁。『前奏』45-47頁も参照。
10 張化『鄧小平与1975年的中国』70-74頁。
11 『鄧譜2』1975年1月25日、10-11頁；*SWDXP-2*, pp. 11-13.
12 Jonathan D. Pollack, "Rebuilding China's Great Wall: Chinese Security in the 1980s," in Paul H. B. Godwin, ed., *The Chinese Defense Establishment: Continuity and Change in the 1980s* (Boulder, Colo.: Westview, 1983), pp. 3-20; Paul H. B. Godwin, "Mao Zedong Revised: Deterrence and Defense in the 1980s," in Godwin, ed., *The Chinese Defense Establishment,* pp. 21-40; June Teufel Dreyer, "Deng Xiaoping: The Soldier," *The China Quarterly*, no. 135 (September 1993): 536-550.
13 『鄧譜2』1975年1月25日、10-11頁；『鄧軍集』第3巻、4-6頁、1975年1月19日。
14 『前奏』424-425頁；『鄧譜2』1975年1月12日、4-5頁。
15 『鄧軍集』第3巻、1-3頁。
16 鄧小平「当前軍事工作的几個問題」同上、1-3頁。これは1975年1月14日に鄧小平が総参謀部の職員の報告を聞いた後に書簡で返した意見書である。鄧小平「国防工業和軍隊装備工作的几点意見」同上、20-25頁。こちらは中央軍事委員会常務委員会の報告に対する1975年5月4日の意見書である。鄧小平「要建立厳格的科学管理和科研生産制度」同上、26-27頁。これは科学技術委員会と第七機械工業部（ミサイルの研究開発と製造を担当）の報告を聞いた後、1975年5月19日に中央軍事委員会常務委員会に対して行った演説である。
17 William Burr, ed., *The Kissinger Transcripts: The Top Secret Talks with Beijing and Moscow* (New York: New Press, 1998), p. 308. この会談の背景と内容に関する備忘録は、そのpp. 265-321を参照。
18 『前奏』398頁。
19 たとえば総参謀部のある座談会で、鄧小平は軍隊が戦争の準備を急ぐ必要はないと明確に言及した。『鄧軍集』第3巻、9頁。
20 同上、9-13頁。
21 『前奏』404-405頁；『鄧譜2』1975年1月19日、25日、8-9頁、10-11頁；『鄧軍集』第3巻、6-8頁；*SWDXP-2,* pp. 27-28.
22 『鄧軍集』第3巻、1-3頁。
23 『前奏』407-408頁。
24 同上、415-417頁。
25 同上、416頁。
26 『鄧軍集』第3巻、1975年5月19日、26-27頁。
27 『前奏』408頁、412-415頁。
28 同上、94頁。
29 同上、107-108頁；『鄧譜2』1975年5月19日、46-47頁。
30 当代中国研究所副所長の張星星に対するインタビュー、2006年。
31 Harrison E. Salisbury, *The New Emperors: China in the Era of Mao and Deng* (Boston: Little, Brown, 1992), p. 334.
32 『前奏』55-56頁。
33 Salisbury, *The New Emperors*, pp. 333-334. ソールズベリーは1987年10月7日に万里にインタビューを行っている。
34 王立新『要吃米找万里：安徽農村改革実録』（北京：北京図書館出版社、2000）22頁。
35 『前奏』57-59頁。
36 同上、54-56頁。
37 同上、57-61頁。

90 Teiwes and Sun, *The End of the Maoist Era*, pp. 131-139. 同上、473-474頁、531-533頁。
91 Gao, *Zhou Enlai*. pp. 256-259, 262.
92 『晩年周』531-533頁。
93 同上、506-507頁、527-528頁。
94 *DXPCR,* pp. 264-265.
95 章含之へのインタビュー、2006年12月。彼女は外交部長の喬冠華が最初の妻と死別した後、1973年に喬と結婚した。
96 *DXPCR*, pp. 264-265.
97 Ibid., pp. 266-268.
98 中央党校における姜長斌へのインタビュー、2002年1月。
99 Kissinger, *Years of Renewal*, p. 164.
100 Ibid., pp. 869-886.
101 Ibid., p. 868.
102 Ibid., p. 164.
103 Ibid., pp. 163-164.
104 Ibid., p. 163.
105 その訪問で鄧小平の通訳を務めた施燕華へのインタビュー、2007年12月。
106 喬冠華の妻で、代表団の通訳の1人でもあった章含之へのインタビュー、2006年10月、12月。
107 *DXPCR*, pp. 268-270.
108『足跡』88-117頁。
109 鄧小平とアメリカの大学総長代表団との談話、1974年11月4日。代表団の1人で、個人的な記録を私に見せてくれたマーラ・ゴールドマン（Merle Goldman）に感謝する。
110『前奏』1頁。
111 同上、1-16頁。
112 *DXPCR*, p. 274.
113 Short, *Mao: A Life,* p. 618.
114『晩年周』528-530頁。
115 同上。*DXPCR*, pp. 276-277；『国史8』377-409頁も参照。
116 *DXPCR*, p. 281.
117 Evans, *Deng Xiaoping and the Making of Modern China*, pp. 202-203.
118 *DXPCR*, pp. 275-280.
119『晩年周』501-509頁。

第3章

1 『前奏』25頁；張化『鄧小平与1975年的中国』（北京：中共党史出版社、2004）。
2 『晩年周』。
3 同上。
4 毛沢東と江青との間の書簡にアクセスできる党史研究者へのインタビュー、日付不詳。
5 『前奏』178頁。
6 周恩来「政府工作報告」1975年1月13日、*Documents of the First Session of the Fourth National People's Congress of the People's Republic of China* (Peking: Foreign Languages Press, 1975)。
7 『前奏』44-45頁；唐聞生（ナンシー・タン）へのインタビュー、2002年4月。
8 『鄧譜2』1975年2月1日、14-16頁。

62 章含之へのインタビュー、2006年10月、12月。彼女は1963年に初めて毛沢東と会い、それから彼の英語教師を務め、通訳も行った。そのほか、Gao, *Zhou Enlai*, pp. 237-240も参照。
63 章含之へのインタビュー、2006年10月。
64 この部分の叙述は『晩年周』とその英語の訳本に相当依拠している。高文謙は中央文献研究室で副主任を10年間も務めた。ただし彼の批判者たちは、彼の解釈には史料以上のものがあり、より適切な解釈があり得るのではないかと述べている。たとえば高は、毛沢東が爆竹を鳴らして周恩来の死去を祝ったとするが、新年を祝うときに爆竹を鳴らすのは一般的である。毛が爆竹を鳴らしたのもそのような理由からだった可能性がある。
65 『晩年周』。
66 *DXPCR*, p. 210.
67 『毛伝』1655頁。
68 Barbara Barnouin and Changgen Yu, *Ten Years of Turbulence* (New York: Kegan Paul International, 1993), pp. 248-249.
69 *DXPCR*, pp. 252-254; Richard Evans, *Deng Xiaoping and the Making of Modern China* (New York: Viking, 1994), pp. 196-197.
70 『毛伝』1661頁。
71 Teiwes and Sun, *The End of the Maoist Era*, p. 97.
72 『毛伝』1654頁。この大会についてのより詳細な説明は、ibid., pp. 93-109を参照。
73 『鄧譜1』1976-1977頁。
74 『毛伝』1661頁。
75 Evans, *Deng Xiaoping and the Making of Modern China*, p. 197.
76 Patrick Tyler, *A Great Wall: Six Presidents and China; An Investigative History* (New York: PublicAffairs, 1999), pp. 159-164; William Burr, ed., *The Kissinger Transcripts: The Top Secret Talks with Beijing and Moscow* (New York: New Press,1998), pp. 124-128.
77 Tyler, *A Great Wall*, pp. 168-169. またBurr, *The Kissinger Transcripts*, pp. 166-169も参照。キッシンジャーと毛沢東の会談については、pp. 179-199に記載。
78 DNSA, CH00277, Kissinger and Zhou Enlai, November 11, 1973. このDNSAに記録されている多くの会議の内容は、Burr, *The Kissinger Transcripts*にも収録されている。
79 DNSA, CH00278, November 12, 1973; DNSA, CH00284, November 14, 1973.
80 これらの訪問に関して、キッシンジャー本人は後日、Henry Kissinger, *Years of Renewal* (New York: Simon and Schuster, 1999), pp. 136-166の中で説明を行っている。多くの資料はBurr, *The Kissinger Transcripts*に収録され、解説が付けられている。
81 『晩年周』461頁。
82 同上、502頁。
83 文化大革命の時に迫害された多くの幹部たちは、周恩来など毛沢東と協力し続けた人々を怨んでいた。鄧小平はキッシンジャーに、「周恩来は確かに多くの人の運命を改善したが、しかしそもそも人々に苦痛をもたらしていた政策を覆そうとしたことは一度もなかった」と述べた。Kissinger, *Years of Renewal*, p. 160を参照。
84 『晩年周』472頁；Gao, *Zhou Enlai*, pp. 242-247.
85 『晩年周』505-506頁；Gao, *Zhou Enlai*, p. 247.
86 『鄧譜1』。
87 Salisbury, *The New Emperors*, p. 296.
88 Evans, *Deng Xiaoping and the Making of Modern China,* p. 197.
89 『晩年周』473-474頁。

びに、新しい政治戦略を考え抜こうとした」。Li, with the editorial assistance of Thurston, *The Private Life of Chairman Mao*, p. 543を参照。

30 周恩来の通訳だった冀朝鋳へのインタビュー、2002年4月、2006年11月、2009年4月。
31 *DXPCR*, pp. 191-192.
32 Ibid.
33 『晩年周』363-364頁。
34 *DXPCR*, p.242.
35 『毛伝』1621頁。
36 『晩年周』362頁。
37 同上、356-357頁。
38 同上、359-368頁。
39 Frederick Teiwes and Warren Sun, *The End of the Maoist Era: Chinese Politics during the Twilight of the Cultural Revolution, 1972-1976* (Armonk, N.Y.: M. E. Sharpe, 2007), p. 59.
40 テウィスとスンは、周恩来がニクソン大統領との記念写真を改竄《かいざん》したと記している。周はこの写真でニクソンの手を握っていたが、彼はその隣に映っていた通訳の冀朝鋳を王海容に入れ替えた。王は毛沢東が信頼を置く彼の親戚だったが、優れた通訳ではなかった。Teiwes and Sun, *End of the Maoist Era*, pp. 29-30を参照。
41 『晩年周』356-358頁。
42 John Holdridgeとの私的なやり取り、日付不詳。
43 *DXPCR*, pp. 192-193;『晩年周』364-368頁。
44 毛毛『我的父親鄧小平：文革歳月』222頁。
45 *DXPCR,* pp. 198-200.
46 Ibid., pp. 201-202.
47 「鄧小平同志的信：1972年8月3日」未公開資料。ハーバード大学フン図書館フェアバンク・コレクション所蔵。
48 *DXPCR*, pp. 209-210.
49 『国史8』202頁。
50 『毛伝』1650頁。
51 『国史8』202頁。
52 *DXPCR,* pp. 214-239.
53 舒恵国「紅色大地偉人行」、中共中央文献研究室編『回憶鄧小平』(上中下冊)(北京：中央文献出版社、1998) 下冊、199頁。鄧小平は「私はあと20年働ける(我還可以搞20年)」と述べた。
54 *DXPCR*, pp. 242-243. 江青は後に、自分は当初、鄧小平の復活に反対してはおらず、むしろそれを支持したと話している(Teiwes and Sun,*The End of the Maoist Era*, pp. 180, 202)。しかし共産党史の研究者たちは、江青が鄧小平の復活に抵抗したとする鄧榕の見方を支持している。『毛伝』1650頁を参照。
55 『晩年周』504-505頁; *DXPCR,* pp. 246-247.
56 *DXPCR,* pp. 242-243.
57 『鄧譜1』1973年3月28日～29日、1973頁。
58 同上、1973年3月29日、1973頁。
59 *DXPCR*, pp. 244-246. シアヌークの宴席の様子は、『足跡』を参照。
60 『足跡』71-81頁;『鄧譜1』1974-1990頁。
61 『晩年周』。英語版はかなり省略されている。Wenqian Gao, *Zhou Enlai: The Last Perfect Revolutionary; A Biography* (New York: PublicAffairs, 2007) 参照。

6 陳毅との比較は、鄧小平と陳毅の通訳を担当した冀朝鋳による。冀へのインタビュー、2002年4月、2006年11月、2009年4月。
7 李慎之へのインタビュー、2001年3月、2002年1月。
8 *DXPCR*, pp. 120-132; 巫猛・熊城・李小川「鄧小平在江西新建県的日子」『百年潮』2003年第1期、楊天石編『鄧小平写真』(上海：上海辞書出版社、2005) 55頁からの引用；そのほか、鄧榕へのインタビュー、2002年～2006年。
9 *DXPCR*, p. 179.
10 鄧林へのインタビュー、2007年7月。
11 鄧榕へのインタビュー、2002年～2008年。
12 *DXPCR*, p. 103.
13 Ibid., p. 181.
14 Ibid., pp. 140-145.
15 Ibid., pp. 191-194; 申再望へのインタビュー、2007年12月。申は鄧小平の家族を見舞った李井泉の3人の子供の1人である。
16 鄧林へのインタビュー、2007年7月。
17 毛毛（鄧榕）『我的父親鄧小平：文革歳月』(北京：中央文献出版社、2000) 223頁。
18 Benjamin Yang, *Deng: A Political Biography* (Armonk, N.Y.: M. E. Sharpe, 1998), pp. 215, 267. ベンジャミン・ヤン（楊炳章）は鄧樸方の北京大学の同級生だった。
19 鄧榕へのインタビュー、2002年～2006年。
20 *DXPCR*, p. 244.
21 『国史8』197頁。
22 中共中央文献研究室鄧小平研究組編『鄧小平自述』(北京：解放軍出版社、2005) 125頁。
23 *DXPCR*, p. 192.
24 Philip Short, *Mao: A Life* (New York: Henry Holt, 2000), pp. 588-599.
25 鄧小平がもう手紙を送るなという指示を受けたことについては、*DXPCR*, p. 187を参照。彼がさらに出した手紙については、*DXPCR*, pp.182-184を参照。林彪事件と墜落前後に発生した出来事についての詳細は、Harrison E. Salisbury, *The New Emperors: China in the Era of Mao and Deng* (Boston: Little, Brown, 1992), pp. 275-306を参照。Frederick C. Teiwes and Warren Sun, *The Tragedy of Lin Biao: Riding the Tiger during the Cultural Revolution, 1966-1971* (Honolulu: University of Hawaii Press, 1996)も参考になる。フレデリック・テウィスとウォーレン・スンは、次の点を強調している。林彪はもともと政治に関与したくないという立場であったが、毛沢東が彼を政治の世界に引き込んだ。林彪は毛の政策から逸脱したわけではなく、彼が死ぬ前の1年間の緊張関係は、毛が林彪の勢力を弱めるために積極的な攻勢に出たことで発生した。
26 *DXPCR*, p. 184.
27 毛沢東のかかりつけ医だった李志綏によれば、毛は「林彪事件後、体が劇的に弱っていった。……鬱状態になった。彼は1日中ベッドに横になっており……寝たきりの状態が2カ月近く続いた」という。Zhisui Li, with the editorial assistance of Anne F. Thurston, *The Private Life of Chairman Mao: The Memoirs of Mao's Personal Physician* (New York: Random House, 1994), pp. 542-543. 林彪墜落事件前の1年間に、毛が林彪に疑念をつのらせたことについての分析は、Short, *Mao: A Life*, pp. 588-599を参照。
28 『毛伝』1610頁、1616-1618頁。毛沢東の医療状態については、Li, with the editorial assistance of Thurston, *The Private Life of Chairman Mao*を参照。
29 『晩年周』356-357頁。毛沢東のかかりつけ医によれば、「毛沢東は逆境で床に伏せるた

16 Pantsov and Spuchnik, “Deng Xiaoping in Moscow.”
17 Ibid., p. 12.
18 Ibid., p. 11.
19 Ibid.
20 Deng Rong, *Deng Xiaoping: My Father*.
21 Teng Hsiao Ping [Deng Xiaoping], “Economic Reconstruction in the Taihang Region,” in Stuart Gelder, ed., *The Chinese Communists* (Westport, Conn.: Hyperion Press, 1946), p. 201.
22 太行山脈周辺地域の共産党史研究者へのインタビュー、日付不詳。
23 Jay Taylor, *The Generalissimo*.
24 中共中央文献研究室鄧小平研究組編『鄧小平自述』(北京：解放軍出版社、2005) 1頁。
25 この過程についての詳細は、Ezra F. Vogel. *Canton under Communism* (Cambridge: Harvard University Press, 1969)を参照。
26 『鄧譜1』1065頁。
27 例として、同上、1953年9月16日、1133頁を参照。
28 Vladislav M. Zubok, “Deng Xiaoping and the Sino-Soviet Split, 1956-63,”*Cold War International History Project Bulletin*, no. 10 (1997): 152-162; Jian Chen,“Deng Xiaoping and Mao’s ‘Continuous Revolution’ and the Path toward the Sino-Soviet Split: A Rejoinder,” *Cold War International History Project Bulletin,* no. 10 (1997): 162-182.
29 中国共産党第8回大会における鄧小平のさまざまな役割については、以下を参照。『鄧譜1』1955年8月17日、1249-1250頁；1955年10月14日、1261頁；1956年2月6日、1272頁；1956年8月10日～9月28日、1303-1318頁。大会の文書については、*Eighth National Congress of the Communist Party of China* (Peking: Foreign Languages Press, 1956), pp.1-390.
30 *Khrushchev Remembers: The Last Testament*, trans. and ed. Strobe Talbott (Boston: Little, Brown, 1974), p. 253.
31 Ibid., p. 281.
32 Jasper Becker, *Hungry Ghosts*: *Mao’s Secret Famine* (New York: Free Press, 1996); Frank Dikötter, *Mao’s Great Famine: The History of China’s Most Devastating Catastrophe, 1958-1962* (New York: Walker, 2010); 楊継縄『墓碑：中国六十年代大飢荒紀実』(上下冊)(香港：天地図書有限公司、2008)。
33 鄧榕へのインタビュー、2002年～2006年。
34 Zubok, “Deng Xiaoping and the Sino-Soviet Split, 1956-63,” pp. 152-162; Chen, “Deng Xiaoping and Mao’s ‘Continuous Revolution’ and the Path toward the Sino-Soviet Split,” pp. 162-182.
35 Roderick MacFarquhar and Michael Schoenhals, *Mao’s Last Revolution* (Cambridge: Belknap Press of Harvard University Press, 2006).

第2章

1 *DXPCR*, pp.108, 117.
2 Ibid., pp. 106-115. そのほか、筆者が2008年11月にこの工場を訪れ、そこで働いている人々と話をしたときの記録に依拠。
3 *DXPCR*, pp. 133-147.
4 Ibid., pp. 148-154.
5 Ibid., p. 185.

Chinese Revolution, 1915-1949 (Stanford, Calif.: Stanford University Press, 1971) を参照。毛沢東の生涯については、Philip Short, *Mao: A Life* (New York: Henry Holt and Co., 1999) を参照。毛の著作と演説については、Stuart R. Schram, ed., *Mao's Road to Power: Revolutionary Writings, 1912-1949* (Armonk, N.Y.: M. E. Sharpe, 1992-2005) を参照。これは10巻本の予定だが、これまでに1912年から1941年までの文献を取り扱った7巻までが出版されている。

6 代表団のメンバーだったマーラ・ゴールドマン（Merle Goldman）提供の記録による。

第1章

1 鄧小平が生まれたころ、小さな「牌坊村」は「姚坪里」と呼ばれ、より規模の大きな行政村である「望溪郷」の一部だった。これらの名称は、後にそれぞれ「牌坊村」および「協興鎮」に改名された。『鄧譜1』1904年8月22日、1頁。

2 鄧小平の娘である鄧榕（毛毛）は、*Deng Xiaoping: My Father* (New York: Basic Books, 1995)（本文参照）の中で鄧家の家族背景について記述している。この部分の内容はまた、広安県への2回の現地調査（鄧小平の実家と博物館への訪問、および現地の歴史家へのインタビューを含む）の成果と、2002年から2006年にかけての鄧榕へのインタビューに依拠している。

3 『鄧譜1』1915年、5頁。

4 同上、1919年11月17日〜18日、7頁。

5 Geneviève Barman and Nicole Dulioust, "Les années Françaises de Deng Xiaoping," *Vingtième Siècle: Revue d'histoire,* no. 20 (October-December 1988): 19; 『鄧譜1』1920年10月19日、10頁。鄧榕はフランスにおける父親の留学と労働経験についても記述している。Deng Rong, *Deng Xiaoping: My Father*, pp. 58-79を参照。

6 『鄧譜1』1921年1月12日、11頁。

7 同上、1921年4月2日、12頁。

8 同上、1923年2月17日〜19日、17頁。

9 同上、1923年3月7日、17-18頁。

10 同上、1923年6月11日、18頁；1924年2月1日、19頁。

11 同上、1924年7月13日〜15日、16日、19頁。

12 Marilyn Levine, *The Guomindang in Europe: A Sourcebook of Documents* (Berkeley, Calif.: Institute of East Asian Studies, University of California, 2000), pp. 90-93; Barman and Dulioust, "Les années Françaises de Deng Xiaoping," p. 30; マリリン・レビーン（Marilyn Levine）へのインタビュー、日付不詳。

13 Barman and Dulioust, "Les années Françaises de Deng Xiaoping," p. 34.

14 中国留学生のフランスにおける生活と活動については、以下の文献を参照。Marilyn A. Levine, *The Found Generation*: *Chinese Communists in Europe during the Twenties* (Seattle: University of Washington Press, 1993); Geneviève Barman and Nicole Dulioust,"The Communists in the Work and Study Movement in France," *Republican China,* 13, no. 2 (April 1988): 24-39; Deng Rong, *Deng Xiaoping: My Father*.

15 Alexander V. Pantsov and Daria Alexandrovna Spuchnik, "Deng Xiaoping in Moscow: Lessons from Bolshevism,"（ハーバード大学フン図書館フェアバンク・コレクション所蔵のSteven I. Levine訳の論文から引用）. パンツォフとスプートニクには、ソ連に留学した中国留学生についてのすべてのソ連共産党資料にアクセスする権限が与えられた。そのほか、アレクサンドル・パンツォフへのインタビュー（日付不詳）も参考にした。

まえがき

1 *SWDXP-3*, p. 307.

序章

1 鄧小平（Deng Xiaoping）について記した著作の中には、ウェード式のTeng Hsiao-p'ingという綴りを用いているものもあるが、本書（英語版原著）の中では現在の標準的ピンイン表記に基づいてDeng Xiaopingと記述する。彼は1931年から1997年に逝去するまでずっとこの名前を使った。父親が彼につけた名前は「鄧先聖」であったが、のちに私塾の教員の助言で「鄧希賢」に改名し、鄧は学生時代からフランス滞在中にかけてこの名前を使った。彼はソ連では「クレゾフ（Krezov）」として知られていたが、モスクワの中山大学では「イバン・セルゲーエビチ・ドゾロフ（Ivan Sergeevich Dozorov）」という名前を使っていた。彼が「鄧小平」という名前を使い始めたのは、1927年に中国に帰国した後である。鄧は背が低く（小）、髪を角刈りに（平）していたため、この名前がよく似合うと考える人もいた。鄧は1927年から1931年に地下活動に従事していた間、数多くの偽名を用いていた。

2 マクレホースに同行したイギリスの外交官へのインタビュー、2001年3月。

3 鄧小平という名前に関連づけられている多くの言い回しと同じく、この表現は彼が最初に始めたわけではない。鄧がこの表現を用いた最初の記録は1966年3月22日である。『鄧譜1』1902頁。

4 『毛伝』1674頁。

5 Benjamin I. Schwartz, *In Search of Wealth and Power: Yen Fu and the West* (Cambridge: Belknap Press of Harvard University Press, 1964). 帝政時代の中国史およびその関連文献については以下を参照。John King Fairbank, ed., *The Chinese World Order: Traditional China's Foreign Relations* (Cambridge: Harvard University Press, 1968); John King Fairbank and Merle Goldman, *China: A New History*, 2nd exp. ed. (Cambridge: Harvard University Press, 2006); Jonathan D. Spence, *The Search for Modern China* (New York: W. W. Norton, 1990); Paul A. Cohen, *China Unbound: Evolving Perspectives on the Chinese Past* (Stanford, Calif.: Stanford University Press, 2002); Denis Twitchett and John King Fairbank, eds., *The Cambridge History of China* (New York: Cambridge University Press, 1978-); and Gungwu Wang, *To Act Is to Know: Chinese Dilemmas* (Singapore: Times Academic Press, 2002). 最後の王朝となった清朝について、近年の研究には以下がある。Mark C. Elliott, *Emperor Qianlong: Son of Heaven, Man of the World* (New York: Longman, 2009); R. Kent Guy, *Qing Governors and Their Provinces: The Evolution of Territorial Administration in China, 1644-1796* (Seattle: University of Washington Press, 2010); William T. Rowe, *China's Last Empire: The Great Qing* (Cambridge: Belknap Press of Harvard University Press, 2009). 孫中山については、Marie-Claire Bergère, *Sun Yat-sen* (Stanford, Calif.: Stanford University Press, 1998) を参照。蔣介石については、Jay Taylor, *The Generalissimo: Chiang Kai-shek and the Struggle for Modem China* (Cambridge: Belknap Press of Harvard University Press, 2009) を参照。中国革命については、Lucian Bianco, *Origins of the*

1998)
『国史8』：史雲・李丹慧『中華人民共和国史　第8巻：難以継続的「継続革命」——従批林到批鄧（1972-1976)』(香港：香港中文大学当代中国文化研究中心、2008)
『国史10』：蕭冬連『中華人民共和国史　第10巻：歴史的転軌——従撥乱反正到改革開放(1979-1981)』(香港：香港中文大学当代中国文化研究中心、2008)
『李日記』：『李鵬六四日記』未公刊資料、ハーバード大学フン図書館フェアバンク・コレクション（Fairbank Collection, Fung Library, Harvard University）所蔵
『前奏』：程中原・夏杏珍『歴史転折的前奏：鄧小平在1975』(北京：中国青年出版社、2003)
『毛伝』：中共中央文献研究室編『毛沢東伝（1949-1976)』(上下冊)（北京：中央文献出版社、2003)
『晩年周』：高文謙『晩年周恩来』(Carle Place, N. Y.: 明鏡出版社, 2003)〔邦訳：高文謙『周恩来秘録』(上下巻）東京：文藝春秋、2007年〕
『憶鄧』：于光遠『我憶鄧小平』(香港：時代国際出版有限公司、2005)
『葉譜』：中国人民解放軍軍事科学院編『葉剣英年譜（1897-1986)』(上下冊)（北京：中央文献出版社、2007)
『葉伝』：範碩・丁家琪『葉剣英伝』(北京：当代中国出版社、1995)
『葉関鍵』：範碩『葉剣英在関鍵時刻』(瀋陽：遼寧人民出版社、2001)
『新時期』：中共中央党史研究室『中国共産党新時期歴史大時期（1978.12-2002.5)』(北京：中共党史出版社、2002［改訂版])

原註

原註で使用する略記一覧

〔英語文献〕

DNSA: Digital National Security Archive (Proquest in cooperation with the National Security Archive), The George Washington University, Washington, D. C.

DXPCR: Rong Deng, *Deng Xiaoping and the Cultural Revolution: A Daughter Recalls the Critical Years* (Beijing: Foreign Languages Press, 2002)〔原典：毛毛『我的父親鄧小平：「文革」歳月』(北京：中央文献出版社、2000)、邦訳：毛毛『わが父・鄧小平：「文革」歳月』(上下巻)(東京：中央公論新社、2002)〕

DXPSTW: Yu Guangyuan, *Deng Xiaoping Shakes the World: An Eyewitness Account of China's Party Work Conference and the Third Plenum (November-December 1978)* (Norwalk, Conn.: EastBridge, 2004)〔原典：于光遠『1978：我親歴的那次歴史転折：十一届三中全会的台前幕後』(北京：中央編訳出版社、1998)〕

FBIS: Foreign Broadcast Information Service

JPRS: Joint Publications Research Service

LWMOT: Carter Administration China Policy Oral History Project, Leonard Woodcock and Michel Oksenberg Tapes, Walter P. Reuther Library Archives, Wayne State University

Memcon: Memorandum of Conversation

SWCY: Chen Yun, *Selected Works of Chen Yun*, 3 vols. (1926-1949, 1949-1956, 1956-1994) (Beijing: Foreign Languages Press, 1988, 1997, 1999)〔原典：陳雲『陳雲文選』(第1～3巻)(北京：人民出版社、1984、1984、1995［第2版］)〕

SWDXP-2: Deng Xiaoping, *Selected Works of Deng Xiaoping, 1975-1982,* second edition (Beijing: Foreign Languages Press, 1995)〔原典：鄧小平『鄧小平文選　第2巻』(北京：人民出版社、1994年［第2版］)〕

SWDXP-3: Deng Xiaoping, *Selected Works of Deng Xiaoping, 1982-1992* (Beijing: Foreign Languages Press, 1994)〔原典：鄧小平『鄧小平文選　第3巻』(北京：人民出版社、1982)〕

TP: Liang Zhang, comp., and Andrew J. Nathan and Perry Link, eds., *The Tiananmen Papers* (New York: PublicAffairs, 2001)

〔中国語文献〕

『陳譜』：中共中央文献研究室編『陳雲年譜 (1905-1995)』(上中下冊)(北京：中央文献出版社、2000)

『陳伝』：中共中央文献研究室編『陳雲伝』(北京：中央文献出版社、2005)

『鄧軍集』：中共中央文献研究室・中国人民解放軍軍事科学院編『鄧小平軍事文集』(第1～3巻)(北京：軍事科学出版社・中央文献出版社、2004)

『鄧譜1』：中共中央文献研究室編『鄧小平年譜 (1904-1974)』(上中下冊)(北京：中央文献出版社、2009)

『鄧譜2』：中共中央文献研究室編『鄧小平年譜 (1975-1997)』(上下冊)(北京：中央文献出版社、2004)

『足跡』：外交部檔案館編『偉人的足跡：鄧小平外交活動大事記』(北京：世界知識出版社、

【ま行】

【や行】

【な行】

【た行】

索　引

著訳者紹介

エズラ・F・ヴォーゲル（Ezra F. Vogel）

ハーバード大学ヘンリー・フォードⅡ世社会科学名誉教授。1958年にハーバード大学にて博士号（社会学）を取得後、日本語と日本の家族関係の研究のために来日し、２年間滞在。それからは毎年日本を訪問している。61年秋から中国研究および中国語の習得にも着手。広東省の社会変容の研究で顕著な功績を残す。67年にはハーバード大学の教授に、72年には同大の東アジア研究所所長に就任。79年に『ジャパン・アズ・ナンバーワン』を発表し、日本でベストセラーに。2000年に教職から引退し、10年以上を費やして本書を執筆。外交関係書に贈られるライオネル・ゲルバー賞、全米出版社協会PROSE賞特別賞を受賞したほか、エコノミスト誌、フィナンシャル・タイムズ紙、ウォール・ストリート・ジャーナル紙、ワシントン・ポスト紙などの年間ベストブックに選ばれ、全米批評家協会賞ファイナリストにも選出された。中国大陸版は、天安門事件に関する記述の刊行が認められ、2013年1月の出版からわずか半年で60万部の売り上げを記録。日本に関する本が日本で、中国に関する本が中国でベストセラーになった唯一の学者。講演は日本語や中国語で行っている。

益尾知佐子（ますお・ちさこ）

九州大学大学院比較社会文化研究院准教授。専門は東アジア国際関係、および現代中国の政治・外交。東京大学大学院総合文化研究科博士課程修了、博士（学術）。日本学術振興会特別研究員（DC1、海外、PD）、日本国際問題研究所研究員、エズラ・F・ヴォーゲル教授研究助手、早稲田大学現代中国研究所講師などを務める。単著に『中国政治外交の転換点――改革開放と「独立自主の対外政策」』（東京大学出版会、2010年）。共著、論文多数。

杉本孝（すぎもと・たかし）

京都大学経営管理大学院客員教授。1974年新日本製鐵入社、上海宝山事務所、北京事務所、世界平和研究所（出向：主任研究員）、経営企画部等を経て、95年同社退職。東京大学大学院経済学研究科博士課程単位取得満期退学（経済学修士）、ハーバード大学フェアバンク・センター客員研究員、大阪市立大学大学院教授等を経て、2011年より現職。編著に『東アジア市場統合の探索――日中韓の真の融和に向けて』（晃洋書房、2012年）などがある。

現代中国《げんだいちゅうごく》の父《ちち》　鄧小平《とうしょうへい》〔上〕

2013年9月2日　1版1刷

著　者　エズラ・F・ヴォーゲル

訳　者　益尾知佐子
　　　　杉本　孝

発行者　斎田久夫

発行所　日本経済新聞出版社

http://www.nikkeibook.com/
東京都千代田区大手町1-3-7　〒100-8066
電話 03-3270-0251（代）

印刷・シナノ印刷／製本・大進堂

Printed in Japan　ISBN978-4-532-16884-1